科学出版社“十三五”普通高等教育本科规划教材

经济应用数学基础

（第二版）

张济民　邹庭荣　扎西次旺　主编

科学出版社
北　京

内 容 简 介

本书是在 2014 年出版的《经济应用数学基础》的基础上修订而成．本书内容包括预备知识、微积分、线性代数、概率论与数理统计．以“经济应用数学”教学大纲为依据，在内容编排上淡化理论证明，强化现实应用，降低抽象性，做到通俗简明又重点突出，条理清晰，层次分明；数学概念由实例引入，有助于学生的理解和掌握；在例题和习题的难度配置上遵循循序渐进的原则，突出应用性、实用性；内容完整紧凑，由浅入深，由简到难，便于组织教学，以培养学生分析问题、解决问题和运用数学知识的能力．

本书可供财经类本科各专业使用，也可作为高职、高专的师生参考使用．

图书在版编目（CIP）数据

经济应用数学基础 / 张济民，邹庭荣，扎西次旺主编．—2 版．—北京：科学出版社，2023.8

科学出版社“十三五”普通高等教育本科规划教材

ISBN 978-7-03-076134-7

Ⅰ．①经… Ⅱ．①张… ②邹… ③扎… Ⅲ．①经济数学－高等学校－教材 Ⅳ．①F224.0

中国国家版本馆 CIP 数据核字（2023）第 150325 号

责任编辑：吉正霞 / 责任校对：张小霞
责任印制：赵 博 / 封面设计：无极书装

科学出版社 出版
北京东黄城根北街 16 号
邮政编码：100717
http://www.sciencep.com
北京华宇信诺印刷有限公司印刷
科学出版社发行 各地新华书店经销
*
2014 年 8 月第 一 版 开本：787×1092 1/16
2023 年 8 月第 二 版 印张：22
2025 年 1 月第三次印刷 字数：558 000

定价：78.00 元

（如有印装质量问题，我社负责调换）

前　言

经济应用数学是经济管理类专业的重要基础课，也是民族地区经济管理类专业的必修课。长期以来，由于区域的差别，没有一本适合民族地区特点的经济应用数学教材，一直沿用兄弟院校的同类教科书，形成教师难教、学生难学的局面，严重影响民族地区教学质量的提高.

本教学团队由近 30 年在民族地区讲授经济应用数学教学经验丰富的老教师和富有朝气、知识渊博的青年教师组建而成。本书是在 2014 年出版的第一版的基础上，结合学校精品教案及近年来成果对第一版修订而成的. 本书以高等学校财经类专业核心课程“经济应用数学基础”教学大纲为依据，结合财经类专业特点及对学生数学能力的要求，以培养学生学习财经专业所需的基本数学知识、基本技能为目标，提高学生专业实务中应用数学的能力，进而使学生掌握数学的思维方式，用数量化观点解决经济中常见的实际问题.

本书内容包括预备知识、函数、函数的极限与连续、导数与微分、导数的应用、不定积分、定积分、级数、行列式、矩阵、向量、线性方程组解的性质及结构、矩阵的特征值和特征向量及相似矩阵、二次型、随机事件及其概率、随机变量及其分布、随机变量的数字特征、数理统计的基本概念、参数估计、假设检验、回归分析，共 21 章. 选学内容用“*”标出.

本书由张济民、邹庭荣、扎西次旺任主编，罗布次仁、王亮、李红梅、次旦平措、张春雷任副主编，共同负责全书的编写及审稿工作.

本书在内容的编排上力求概念导入自然，内容循序渐进、由浅入深，具有以下特点.

1. 以“三用”为原则

（1）够用. 删去了传统教材中实用性不强和较深的一些内容，保留财经类各专业必须作为基础的内容，达到满足其需要的最大限度，够用即可.

（2）管用. 增添以往传统教材中没有的、必需的知识内容，尤其注重大学数学在财经类专业中应用的内容，达到管用的效果.

（3）会用. 本书作为财经类专业的数学基础课教材，在内容处理上，淡化传统教材偏重理论的思想，删去了烦琐的推理和证明，淡化理论证明；强调数学知识的现实应用，降低抽象性，进行直观解释；数学概念由实例引入，有助于学生理解和掌握，力求学以致用，学后会用，增强学生学习数学的信心与兴趣.

2. 以“一凸显”为特色

“一凸显”即凸显数学的应用，本教材不仅教会学生学习数学的知识，更注重教会学生用数学的能力. 突出数学方法，即注重基本概念的财经类实际背景，引出经济数学的一些基本概念、基本理论和方法，尤其注重理论知识的实际应用，这是本教材的一个重要特色.

在内容叙述上，注重与中学知识的衔接；教材结构严谨，例题丰富，通俗易懂，难点分散，层次分明，取材合理，深度适宜，分量得当. 考虑到民族地区财经院校学生的基础，在例题和习题的难度配置上遵循循序渐进的原则，突出应用性、实用性；内容完整紧凑，由浅入深，由简到难，便于组织教学，可达到按规定的课时完成数学基础课的基本要求和目的.

本书在编写过程中得到了西藏大学“一流本科课程”建设项目资助及同行们的帮助，在此表示衷心感谢！

由于编者水平有限，书中难免存在不妥与疏漏，恳请专家、学者和读者批评指正，以便能使本书在教学实践中不断改进和完善.

编　者

2022 年 12 月

目　录

第 0 章　预备知识 …… 1
0.1　分数的四则混合运算 …… 1
0.2　百分数 …… 1
0.3　绝对值 …… 3
0.4　数的开方 …… 3
0.5　不等式解法 …… 4
0.6　集合 …… 4
0.7　区间和邻域 …… 6
0.8　映射 …… 7
0.9　排列 …… 7

第1篇　微　积　分

第 1 章　函数 …… 13
1.1　函数及其性质 …… 13
1.2　反函数与初等函数 …… 18
1.3　常用经济函数 …… 23
第 2 章　函数的极限与连续 …… 28
2.1　函数的极限 …… 28
2.2　无穷小量与无穷大量 …… 33
2.3　极限的运算、两个重要极限 …… 37
2.4　函数的连续性 …… 43
2.5　常用的经济函数举例 …… 50
第 3 章　导数与微分 …… 53
3.1　导数的概念 …… 53
3.2　导数的基本公式及四则运算法则 …… 58
3.3　反函数与复合函数的求导法则 …… 61
3.4　隐函数、幂指函数及由参数方程所确定的函数的求导方法 …… 64
3.5　高阶导数 …… 67
3.6　分段函数的导数 …… 68
3.7　函数的微分 …… 69
3.8*　二元函数的导数与微分 …… 74

第 4 章　导数的应用 ······ 80
4.1　微分中值定理与洛必达法则 ······ 80
4.2　函数的单调性 ······ 86
4.3　函数的极值 ······ 88
4.4　函数的最大值与最小值 ······ 90
4.5　曲线的凹凸性与拐点 ······ 92
4.6　导数在经济中的应用 ······ 96
第 5 章　不定积分 ······ 102
5.1　不定积分的概念及性质 ······ 102
5.2　换元积分法 ······ 105
5.3　分部积分法 ······ 112
5.4　有理函数的积分 ······ 114
第 6 章　定积分 ······ 117
6.1　定积分的概念及性质 ······ 117
6.2　定积分的基本定理 ······ 122
6.3　定积分的计算方法 ······ 127
6.4　反常积分 ······ 133
6.5　定积分的应用 ······ 135
第 7 章　级数 ······ 140
7.1　常数项级数 ······ 140
7.2　幂级数 ······ 149

第2篇　线 性 代 数

第 8 章　行列式 ······ 157
8.1　n 阶行列式 ······ 157
8.2　行列式的性质 ······ 161
8.3　行列式按行（列）展开定理 ······ 164
8.4　克拉默法则 ······ 167
第 9 章　矩阵 ······ 170
9.1　矩阵的概念 ······ 170
9.2　矩阵的运算 ······ 171
9.3　逆矩阵 ······ 181
9.4　矩阵的分块 ······ 188
9.5　矩阵的初等变换与矩阵的秩 ······ 192
9.6　应用举例 ······ 198
第 10 章　向量 ······ 203
10.1　线性方程组的高斯消元法 ······ 203

10.2 向量的线性相关性……210
10.3 向量组的秩……216
10.4 向量的内积和标准正交化方法……222
第 11 章 线性方程组解的性质及结构……226
11.1 齐次线性方程组解的性质及结构……226
11.2 非齐次线性方程组解的性质及结构……230
第 12 章 矩阵的特征值和特征向量及相似矩阵……234
12.1 矩阵的特征值和特征向量……234
12.2 相似矩阵与矩阵可对角化……241
12.3 实对称矩阵的特征值和特征向量……245
第 13 章 二次型……249
13.1 二次型的矩阵表示及矩阵合同……249
13.2 二次型的标准形和规范形……253
13.3 正定二次型和正定矩阵……258

第 3 篇 概率论与数理统计

第 14 章 随机事件及其概率……265
14.1 随机事件及其运算……265
14.2 随机事件的概率……269
14.3 条件概率与事件的独立性……273
14.4 全概率公式与贝叶斯公式……278
14.5 伯努利概型……281
第 15 章 随机变量及其分布……283
15.1 随机变量的概念……283
15.2 离散型随机变量的定义和概率分布……284
15.3 连续型随机变量的概率分布……287
第 16 章 随机变量的数字特征……292
16.1 随机变量的数学期望……292
16.2 随机变量的方差……296
第 17 章 数理统计的基本概念……300
17.1 简单随机样本……300
17.2 统计量与抽样分布……301
第 18 章 参数估计……309
18.1 点估计……309
18.2 区间估计……316
18.3 单侧置信区间……320

第 19 章　假设检验 ········ 323
19.1　假设检验的基本概念 ········ 323
19.2　一个正态总体参数的假设检验 ········ 326
第 20 章　回归分析 ········ 332
20.1　变量间关系的度量 ········ 332
20.2　一元线性回归 ········ 333
20.3　利用回归方程进行预测 ········ 339

习题答案与提示 ········ 341
附录 ········ 341

第0章 预备知识

0.1 分数的四则混合运算

1. 运算示例

计算$\frac{1}{2}+\frac{1}{3}\div\frac{2}{3}$.

$$
\begin{aligned}
&\frac{1}{2}+\frac{1}{3}\div\frac{2}{3}\\
=&\frac{1}{2}+\frac{1}{3}\times\frac{3}{2}\\
=&\frac{1}{2}+\frac{1}{2}\\
=&1
\end{aligned}
$$

这个算式里含有几级运算？应该先算什么，再算什么？

计算$\frac{1}{5}\div\left[\left(\frac{2}{3}+\frac{1}{5}\right)\times\frac{1}{13}\right]$.

$$
\begin{aligned}
&\frac{1}{5}\div\left[\left(\frac{2}{3}+\frac{1}{5}\right)\times\frac{1}{13}\right]\\
=&\frac{1}{5}\div\left[\left(\frac{10}{15}+\frac{3}{15}\right)\times\frac{1}{13}\right]\\
=&\frac{1}{5}\div\left[\frac{13}{15}\times\frac{1}{13}\right]\\
=&\frac{1}{5}\div\frac{1}{15}\\
=&3
\end{aligned}
$$

2. 运算规则

（1）一个算式里，如果含有两级运算，要先做第二级运算，后做第一级运算.

（2）一个算式里，如果有括号，要先算小括号里的，再算中括号里的.

0.2 百分数

百分数（percentage）是表示一个数是另一个数的百分之几的数，也称为百分率或百分比.百分数通常不写成分数的形式，而采用符号“%”（称为百分号）来表示.百分数在工农业生产、科学技术、各种实验中有着十分广泛的应用，特别是在进行调查统计、分析比较时，经常要用到百分数.

1. 基本解释

百分数是用百分之几表示整体的一部分.

2. 详细解释

百分数是用 100 做分母的分数，通常用百分号（%）来表示，如 1/100 写作 1%.

3. 百分数与分数的区别

（1）意义截然不同. 百分数是表示一个数是另一个数百分之几的数. 它只能表示两个数之间的倍数关系，不能表示某一具体数量. 例如，可以说“1 m 是 5 m 的 20%”，不可以说“一段绳子长为 20% m”. 百分数后面不能带单位. 分数是把单位“1”平均分成若干份，表示这样一份或几份的数. 分数还可以表示两个数之间的倍数关系. 分数后面可带单位.

（2）应用范围不同. 百分数在生产、工作和生活中使用较多，常用于调查、统计、分析与比较；而分数常常是在测量、计算中得不到整数结果时使用.

（3）书写形式不同. 百分数通常不写成分数形式，而采用百分号（%）来表示，如百分之四十五写作 45%. 百分数的分母固定为 100，因此，不论百分数的分子、分母之间有多少个公约数，都不约分. 百分数的分子可以是自然数，也可以是小数. 而分数的分子只能是自然数，它的表示形式有真分数、假分数、带分数，计算结果不是最简分数的一般要通过约分化成最简分数，是假分数的要化成带分数（现在有些教科书上，假分数也可以不化成带分数）. 任何一个百分数都可以写成分母是 100 的分数，而分母是 100 的分数并不都具有百分数的意义.

（4）百分数体现的是一个数占另一个数的百分之几，而分数体现的是一个数占另一个数的几分之几.

（5）百分数的分母是 100，分数的分子和分母可以是一切不为 0 的自然数.

4. 百分数的范围

百分数的范围一般有三种情况：

（1）可以大于 100%，如增长率、增产率等；

（2）只能 100%以下，如出油率、出粉率等；

（3）最大只能 100%，如正确率、合格率、发芽率等.

5. 百分数的意义

百分数只可以表示分率，而不能表示具体量，所以不能带单位.

百分数虽以 100 为分母，但分子可以大于 100，如 200%代表原数的 2 倍. 例如：一家公司去年纯利 100 万元，今年的纯利为 120 万元，则“今年的纯利比去年增加 20%”，亦即“今年的纯利是去年的 120%”，但这种写法较少使用. 百分数有时可能造成误会，不少人认为一个百分数的上升会被相同下降的百分数所抵消. 例如：从 100 增加 50%，等于 100 + 50，即 150；而从 150 下降 50%则是 150−75，等于 75，最终结果小于原数 100. 百分数的分子还可以是小数.

6. 日常应用

每天的天气预报都会报出当天晚上和第二天白天的天气状况、降水概率等，提示大家提前做好准备．例如：今晚的降水概率是 20%，明天白天有五到六级大风，降水概率是 10%，早晚应增加衣服．20%, 10%让人一目了然，既清楚又简练．

随着现代科技的飞速发展，现在每个人几乎都配备手机，款式多种多样．伦敦大学皇家学院心理学家格伦・威尔森（Glenn Willson）研究证明：老是低着头看信息，会导致工作效率低，人的大脑反应变慢，智商也会下降 10%．这里以百分数的形式说明了手机虽为人们提供了方便，但对人体健康却十分有害．

0.3 绝 对 值

绝对值及其性质是学习高等数学常用的基础知识．

实数 x 的绝对值记为 $|x|$，定义为

$$y=|x|=\begin{cases}x, & x\geqslant 0\\ -x, & x<0\end{cases}$$

$|x|$ 的几何意义是：$|x|$ 表示数轴上点 x（点 x 可以在原点的右边或左边）与原点之间的距离．

$|x|$ 是非负实数．

绝对值及其运算有以下常用性质：

（1）$-|x|\leqslant x\leqslant |x|$；

（2）设 $a>0$，则 $|x|<a$ 与 $-a<x<a$ 等价；

（3）设 $b>0$，则 $|x|>b$ 与 $x<-b$ 或 $x>b$ 等价；

（4）$|x+y|\leqslant |x|+|y|$；

（5）$|x-y|\geqslant |x|-|y|$；

（6）$|x\cdot y|=|x|\cdot|y|$．

0.4 数 的 开 方

1. 平方根的概念

如果一个数的平方等于 a，那么这个数称为 a 的平方根．

分析：$(\quad)^2=25 \qquad (\pm 5)^2=25$

所以 ± 5 是 25 的平方根（或 25 的平方根是 ± 5）．

因为 $(\pm x)^2=a$，所以 $\pm x$ 是 a 的平方根（或 a 的平方根是 $\pm x$）．

2. 关系小结

运算方式	加	减	乘	除	乘方	开平方
结果	和	差	积	商	幂	平方根

0.5 不等式解法

1. 不等式同解原理、一元二次不等式的解法、绝对值不等式的解法

（1）$a>b \Leftrightarrow a+c>b+c$.

当$c>0$时，$a>b \Leftrightarrow ac>bc$；

当$c<0$时，$a>b \Leftrightarrow ac<bc$.

（2）设$a>0$，方程$ax^2+bx+c=0$的两个根为$x_1, x_2(x_1<x_2)$，则

不等式$ax^2+bx+c>0$的解集为$\{x|x<x_1 \text{或} x>x_2\}$；

不等式$ax^2+bx+c<0$的解集为$\{x|x_1<x<x_2\}$.

（3）设$a>0$，则不等式$|x|>a$的解集为$\{x|x>a 或x<-a\}$；

不等式$|x|<a$的解集为$\{x|-a<x<a\}$.

2. 指数函数、对数函数的单调性

（1）函数$y=a^x$，当$a>1$时为增函数，当$0<a<1$时为减函数.

（2）函数$y=\log_a x$，当$a>1$时为增函数，当$0<a<1$时为减函数.

解指数、对数不等式时往往要根据它们的单调性把指数、对数不等式转化为整式不等式，要注意定义域和底；在解含参数的不等式的时候，底a也是一个很重要的分类标准.

0.6 集　　合

1. 集合的概念

集合是一个只能描述而难以精确定义的概念，本书只给出集合的一种描述：集合指所考察的具有确定性质的对象的全体，集合简称集．组成集合的每一个对象称为该集合的元素.

下面举几个集合的例子：

（1）2012 年 1 月 1 日在中国出生的人；

（2）平面上所有直角三角形；

（3）方程$x^2-3x-4=0$的根；

（4）直线$x-y=1$上所有的点.

由有限个元素构成的集合，称为有限集合，如（1）和（3）；由无限多个元素构成的集合，称为无限集合，如（2）和（4）.

通常用大写字母$A, B, X, Y, \cdots$表示集合，用小写字母$a, b, x, y, \cdots$表示集合元素．若x是集合A的元素，则说x属于A，记为$x \in A$；若x不是集合A的元素，则说x不属于A，记为$x \overline{\in} A$或$x \notin A$.

元素为数的集合称为数集，通常用确定的记号来表示一些常见数集：

全体自然数的集合（简称自然数集），记为$\mathbf{N}$；

全体整数的集合（简称整数集），记为 $\mathbf{Z}$；

全体有理数的集合（简称有理数集），记为 $\mathbf{Q}$；

全体实数的集合（简称实数集），记为 $\mathbf{R}$.

为了方便，有时在表示数集的字母右上角添“+”“-”等上标来表示该数集的几个特定子集. 以实数为例：$\mathbf{R}^+$ 表示全体正实数之集；$\mathbf{R}^-$ 表示全体负实数之集. 其他数集的情况类似，不再赘述.

不含有任何元素的集合称为空集，记为 $\varnothing$. 例如，由方程 $x^2+1=0$ 的实根构成的集合，即为空集. 空集在研究集合运算和集合之间的关系时，有其逻辑上的意义.

只有一个元素的集合，称为单元素集，记为 $\{x\}$.

这里讲的集合，不仅构成集合的意义是明确的，而且集合中的元素具有确定性、互异性、无序性.

（1）确定性. 对于一个给定的集合，集合中的元素是确定的. 例如：“全体大学生”的意义就是明确的，可以判定任何对象“是”或“不是”它的元素，因此“全体大学生”可以构成一个集合；而“50 个好学生”，则由于“好”没有给一个确切的标准，人们的看法是不一致的，不构成这里所讨论的集合.

（2）互异性. 把相同对象归于一个集合时，只能算集合的一个元素，也就是说同一个集合中的任何两个元素都是不同对象. 例如，方程 $(x-1)^2(x+2)=0$ 的解集里只含 1 和 -2 两个元素，方程的二重根 1 应视为其解集中的一个元素.

（3）无序性. 集合中的元素一一列举出来时，不必考虑元素的排列顺序.

集合一般有两种表示方法：

（1）列举法，即把集合中的所有元素一一列举出来，写在一个大括号内. 例如，集合 A 由元素 $a_1, a_2, \cdots, a_n$ 组成，表示为 $A=\{a_1, a_2, \cdots, a_n\}$；自然数集 $\mathbf{N}$ 表示 $\mathbf{N}=\{0, 1, 2, \cdots, n, \cdots\}$. 这种表示法一般适用于有限集和可数无限集.

（2）描述法，即指明集合中元素所具有的确定性质. 其一般形式为 $A=\{x|x$ 具有性质 $p\}$. 例如，方程 $x^2-3x-4=0$ 的解集，记为 $B=\left\{x \middle| x^2-3x-4=0\right\}$.

2. 集合的包含关系

（1）子集. 若集合 A 的元素都是集合 B 的元素，则称 A 是 B 的子集，或者称 A 包含于 B 或 B 包含 A，记为 $A\subseteq B$ 或 $B\supseteq A$.

空集 $\varnothing$ 是任何集合的子集.

（2）真子集. 若 A 是 B 的子集，而 B 中至少有一个元素不属于 A，则称 A 是 B 的真子集，记为 $A\subset B$ 或 $B\supset A$. 例如，$\mathbf{N}\subset\mathbf{Z}$，$\mathbf{Z}\subset\mathbf{Q}$，$\mathbf{Q}\subset\mathbf{R}$.

空集 $\varnothing$ 是任何非空集合的真子集.

（3）等集. 若集合 A 与集合 B 互为子集，即 $A\subseteq B$ 且 $B\subseteq A$，则称 A 与 B 相等，记为 $A=B$.

3. 集合的运算

集合有三种基本运算，即并、交、差.

设 A、B 是两个集合，则集合

$$A\cup B=\{x|x\in A或x\in B\}$$
$$A\cap B=\{x|x\in A且x\in B\}$$
$$A\setminus B=\{x|x\in A但x\notin B\}$$

分别称为 A 和 B 的并集、交集、差集.

研究某一问题时所考虑的对象的全体称为全集，用 I 表示，差集 $I\setminus A$ 称为 A 的余集或补集，记为 A^c．例如：在实数集 $\mathbf{R}$ 中，集合 $A=\{x||x|<1\}$ 的余集为 $A^c=\{x|x\leqslant -1或x\geqslant 1\}$．

集合的并、交、余运算满足如下运算律：

交换律　$A\cup B=B\cup A$，$A\cap B=B\cap A$；

结合律　$(A\cup B)\cup C=A\cup(B\cup C)$，$(A\cap B)\cap C=A\cap(B\cap C)$；

分配律　$A\cap(B\cup C)=(A\cap B)\cup(A\cap C)$，$A\cup(B\cap C)=(A\cup B)\cap(A\cup C)$；

对偶律　$(A\cup B)^c=A^c\cap B^c$，$(A\cap B)^c=A^c\cup B^c$．

以上这些运算律都很容易根据集合相等的定义验证.

0.7　区间和邻域

区间和一点的邻域是常用的一些实数集.

实数集 $\{x|a<x<b\}=(a,b)$ 称为开区间；$\{x|a\leqslant x\leqslant b\}=[a,b]$ 称为闭区间；$\{x|a\leqslant x<b\}=[a,b)$，$\{x|a<x\leqslant b\}=(a,b]$ 称为半开半闭区间；a、b 称为区间的端点．这些区间统称为有限区间，它们都可以用数轴上长度有限的线段来表示，图 1.1（a）、（b）分别表示闭区间 $[a, b]$ 与开区间（a, b）．此外还有无限区间，引入记号 $+\infty$（读作正无穷大）和 $-\infty$（读作负无穷大）后，则可用类似的记号表示无限区间．例如，$[a,+\infty)=\{x|x\geqslant a\}$，$(-\infty,b)=\{x|x<b\}$，$(-\infty,+\infty)=\{x|x\in\mathbf{R}\}$．无限区间在数轴上的表示如图 0.1（c）所示.

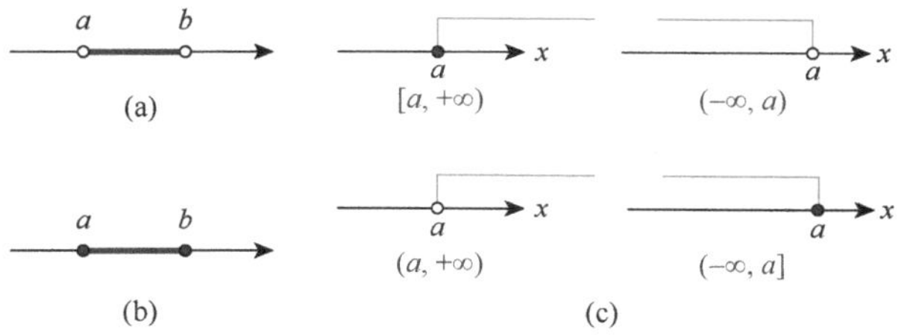

图 0.1

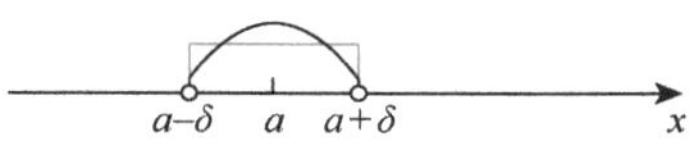

图 0.2

实数集 $\{x||x-a|<\delta,\delta>0\}$，称为点 a 的 δ 邻域，记为 $U(a,\delta)$．点 a 称为邻域的中心，δ 称为邻域的半径，它在数轴上表示以 a 为中心、长度为 2δ 的对称开区间，如图 0.2 所示.

实数集 $\{x|0<|x-a|<\delta\}$ 称为点 a 的去心 δ 邻域，记为 $\mathring{U}(a,\delta)$．为了方便，有时把开区间 $(a-\delta,a)$ 称为 a 的左 δ 邻域，把开区间 $(a,a+\delta)$ 称为 a 的右 δ 邻域.

0.8 映　　射

1. 映射的概念

设 X、Y 是两个非空集合，若对集合 X 中的每一个元素 x，均可找到集合 Y 中唯一确定的元素 y 与之对应，则称这个对应是集合 X 到集合 Y 的一个映射，记为 f，或者更详细地写为

$$f : X \to Y$$

将 x 的对应元素 y 记为 $f(x) : x \mapsto y = f(x)$，并称 y 为映射 f 下 x 的像，而 x 称为映射 f 下 y 的原像（或逆像）．集合 X 称为映射 f 的定义域，记为 $D_f = X$，而 X 的所有元素的像 $f(x)$ 的集合

$$\{y \mid y \in Y, y = f(x), x \in X\}$$

称为映射 f 的值域，记为 R_f（或 $f(x)$）．

2. 映射的三个基本要素

（1）集合 X，即定义域 $D_f = X$；
（2）集合 Y，即限制值域的范围 $R_f \subseteq Y$；
（3）对应规则 f，使每个 $x \in X$，有唯一确定的 $y = f(x)$ 与之对应．
需要指出，映射要求元素的像必须是唯一的．

0.9 排　　列

1. 排列的概念

先讨论下面的问题：

北京—武汉—广州三个民航站之间的直达航线，需要准备多少种不同的飞机票？

这个问题就是从北京、武汉、广州三个民航站中，每次取出两个站，按照起点站在前、终点站在后的顺序排列，求一共有多少不同的排法．

首先确定起点站，在三个站中，任选一个站为起点站有 3 种方法；其次确定终点站，选定起点站以后，终点站在剩下的站中选，有 2 种方法．所以，根据乘法原理，共需准备 $3\times2=6$ 种不同的飞机票，现列出如下：

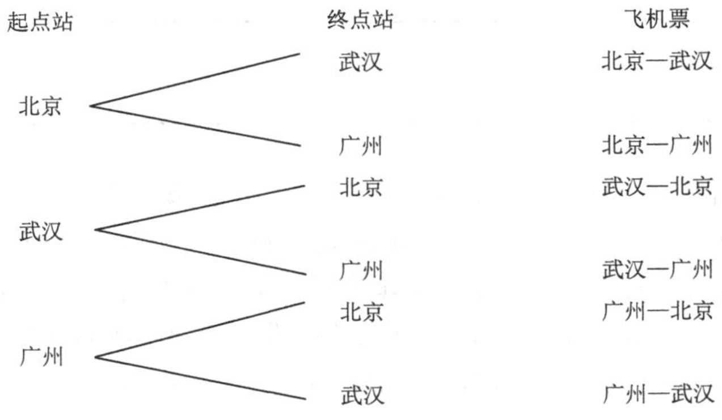

再讨论下面的问题：

甲、乙、丙三人排成一排，问有多少种不同的排法？

三人排成一排的排法有以下 6 种：

甲、乙、丙；甲、丙、乙；乙、甲、丙；

乙、丙、甲；丙、甲、乙；丙、乙、甲．

从以上两例可以看出，它们都是从确定的对象（称为元素）中取出若干个，按一定顺序排列起来的问题，对于这类问题，有如下定义：

从 n 个不同的元素中，任取出 $m(m \leqslant n)$ 个元素，按照一定的顺序排成一列，称为从 n 个不同元素中取出 m 个不同元素的一个排列．当 $m<n$ 时，称为选排列，简称排列；当 $m=n$ 时，称为全排列．

根据排列的定义，第一个问题"从 3 个不同元素中，每次取 2 个不同元素"是选排列问题；第二个问题"从 3 个不同元素中，每次取 3 个不同元素"是全排列问题．

2. 排列数的计算公式

从 n 个不同元素中取出 $m(m \leqslant n)$ 个元素的所有排列的个数，称为从 n 个不同元素中取出 m 个不同元素的排列数，用符号 A_n^m 表示，特别地，对于全排列 $(m=n)$，记为 A_n^n，简记为 A_n．

在前面的问题中，第一个问题的排列数为 $A_3^2=6$，第二个问题的排列数为 $A_3^3=A_3=6$．

为了得出排列数的计算公式，先计算从 5 个不同元素里每次取 2 个不同元素的排列数 A_5^2．

因为在每一种排列里有 2 个不同元素，把这 2 个元素所排列的位置划分为首位、末位．从 5 个元素里任意取出一个填入首位位置，有 5 种方法；末位位置只能在剩下的 4 个元素里任选一个来填入，有 4 种方法．

首位	末位
5 种	4 种

根据乘法原理，得到

$$A_5^2=5\times4=20$$

那么，从 n 个不同元素里，每次取出 m 个不同元素的排列数 A_n^m 如何求？

假定取出的 m 个元素排在 m 个空位上，空位编号为第 1 位、第 2 位、…、第 m 位．

第 1 位	第 2 位	第 3 位	…	第 m 位
n	$n-1$	$n-2$	…	$n-m+1$

第 1 位从 n 个元素中，任选一个填上，共有 n 种填法；第 2 位只能从剩下的 $n-1$ 个元素中，任选一个填上，共有 $n-1$ 种填法；第 3 位只能从剩下的 $n-2$ 个元素中，任选一个填上，共有 $n-2$ 种填法．依此类推，当前面的 $m-1$ 个空都填上后，第 m 位只能从剩下的 $n-(m-1)$ 个元素中，任选一个填上，共有 $n-m+1$ 种填法．根据乘法原理，全部填满 m 个空位共有

$$n(n-1)(n-2)(n-3)\cdots(n-m+1)$$

种填法，于是得到排列数计算公式

$$A_n^m = n(n-1)(n-2)\cdots(n-m+1) \quad ①$$

其中m, n是自然数，且$m \leqslant n$.

公式①中，当$m=n$时，有

$$A_n = A_n^n = n(n-1)(n-2)\cdot\cdots\cdot 3\cdot 2\cdot 1 = n! \quad ②$$

符号$n!$读作n的阶乘，表示自然数1到n的连续乘积.

将公式①右边乘以$\dfrac{(n-m)!}{(n-m)!}$得

$$A_n^m = n(n-1)(n-2)\cdots(n-m+1) = \frac{n(n-1)(n-2)\cdots(n-m+1)(n-m)!}{(n-m)!}$$

即

$$A_n^m = \frac{n!}{(n-m)!} \quad ③$$

为了使公式③在$n=m$时也能成立，规定$0!=1$，则有

$$A_n = A_n^n = \frac{n!}{0!} = n!$$

第 1 篇

微积分

第1章　函　　数

函数是数学中最重要的基本概念之一，是现实生活中量与量之间的依存关系在数学中的反映，也是经济数学的主要研究对象．本章将在中学已有的知识的基础上，进一步阐明函数的一般定义，总结在中学已学过的一些函数，并介绍一些经济学中的常用函数．

1.1　函数及其性质

在自然界中，某些现象中各种变量之间，通常并不都是独立变化的，它们之间存在着依赖关系．观察下面几个例子：

某种商品的销售单价为 p 元，其销售额 L 与销售量 x 之间存在依赖关系 $L = px$.

圆的面积 S 与半径 r 之间存在依赖关系 $S = \pi r^2$.

不考虑上面两个例子中量的实际意义，它们都给出了两个变量之间的相互依赖关系，这种关系是一种对应法则，根据这一法则，当其中一个变量在其变化范围内任意取定一个数值时，另一个变量就有确定的值与之对应．两个变量间的这种对应关系就是函数概念的实质．

1.1.1　函数的定义

定义 1.1　设有两个变量 x, y 对任意的 $x \in D$，存在一对应法则 f，使得 y 有唯一确定的值与之对应，则 y 称为 x 的函数，记为 $y = f(x)$， $x \in D$．其中 x 称为自变量， y 称为因变量．

定义 1.2　A, B 为两个数集，对任意的 $x \in A$，存在 f，在 B 中有唯一确定的值 y 与之对应，记为 $f: A \to B$，称 f 为 A 到 B 的函数．

1. 函数两要素

对应法则、定义域（有的可直接看出，有的需计算）称为函数两要素，而值域一般称为派生要素．这里 f 为一种对应法则，对每一个 x，有唯一的实数 y 与之对应．由映射的定义可知，当定义域与对应法则确定后，函数就完全确定了，可见，定义域与对应法则是确定函数的两个要素．因此，对于两函数 $f(x), g(x)$，若它们有相同的定义域 D，且对 D 中的每个 x 有相同的函数值，即 $f(x) = g(x)$， $\forall x \in D$，则称 $f(x)$ 与 $g(x)$ 相等，并记为 $f(x) = g(x)$．例如， $f(x) = 1,\ x \in \mathbf{R}$ 与 $g(x) = \sin^2 x + \cos^2 x,\ x \in \mathbf{R}$ 是两个相等的函数，而 $f(x) = 1$ 与 $g(x) = \dfrac{x}{x}$ 则是不相等的函数，因为 $D_f = \mathbf{R}$，而 $D_g = \{x \neq 0, x \in \mathbf{R}\}$．

设 $f(x)$ 为给定的函数， $D_f = D$，函数值的全体所构成的数集称为函数 $f(x)$ 的值域，记为 R_f 或 $f(x)$，即 $R_f = f(x) = \{y \mid y = f(x), x \in D_f\}$．

例 1.1 函数 $y=2$ 的定义域 $D_f=(-\infty,+\infty)$，值域 $R_f=\{2\}$，其图形是一条平行于 x 轴的直线.

例 1.2 函数 $y=|x|=\begin{cases}x, & x\geqslant 0,\\ -x, & x<0\end{cases}$ 的定义域 $D_f=(-\infty,+\infty)$，值域 $R_f=[0,+\infty)$，它的图形如图 1.1 所示，这个函数称为绝对值函数.

例 1.3 函数 $y=\operatorname{sgn}x=\begin{cases}1, & x>0,\\ 0, & x=0,\\ -1, & x<0\end{cases}$ 称为符号函数，它的定义域 $D_f=(-\infty,+\infty)$，值域 $R_f=\{-1,0,1\}$，它的图形如图 1.2 所示，对于任何实数 x，关系式 $x=\operatorname{sgn}x\cdot|x|$ 成立.

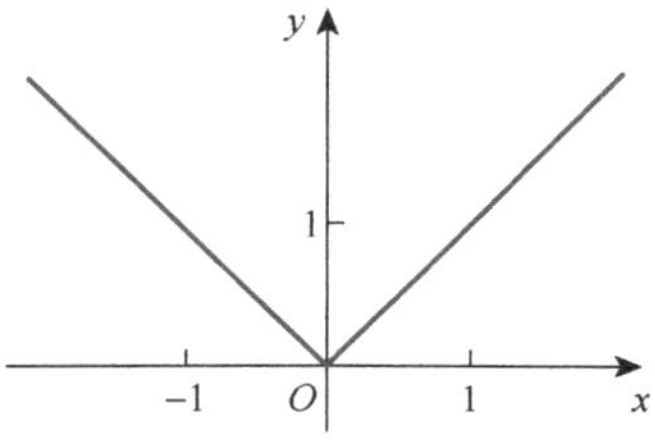

图 1.1

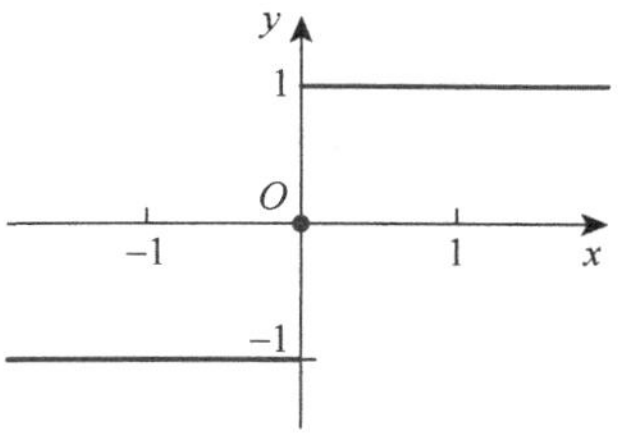

图 1.2

例 1.4 设 $f(x+1)=2x^2+3x-1$，求 $f(x)$.

解 设 $x+1=t$，则 $x=t-1$，得

$$f(t)=2(t-1)^2+3(t-1)-1=2t^2-t-2$$

即 $f(x)=2x^2+x-2$.

定义域是使函数有意义的自变量的集合，求函数定义域时需注意以下几点：①分母不等于 0；②偶次根式被开方数大于或等于 0；③对数的真数大于 0；④ $y=x^0(x\neq 0)$；⑤ $y=\tan x\left(x\neq k\pi+\dfrac{\pi}{2},k\in\mathbf{Z}\right)$.

例 1.5 求函数 $y=\sqrt{x^2-x-6}+\arcsin\dfrac{2x-1}{7}$ 的定义域.

解 要使函数有意义，有

$$\begin{cases}x^2-x-6\geqslant 0\\ \left|\dfrac{2x-1}{7}\right|\leqslant 1\end{cases}\Leftrightarrow\begin{cases}x\geqslant 3\text{或}x\leqslant -2\\ -3\leqslant x\leqslant 4\end{cases}\Leftrightarrow -3\leqslant x\leqslant -2\text{或}3\leqslant x\leqslant 4$$

于是，所求函数的定义域为 $[-3,-2]\cup[3,4]$.

例 1.6 判断以下函数是否是同一函数，为什么？

（1） $y=\ln x^2$ 与 $y=2\ln x$；　　（2） $\omega=\sqrt{u}$ 与 $y=\sqrt{x}$.

解 （1）两个函数的定义域不同，因此不是相同的函数.

（2）两个函数的对应法则和定义域均相同，因此是同一函数.

2. 函数的表示法

表示函数的主要方法有三种：解析法（或分析法、公式法）、图像法、表格法．其中，用图像法表示函数是基于函数图形的概念，即坐标平面上的点集．

（1）解析法（或分析法、公式法），如 $y=\sin x$， $y=\sqrt{x^2+1}$，这样的表达式亦为函数的解析式，这种表示法的主要优点是严密；

（2）图像法，如用直角坐标（或极坐标等）平面的一条曲线表示函数，这种表示法的主要优点是直观；

（3）表格法，如三角函数表、对数表、正态分布表等，这种表示法的主要优点是能进行函数值的查询．

3. 分段函数

由两个或两个以上的解析式表示的函数，称为分段函数，分段函数的定义域是各段定义域的并集．例如，$f(x)=\begin{cases}x-1, & x<0,\\ 0, & x=0,\\ x+1, & x>0\end{cases}$ 的定义域为 $\mathbf{R}$．

例 1.7 某商店对一种商品的售价规定如下：购买量不超过 5 kg 时，每千克 0.8 元；购买量大于 5 kg 而不超过 10 kg 时，其中超过 5 kg 的部分优惠价每千克 0.6 元；购买量大于 10 kg 时，超过 10 kg 部分每千克 0.4 元．若购买 x kg 的费用记为 $f(x)$，则

$$y=f(x)=\begin{cases}0.8x, & 0\leqslant x\leqslant 5\\ 0.8\times 5+0.6(x-5), & 5<x\leqslant 10\\ 0.8\times 5+0.6\times 5+0.4(x-10), & x>10\end{cases}$$

即 $y=f(x)=\begin{cases}0.8x, & 0\leqslant x\leqslant 5,\\ 1+0.6x, & 5<x\leqslant 10,\\ 3+0.4x, & x>10\end{cases}$ 这是一个定义在 $[0,+\infty)$ 上的分段函数．

1.1.2 函数的性质

要研究函数，首先函数必须要有意义，假设 $f(x)$ 在区间 D 上有定义．

1. 有界性

定义 1.3 设函数 $f(x)$ 在区间 I 上有定义，若存在一个正数 M，当 $x\in I$ 时，恒有 $|f(x)|\leqslant M$ 成立，则称函数 $f(x)$ 为在 I 上的有界函数；若不存在这样的正数 M，则称函数 $f(x)$ 为在 I 上的无界函数．

例如，$y=\sin x$，$y=\cos x$ 在全数轴上均有界，而 $\varphi(x)=\dfrac{1}{x}$ 在(0, 1)内无界．又如，因为当 $x\in(-\infty,+\infty)$ 时，恒有 $|\sin x|\leqslant 1$，所以函数 $f(x)=\sin x$ 在 $(-\infty,+\infty)$ 内是有界函数，而 $f(x)=\tan x$ 在 $\left(-\dfrac{\pi}{2},\dfrac{\pi}{2}\right)$ 内是无界函数．

有的函数可能在定义域的某一部分有界，而在另一部分无界．例如，$f(x)=\tan x$ 在 $\left(-\frac{\pi}{3},\frac{\pi}{3}\right)$ 内是有界的，而在 $\left(-\frac{\pi}{2},\frac{\pi}{2}\right)$ 内是无界的．因此，说一个函数是有界或无界，应同时指出其自变量的相应范围．

有界函数的图形完全落在两条平行于 x 轴的直线之间．

有界函数的界不是唯一的，即若对任意 $x\in D$，都有 $|f(x)|\leqslant M$，则也一定有 $|f(x)|\leqslant M+a(M>0,a>0)$．

2. 单调性

定义 1.4 对 $y=f(x),x\in D$，若对任意两点 $x_1,x_2\in D$，当 $x_1<x_2$ 时有 $f(x_1)<f(x_2)$，则称函数 $f(x)$ 在 D 上单调递增，区间 D 称为单调增区间；反之，函数 $f(x)$ 在 D 上单调递减，区间 D 称为单调减区间．单调递增函数和单调递减函数统称为单调函数，单调增区间和单调减区间统称为单调区间．

例如，$y=a^x$，$y=\log_a x$ 在其定义域区间内均为单调函数，$y=\tan x$ 在 $\left(-\frac{\pi}{2},\frac{\pi}{2}\right)$ 内单调递增，$y=\cot x$ 在 $(0,\pi)$ 内单调递减．

例 1.8 判断并证明函数 $y=x^2$ 的单调性．

解 从函数 $y=x^2$ 的图像可知，此函数的单调区间是 $(-\infty,0]$，$[0,+\infty)$．

（1）设任意 $x_1<x_2\leqslant 0$，则 $y_1-y_2=x_1^2-x_2^2=(x_1-x_2)(x_1+x_2)$．

因为 $x_1<x_2\leqslant 0$，所以 $x_1-x_2<0$，$x_1+x_2<0$，有 $y_1-y_2>0$，即 $y_1>y_2$．

故函数 $y=x^2$ 在 $(-\infty,0]$ 上是减函数．

（2）设 $0\leqslant x_1<x_2$，则 $x_1-x_2<0$，$x_1+x_2>0$，有 $y_1-y_2=(x_1-x_2)(x_1+x_2)<0$，即 $y_1<y_2$．

故函数 $y=x^2$ 在 $[0,+\infty)$ 上是增函数．

3. 奇偶性

定义 1.5 对 $y=f(x)$，$x\in D_f$，若 $f(-x)=-f(x)$ 成立，则称 $f(x)$ 为奇函数；若 $f(-x)=f(x)$ 成立，则称 $f(x)$ 为偶函数；若 $f(-x)\neq f(x)\neq -f(x)$，则称 $f(x)$ 为非奇非偶函数．

特别地，若 $f(-x)=f(x)=-f(x)$ 成立，则称 $f(x)$ 既是奇函数又是偶函数．函数 $y=0$ 是唯一既是奇函数又是偶函数的函数．

奇函数的几何图形关于原点对称，而偶函数的几何图形关于 y 轴对称．

关于奇偶函数有如下的运算规律：

设 $f_1(x),f_2(x)$ 为奇函数，$g_1(x),g_2(x)$ 为偶函数，则

（1）$f_1(x)\pm f_2(x)$ 为奇函数，$g_1(x)\pm g_2(x)$ 为偶函数；

（2）$f_1(x)\pm g_1(x)$ 为非奇非偶函数；

（3）$f_1(x)\cdot g_1(x)$ 为奇函数，$f_1(x)\cdot f_2(x)$，$g_1(x)\cdot g_2(x)$ 为偶函数；

（4）若 $y=f(x)$ 和 $x=\varphi(t)$ 均为奇函数，则复合函数 $y=f[\varphi(t)]$ 为奇函数；

（5）若 $y=f(x)$ 为偶函数，且 $f(x)\neq 0$，则 $\dfrac{1}{f(x)}$ 为偶函数.

常数 C 是偶函数，因此，奇函数加非零常数后不再是奇函数了．研究函数的单调性，对函数作图有很大帮助.

例如，函数 $y=x^2\cos x$ 是偶函数，函数 $y=x^3$ 是奇函数.

又如，函数 $y=x^3+1$ 既不是奇函数也不是偶函数.

例 1.9 判断下列函数的奇偶性：

（1）$f(x)=\sqrt{1+x^2}$；（2）$g(x)=\begin{cases}1-e^{-x}, & x\leqslant 0,\\ e^x-1, & x<0.\end{cases}$

解 （1）因为 $f(-x)=\sqrt{1+(-x)^2}=\sqrt{1+x^2}=f(x)$，所以 $f(x)=\sqrt{1+x^2}$ 是偶函数.

（2）因为

$$g(-x)=\begin{cases}1-e^{-(-x)}, & -x\leqslant 0\\ e^{-x}-1, & -x>0\end{cases}=\begin{cases}1-e^{x}, & x\geqslant 0\\ e^{-x}-1, & x<0\end{cases}=-g(x)$$

所以 $g(x)=\begin{cases}1-e^{-x}, & x\leqslant 0\\ e^x-1, & x>0\end{cases}$ 是奇函数.

4. 周期性

定义 1.6 对 $y=f(x), x\in(-\infty,+\infty)$，若存在常数 $\omega\neq 0$，对任意 x 满足 $f(x+\omega)=f(x)$，则称 $f(x)$ 为周期函数，ω 为 f 的一个周期．例如，函数 $y=\sin x$，$y=\cos x$ 的周期均为 2π，$y=\tan x$ 的周期为 π．而 $y=C$（C 为一个常数）是以任意正数为周期的周期函数，但它不存在基本周期，所以说，并不是所有的周期函数都存在基本周期（最小正周期）.

$y=[x]$ 和 $y=x-[x]$ 都是以 1 为周期的周期函数．$y=[x]$ 和 $y=x-[x]$ 的图形分别如图 1.3 和图 1.4 所示.

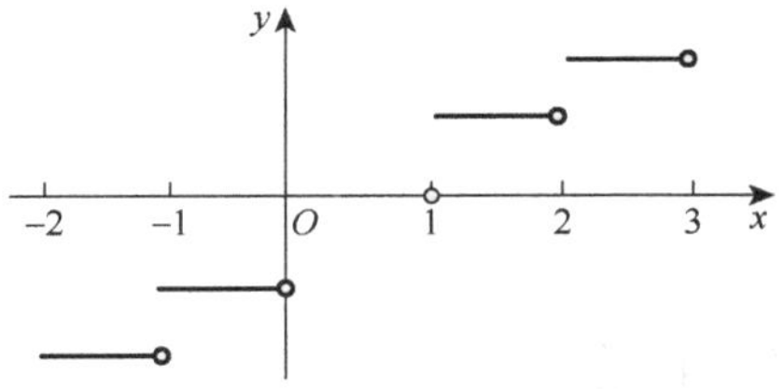

图 1.3

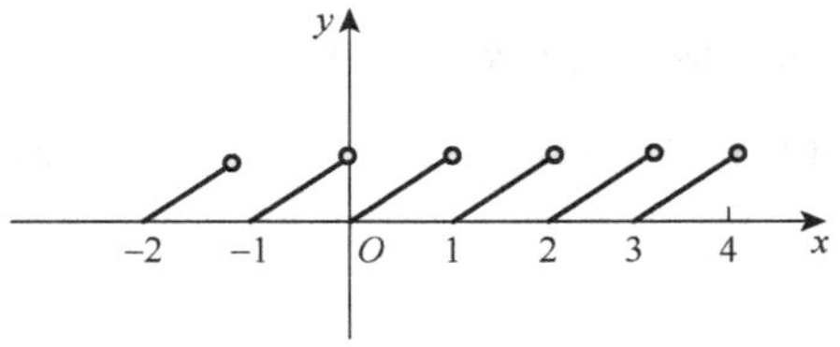

图 1.4

例 1.10 设函数 $y=f(x)$ 是以 ω 为周期的周期函数，试证函数 $y=f(ax)(a>0)$ 是以 $\dfrac{\omega}{a}$ 为周期的周期函数.

证 因为 $y=f(x)$ 以 ω 为周期，所以 $f(ax)=f(ax+\omega)$，即 $f(ax)=f\left[a\left(x+\dfrac{\omega}{a}\right)\right]$．因此 $f(ax)$ 是以 $\dfrac{\omega}{a}$ 为周期的周期函数.

习 题 1.1

1. 按照要求解下列各题：

（1）已知 $f(x)=\dfrac{1-x}{1+x}$，求 $f(x+1), f\left(\dfrac{1}{x}\right)$；

（2）已知 $f(x)=x^2\ln(1+x)$，求 $f(\mathrm{e}^{-x})$．

2. 下列函数是否为相同函数？为什么？

（1）$y=x$ 与 $y=\sqrt{x^2}$；（2）$y=\ln\sqrt{x-2}$ 与 $y=\dfrac{1}{2}\ln(x-2)$．

3. 求下列函数的定义域：

（1）$y=C$（C 为常数）；（2）$f(x)=\lg\dfrac{1+x}{1-x}$；

（3）$g(x)=\dfrac{1}{\sqrt{x}}+\sqrt[3]{\dfrac{1}{x-2}}$；（4）$y=\dfrac{1}{\sqrt{2+x-x^2}}$．

4. 已知 $f(x)$ 的定义域为 (a,b)，求 $f(2x-1)$ 的定义域．

5. 已知 $f(x)$ 的定义域为 $[0,2)$，求 $F(x)=f(x+a)+f(x-a)(a>0)$ 的定义域．

6. 下列函数中哪些是偶函数，哪些是奇函数，哪些是非奇非偶函数？

（1）$y=\mathrm{e}x^2+\cos x$；（2）$y=3x^2-x^3$；

（3）$f(x)=x(x-1)(x+1)$；（4）$y(x)=\sin x-\cos x+1$；

（5）$f(x)=\ln\left(x+\sqrt{x^2+1}\right)$．

7. 下列函数中哪些是周期函数？若是周期函数，指出其周期：

（1）$y=\sin(x+1)$；（2）$y=\cos 3x$；

（3）$y=1-\sin\pi x$；（4）$y=x\cos x$．

8. 试证明下列函数在指定区间内的单调性：

（1）$y=x^2, x\in(-1,0)$；（2）$y=\log_{\frac{1}{2}}x(x>0)$．

9. 试判断下列函数的有界性：

（1）$y=2\sin 3x+1$；（2）$y=x^{\frac{1}{100}}(x>0)$．

1.2 反函数与初等函数

上一节介绍了函数的定义、性质及函数要素等，这一节将介绍反函数的图像，重点介绍反三角函数的图像．

（1）什么样的函数才有反函数？为什么？

一一对应的函数才有反函数，因为从函数的定义知，函数 $y=\varphi(x)$ 对任意 x 有唯一的 y 与之对应．反函数是自变量和因变量互换，所以对任意 y 也应有唯一确定的 x 与之对应，函数 $x=\varphi(y)$ 才有意义，因此只有一一对应的函数才有反函数．

（2）正弦函数和余弦函数不是一一对应的函数，为什么会有反函数？

在$\left[-\frac{\pi}{2},\frac{\pi}{2}\right]$内讨论：

原函数 $y=\sin x$， $x\in\left[-\frac{\pi}{2},\frac{\pi}{2}\right]$， $y\in[-1,1]$；

反函数 $y=\arcsin x$， $x\in[-1,1]$， $y\in\left[-\frac{\pi}{2},\frac{\pi}{2}\right]$.

1.2.1 反函数

定义 1.7 设函数 $y=f(x)$，若把 y 作为自变量，x 作为函数，则由关系式 $y=f(x)$ 所确定的函数 $y=\varphi(x)$ 称为函数 $y=f(x)$ 的反函数，记为 $y=f^{-1}(x)$.

注：（1）求反函数的一般方法是将关系式 $y=f(x)$ 经过一系列的变换，变成 $x=\varphi(y)$ 的形式，最后再表示成 $y=\varphi(x)$ 的形式；

（2）并不是任何函数都有反函数；

（3）函数 $f(x)$ 与 $f^{-1}(x)$ 互为反函数，并有 $f^{-1}[f(x)]=x, x\in I$， $f[f^{-1}(x)]=y, y\in f(x)$；

（4）函数 $f(x)$ 的反函数 $f^{-1}(x)$ 通常记为 $y=f^{-1}(x), x\in f(I)$.

定理 1.1 设 $y=f(x)$ 在某区间 I 上严格单调递增（严格单调递减），则函数 $y=f(x)$ 必有反函数，反函数为 $f^{-1}(x)$，且反函数 $x=f^{-1}(y)$ 在 $f(I)$ 上也是严格单调递增（严格单调递减）的.

互为反函数的图像之间的关系：

在同一坐标平面内，$y=f(x)$ 与 $y=f^{-1}(x)$ 的图形是关于直线 $y=x$ 对称的.

例如，函数 $y=2^x$ 与函数 $y=\log_2 x$ 互为反函数，则它们的图形在同一直角坐标系中是关于直线 $y=x$ 对称的，如图 1.5 所示.

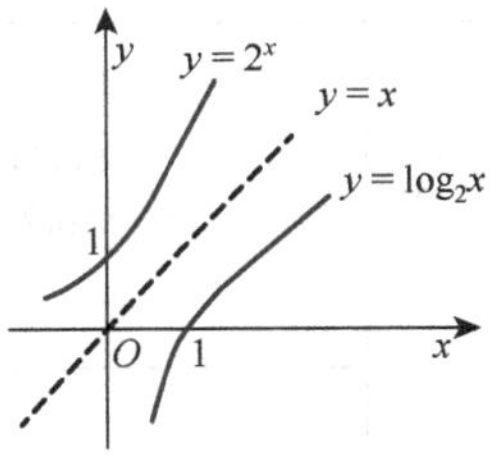

图 1.5

例 1.11 求函数 $y=\frac{2^x}{2^x+1}$ 的反函数.

解 由 $y=\frac{2^x}{2^x+1}$，解得 $x=\log_2\frac{y}{1-y}$，变换 x, y 的位置，即得所求反函数

$$y=\log_2\frac{x}{1-x} \quad 或 \quad y=\log_2 x-\log_2(1-x)$$

其定义域为(0, 1).

1.2.2 基本初等函数

（1）常值函数：$y=C$（C 为常数）；

（2）指数函数：$y=a^x$（$a>0$ 且 $a\neq1$，a 为常数）；

（3）对数函数：$y=\log_a x$（$a>0$ 且 $a\neq1$，a 为常数）；

（4）幂函数：$y=x^a$（a 为常数）；

（5）三角函数：$y=\sin x$， $y=\cos x$， $y=\tan x$， $y=\cot x$， $y=\sec x$， $y=\csc x$；

（6）反三角函数：$y=\arcsin x$， $y=\arccos x$， $y=\arctan x$， $y=\operatorname{arccot} x$.

这 6 类函数称为基本初等函数，如表 1.1 所示.

表 1.1

序号	函数	图像	性质
1	常值函数 $y=C$ （C 为常数）	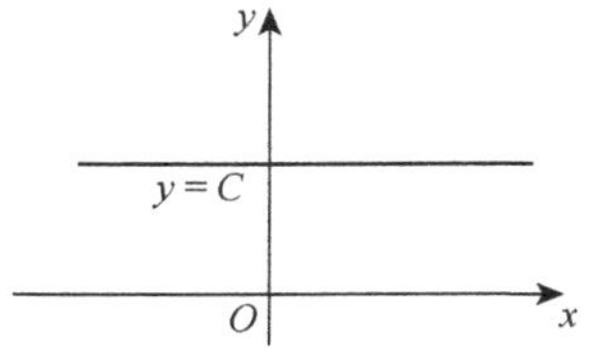	（1）定义域 $D=\mathbf{R}$ （2）值域 $y=\{C\}$
2	指数函数 $y=a^x(a>0且a\neq 1, a为常数)$	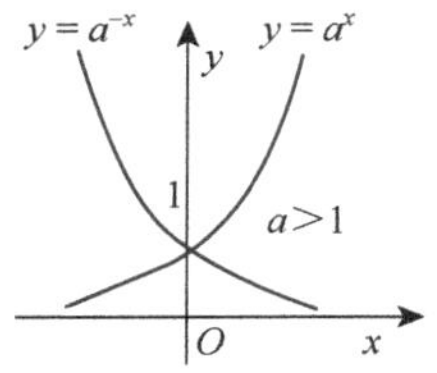	（1）定义域 $D=\mathbf{R}$ （2）当 $a>1$ 时，函数单调递增；当 $0<a<1$ 时，函数单调递减 （3）图象过点(0, 1)，以 x 轴为渐近线
3	对数函数 $y=\log_a x(a>0且a\neq 1, a为常数)$	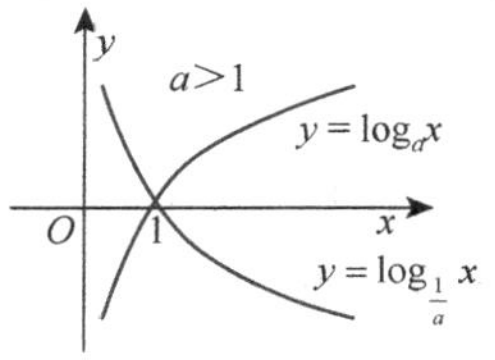	（1）定义域 $D=(0,+\infty)$ （2）当 $a>1$ 时，函数单调递增；当 $0<a<1$ 时，函数单调递减 （3）图象过点(0, 1)，以 y 轴为渐近线
4	幂函数 $y=x^a(a为常数)$	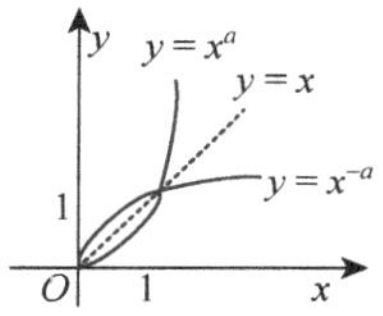	（1）定义域随 a 而改变，但是在 $(0,+\infty)$ 总有定义 （2）在第一象限，当 $a>0$ 时函数单调递增；当 $a<0$ 时函数单调递减 （3）图像都过点(1, 1)
5	三角函数 $y=\sin x$ （这里只写出了正弦函数）	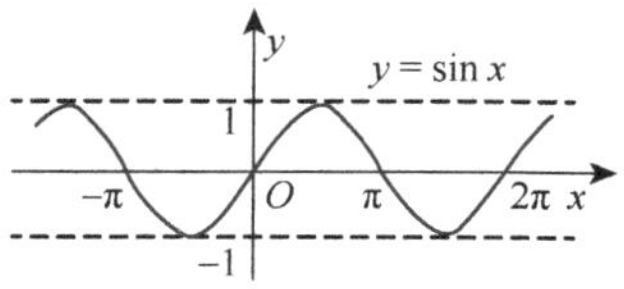	（1）定义域 $D=\mathbf{R}$ （2）奇函数，有界函数，周期 $T=2\pi$ （3）单增区间为 $\left(2k\pi-\frac{\pi}{2}, 2k\pi+\frac{\pi}{2}\right)$ 单减区间为 $\left(2k\pi+\frac{\pi}{2}, 2k\pi+\frac{3\pi}{2}\right)$，$k\in\mathbf{Z}$
6	反三角函数 $y=\arcsin x$ （这里只写出了反正弦函数）	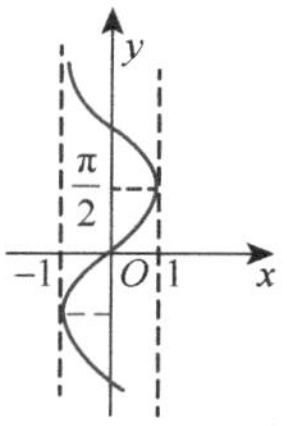	（1）定义域 $D=[-1,1]$ （2）值域 $y\in\left[-\frac{\pi}{2},\frac{\pi}{2}\right]$ （3）奇函数，单增函数，有界函数

1.2.3 复合函数

在现实生活中很多函数关系是比较复杂的，两个变量间的函数关系，往往要通过一个或几个中间变量联系起来.

定义 1.8 设 y 是 u 的函数 $y=f(u)$，u 又是 x 的函数 $u=\varphi(x)$，若对于自变量 x 的取值，通过 u 有唯一的 y 与之对应，则 y 通过变量 u 构成 x 的函数，称 y 为 x 的复合函数，记为 $y=f[\varphi(x)]$，其中 u 称为中间变量.

复合函数也形象地称为"套函数". $u=\varphi(x)$ 称为内函数，$y=f(u)$ 称为外函数，内函数与外函数套在一起构成复合函数.

例 1.12 $y=\sqrt{\mu}$，$\mu=\sin x$，求其复合函数.

解 $y=\sqrt{\sin x}$，要求 $\mu\geqslant 0$，故 $\sin x\geqslant 0$，$x\in[2k\pi,\pi+2k\pi]$.

例 1.13 分析下列复合函数的结构.

（1）$y=\sqrt{\cot\dfrac{x}{2}}$；　　（2）$y=\mathrm{e}^{\sin\sqrt{x^2+1}}$.

解 （1）$y=\sqrt{\mu}$，$\mu=\cot\nu$，$\nu=\dfrac{x}{2}$.

（2）$y=\mathrm{e}^{\mu}$，$\mu=\sin\nu$，$\nu=\sqrt{t}$，$t=x^2+1$.

例 1.14 设 $f(x)=x^2$，$g(x)=2^x$，求 $f[g(x)]$，$g[f(x)]$.

解 $f[g(x)]=f(2^x)=(2^x)^2=4^x$，$g[f(x)]=g(x^2)=2^{x^2}$.

例 1.15 某社区的环境研究表明：若该社区人口为 p 万，则大气中一氧化碳的含量为百万分之 $C(p)$，这里 $C(p)=5p+1$；又根据统计分析，从现在起的 t 年后，社区人口为 $p(t)=1+0.01t^2$ 万. 试问几年后一氧化碳含量将达到 6.8%?

解 要解决这个问题，首先得把大气中一氧化碳的含量表示为 t 的函数，因为

$$C(p)=5p+1,\qquad p(t)=1+0.01t^2$$

所以

$$C[p(t)]=5(1+0.01t^2)+1=6+0.05t^2$$

根据题意，所求的 t 应满足 $C[p(t)]=6.8$，即 $6+0.05t^2=6.8$. 由此得 $t^2=\dfrac{6.8-6}{0.05}=16$，所以 $t=\sqrt{16}=4$.

这就是说，从现在起的 4 年后，大气中的一氧化碳含量将达到 6.8%，这个问题中出现的 $C[p(t)]$ 就是由 $p(t)$ 和 $C(p)$ 构造出来的复合函数的值.

例 1.16 设某企业经营者每年收入 S 与该年利润 L 有关，其函数关系为 $S=0.05L$，而利润 L 与该企业产品的产量 Q 有关，其关系为 $L=Q^{0.3}$. 把 $L=Q^{0.3}$ 代入 $S=0.05L$ 中，得到 $S=0.05Q^{0.3}$. 把 $S=0.05Q^{0.3}$ 称为由 $S=0.05L$ 和 $L=Q^{0.3}$ 构成的复合函数.

复合函数的概念可表述如下：

定义 1.9 设有函数 $f(x)$ 和 $g(x)$，$D_f\cap R_g\neq\varnothing$，则称定义在 $\{x\mid x\in D_g, g(x)\in D_f\}$ 上的函数 $f\circ g$ 为 $f(x)$ 和 $g(x)$ 的复合函数，其中 $(f\circ g)(x)=f[g(x)]$. 对复合函数 $f\circ g$，称 $u=g(x)$ 为中间变量，其中 $x\in D_{f\circ g}$ 为自变量.

例 1.17 试把函数 $F(x)=3^{\arcsin\sqrt{1-x^2}}$ 分成几个简单函数的复合.

解

$$f(u)=3^u$$
$$u=\arcsin v$$
$$v=\sqrt{w}$$
$$w=1-x^2$$

1.2.4 初等函数

由基本初等函数经过有限次四则运算和复合运算所构成的函数，称为初等函数.

例如，函数 $y=\sin^2 x$， $y=\sqrt{1-x^2}$ 等均为初等函数.

又如，函数 $y=\begin{cases} x^2+1, & x<1, \\ 2x, & x\geqslant 1 \end{cases}$ 与 $1+x+x^2+\cdots+x^n+\cdots$ 均为非初等函数（因为前者是分段函数，后者不满足有限次四则运算）.

例 1.18 求函数 $y=\arcsin\dfrac{x-3}{2}$ 的定义域.

解 因为要使函数有意义，x 必须满足 $-1\leqslant\dfrac{x-3}{2}\leqslant 1$，解之得 $1\leqslant x\leqslant 5$，于是此函数的定义域为 $D=[1,5]$.

习 题 1.2

1. 求下列函数的反函数，并画出其图像：

（1） $y=\dfrac{2x+1}{3x-1}$；（2） $y=10^{x-1}-2$；

（3） $y=\begin{cases} \dfrac{x}{2}, & -2\leqslant x<1, \\ 2^x, & 1\leqslant x<3; \end{cases}$（4） $y=f(x)=\begin{cases} 2\sqrt{x}, & 0\leqslant x\leqslant 1, \\ 1+x, & x>1. \end{cases}$

2. 下列复合函数是由哪些函数复合而成的？

（1） $y=\ln\sin\sqrt{x^2+1}$；（2） $y=\cos\sqrt{\ln x}$；

（3） $y=\arctan\sqrt{e^x-x}$；（4） $y=2^{2x}$.

3. 已知 $f(x)=x^2\ln(1+x)$，求 $f(e^x-1)$.

4. 已知 $f\left(x+\dfrac{1}{x}\right)=x^2+\dfrac{1}{x^2}$，求 $f(x)$.（提示：令 $x+\dfrac{1}{x}=u$）

5. 设 $f(x)=\dfrac{1}{1+x}$，$\varphi(x)=1+x^2$. 试求：$f[\varphi(x)]$，$\varphi[f(x)]$，$f\left(\dfrac{1}{x}\right)$，$f[f(x)]$.

6. 已知 $f(x)=\begin{cases} 2x-3, & |x|\leqslant 1, \\ 0, & |x|>1, \end{cases}$ 求 $f[f(x)]$.

7. 设函数 $f(x)=\begin{cases} 2-x, & x\leqslant 0, \\ x+2, & x>0, \end{cases}$ $\varphi(x)=\begin{cases} x^2, & x<0, \\ -x, & x>0, \end{cases}$ 求 $f[\varphi(x)]$.

8. 求下列函数的定义域：

（1） $y=\arccos 2x$；（2） $y=\arctan\dfrac{x}{2}$；

（3） $y=\sqrt{3-x}+\arccos\frac{x-2}{3}$；（4） $f(x)=\sqrt{\tan x}$；

（5） $\varphi(x)=\frac{1}{\sqrt{\cos x}}$；（6） $y=\sqrt{\sin x}+\sqrt{16-x^2}$；

（7） $y=\arcsin\left(\sqrt{x}-1\right)$（8） $y=\cot\sqrt{x}$.

9. 根据三角函数的图形，本着离原点最近的原则，指出下列不等式的一个基本解区间：

（1） $\sin x>0$；（2） $\sin x\leqslant 0$；（3） $\cos x<0$；

（4） $\cos x\geqslant 0$；（5） $\tan x\leqslant 0$；（6） $\cos x>0$.

1.3 常用经济函数

现代经济学的一个明显特点是越来越多地使用数学，现在几乎每一个经济学领域都用到数学，绝大多数的经济学都包含数学或计量模型，数学已成为现代研究经济学的主要工具之一，形成了一门重要的学科——数理经济学. 计量经济学主要是采用统计学方法，利用统计数据，建立计量经济学模型分析经济问题. 在整个经济学领域里，边际分析、瓦尔拉斯（Walras）一般均衡论、线性规划、投入产出分析、博弈论，以及随机数学、模糊数学和非线性科学在经济中也有着广泛的应用，数学与经济学的结合越来越紧密.

1.3.1 需求函数与供给函数

在经济学中，需求是指在一定价格条件下，消费者愿意并且有支付能力购买的商品数量. 消费者对某种商品的需求是由多种因素决定的，其中商品的价格是影响需求的一个主要因素. 假设其他条件不变（如消费者的收入、偏好，以及其他替代商品的价格等），把商品的需求量 Q 仅看成是其价格 P 的函数，这个函数就称为需求函数，记为

$$Q=Q(P)$$

一般的经济学理论，对于需求函数并没赋予确定的形式. 但是，最常见、最简单的需求函数，还是如下形式的线性需求函数：

$$Q_{\mathrm{d}}=-aP+b \quad (a,b\text{ 均为正常数})$$

从需求函数的特征来看，需求函数一般是减函数：商品价格低，则需求量大；商品价格高，则需求量小.

供给是与需求相对应的概念，需求是就市场中的消费者而言的，供给是就市场中的生产者而言的. 某种商品的市场供给量 S 也受商品价格 P 的制约，价格上涨将刺激生产者向市场提供更多的商品，供给量增加；反之，价格下跌将使供给量减少. 在假定其他因素不变的条件下，供给量 S 也看成价格 P 的函数，称为供给函数，记为

$$S=S(P)$$

最简单的供给函数，也是如下形式的线性供给函数：

$$Q_{\mathrm{s}}=cP-d \quad (c,d\text{ 均为正常数})$$

常见的需求函数和供给函数有线性函数、二次函数、指数函数等. 一般地，需求函数是价格的单调减函数，供给函数是价格的单调增函数. 当市场的需求量与供给量持平时，称为供需

平衡．此时的价格称为供需平衡价格或均衡价格，记为P_0；需求量称为均衡量，记为Q_0．

例 1.19 根据往年的市场资料，某当季商品售价为每件 80 元时，市场需求量为 1 万件，该商品每件售价降低 3 元，需求量将增加 0.3 万件，试求该商品的需求函数．

解 因为需求量为Q_d，价格为P，所以根据题意，Q_d与P的函数关系为

$$Q_d=-aP+b$$

将$Q_d\big|_{P=80}=1$与$Q_d\big|_{P=77}=1.3$分别代入上式，得

$$a=0.1,\qquad b=9$$

于是，所求函数关系为

$$Q_d=-0.1P+9$$

例 1.20 例 1.19 中，当市场售价为每件 80 元时，生产厂商愿向市场提供 4 万件商品，当价格每件增加 3 元时，生产厂商就多提供 0.6 万件商品，试求该商品的供给函数．

解 由题意知

$$S=4+\frac{P-80}{3}\times 0.6=0.2P-12$$

例 1.21 试求出上两例中该商品的市场均衡价格与均衡量．

解 当$S=Q$时，市场供需平衡，此时

$$0.2P_0-12=9-0.1P_0$$

得$P_0=70$．因而

$$Q_0=9-0.1\times 70=2$$

即市场的均衡价格为 70 元，均衡量为 2 万件．

例 1.22 已知某商品的需求函数和供给函数分别为

$$Q_d=14-1.5P,\qquad Q_s=-5+4P$$

求该商品的均衡价格和均衡量．

解 由供需平衡条件有

$$14-1.5P=-5+4P$$

解得均衡价格为

$$P_0=\frac{19}{5.5}\approx 3.45$$

将均衡价格代入需求函数，得均衡量为

$$Q_0=\frac{97}{11}\approx 8.82$$

1.3.2 成本、收入与总利润函数

在生产和经营活动中，人们总希望尽可能降低成本，提高收入和增加利润．而成本、收入和利润这些经济变量都与产品的产量或销售量Q密切相关，它们都可以看作Q的函数，分别称为总成本函数（记为$C(Q)$）、总收入函数（记为$R(Q)$）、总利润函数（记为$L(Q)$）．

总成本由固定成本C_0和变动成本$C_1(Q)$两部分组成：固定成本C_0与产量Q无关，如厂房、设备费等；变动成本$C_1(Q)$随产量Q的增加而增加，如原材料、劳动力成本等．

总成本函数为

$$C(Q)=C_0+C_1(Q)$$

总收入函数 $R(Q)$ 是产品的单价与产量或销售量的积：

$$R(Q)=PQ \quad （P \text{为产品的单位售价}）$$

总利润是总收入与总成本之差：

$$L(Q)=R(Q)-C(Q)$$

例 1.23　生产某产品的固定成本为 1 万元，可变成本与产量（单位：t）的立方成正比，已知产量为 20 t 时，总成本为 1.004 万元．求总成本函数和平均成本函数．

解　总成本函数为

$$C(Q)=C_0+C_1(Q)=1+kQ^3$$

将 $C(20)=1.004$ 代入上式，得 $k=5\times10^{-7}$，则总成本函数为

$$C(Q)=C_0+C_1(Q)=1+5\times10^{-7}Q^3$$

平均成本函数为

$$\bar{C}(Q)=\frac{C(Q)}{Q}=\frac{1}{Q}+5\times10^{-7}Q^2$$

例 1.24　某工厂生产某产品，年产量为 Q 台，每台售价为 250 元，当年产量在 600 台以内时，可以全部售出；经广告宣传后又可再多售出 200 台，每台平均广告费 20 元；若再多生产，本年就销不出去了．试建立本年的销售总收入 R 与年产量 Q 之间的函数关系．

解　（1）当 $0\leqslant Q\leqslant 600$ 时，$R(Q)=250Q$；

（2）当 $600<Q\leqslant 800$ 时，$R(Q)=250\times600+(250-20)(Q-600)=230Q+12\,000$；

（3）当 $Q>800$ 时，$R(Q)=250\times600+230\times200=196\,000$．

故所求函数关系为

$$R(Q)=\begin{cases}250Q, & 0\leqslant Q\leqslant 600\\ 230Q+12\,000, & 600<Q\leqslant 800\\ 196\,000, & Q>800\end{cases}$$

例 1.25　里昂混凝土公司是阿肯色州北部唯一的供应混凝土的垄断企业．企业的混凝土需求函数为 $P=110-4Q$，公司的固定成本为 400，每生产一个单位的混凝土需增加 10 个单位的成本，该公司的最大生产能力为 18，求其总利润函数并计算盈亏平衡点处的产量及价格．

解　收入函数和成本函数分别为

$$R(Q)=PQ=110Q-4Q^2, \qquad C(Q)=400+10Q$$

该公司的利润函数为

$$L(Q)=R(Q)-C(Q)=-4Q^2+100Q-400 \quad (0\leqslant Q\leqslant 18)$$

令 $L(Q)=0$，得盈亏平衡时的产量 $Q=5$（$Q=20$ 舍去），此时价格 $P=90$．

当厂商生产多种不同的产品时，成本、收入和利润均为各产品产量的多元函数．

例 1.26　某电脑公司销售某品牌的电脑，一周内需求量 x（台）和上周末的进货量 y（台）均在区间[50, 80]上变化．每销出一台电脑，可获利 200 元，若供不应求，可向其他公司调剂，每台仍可获利 50 元；若供过于求，通过降价仍可全部售出，但每台要亏损 100 元．试将该公司一周内销售该品牌电脑获取的利润 z 表示成需求量 x 和进货量 y 的函数．

解 由题意知，$50 \leqslant x$，$y \leqslant 80$．

当商品供不应求时，$50 \leqslant y \leqslant x \leqslant 80$，利润 $z = 200y + 50(x - y)$；

当商品供过于求时，$50 \leqslant x \leqslant y \leqslant 80$，利润 $z = 200x - 100(y - x)$．

故利润函数为

$$z = f(x, y) = \begin{cases} 50x + 150y, & 50 \leqslant y \leqslant x \leqslant 80 \\ 300x - 100y, & 50 \leqslant x \leqslant y \leqslant 80 \end{cases}$$

1.3.3 库存函数

例 1.27 某药店常年经销药品 A，年销售量 300 箱，每箱进货价 800 元，如果按平均库存量占用资金，该资金每年应付贷款利息 7.5%，为了保证供应，要有计划地进货，假设销售量是均匀的，每批进货量相同．已知进一批货需手续费 50 元，而库存保管费每箱每年 10 元，试求库存总费用 C 与进货批量（即每批进货的数量）x 之间的函数关系．

解 设进货批量为 x（箱），则全年进货的批数为 $n = \dfrac{300}{x}$，由题意知，进货的手续费 $C_1 = 50n = \dfrac{15\,000}{x}$，平均库存量为 $\dfrac{x}{2}$，从而库存保管费为

$$C_2 = \frac{x}{2} \cdot 10 = 5x$$

按这样的平均库存量，该药店常年占用资金大约为 $\dfrac{x}{2} \cdot 800 = 400x$，需支付的贷款利息为

$$C_3 = 400x \cdot 7.5\% = 30x$$

综上所述，库存总费用为

$$C = C_1 + C_2 + C_3 = \frac{15\,000}{x} + 35x$$

习 题 1.3

1. 某企业拟建一个容积为 V 的长方体水池，设它的底为正方形，如果池底所用材料的单位（面积）造价是四周单位（面积）造价的 2 倍，试将总造价表示成底边长的函数，并确定此函数的定义域．

2. 某产品的产量为 x t，固定成本为 $b(b > 0)$ 元，每生产一个单位产品，成本增加 $a(a > 0)$ 元，试将成本 C 和平均成本 $\dfrac{C}{x}$ 表示为 x 的函数．

3. 已知下列需求函数和供给函数，求相应的市场均衡价格 P_0：

（1）$Q_d = \dfrac{100}{3} - \dfrac{2}{3}P$，$Q_s = -20 + 10P$；　　（2）$P^2 + 2Q_d^2 = 114$，$P = Q_s + 3$．

4. 某种玩具定价 5 元/件，每月可售出 1 000 件，若每件售价降低 0.01 元，则可多售出 10 件，试将总收入表示为多售出件数的函数．

5. 某种彩色电视机每台售价为 1 500 元时，每月可销售 2000 台；每台售价降低 50 元时，每月可增售 100 台、试求该电视机的需求函数．

6. 某厂生产某种产品，最大生产力为 10 000 t．已知每吨产品的出厂价为 20 万元，又知每生产 1 t 产品的变动成本（材料及生产工人工资等费用）是 15 万元，生产这种产品的固定成本（如管理费等固定支出）是 2 万元．求：

（1）工厂销售收入 R（万元）与销售数量 x（t）之间的收入函数 $R(x)$；

（2）工厂生产总成本（变动成本与固定成本之和）C（万元）与产量 x（t）之间的成本函数 $C(x)$；

（3）在产销平衡（即产量与销量相等）时，从销售收入中扣除生产总成本所余利润的利润函数 $L(x)$．

第 2 章　函数的极限与连续

2.1　函数的极限

例 2.1　我国战国时代哲学著作《庄子》里有“一尺之棰，日取其半，万事不竭”之说，意思是：有一根一尺长的木棒，如果第一天截取它的一半，而以后每天截取前一天剩余的一半，那么这根木棒是永远截不完的.

设 n 天木棒的剩余量为 a_n，根据题意，a_n 随着天数 n 的增加而减少，当天数为 $1, 2, 3, \cdots, n, \cdots$ 时，a_n 依次为

$$\frac{1}{2}, \frac{1}{4}, \frac{1}{8}, \cdots, \frac{1}{2^n}, \cdots$$

显然，以上数列 $\left\{\frac{1}{2^n}\right\}$ 的通项随着 n 的增大而逐渐接近于零，且随着 n 的无限增大而无限接近于零.

例 2.2　作圆的一系列内接正多边形，若以 S 表示圆的面积，S_n 表示圆的内接正 n 边形的面积，则内接正 n 边形的面积 S_n 随着边数 n 的增大而逐渐接近于圆的面积 S，且 S_n 随着 n 的无限增大而无限接近于 S.

以上两例虽是不同的问题，但都有一个共同的特征，即变量在无限变化的过程中，逐渐趋近于某一个确定的常量. 变量变化的过程，称为极限过程；相应确定的常量称为变量的极限. 例 2.1 中，常量 0 是变量 a_n 的极限；例 2.2 中，常量 S 是变量 S_n 的极限.

研究变量这一特殊变化趋势的问题，就是研究变量的极限问题.

2.1.1　数列极限

1. *数列*

例如，下列各列数：

①$\frac{1}{2}, \frac{1}{2^2}, \frac{1}{2^3}, \cdots, \frac{1}{2^n}, \cdots$；

②$2, \frac{1}{2}, \frac{4}{3}, \cdots, \frac{n+(-1)^{n-1}}{n}, \cdots$；

③$2, \frac{3}{2}, \frac{4}{3}, \cdots, \frac{n+1}{n}, \cdots$；

④$1, 2, 3, \cdots, n, \cdots$；

⑤$0, 1, 0, \cdots, \frac{1+(-1)^n}{2}, \cdots$.

上述按照某种规律排列成的一列数 $a_1, a_2, a_3, \cdots, a_n, \cdots$ 称为数列，记为 $\{a_n\}$．其中，a_n 称为数列的通项，n 表示序号，是自然数．

2. 数列的极限

只要认真考察上面列举的 5 个数列，就不难看出：当 n 无限增大（记为 $n \to \infty$）时，有的数列的通项 a_n 无限趋近于某个常数 a，如数列①的 a_n 无限趋近于 0，数列②的 a_n 无限趋近于 1，数列③的 a_n 也无限趋近于 1；有的数列 a_n 却不趋近于任何常数，如数列④的 a_n 无限增大，数列⑤的 a_n 在 0 和 1 两数波动，无论 n 有多大，它们的通项 a_n 都不趋近于任何常数．

数列的这两种变化趋势，对于研究一般变量的变化趋势至关重要．

定义 2.1 对于数列 $\{a_n\}$，若当 n 无限增大时，a_n 无限地趋近于一个常数 A，则称数列 $\{a_n\}$ 当 $n \to \infty$ 时的极限为 a，或者称数列 $\{a_n\}$ 收敛于 A，记为

$$\lim_{n\to\infty} a_n = a \quad \text{或} \quad a_n \to a(n \to \infty)$$

思考：数列 0.9, 0.99, 0.999, ⋯的极限是什么？

一般地，对于数列 $a_1, a_2, a_3, \cdots, a_n, \cdots$，若存在任意给定的正数 ε（不论其多么小），总存在正整数 N，使得对于 $n>N$ 时的一切 a_n 不等式 $|a_n - a| < \varepsilon$ 都成立，则称常数 a 是数列 a_n 的极限，或者称数列 $\{a_n\}$ 收敛于 a，记为

$$\lim_{n\to\infty} a_n = a \quad \text{或} \quad a_n \to a(n \to \infty)$$

注：此定义中的正数 ε 只有任意给定，不等式 $|a_n - a| < \varepsilon$ 才能表达出 a_n 与 a 无限接近的意思．而且定义中的正整数 N 与任意给定的正数 ε 是有关的，它是随着 ε 的给定而选定的．

因不等式 $|a_n - a| < \varepsilon$ 与不等式 $a - \varepsilon < a_n < a + \varepsilon$ 等价，故当 $n>N$ 时，所有的点 a_n 都落在开区间 $(a - \varepsilon, a + \varepsilon)$ 内，而只有有限个（至多只有 N 个）在此区间以外．

注：至于如何求数列的极限，以后会学习到，这里不作具体讨论．

3. 数列的有界性

对于数列 $\{a_n\}$，若存在正数 M，使得一切 x_n 都满足不等式 $|a_n| \leqslant M$，则称数列 a_n 是有界的；若正数 M 不存在，则称数列 a_n 是无界的．

定理 2.1 若数列 $\{a_n\}$ 收敛，则数列 $\{a_n\}$ 一定有界．

注：有界的数列不一定收敛，即数列有界是数列收敛的必要条件，但不是充分条件．例如，数列 $1, -1, 1, -1, \cdots, (-1)^{n+1}, \cdots$ 是有界的，但它是发散的．

习 题 2.1（1）

1. 选择题：

（1）在下面数列 $\{a_n\}$ 中，（ ）为单调递增数列，（ ）为单调递减数列．

① $a_n = \dfrac{(-1)^n}{n}$； ② $a_n = n$； ③ $a_n = \dfrac{1+(-1)^n}{2}$； ④ $a_n = \dfrac{2}{n+1}$．

（2）在（1）中，（ ）为有界数列．

2. 观察数列$\{a_n\}$的变化趋势并写出它们的极限：

（1）$a_n=\frac{1}{3^n}$；（2）$a_n=\frac{(-1)^n}{n}$；（3）$a_n=\frac{1}{n}\sin\frac{\pi}{n}$．

（4）$a_n=\frac{n-1}{n+1}$；（5）$a_n=(-1)^n\cdot n$；（6）$a_n=\frac{1}{n}\sin\frac{\pi}{n}$．

3. 证明：

（1）数列$\left\{\frac{n}{n+1}\right\}$为单调递增数列；（2）数列$\left\{2+\frac{1}{n}\right\}$为单调递减数列．

4. 求下列极限：

（1）$\lim\limits_{n\to\infty}\left(1-\frac{1}{n}\right)$；（2）$\lim\limits_{n\to\infty}\left(\frac{2n^2-n+1}{n^2-2}\right)^5$．

5. 求下列极限：

（1）$\lim\limits_{n\to\infty}\frac{3n^2-2n+1}{6n^2+9}$；（2）$\lim\limits_{n\to\infty}\frac{\sqrt{4n^2+n}}{5n+4}$；

（3）$\lim\limits_{n\to\infty}\frac{\sqrt{n+1}-\sqrt{n}}{\sqrt{n+2}-\sqrt{n}}$；（4）$\lim\limits_{n\to\infty}\left(\sqrt{n^2+5n}-n\right)$；

（5）$\lim\limits_{n\to\infty}\left(1-\frac{1}{2^2}\right)\left(1-\frac{1}{3^2}\right)\left(1-\frac{1}{4^2}\right)\cdots\left(1-\frac{1}{n^2}\right)$ （提示：$1-\frac{1}{n^2}=\frac{n-1}{n}\cdot\frac{n+1}{n}$）；

（6）$\lim\limits_{n\to\infty}\frac{1+\frac{1}{2}+\frac{1}{2^2}+\cdots+\frac{1}{2^n}}{1+\frac{1}{3}+\frac{1}{3^2}+\cdots+\frac{1}{3^n}}$；（7）$\lim\limits_{n\to\infty}\left(\frac{1+2+3+\cdots+n}{n+2}-\frac{n}{2}\right)$．

2.1.2 函数极限

前面讨论了数列的极限，已经知道数列可看作一类特殊的函数，即自变量取$n\to\infty$内的正整数，若自变量不再限于正整数的顺序，而是连续变化的，就成为函数．下面讨论函数的极限．

函数的极限有两种情况：①自变量无限增大；②自变量无限接近于某一定点x_0，如果在这时，函数值无限接近于某一常数A，就称函数存在极限．2.1.1 小节已经讲解了数列的极限情况，那么函数的极限如何呢？

下面结合数列的极限来学习函数极限的概念．

1. 当$x\to\infty$时，函数$f(x)$的极限

定义 2.2 设函数$f(x)$在$|x|$充分大时有定义，若当$|x|$无限增大时，对应的函数值$f(x)$无限趋近于某一常数A，则称函数$f(x)$当x趋于无穷大时以A为极限，记为

$$\lim_{x\to\infty}f(x)=A \quad 或 \quad f(x)\to A(x\to\infty)$$

为了讨论问题方便起见，把x取正值且无限增大，称为x趋于正无穷，记为$x\to+\infty$；而把x取负值且$|x|$无限增大，称为x趋于负无穷，记为$x\to-\infty$．

因为极限过程$x\to\infty$本身就包含了$x\to+\infty$和$x\to-\infty$两种情形，所以根据定义 2.2，即可得到如下定理．

定理 2.2　$\lim\limits_{x\to\infty} f(x)=A$ 的充要条件是 $\lim\limits_{x\to+\infty} f(x)=\lim\limits_{x\to-\infty} f(x)=A$.

例 2.3　考察当 $x\to+\infty$ ， $x\to-\infty$ ， $x\to\infty$ 时，下列函数的极限：

（1） $f(x)=\dfrac{1}{x}$ ；　　　　（2） $g(x)=\left(\dfrac{1}{2}\right)^x$.

解　（1） $x\to-\infty$ 等价于 $-x\to+\infty$.

当 $x\to-\infty$ 时，由 $\dfrac{1}{x}=-\left(\dfrac{1}{-x}\right)$ 无限趋近于 0，知 $\lim\limits_{x\to-\infty}\dfrac{1}{x}=0$ ；

当 $x\to+\infty$ 时，由 $\dfrac{1}{x}$ 也无限趋近于 0，知 $\lim\limits_{x\to+\infty}\dfrac{1}{x}=0$.

故由 $\lim\limits_{x\to+\infty}\dfrac{1}{x}=\lim\limits_{x\to-\infty}\dfrac{1}{x}=0$ ，知 $\lim\limits_{x\to\infty}\dfrac{1}{x}=0$.

（2）当 $x\to-\infty$ 时，由 $\left(\dfrac{1}{2}\right)^x=2^{-x}$ 无限增大，知 $\lim\limits_{x\to-\infty}\left(\dfrac{1}{2}\right)^x=+\infty$ ；

当 $x\to+\infty$ 时，由 $\left(\dfrac{1}{2}\right)^x=\dfrac{1}{2^x}=2^{-x}$ 无限趋于 0，知 $\lim\limits_{x\to+\infty}\left(\dfrac{1}{2}\right)^x=0$.

故由 $\lim\limits_{x\to+\infty}\left(\dfrac{1}{2}\right)^x\neq\lim\limits_{x\to-\infty}\left(\dfrac{1}{2}\right)^x$ ，知 $\lim\limits_{x\to-\infty}\left(\dfrac{1}{2}\right)^x$ 不存在.

2. 当 $x\to x_0$ 时，函数 $f(x)$ 的极限

例如，函数 $f(x)=\dfrac{x^2-1}{x-1}$ ，当 $x\to1$ 时函数值的变化趋势如何？函数在点 $x=1$ 处无定义. 对实数来讲，在数轴上任何一个有限的范围内，都有无穷多个点，为此把当 $x\to1$ 时函数值的变化趋势用表列出如下：

x	…	0.9	0.99	0.999	…	1	…	1.001	1.01	1.1	…
$f(x)$	…	1.9	1.99	1.999	…	2	…	2.001	2.01	2.1	…

从中可以看出，当 $x\to1$ 时， $f(x)\to2$，且 x 越接近 1， $f(x)$ 就越接近 2.

定义 2.3　若当 x 从 x_0 的左侧（ $x<x_0$ ）无限趋近于 x_0 时，对应的函数值 $f(x)$ 无限趋近于某常数 A ，则称 A 为函数 $f(x)$ 当 x 趋近于 x_0 时的左极限，记为

$$\lim_{x\to x_0^-} f(x)=A$$

函数 $f(x)$ 当 x 从 x_0 的右侧（ $x>x_0$ ）趋近于 x_0 时也可类似地定义，并记为

$$\lim_{x\to x_0^+} f(x)=A$$

左极限和右极限均称为单侧极限.

根据定理 2.2 和定义 2.3 可以得到下面的定理：

定理 2.3　$\lim\limits_{x\to x_0} f(x)=A$ 的充要条件是 $\lim\limits_{x\to x_0^+} f(x)=\lim\limits_{x\to x_0^-} f(x)=A$.

此定理用来判断函数在某点处的极限是否存在，特别是分析分段函数在分段点处的极限是否存在.

注：$f(x)=\dfrac{x^2-1}{x-1}$ 在点 $x=1$ 处无定义，但当 $x\to 1$ 时，函数 $f(x)=\dfrac{x^2-1}{x-1}$ 无限趋近于一个确定的常数 2，所以 $\lim\limits_{x\to 1}\dfrac{x^2-1}{x-1}=2$.

函数 $f(x)$ 当 $x\to x_0$ 时的极限是否存在，与 $f(x)$ 在点 x_0 处是否有定义无关．例如，上例 $f(x)=\dfrac{x^2-1}{x-1}$ 在点 $x=1$ 处无定义，但 $\lim\limits_{x\to 1}\dfrac{x^2-1}{x-1}=2$.

根据极限定义，不难得到下面几个常用极限：

（1） $\lim\limits_{x\to x_0} c=c$ （c 为常数）；

（2） $\lim\limits_{x\to x_0} x=x_0$ ；

（3） $\lim\limits_{x\to x_0}(ax+b)=ax_0+b$ ；

（4）若 n 为正整数，则 $\lim\limits_{x\to x_0} x^n=x_0^n$ ；

（5）若 $x_0>0$ ，则 $\lim\limits_{x\to x_0}\sqrt[n]{x}=\sqrt[n]{x_0}$.

例 2.4 判断下列函数在指定点处是否存在极限：

（1） $f(x)=\begin{cases}x+1, & x\geqslant 2\\ x, & x<2\end{cases}$ （当 $x\to 2$ 时）；（2） $f(x)=\begin{cases}\sin x, & x\leqslant 0\\ \dfrac{1}{3}x, & x>0\end{cases}$ （当 $x\to 0$ 时）.

解 （1）因为 $\lim\limits_{x\to 0^-} f(x)=2$ ， $\lim\limits_{x\to 0^+} f(x)=3$ ， $\lim\limits_{x\to 0^-} f(x)\neq\lim\limits_{x\to 0^+} f(x)$ ，所以函数在指定点处的极限不存在.

（2）因为 $\lim\limits_{x\to 0^-} f(x)=0$ ， $\lim\limits_{x\to 0^+} f(x)=0$ ， $\lim\limits_{x\to 0^-} f(x)=\lim\limits_{x\to 0^+} f(x)$ ，所以函数在指定点处的极限 $\lim\limits_{x\to 0} f(x)=0$.

2.1.3 函数极限的性质

本小节引入下面 6 种类型的函数极限：

（1） $\lim\limits_{x\to +\infty} f(x)$ ；（2） $\lim\limits_{x\to -\infty} f(x)$ ；（3） $\lim\limits_{x\to \infty} f(x)$ ；

（4） $\lim\limits_{x\to x_0^+} f(x)$ ；（5） $\lim\limits_{x\to x_0^-} f(x)$ ；（6） $\lim\limits_{x\to x_0} f(x)$.

它们具有与数列极限相类似的一些性质，以后都以第（6）种类型的极限为代表来叙述并证明这些性质．至于其他类型极限的性质及其证明，只要相应地做些修改即可.

性质 2.1（唯一性） 若 $\lim\limits_{x\to x_0} f(x)=A$ ， $\lim\limits_{x\to x_0} f(x)=B$ ，则 $A=B$.

性质 2.2（局部有界性） 若 $\lim\limits_{x\to x_0} f(x)=A$ ，则存在点 x_0 的某一去心邻域 $\mathring{U}(x_0,\delta)$ ，在 $\mathring{U}(x_0,\delta)$ 内函数 $f(x)$ 有界.

性质 2.3（局部保号性） 若 $\lim\limits_{x\to x_0} f(x)=A$ 且 $A>0$（或$A<0$），则存在点 x_0 的某一去心邻域 $\mathring{U}(x_0,\delta)$，在 $\mathring{U}(x_0,\delta)$ 内 $f(x)>0$（或$f(x)<0$）.

性质 2.4（两边夹定理） 若在点 x_0 的某邻域内（可以不包括点 x_0）有 $g(x)\leqslant f(x)\leqslant h(x)$，且 $\lim\limits_{x\to x_0} g(x)=\lim\limits_{x\to x_0} h(x)=A$，则 $\lim\limits_{x\to x_0} f(x)$ 存在且 $\lim\limits_{x\to x_0} f(x)=A$.

这个定理也称为夹逼定理，它同样适用于 $x\to\infty$ 的情况.

在这个公式里，x 趋近于哪个数是非常重要的，x 趋近于不同的数，极限是不同的.

2.1.4 关于极限的两点说明

（1）一个变量前加上记号“lim”后，是个确定值.

例如，正 n 边形面积 S_n，$\lim\limits_{n\to\infty} S_n=$圆面积.

（2）关于“$x\to x_0$”的理解：只要求在 x_0 的充分小邻域有定义，与在点 x_0 和远离点 x_0 有无意义无关.

习 题 2.1（2）

1. 判断函数在点 $x=0$ 处的极限：

（1）$f(x)=\begin{cases} x+1, & x<0, \\ 0, & x=0, \\ x-1, & x>0; \end{cases}$　　（2）$\varphi(x)=2+10^{\frac{1}{x}}$.

2. 判断函数 $y=\cos x$ 当 $x\to+\infty$ 时的极限是否存在.

3. 已知 $f(x)=\begin{cases} 1+x, & x<0, \\ 1+x^2, & x\geqslant 0, \end{cases}$ 求 $\lim\limits_{x\to x_0} f(x)$.

4. 观察并写出下列函数的极限：

（1）$\lim\limits_{x\to\infty}\dfrac{1}{x^2}$；　（2）$\lim\limits_{x\to+\infty} 2^{-x}$；　（3）$\lim\limits_{x\to 0^+}\ln x$；

（4）$\lim\limits_{x\to -\frac{\pi}{4}}\tan x$；　（5）$\lim\limits_{x\to -1}\dfrac{x^2-1}{x+1}$；　（6）$\lim\limits_{x\to 3}(8-6x)^2$.

5. 设函数 $f(x)=\dfrac{x}{x}$，试画出它的图像，并求出当 $x\to 0$ 时 $f(x)$ 的左、右极限，从而说明当 $x\to 0$ 时 $f(x)$ 的极限是否存在.

6. 设 $f(x)=\begin{cases} x^2+1, & x\geqslant 2, \\ 2x+k, & x<2, \end{cases}$ 试问当 k 为何值时，函数 $f(x)$ 当 $x\to 2$ 时的极限存在.

2.2 无穷小量与无穷大量

在研究函数的极限时，经常会遇到下面两种情况：一种是这个变量在变化过程中无限趋近于零，另一种是这个变量在变化过程中其绝对值无限增大. 在数学上，人们把前者称为无穷小量，而把后者称为无穷大量. 本节将介绍它们的概念及性质.

2.2.1 无穷大量

定义 2.4 当 $x \to x_0$（或$x \to \infty$）时，若在某一时刻后，函数 $f(x)$ 的绝对值 $|f(x)|$ 无限增大，则称 $f(x)$ 为当 $x \to x_0$（或$x \to \infty$）时的无穷大量（简称无穷大），并记为

$$\lim_{x \to x_0} f(x) = \infty \quad （或 \lim_{x \to x_0} f(x) = \infty）$$

根据函数极限的定义 2.2 知，如果函数 $f(x)$ 的极限存在，那么 $f(x)$ 的极限就是一个常数. 定义 2.4 中的"∞"是一种描述变化趋势的记号，而不是一个常数，因此定义 2.4 中的极限不存在. 但是为了描述函数的这种变化趋势，仍记为

$$\lim_{\substack{x \to x_0 \\ (x \to \infty)}} f(x) = \infty$$

若 $f(x)$ 的函数值大于零而无限增大，则记为 $\lim\limits_{\substack{x \to x_0 \\ (x \to \infty)}} f(x) = +\infty$；

若 $f(x)$ 的函数值小于零而绝对值无限增大，则记为 $\lim\limits_{\substack{x \to x_0 \\ (x \to \infty)}} f(x) = -\infty$.

例如，$\lim\limits_{x \to \frac{\pi^+}{2}} \tan x = -\infty$，$\lim\limits_{x \to \frac{\pi^-}{2}} \tan x = -\infty$，所以 $\lim\limits_{x \to \frac{\pi}{2}} \tan x = \infty$，即变量 $\tan x$ 是当 $x \to \dfrac{\pi}{2}$ 时的无穷大量.

又如，因为 $\lim\limits_{x \to -\infty} e^x = 0$，$\lim\limits_{x \to +\infty} e^x = +\infty$, 所以 e^x 当 $x \to +\infty$ 时为无穷大量，而当 $x \to -\infty$ 时为无穷小量.

例 2.5 在什么条件下，下列函数为无穷大量？

（1）$\dfrac{1}{(x-1)^2}$；（2）$\dfrac{2}{x-2}$；（3）10^{-x}；（4）e^x.

解 （1）因为 $\lim\limits_{x \to 1} \dfrac{1}{(x-1)^2} = +\infty$，所以当 $x \to 1$ 时，函数 $\dfrac{1}{(x-1)^2}$ 为无穷大量.

（2）因为 $\lim\limits_{x \to 2^+} \dfrac{2}{x-2} = +\infty$，$\lim\limits_{x \to 2^-} \dfrac{2}{x-2} = -\infty$，所以当 $x \to 2$ 时，函数 $\dfrac{2}{x-2}$ 为无穷大量.

（3）因为 $\lim\limits_{x \to -\infty} 10^{-x} = +\infty$，所以当 $x \to -\infty$ 时，函数 10^{-x} 为无穷大量.

（4）因为 $\lim\limits_{x \to +\infty} e^x = +\infty$，所以当 $x \to +\infty$ 时，函数 e^x 为无穷大量.

2.2.2 无穷小量

定义 2.5 若 $\lim\limits_{x \to x_0} f(x) = 0$（$\lim\limits_{x \to \infty} f(x) = 0$），则称函数 $f(x)$ 为当 $x \to x_0$（或 $x \to \infty$）时的无穷小量.

例如：若 $\lim\limits_{n \to \infty} \dfrac{1}{n} = 0$，则 $\dfrac{1}{n}$ 是当 $n \to \infty$ 时的无穷小量；若 $\lim\limits_{x \to 0} \sin x = 0$，则 $\sin x$ 是当 $x \to 0$ 时的无穷小量.

又如，$\lim\limits_{x\to\frac{\pi}{2}}\sin x=1$，故当 $x\to\dfrac{\pi}{2}$ 时，$\sin x$ 不是无穷小量.

可见，一个函数是无穷大量，还是无穷小量，是针对某一过程而言的，离开过程来谈无穷大量和无穷小量是没有意义的．例如：对于函数 $\dfrac{1}{(x-1)^2}$，当 $x\to 1$ 时，它是一个无穷大量；当 $x\to\infty$ 时，它就是一个无穷小量.

无穷小量与函数极限有如下关系：

定理 2.4　具有极限的函数等于它的极限与一个无穷小量之和；反之，如果函数可表示为常数与无穷小量之和，那么该常数就是这个函数的极限．即：

若 $\lim\limits_{\substack{x\to x_0\\(x\to\infty)}} f(x)=A$，则 $f(x)=A+\alpha$；反之，若 $f(x)=A+\alpha$，则 $\lim\limits_{\substack{x\to x_0\\(x\to\infty)}} f(x)=A$．其中，$a$ 为当 $x\to x_0$（$x\to\infty$）时的无穷小量.

无穷大量与无穷小量有如下关系：

定理 2.5　在自变量 x 的同一极限过程中：

（1）若函数 $f(x)$ 为无穷大量，则函数 $\dfrac{1}{f(x)}$ 为无穷小量；

（2）若函数 $f(x)$（$f(x)\neq 0$）为无穷小量，则函数 $\dfrac{1}{f(x)}$ 为无穷大量.

从无穷小量的定义还可以得到下列运算法则：

性质 2.5　有限个无穷小量的代数和仍为无穷小量.

性质 2.6　若 $f(x)$ 为无穷小量，$g(x)$ 为有界函数，则 $f(x)g(x)$ 为无穷小量.

推论 2.1　常量与无穷小量的乘积为无穷小量.

推论 2.2　有限个无穷小量的乘积为无穷小量.

推论 2.3　无穷小量除以极限存在、但不为零的变量，其商为无穷小量.

例 2.6　求 $\lim\limits_{x\to 0}x\cdot\sin\dfrac{1}{x}$.

解　因为 $\left|\sin\dfrac{1}{x}\right|\leqslant 1$，所以 $\sin\dfrac{1}{x}$ 是有界函数（或有界变量），又由 $\lim\limits_{x\to 0}x=0$ 知，当 $x\to 0$ 时为无穷小量，而由性质 2.6 知，函数 $x\cdot\sin\dfrac{1}{x}$ 是当 $x\to 0$ 时的无穷小量，故 $\lim\limits_{x\to 0}x\cdot\sin\dfrac{1}{x}=0$.

例 2.7　在什么条件下，下列函数为无穷小量？

（1）$\dfrac{1}{(x-1)^2}$；　（2）$\dfrac{x^2}{x+1}\left(3-\sin\dfrac{1}{x}\right)$；　（3）$10^{-x}$；　（4）$e^x$.

解　（1）因为 $\lim\limits_{x\to\infty}\dfrac{1}{(x-1)^2}=0$，所以当 $x\to\infty$ 时，$\dfrac{1}{(x-1)^2}$ 为无穷小量.

（2）因为 $\lim\limits_{x\to 0}\dfrac{x^2}{x+1}=0$，而 $\left|3-\sin\dfrac{1}{x}\right|\leqslant|3|+\left|\sin\dfrac{1}{x}\right|\leqslant 3+1=4$，即函数 $\left|3-\sin\dfrac{1}{x}\right|$ 为有界函数，所以由无穷小量的性质 2.6 知

$$\lim_{x\to 0}\frac{x^2}{x+1}\left(3-\sin\frac{1}{x}\right)=0$$

故当 $x\to 0$ 时，函数 $\dfrac{x^2}{x+1}\left(3-\sin\dfrac{1}{x}\right)$ 为无穷小量.

（3）因为 $\lim\limits_{x\to+\infty}10^{-x}=\lim\limits_{x\to+\infty}\dfrac{1}{10^x}=0$，所以当 $x\to+\infty$ 时，10^{-x} 为无穷小量.

（4）因为 $\lim\limits_{x\to-\infty}\mathrm{e}^x=\lim\limits_{x\to-\infty}\dfrac{1}{\mathrm{e}^{-x}}=0$，所以当 $x\to-\infty$ 时，e^x 为无穷小量.

2.2.3 无穷小量阶的比较

虽然无穷小量是在某一极限过程下趋于零的变量，但是在同一极限过程下，不同的无穷小量趋近于零的相对速度却不一定相同.

例如，变量 $x, 2x, x^2$ 均为当 $x\to 0$ 时的无穷小量：

x	1	0.5	0.1	0.01	0.001	…	$\to 0$
$2x$	2	1	0.2	0.02	0.002	…	$\to 0$
x^2	1	0.25	0.01	0.000 1	0.000 001	…	$\to 0$

但是，x^2 比 $2x$ 和 x 趋近于零的相对速度都要快很多. 在数学上，人们认为在同一极限过程中，趋近于零的相对速度较快的那个无穷小量（如 x^2 ）的阶，比其他无穷小量（如 $2x$ 和 x ）的阶更高. 这一事实，反映在极限上，就是

$$\lim_{x\to 0}\frac{x^2}{2x}=0 \quad 和 \quad \lim_{x\to 0}\frac{x^2}{x}=0$$

为了反映不同无穷小量趋近于零的快慢程度，引入无穷小量阶的概念.

定义 2.6 设 $f(x)$ 和 $g(x)$ 都是同一极限过程中的两个无穷小量.

（1）若 $\lim\dfrac{f(x)}{g(x)}=0$，则称 $f(x)$ 是比 $g(x)$ 更高阶的无穷小量，记为

$$f(x)=O(g(x))$$

（2）若 $\lim\dfrac{f(x)}{g(x)}=c$（$c\neq 0$，c为常数），则称 $f(x)$ 与 $g(x)$ 为同阶无穷小量.

特别地，当 $c=1$ 时，称 $f(x)$ 和 $g(x)$ 是等价无穷小量，记为

$$f(x)\sim g(x)$$

（3）若 $\lim\dfrac{f(x)}{g(x)}=\infty$，则称 $f(x)$ 是比 $g(x)$ 更低阶的无穷小量.

2.2.4 等价无穷小量的性质

等价无穷小量的性质较多，下面给出最常用的几个.

定理 2.6 如果在同一极限过程中，$f(x),g(x),\varphi(x)$ 均为无穷小量，那么

（1）$f(x)\sim f(x)$；

（2）若 $f(x)\sim g(x)$，$g(x)\sim\varphi(x)$，则 $f(x)\sim\varphi(x)$；

（3）若 $f(x)\sim f_1(x)$，$g(x)\sim g_1(x)$，则 $f(x)\cdot g(x)\sim f_1(x)\cdot g_1(x)$；

（4）若 $f(x)\sim g(x)$，而 $\varphi(x)$ 为有界变量，则 $f(x)\cdot\varphi(x)\sim g(x)\cdot\varphi(x)$.

2.2.5 常用的等价无穷小量

为了应用方便起见，给出几个常用的等价无穷小量.

当 $x\to 0$ 时，有

（1）$\sin x\sim x$；（2）$\tan x\sim x$；（3）$e^x-1\sim x$；（4）$\log_a(1+x)\sim\dfrac{1}{\ln a}x$；

（5）$\ln(1+x)\sim x$；（6）$1-\cos x\sim\dfrac{x^2}{2}$；（7）$(1+ax)^{\frac{1}{n}}-1\sim\dfrac{a}{n}x$；（8）$\arcsin x\sim x$；

（9）$\arctan x\sim x$；（10）$a^x-1\sim x\ln a$.

以上结论，读者可以利用定义 2.6 进行证明.

上述公式求极限过程中经常用到，请读者务必牢记，并可推广使用.

习　题　2.2

1. 下列函数，在什么过程下是无穷小量？在什么过程下是无穷大量？

（1）$y=\dfrac{1}{x^3}$；　　（2）$y=\dfrac{x-1}{x^2-1}$；

（3）$y=e^{-x}$；　　（4）$y=\ln(x+1)$.

2. 把下列函数表示为常数（极限值）与一个当 $x\to\infty$ 时的无穷小量之和：

（1）$f(x)=\dfrac{x^3}{x^3-1}$；　　（2）$f(x)=\dfrac{x^3}{2x^3+1}$.

3. 判断函数 $f(x)=1+10^{\frac{1}{1-x}}$ 当 $x\to 1$ 时的极限是否存在.

4. 若 $\lim\limits_{x\to a}f(x)=\infty$，$\lim\limits_{x\to a}g(x)=\infty$，则下式中必有（　　）成立.

A. $\lim\limits_{x\to a}[f(x)+g(x)]=\infty$　　B. $\lim\limits_{x\to a}[f(x)-g(x)]=0$

C. $\lim\limits_{x\to a}\dfrac{1}{f(x)+g(x)}=0$　　D. $\lim\limits_{x\to a}kf(x)=\infty$（$k\neq 0$且为常数）

2.3 极限的运算、两个重要极限

2.3.1 极限的运算法则

定理 2.7 若 $\lim\limits_{x\to x_0}f(x)=A$，$\lim\limits_{x\to x_0}g(x)=B$，则

（1）$\lim\limits_{x\to x_0}[f(x)\pm g(x)]=\lim\limits_{x\to x_0}f(x)\pm\lim\limits_{x\to x_0}g(x)=A\pm B$；

（2） $\lim\limits_{x\to x_0} f(x)\cdot g(x)=\lim\limits_{x\to x_0} f(x)\cdot \lim\limits_{x\to x_0} g(x)=A\cdot B$；

（3） $\lim\limits_{x\to x_0} \dfrac{f(x)}{g(x)}=\dfrac{\lim\limits_{x\to x_0} f(x)}{\lim\limits_{x\to x_0} g(x)}=\dfrac{A}{B}$．

此定理表明，只有当 $f(x)$ 和 $g(x)$ 的极限都存在时，才有和、差、积、商的极限等于极限的和、差、积、商的结论.

将定理 2.8 推广到有限个函数的情形：

推论 2.4 设 $\lim\limits_{x\to x_0} f_1(x),\lim\limits_{x\to x_0} f_2(x),\cdots,\lim\limits_{x\to x_0} f_n(x)$ 及 $\lim\limits_{x\to x_0} f(x)$ 都存在，且 c 为常数，n 为正整数，则

（1） $\lim\limits_{x\to x_0}[f_1(x)\pm f_2(x)\pm\cdots\pm f_n(x)]=\lim\limits_{x\to x_0} f_1(x)\pm\lim\limits_{x\to x_0} f_2(x)\pm\cdots\pm\lim\limits_{x\to x_0} f_n(x)$；

（2） $\lim\limits_{x\to x_0}[c\cdot f(x)]=c\lim\limits_{x\to x_0} f(x)$；

（3） $\lim\limits_{x\to x_0}[f(x)]^n=\left[\lim\limits_{x\to x_0} f(x)\right]^n$．

例 2.8 求 $\lim\limits_{x\to 2}(2x^2-3x+1)$．

解 $\lim\limits_{x\to 2}(2x^2-3x+1)=\lim\limits_{x\to 2}2x^2-\lim\limits_{x\to 2}3x+\lim\limits_{x\to 2}1=8-6+1=3$．

一般地，若 n 次多项式 $p_n(x)=a_0x^n+a_1x^{n-1}+\cdots+a_{n-1}x+a_n$，则

$$\lim_{x\to x_0} p_n(x)=\lim_{x\to x_0}(a_0x^n+a_1x^{n-1}+\cdots+a_{n-1}x+a_n)=a_0x_0^n+a_1x_0^{n-1}+\cdots+a_{n-1}x_0+a_n$$

于是，有 $\lim\limits_{x\to x_0} p_n(x)=p_n(x_0)$．

例 2.9 求 $\lim\limits_{x\to -1}\dfrac{2x^2+x-4}{3x^2+2}$．

解 $\lim\limits_{x\to -1}\dfrac{2x^2+x-4}{3x^2+2}=\dfrac{\lim\limits_{x\to -1}(2x^2+x-4)}{\lim\limits_{x\to -1}(3x^2+2)}=-\dfrac{3}{5}$．

例 2.10 求 $\lim\limits_{x\to -4}\dfrac{x^2+7x+12}{x^2-5x+4}$．

解 $\lim\limits_{x\to 4}\dfrac{x^2-7x+12}{x^2-5x+4}=\lim\limits_{x\to 4}\dfrac{(x-3)(x-4)}{(x-1)(x-4)}=\lim\limits_{x\to 4}\dfrac{x-3}{x-1}=\dfrac{1}{3}$．

例 2.11 求下列函数极限：

（1） $\lim\limits_{x\to 1}\left(\dfrac{3}{1-x^3}-\dfrac{1}{1-x}\right)$； （2） $\lim\limits_{x\to 0}\dfrac{\sqrt{1+x}-1}{x}$； （3） $\lim\limits_{x\to 0}\dfrac{x\cos x}{\sqrt{1+x^3}}$．

解 （1） $\lim\limits_{x\to 1}\left(\dfrac{3}{1-x^3}-\dfrac{1}{1-x}\right)=\lim\limits_{x\to 1}\dfrac{3-(1+x+x^2)}{(1-x)(1+x+x^2)}=\lim\limits_{x\to 1}\dfrac{(2+x)(1-x)}{(1-x)(1+x+x^2)}=\lim\limits_{x\to 1}\dfrac{2+x}{1+x+x^2}=1$；

（2） $\lim\limits_{x\to 0}\dfrac{\sqrt{1+x}-1}{x}=\lim\limits_{x\to 0}\dfrac{\left(\sqrt{1+x}-1\right)\left(\sqrt{1+x}+1\right)}{x\left(\sqrt{1+x}+1\right)}=\lim\limits_{x\to 0}\dfrac{x}{x\left(\sqrt{1+x}+1\right)}=\lim\limits_{x\to 0}\dfrac{1}{x\left(\sqrt{1+x}+1\right)}=\dfrac{1}{2}$；

（3） $\lim\limits_{x\to 0}\dfrac{x\cos x}{\sqrt{1+x^3}}=\lim\limits_{x\to 0}\dfrac{x}{\sqrt{1+x^2}}\cdot\cos x=0$．

例 2.12　求$\lim\limits_{x\to\infty}\dfrac{2x^2+x-3}{3x^2-x+2}$.

解　$\lim\limits_{x\to\infty}\dfrac{2x^2+x-3}{3x^2-x+2}=\lim\limits_{x\to\infty}\dfrac{2+\dfrac{1}{x}-\dfrac{3}{x^2}}{3-\dfrac{1}{x}+\dfrac{2}{x^2}}=\dfrac{2}{3}$.

例 2.13　求$\lim\limits_{x\to\infty}\dfrac{2x^2+5}{3x^3+x^2+x}$.

解　将分子、分母同除以x^3，然后求极限，得

$$\lim_{x\to\infty}\frac{2x^2+5}{3x^3+x^2+x}=\lim_{x\to\infty}\frac{\dfrac{2}{x}+\dfrac{5}{x^3}}{3+\dfrac{1}{x}+\dfrac{1}{x^2}}=0$$

例 2.14　求$\lim\limits_{x\to\infty}\dfrac{4x^3-x^2-3}{3x^2+x-2}$.

解　将分子、分母同除以x^3，然后求极限，得

$$\lim_{x\to\infty}\frac{4x^3-x^2-3}{3x^2+x-2}=\lim_{x\to\infty}\frac{4-\dfrac{1}{x}-\dfrac{3}{x^3}}{\dfrac{3}{x}+\dfrac{1}{x^2}-\dfrac{2}{x^3}}$$

因为$\lim\limits_{x\to\infty}\dfrac{\dfrac{3}{x}+\dfrac{1}{x^2}-\dfrac{2}{x^3}}{4-\dfrac{1}{x}-\dfrac{3}{x^3}}=0$，所以$\lim\limits_{x\to\infty}\dfrac{4-\dfrac{1}{x}-\dfrac{3}{x^3}}{\dfrac{3}{x}+\dfrac{1}{x^2}-\dfrac{2}{x^3}}=\infty$，即$\lim\limits_{x\to\infty}\dfrac{4x^3-x^2-3}{3x^2+x-2}=\infty$.

归纳例 2.12～例 2.14，可得以下结论：当$x\to\infty$时，若有理式极限为$\dfrac{\infty}{\infty}$型，且$a_0\neq 0$，$b_0\neq 0$，m,n为正整数，则有

$$\lim_{x\to\infty}\frac{a_0x^n+a_1x^{n-1}+\cdots+a_n}{b_0x^m+b_1x^{m-1}+\cdots+b_m}=\begin{cases}0, & m>n\\ \dfrac{a_0}{b_0}, & m=n\\ \infty, & m<n\end{cases}$$

2.3.2　极限的等价替换法则

在计算函数极限的过程中，经常会遇到一些复杂的无穷小量，给计算带来诸多的不便．能否用一个简单的等价无穷小量去代替它们，使问题得以简化呢？

定理 2.8（等价替换法则）　若$f(x)\sim f_1(x)$，$g(x)\sim g_1(x)$，且$\lim\dfrac{f_1(x)}{g_1(x)}$存在，则$\lim\dfrac{f(x)}{g(x)}=\lim\dfrac{f_1(x)}{g_1(x)}$.

注：（1）分子、分母中加减的项不能等价替换；

（2）不是整个函数的乘除部分不能等价替换．

例 2.15 求$\lim\limits_{x\to 0}\dfrac{\sin 3x}{\sin 2x}$.

解 因为当$x\to 0$时，$\sin 3x\sim 3x$，$\sin 2x\sim 2x$，所以$\lim\limits_{x\to 0}\dfrac{\sin 3x}{\sin 2x}=\lim\limits_{x\to 0}\dfrac{3x}{2x}=\dfrac{3}{2}$.

例 2.16 求$\lim\limits_{x\to 0}\dfrac{\sqrt[3]{1+x^2}-1}{1-\cos x}$.

解 因为当$x\to 0$时，$\sqrt[3]{1+x^2}-1=(1+x^2)^{\frac{1}{3}}-1\sim\dfrac{x^2}{3}$，$1-\cos x\sim\dfrac{x^2}{2}$，所以

$$\lim_{x\to 0}\frac{\sqrt[3]{1+x^2}-1}{1-\cos x}=\lim_{x\to 0}\frac{\frac{1}{3}x^2}{\frac{1}{2}x^2}=\frac{2}{3}$$

习 题 2.3（1）

1. 求下列极限：

（1）$\lim\limits_{x\to 2}\dfrac{x}{x-2}$；

（2）$\lim\limits_{x\to 3}\dfrac{x^2+2x-15}{x-3}$；

（3）$\lim\limits_{x\to \infty}\dfrac{x+2}{x^n-x}(3+\cos x)$；

（4）$\lim\limits_{x\to \infty}\dfrac{2x^2-2x+7}{3x^2+1}$；

（5）$\lim\limits_{x\to \infty}\dfrac{3x^2-4x-1}{4x^2-2x^2+1}$；

（6）$\lim\limits_{x\to \infty}\dfrac{2x^2+4x+2}{2x-1}$；

（7）$\lim\limits_{x\to 9}\dfrac{\sqrt{x}-3}{x-9}$；

（8）$\lim\limits_{x\to 0}\dfrac{x^2}{1-\sqrt{1+x^2}}$；

（9）$\lim\limits_{x\to -1}\left(\dfrac{1}{x+1}-\dfrac{3}{x^3+1}\right)$；

（10）$\lim\limits_{x\to \infty}\dfrac{3x-1^{20}\cdot(4x-2)^{30}}{(3x+1)^{50}}$.

2. 在下列各式中，（　　）的极限存在.

A. $\lim\limits_{x\to \infty}\sqrt{\dfrac{x^2+x}{x}}$

B. $\lim\limits_{x\to \infty}\dfrac{x(x+1)}{x^2}$

C. $\lim\limits_{x\to 0}\dfrac{1}{2^x-1}$

D. $\lim\limits_{x\to 0}\dfrac{1}{e^x}$

3. 下列极限中不正确的是（　　）.

A. $\lim\limits_{x\to 3^-}(x+1)=4$

B. $\lim\limits_{x\to 0}\dfrac{1}{x+1}=1$

C. $\lim\limits_{x\to 1}10^{\frac{1}{x-1}}=\infty$

D. $\lim\limits_{x\to 0^+}2^{\frac{1}{x}}=+\infty$

4. 设函数$f(x)=\dfrac{ax^3+(b-1)x^2+2}{x^2+1}$. 当$x\to\infty$时，$a,b$为何值$f(x)$为无穷小量？$a,b$为何值时$f(x)$为无穷大量？

5. 利用等价替换法则，计算下列极限：

（1）$\lim\limits_{x\to 0}\dfrac{x\sin 3x}{\sin\frac{x}{2}\tan 5x}$；

（2）$\lim\limits_{x\to 0}\dfrac{\sin 2x}{\sqrt{1+x-1}}$；

（3）$\lim\limits_{x\to 0}\dfrac{\ln(1+2x-3x^2)}{x}$；　　（4）$\lim\limits_{x\to 0}\dfrac{e^{\frac{\sin x}{2}}-1}{x}$；

（5）$\lim\limits_{x\to 0}\dfrac{\arcsin 2x}{\sin x}$；　　（6）$\lim\limits_{x\to 0}\dfrac{2x+3x^2-5x^3}{4x^3+2\tan x}$；

（7）$\lim\limits_{x\to 0}\dfrac{\sqrt{2}-\sqrt{1+\cos x}}{\sin^2 x}$.

6. 若当 $x\to 0$ 时，函数 $(1+kx^2)^{\frac{1}{2}}-1$ 与 $\cos x-1$ 为等阶无穷小量，求常数 k 的值.

2.3.3　两个重要极限

在计算函数极限时，经常用到下面两个重要极限.

1. $\lim\limits_{x\to 0}\dfrac{\sin x}{x}=1$

由极限的等价替换法则，当 $x\to 0$ 时，有 $\sin x \sim x$， $x\sim x$，所以

$$\lim_{x\to 0}\frac{\sin x}{x}=\lim_{x\to 0}\frac{x}{x}=1$$

特点：（1）整个式子为 $\dfrac{0}{0}$ 型；

（2）若分子为正弦且角度等于分式的分母，则该极限为 1；

（3）当 $x\to x_0$ 时，若 $f(x)\to 0$，则 $\lim\limits_{x\to x_0}\dfrac{\sin f(x)}{f(x)}=1$.

例 2.17　求 $\lim\limits_{x\to 0}\dfrac{\sin 3x}{x}$.

解　利用重要极限，得

$$\lim_{x\to 0}\frac{\sin 3x}{x}=\lim_{x\to 0}\frac{3\sin 3x}{3x}=\lim_{x\to 0}\frac{\sin 3x}{3x}=3\times 1=3$$

例 2.18　求 $\lim\limits_{x\to 0}\dfrac{\sin 3x}{\sin 4x}$.

解　$\lim\limits_{x\to 0}\dfrac{\sin 3x}{\sin 4x}=\lim\limits_{x\to 0}\left[\dfrac{\sin 3x}{3x}\cdot\dfrac{3x}{4x}\cdot\dfrac{4x}{\sin 4x}\right]=\dfrac{3}{4}$.

例 2.19　求 $\lim\limits_{x\to 0}\dfrac{1-\cos x}{x^2}$.

解　$\lim\limits_{x\to 0}\dfrac{1-\cos x}{x^2}=\lim\limits_{x\to 0}\dfrac{2\sin^2\dfrac{x}{2}}{x^2}=\lim\limits_{x\to 0}\left[\dfrac{1}{2}\left(\dfrac{\sin\dfrac{x}{2}}{\dfrac{x}{2}}\right)^2\right]=\dfrac{1}{2}\lim\limits_{x\to 0}\left(\dfrac{\sin\dfrac{x}{2}}{\dfrac{x}{2}}\right)^2=\dfrac{1}{2}$.

2. $\lim\limits_{x\to\infty}\left(1+\dfrac{1}{x}\right)^x=e$

当 $x\to\infty$ 时函数的变化趋势如下：

x	1	2	10	1 000	10 000	100 000	1 000 000	…
$\left(1+\frac{1}{x}\right)^x$	2	2.25	2.594	2.717	2.718 1	2.718 27	2.718 28	…

可以看出，当 x 不断增大时，函数 $\left(1+\dfrac{1}{x}\right)^x$ 也随之增大．但是，第一个有效数字始终不变；当 $x\geqslant 1000$ 以后，前三个有效数字保持不变．如此下去，可以断言：函数 $\left(1+\dfrac{1}{x}\right)^x$ 不仅单调递增，而且有界，其值总是介于 2 与 3 之间，即

$$2<\left(1+\frac{1}{x}\right)^x<3$$

由夹逼准则知，当 $x\to\infty$ 时，$\left(1+\dfrac{1}{x}\right)^x$ 的极限一定存在．

这个极限，瑞士数学家和物理学家欧拉（Euler）首先将它表示为 $\lim\limits_{x\to\infty}\left(1+\dfrac{1}{x}\right)^x=\mathrm{e}$．其中，e 是一个无理数，它精确到小数点后第十位的值为

$$\mathrm{e}=2.7182818284\cdots$$

当 $x\to\infty$ 时，函数 $(1+x)^{\frac{1}{x}}$ 有类似的变化趋势，只是它是逐渐减小而趋向于 e．

注：（1）在极限过程中，整个式子为 $(1+0)^\infty$ 型．

（2）指数乘底数中的无穷小量等于 1．

若令 $\dfrac{1}{x}=\alpha$，则当 $x\to\infty$ 时，$\alpha\to 0$，于是有

$$\lim_{x\to\infty}\left(1+\frac{1}{x}\right)^x=\lim_{\alpha\to 0}(1+\alpha)^{\frac{1}{\alpha}}=\mathrm{e}$$

因此又可写为 $\lim\limits_{x\to 0}(1+x)^{\frac{1}{x}}=\mathrm{e}$．

（3）当 $x\to x_0$ 时，若 $f(x)\to\infty$，则 $\lim\limits_{x\to x_0}\left[1+\dfrac{1}{f(x)}\right]^{f(x)}=\mathrm{e}$；

当 $x\to x_0$ 时，若 $f(x)\to 0$，则 $\lim\limits_{x\to x_0}\left[1+f(x)\right]^{\frac{1}{f(x)}}=\mathrm{e}$．

例 2.20 求 $\lim\limits_{x\to\infty}\left(1+\dfrac{1}{2x}\right)^{3x}$．

解 $\lim\limits_{x\to\infty}\left(1+\dfrac{1}{2x}\right)^{3x}=\lim\limits_{x\to\infty}\left[\left(1+\dfrac{1}{2x}\right)^{2x}\right]^{\frac{3}{2}}=\mathrm{e}^{\frac{3}{2}}$．

例 2.21 求 $\lim\limits_{x\to\infty}\left(1+\dfrac{3}{x}\right)^{x}$．

解　$\lim\limits_{x\to\infty}\left(1+\dfrac{3}{x}\right)^{x}=\lim\limits_{x\to\infty}\left(1+\dfrac{1}{x/3}\right)^{\frac{x}{3}\cdot 3}=\mathrm{e}^{3}$.

例 2.22　求 $\lim\limits_{x\to\infty}\left(\dfrac{2-x}{3-x}\right)^{x}$.

解　$\lim\limits_{x\to\infty}\left(\dfrac{2-x}{3-x}\right)^{x}=\lim\limits_{x\to\infty}\left(\dfrac{3-x-1}{3-x}\right)^{x}=\lim\limits_{x\to\infty}\left(1+\dfrac{1}{x-3}\right)^{x}=\lim\limits_{x\to\infty}\left(1+\dfrac{1}{x-3}\right)^{x-3+3}$

$$=\lim_{x\to\infty}\left(1+\frac{1}{x-3}\right)^{x-3}\cdot\left(1+\frac{1}{x-3}\right)^{3}=\mathrm{e}.$$

例 2.23　求 $\lim\limits_{x\to\infty}\left(1+\dfrac{1}{2x}\right)^{x+5}$.

解　$\lim\limits_{x\to\infty}\left(1+\dfrac{1}{2x}\right)^{x+5}=\lim\limits_{x\to\infty}\left[\left(1+\dfrac{1}{2x}\right)^{2x}\right]^{\frac{1}{2}}\left(1+\dfrac{1}{2x}\right)^{5}=\mathrm{e}^{\frac{1}{2}}$.

习　题　2.3（2）

1. 求下列极限：

（1）$\lim\limits_{x\to 0^{+}}\dfrac{x}{\sqrt{1-\cos x}}$；　（2）$\lim\limits_{x\to 0}x\cot 2x$；　（3）$\lim\limits_{x\to 0}\dfrac{\sin 2x}{\tan 3x}$；

（4）$\lim\limits_{x\to\infty}x^{2}\cdot\sin\dfrac{2}{x^{2}}$；　（5）$\lim\limits_{x\to 1}\dfrac{\sin(x^{2}-1)}{x-1}$；　（6）$\lim\limits_{x\to 0}\dfrac{\tan x-\sin x}{x^{3}}$；

（7）$\lim\limits_{x\to 0}\dfrac{1-\cos x}{x\sin x}$；　（8）$\lim\limits_{x\to 0}\dfrac{\sqrt{x+1}-1}{\sin 4x}$；　（9）$\lim\limits_{x\to \pi}\dfrac{\sin x}{x-\pi}$；

（10）$\lim\limits_{x\to 0}\dfrac{\cos x-\cos 3x}{x^{2}}$.

2. 求下列极限：

（1）$\lim\limits_{x\to\infty}\left(1+\dfrac{3}{x}\right)^{x+1}$；　（2）$\lim\limits_{x\to 0}\sqrt[x]{1-3x}$；　（3）$\lim\limits_{x\to\infty}\left(\dfrac{1+x}{x}\right)^{2x}$；

（4）$\lim\limits_{x\to\infty}\left(\dfrac{2x-1}{2x+3}\right)^{x}$；　（5）$\lim\limits_{x\to\frac{\pi}{2}}(1+\cos x)^{3\sec x}$；　（6）$\lim\limits_{x\to 0}(1+2\sin x)^{\frac{1}{x}}$；

（7）$\lim\limits_{x\to 0}(1-4x)^{\frac{1-x}{x}}$；　（8）$\lim\limits_{x\to 0}(1+\tan^{2}x)^{\cot^{2}x}$.

3. 已知 $\lim\limits_{x\to\infty}\left[\dfrac{(x+1\,001)}{x-5}\right]^{2x+2\,000}=\mathrm{e}^{c}$，求 c.

4. 利用夹逼准则证明：

（1）$\lim\limits_{x\to\infty}\sqrt{1+\dfrac{1}{n}}=1$；　（2）$\lim\limits_{x\to\infty}\dfrac{n^{2}+1}{2n^{2}+5}=\dfrac{1}{2}$.

2.4　函数的连续性

自然界中有许多现象，如气温的变化、河水的流动、植物的生长等，都是连续地变化的．这种现象在函数关系上的反映，就是函数的连续性．例如，就气温的变化来看，当时间变动很微小时，气温的变化也很微小，这种特点就是连续性．那么，数学上如何定义函数连续呢？

2.4.1 函数的连续性与连续函数

定义 2.7 设函数 $y=f(x)$ 满足：

（1） $f(x)$ 在点 x_0 处有定义；

（2）极限 $\lim\limits_{x\to x_0} f(x_0)$ 存在；

（3） $\lim\limits_{x\to x_0} f(x)=f(x_0)$.

则称函数 $y=f(x)$ 在点 x_0 处连续，点 x_0 为函数 $y=f(x)$ 的连续点．

由定义 2.7 知，若函数 $y=f(x)$ 在点 x_0 处连续，则有

$$\lim_{x\to x_0} f(x)=f(x_0)=f\left(\lim_{x\to x_0} x\right)$$

记 $\Delta x=x-x_0$，称 Δx 为自变量 x 的增量（或改变量）．记

$$\Delta y=f(x_0+\Delta x)-f(x_0)$$

称 Δy 为函数 $y=f(x)$ 在点 x_0 处的增量（或改变量）．由 $\lim\limits_{x\to x_0} f(x)=f(x_0)$ 知，当 $x\to x_0$ 时，有 $\Delta x=x-x_0\to 0$ 且 $\Delta y=f(x)-f(x_0)\to 0$ ．因此，函数 $y=f(x)$ 在点 x_0 处连续的等价定义如下．

定义 2.8 设函数 $y=f(x)$ 在点 x_0 及其附近有定义，且 $\lim\limits_{\Delta x\to 0}\Delta y=0$ ，则称函数 $y=f(x)$ 在点 x_0 处连续．

函数 $y=f(x)$ 在点 x_0 处连续的直观意义：当自变量的改变量很小时，函数的相应改变量也很小，即当 $\Delta x\to 0$ 时， $\Delta y\to 0$.

下面给出左连续和右连续的概念：

定义 2.9 设函数 $y=f(x)$ 满足：

（1）在点 x_0 及其左侧附近有定义；

（2）极限 $\lim\limits_{x\to x_0^-} f(x)$ 存在；

（3） $\lim\limits_{x\to x_0^-} f(x)=f(x_0)$.

则称函数 $y=f(x)$ 在点 x_0 处左连续．

定义 2.10 设函数 $y=f(x)$ 满足：

（1）在点 x_0 及其右侧附近有定义；

（2）极限 $\lim\limits_{x\to x_0^+} f(x)$ 存在；

（3） $\lim\limits_{x\to x_0^+} f(x)=f(x_0)$.

则称函数 $y=f(x)$ 在点 x_0 处右连续．

显然，函数 $y=f(x)$ 在点 x_0 处连续的充分必要条件是它在点 x_0 处左连续且右连续．

2.4.2 函数在区间上连续

定义 2.11 若函数 $f(x)$ 在区间 (a,b) 内的每一点都连续，则称 $f(x)$ 在区间 (a,b) 内连续，

$f(x)$ 就称为区间 (a,b) 内的连续函数，开区间 (a,b) 为连续区间.

定义 2.12 若函数 $f(x)$ 在开区间 (a,b) 内连续，且在左端点 $x=a$ 处右连续，在右端点 $x=b$ 处左连续，则称 $f(x)$ 在闭区间 $[a,b]$ 上连续.

例 2.24 证明函数 $y=x^2-x+5$ 在定义域内连续.

证 函数 $y=x^2-x+5$ 的定义域为 $(-\infty,+\infty)$. 任取 $x_0\in(-\infty,+\infty)$，则有

$$\Delta y=f(x_0+\Delta x)-f(x_0)=[(x_0+\Delta x)^2-(x_0+\Delta x)+5]-(x_0^2-x_0+5)=(2x_0-1)\Delta x+(\Delta x)^2$$

因为 $\lim\limits_{\Delta x\to 0}\Delta y=\lim\limits_{\Delta x\to 0}[(2x_0-1)\Delta x+(\Delta x)^2]=0$，所以函数 $y=x^2-x+5$ 在点 x_0 处连续. 由 x_0 的任意性知，该函数在 $(-\infty,+\infty)$ 内连续.

例 2.25 设 $f(x)=\begin{cases}x^2, & 0\leqslant x\leqslant 1,\\ x+1, & x>1,\end{cases}$ 讨论 $f(x)$ 在点 $x=1$ 处的连续性.

解 因为 $f(1)=1$，$\lim\limits_{x\to 1^-}f(x)=\lim\limits_{x\to 1^-}x^2=1$，$\lim\limits_{x\to 1^+}f(x)=\lim\limits_{x\to 1^+}(x+1)=2$，所以 $\lim\limits_{x\to 1}f(x)$ 不存在，故函数 $f(x)$ 在点 $x=1$ 处不连续.

例 2.26 设 $f(x)=\begin{cases}\dfrac{\sin 3x}{x}, & x<0,\\ k, & x=0,\\ 3+x\sin\dfrac{1}{x}, & x>0,\end{cases}$ 试确定 k，使 $f(x)$ 在点 $x=0$ 处连续.

解 因为

$$\lim_{x\to 0^-}f(x)=\lim_{x\to 0^-}\frac{\sin 3x}{x}=3,\qquad \lim_{x\to 0^+}f(x)=\lim_{x\to 0^+}\left(3+x\sin\frac{1}{x}\right)=3$$

所以由定理 2.2 知

$$\lim_{x\to 0}f(x)=3$$

又由题设 $f(0)=k$，故由定义 2.7 知，当 $k=3$ 时，$f(x)$ 在点 $x=0$ 处连续.

2.4.3 函数的间断点

定义 2.13 若函数 $y=f(x)$ 在点 x_0 处不满足连续性定义的条件，则称函数 $f(x)$ 在点 x_0 处间断（或不连续），x_0 称为函数 $f(x)$ 的间断点（或不连续点）. 函数 $f(x)$ 在点 x_0 处不满足连续性定义的条件有以下三种情况：

（1）函数 $f(x)$ 在点 x_0 处没有定义；

（2）函数 $f(x)$ 在点 x_0 处有定义，但极限 $\lim\limits_{x\to x_0}f(x)$ 不存在；

（3）函数 $f(x)$ 在点 x_0 处有定义且极限 $\lim\limits_{x\to x_0}f(x)$ 存在，但 $\lim\limits_{x\to x_0}f(x)\neq f(x_0)$.

因此，函数的间断点通常可以分为以下两类：

(1) 若点 x_0 为间断点，且 $\lim\limits_{x\to x_0^-}f(x)$ 和 $\lim\limits_{x\to x_0^+}f(x)$ 都存在，则称点 x_0 为 $f(x)$ 的第一类间断点. 在 $f(x)$ 的第一类间断点中，若 $\lim\limits_{x\to x_0^-}f(x)=\lim\limits_{x\to x_0^+}f(x)$，则称点 x_0 为可去间断点；若 $\lim\limits_{x\to x_0^-}f(x)\neq\lim\limits_{x\to x_0^+}f(x)$，

则称点 x_0 为跳跃间断点.

（2）若点 x_0 为间断点，且 $\lim\limits_{x\to x_0^-}f(x)$ 和 $\lim\limits_{x\to x_0^+}f(x)$ 至少有一个极限不存在，则称点 x_0 为 $f(x)$ 的无穷间断点；若 $f(x)$ 在点 x_0 的左、右极限至少有一个是振荡的，则称点 x_0 为 $f(x)$ 的振荡间断点. 无穷间断点和振荡间断点都属于第二类间断点.

例 2.27 讨论函数 $f(x)=\dfrac{1}{x-1}$ 在点 $x=1$ 处的连续性.

解 因为 $f(x)=\dfrac{1}{x-1}$ 在点 $x=1$ 处无定义，所以函数 $f(x)=\dfrac{1}{x-1}$ 在点 $x=1$ 处不连续.

例 2.28 判断函数 $f(x)=\begin{cases}\dfrac{\sin x}{|x|}, & x\neq 0,\\ 1, & x=0\end{cases}$ 的间断点的类型.

解 因为在点 $x=0$ 处有

$$\lim_{x\to 0^-}f(x)=\lim_{x\to 0^-}\left(-\frac{\sin x}{x}\right)=-1,\qquad \lim_{x\to 0^+}f(x)=\lim_{x\to 0^-}\frac{\sin x}{x}=-1$$

而 $\lim\limits_{x\to 0^-}f(x)\neq\lim\limits_{x\to 0^+}f(x)$，所以点 $x=0$ 为 $f(x)$ 的第一类间断点.

2.4.4 连续函数的运算

由函数在某点连续的定义和极限的四则运算法则，易知连续函数有下列运算法则.

定理 2.9 设函数 $f(x)$ 和 $g(x)$ 在点 x_0 处连续，则函数 $f(x)+g(x)$，$f(x)-g(x)$，$f(x)\cdot g(x)$，$\dfrac{f(x)}{g(x)}$ $(g(x_0)\neq 0)$ 在点 x_0 处也连续.

连续函数的四则运算法则可以推广到有限个连续函数的情形.

定理 2.10 设函数 $y=f(u)$ 在点 u_0 处连续，函数 $u=\varphi(x)$ 在点 x_0 处连续，且 $u_0=\varphi(x_0)$，则复合函数 $y=f[\varphi(x)]$ 在点 x_0 处连续.

证 设函数 $u=\varphi(x)$ 在点 x_0 处连续，且 $u_0=\varphi(x_0)$，而函数 $y=f(u)$ 在点 u_0 处连续，即 $\lim\limits_{u\to u_0}f(u)=f(u_0)$，则 $\lim\limits_{x\to x_0}f[\varphi(x)]=\lim\limits_{u\to u_0}f(u)=f(u_0)=f[\varphi(x_0)]$. 故复合函数 $y=f[\varphi(x)]$ 在点 x_0 处连续.

定理 2.11 严格单调递增（或递减）的连续函数的反函数也是严格单调递增（或递减）的连续函数.

定理 2.12 基本初等函数在其定义域上是连续的.

由基本初等函数的连续性及连续函数的四则运算和复合函数的连续性即可证得下面的定理.

定理 2.13 一切初等函数在其定义域内都是连续的.

这个结论对判别函数的连续性和求函数的极限都很方便. 例如，若函数 $f(x)$ 是初等函数，且点 x_0 属于函数 $f(x)$ 的定义域，那么函数 $f(x)$ 在点 x_0 处连续.

求初等函数 $f(x)$ 在定义域内一点 x_0 的极限就化为求函数 $f(x)$ 在点 x_0 的函数值.

例 2.29 求极限 $\lim\limits_{x\to 1}\dfrac{e^{x^2-1}-\sin\left(\dfrac{\pi}{2}x\right)}{8x-5}$.

解 函数 $\dfrac{e^{x^2-1}-\sin\left(\dfrac{\pi}{2}x\right)}{8x-5}$ 是初等函数，其定义域为 $D=\left(-\infty,\dfrac{5}{8}\right)\cup\left(\dfrac{5}{8},+\infty\right)$. $1\in D$，因此该函数在点 $x=1$ 处连续，所以

$$\lim_{x\to 1}\frac{e^{x^2-1}-\sin\left(\dfrac{\pi}{2}x\right)}{8x-5}=0$$

求函数的自变量趋于函数的连续点的极限时，只要把该函数的连续点代入函数求值即可.

2.4.5 闭区间上连续函数的性质

下面介绍定义在闭区间 $[a,b]$ 上的连续函数的基本性质，由于证明要用到实数理论，这里只从几何直观上加以说明.

定理 2.14（最值定理） 若函数 $y=f(x)$ 在闭区间 $[a,b]$ 上连续，则 $f(x)$ 在 $[a,b]$ 上一定有最大值和最小值.

此定理的几何意义如图 2.1 所示，因为 $f(x)$ 在区间 $[a,b]$ 上连续，其图形是区间 $[a,b]$ 上的一条连续曲线，所以它必有最高点和最低点，即有最大值和最小值. 也就是说，一定存在一个 M 和一个 m，使得 $\forall x\in[a,b]$，均有

$$m\leqslant f(x)\leqslant M$$

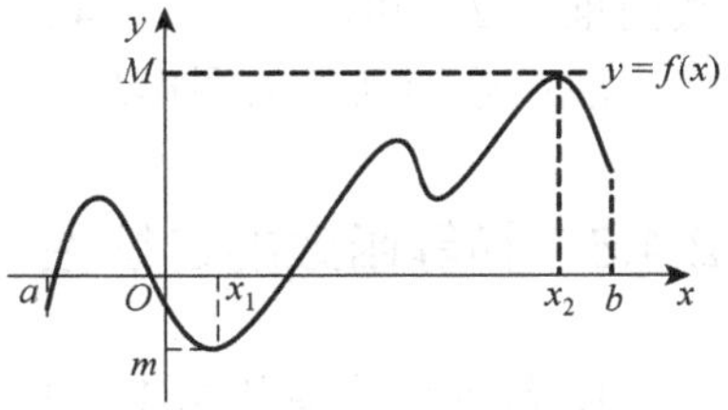

图 2.1

注：若函数在开区间内连续，则它在该区间内未必能取得最大值和最小值. 例如，函数 $y=2x+1$ 在(0, 1)内连续，但此函数在(0, 1)内既没有最大值，也没有最小值.

由图 2.1 可以看出，若函数 $f(x)$ 在区间 $[a,b]$ 上连续，则其图形必定被夹在两条与 x 轴平行的直线之间，即函数 $f(x)$ 一定有界，可得如下定理.

定理 2.15（有界性定理） 若函数 $y=f(x)$ 在闭区间 $[a,b]$ 上连续，则它在该区间上一定有界.

由图 2.1 还可以看出，若函数 $f(x)$ 在区间 $[a,b]$ 上连续，且曲线 $y=f(x)$ 的两个端点又位于 x 轴的两侧，则曲线 $y=f(x)$ 与 x 轴至少有一个交点（亦称零值点）. 故又可得如下定理.

定理 2.16（零点定理） 若函数 $y=f(x)$ 在闭区间 $[a,b]$ 上连续，且 $f(a)$ 与 $f(b)$ 异号，则在开区间 (a,b) 内 $f(x)$ 至少有一个零值点，即至少存在一点 $\xi\in(a,b)$，使得 $f(\xi)=0$.

由定理 2.16，可以得到如下推论.

推论 2.5 若函数 $y=f(x)$ 在闭区间 $[a,b]$ 上连续，且 $f(a)\cdot f(b)<0$，则在开区间 (a,b) 内，方程 $f(x)=0$ 至少有一个实根.

推论 2.6 若函数 $y=f(x)$ 在闭区间 $[a,b]$ 上连续单调，且 $f(a)\cdot f(b)<0$，则在开区间 (a,b)

内，方程 $f(x)=0$ 有且仅有一个实根.

定理 2.17（介值定理） 若函数 $y=f(x)$ 在闭区间 $[a,b]$ 上连续，M 和 m 分别为其最大值和最小值，则对于介于 m 与 M 之间的任意实数 c，至少存在一点 $\xi\in[a,b]$，使得 $f(\xi)=c$.

此定理表明：若 $f(x)$ 在区间 $[a,b]$ 上连续，c 为其值域 $[m,M]$ 上的一点，则过点 $(0,c)$ 的直线 $y=c$ 与曲线 $y=f(x)$ 至少有一个交点，如图 2.2 所示.

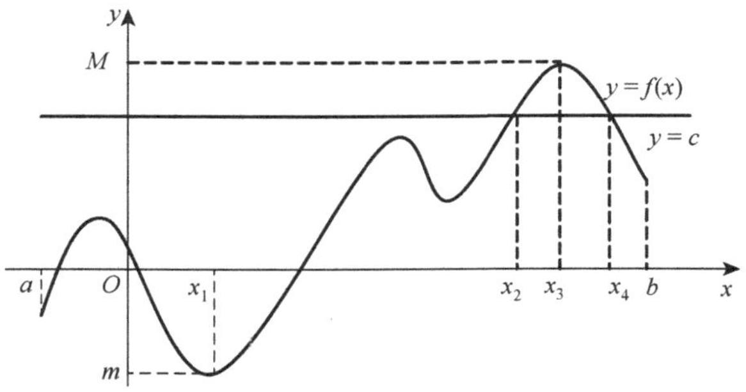

图 2.2

例 2.30 证明方程 $x^3-4x^2+1=0$ 在(0, 1)内至少有一个实根.

证 令 $f(x)=x^3-4x^2+1$，显然函数 $f(x)$ 在[0, 1]上连续. 又

$$f(0)=1>0,\qquad f(1)=-2<0$$

故由推论 2.5 知，方程 $x^3-4x^2+1=0$ 在开区间(0, 1)内至少有一实根.

注：连续函数的图形是一条连绵不断的曲线.

2.4.6 初等函数的连续性

1. 基本初等函数在其定义域上是连续的，一切初等函数在其定义域区间上是连续的

2. 利用函数的连续性求极限

若函数 $f(x)$ 在点 x_0 处连续，则 $\lim\limits_{x\to x_0}f(x)=f(x_0)$，即求连续函数的极限，可归结为计算函数值.

例 2.31 求极限 $\lim\limits_{x\to\frac{\pi}{2}}[\ln(\sin x)]$.

解 因为 $\ln(\sin x)$ 在点 $x=\dfrac{\pi}{2}$ 处连续，有

$$\lim_{x\to\frac{\pi}{2}}[\ln(\sin x)]=\ln\lim_{x\to\frac{\pi}{2}}\sin x=\ln\left(\sin\frac{\pi}{2}\right)=\ln 1=0$$

注：基本初等函数在其定义域上连续.

3. 复合函数求极限的方法

定理 2.18 设有复合函数 $y=f[\varphi(x)]$，若 $\lim\limits_{x\to x_0}\varphi(x)=a$，而函数 $f(u)$ 在点 $u=a$ 处连续，则

$$\lim_{x\to x_0} f[\varphi(x)] = f\left[\lim_{x\to x_0}\varphi(x)\right] = f(a)$$

例 2.32 求极限 $\lim\limits_{x\to 0}\dfrac{\ln(1+x)}{x}$.

解 因为 $\lim\limits_{x\to 0}\dfrac{\ln(1+x)}{x} = \lim\limits_{x\to 0}\ln(1+x)^{\frac{1}{x}}$，复合函数 $\ln(1+x)^{\frac{1}{x}}$ 是由 $\ln u$ 和 $u=(1+x)^{\frac{1}{x}}$ 复合而成，又 $\lim\limits_{x\to 0}\ln(1+x)^{\frac{1}{x}} = \mathrm{e}$ 在点 $u=\mathrm{e}$ 处 $\ln u$ 连续，所以

$$\lim_{x\to 0}\ln(1+x)^{\frac{1}{x}} = \ln\left[\lim_{x\to 0}(1+x)^{\frac{1}{x}}\right] = \ln\mathrm{e} = 1$$

例 2.33 证明方程 $x^5-3x=1$ 至少有一个根介于 1 与 2 之间.

解 设 $f(x)=x^5-3x-1$，则 $f(x)$ 在 $(-\infty,+\infty)$ 内连续，又

$$f(1)=1-3-1=-3<0,\qquad f(2)=2^5-3\cdot 2-1=25>0$$

即 $f(1)\cdot f(2)<0$， 根据定理 2.17，至少存在一点 $\xi\in(1,2)$，使得 $f(\xi)=0$.

显然 ξ 即为方程 $x^5-3x=1$ 的根.

习 题 2.4

1. 确定 k 的值，使 $f(x)$ 为连续函数：

$$f(x)=\begin{cases}\ln(1+2x)^{\frac{3}{x}}, & -\dfrac{1}{2}<x<\dfrac{1}{2}\text{且 } x\neq 0\\ k, & x=0\end{cases}$$

2. 指出下列函数的间断点，并判断其类型：

（1）$f(x)=\dfrac{\sin x}{x^2-x}$；（2）$f(x)=\dfrac{|x-2|}{x-2}$；

（3）$f(x)=\dfrac{\mathrm{e}^{3x}-1}{x(x-1)}$；（4）$f(x)=\begin{cases}\arctan\dfrac{1}{x}, & x\leqslant 0,\\ \ln x, & x>0;\end{cases}$

3. 设 $f(x)=\begin{cases}\dfrac{x}{\sin x}, & x<0,\\ a, & x=0,\\ \tan x\cdot\sin\dfrac{1}{x}+b, & x>0\end{cases}$ 在点 $x=0$ 处连续，求 a, b 的值.

4. 利用连续函数的性质，求下列函数的极限：

（1）$\lim\limits_{x\to\frac{1}{2}}\ln(\arcsin x)$；（2）$\lim\limits_{x\to 0}\dfrac{\mathrm{e}^x+\cos x}{\arcsin(1+x)}$；

（3）$\lim\limits_{x\to 0}\ln\dfrac{\sin x}{x}$；（4）$\lim\limits_{x\to 0}\left[\dfrac{\lg(100+x)}{a^x+\arcsin x}\right]^{\frac{1}{2}}$；

（5）$\lim\limits_{x\to+\infty}x\cdot[\ln(1+x)-\ln x]$；（6）$\lim\limits_{x\to 0}\dfrac{\mathrm{e}^x-1}{x}$.

5. 证明方程 $x^5-3x-1=0$ 在区间(1, 2)内至少有一个实根.

6. 证明方程 $x^3-3=0$ 在区间(−1, 2)内有且只有一个实根.

7. 证明方程 $x^3-3x^2+4x+1=0$ 在区间(−1, 0)内有且仅有一个实根.

8. 设 $f(x)$ 在 $[a,b]$ 上连续，且 $f(a)<a$，$f(b)>b$．求证：$f(x)=x$ 在开区间 (a,b) 内，有且仅有一个实根.

2.5 常用的经济函数举例

1. 生产函数

生产函数是指产量 Q 与各种投入要素之间的函数关系

$$Q=f(x_1,x_2,\cdots,x_n)$$

其中，$x_1,x_2,\cdots,x_n$ 为 n 种要素的投入量.

若只考虑两种投入要素——资本 K 和劳动 L，则生产函数为

$$Q=f(K,L)$$

保持产量 Q_0 不变，称方程 $f(K,L)=Q_0$ 的曲线为等产量线，等产量线上不同的要素投入组合所得产出相同，不同的等产量线代表不同的产出水平.

经济学中讨论的生产函数通常都满足

$$f(\lambda K,\lambda L)=\lambda^r f(K,L)\quad (\lambda>0)$$

称为 r 次齐次函数．当 $r>1$ 时，$f(\lambda K,\lambda L)>\lambda f(K,L)(\lambda>1)$，称为规模报酬递增；当 $r<1$ 时，$f(\lambda K,\lambda L)<\lambda f(K,L)(\lambda>1)$，称为规模报酬递减；当 $r=1$ 时，$f(\lambda K,\lambda L)=\lambda f(K,L)$，称为规模报酬不变.

常见的生产函数有：

（1）线性生产函数

$$Q=aK+bL\quad (a,b>0)$$

（2）柯布-道格拉斯（Cobb-Douglas）生产函数

$$Q=AK^{\alpha}L^{\beta}\quad (A,\alpha,\beta>0)$$

（3）常替代弹性生产函数

$$Q=A(\delta_1K^{-\rho}+\delta_2L^{-\rho})^{-\frac{1}{\rho}}\quad (A>0;\ 0<\delta_1,\delta_2<1;\ -1<\rho\neq 0)$$

例 2.34 已知生产 Q 对汽车挡泥板的成本为 $C(Q)=10+\sqrt{1+Q^2}$（美元），每对挡泥板的售价为 5 美元．销售 Q 对挡泥板的收入和利润分别为 $R(Q)$ 和 $L(Q)$．求：

（1）$\lim\limits_{Q\to+\infty}[C(Q+1)-C(Q)]$ 和 $\lim\limits_{Q\to+\infty}[L(Q+1)-L(Q)]$；

（2）$\lim\limits_{Q\to+\infty}\overline{C}(Q)=\lim\limits_{Q\to+\infty}\dfrac{C(Q)}{Q}$.

解　（1）$\lim\limits_{Q\to+\infty}[C(Q+1)-C(Q)]=\lim\limits_{Q\to+\infty}\left[10+\sqrt{1+(Q+1)^2}-\left(10+\sqrt{1+Q^2}\right)\right]$

$$=\lim_{Q\to+\infty}\left[\sqrt{1+(Q+1)^2}-\sqrt{1+Q^2}\right]=\lim_{Q\to+\infty}\frac{2Q+1}{\sqrt{1+(Q+1)^2}+\sqrt{1+Q^2}}$$

$$=\lim_{Q\to+\infty}\frac{2+\dfrac{1}{Q}}{\sqrt{\dfrac{1}{Q^2}+\left(1+\dfrac{1}{Q}\right)^2}+\sqrt{\dfrac{1}{Q^2}+1}}=1$$

$$\begin{aligned}\lim_{Q\to+\infty}[L(Q+1)-L(Q)]&=\lim_{Q\to+\infty}\{[R(Q+1)-C(Q+1)]-[R(Q)-C(Q)]\}\\&=\lim_{Q\to+\infty}\{[R(Q+1)-R(Q)]-[C(Q+1)-C(Q)]\}\\&=5-\lim_{Q\to+\infty}[C(Q+1)-C(Q)]=4\end{aligned}$$

（2）$\lim\limits_{Q\to+\infty}\bar{C}(Q)=\lim\limits_{Q\to+\infty}\dfrac{C(Q)}{Q}=\lim\limits_{Q\to+\infty}\dfrac{10+\sqrt{1+Q^2}}{Q}=\lim\limits_{Q\to+\infty}\left(\dfrac{10}{Q}+\sqrt{\dfrac{1}{Q^2}+1}\right)=1$.

2. 效用函数

效用是用来度量消费者消费一定数量的商品组合时所获得的总满足程度的变量，它是消费者所消费的商品数量的函数，称为效用函数.

只考虑一种商品时，效用函数为

$$U=f(x)$$

其中，U 为效用，x 为消费的商品数量. 效用函数一般为增函数.

考虑两种商品时，二元效用函数为

$$U=f(x,y)$$

其中，x,y 为两种商品的消费量.

将 U 视为常数，方程 $f(x,y)=U$ 的曲线称为无差异曲线，表示不同的消费组合所得效用相等，如图 2.3 所示.

常见的二元效用函数有

$$U=Ax^{\alpha}y^{\beta}\quad(A>0,0<\alpha,\beta<1)$$

$$U=A\ln x+B\ln y\quad(A,B>0)$$

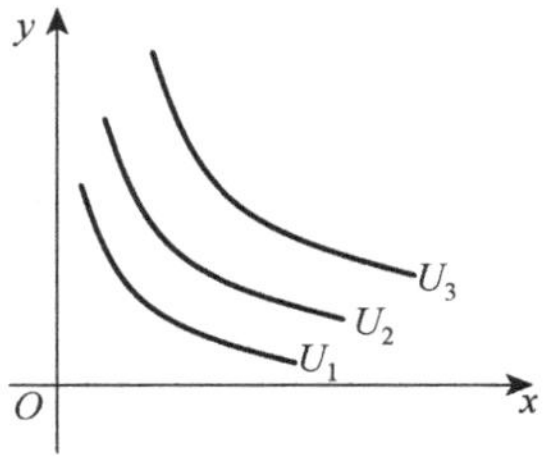

图 2.3

3. 消费函数与储蓄函数

宏观经济学中，用 Y 表示国民收入，C 表示居民的消费支出，S 表示居民的储蓄（可支配收入中没有被消费的部分）. 在不考虑其他因素的前提下，消费 C 与储蓄 S 均为国民收入 Y 的函数 $C=C(Y)$，$S=S(Y)$，分别称为消费函数与储蓄函数. 显然，$Y=C+S$.

4. 外币兑换中的损失

某人从美国去加拿大度假，他把美元兑换成加拿大元时，币面数值增加 12%，回国后他发现将加拿大元兑换成美元时，币面数值减少了 12%. 问经过这一来一回的兑换后，他亏损了吗？

设 $f_1(x)$ 为将 x 美元兑换成的加拿大元，$f_2(x)$ 为将 x 加拿大元兑换成的美元，则

$$f_1(x)=x+x\cdot 12\%=1.12x \quad (x\geqslant 0)$$

$$f_2(x)=x-x\cdot 12\%=0.88x \quad (x\geqslant 0)$$

而 $f_2[f_1(x)]=0.88\cdot 1.22x=0.985\,6x<x$，故 f_1, f_2 不互为反函数，即经过这一来一回的兑换后，他亏损了 1.44%.

第 3 章　导数与微分

3.1　导数的概念

3.1.1　引例

1. 变速直线运动的瞬时速度

设 $s = s(t)$ 为动点从 t_0 时刻到 t 时刻做变速直线运动所经过的路程，则当时间 t 从 t_0 时刻改变到 $t_0 + \Delta t$ 时刻时，运动点在 $\Delta t(\neq 0)$ 这段时间内所经过的路程就为

$$\overline{\mu} = \frac{\Delta s}{\Delta t} = \frac{s(t_0 + \Delta t)}{\Delta t}$$

当 Δt 很小时，$\overline{\mu}$ 就近似地等于动点在 t_0 时刻的速度，且 Δt 越小其近似程度就越高，但是不论 Δt 多么小，这个平均速度还只是瞬时速度的近似值.

为了实现由近似值到精确值的转换，令 $\Delta t \to 0$，若平均速度 $\frac{\Delta s}{\Delta t}$ 的极限存在，则该极限值就是所要求的瞬时速度，即

$$\lim_{\Delta t \to 0} \frac{\Delta s}{\Delta t} = \lim_{\Delta t \to 0} \frac{s(t_0 + \Delta t)}{\Delta t}$$

2. 平面曲线的切线斜率

切线的一般定义：设有曲线 $C: y = f(x)$ 及 C 上的一点 M（图 3.1），在点 M 外另取 C 上一点 N，作割线 MN，当点 N 沿曲线 C 逐渐趋于点 M 时，割线 MN 绕点 M 旋转，而逐渐趋于极限位置 MT，直线 MT 就称为曲线 C 在点 M 处的切线. 这里极限位置的含义是：只要弦长 $|MN|$ 趋于零，$\angle NMT$ 也趋于零.

设 $M(x_0, y_0)$ 是曲线 C 上的一点（图 3.2），则 $y_0 = f(x_0)$. 在点 M 外另取 C 上一点 $N(x, y)$，割线 MN 的斜率为

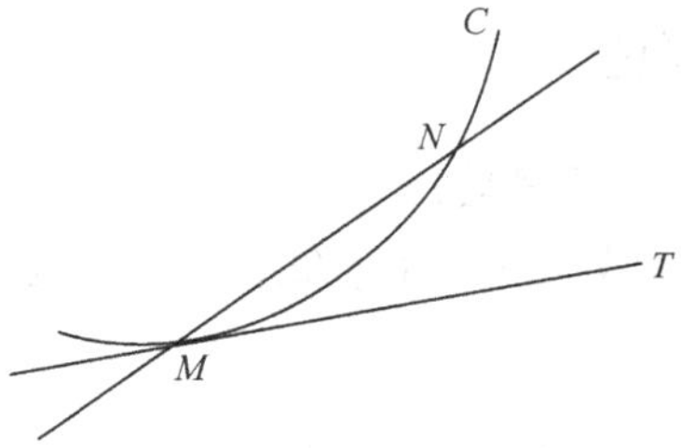

图 3.1

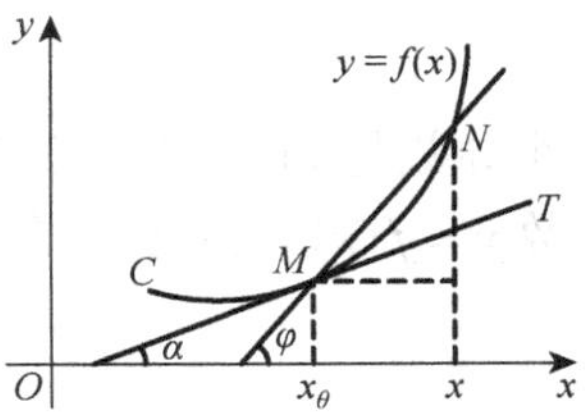

图 3.2

$$\tan\varphi = \frac{\Delta y}{\Delta t} = \frac{f(x_0+\Delta x)-f(x_0)}{\Delta x}$$

其中，φ为割线MN的倾角，当点N沿曲线C趋于点M时，$x \to x_0$，若$\lim\limits_{x\to x_0}\frac{f(x)-f(x_0)}{x-x_0}$存在，则此极限就是切线$MT$的斜率$k=\tan\alpha$，其中$\alpha$是切线$MT$的倾角.

在物理学、化学、生物学、经济学等领域中，还有许多实际问题，如线密度、电流、反应速度等，都可归结为函数对自变量的变化率即函数的导数.

上面两个引例尽管实际意义不同，但是它们从数学的形式和内容上看是完全相同的，都是函数与自变量增量比的极限，把这种形式的极限定义为导数.

3.1.2 导数概念

1. 导数的定义

定义 3.1 设函数$y=f(x)$在点x_0处的某一邻域内有定义，当自变量 x 在点x_0处有增量$\Delta x(\Delta x\neq 0)$，$x_0+\Delta x$仍在该邻域内时，相应地，函数有增量

$$\Delta y = f(x_0+\Delta x)-f(x_0)$$

若极限$\lim\limits_{\Delta x\to 0}\frac{\Delta y}{\Delta x}=\lim\limits_{\Delta x\to 0}\frac{f(x_0+\Delta x)-f(x_0)}{\Delta x}$存在，则称$f(x)$在点$x_0$处可导，并称此极限值为$f(x)$在点$x_0$处的导数，记为$f'(x_0)$，也可记为$y'(x_0)$ $y'\Big|_{x=x_0},\frac{\mathrm{d}y}{\mathrm{d}x}\Big|_{x=x_0},\frac{\mathrm{d}f(x)}{\mathrm{d}x}\Big|_{x=x_0}$，即

$$f'(x_0)=\lim_{\Delta x\to 0}\frac{\Delta y}{\Delta x}=\lim_{\Delta x\to 0}\frac{f(x_0+\Delta x)-f(x_0)}{\Delta x} \tag{3.1}$$

若极限不存在，则称$y=f(x)$在点x_0处不可导.

在式（3.1）中，若令$x_0+\Delta x=x$，则当$\Delta x\to 0$时，有$x\to x_0$，所以函数$f(x)$在点x_0处的导数$f'(x_0)$也可表示为

$$f'(x_0)=\lim_{x\to x_0}\frac{f(x)-f(x_0)}{x-x_0} \tag{3.2}$$

2. 导函数

把式（3.1）中的x_0换成x，即可得到$y=f(x)$在任意点x处的导数

$$f'(x)=\lim_{\Delta x\to 0}\frac{f(x+\Delta x)-f(x)}{\Delta x} \tag{3.3}$$

由于这个导数是x的函数，称为$y=f(x)$的导函数，简称导数.

显然函数$y=f(x)$在点x_0处的导数$f'(x_0)$，实质上就是导函数$f'(x)$在点x_0处的函数值，即

$$f'(x_0)=f'(x)\Big|_{x=x_0}$$

下面根据导数的定义，来求一些简单函数的导数. 求函数$y=f(x)$的导数$f'(x)$可归结为三个步骤：

（1）求增量

$$\Delta y = f(x+\Delta x) - f(x)$$

（2）作比值

$$\frac{\Delta y}{\Delta x} = \frac{f(x+\Delta x) - f(x)}{\Delta x}$$

（3）取极限

$$f'(x) = \lim_{\Delta x \to 0} \frac{\Delta y}{\Delta x}$$

例 3.1 求 $y = x^2$ 在点 $x = 3$ 处的导数.

解

$$\Delta y = f(3+\Delta x) - f(3) = (3+\Delta x)^2 - 9 = 6\Delta x + (\Delta x)^2$$

$$\frac{\Delta y}{\Delta x} = \frac{6\Delta x + (\Delta x)^2}{\Delta x} = 6 + \Delta x$$

所以

$$y'\big|_{x=3} = \lim_{\Delta x \to 0} \frac{\Delta y}{\Delta x} = \lim_{\Delta x \to 0}(6+\Delta x) = 6$$

例 3.2 求常函数 $y = c$ 的导数.

解 因为 $\frac{\Delta y}{\Delta x} = \frac{y(x+\Delta x) - y(x)}{\Delta x} = \frac{c-c}{\Delta x} = 0$，而 $\lim\limits_{\Delta x \to 0} \frac{\Delta y}{\Delta x} = \lim\limits_{\Delta x \to 0} 0 = 0$，所以 $(c)' = 0$.

例 3.3 求函数 $y = x^n$（n 为正整数）的导数.

解 因为

$$\lim_{\Delta x \to 0} \frac{\Delta y}{\Delta x} = \lim_{\Delta x \to 0} \frac{y(x+\Delta x) - y(x)}{\Delta x} = \lim_{\Delta x \to 0} \frac{(x+\Delta x)^n - x^n}{\Delta x}$$
$$= \lim_{\Delta x \to 0}\left[C_n^1 x^{n-1} + C_n^2 x^{n-2}\Delta x + \cdots + (\Delta x)^{n-1}\right] = nx^{n-1}$$

所以由定义 3.1 知 $y' = (x^n)' = nx^{n-1}$.

可以证明：若 a 为任意实数，则 $(x^a)' = ax^{a-1}$.

例 3.4 求函数 $y = \log_a x (a > 0, a \neq 1, x > 0)$ 的导数.

解 （1）$\Delta y = \log_a(x+\Delta x) - \log_a x = \log_a\left(1 + \frac{\Delta x}{x}\right)$.

（2）$\frac{\Delta y}{\Delta x} = \frac{1}{\Delta x}\log_a\left(1+\frac{\Delta x}{x}\right) = \log_a\left(1+\frac{\Delta x}{x}\right)^{\frac{1}{\Delta x}} = \log_a\left[\left(1+\frac{\Delta x}{x}\right)^{\frac{x}{\Delta x}}\right]^{\frac{1}{x}} = \frac{1}{x}\log_a\left(1+\frac{\Delta x}{x}\right)^{\frac{x}{\Delta x}}$.

（3）

$$\lim_{\Delta x \to 0} \frac{\Delta y}{\Delta x} = \lim_{\Delta x \to 0} \frac{1}{x}\log_a\left(1+\frac{\Delta x}{x}\right)^{\frac{x}{\Delta x}} = \frac{1}{x}\log_a \mathrm{e} = \frac{1}{x\ln a}$$

即

$$(\log_a x)' = \frac{1}{x\ln a}$$

特别地，当 $a = \mathrm{e}$ 时，$(\ln x)' = \frac{1}{x}$.

例 3.5 求指数函数 $y = a^x (a > 0, a \neq 1)$ 的导数.

解

$$y' = \lim_{\Delta x \to 0} \frac{y(x+\Delta x) - y(x)}{\Delta x} = \lim_{\Delta x \to 0} \frac{a^{x+\Delta x} - a^x}{\Delta x} = \lim_{\Delta x \to 0} \frac{a^x(a^{\Delta x} - 1)}{\Delta x}$$

$$\xlongequal{\text{由等价无穷小量定理}} \lim_{\Delta x \to 0} \frac{a^x \cdot \Delta x \ln a}{\Delta x} = a^x \ln a$$

特别地，当 $a = \mathrm{e}$ 时，有 $(\mathrm{e}^x)' = \mathrm{e}^x$.

3.1.3 导数的几何意义

从前面的引例可知，函数 $y = f(x)$ 在点 x_0 处的导数 $f'(0)$ 的几何意义是：曲线 $y = f(x)$ 在点 $(x_0, f'(x_0))$ 处切线的斜率.

（1）若 $f'(x_0)$ 存在，则曲线 $y = f(x)$ 过点 $(x_0, f(x_0))$ 的切线方程为 $y - y_0 = f'(x_0)(x - x_0)$.

当 $f'(x_0) \neq 0$ 时，过点 $(x_0, f(x_0))$ 的法线方程为 $y - y_0 = f'(x_0)(x - x_0)$;

当 $f'(x_0) = 0$ 时，法线方程为 $x = x_0$.

（2）若 $f'(x_0) = \infty$ ，则切线垂直于 x 轴，切线方程为 $x = x_0$.

例 3.6 求抛物线 $y = x^2$ 在点(1, 1)处的切线方程和法线方程.

解 由 $y' = (x^2)' = 2x$ ，切线斜率 $k = y'\big|_{x=1} = 2x\big|_{x=1} = 2$ ，切线方程为 $y - 1 = 2(x - 1)$ ，即 $y = 2x - 1$. 法线方程为 $y - 1 = -\dfrac{1}{2}(x - 1)$ ，即 $y = -\dfrac{1}{2}x + \dfrac{3}{2}$.

习 题 3.1（1）

1. 根据导数的定义，求下列函数的导数：

（1） $y = 2x^2 + x + 1$ ，求 y' ； （2） $y = \sqrt{x+1}$ ，求 $y'\big|_{x=3}$ ；

（3） $f(x) = \begin{cases} x^2 \sin\dfrac{1}{x}, & x \neq 0, \\ 0, & x = 0, \end{cases}$ 求 $f'(0)$.

2. 求下列函数表示的曲线在给定处的切线方程和法线方程：

（1） $y = \ln x, (1, 0)$ ； （2） $y = \sqrt{x+1}, (3, 2)$.

3. 设 $f'(x_0) = \dfrac{1}{3}$ ，求 $\lim\limits_{\Delta x \to x_0} \dfrac{f(x_0 + 3\Delta x) - f(x_0)}{\Delta x}$.

4. 设 $y = f(x)$ 在点 $x = 0$ 处可导，且 $\lim\limits_{x \to 0} \dfrac{f(x) - f(kx)}{x} = L$ （ k, L 为常数），且 $k \neq 0$ 和 1，求 $f'(0)$.

5. 指出下列极限是哪一个函数在哪一点处的导数：

（1） $\lim\limits_{x \to 1} \dfrac{x^3 - 1}{x - 1}$ ； （2） $\lim\limits_{x \to 4} \dfrac{\sqrt{x} - 2}{x - 4}$ ；

（3） $\lim\limits_{x \to 0} \dfrac{a^x - 1}{x}$ ； （4） $\lim\limits_{x \to \frac{\pi}{4}} \dfrac{\arctan x - \arctan\dfrac{\pi}{4}}{x - \dfrac{\pi}{4}}$ ；

（5） $\lim\limits_{x \to 0} \dfrac{(1+x)^m - 1}{x}$ ； （6） $\lim\limits_{x \to 0} \dfrac{(x+1)\mathrm{e}^x - 1}{x}$.

3.1.4 左、右导数

由定义 3.1 知，函数的导数实质上就是两个增量之比的极限. 由于极限有左、右极限之别，导数也有左、右导数之分．因此，对式（3.1）考虑左、右极限，就不难得到左、右导数的概念．

定义 3.2　若函数 $y=f(x)$ 在点 x_0 的某个邻域内有定义，且极限

$$\lim_{\Delta x\to 0^-}\frac{f(x_0+\Delta x)-f(x)}{\Delta x}\quad\left[\text{或}\lim_{\Delta x\to 0^+}\frac{f(x_0+\Delta x)-f(x)}{\Delta x}\right]$$

存在，则称此极限值为函数 $y=f(x)$ 在点 x_0 处的左导数（或右导数），并记为 $f'_-(x)$[或$f'_+(x)$]，即

$$f'_-(x_0)=\lim_{\Delta x\to 0^-}\frac{f(x_0+\Delta x)-f(x)}{\Delta x}=\lim_{x\to x_0^-}\frac{f(x)-f(x_0)}{x-x_0}\tag{3.4}$$

$$f'_+(x_0)=\lim_{\Delta x\to 0^+}\frac{f(x_0+\Delta x)-f(x)}{\Delta x}=\lim_{x\to x_0^+}\frac{f(x)-f(x_0)}{x-x_0}\tag{3.5}$$

根据定义 3.2 和极限定理，可得到下面的定理．

定理 3.1　函数 $y=f(x)$ 在点 x_0 处可导的充要条件是 $y=f(x)$ 在点 x_0 处的左、右导数存在且相等，即 $f'_-(x_0)=f'_+(x_0)$ ．

函数的左、右导数，主要用于讨论在分段点两侧表达式不同的分段函数在分段点处和带有绝对值函数在零值点处的可导性问题．

例 3.7　讨论函数

$$y=f(x)=|x|=\begin{cases}x, & x\geqslant 0\\ -x, & x<0\end{cases}$$

在点 $x=0$ 处的可导性．

解　由于点 $x=0$ 是函数 $f(x)=|x|$ 的零值点，而在该点两侧 $f(x)$ 的表达式不同，函数在该点处的可导性问题，应讨论其左、右导数．

因为

$$f'_-(0)=\lim_{x\to 0^-}\frac{f(x)-f(0)}{x-0}=\lim_{x\to 0^-}\frac{-x}{x}=-1$$

$$f'_+(0)=\lim_{x\to 0^+}\frac{f(x)-f(0)}{x-0}=\lim_{x\to 0^+}\frac{x}{x}=1$$

而

$$f'_-(0)\neq f'_+(0)$$

所以 $y=|x|$ 在点 $x=0$ 处不可导．

3.1.5　函数的可导性与连续性的关系

函数在某点的可导性与连续性之间有如下关系．

定理 3.2　如果函数 $y=f(x)$ 在点 x_0 处可导，那么它在点 x_0 处一定连续．

证　设函数 $y=f(x)$ 在点 x_0 处自变量的增量为 Δx，相应的函数的增量为 $\Delta y=f(x_0+\Delta x)-f(x_0)$，则

$$\lim_{\Delta x\to 0}\Delta y=\lim_{\Delta x\to 0}\frac{\Delta y}{\Delta x}\cdot\Delta x=\lim_{\Delta x\to 0}\frac{\Delta y}{\Delta x}\cdot\lim_{\Delta x\to 0}\Delta x=f'(x_0)\cdot 0=0$$

即函数 $f(x)$ 在点 x_0 处连续．

注：定理 3.2 的逆命题不成立，即函数在一点连续，函数在该点处不一定可导．例如，函数 $f(x)=|x|$ 在点 $x=0$ 处连续，但是它在点 $x=0$ 处不可导．

例 3.8 讨论函数 $f(x)=\begin{cases} x\sin\dfrac{1}{x}, & x\neq 0, \\ 0, & x=0 \end{cases}$ 在点 $x=0$ 处的连续性和可导性.

解

$$\lim_{x\to 0} f(x)=\lim_{x\to 0} x\sin\frac{1}{x}=0$$

即 $\lim\limits_{x\to 0} f(x)=f(0)$，故 $y=f(x)$ 在点 $x=0$ 处连续.

又因为 $\dfrac{f(x)-f(0)}{x-0}=\dfrac{x\sin\frac{1}{x}}{x}=\sin\dfrac{1}{x}$，当 $x\to 0$ 时 $\sin\dfrac{1}{x}$ 极限不存在，所以 $y=f(x)$ 在点 $x=0$ 处不可导.

习　题　3.1（2）

1. 函数 $f(x)=\begin{cases} x^2+1, & 0\leqslant x<1, \\ 3x-1, & x\geqslant 1 \end{cases}$ 在点 $x=1$ 处是否可导？为什么？

2. 讨论函数 $y=x|x|$ 在点 $x=0$ 处的可导性.

3. 利用导数定义，求 $f(x)=\begin{cases} x, & x<0, \\ \ln(1+x), & x\geqslant 0 \end{cases}$ 在点 $x=0$ 处的导数.

4. 讨论下列函数在点 $x=0$ 处的连续性和可导性：

（1）$f(x)=\begin{cases} \ln(1+x), & -1<x\leqslant 0, \\ \sqrt{1+x}-\sqrt{1-x}, & 0<x<1; \end{cases}$

（2）$f(x)=\begin{cases} x^3\sin\dfrac{1}{x}, & x\neq 0, \\ 0, & x=0. \end{cases}$

5. 根据函数可导性与连续性的关系，说明下列函数在给定点处不可导：

（1）$f(x)=\begin{cases} 2x, & x<1, \\ 3x-2, & x\geqslant 1 \end{cases}$ 在点 $x=1$ 处；

（2）$f(x)=\begin{cases} \dfrac{x^2-4}{x-2}, & x\neq 2, \\ 1, & x=2 \end{cases}$ 在点 $x=2$ 处.

6. 设 $f(x)=\begin{cases} x^2, & x\leqslant 1, \\ ax+b, & x>1 \end{cases}$ 在点 $x=1$ 处可导，求 a,b 的值.

3.2　导数的基本公式及四则运算法则

本节将讨论几个基本初等函数的求导公式及导数的四则运算法则. 利用这些公式和法则，能较为简便地求出许多函数的导数.

3.2.1　几个基本初等函数的求导公式

（1）$(C)'=0$；　　　　（2）$(x^a)'=ax^{a-1}$；

（3）$(a^x)'=a^x\ln a$；

（4）$(e^x)'=e^x$；

（5）$(\log_a x)'=\dfrac{1}{x\ln a}$；

（6）$(\ln x)'=\dfrac{1}{x}$；

（7）$(\cos x)'=-\sin x$；

（8）$(\tan x)'=\sec^2 x=\dfrac{1}{\cos^2 x}$；

（9）$(\cot x)'=-\csc^2 x=-\dfrac{1}{\sin^2 x}$；

（10）$(\sec x)'=\sec x\cdot\tan x$；

（11）$(\csc x)'=-\csc x\cdot\cot x$；

（12）$(\arcsin x)'=\dfrac{1}{\sqrt{1-x^2}}$；

（13）$(\arccos x)'=-\dfrac{1}{\sqrt{1-x^2}}$；

（14）$(\arctan x)'=\dfrac{1}{1+x^2}$；

（15）$(\operatorname{arccot} x)'=-\dfrac{1}{1+x^2}$.

3.2.2 导数的四则运算法则

设函数 $f(x),g(x)$ 均可导，则

（1）$[f(x)\pm g(x)]'=f'(x)\pm g'(x)$，即两个可导函数之和（差）的导数等于这两个函数的导数之和（差）. 该法则可推广到求任意有限个函数代数和的导数.

（2）$[f(x)\cdot g(x)]'=f'(x)g(x)+f(x)g'(x)$，即两个可导函数乘积的导数等于第一个因子的导数与第二个因子的乘积，加上第一个因子与第二个因子的导数的乘积. 该法则可推广到求任意有限个函数的乘积的导数.

（3）$\left[\dfrac{f(x)}{g(x)}\right]'=\dfrac{f'(x)g(x)-f(x)g'(x)}{g^2(x)}\quad(g(x)\neq 0)$，即求可导函数商的导数，当其分母不为零时，等于分母乘分子的导数减去分子乘分母的导数，然后除以分母的平方.

（4）$[Cf(x)]'=Cf'(x)$（C 为常数），即求常数与可导函数的乘积的导数时，常数因子可以提到求导记号外边.

例 3.9 设 $y=\sqrt{x}\cos x+4\ln x+\sin\dfrac{\pi}{7}$，求 y'.

解
$$y'=\left(\sqrt{x}\cos x\right)'+(4\ln x)'+\left(\sin\frac{\pi}{7}\right)'=\left(\sqrt{x}\right)'\cos x+\sqrt{x}(\cos x)'+4(\ln x)'$$
$$=\frac{\cos x}{2\sqrt{x}}-\sqrt{x}\sin x+\frac{4}{x}.$$

例 3.10 求 $y=\tan x$ 的导数.

解
$$y'=(\tan x)'=\left(\frac{\sin x}{\cos x}\right)'=\frac{(\sin x)'\cos x-\sin x(\cos x)'}{\cos^2 x}=\frac{\cos^2 x+\sin^2 x}{\cos^2 x}=\frac{1}{\cos^2 x}=\sec^2 x.$$

类似可得 $(\cot x)'=-\csc^2 x$.

例 3.11 已知 $y=\sec x$，求 y'.

解 $y'=(\sec x)'=\left(\dfrac{1}{\cos x}\right)'=\dfrac{(1)'\cos x-1\cdot(\cos x)'}{\cos^2 x}=\dfrac{\sin x}{\cos^2 x}=\sec x\tan x$.

类似可得 $(\csc x)'=-\csc x\cot x$.

例 3.12 设 $f(x)=\dfrac{x\sin x}{1+\cos x}$，求 $f'(x)$.

解

$$f'(x)=\frac{(x\sin x)'(1+\cos x)+x\sin x(1+\cos x')}{(1+\cos x)^2}$$

$$=\frac{(\sin x+x\cos x)(1+\cos x)-x\sin x(-\sin x)}{(1+\cos x)^2}$$

$$=\frac{\sin x(1+\cos x)+x\cos x+x\cos^2 x+x\sin^2 x}{(1+\cos x)^2}$$

$$=\frac{\sin x(1+\cos x)+x(1+\cos x)}{(1+\cos x)^2}=\frac{\sin x+x}{1+\cos x}.$$

习 题 3.2

1. 求下列函数的导数：

（1）$y=\dfrac{x^3}{3}-\dfrac{x^2}{2}+x$；

（2）$y=\dfrac{a+bx+cx^2}{x}$；

（3）$y=(x+2a)(x-a)^2$；

（4）$y=\dfrac{1-\ln x}{1+\ln x}$；

（5）$y=\dfrac{x+1}{x-1}$；

（6）$y=\dfrac{1+x-x^2}{1-x+x^2}$；

（7）$y=\tan x+\dfrac{1}{\ln x}$；

（8）$y=(\sqrt{x}+1)\left(\dfrac{1}{\sqrt{x}}-1\right)$；

（9）$y=x\sin x\ln x$；

（10）$y=\dfrac{1-x^3}{\sqrt{x}}$；

（11）$y=x\tan x-\cos x$；

（12）$y=\dfrac{5\sin x}{1+\cos x}$；

（13）$y=\dfrac{\sin x}{x}+\dfrac{x}{\sin x}$；

（14）$y=x^2a^2$.

2. 求下列函数在给定点处的导数值：

（1）$y=x\sin x+\dfrac{1}{2}\cos x$，求 $y'\big|_{x=\frac{\pi}{2}}$；

（2）$y=\dfrac{x^2}{x+1}+xe^x$，求 $\dfrac{dy}{dx}\Big|_{x=0}$；

（3）$f(x)=\dfrac{1-\sqrt{x}}{1+\sqrt{x}}$，求 $f'(4)$；

（4） $f(x)=x\ln x$，求 $\lim\limits_{\Delta x\to 0}\dfrac{f(\mathrm{e}+\Delta x)-f(\mathrm{e})}{\Delta x}$.

3. 设曲线 $y=x\ln x$，求曲线平行于直线 $2x+2y+3=0$ 的切线方程.

4. 设曲线 $y=ax^4+bx^3+x^2+3$ 在点 $(1,6)$ 与直线 $y=11x-5$ 相切，求 a,b.

3.3 反函数与复合函数的求导法则

到目前为止，我们只能解决一些简单初等函数的求导问题，而对于实际中经常遇到的众多初等函数的求导问题，却仍然束手无策．在这些初等函数中，反函数和复合函数就是两个重要成员．因此，本节将介绍反函数和复合函数的求导法则．

3.3.1 反函数的求导法则

定理 3.3 若函数 $f(x)$ 在点 x 的某邻域连续，并严格单调，函数 $y=f(x)$ 在点 x 处可导，而且 $f'(x)\neq 0$，则它的反函数 $x=\varphi(y)$ 在点 y 处可导，且

$$\varphi'(y)=\frac{1}{f'(x)}$$

证 由定义 1.6，函数 $y=f(x)$ 在点 x 的某邻域存在反函数 $x=\varphi(y)$.

设反函数 $x=\varphi(y)$ 在点 y 处的自变量的改变量为 Δy（$\Delta y\neq 0$），则

$$\Delta x=\varphi(y+\Delta y)-\varphi(y),\qquad \Delta y=f(x+\Delta x)-f(x)$$

已知函数 $y=f(x)$ 在点 x 的某邻域连续且单调，则反函数 $x=\varphi(y)$ 在点 y 的某邻域连续且单调，有

$$\Delta y\to 0\Leftrightarrow \Delta x\to 0,\qquad \Delta y\neq 0\Leftrightarrow \Delta x\neq 0$$

于是

$$\frac{\Delta x}{\Delta y}=\frac{1}{\dfrac{\Delta y}{\Delta x}}$$

有

$$\lim_{\Delta y\to 0}\frac{\Delta x}{\Delta y}=\lim_{\Delta x\to 0}\frac{1}{\dfrac{\Delta y}{\Delta x}}=\frac{1}{\lim\limits_{\Delta x\to 0}\dfrac{\Delta y}{\Delta x}}=\frac{1}{f'(x)}$$

即反函数 $x=\varphi(y)$ 在点 y 处可导，且 $\varphi'(y)=\dfrac{1}{f'(x)}$.

注：因为 $y=f(x)$ 与 $x=\varphi(y)$ 互为反函数，所以上述公式也可以写成

$$f'(x)=\frac{1}{\varphi'(y)}$$

应用此定理，下面来导出几个函数的求导公式．

例 3.13 求 $y=a^x(a>0,a\neq 1)$ 的导数．

解 $y=a^x$ 的反函数为 $x=\log_a y(a>0,a\neq 1)$，又 $x=\log_a y$ 单调、可导，故

$$(a^x)'=\frac{1}{(\log_a y)'}=\frac{1}{\dfrac{1}{y\ln a}}=a^x\ln a$$

特别地，当 $a=\mathrm{e}$ 时，有 $(\mathrm{e}^x)'=\mathrm{e}^x\ln\mathrm{e}=\mathrm{e}^x$.

例 3.14 求 $y=\arcsin x$ 的导数.

解 $y=\arcsin x$ 的反函数 $x=\sin y$ 在 $\left[-\dfrac{\pi}{2},\dfrac{\pi}{2}\right]$ 上单调、可导，即

$$(\arcsin x)'=\frac{1}{(\sin y)'}=\frac{1}{\cos y}=\frac{1}{\sqrt{1-\sin^2 y}}=\frac{1}{\sqrt{1-x^2}}$$

故
$$(\arcsin x)'=\frac{1}{\sqrt{1-x^2}}$$

类似地，有 $(\arccos x)'=-\dfrac{1}{\sqrt{1-x^2}}$.

例 3.15 求 $y=\arctan x$ 的导数.

解 $y=\arctan x$ 的反函数 $x=\tan y$ 在 $\left(-\dfrac{\pi}{2},\dfrac{\pi}{2}\right)$ 内单调、可导，故

$$(\arctan x)'=\frac{1}{(\tan y)'}=\frac{1}{\sec^2 y}=\frac{1}{1+\tan^2 y}=\frac{1}{1+x^2}$$

类似地，有 $(\operatorname{arccot} x)'=-\dfrac{1}{1+x^2}$.

3.3.2 复合函数的求导法则

思考：设 $y=(3x-2)^2$，如何求 y'？

$$y'_x=[(3x-2)^2]'=(9x^2-12x+4)'=18x-12$$

$y=(3x-2)^2$ 可看成由 $y=u^2$， $u=3x-2$ 复合而成.

又因为 $y'_u=2u$ ， $u_x=3$，所以 $y'_u u'_x=2u\cdot 3=2(3x-2)\cdot 3=18x-12$ ，故 $y'_x=y'_u u'_x$.

综上所述，复合函数的导数等于已知函数对中间变量的导数乘中间变量对自变量的导数.

定理 3.4 如果函数 $u=\varphi(x)$ 在点 x 处可导，函数 $y=f(u)$ 在对应的点 u 处可导，那么复合函数 $y=f[\varphi(x)]$ 也在点 x 处可导，且

$$\frac{\mathrm{d}y}{\mathrm{d}x}=\frac{\mathrm{d}y}{\mathrm{d}u}\cdot\frac{\mathrm{d}u}{\mathrm{d}x} \quad 或 \quad \{f[\varphi(x)]\}'=f'(u)\varphi'(x)$$

证 设自变量 x 有增量 Δx，则相应的中间变量 $u=\varphi(x)$ 有增量 Δu ，从而 $y=f(u)$ 有增量 Δy ，即 $\dfrac{\Delta y}{\Delta x}=\dfrac{\Delta y}{\Delta u}\cdot\dfrac{\Delta u}{\Delta x}(\Delta u\neq 0,\ \Delta x\neq 0)$.

由 $u=\varphi(x)$ 在点 x 处可导， $u=\varphi(x)$ 在点 x 处连续知，当 $\Delta x\to 0$ 时，必有 $\Delta u\to 0$.

又已知当 $\Delta x\to 0$ 时，有

$$\lim_{\Delta x\to 0}\frac{\Delta u}{\Delta x}=\frac{\mathrm{d}u}{\mathrm{d}x}, \qquad \lim_{\Delta x\to 0}\frac{\Delta y}{\Delta u}=\frac{\mathrm{d}y}{\mathrm{d}u}$$

故
$$\lim_{\Delta x\to 0}\frac{\Delta y}{\Delta x}=\lim_{\Delta x\to 0}\left(\frac{\Delta y}{\Delta u}\cdot\frac{\Delta u}{\Delta x}\right)=\lim_{\Delta u\to 0}\frac{\Delta y}{\Delta u}\cdot\lim_{\Delta x\to 0}\frac{\Delta u}{\Delta x}=\frac{\mathrm{d}y}{\mathrm{d}u}\cdot\frac{\mathrm{d}u}{\mathrm{d}x}$$

即
$$\frac{dy}{dx}=\frac{dy}{du}\cdot\frac{du}{dx} \quad 或 \quad \{f[\varphi(x)]\}'=f'(u)\varphi'(x)$$

以上法则也可用于多次复合的情形. 例如，设 $y=f(u)$，$u=\varphi(x)$，$v=\phi(x)$ 都可导，则
$$\frac{dy}{dx}=\frac{dy}{du}\cdot\frac{du}{dv}\cdot\frac{du}{dx} \quad 或 \quad \left(f\{\varphi[\phi(x)]\}\right)'=f'(u)\varphi'(v)\phi'(x)$$

例 3.16 求 $y=\sin\sqrt{x}$ 的导数.

分析 $y=\sin\sqrt{x}$ 可看作 $y=\sin u$，$u=\sqrt{x}$ 复合而成.

解 $\dfrac{dy}{dx}=\dfrac{dy}{du}\cdot\dfrac{du}{dx}=(\sin u)'(\sqrt{x})'=\cos u\dfrac{1}{2\sqrt{x}}=\dfrac{\cos\sqrt{x}}{2\sqrt{x}}$.

例 3.17 设 $y=x^u$（u 为实数），求 y'.

解 $y=x^u=e^{u\ln x}$ 可看作 $y=e^u$，$u=u\ln x$ 复合而成，即
$$y'=x^u(u\ln x)'=x^u\cdot u\cdot\frac{1}{x}=ux^{u-1}$$

故
$$(x^u)'=ux^{u-1}$$

例 3.18 设 $y=\arcsin\sqrt{x}$，求 y'.

解 $y=\left(\arcsin\sqrt{x}\right)'=\dfrac{1}{\sqrt{1-\left(\sqrt{x}\right)^2}}\cdot\dfrac{1}{2\sqrt{x}}=\dfrac{1}{2\sqrt{x-x^2}}$.

例 3.19 求 $y=\sqrt{a^2-x^2}$ 的导数.

分析 此函数可看作由 $y=\sqrt{u}$，$u=a^2-x^2$ 复合而成.

解 $\dfrac{dy}{dx}=\dfrac{dy}{du}\cdot\dfrac{du}{dx}=\left(\sqrt{u}\right)'(a^2-x^2)'=\dfrac{1}{2\sqrt{u}}(-2x)=-\dfrac{x}{\sqrt{a^2-x^2}}$.

复合函数求导的步骤：①分清函数的复合关系；②应用公式.

注：（1）一定要明确每一步是哪个变量对哪个变量的求导；

（2）不要丢掉所有前变量对后变量的导数这个“尾巴”；

（3）最后要把所有中间变量换成自变量的函数.

例 3.20 设 $f'(x)$ 存在，求 $y=\ln|f(x)|$ 的导数$[f(x)\neq 0]$.

解 当 $f'(x)>0$ 时，有
$$y=\ln f(x),\qquad y'=[\ln f(x)]'=\frac{1}{f(x)}f'(x)=\frac{f'(x)}{f(x)}$$

当 $f(x)<0$ 时，有
$$y=\ln\{[-f(x)]\},\qquad y'=\frac{1}{-f(x)}[-f(x)]'=\frac{f'(x)}{f(x)}$$

故
$$[\ln|f(x)|]'=\frac{f'(x)}{f(x)}$$

习　题　3.3

1. 求下列函数的导数：

（1） $y=3x^2-2\cos x+3^x-\ln \mathrm{e}$；　　（2） $y=x^a-a^x+\ln x-\sin x$；

（3） $y=\sqrt{x\sqrt{x\sqrt{x}}}$；　　（4） $y=\dfrac{\arctan x}{x}$.

2. 求下列各复合函数的导数：

（1） $y=\cos x^2+2\cos 2x$；　　（2） $y=4^{\sin x}$；

（3） $y=\ln\ln x$；　　（4） $y=(x^2-x+1)^n$；

（5） $y=2\sin^2\dfrac{1}{x^2}$；　　（6） $y=\ln(x+\sqrt{x^2-a^2})$；

（7） $y=x^2\sin\dfrac{1}{x}$；　　（8） $y=\dfrac{\sin x-x\cos x}{\cos x+x\sin x}$；

（9） $y=\ln\tan\dfrac{x}{2}-\cos x\ln\tan x$；　　（10） $y=\left(\arcsin\dfrac{x}{2}\right)^2$；

（11） $y=\dfrac{x}{\sqrt{1-x^2}}$；　　（12） $y=x\mathrm{e}^{-x^2}$.

3. 设 $f(x)$ 为可导函数，求下列函数的导数：

（1） $y=f(\mathrm{e}^{-x}+x^e)$；　　（2） $y=\sqrt{f(x)}$；

（3） $y=\mathrm{e}^{-x}\ln f(-x)$；　　（4） $y=f(\sin^2\sqrt{x})$；

（5） $y=f\left(\arctan\dfrac{1}{x}\right)$.　　（6） $y=f\left(\arctan\dfrac{1}{x}\right)$.

4. 已知 $f(x)$ 为可导函数，$f(\sin^2 x)=\cos^2 x$，求 $f'(x)$.

3.4　隐函数、幂指函数及由参数方程所确定的函数的求导方法

3.4.1　隐函数的求导法

形如 $y=f(x)$ 的这种由 x 的代数式表达 y 的函数称为显函数，而变量 x,y 之间的函数关系由某一方程 $F(x,y)=0$ 确定的函数称为隐函数．例如，$y=\sin x$，$y=x^2+1$ 等都是显函数，而由方程 $x^2+y^2=1$，$xy-\mathrm{e}^x+\mathrm{e}^y=0$ 等所决定的函数都是隐函数．

隐函数不一定都能表示成显函数（如 $x\mathrm{e}^{xy}-y+1=0$），因此，对于隐函数的求导问题，不能寄希望于将其显化，而只关心如何求出 y'．

设由方程 $F(x,y)=0$ 所确定的函数为 $y=f(x)$．为了求出 y'，只需按下列步骤进行：

（1）将方程 $F(x,y)=0$ 两端对 x 求导，在求导时必须注意 y 是 x 的函数；

（2）求导之后，得到一个关于 y' 的一次方程，从此方程解出 y'（在 y' 的表达式中，允许含有 y），即可得到隐函数的导数．

下面通过具体例子进行详细介绍．

例 3.21　设隐函数方程为 $y=1+x\mathrm{e}^y$，求 $y'\big|_{x=0}$．

解 将 $y=1+xe^y$ 的两端对 x 求导，得

$$y'=(1+xe^y)'=e^y+xe^y y'$$

解出 y'，得 $y'=\dfrac{e^y}{1-xe^y}$.

在上式中，令 $x=0$，则由 $y=1+xe^y$，知 $y=1$. 于是

$$y'\big|_{x=0}=\left.\frac{e^y}{1-xe^y}\right|_{(0,1)}=e$$

例 3.22 求由方程 $xy-e^x+e^y=0$ 所确定的隐函数的导数.

分析 e^y 是 y 的函数，y 又是 x 的函数，因此 e^y 是 x 的复合函数.

解 方程两端对 x 求导，得

$$y+xy'-e^x+e^y y'=0$$

故 $y'(x+e^y)=e^x-y$，即 $y'=\dfrac{e^x-y}{x+e^y}(x+e^y\neq 0)$.

注：y' 表达式允许有含 y 的式子.

3.4.2 幂指函数的求导法

形如 $y=f(x)^{g(x)}$ 的函数，称为幂指函数. 对于这类函数的求导，通常利用对数求导法和化为指数形式求导法来解决.

对数求导法，就是先对 $y=f(x)$ 两边取自然对数，再两边对 x 求导，然后解出 y' 的一种求导方法；而化为指数形式求导法，就是先把 $y=f(x)^{g(x)}$ 改写成 $y=e^{g(x)\ln f(x)}$ 的形式，再用指数函数和复合函数的求导方法来解决.

对数求导法适用于对含乘、除、乘方、开方的因子所构成的比较复杂的函数求导.

例 3.23 求函数 $y=x^{\sin x}$ 的导数.

解 方法一. 对数求导法.

两边取对数，得 $\ln y=\sin x\ln x$，两边对 x 求导，得

$$\frac{1}{y}\cdot y'=\cos x\ln x+\frac{\sin x}{x}$$

解出 y'，得

$$y'=y\left(\cos x\ln x+\frac{\sin x}{x}\right)=x^{\sin x}\left(\cos x\ln x+\frac{\sin x}{x}\right)$$

方法二. 化为指数形式求导法.

利用公式 $x=e^{\ln x}$，将原式恒等变形为

$$y=x^{\sin x}=e^{\ln x^{\sin x}}=e^{\sin x\ln x}$$

两边对 x 求导，得

$$y=(e^{\sin x\ln x})'=e^{\sin x\ln x}(\sin x\ln x)'=x^{\sin x}\left(\cos x\ln x+\frac{\sin x}{x}\right)$$

例 3.24 设 $y=(x-1)\sqrt[3]{(3x+1)^2(x-2)}$，求 y'.

解 两边先取绝对值，再取对数，得

$$\ln|y| = \ln|x-1| + \frac{2}{3}\ln|3x+1| + \frac{1}{3}\ln|x-2|$$

两边对 x 求导，得

$$\frac{1}{y}y' = \frac{1}{x-1} + \frac{2}{3}\cdot\frac{3}{3x+1} + \frac{1}{3}\cdot\frac{1}{x-2}$$

即

$$y' = (x-1)\sqrt[3]{(3x+1)^2(x-2)}\left[\frac{1}{x-1} + \frac{2}{3x+1} + \frac{1}{3(x-2)}\right]$$

3.4.3 由参数方程所确定的函数的求导法

参数方程的一般形式为

$$\begin{cases} x = \varphi(t) \\ y = \psi(t) \end{cases} \quad (a \leqslant t \leqslant \beta)$$

若 $x=\varphi(t)$ 和 $y=\psi(t)$ 都可导，且 $\varphi(t) \neq 0$，又 $x=\varphi(t)$ 存在反函数 $t=\varphi^{-1}(x)$，则 y 是 x 的复合函数，即

$$y = \psi(t), \qquad t = \varphi^{-1}(x)$$

由复合函数和反函数求导法则，有

$$\frac{\mathrm{d}y}{\mathrm{d}x} = \frac{\mathrm{d}y}{\mathrm{d}t}\cdot\frac{\mathrm{d}t}{\mathrm{d}x} = \psi'(t)\left[\varphi^{-1}(x)\right]' = \psi'(t)\cdot\frac{1}{\varphi'(t)} = \frac{\psi'(t)}{\varphi'(t)}$$

这就是参数方程的求导公式.

例 3.25 已知椭圆的参数方程为

$$\begin{cases} x = a\cos t \\ y = b\sin t \end{cases}$$

求椭圆在 $t=\frac{\pi}{4}$ 处的切线方程.

解 当 $t=\frac{\pi}{4}$ 时，椭圆上的相应点 M_0 的坐标为

$$x_0 = a\cos\frac{\pi}{4} = \frac{a\sqrt{2}}{2}, \qquad y_0 = b\sin\frac{\pi}{4} = \frac{b\sqrt{2}}{2}$$

曲线在点 M_0 的切线斜率为

$$\left.\frac{\mathrm{d}y}{\mathrm{d}x}\right|_{t=\frac{\pi}{4}} = \frac{b\sin t}{a\cos t} = \left.\frac{b\cos t}{-a\sin t}\right|_{t=\frac{\pi}{4}} = -\frac{b}{a}$$

代入点斜式方程，即得椭圆在点 M_0 处的切线方程为

$$y - \frac{b\sqrt{2}}{2} = -\frac{b}{a}\left(x - \frac{a\sqrt{2}}{2}\right)$$

化简后得

$$bx + ay - \sqrt{2}ab = 0$$

习 题 3.4

1. 求下列各隐函数的导数：

（1） $x^2+y^2-xy=1$；（2） $x^2+y^2-xy=1$；

（3） $xy=e^{x+y}$；（4） $\sin(xy)=x$；

（5） $\arctan\dfrac{y}{x}=\ln\sqrt{x^2+y^2}$；（6） $x\sqrt{y}-y\sqrt{x}=10$；

（7） $x^y=y^x$；（8） $y=1-xe^y$.

2. 利用对数求导法，求下列函数的导数：

（1） $y=(\sin x)^{\cos x}$；（2） $y=x^{\ln x}$；

（3） $y=\dfrac{x^2}{1-x}\cdot\sqrt{\dfrac{3-x}{(3+x)^2}}$；（4） $y=\left(\dfrac{b}{a}\right)^x\left(\dfrac{b}{x}\right)^a\left(\dfrac{x}{b}\right)^b (a>0,b>0)$.

3. 设函数 $y=f(x)$ 由方程 $\sin(x+y^2)=xy$ 所确定，求 $\dfrac{dy}{dx}$.

4. 设函数 $y=f(x)$ 满足方程 $e^{xy}+y\sin x^2=y^2$，求曲线 $y=f(x)$ 过点(0, 1)的切线方程.

5. 设函数 $y=f(x)$ 由方程 $xe^y-y+1=0$ 所确定，求曲线 $y=f(x)$ 在点 $x=0$ 处的切线方程.

6. 求下列参数方程所确定的函数的导数：

（1） $\begin{cases}x=t-1,\\ y=t^2+1;\end{cases}$ （2） $\begin{cases}x=e^t\sin t,\\ y=e^t\cos t.\end{cases}$

3.5 高 阶 导 数

为说明高阶导数的概念，先看一个例子，$y=x^3$ 的导数为 $y'=3x^2$，显然 $3x^2$ 仍然是 x 的可导函数，于是有 $(3x^2)'=6x$.

这里 $6x$ 是 $3x^2$ 的导数，而 $3x^2$ 又是 x^3 的导数，$6x$ 是 x^3 连续求两次导数后的结果，于是称 $6x$ 为 x^3 的二阶导数．一般地，有以下定义.

定义 3.3 若 $y=f(x)$ 在某区间上可导，即 $f'(x)$ 存在，且 $f'(x)$ 也可导，则称 $f'(x)$ 的导数为函数 $f(x)$ 的二阶导数，记为

$$y'',\quad f''(x),\quad \frac{d^2y}{dx^2}\quad 或\quad \frac{d^2f(x)}{dx^2}$$

类似地，二阶导数的导数称为三阶导数，三阶导数的导数称为四阶导数．一般地，函数 $f(x)$ 的 $n-1$ 阶导数称为 n 阶导数，分别记为

$$y''',y^{(4)},\cdots,y^{(n)},\quad f'''(x),f^{(4)}(x),\cdots,f^{(n)}(x)\quad 或\quad \frac{d^3y}{dx^3},\frac{d^4y}{dx^4},\cdots,\frac{d^ny}{dx^n}$$

且

$$y^{(n)}=\left[y^{(n-1)}\right]'\quad 或\quad \frac{d^ny}{dx^n}=\frac{d}{dx}\left(\frac{d^{n-1}y}{dx^{n-1}}\right)$$

二阶及二阶以上的导数统称为高阶导数.

例 3.26 求函数 $y=e^{-x}\cos x$ 的二阶及三阶导数.

解
$$y' = -e^{-x}\cos x + e^{-x}(-\sin x) = -e^{-x}(\cos x + \sin x)$$
$$y'' = e^{-x}(\cos x + \sin x) - e^{-x}(-\sin x + \cos x) = 2e^{-x}\sin x$$
$$y''' = 2e^{-x}(\cos x - \sin x)$$

例 3.27 求指数函数 $y = e^{ax}$ 与 $y = a^x$ 的 n 阶导数.

解 $y = e^{ax}$，$y' = ae^{ax}$，$y'' = a^2e^{ax}$，$y''' = a^3e^{ax}$，依此类推，得
$$(e^{ax})^{(n)} = a^n e^{ax}$$
特别地，有 $(e^x)^{(n)} = e^x$.

又 $y = a^x$，$y' = a^x\ln a$，$y'' = a^x\ln^2 a$，$y''' = a^x\ln^3 a$，依此类推，得 $y^{(n)} = a^x\ln^n a$，即
$$(a^x)^{(n)} = a^x\ln^n a$$

习 题 3.5

1. 求下列函数的二阶导数：

（1）$y = x\ln x$；　（2）$y = \ln(1+x^2)$；

（3）$y = xe^{x^2}$；　（4）$y = \dfrac{x^2+1}{(x+1)^3}$；

（5）$y = \ln(x+\sqrt{1+x^2})$；　（6）$y = \tan 2x$；

（7）$y = (1+x^2)\arctan x$；　（8）$y = x[\sin(\ln x) + \cos(\ln x)]$.

2. 求下列隐函数的二阶导数：

（1）$xy + e^y = 1$；　（2）$xy = e^{x+y}$；

（3）$\sin y + xe^y = 0$；　（4）$x^2 - xy + y^2 = 1$.

3. 验证：$y = e^x\sin x$ 满足关系 $y'' - 2y' + 2y = 0$.

4. 求下列函数在指定点的导数值：

（1）$f(x) = 2x^2 + \ln(1+2x)$，求 $f''(1)$；

（2）$e^y + xy = e$，求 $y''\big|_{x=0}$；

（3）$y = \dfrac{\ln x}{x}$，求 $\dfrac{d^2y}{dx^2}\bigg|_{x=1}$.

5. 设 $f(x)$ 的二阶导数存在，求 $y = f(x^2+b)$（b 为常数）的二阶导数.

6. 设函数 $y = f(\sin x)$，且 $f(x)$ 二阶可导，求 y''.

7. 设函数 $f(x)$ 二阶可导，求所给函数的二阶导数：

（1）$y = f(e^x)$；　（2）$y = \sqrt{f(x)}$；　（3）$y = xf\left(\dfrac{1}{x}\right)$；

（4）$y = x^2 f(\cos x)$；　（5）$y = \ln x \cdot f(x^2)$.

3.6 分段函数的导数

有的经济函数是以分段函数的形式表示的，在求分段函数的导数时，要判断函数在各分界点处是否连续，若不连续显然不可导，若连续则要分别求该点的左、右导数，只有当该点的左、

右导数存在且相等时，该点的导数才存在．对分界点以外各区间内函数的导数，则按初等函数求导法求导．

例 3.28 求函数 $f(x)=\begin{cases}e^x, & x<0,\\ 1-x, & x\geqslant 0\end{cases}$ 的导函数．

解 函数分段点处的导数：

$$f'_-(0)=\lim_{x\to 0^-}\frac{f(x)-f(0)}{x-0}=\lim_{x\to 0^-}\frac{e^x-1}{x}=1$$

$$f'_+(0)=\lim_{x\to 0^+}\frac{f(x)-f(0)}{x-0}=\lim_{x\to 0^+}\frac{1-x-1}{x}=-1$$

则 $f'_-(0)\neq f'_+(0)$，即 $f'(0)$ 不存在．所以

$$f'(x)=\begin{cases}e^x, & x<0\\ -1, & x>0\end{cases}$$

可以证明，若分段函数 $f(x)=\begin{cases}\varphi(x), & x<x_0,\\ A, & x=x_0,\\ \psi(x), & x>x_0\end{cases}$ 在其分段点 $x=x_0$ 处连续，则在点 x_0 附近可导，且 $\lim\limits_{x\to x_0^-}\varphi'(x)$，$\lim\limits_{x\to x_0^+}\psi'(x)$ 都存在，有

$$f'_-(x_0)=\lim_{x\to x_0^-}\varphi'(x),\qquad f'_+(x_0)=\lim_{x\to x_0^+}\psi'(x)$$

例 3.29 设函数 $f(x)=\begin{cases}ax+1, & x\leqslant 2,\\ b+x^2, & x>2,\end{cases}$ 已知 $f(x)$ 在点 $x=2$ 处可导，求 a,b 的值，并求导数．

解 由于函数在点 $x=2$ 处可导，且

$$f'_-(2)=\lim_{x\to 2^-}(ax+1)'=\lim_{x\to 2^-}a=a,\qquad f'_+(2)=\lim_{x\to 2^+}(x^2+b)'=\lim_{x\to 2^+}2x=4$$

得 $a=4$．

又因为 $f(x)$ 在点 $x=2$ 处连续，由 $\lim\limits_{x\to 2^-}(ax+1)=\lim\limits_{x\to 2^+}(x^2+b)$，得 $b=5$，所以

$$f(x)=\begin{cases}4x+1, & x\leqslant 2\\ 5+x^2, & x>2\end{cases}\quad 故\quad f'(x)=\begin{cases}4, & x\leqslant 2\\ 2x, & x>2\end{cases}$$

3.7 函数的微分

本节将介绍另一个重要概念——函数的微分．导数表示函数在一点处由于自变量变化所引起的函数变化的快慢程度，而函数的微分是函数在一点处由于自变量的微小变化所引起的函数改变的近似值．两者都是研究函数在局部的性质，有着密切的联系．

3.7.1 引例

S 表示边长为 x_0 的正方形的面积，那么 $S=x_0^2$．若给边长一个改变量 Δx，则 S 相应也有一个改变量 ΔS，且

$$\Delta S=(x_0+\Delta x)^2-x_0^2=2x_0\Delta x+(\Delta x)^2$$

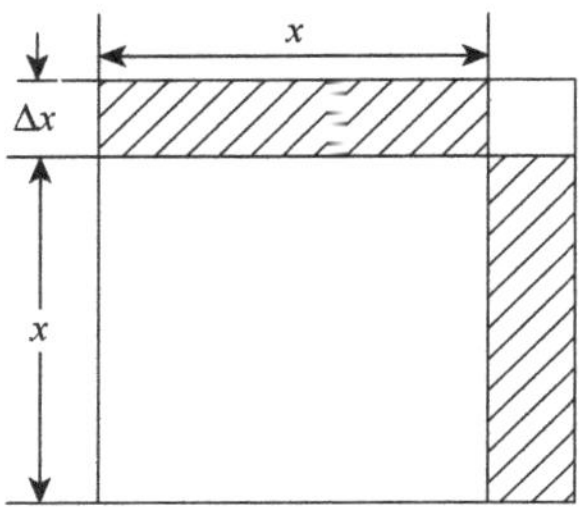

图 3.3

从此式中可见 ΔS 分成两部分：第一部分 $2x_0\Delta x$ 是 Δx 的线性部分，即图 3.3 中阴影部分两个矩形的面积之和；而第二部分 $(\Delta x)^2$ 是关于 Δx 的高阶无穷小量．由此可见，当 Δx 很小时，$(\Delta x)^2$ 可以忽略不计，ΔS 可用 $2x_0\Delta x$ 近似代替，即 $\Delta S \approx 2x_0\Delta x$．因为 $S'(x_0)=2x_0$，所以上式可写为

$$\Delta S \approx S'(x_0)\Delta x$$

这个结论可推广到一般情形：设函数 $y=f(x)$ 在点 x_0 处可导，且当自变量 x 从 x_0 改变到 $x_0+\Delta x$ 时，相应的函数也有改变量 $\Delta y=f(x_0+\Delta x)-f(x_0)$，由于函数在点 x_0 处可导，则有

$$\lim_{\Delta x\to 0}\frac{\Delta y}{\Delta x}=f'(x_0)$$

根据极限与无穷小量的关系，有

$$\frac{\Delta y}{\Delta x}=f'(x_0)+\alpha(x)$$

其中 $\lim\limits_{\Delta x\to 0}\alpha(x)=0$，于是得

$$\Delta y=f'(x_0)\Delta x+\alpha(x)\Delta x$$

这表明，函数的改变量 Δy 由 $f'(x_0)\Delta x$ 和 $\alpha(x)\Delta x$ 两部分组成，当 $|\Delta x|$ 很小时，后面部分可以忽略不计，所以也有

$$\Delta y \approx f'(x_0)\Delta x$$

于是可引出微分的定义如下．

3.7.2 微分的定义

定义 3.4 设函数 $y=f(x)$ 在点 x_0 处可导，且当自变量 x 从 x_0 改变到 $x_0+\Delta x$ 时，相应的函数也有改变量

$$\Delta y=f(x_0+\Delta x)-f(x_0)=f'(x_0)\Delta x+\alpha(x)\Delta x$$

把 Δy 的主要部分 $f'(x_0)\Delta x$ 称为函数 $y=f(x)$ 在点 x_0 处的微分，记为

$$\mathrm{d}y=f'(x_0)\Delta x$$

注：（1）若不特别指明函数在哪一点的微分，则一般地，函数 $y=f(x)$ 的微分就记为

$$\mathrm{d}y=f'(x)\Delta x$$

这表明，求一个函数的微分只需求出这个函数的导数 $f'(x)$ 再乘以 $\mathrm{d}x$ 即可；

（2）当 $y=x$ 时，$\mathrm{d}y=\mathrm{d}x=(x)'\Delta x=\Delta x$，即 $\mathrm{d}x=\Delta x$，所以函数 $y=f(x)$ 的微分又可记为

$$\mathrm{d}y=f'(x)\mathrm{d}x$$

（3）将 $\mathrm{d}y=f'(x)\mathrm{d}x$ 两边同除以 $\mathrm{d}x$，得

$$\frac{\mathrm{d}y}{\mathrm{d}x}=f'(x)$$

这表明，函数的微分与自变量的微分之商等于该函数的导数，因此导数又称为微商；

（4）可导函数也称为可微函数，函数在某点可导也称为在某点可微，即可导与可微这两个概念是等价的，可导与可微的关系可简单地表示为

$$\text{可导} \rightleftarrows \text{可微}$$

例 3.30　求 $y = x^3$ 在点 $x_0 = 1$ 处，$\Delta x = 0.01$ 时函数 y 的改变量 Δy 及微分 $\mathrm{d}y$.

解
$$\Delta y = (x_0 + \Delta x)^3 - x_0^3 = (1 + 0.01)^3 - 1^3 = 0.030\,301$$

而 $\mathrm{d}y = (x^3)'\Delta x = 3x^2\Delta x$ ，即

$$\mathrm{d}y\Big|_{\substack{x_0=1\\ \Delta x=0.01}} = 3 \times 1^2 \times 0.01 = 0.03$$

例 3.31　设函数 $y = \sin x$ ，求 $\mathrm{d}y$.

解　$\mathrm{d}y = (\sin x)'\mathrm{d}x = \cos x\mathrm{d}x$.

3.7.3　微分的几何意义

为了对微分有一个直观的了解，下面来看一下微分的几何意义. 如图 3.4 所示，曲线 $y = f(x)$ 上有两个点 $P_0(x_0, y_0)$ 和 $Q(x_0 + \Delta x, y_0 + \Delta y)$，其中 P_0T 是过点 P_0 的切线，α 为切线的斜率，P_0P 平行于 x 轴，PQ 平行于 y 轴.

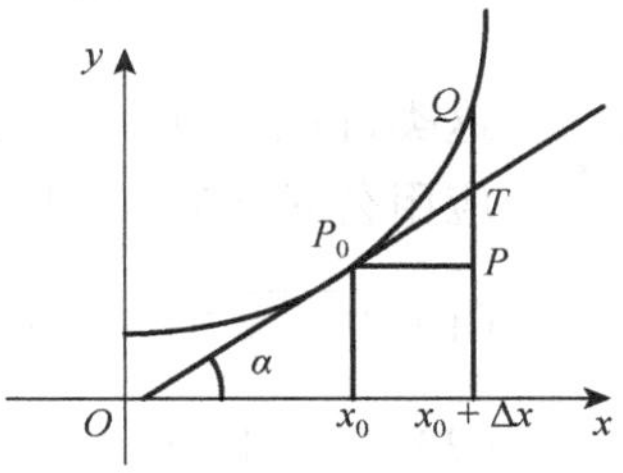

图 3.4

从图 3.4 可知，$P_0P = \Delta x$ ，$PQ = \Delta y$ ，则 $PT = P_0P\tan\alpha = P_0Pf'(x_0) = f'(x_0)\Delta x$ ，即 $\mathrm{d}y = PT$.

这就是说，函数 $y = f(x)$ 在点 x_0 处的微分 $\mathrm{d}y$ ，等于曲线 $y = f(x)$ 在点 P_0 处切线的纵坐标对应于 Δx 的改变量，这就是微分的几何意义.

很显然，当 $|\Delta x| \to 0$ 时，$\Delta y = PQ$ 可以用 $PT = \mathrm{d}y$ 来近似表示，这就是微积分常用的“以直代曲”.

3.7.4　微分在近似计算中的应用

在实际问题中，经常会遇到一些复杂的计算，由前面的讨论知道，当 $|\Delta x|$ 很小时，函数 $y = f(x)$ 在点 x_0 处的改变量 Δy 可以用函数的微分 $\mathrm{d}y$ 来近似，即

$$\Delta y = f(x_0 + \Delta x) - f(x_0) \approx f'(x_0)\Delta x = \mathrm{d}y$$

于是得近似计算公式：

$$f(x_0 + \Delta x) \approx f(x_0) + f'(x_0)\Delta x \quad （\text{当}|\Delta x|\text{很小}） \tag{3.6}$$

取 $x_0 = 0$ ，$\Delta x = x$ ，得另一个近似计算公式：

$$f(x) \approx f(0) + f'(0)x \quad （\text{当}|x|\text{很小}） \tag{3.7}$$

公式（3.7）常用来近似计算函数 $y = f(x)$ 在点 x_0 附近的点的函数值，公式（3.2）常用来近似计算函数 $y = f(x)$ 在点 $x_0 = 0$ 附近的点的函数值.

例 3.32 求 $\cos 60°30'$ 的近似值.

解 设 $f(x)=\cos x$，取 $x_0=\dfrac{\pi}{3}$，$\Delta x=\dfrac{\pi}{360}$，则 $f'(x)=-\sin x$，由公式（3.6）得

$$f(60°30')=\cos 60°30' \approx f(60°)+f'(60°)\Delta x=\cos 60°+(-\sin 60°)\cdot\frac{\pi}{360}$$

$$=\frac{1}{2}-\frac{\sqrt{3}}{2}\times\frac{\pi}{360}\approx 0.4924$$

例 3.33 计算 $\sqrt{1.02}$ 的近似值.

解法一．设 $f(x)=\sqrt{x}$，取 $x_0=1$，$\Delta x=0.02$，则 $f'(x)=\dfrac{1}{2\sqrt{x}}$，由公式（3.6）得

$$f(0.02)=\sqrt{1.02}\approx f(0)+f'(0)x=\sqrt{1+0}+\frac{1}{2\sqrt{1+0}}\times 0.02=1.01$$

解法二．设 $f(x)=\sqrt{1+x}$，取 $x_0=0$，$x=0.02$，则 $f'(x)=\dfrac{1}{2\sqrt{1+x}}$，由公式（3.7）得

$$f(0.02)=\sqrt{1.02}\approx f(0)+f'(0)x=\sqrt{1+0}+\frac{1}{2\sqrt{1+0}}\times 0.02=1.01$$

这类近似计算中，$f(x)$ 可按题意设置，而 x_0 的选取是关键.

应用公式（3.7）可以推出一些在实际运算中常用的近似公式，当 $|x|$ 很小时，有

（1）$\sqrt[n]{1+x}\approx 1+\dfrac{1}{n}x$；

（2）$e^x\approx 1+x$；

（3）$\ln(1+x)\approx x$；

（4）$\sin x\approx x$（x 为弧度）；

（5）$\tan x\approx x$（x 为弧度）；

（6）$\arcsin x\approx x$（x 为弧度）.

例 3.34 计算 $e^{-0.001}$ 的近似值.

解 由 $e^x\approx 1+x$ 得

$$e^{-0.001}\approx 1-0.001=0.999$$

例 3.35 计算 $\sqrt[6]{65}$ 的近似值.

解 $\sqrt[6]{65}=\sqrt[6]{64+1}=2\cdot\sqrt[6]{1+\dfrac{1}{64}}$，由 $\sqrt[n]{1+x}\approx 1+\dfrac{1}{n}x$ 得

$$\sqrt[6]{1+\frac{1}{64}}\approx 1+\frac{1}{6}\cdot\frac{1}{64}=1+\frac{1}{384}\approx 1.0026$$

于是得 $\sqrt[6]{65}\approx 2.0052$.

3.7.5 微分基本公式与微分运算法则

从微分与导数的关系 $dy=f'(x)dx$ 可知，只要求出 $y=f(x)$ 的导数 $f'(x)$，即可以求出 $y=f(x)$ 的微分 $dy=f'(x)dx$．如此可得到下列微分的基本公式和微分运算法则.

1. 基本初等函数的微分公式

（1）$d(c)=0$；

（2）$d(x^{\alpha})=\alpha x^{\alpha-1}dx$；

（3）$d(a^{x})=a^{x}\ln a dx$；

（4）$d(e^{x})=e^{x}dx$；

（5）$d(\log_{a}x)=\dfrac{1}{x\ln a}dx$；

（6）$d(\ln x)=\dfrac{1}{x}dx$；

（7）$d(\sin x)=\cos x dx$；

（8）$d(\cos x)=-\sin x dx$；

（9）$d(\tan x)=\sec^{2}x dx$；

（10）$d(\cot x)=-\csc^{2}x dx$；

（11）$d(\sec x)=\sec x\tan x dx$；

（12）$d(\csc x)=-\csc x\cot x dx$；

（13）$d(\arcsin x)=\dfrac{1}{\sqrt{1-x^{2}}}dx$；

（14）$d(\arccos x)=-\dfrac{1}{\sqrt{1-x^{2}}}dx$；

（15）$d(\arctan x)=\dfrac{1}{1+x^{2}}dx$；

（16）$d(\operatorname{arccot} x)=-\dfrac{1}{1+x^{2}}dx$.

2. 函数和、差、积、商的微分运算法则

若$u(x)$, $v(x)$可微，则有下列运算法则：

（1）$d(u\pm v)=du\pm dv$；

（2）$d(cu)=cdu$；

（3）$d(uv)=vdu+udv$；

（4）$d\left(\dfrac{u}{v}\right)=\dfrac{vdu-udv}{v^{2}}(v\neq 0)$.

3. 复合函数的微分运算法则

设$y=f(u)$，$u=\varphi(x)$都可微，则复合函数$y=f[\varphi(x)]$的微分为

$$dy=\{f[\varphi(x)]\}'dx=f'(u)\varphi'(x)dx=f'(u)du$$

此公式与$dy=f'(x)dx$比较，可见不论u是自变量还是中间变量，函数$y=f(x)$的微分总保持同一形式，这个性质称为一阶微分形式不变性．这一性质在复合函数求微分时非常有用．

例 3.36 设函数$y=e^{x}\sin x$，求dy．

解 $dy=d(e^{x}\sin x)=\sin x d(e^{x})+e^{x}d(\sin x)=e^{x}\sin x dx+e^{x}\cos x dx=e^{x}(\sin x+\cos x)dx$．

例 3.37 设函数$y=\ln\sin(e^{x}+1)$，求dy．

解 $dy=d[\ln\sin(e^{x}+1)]=\dfrac{1}{\sin(e^{x}+1)}d[\sin(e^{x}+1)]$

$$=\frac{1}{\sin(e^{x}+1)}\cos(e^{x}+1)d(e^{x}+1)=e^{x}\cot(e^{x}+1)dx.$$

例 3.38 在下列等式左端的括号中填入适当的函数使等式成立：

（1）$d(\quad)=x^{2}dx$；（2）$d(\quad)=\cos x dx$．

解 （1）$d(x^{3})=3x^{2}dx$，可见$x^{2}dx=\dfrac{1}{3}d(x^{3})=d\left(\dfrac{x^{3}}{3}\right)$，即$d\left(\dfrac{x^{3}}{3}\right)=x^{2}dx$．

一般地，有 $d\left(\frac{x^3}{3}+C\right)=x^2dx$ （C 为任意常数）.

（2）$d(\sin x)=\cos x dx$，一般地，有 $d(\sin x+C)=\cos x dx$ （C 为任意常数）.

习　题　3.7

1. 求 $y=x^2-3x+5$ 在点 $x=1$ 处当 Δx 分别为 0.1 和 0.01 时的 Δy 及 dy .

2. 求下列函数的微分：

（1）$y=\sqrt{1-x^2}$；　　（2）$y=\frac{x}{1-x^2}$；

（3）$y=e^{-x}\cos x$；　　（4）$y=\ln\tan 2x$；

（5）$y=(e^x+e^{-x})^2$；　　（6）$y=2^{\frac{1}{\cos x}}$；

（7）$y=x^{5x}$；　　（8）$y=x\cdot\arcsin\sqrt{x}$；

（9）$y=e^{-ax}\sin bx$；　　（10）$y=\sin e^{x^2+x-2}$.

3. 求下列隐函数的微分：

（1）$y=e^{\frac{x}{y}}$；　　（2）$e^x\sin y-e^{-x}\cos x=0$；　　（3）$y=1+xe^y$.

4. 设 $y=y(x)$ 是由方程 $2y-x=(x-y)\ln(x-y)$ 确定的隐函数，求 dy .

5. 设 $f(x)$ 是可导函数，求下列各函数的微分 dy：

（1）$y=\ln xf(x^2)$；　　（2）$y=f(1-2x)+\sin[f(x)]$；

（3）$y=f(e^x+x^e)$；　　（4）$y=f(\sin^2 x)+f(\cos^2 x)$.

3.8* 二元函数的导数与微分

3.8.1 二元函数的概念

定义 3.5 设 D 为平面上的一个非空点集，若对每个点 $(x,y)\in D$，变量 z 按照一定的法则 f 总有唯一确定的值与之对应，则称 z 为变量 x,y 的二元函数，记为 $z=f(x,y)$，其中变量 x,y 称为自变量，z 称为因变量，集合 D 称为函数 $f(x,y)$ 的定义域，对应函数值的集合 $\{z\,|\,z=f(x,y),(x,y)\in D\}$ 称为该函数的值域.

类似地，可以定义三元函数 $u=f(x,y,z)$ 以及三元以上的函数. 二元以及二元以上的函数统称为多元函数.

与一元函数一样，定义域和对应法则是二元函数的两个要素.

一元函数的自变量只有一个，因而函数的定义域比较简单，是一个或几个区间. 二元函数有两个自变量，定义域通常是由平面上一条或几条光滑曲线所围成的具有连通性的部分平面，即二元函数的定义域在几何上通常为一个或几个平面区域.

例 3.39 求下列二元函数的定义域，并绘出定义域的图形：

（1）$z=\sqrt{1-x^2-y^2}$；　　（2）$z=\ln(x+y)$；

（3） $z=\dfrac{1}{\ln(x+y)}$；　　　（4） $z=\ln(xy-1)$.

解　（1）要使函数 $z=\sqrt{1-x^2-y^2}$ 有意义，必须有 $1-x^2-y^2\geqslant 0$，即 $x^2+y^2\leqslant 1$．故所求函数的定义域为 $D=\{(x,y)\mid x^2+y^2\leqslant 1\}$，图形如图 3.5 所示.

（2）要使函数 $z=\ln(x+y)$ 有意义，必须有 $x+y>0$．故所求函数的定义域为 $D=\{(x,y)\mid x+y>0\}$，图形如图 3.6 所示.

（3）要使函数 $z=\dfrac{1}{\ln(x+y)}$ 有意义，必须有 $\ln(x+y)\neq 0$，即 $x+y>0$ 且 $x+y\neq 1$．故该函数的定义域为 $D=\{(x,y)\mid x+y>0\text{且}x+y\neq 1\}$，图形如图 3.7 所示.

（4）要使函数 $z=\ln(xy-1)$ 有意义，必须有 $xy-1>0$.故该函数的定义域为 $D=\{(x,y)\mid xy>1\}$，图形如图 3.8 所示.

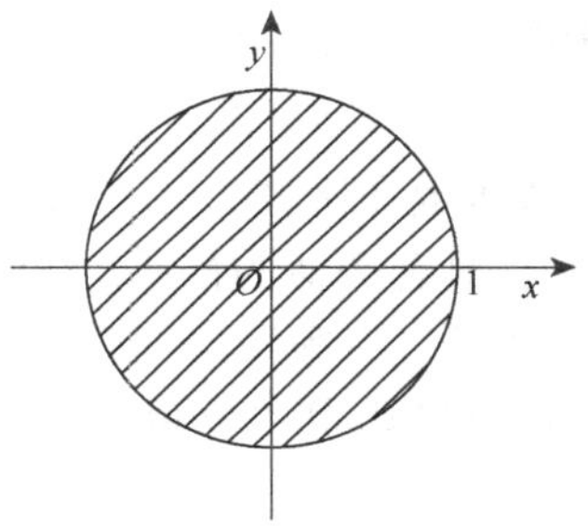

图 3.5

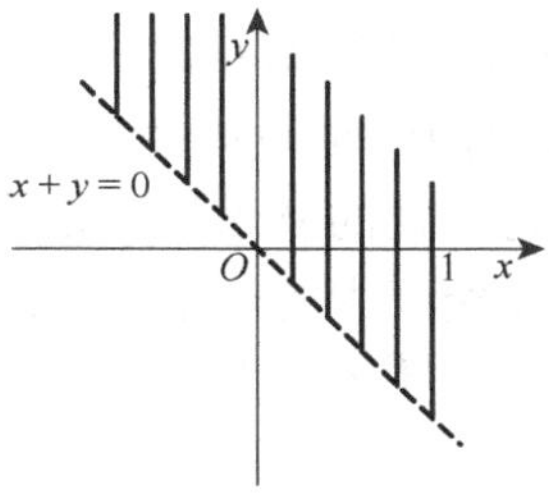

图 3.6

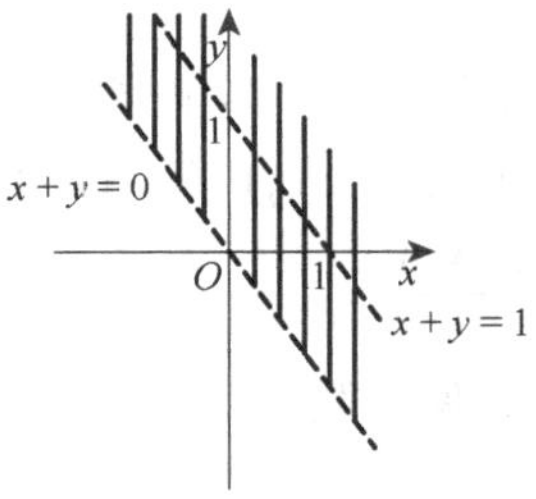

图 3.7

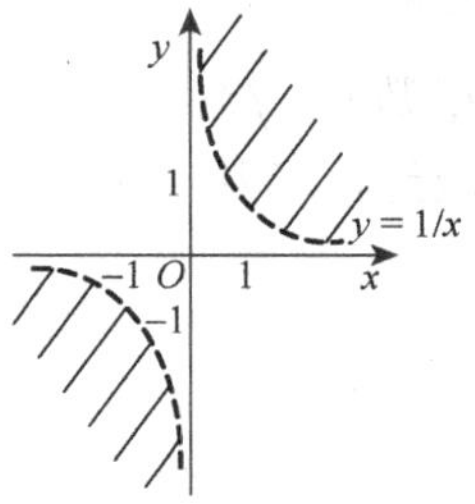

图 3.8

3.8.2　二元函数的极限与连续

在一元函数中，研究了当自变量趋于某一数值时函数的极限，而这时动点趋于定点的各种方式总是沿着坐标轴进行的. 对于二元函数 $z=f(x,y)$，同样可以讨论当自变量 x 与 y 趋向于 x_0 和 y_0 时，函数 z 的变化状态．也就是说，研究当点 (x,y) 趋近于点 (x_0,y_0) 时函数 $z=f(x,y)$ 的变化趋势. 但是，二元函数的情况要比一元函数复杂得多，因为在坐标平面 xOy 上，点 (x,y) 趋近于点 (x_0,y_0) 的方式是多种多样的.

设 $z=f(x,y)$ 是平面 xOy 上的一个点，δ 是某一正数，与点 $P_0(x_0,y_0)$ 距离小于 δ 的点 $P(x,y)$ 的全体，称为点 P_0 的 δ 邻域，记为 $U(P_0,\delta)$，即

$$U(P_0,\delta)=\left\{P\middle||PP_0|<\delta\right\}=\left\{(x,y)\middle|\sqrt{(x-x_0)^2+(y-y_0)^2}<\delta\right\}$$

定义 3.6 设函数 $z=f(x,y)$ 在点 $P_0(x_0,y_0)$ 的某去心邻域内有定义，点 $P(x_0,y_0)$ 是该领域的内点或边界点，若当点 $P(x,y)$ 沿任何路径无限趋近于点 $P_0(x_0,y_0)$ 时，对应的函数值 $z=f(x,y)$ 都无限趋近于一个常数 A，则称当点 $P(x,y)$ 趋近于点 $P_0(x_0,y_0)$ 时，函数 $z=f(x,y)$ 以 A 为极限，记为 $\lim\limits_{(x,y)\to(x_0,y_0)}f(x,y)=A$.

二元函数极限也称为二重极限，可记为 $\lim\limits_{\substack{x\to x_0\\y\to y_0}}f(x,y)$.

在极限的计算中不是先 $x\to x_0$，再 $y\to y_0$，而是点 $P(x,y)$ 以任意方式趋近于点 $P_0(x_0,y_0)$，比一元函数的极限要复杂很多.

定义 3.7 设函数 $z=f(x,y)$ 在点 $P_0(x_0,y_0)$ 的某邻域内有定义，且

$$\lim_{\substack{x\to x_0\\y\to y_0}}f(x,y)=f(x_0,y_0)$$

则称函数 $z=f(x,y)$ 在点 $P_0(x_0,y_0)$ 处连续；否则称函数 $z=f(x,y)$ 在点 $P_0(x_0,y_0)$ 处间断，点 $P_0(x_0,y_0)$ 称为该函数的间断点.

若 $f(x,y)$ 在平面区域 D 内的每一点都连续，则称该函数在区域 D 内连续.

二元函数的连续性的概念与一元函数是类似的，并且具有类似的性质：在区域 D 内连续的二元函数的图形是空间中的一个连续曲面；二元连续函数经过有限次的四则运算后仍为二元连续函数；定义在有界闭区域 D 上的连续函数 $f(x,y)$ 一定可以在 D 上取得最大值和最小值.

3.8.3 二元函数的偏导数

1. 偏导数的定义

定义 3.8 设函数 $z=f(x,y)$ 在点 (x_0,y_0) 的某邻域内有定义，当 y 固定在 y_0，而 x 在 x_0 处有增量 Δx 时，相应地，函数 $f(x,y)$ 有增量 $f(x_0+\Delta x,y_0)-f(x_0,y_0)$，若极限

$$\lim_{\Delta x\to 0}\frac{f(x_0+\Delta x,y_0)-f(x_0,y_0)}{\Delta x}$$

存在，则称此极限为函数 $z=f(x,y)$ 在点 (x_0,y_0) 处对 x 的偏导数，记为

$$z'_x\Big|_{\substack{x=x_0\\y=y_0}},\quad f'_x(x_0,y_0),\quad \frac{\partial f}{\partial x}\Big|_{\substack{x=x_0\\y=y_0}}\quad 或\quad \frac{\partial z}{\partial x}\Big|_{\substack{x=x_0\\y=y_0}}$$

类似地，当 x 固定在 x_0，而 y 在 y_0 有增量 Δy，若极限

$$\lim_{\Delta y\to 0}\frac{f(x_0,y_0+\Delta y)-f(x_0,y_0)}{\Delta y}$$

存在，则称此极限为函数 $z=f(x,y)$ 在点 (x_0,y_0) 处对 y 的偏导数，记为

$$z'_y\Big|_{\substack{x=x_0\\y=y_0}},\quad f'_y(x_0,y_0),\quad \frac{\partial f}{\partial y}\Big|_{\substack{x=x_0\\y=y_0}}\quad 或\quad \frac{\partial z}{\partial y}\Big|_{\substack{x=x_0\\y=y_0}}$$

若函数 $z=f(x,y)$ 在平面区域 D 内任一点 (x,y) 处都存在对 x（或 y）的偏导数，则称函数 $z=f(x,y)$ 在 D 内存在对 x（或 y）的偏导函数，简称函数 $f(x,y)$ 在 D 内有偏导数，记为 z'_x，$f'_x(x,y)$，$\dfrac{\partial f}{\partial x}$ 或 $\dfrac{\partial z}{\partial x}$，$z'_y$，$f'_y(x,y)$，$\dfrac{\partial f}{\partial y}$ 或 $\dfrac{\partial z}{\partial y}$.

从偏导数的定义可以看出，偏导数的实质就是将一个变量固定，而将二元函数 $z=f(x,y)$ 看成另一个变量的一元函数的导数．因此，求二元函数的偏导数，不需要引进新的方法，只需用一元函数的微分法，把一个自变量暂时视为常量，而对另一个自变量进行求导即可．即求 $\frac{\partial z}{\partial x}$ 时，把 y 视为常数而对 x 求导数；求 $\frac{\partial z}{\partial y}$ 时，把 x 视为常数而对 y 求导数．

$f(x,y)$ 在点 (x_0,y_0) 处的偏导数 $f_x'(x_0,y_0)$，$f_y'(x_0,y_0)$，就是偏导函数 $f_x'(x,y)$，$f_y'(x,y)$ 在点 (x_0,y_0) 处的函数值．

例 3.40　设 $z=x^3-2x^2y+3y^4$，求 $\frac{\partial z}{\partial x}$，$\frac{\partial z}{\partial y}$，$\left.\frac{\partial z}{\partial x}\right|_{(1,1)}$ 和 $\left.\frac{\partial z}{\partial y}\right|_{(1,-1)}$．

解　对 x 求偏导数，就是把 y 看作常量对 x 求导数，即 $\frac{\partial z}{\partial x}=3x^2-4xy$；

对 y 求偏导数，就是把 x 看作常量对 y 求导数，即 $\frac{\partial z}{\partial y}=-2x^2+12y^3$．

$$\left.\frac{\partial z}{\partial x}\right|_{(1,1)}=3x^2-4xy\Big|_{\substack{x=1\\y=1}}=-1,\qquad \left.\frac{\partial z}{\partial y}\right|_{(1,-1)}=-2x^2+12y^3\Big|_{\substack{x=1\\y=-1}}=-14$$

2．偏导数的几何意义

设 $M_0(x_0,y_0,f(x_0,y_0))$ 是曲面 $z=f(x,y)$ 上一点，过点 M_0 作平面 $y=y_0$，与曲面相截得一条曲线（图 3.9），其方程为

$$\begin{cases} y=y_0 \\ z=f(x,y_0) \end{cases}$$

偏导数 $f_x'(x_0,y_0)$，就是导数 $\left.\frac{\mathrm{d}z}{\mathrm{d}x}f(x,y_0)\right|_{x=x_0}$，在几何上，它是该曲线在点 M_0 处的切线 M_0T_x 对 x 轴的斜率．

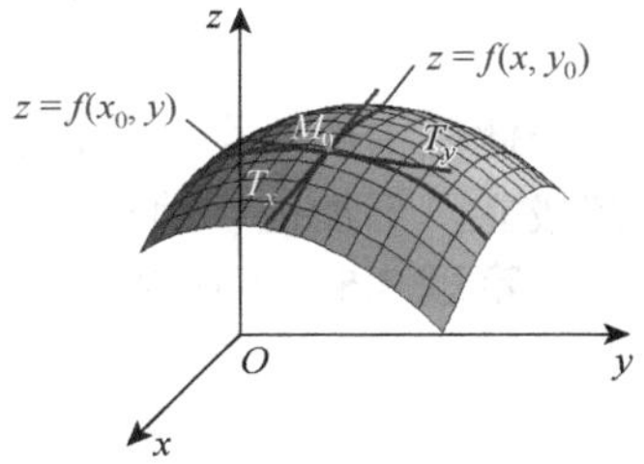

图 3.9

同样，偏导数 $f_x'(x_0,y_0)$ 表示曲面 $z=f(x,y)$ 被平面 $x=x_0$ 所截得的曲线 $\begin{cases} x=x_0, \\ z=f(x_0,y) \end{cases}$ 在点 M_0 处的切线 M_0T_y 对 y 轴的斜率．

3.8.4　高阶偏导数

由上面的例子可以看出：函数 $z=f(x,y)$ 对于 x,y 的偏导数 $\frac{\partial z}{\partial x},\frac{\partial z}{\partial y}$ 仍是 x,y 的二元函数，自然地，可以考虑 $\frac{\partial z}{\partial x}$ 和 $\frac{\partial z}{\partial y}$ 能不能再求偏导数．若 $\frac{\partial z}{\partial x},\frac{\partial z}{\partial y}$ 对自变量 x,y 的偏导数也存在，则它们的偏导数称为 $f(x,y)$ 的二阶偏导数．

按照对变量求导次序有下列四种二阶偏导数：

$$\frac{\partial}{\partial x}\left(\frac{\partial z}{\partial x}\right)=\frac{\partial^2 z}{\partial x^2}=f_{xx}''(x,y)=z_{xx}'',\qquad \frac{\partial}{\partial y}\left(\frac{\partial z}{\partial x}\right)=\frac{\partial^2 z}{\partial x\partial y}=f_{xy}''(x,y)=z_{xy}''$$

$$\frac{\partial}{\partial x}\left(\frac{\partial z}{\partial y}\right)=\frac{\partial^2 z}{\partial y\partial x}=f''_{yx}(x,y)=z''_{yx},\qquad \frac{\partial}{\partial y}\left(\frac{\partial z}{\partial y}\right)=\frac{\partial^2 z}{\partial y^2}=f''_{yy}(x,y)=z''_{yy}$$

其中 $f''_{xy}(x,y)$ ， $f''_{yx}(x,y)$ 称为二阶混合偏导数．类似地，有三阶、四阶和更高阶的偏导数，二阶及二阶以上的偏导数统称为高阶偏导数．

例 3.41 求函数 $z=x^3y^2-3xy^3-xy+1$ 的二阶偏导数．

解 函数的一阶偏导数为

$$\frac{\partial z}{\partial x}=3x^2y^2-3y^3-y,\qquad \frac{\partial z}{\partial y}=2x^3y-9xy^2-x$$

所以所求二阶偏导数为

$$\frac{\partial^2 z}{\partial x^2}=\frac{\partial}{\partial x}\left(\frac{\partial z}{\partial x}\right)=\frac{\partial}{\partial x}(3x^2y^2-3y^3-y)=6xy^2$$

$$\frac{\partial^2 z}{\partial x\partial y}=\frac{\partial}{\partial y}\left(\frac{\partial z}{\partial x}\right)=\frac{\partial}{\partial y}(3x^2y^2-3y^3-y)=6x^2y-9y^2-1$$

$$\frac{\partial^2 z}{\partial y\partial x}=\frac{\partial}{\partial x}\left(\frac{\partial z}{\partial y}\right)=\frac{\partial}{\partial x}(2x^3y-9xy^2-x)=6x^2y-9y^2-1$$

$$\frac{\partial^2 z}{\partial y^2}=\frac{\partial}{\partial y}\left(\frac{\partial z}{\partial y}\right)=\frac{\partial}{\partial y}(2x^3y-9xy^2-x)=2x^3-18xy$$

此例中的两个二阶混合偏导数相等，但这个结论并非对于任意可求二阶偏导数的二元函数都成立，不加证明地给出下列定理．

定理 3.5 若函数 $z=f(x,y)$ 的两个二阶混合偏导数在点 (x,y) 处连续，则在该点处有

$$\frac{\partial^2 z}{\partial x\partial y}=\frac{\partial^2 z}{\partial y\partial x}$$

对于三元以上的函数也可以类似地定义高阶偏导数，而且在偏导数连续时，混合偏导数也与求偏导数的次序无关．

3.8.5 全微分

在一元函数微分学中，函数 $y=f(x)$ 的微分 $\mathrm{d}y=f'(x)\mathrm{d}x$ ，并且当自变量 x 的改变量 $\Delta x\to 0$ 时，函数相应的改变量 Δy 与 $\mathrm{d}y$ 的差是比 Δx 高阶的无穷小量．这一结论可以推广到二元函数的情形．

定义 3.9 若函数 $z=f(x,y)$ 在点 (x,y) 的全增量 $\Delta z=f(x+\Delta x,y+\Delta y)-f(x,y)$ 可以表示为 $\Delta z=A\Delta x+B\Delta y+o(\rho)$ ，其中 A,B 不依赖于 $\Delta x,\Delta y$ 而仅与 x,y 有关， $\rho=\sqrt{(\Delta x)^2+(\Delta y)^2}$ ，则称函数 $z=f(x,y)$ 在点 (x,y) 可微分， $A\Delta x+B\Delta y$ 称为函数 $z=f(x,y)$ 在点 (x,y) 的全微分，记为 $\mathrm{d}z$ ，即 $\mathrm{d}z=A\Delta x+B\Delta y$ ．

例 3.42 求函数 $z=\sin(x+y^2)$ 的全微分．

解 因为 $\frac{\partial z}{\partial x}=\cos(x+y^2)$ ， $\frac{\partial z}{\partial y}=2y\cos(x+y^2)$ ，所以

$$\mathrm{d}z=\frac{\partial z}{\partial x}\mathrm{d}x+\frac{\partial z}{\partial y}\mathrm{d}y=\cos(x+y^2)\mathrm{d}x+2y\cos(x+y^2)\mathrm{d}y$$

例 3.43　求函数 $z=y\cos(x-2y)$ 当 $x=\frac{\pi}{4}$， $y=\pi$， $\mathrm{d}x=\frac{\pi}{4}$， $\mathrm{d}y=\pi$ 时的全微分.

解　因为 $\frac{\partial z}{\partial x}=-y\sin(x-2y)$， $\frac{\partial z}{\partial y}=\cos(x-2y)+2y\sin(x-2y)$，所以

$$\mathrm{d}z\Big|_{\left(\frac{\pi}{4},\pi\right)}=\frac{\partial z}{\partial x}\Big|_{\left(\frac{\pi}{4},\pi\right)}\mathrm{d}x+\frac{\partial z}{\partial y}\Big|_{\left(\frac{\pi}{4},\pi\right)}\mathrm{d}y=\frac{\sqrt{2}}{8}\pi(4-7\pi)$$

第 4 章　导数的应用

导数是研究函数性态的重要工具，仅从导数的概念出发并不能充分体现这种工具的作用，它需要建立在微分学的基本定理的基础上，这些定理统称为“中值定理”.

4.1　微分中值定理与洛必达法则

4.1.1　罗尔中值定理

定理 4.1　设函数 $y=f(x)$ 满足条件：

（1）在闭区间 $[a,b]$ 上连续；

（2）在开区间 (a,b) 内可导；

（3）$f(a)=f(b)$.

则至少存在一点 $\xi\in(a,b)$，使得 $f'(\xi)=0$.

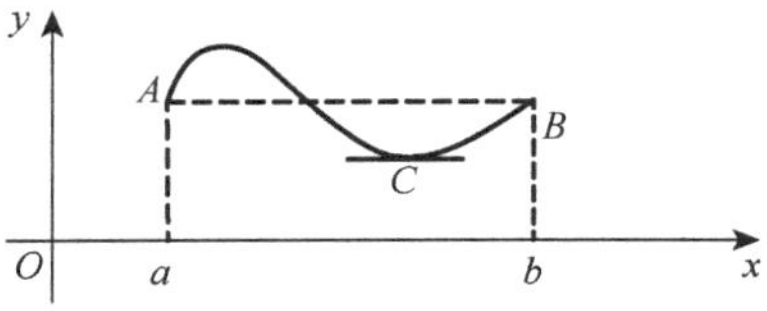

图 4.1

下面考察罗尔中值定理的几何意义. 如图 4.1 所示，若在闭区间 $[a,b]$ 上的连续曲线 $y=f(x)$，其上每一点（除端点外）处处都有不垂直于 x 轴的切线，且两个端点 A,B 的纵坐标相等，则曲线 $y=f(x)$ 上至少存在一点 C，使曲线在点 C 处的切线与 x 轴平行，即导数为零.

事实上，闭区间 $[a,b]$ 上的连续函数 $y=f(x)$ 一定存在最大值和最小值.

例 4.1　不求函数 $f(x)=(x-1)(x-2)(x-3)(x-4)$ 的导数，说明方程 $f'(x)=0$ 有几个实根，并指出它们所在的区间.

解　因为 $f(x)=(x-1)(x-2)(x-3)(x-4)$ 在 $[1,4]$ 上可导，又

$$f(1)=f(2)=f(3)=f(4)=0$$

所以函数 $f(x)$ 在区间 $[1,2],[2,3],[3,4]$ 上满足罗尔中值定理的条件. 因此 $f'(x)=0$ 至少有三个实根，分别位于区间 $(1,2),(2,3),(3,4)$ 内.

又 $f'(x)$ 是三次多项式，故 $f'(x)=0$ 至多有三个实根. 于是方程 $f'(x)=0$ 恰有三个实根，分别位于 $(1,2),(2,3),(3,4)$ 内.

4.1.2　拉格朗日中值定理

罗尔中值定理中的第三个条件 $f(a)=f(b)$ 相当特殊，如果去掉这个条件而保留其余两个条件，可以得到在微分学中十分重要的拉格朗日中值定理.

定理 4.2　若函数 $y=f(x)$ 满足条件：

（1）在闭区间 $[a,b]$ 上连续；

（2）在开区间 (a,b) 内可导.

则至少存在一点 $\xi \in (a,b)$，使得 $f'(\xi)=\dfrac{f(b)-f(a)}{b-a}$.

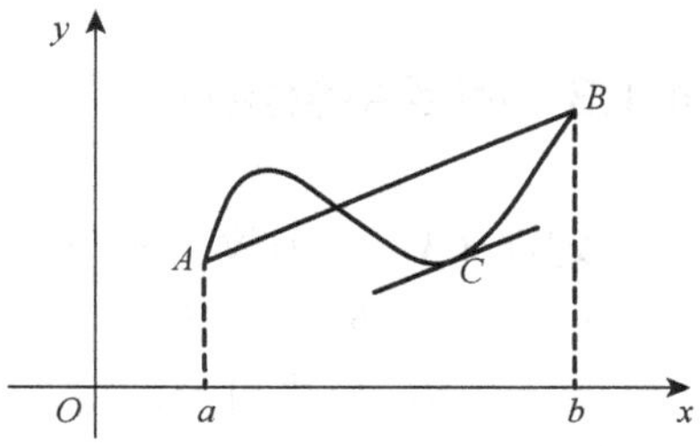

图 4.2

下面考察拉格朗日中值定理的几何意义.如图 4.2 所示，若在闭区间 $[a,b]$ 上的连续曲线 $y=f(x)$，其上每一点（除端点外）处处都有不垂直于 x 轴的切线，则曲线 $y=f(x)$ 上至少存在一点 C，使曲线在点 C 处的切线与弦 AB 平行.

证 引入一个辅助函数 $\varphi(x)=f(x)-\dfrac{f(b)-f(a)}{b-a}x$，显然 $\varphi(x)$ 在 $[a,b]$ 上连续，在 (a,b) 内可导，且

$$\varphi(a)=f(a)-\frac{f(b)-f(a)}{b-a}a=\frac{bf(a)-af(b)}{b-a}$$

$$\varphi(b)=f(b)-\frac{f(b)-f(a)}{b-a}b=\frac{bf(a)-af(b)}{b-a}$$

所以 $\varphi(a)=\varphi(b)$，于是函数 $\varphi(x)$ 满足罗尔中值定理中的三个条件，因此至少存在一点 $\xi \in (a,b)$，使得 $\varphi'(\xi)=0$，即

$$f'(\xi)=\frac{f(b)-f(a)}{b-a}$$

对于拉格朗日中值定理的结论，若令 $f(a)=f(b)$，则 $f'(\xi)=0$. 故罗尔中值定理是拉格朗日中值定理的一种特殊情况.

作为拉格朗日中值定理的一个应用，可导出下面两个推论.

推论 4.1 如果在 (a,b) 内，函数 $f(x)$ 导数恒等于 0，那么在 (a,b) 内 $f(x)$ 为常数.

证 任取 $x_1,x_2 \in (a,b)$，由拉格朗日中值定理有 $\dfrac{f(x_2)-f(x_1)}{x_2-x_1}=f'(\xi)$. 而 $f'(\xi)\equiv 0$，故 $f(x_2)-f(x_1)=0$，即 $f(x_1)=f(x_2)$，这表明在 (a,b) 内 $f(x)$ 为常数.

推论 4.2 如果在 (a,b) 内，有 $f'(x)=g'(x)$，那么 $f(x)$ 和 $g(x)$ 只相差一个常数，即 $f(x)-g(x)=C$（C 为常数）.

证 因为 $f'(x)=g'(x)$，所以 $[f(x)-g(x)]'=0$，由推论 4.1 知，$f(x)-g(x)=C$.

例 4.2 证明：当 $x>0$ 时，$e^x>1+x$.

证 设 $f(x)=e^x$，在 $[0,x]$ 上，$f(x)$ 满足拉格朗日中值定理的条件，因此存在一点 $\xi \in (0,x)$，使得 $f'(\xi)=\dfrac{f(x)-f(0)}{x-0}=\dfrac{e^x-e^0}{x-0}=e^{\xi}>1$，即 $e^x-1>x$，所以 $e^x>1+x$.

例 4.3 设 $f(x)$ 在 $[0,a]$ 上连续，在 $(0,a)$ 内可导，且 $f(a)=0$，证明：存在一点 $\xi \in (0,a)$，使得 $f(\xi)+\xi f'(\xi)=0$.

分析 要证 $f(\xi)+\xi f'(\xi)=0$，只需证 $[f(x)+xf'(x)]_{x=\xi}=0$，只需证 $[xf(x)]'_{x=\xi}=0$，可构造函数 $F(x)=xf(x)$.

证 引入辅助函数 $F(x)=xf(x)$，则 $F'(x)=f(x)+xf'(x)$. 由已知 $F(x)$ 在 $[0,a]$ 上连续，在 $(0,a)$ 内可导，且 $F(0)=F(a)=0$ 知，至少存在一点 $\xi \in (0,a)$，使得 $F'(\xi)=0$，即 $f(\xi)+\xi f'(\xi)=0$.

4.1.3 柯西中值定理

定理 4.3 若函数 $f(x), g(x)$ 满足条件：

（1）在 $[a,b]$ 上连续；

（2）在 (a,b) 内可导；

（3）$g'(x) \neq 0$.

则至少存在一点 $\xi \in (a,b)$，使得 $\dfrac{f(b)-f(a)}{g(b)-g(a)} = \dfrac{f'(\xi)}{g'(\xi)}$.

特别地，柯西中值定理中的 $g(x)=x$ 时，就变成拉格朗日中值定理. 在此基础上，若设 $f(a)=f(b)$，则变成罗尔中值定理.

习　题　4.1（1）

1. 验证罗尔中值定理对函数 $y=\ln\sin x$ 在区间 $\left[\dfrac{\pi}{6}, \dfrac{5\pi}{6}\right]$ 上的正确性.

2. 验证下列函数在给定区间上是否满足罗尔中值定理的条件：

（1）$f(x)=(2-x)(x-3), 2 \leqslant x \leqslant 3$；　　（2）$f(x)=x\sqrt{3-x}, 0 \leqslant x \leqslant 3$.

3. 验证 $f(x)=\sin x$ 在 $[0,\pi]$ 上满足罗尔中值定理，且满足定理的点 ξ 在区间的正中间.

4. 验证下列函数在给定区间上是否满足拉格朗日中值定理的条件：

（1）$f(x)=\mathrm{e}^{-x}, -1 \leqslant x \leqslant 0$；　　（2）$f(x)=x^3, -1 \leqslant x \leqslant 2$；

（3）$f(x)=\ln x+2, 1 \leqslant x \leqslant 2$；　　（4）$f(x)=\begin{cases} 1-x, & 0 \leqslant x \leqslant 1, \\ x-1, & 1 < x \leqslant 3. \end{cases}$

5. 验证 $f(x)=x^2+2x-1$ 在区间 $[0,1]$ 上满足拉格朗日中值定理的条件，并求定理中的点 ξ .

6. 用拉格朗日中值定理证明：当 $x>1$ 时，$\mathrm{e}^x > \mathrm{e}x$.

7. 已知 $f(1)=1$，若 $f(x)$ 满足方程 $xf'(x)+f(x)=0$，求 $f(2)$.

4.1.4 洛必达法则

在函数的极限运算中存在下面两种情况，即当 $x \to x_0$（或 $x \to \infty$）时 $f(x)$ 和 $g(x)$ 都趋近于 0（或趋近于 ∞），此时极限 $\lim\limits_{x \to x_0} \dfrac{f(x)}{g(x)}\left[\text{或}\lim\limits_{x \to \infty} \dfrac{f(x)}{g(x)}\right]$ 可能存在，也可能不存在，称这种极限形式为未定式，并分别简记为 $\dfrac{0}{0}$ 型或 $\dfrac{\infty}{\infty}$ 型. 对于这种形式的极限不能直接运用极限四则运算法则. 本节介绍一种求此类极限简便且重要的方法——洛必达法则.

1. $\lim\limits_{x \to x_0} \dfrac{f(x)}{g(x)}\left[\text{或}\lim\limits_{x \to \infty} \dfrac{f(x)}{g(x)}\right]$ 为 $\dfrac{0}{0}$ 型

着重讨论当 $x \to x_0$ 时的未定式情形，当 $x \to \infty$ 时的情形类似可得.

定理 4.4 设① $\lim\limits_{x\to x_0} f(x)=\lim\limits_{x\to x_0} g(x)=0$；②在点 x_0 的某邻域内（点 x_0 可除外），$f'(x)$ 与 $g'(x)$ 都存在，且 $g'(x)\neq 0$；③ $\lim\limits_{x\to x_0}\dfrac{f(x)}{g(x)}=A$（或 ∞）. 则有

$$\lim_{x\to x_0}\frac{f(x)}{g(x)}=\lim_{x\to x_0}\frac{f'(x)}{g'(x)}=A \text{（或}\infty\text{）}$$

这种求极限的法则就称为洛必达法则，其具体思想是：当极限 $\lim\limits_{x\to x_0}\dfrac{f(x)}{g(x)}$ 为 $\dfrac{0}{0}$ 型时，可以对分子、分母分别求导数后再求极限 $\lim\limits_{x\to x_0}\dfrac{f'(x)}{g'(x)}$，若这种形式的极限存在，则此极限值就是所要求的.

证 由于求极限 $\lim\limits_{x\to x_0}\dfrac{f(x)}{g(x)}$ 与值 $f(x_0), g(x_0)$ 无关，不妨设 $f(x_0)=g(x_0)=0$，由条件①和条件②知，$f(x)$ 和 $g(x)$ 在点 x_0 的某邻域内是连续的，设 x 是这邻域内的一点，则在 $[x, x_0]$（或 $[x_0, x]$）上应用柯西中值定理，有 $\dfrac{f(x)}{g(x)}=\dfrac{f(x)-f(a)}{g(x)-g(a)}=\dfrac{f'(\xi)}{g'(\xi)}$，其中 $\xi\in[x, x_0]$（或 $\xi\in[x_0, x]$）. 显然，当 $x\to x_0$ 时，有 $\xi\to x_0$，所以有 $\lim\limits_{x\to x_0}\dfrac{f(x)}{g(x)}=\lim\limits_{\xi\to x_0}\dfrac{f'(\xi)}{g'(\xi)}=\lim\limits_{x\to x_0}\dfrac{f'(x)}{g'(x)}$，定理得证.

若 $\lim\limits_{x\to x_0}\dfrac{f'(x)}{g'(x)}$ 仍是 $\dfrac{0}{0}$ 型，且 $f'(x)$ 与 $g'(x)$ 也满足定理 4.4 中的条件，则可继续使用洛必达法则，即 $\lim\limits_{x\to x_0}\dfrac{f(x)}{g(x)}=\lim\limits_{x\to x_0}\dfrac{f'(x)}{g'(x)}=\lim\limits_{x\to x_0}\dfrac{f''(x)}{g''(x)}$.

当 $x\to\infty$ 时，只要满足定理 4.4 中的条件，同样有 $\lim\limits_{x\to\infty}\dfrac{f(x)}{g(x)}=\lim\limits_{x\to\infty}\dfrac{f'(x)}{g'(x)}$.

例 4.4 求 $\lim\limits_{x\to 0}\dfrac{1-\cos x}{x^2}$.

解 所求极限是 $\dfrac{0}{0}$ 型，所以有

$$\lim_{x\to 0}\frac{1-\cos x}{x^2}=\lim_{x\to 0}\frac{\sin x}{2x}=\frac{1}{2}$$

例 4.5 求 $\lim\limits_{x\to 0}\dfrac{x-x\cos x}{x-\sin x}$.

解 所求极限是 $\dfrac{0}{0}$ 型，所以有

$$\begin{aligned}\lim_{x\to 0}\frac{x-x\cos x}{x-\sin x}&=\lim_{x\to 0}\frac{1-\cos x+x\sin x}{1-\cos x}\text{（仍为}\frac{0}{0}\text{型）}=\lim_{x\to 0}\frac{\sin x+\sin x+x\cos x}{\sin x}\\&=\lim_{x\to 0}\left(2+\frac{x}{\sin x}\cos x\right)=2+1\times 1=3\end{aligned}$$

例 4.6 求 $\lim\limits_{x\to+\infty}\dfrac{\dfrac{\pi}{2}-\arctan x}{\dfrac{1}{x}}$.

解 所求极限是$\frac{0}{0}$型，所以有

$$\lim_{x\to+\infty}\frac{\frac{\pi}{2}-\arctan x}{\frac{1}{x}}=\lim_{x\to+\infty}\frac{-\frac{1}{1+x^2}}{-\frac{1}{x^2}}=\lim_{x\to+\infty}\frac{x^2}{1+x^2}=1$$

2. $\lim\limits_{x\to x_0}\frac{f(x)}{g(x)}\left[\text{或}\lim\limits_{x\to\infty}\frac{f(x)}{g(x)}\right]$为$\frac{\infty}{\infty}$型

对于$\lim\limits_{x\to x_0}\frac{f(x)}{g(x)}\left[\text{或}\lim\limits_{x\to\infty}\frac{f(x)}{g(x)}\right]$为$\frac{\infty}{\infty}$型，同样有类似定理 4.4 的结果.

定理 4.5 若① $\lim\limits_{x\to x_0}f(x)=\lim\limits_{x\to x_0}g(x)=\infty$（或$\lim\limits_{x\to\infty}f(x)=\lim\limits_{x\to\infty}g(x)=\infty$）；② $\exists X>0$，当$|x|>X$时，$f'(x)$与$g'(x)$都存在，且$g'(x)\neq 0$；③ $\lim\limits_{x\to x_0}\frac{f'(x)}{g'(x)}\left[\text{或}\lim\limits_{x\to\infty}\frac{f'(x)}{g'(x)}\right]$存在（或$\infty$）. 则有

$$\lim_{x\to x_0}\frac{f(x)}{g(x)}=\lim_{x\to x_0}\frac{f'(x)}{g'(x)}\quad\left[\text{或}\lim_{x\to\infty}\frac{f(x)}{g(x)}=\lim_{x\to\infty}\frac{f'(x)}{g'(x)}\right]$$

从定理 4.4 和定理 4.5 知，当$\lim\limits_{x\to x_0}\frac{f(x)}{g(x)}\left[\text{或}\lim\limits_{x\to\infty}\frac{f(x)}{g(x)}\right]$为$\frac{0}{0}$型或$\frac{\infty}{\infty}$型时，若$\lim\limits_{x\to x_0}\frac{f'(x)}{g'(x)}$ $\left[\text{或}\lim\limits_{x\to\infty}\frac{f'(x)}{g'(x)}\right]$存在（或$\infty$），则有

$$\lim_{x\to x_0}\frac{f(x)}{g(x)}=\lim_{x\to x_0}\frac{f'(x)}{g'(x)}\quad\left[\text{或}\lim_{x\to\infty}\frac{f(x)}{g(x)}=\lim_{x\to\infty}\frac{f'(x)}{g'(x)}\right]$$

例 4.7 求$\lim\limits_{x\to+\infty}\frac{\ln x}{x^n}$.

解 所求极限是$\frac{\infty}{\infty}$型，所以有

$$\lim_{x\to+\infty}\frac{\ln x}{x^n}=\lim_{x\to+\infty}\frac{\frac{1}{x}}{\frac{x}{nx^{n-1}}}=\lim_{x\to+\infty}\frac{1}{nx^n}=0$$

3. $\lim\limits_{x\to x_0}\frac{f(x)}{g(x)}\left[\text{或}\lim\limits_{x\to\infty}\frac{f(x)}{g(x)}\right]$为其他未定式

除上述两种未定式外，还有其他形式的未定式，如$0\cdot\infty$，$\infty-\infty$，0^0，1^∞，∞^0等形式. 由于它们都可化为$\frac{0}{0}$或$\frac{\infty}{\infty}$，也常用洛必达法则求出其值，其步骤如下.

（1）$0\cdot\infty$型，先化为$\frac{1}{\infty}\cdot\infty$型或$0\cdot\frac{1}{0}$型，然后用洛必达法则求出其值；

（2）$\infty-\infty$ 型，先化为 $\frac{1}{0}-\frac{1}{0}$ 型，再化为 $\frac{0}{0}$ 型，然后用洛必达法则求出其值；

（3）0^0，1^∞ 或 ∞^0 型，先化为 $e^{\ln 0^0}$，$e^{\ln 1^\infty}$ 或 $e^{\ln \infty^0}$ 型，再化为 $e^{\frac{0}{0}}$ 或 $e^{\frac{\infty}{\infty}}$ 型，然后用洛必达法则求出其值.

例 4.8　求 $\lim\limits_{x\to 0^+} x\ln x$.

解　所求极限是 $0\cdot\infty$ 型的，所以有

$$\lim_{x\to 0^+} x\ln x=\lim_{x\to 0^+}\frac{\ln x}{\frac{1}{x}}=\lim_{x\to 0^+}\frac{\frac{1}{x}}{-\frac{1}{x^2}}=\lim_{x\to 0^+}(-x)=0$$

例 4.9　求 $\lim\limits_{x\to 0}\left(\frac{1}{\sin x}-\frac{1}{x}\right)$.

解　所求极限是 $\infty-\infty$ 型，所以有

$$\lim_{x\to 0}\left(\frac{1}{\sin x}-\frac{1}{x}\right)=\lim_{x\to 0}\frac{x-\sin x}{x\sin x}=\lim_{x\to 0}\frac{1-\cos x}{\sin x+x\cos x}=\lim_{x\to 0}\frac{\sin x}{\cos x+\cos x-x\sin x}=0$$

例 4.10　求 $\lim\limits_{x\to 0^+} x^x$.

解　所求极限是 0^0 型，所以有

$$\lim_{x\to 0^+} x^x=\lim_{x\to 0^+} e^{\ln x^x}=\lim_{x\to 0^+} e^{x\ln x}$$

而 $\lim\limits_{x\to 0^+} x\ln x=\lim\limits_{x\to 0^+}\frac{\ln x}{\frac{1}{x}}=0$，故 $\lim\limits_{x\to 0^+} x^x=e^0=1$.

最后需要指出，在使用洛必达法则求未定式的极限时，须注意两点：

（1）洛必达法则只适用 $\frac{0}{0}$ 型或 $\frac{\infty}{\infty}$ 型，其他未定式必须先化成 $\frac{0}{0}$ 型或 $\frac{\infty}{\infty}$ 型，再用洛必达法则；

（2）洛必达法则只适用 $\lim\limits_{x\to x_0}\frac{f(x)}{g(x)}\left[\text{或}\lim\limits_{x\to\infty}\frac{f(x)}{g(x)}\right]$ 存在（或 ∞）时的情况，当 $\lim\limits_{x\to x_0}\frac{f(x)}{g(x)}\left[\text{或}\lim\limits_{x\to\infty}\frac{f(x)}{g(x)}\right]$ 不存在时不能用洛必达法则求解，需要通过其他方法来讨论，这说明洛必达法则也不是万能的.

例 4.11　求 $\lim\limits_{x\to\infty}\frac{x+\cos x}{x+\sin x}$.

解　所求极限是 $\frac{\infty}{\infty}$ 型，但因为对分子、分母同时求导后的极限 $\lim\limits_{x\to\infty}\frac{1-\sin x}{1+\cos x}$ 不存在，所以不能用洛必达法则求解．事实上，$\lim\limits_{x\to\infty}\frac{x+\cos x}{x+\sin x}=\lim\limits_{x\to\infty}\frac{1+\frac{1}{x}\cos x}{1+\frac{1}{x}\sin x}=1$.

习　题　4.1（2）

1. 下面极限存在吗？能否用洛必达法则计算？

（1）$\lim\limits_{x\to 0}\dfrac{\cos x}{x-1}$；　（2）$\lim\limits_{x\to 0}\dfrac{x^2\sin\dfrac{1}{x}}{\sin x}$；

（3）$\lim\limits_{x\to\infty}\dfrac{x+\sin x}{x}$；　（4）$\lim\limits_{x\to 0}\dfrac{x+\cos x}{x-\sin x}$.

2. 利用洛必达法则，求下列极限：

（1）$\lim\limits_{x\to -2}\dfrac{x^3+3x^2+2x}{x^2-x-6}$；　（2）$\lim\limits_{x\to 1}\dfrac{x-1}{\ln x}$；　（3）$\lim\limits_{x\to 1}\dfrac{x^3-1}{\sqrt{x-1}}$；

（4）$\lim\limits_{x\to 0}\dfrac{e^x+e^{-x}-2}{\sin x}$；　（5）$\lim\limits_{x\to 3}\dfrac{\sqrt{x+1}-2}{x-3}$；　（6）$\lim\limits_{x\to 0}\dfrac{\ln(1-3x)}{\sin 2x}$；

（7）$\lim\limits_{x\to 1}\dfrac{x^2-\cos(x-1)}{\ln x}$；　（8）$\lim\limits_{x\to 0}\dfrac{\sin 2x^2}{\sqrt{x^2+1}-1}$；　（9）$\lim\limits_{x\to +\infty}\dfrac{x^2}{e^x}$；

（10）$\lim\limits_{x\to +\infty}\dfrac{\sqrt{x}}{\ln x}$；　（11）$\lim\limits_{x\to 0+}\left(x\cdot e^{\frac{1}{x}}\right)$；　（12）$\lim\limits_{x\to\infty}x\cdot\left(e^{\frac{1}{x}}-1\right)$；

（13）$\lim\limits_{x\to 0}\left(\dfrac{1}{x}-\dfrac{1}{e^x-1}\right)$；　（14）$\lim\limits_{x\to 0^+}\left(\dfrac{1}{x}\right)^{\sin x}$；　（15）$\lim\limits_{x\to\infty}\left(1-\dfrac{1}{2x}\right)^x$.

3. 当 a 为何值时，$\lim\limits_{x\to -1}\dfrac{x^2+ax+4}{x+1}=3$？

4. 设函数 $f(x)$ 有连续的导数，且 $f(0)=f'(0)=1$，求 $\lim\limits_{x\to 0}\dfrac{f(\sin x)-1}{\ln f(x)}$.

4.2　函数的单调性

本节将讨论函数的单调性与其导数之间的关系，从而提供一种判别函数单调性的方法. 首先来看一下，函数 $y=f(x)$ 的单调性在几何上有什么特性. 如图 4.3 所示，若函数 $y=f(x)$ 在 $[a,b]$ 上单调递增，则它的图形是一条沿 x 轴正向上升的曲线，曲线上各点处的切线斜率是非负的，即 $y'=f'(x)\geqslant 0$. 如图 4.4 所示，若函数 $y=f(x)$ 在 $[a,b]$ 上单调递减，则它的图形是一条沿 x 轴正向下降的曲线，曲线上各点处的切线斜率是非正的，即 $y'=f'(x)\leqslant 0$. 由此可见函数的单调性与导数的符号有着紧密的联系，那么能否用导数的符号来判定函数的单调性呢？回答是肯定的.

定理 4.6（函数单调性的判定法）　设函数 $y=f(x)$ 在 $[a,b]$ 上连续，在 (a,b) 内可导.

（1）如果在 (a,b) 内 $f'(x)>0$，那么函数 $y=f(x)$ 在 $[a,b]$ 上单调递增；

（2）如果在 (a,b) 内 $f'(x)<0$，那么函数 $y=f(x)$ 在 $[a,b]$ 上单调递减.

证　（1）设 x_1,x_2 是 $[a,b]$ 上任意两点，且 $x_1<x_2$，在 $[x_1,x_2]$ 上应用拉格朗日中值定理，得

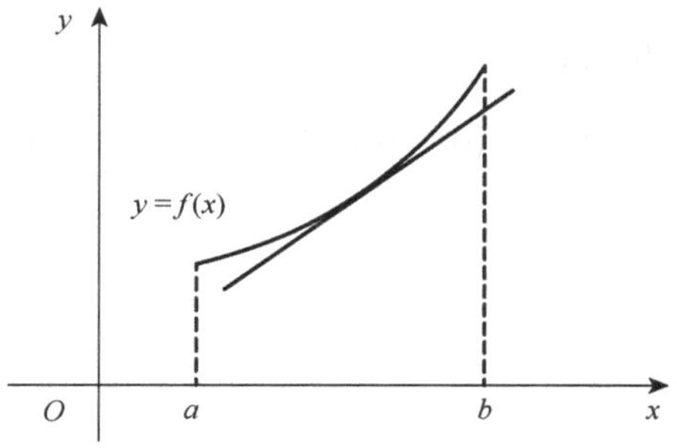

图 4.3

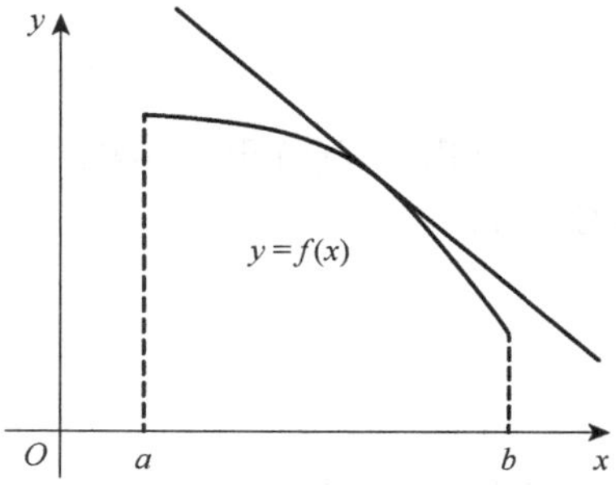

图 4.4

$$\frac{f(x_1)-f(x_2)}{x_1-x_2}=f'(\xi)>0,\quad \xi\in(x_1,x_2)$$

即
$$f(x_1)-f(x_2)=f'(\xi)(x_1-x_2)<0$$

故有 $f(x_1)<f(x_2)$，所以 $f(x)$ 在 $[a,b]$ 上单调递增.

（2）同理可证当 $f'(x)<0$ 时，$f(x)$ 在 $[a,b]$ 上单调递减.

注:（1）由 4.1 节中的推论 4.1 知，若在区间 (a,b) 内恒有 $f'(x)=0$，则 $f(x)$ 在 (a,b) 内是常数;

（2）定理 4.6 中的区间 $[a,b]$ 可改为任意区间;

（3）有时有些函数在它的定义域上不是单调的，但可以用导数等于零的点及不可导点来划分函数的定义域，把函数的定义域分成若干个小区间，在这些小区间内导数或者大于零或者小于零，从而可以判断函数在各个小区间上的单调性，把这样的小区间称为单调区间.

例 4.12　判定函数 $y=\mathrm{e}^{-x}$ 的单调性.

解　函数的定义域为 $(-\infty,+\infty)$，而 $y'=-\mathrm{e}^{-x}=-\dfrac{1}{\mathrm{e}^x}<0$，故 $y'=-\mathrm{e}^{-x}$ 在 $(-\infty,+\infty)$ 内单调递减.

例 4.13　判定函数 $y=\dfrac{1}{3}x^3-2x^2+3x$ 的单调性.

解　函数的定义域为 $(-\infty,+\infty)$，而 $y'=x^2-4x+3=(x-1)(x-3)$，令 $y'=0$，得 $x_1=1$，$x_2=3$，这两个点把定义域 $(-\infty,+\infty)$ 分成三个小区间，如下所示.

x	$(-\infty,1)$	1	$(1,3)$	3	$(3,+\infty)$
y'	+	0	−	0	+
y	↗	—	↘	—	↗

所以函数在 $(-\infty,1)$ 和 $(3,+\infty)$ 内单调递增，在 $(1,3)$ 内单调递减.

利用函数的单调性还可证明不等式.

例 4.14　证明：当 $x>0$ 时，$x>\ln(1+x)$.

证　令 $f(x)=x-\ln(1+x)$，考虑 $f(x)=x-\ln(1+x)$ 在 $(0,+\infty)$ 内的导数:

$$f'(x)=1-\frac{1}{1+x}=\frac{x}{1+x}>0 \quad (x>0)$$

所以在 $(0,+\infty)$ 内，$f(x)$ 单调递增，故当 $x>0$ 时，有 $f(x)>f(0)=0$，即 $x-\ln(1+x)>0$，于是 $x>\ln(1+x)$.

习 题 4.2

1. 讨论函数 $f(x)=x^3-6x^2+9x+2$ 的单调性.

2. 确定函数 $f(x)=\dfrac{x^2}{1+x}$ 的单调区间.

3. 确定下列函数的单调区间：

（1） $f(x)=x^3+3x^2-2$；　　（2） $f(x)=\ln(1+x^2)$；

（3） $f(x)=x-e^x$；　　（4） $f(x)=\arctan x-x$.

4. 利用函数单调性证明：当 $x>1$ 时，$e^x>ex$.

4.3 函数的极值

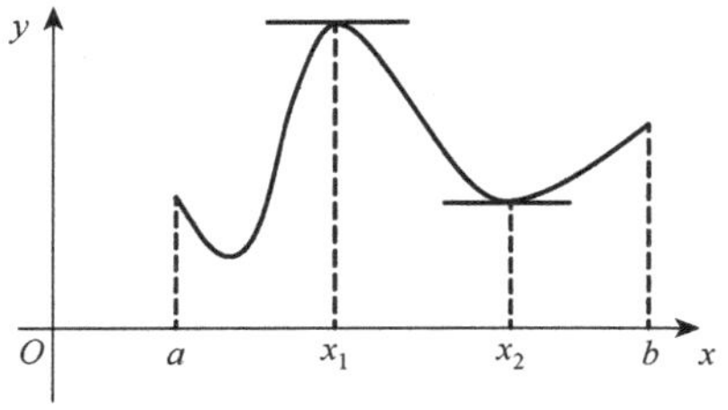

图 4.5

设函数 $y=f(x)$ 的图形如图 4.5 所示.

从图 4.5 可以看出，在 $x=x_1$ 处，$f(x_1)$ 比 x_1 附近的函数值都大，在 $x=x_2$ 处，$f(x_2)$ 比 x_2 附近两侧的函数值都小，这种局部的最大值和最小值具有很重要的实际意义. 对此引入如下定义.

定义 4.1 设函数 $y=f(x)$ 在点 x_0 及其附近有定义，若对点 x_0 附近任一点 $x(x\neq x_0)$，均有

（1） $f(x)<f(x_0)$，则称 $f(x_0)$ 为 $y=f(x)$ 的极大值，x_0 为极大值点；

（2） $f(x)>f(x_0)$，则称 $f(x_0)$ 为 $y=f(x)$ 的极小值，x_0 为极小值点.

函数的极大值和极小值统称为极值，相应的极大值点和极小值点统称为极值点.

注：（1）极大值和极小值是一个局部概念，是局部范围内的最大值和最小值，而最大值和最小值是一个整体概念；

（2）由于极大值和极小值的比较范围不同，极大值不一定大于极小值；

（3）由极值的定义可知，极值只发生在区间内部，而最大值和最小值可能发生在区间内部，也可能发生在区间的端点.

定理 4.7（费马定理） 设函数 $y=f(x)$ 在点 x_0 处可导，若函数 $f(x)$ 在点 x_0 处取得极值，则必有 $f'(x_0)=0$.

证 不妨设 $f(x_0)$ 为极大值，由极大值定义，对点 x_0 附近任一点 $x_0(x\neq x_0)$，有 $f(x)<f(x_0)$，所以

$$f'_{-}(x_0)=\lim_{x\to x_0^-}\frac{f(x)-f(x_0)}{x-x_0}\geqslant 0$$

$$f'_+(x_0)=\lim_{x\to x_0^+}\frac{f(x)-f(x_0)}{x-x_0}\leqslant 0$$

因为 $f'(x_0)$ 存在，所以 $f'_-(x_0)=f'_+(x_0)=0$，即 $f'(x_0)=0$.

对于函数 $y=f(x)$，使得 $f'(x_0)=0$ 的点 x_0 称为 $y=f(x)$ 的驻点（稳定点）.

注：(1) 在导数存在的前提下，驻点仅仅是极值点的必要条件但不是充分条件，即极值点必是驻点，但驻点未必是极值点．例如，$y=x^3$，$x=0$ 是驻点，但不是极值点，如图 4.6 所示.

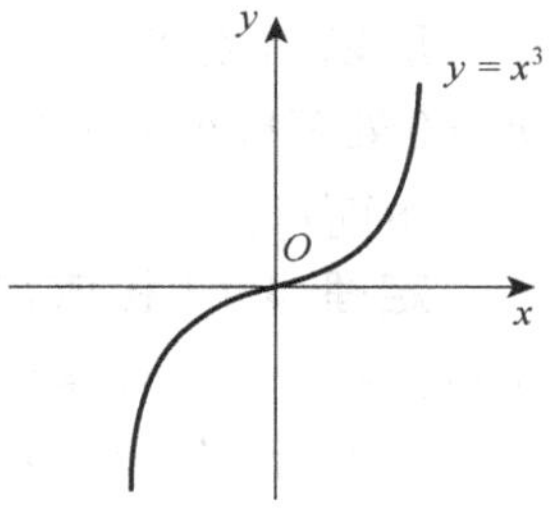

图 4.6

(2) 在导数不存在的点，函数可能有极值，也可能没有极值．例如，$f(x)=|x|$ 在点 $x=0$ 处导数不存在，但函数有极小值 $f(0)=0$；又如，$f(x)=x^{\frac{1}{3}}$ 在点 $x=0$ 处导数不存在，但函数没有极值.

那么，如何判别函数 $f(x)$ 的极值呢？

定理 4.8（极值存在的第一充分条件） 设函数 $y=f(x)$ 在点 x_0 处连续，在点 x_0 的某去心邻域 $\mathring{U}(x_0,\delta)$ 内可导.

(1) 如果当 $x\in(x_0-\delta,x_0)$ 时，$f'(x)>0$，而当 $x\in(x_0,x_0+\delta)$ 时，$f'(x)<0$，那么函数 $f(x)$ 在点 x_0 处取极大值 $f(x_0)$；

(2) 如果当 $x\in(x_0-\delta,x_0)$ 时，$f'(x)<0$，而当 $x\in(x_0,x_0+\delta)$ 时，$f'(x)>0$，那么函数 $f(x)$ 在点 x_0 处取极小值 $f(x_0)$；

(3) 如果当 $x\in(x_0-\delta,x_0)\cup(x_0,x_0+\delta)$ 时，$f'(x)$ 不变号，那么点 x_0 不是函数 $f(x)$ 的极值点.

注：(1) 若函数 $y=f(x)$ 在点 x_0 处不可导但连续，仍可按定理 4.8 的 (1) ～ (3) 来判断点 x_0 是否为极值点.

(2) 极值点是单调性的分界点.

(3) 由上述内容可知，求函数 $f(x)$ 极值的一般步骤如下：

①写出函数的定义域；

②求函数的导数 $f'(x)$，并解出驻点和不可导点；

③根据驻点和不可导点把定义域分成若干区间，列表，然后由定理 4.8（或下面的定理 4.9）判断驻点和不可导点是否为极值点；

④求出函数的极值.

从上面的例 4.13 可看出，函数 $y=\frac{1}{3}x^3-2x^2+3x$ 有两个驻点 $x_1=1$，$x_2=3$.

$x_1=1$ 为函数的极大值点，其极大值为 $f(1)=\frac{1}{3}\times1^3-2\times1^2+3\times1=\frac{4}{3}$；

$x_2=3$ 为函数的极小值点，其极小值为 $f(3)=\frac{1}{3}\times3^3-2\times3^2+3\times3=0$.

例 4.15 求函数 $y=4x^2-2x^4$ 的极值.

解 函数的定义域为 $(-\infty,+\infty)$，$y'=8x-8x^3=8x(1-x)(1+x)$.

令 $y'=0$，得三个驻点 $x_1=-1$，$x_2=0$，$x_3=1$，如下所示.

x	$(-\infty,-1)$	-1	$(-1,0)$	0	$(0,1)$	1	$(1,+\infty)$
y'	+	—	−	—	+	—	−
y	↗	—	↘	—	↗	—	↘

所以函数在点 $x_1=-1$ 处有极大值 $f(-1)=2$，在点 $x_3=1$ 处也有极大值 $f(1)=2$，而在点 $x_2=0$ 处有极小值 $f(0)=0$.

下面再介绍另一种判别极值的方法.

定理 4.9（极值存在的第二充分条件） 设函数 $y=f(x)$ 在点 x_0 处有一、二阶导数，且 $f'(x_0)=0$，$f''(x_0)\neq 0$.

（1）若 $f''(x_0)<0$，则 $f(x)$ 在点 x_0 处取得极大值 $f(x_0)$；

（2）若 $f''(x_0)>0$，则 $f(x)$ 在点 x_0 处取得极小值 $f(x_0)$.

注：（1）定理 4.8 和定理 4.9 虽然都是判别极值点的充分条件，但在应用时又有区别. 定理 4.8 对驻点和不可导点均适用，而定理 4.9 对不可导点和 $f''(x_0)=0$ 的点不适用.

（2）当二阶导数较容易求出，并且在驻点处有 $f''(x_0)\neq 0$ 时，用定理 4.9 来判别极值更便捷.

例 4.16 求函数 $y=4x^2-2x^4$ 的极值.

解 函数的定义域为 $(-\infty,+\infty)$，$y'=8x-8x^3=8x(1-x)(1+x)$.

令 $y'=0$，得三个驻点 $x_1=-1$，$x_2=0$，$x_3=1$.

$y'=8-24x^2$，$y''(-1)=-16<0$，$y''(0)=8>0$，$y''(1)=-16<0$.

由定理 4.9 知，在点 $x_1=-1$ 处函数有极大值 $f(-1)=2$，在点 $x_3=1$ 处函数也有极大值 $f(1)=2$，而在点 $x_2=0$ 处函数有极小值 $f(0)=0$.

习 题 4.3

1. 什么是函数的驻点？驻点与极值点有什么区别？

2. 可能的极值点是哪两类点？

3. 求下列函数在指定区间的极值：

（1）$f(x)=\sin x+\cos x,\quad 0\leqslant x\leqslant 2\pi$；（2）$f(x)=x^3-3x^2-9x+5,\quad -2<x<2$.

4. 求下列函数的极值：

（1）$f(x)=2x^3-3x^2$；（2）$f(x)=2\mathrm{e}^x+\mathrm{e}^{-x}$；（3）$f(x)=x-\ln(1+x)$；

（4）$f(x)=3-(x-2)^{\frac{2}{3}}$；（5）$f(x)=x+\sqrt{1-x}$；（6）$f(x)=x^2\mathrm{e}^{-x^2}$.

5. 当 a 为何值时，函数 $f(x)=a\sin x+\frac{1}{3}\sin 3x$ 在点 $x=\frac{\pi}{3}$ 处取得极值？它是极大值还是极小值？并求极值.

4.4 函数的最大值与最小值

在工农业生产、科学技术研究、经营管理及实际生活中，常常会碰到如何做才能使产量最高、材料最省、耗时最少、效率最高、利润最大、成本最低、面积最大等最优化问题，这些问题归纳到数学上，就是求函数的最大值和最小值问题.

1. 在 $[a,b]$ 上连续函数 $y=f(x)$ 的最大值和最小值

在 $[a,b]$ 上连续的函数 $y=f(x)$，一定有最大值和最小值存在，但它可能发生在区间的端点，也可能发生在区间的内部. 当发生在区间的内部时，最大（小）值一定是极大（小）值，于是最大（小）值可能发生在区间的端点，也可能发生在驻点或不可导点.

综合上述，把 $[a,b]$ 上连续函数 $y=f(x)$ 的最大值和最小值求法归结如下：

（1）求出 $y=f(x)$ 在 (a,b) 内所有的驻点和不可导点，并求出它们的函数值；

（2）求出两个端点处的函数值 $f(a)$ 和 $f(b)$；

（3）比较上面各函数值的大小，其中最大的就是函数 $y=f(x)$ 的最大值，最小的就是函数 $y=f(x)$ 的最小值.

例 4.17　求函数 $f(x)=x^2-4x+1$ 在 $[-3,3]$ 上的最大值和最小值.

解　$f'(x)=2x-4$，令 $f'(x)=0$，得一个驻点 $x=2$，而 $f(2)=-3$、又 $f(-3)=22$，$f(3)=-2$，比较知，函数的最大值为 $f(3)=22$，最小值为 $f(2)=-3$.

2. 实际问题中的最大值和最小值

在实际问题中，如果在 (a,b) 内仅有唯一的驻点 x_0，那么 $f(x_0)$ 即为所要求的最大值或最小值.

例 4.18　如图 4.7 所示，有一块边长为 a 的正方形铁皮，从其四个角截去大小相同的四个小正方形，做成一个无盖的容器，求截去的小正方形的边长为多少时，该容器的容积最大？

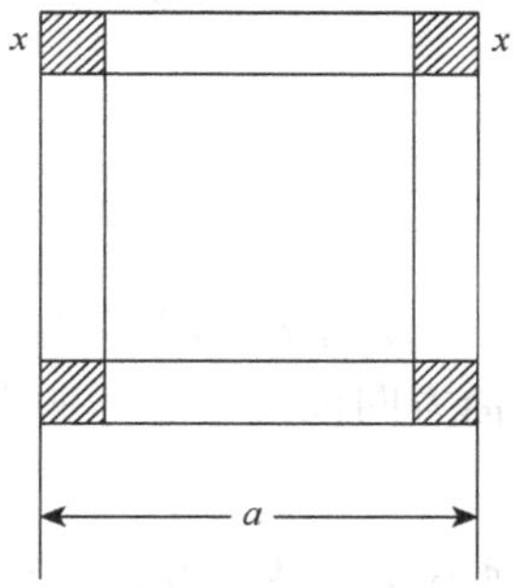

图 4.7

解　设截去的小正方形的边长为 x，则做成的无盖容器的容积为

$$V(x)=(a-2x)^2x,\quad x\in\left(0,\frac{a}{2}\right)$$

问题归结为：求函数 $V(x)=(a-2x)^2x$ 在 $\left(0,\dfrac{a}{2}\right)$ 内的最大值.

因为 $V'(x)=(a-2x)(a-6x)$，令 $V'(x)=0$，得唯一解 $x=\dfrac{a}{6}$，于是有

$$V_{\max}\left(\frac{a}{6}\right)=\frac{2}{27}a^3$$

即当截去的小正方形边长为 $\dfrac{a}{6}$ 时，体积最大为 $\dfrac{2}{27}a^3$.

例 4.19　某公司估算生产 x 件产品的成本为 $C(x)=2560+2x+0.001x^2$（元），求产量为多少时平均成本最低？平均成本的最小值为多少？

解　平均成本函数为 $\overline{C}(x)=\dfrac{2\,560}{x}+2+0.001x$，$x\in[0,+\infty)$. 由 $\overline{C}'(x)=-\dfrac{2\,560}{x^2}+0.001=0$，得 $x=1\,600$ 件，而 $\overline{C}(1\,600)=6.16$（元/件），所以产量为 1 600 件时平均成本最低，且平均成本的最小值为 6.16（元/件）.

例 4.20 某房地产公司有 50 套公寓要出租，当每月每套租金为 180 元时，公寓会全部租出去；当每月每套租金增加 10 元时，就有 1 套公寓租不出去，而租出去的公寓每月需花费 20 元的整修维护费，试问房租定为多少时可获得最大收入？

解 设每月租金提价 x 个 10 元，房地产公司的租金收入最大，最大为 y 元，即

$$
\begin{aligned}
y &= (180+10x)(50-x)-20(50-x)\\
&= 9\,000+180x+500x-10x^2-1\,000+20x\\
&= -10x^2+340x+8\,000
\end{aligned}
$$

求导得 $y'=-20x+340$．令 $y'=0$，得一个驻点 $x=17$．当 $x=17$ 时，y 有最大值 10 890．即租金定价为 $180+10\times17=350$（元）时，租金收入最大．

习 题 4.4

1. 求函数 $f(x)=x^4-8x^2+2$ 在区间 $[-1,3]$ 上的最大值和最小值．
2. 求函数 $f(x)=1-(x-2)^{\frac{2}{3}}$ 在区间 $[0,3]$ 上的最大值和最小值．
3. 求函数 $f(x)=2x^3-3x^2$ 在区间 $[-1,4]$ 上的最大值和最小值．
4. 在墙边围一面积为 $S=8\text{m}^2$ 的长方形空地，问它的长与宽应分别为多少米时，才能使所用材料的总长度最小？最小长度为多少？

4.5 曲线的凹凸性与拐点

为了准确描绘函数的图形，仅知道函数的单调性和极值、最值是不够的，还应知道它的弯曲方向以及不同弯曲方向的分界点．本节就专门研究曲线的凹凸性和拐点．

4.5.1 曲线的凹凸性及其判别法

定义 4.2 设函数 $y=f(x)$ 在区间 (a,b) 内可导，若曲线 $y=f(x)$ 上任意一点处的切线都位于该曲线的下方，则称曲线 $y=f(x)$ 在区间 (a,b) 内是凹的；若曲线 $y=f(x)$ 上任意一点处的切线都位于该曲线的上方，则称曲线 $y=f(x)$ 在区间 (a,b) 内是凸的．

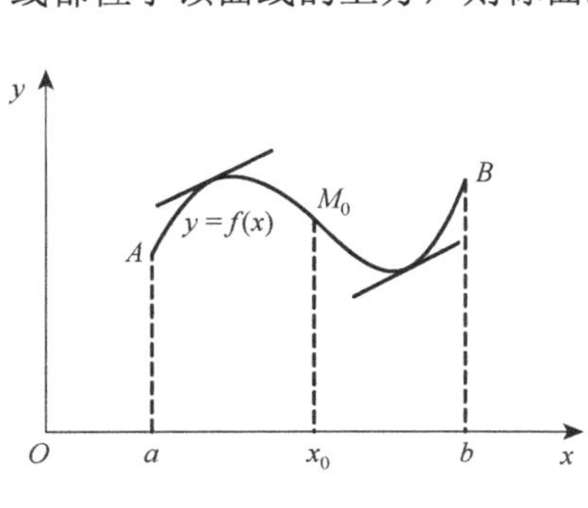

图 4.8

从图 4.8 可以看出，曲线弧 $\overset{\frown}{AM_0}$ 是凸的，曲线弧 $\overset{\frown}{M_0B}$ 是凹的．

下面不加证明地给出曲线凹凸性的判定定理．

定理 4.10 设 $y=f(x)$ 在区间 (a,b) 内具有二阶导数，若在 (a,b) 内恒有 $f''(x)>0$，则曲线 $y=f(x)$ 在 (a,b) 内是凹的；若在 (a,b) 内恒有 $f''(x)<0$，则曲线 $y=f(x)$ 在 (a,b) 内是凸的．

若把定理 4.10 中的区间改为无穷区间，结论仍然成立．

例 4.21 判定曲线 $f(x)=\ln x$ 的凹凸性．

解　函数的定义域为$(0,+\infty)$，$f(x)'=\dfrac{1}{x}$，$f(x)''=-\dfrac{1}{x^2}$，由于在$(0,+\infty)$内恒有$f''(x)<0$，曲线$y=\ln x$在$(0,+\infty)$内是凸的.

例 4.22　判定曲线$y=x^3$的凹凸性.

解　函数的定义域为$(-\infty,+\infty)$，$f(x)'=3x^2$，$f(x)''=6x$，由于在$(-\infty,0)$内恒有$f(x)''<0$，而在$(0,+\infty)$内恒有$f(x)''>0$，曲线$y=x^3$在$(-\infty,0)$内是凸的，而在$(0,+\infty)$内是凹的，这时点$(0,0)$为曲线由凸变凹的分界点，如图 4.9 所示.

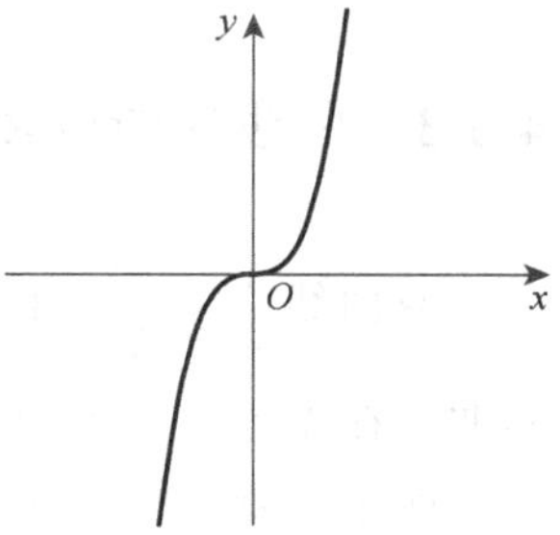

图 4.9

x	$(-\infty,0)$	0	$(0,+\infty)$
$f(x)''$	−	0	+
$f(x)$	凸	—	凹

这种曲线凸凹的分界点，就是下面要讲的拐点.

4.5.2　拐点及其求法

定义 4.3　若连续曲线$y=f(x)$上的点P的一边是凹的，而另一边是凸的，则称点P是曲线$y=f(x)$的拐点.

因为拐点是曲线凹凸的分界点，所以拐点左右两侧近旁$f''(x)$必然异号. 因此，曲线拐点的横坐标x_0只可能是使$f''(x)=0$的点或$f''(x)$不存在的点. 从而如果函数$y=f(x)$在定义域内具有二阶导数，就可以按下面的步骤来求曲线$y=f(x)$的凹凸性与拐点：

（1）写出函数的定义域；

（2）求二阶导数$f''(x)$，解出在定义域内使$f''(x)=0$的点和$f''(x)$不存在的点；

（3）根据解出的每一个点，把定义域分成若干区间，列表，然后由定理 4.10 判断这些点是否为拐点.

例 4.23　求曲线$f(x)=x^4-2x^3+1$的凹凸性和拐点.

解　函数的定义域为$(-\infty,+\infty)$，$f(x)'=4x^3-6x^2$，$f(x)''=12x^2-12x=12x(x-1)$，令$f(x)''=0$，得$x_1=0$，$x_2=1$，如下所示.

x	$(-\infty,0)$	0	$(0,1)$	1	$(1,+\infty)$
$f(x)''$	+	0	−	0	+
$f(x)$	$\cup$	1	$\cap$	0	$\cup$

注：“$\cup$”表示曲线是凹的（下凹），“$\cap$”表示曲线是凸的（上凹）.

可知，曲线$y=f(x)$在$(-\infty,0)$和$(1,\infty)$内是凹的，在$(0,1)$内是凸的，从而点(0, 1)和(1, 0)都是拐点.

4.5.3 曲线的渐近线

双曲线$\frac{x^2}{a^2}-\frac{y^2}{b^2}=1$有两条渐近线$\frac{x}{a}+\frac{y}{b}=0$和$\frac{x}{a}-\frac{y}{b}=0$．根据双曲线的渐近线，容易看出双曲线在无穷远处的伸展状况．对于一般曲线，也希望知道其在无穷远处的变化趋势．

如果一条曲线在它无限延伸的过程中，无限接近于一条直线，那么这条直线为该曲线的渐近线．

然而并不是任何曲线都有渐近线，下面分三种情况予以讨论．

1. 水平渐近线

定义 4.4 若函数$y=f(x)$的定义域是无穷区间，且有$\lim\limits_{\substack{x\to+\infty \\ (x\to-\infty)}}f(x)=C$（$C$为常数），则称曲线$y=f(x)$有水平渐近线$y=C$．

例如，函数$y=\frac{1}{x}$，有$\lim\limits_{x\to\infty}\frac{1}{x}=0$，所以有一条水平渐近线$y=0$．

2. 垂直渐近线

定义 4.5 若函数$y=f(x)$在点$x=x_0$处间断，且有$\lim\limits_{\substack{x\to x_0^+ \\ (x\to x_0^-)}}f(x)=\infty$，则称曲线$y=f(x)$有垂直渐近线或铅直渐近线，即$x=x_0$．

例如，函数$y=\frac{1}{x}$，有$\lim\limits_{x\to0}\frac{1}{x}=\infty$，所以有一条垂直渐近线$x=0$．

3. 斜渐近线

定义 4.6 若函数$y=f(x)$的定义域是无穷区间，且有：

（1）$\lim\limits_{x\to\infty}\frac{f(x)}{x}=a$；

（2）$\lim\limits_{x\to\infty}[f(x)-ax]=b$．

则称曲线$y=f(x)$有斜渐近线$y=ax+b$．

例 4.24 求曲线$f(x)=\frac{x^3}{x^2+2x-3}$的渐近线.

解 因为$\lim\limits_{x\to-3}f(x)=\infty$，$\lim\limits_{x\to1}f(x)=\infty$，所以有垂直渐近线$x=-3$和$x=1$．

又$\lim\limits_{x\to\infty}\frac{f(x)}{x}=\lim\limits_{x\to\infty}\frac{x^2}{x^2+2x-3}=1=a$，而$\lim\limits_{x\to\infty}[f(x)-ax]=\lim\limits_{x\to\infty}\left(\frac{x^3}{x^2+2x-3}-x\right)=-2=b$，故曲线有斜渐近线$y=x-2$．

又$\lim\limits_{x\to-3}f(x)=\lim\limits_{x\to-3}\frac{x^3}{(x+3)(x-1)}=\infty$，$\lim\limits_{x\to1}f(x)=\lim\limits_{x\to1}\frac{x^3}{(x+3)(x-1)}=\infty$，故$x=-3$，$x=1$为该曲线的垂直渐近线.

4.5.4　函数图象的描绘

在工程实践中经常用图像表示函数．画出函数图象，可以直接看到某些变化规律，无论是对于定性的分析还是对于定量的计算，都大有益处．

中学学过的描点作图法，对于简单的平面曲线（如直线、抛物线）比较适用，但对于一般的平面曲线就不适用了．因为该方法既不能保证所取的点是曲线上的关键点（最高点或最低点），又不能保证可以通过点来判定曲线的单调性与凹凸性．为了更准确、更全面地描绘曲线，必须确定出反映曲线主要特征的点和线．一般需考虑如下几个方面：

（1）确定函数的定义域和值域；

（2）讨论函数的奇偶性和周期性；

（3）确定函数的单调区间和极值点，凹凸区间和拐点；

（4）考察曲线的渐近线，以把握曲线伸向无穷远的趋势；

（5）取辅助点，如取曲线与坐标轴的交点等；

（6）根据以上讨论，描点作出函数的图形．

例 4.25　作函数 $f(x)=2x^3-3x^2$ 的图形．

解　（1）函数的定义域为 $(-\infty,+\infty)$，值域为 $(-\infty,+\infty)$．

（2）函数无奇偶性，无周期性．

（3）$f(x)'=6x^2-6x=6x(x-1)$，令 $f(x)'=0$，得驻点 $x_1=0$，$x_2=1$；

$f(x)''=12x-6=6(2x-1)$，令 $f(x)''=0$，得 $x=\dfrac{1}{2}$，如下所示．

x	$(-\infty,0)$	0	$\left(0,\frac{1}{2}\right)$	$\frac{1}{2}$	$\left(\frac{1}{2},1\right)$	1	$(1,+\infty)$
$f(x)'$	+	0	−	−	−	0	+
$f(x)''$	−	−	−	0	+	+	+
$f(x)$		极大值为 0		拐点 $\left(\frac{1}{2},-\frac{1}{2}\right)$		极小值为−1	

（4）无渐近线．

（5）辅助点：$\left(-\dfrac{1}{2},-1\right)$，$(0,0)$，$\left(\dfrac{3}{2},0\right)$．

（6）描点作图，如图 4.10 所示．

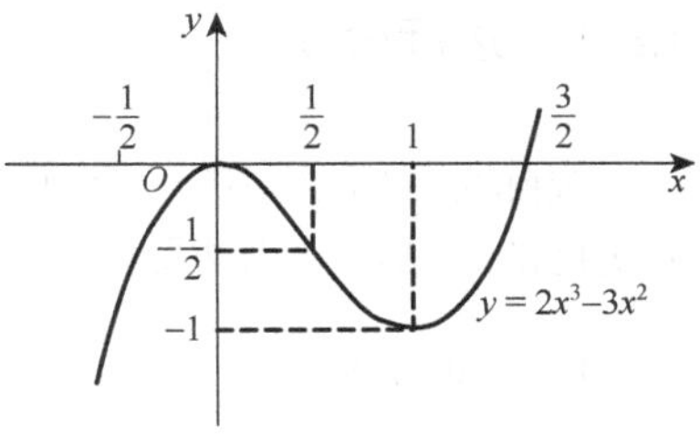

图 4.10

例 4.26　作函数 $f(x)=\sin^2 x$ 的图形．

解　（1）函数的定义域为 $(-\infty,+\infty)$，值域为 $[0,1]$．

（2）偶函数，图形关于 y 轴对称；周期函数，$T=\pi$，所以只要讨论 $x\in[0,\pi]$ 部分．

（3） $f(x)'=2\sin x\cos x=\sin 2x$，令 $f(x)'=0$，得驻点 $x_1=0$，$x_2=\dfrac{\pi}{2}$，$x_3=\pi$；

$f(x)''=2\cos 2x$，令 $f(x)''=0$，得 $x_4=\dfrac{\pi}{4}$，$x_5=\dfrac{3\pi}{4}$，如下所示.

x	0	$\left(0,\frac{\pi}{4}\right)$	$\frac{\pi}{4}$	$\left(\frac{\pi}{4},\frac{\pi}{2}\right)$	$\frac{\pi}{2}$	$\left(\frac{\pi}{2},\frac{3\pi}{4}\right)$	$\frac{3\pi}{4}$	$\left(\frac{3\pi}{4},\pi\right)$	π
$f(x)'$	0	+	+	+	0	−	−	−	0
$f(x)''$	+	+	0	−	−	−	0	+	+
$f(x)$	极小值 0	↗	拐点 $\left(\frac{\pi}{4},\frac{1}{2}\right)$	↗	极大值 1	↘	拐点 $\left(\frac{3\pi}{4},\frac{1}{2}\right)$	↘	极小值 0

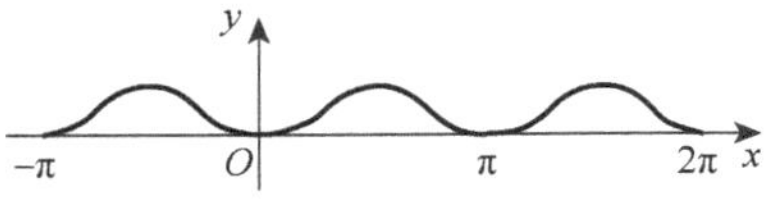

图 4.11

（4）无渐近线.

（5）描点作图，如图 4.11 所示.

习　题　4.5

1. 曲线 $f(x)$ 的拐点与 $f''(x)=0$ 的点及 $f''(x)$ 不存在的点有无区别？

2. 求下列曲线的上凹、下凹区间：

（1） $f(x)=x^3$；　　（2） $f(x)=\ln x$；　　（3） $f(x)=x+\dfrac{1}{x}$.

3. 求下列曲线的上凹、下凹区间及拐点：

（1） $f(x)=x^3-3x+1$；　　（2） $f(x)=\dfrac{x^3}{3}-x$；　　（3） $f(x)=\mathrm{e}^{-x}$；

（4） $f(x)=x\mathrm{e}^x$；　　（5） $f(x)=(x-1)^{\frac{1}{x}}$.

4. 已知曲线 $f(x)=x^3+ax^2-9x+4$ 的拐点的横坐标为 1，确定系数 a，并求出曲线 $f(x)$ 的上凹、下凹区间及拐点.

4.6　导数在经济中的应用

4.6.1　边际分析

边际是经济学中的一个重要概念，一般指经济函数的变化率. 利用导数研究经济变量的边际变化的方法，称为边际分析方法.

1. 边际成本

假设总成本函数 $C=C(x)$ 的导数 $C=C'(x)$ 存在，在已经生产 x 个单位产品的基础上，增加 Δx 个产品，则比值

$$\frac{\Delta C}{\Delta x}=\frac{C(x+\Delta x)-C(x)}{\Delta x}$$

就是产量 x 增加至 $x+\Delta x$ 时，总成本的变化率.

令 $\Delta x\to 0$，对上式取极限

$$\lim_{\Delta x\to 0}\frac{\Delta C}{\Delta x}=\lim_{\Delta x\to 0}\frac{C(x+\Delta x)-C(x)}{\Delta x}$$

就得到在产量为 x 的基础上总成本的变化率，称为产量为 x 的边际成本，记为 MC .

边际成本的经济意义：产量为 x 的基础上总成本的变化率，在经济学中它表示产量增加一个单位时所增加的成本，或增加这一个单位产品的生产成本.

例 4.27 已知成本函数为 $C(Q)=50+\frac{Q^3}{3}-4Q$， Q 为多少时，边际成本最小?

解 边际成本为 $C'(Q)=Q^2-4$，令 $C'(Q)=0$，得 $Q=2$.

而 $C''(Q)=2Q$，有 $C''(2)=4>0$，所以当 $Q=2$ 时，边际成本最小.

2. 边际收入与边际利润

类似于边际成本，总收入函数 $R(x)$ 的导数 $R'(x)$ 称为边际收入，记为 MR . 总利润函数 $L(x)$ 的导数 $L'(x)$ 称为边际利润，记为 ML .

边际收入和边际利润的经济意义分别是：在销售量 x 的基础上，再多售出一个单位产品所增加的销售收入的近似值与所增加的总利润的近似值.

例 4.28 已知需求函数为 $Q=20\,000-100P$，其中 P 为商品价格，求生产 50 个单位时的总收益、平均收益和边际收益.

解 先写出总收益函数，由已知可得 $P=200-\frac{Q}{100}$，于是总收益函数为

$$R=R(Q)=P\cdot Q=200Q-\frac{Q^2}{100}$$

所以生产 50 个单位时的总收益为 $R(50)=200\times 50-\frac{50^2}{100}=9\,975$.

平均收益是指出售一定量的商品时，每单位商品所得的平均收入，即每单位商品的售价. 平均收益记为 AR，即 $AR=\frac{R(Q)}{Q}=200-\frac{Q}{100}=P$. 所以生产 50 个单位时的平均收益为 $AR|_{Q=50}=200-\frac{50}{100}=199.5$.

由总收益函数得边际收益函数为 $\frac{\mathrm{d}R}{\mathrm{d}Q}=\frac{\mathrm{d}}{\mathrm{d}Q}\left(200Q-\frac{Q^2}{100}\right)=200-\frac{Q}{50}$，所以生产 50 个单位时的边际收益为 $\left.\frac{\mathrm{d}R}{\mathrm{d}Q}\right|_{Q=50}=200-\frac{50}{50}=199$.

4.6.2 函数的弹性

1. 弹性

对函数 $y=f(x)$，当自变量 x 的改变量为 Δx 时，其自变量的相对改变量为 $\frac{\Delta x}{x}$，函数 $f(x)$ 的相对改变量则为 $\frac{f(x+\Delta x)-f(x)}{f(x)}$. 函数的弹性是为考察相对变化而引入的.

定义 4.7 设函数 $y=f(x)$ 在点 x 处可导，若极限

$$\lim_{\Delta x\to 0}\frac{\frac{f(x+\Delta x)-f(x)}{f(x)}}{\frac{\Delta x}{x}}=\lim_{\Delta x\to 0}\frac{x}{f(x)}\frac{f(x+\Delta x)-f(x)}{\Delta x}=x\frac{f'(x)}{f(x)}$$

存在，则称此极限值为函数 $y=f(x)$ 在点 x 处的弹性，记为 $\frac{Ey}{Ex}$ 或 $\frac{Ef(x)}{Ex}$，即

$$\frac{Ey}{Ex}=x\frac{f'(x)}{f(x)}=\frac{x}{f(x)}\cdot\frac{\mathrm{d}f(x)}{\mathrm{d}x}$$

函数的弹性 $\frac{Ey}{Ex}$ 是由自变量 x 与因变量 y 的相对变化而定义的，它表示函数 $y=f(x)$ 在点 x 的相对变化率，因此它与任何度量单位无关.

例 4.29 求函数 $f(x)=A\mathrm{e}^{ax}$ 的弹性.

解 因为 $f'(x)=Aa\mathrm{e}^{ax}$，所以 $\frac{Ey}{Ex}=x\cdot\frac{Aa\mathrm{e}^{ax}}{A\mathrm{e}^{ax}}=ax$.

2. 弹性的经济意义

下面以需求函数的弹性来说明弹性的经济意义.

设需求函数为 $Q=Q(P)$，按函数弹性定义，需求函数的弹性记为 E_{d}，即

$$E_{\mathrm{d}}=\frac{P\mathrm{d}Q}{Q\mathrm{d}P}=P\frac{Q'}{Q}$$

上式称为需求函数在点 P 处的需求价格弹性，简称需求价格弹性.

一般情况下，因为 $P>0$，$Q(P)>0$，而 $Q'(P)<0$（一般 $Q=Q(P)$ 为单调递减函数），所以 $E_{\mathrm{d}}<0$.

需求价格弹性 E_{d} 的经济意义：在价格为 P 时，如果价格提高或降低 1%，需求由 Q 起，减少或增加的百分数是 $E_{\mathrm{d}}\%$.

（1）当 $|E_{\mathrm{d}}|<1$ 时，需求量变化的幅度小于价格变化的幅度，在这种情况下，价格的大幅度下降只会引起需求量较小的增加，这种情况称为缺乏弹性；

（2）当 $|E_{\mathrm{d}}|>1$ 时，需求量变化的幅度大于价格变化的幅度，说明价格稍有变化就会引起需求量较大的变化，即需求量对价格的反应是敏感的，这种情况称为富有弹性；

（3）当 $|E_{\mathrm{d}}|=1$ 时，需求量变化的幅度近似等于价格变化的幅度，此时商品降价或涨价对需求量基本没有影响，这种情况称为单位弹性.

例 4.30 设某商品的需求函数为 $Q=50-5P$，试求：

（1）需求价格弹性 E_{d}；

（2）当 $P=2,5,6$ 时的需求价格弹性，并作出经济解释.

解 （1）因 $\dfrac{\mathrm{d}Q}{\mathrm{d}P}=-5$，故 $E_{\mathrm{d}}=\dfrac{P\mathrm{d}Q}{Q\mathrm{d}P}=\dfrac{P}{50-5P}(-5)=\dfrac{P}{P-10}$.

（2）当 $P=2$ 时，$E_{\mathrm{d}}=-0.25$，需求是缺乏弹性的；而当 $P=2$ 时，$Q=40$，这说明，在价格 $P=2$ 时，若价格提高或降低 1%，需求 Q 将由 40 起减少或增加 0.25%. 这时，需求下降或提高的幅度小于价格提高或降低的幅度.

当 $P=5$ 时，$E_{\mathrm{d}}=-1$，需求是单位弹性的；而当 $P=5$ 时，$Q=25$，这说明，在价格 $P=5$ 时，若价格提高或降低 1%，需求 Q 将由 25 起减少或增加 1%. 这时，需求下降或提高的幅度等于价格提高或降低的幅度.

当 $P=6$ 时，$E_{\mathrm{d}}=-1.5$，需求是富有弹性的；而当 $P=6$ 时，$Q=20$，这说明，在价格 $P=6$ 时，若价格提高或降低 1%，需求 Q 将由 20 起减少或增加 1.5%. 这时，需求下降或提高的幅度大于价格提高或降低的幅度.

经济领域中的任何函数都可类似地定义弹性.

4.6.3 最优化问题

1. 利润最大化

在假设产量与销量一致的情况下，总利润函数 $L(Q)$ 定义为：总收益函数 $R(Q)$ 与总成本函数 $C(Q)$ 之差，即

$$L=L(Q)=R(Q)-C(Q)$$

如果企业以利润最大为目标而控制产量，那么应选择产量 Q 的值，使总利润函数 $L=L(Q)$ 取最大值. $L=L(Q)$ 取得最大值的必要条件为 $L'(Q)=0$，即 $R'(Q)=C'(Q)$. 因此，取得最大利润的必要条件是边际收益等于边际成本.

例 4.31 已知某商品的需求函数和总成本函数分别为 $Q=\dfrac{20}{3}-\dfrac{1}{3}P$ 和 $C=5+2Q^2$，求利润最大时的产出水平、商品的价格和利润.

解 因为需求函数的价格函数为 $P=20-3Q$，所以总收益函数为 $R=P\cdot Q=(20-3Q)\cdot Q=20Q-3Q^2$，从而利润函数为

$$L=R-C=20Q-3Q^2-(5+2Q^2)=-5Q^2+20Q-5$$

由 $\dfrac{\mathrm{d}L}{\mathrm{d}Q}=-10Q+20=0$，得 $Q=2$，又 $\dfrac{\mathrm{d}^2L}{\mathrm{d}Q^2}=-10<0$，故 $Q=2$ 是极大值点.

由于利润函数只有一个驻点且是极大值点，利润最大时的产出水平为 $Q=2$，这时商品的价格为 $P|_{Q=2}=(20-3Q)|_{Q=2}=14$，最大利润为 $L|_{Q=2}=(-5Q^2+20Q-5)|_{Q=2}=15$.

2. 收益最大化

若企业的目标是获得最大收益，这时应以总收益函数 $R=P\cdot Q$ 为目标函数而决策产量 Q 或

决策商品的价格 P .

如果商品以固定价格 P_0 销售，销售量越多，总收益越多，没有最大值问题；现设需求函数 $Q=Q(P)$ 是单调递减的，则总收益函数有最大值问题.

例 4.32 若某商品定价 500 元，每天可卖出 1 000 件；每件每降低 1 元，估计可多卖出 10 件．在此情形下，每件售价为多少时可获最大收益？最大收益是多少?

解法一 设 Q 为由于降价而多卖出的件数，即超过 1 000 的件数．这时商品每件售价应降低 $1\times\dfrac{Q}{10}$（元），从而商品的售价应为 $P=500-\dfrac{Q}{10}$．因卖出的总件数为 $1000+Q$，故总收益函数为

$$R=\text{售价}\times\text{卖出的件数}=\left(500-\frac{Q}{10}\right)(1000+Q)=500\,000+400Q-0.1Q^2$$

因 $\dfrac{\mathrm{d}R}{\mathrm{d}Q}=400-0.2Q\begin{cases}>0, & Q<2\,000,\\ =0, & Q=2\,000,\\ <0, & Q>2\,000,\end{cases}$ 故 $Q=2\,000$ 是极大值点，也是取最大值的点．由此，$Q=2\,000$ 件时，收益最大．收益的最大值为

$$R\big|_{Q=2\,000}=(500\,000+400Q-0.1Q^2)\big|_{Q=2\,000}=900\,000\text{（元）}$$

收益最大时，商品的售价为 $P\big|_{Q=2\,000}=500-\dfrac{2\,000}{10}=300$（元）.

解法二 设每件商品售价为 $P(0<P\leqslant 500)$，则卖出商品件数为 $Q=1\,000+(500-P)\times 10$，故总收益函数为

$$R=\text{卖出的件数}\times\text{售价}=Q\times P=[1\,000+(500-P)\times 10]\times P=6\,000P-10P^2$$

由 $\dfrac{\mathrm{d}R}{\mathrm{d}p}=6\,000-20P=0$ 得，$P=300$．于是得，每件商品售价为 300（元）时总收益最大为

$$R=6\,000\times 300-10\times 300^2=900\,000\text{（元）}$$

3. 平均成本最低

平均成本是每个单位产品的成本，平均成本记为 AC．若已知总成本函数为 $C=C(Q)$，则平均成本函数为

$$AC=\frac{\text{总成本}}{\text{产量}}=\frac{C(Q)}{Q}\quad(Q>0)$$

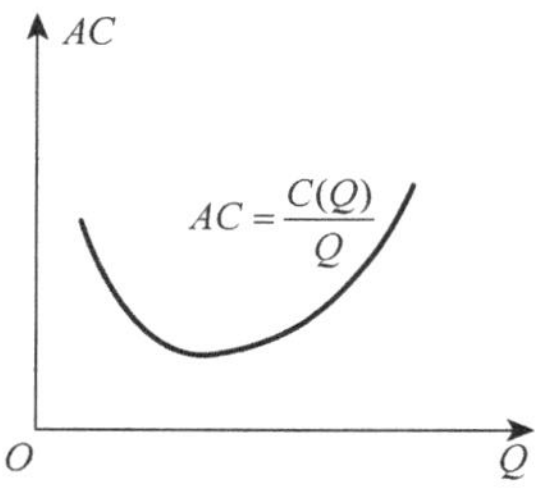

图 4.12

在经济学中，平均成本曲线一般如图 4.12 所示，因此平均成本函数有最小值问题.

例 4.33 设某企业的总成本函数为 $C=C(Q)=0.3Q^2+9Q+30$，试求：

（1）平均成本最低时的产出水平及最低平均成本；

（2）平均成本最低时的边际成本，并与最低平均成本作比较.

解 （1）由总成本函数可得平均成本函数为 $AC=\dfrac{C(Q)}{Q}=0.3Q+9+\dfrac{30}{Q}$.

由 $\frac{\mathrm{d}(AC)}{\mathrm{d}Q}=0.3-\frac{30}{Q^2}=0$ 可解得，$Q=10$（$Q=-10$ 舍去），又 $\left.\frac{\mathrm{d}^2(AC)}{\mathrm{d}Q^2}\right|_{Q=10}=\left.\frac{60}{Q^3}\right|_{Q=10}>0$，故 $Q=10$ 是极小值点.

由于平均成本函数只有一个驻点且是极小值点，当产出水平 $Q=10$ 时，平均成本最低．最低平均成本为 $AC|_{Q=10}=0.3\times10+9+\frac{30}{10}=15$．

（2）由总成本函数得边际成本函数为 $MC=0.6Q+9$．平均成本最低时的产出水平 $Q=10$，这时的边际成本为 $MC|_{Q=10}=0.6\times10+9=15$．由以上计算知，平均成本最低时的边际成本与最低平均成本相等，都为 15.

上述结果不是偶然的，在产出水平 Q 能使平均成本最低时，必然有平均成本等于边际成本.

习　题　4.6

1. 设需求函数 $P=\frac{50-Q}{3}$，求 $P=5$ 时的边际收入，并说明其经济意义.

2. 某厂日产量为 x t，日成本 $C=C(x)=1000+7x+50\sqrt{x}$（元）（$0\leqslant x\leqslant1000$）．求：

（1）当日产量为 100 t 时的平均成本；（2）当日产量为 100 t 时的边际成本.

3. 某厂每批生产某种产品 x 个单位时，边际成本为 5（元/单位），边际收入为 $10-0.02x$（元/单位），问每批生产多少个单位产品时，才能使利润最大？

4. 某商品的收益函数和成本函数分别为 $R=18Q$（万元/t）和 $C(Q)=Q^3-9Q^2+33Q+10$（万元/t），其中 Q 为产量（$0\leqslant x\leqslant10$）.

（1）求该商品的边际利润.

（2）当产量 Q 为多少时利润最大？最大利润是多少？

5. 设某商品需求量 Q 关于价格 P 的函数关系为 $Q=Q(P)=\mathrm{e}^{-\frac{P}{3}}$，求需求弹性函数.

6. 设某商品的需求量 Q 与价格 P 的函数关系为 $Q=10\mathrm{e}^{-2P}$，求当 $P=10$ 时的需求弹性，并解释其经济意义.

7. 设某商品的需求函数 $Q(P)=75-P^3$（P 为价格）：

（1）求当 $P=4$ 时的边际需求.

（2）求当 $P=4$ 时，需求对价格的弹性.

（3）P 为多少时，收益最大？最大值是多少？

（4）当 $P=4$ 时，若价格提高 1%，收益是增加还是减少？变化百分之几？

第5章 不定积分

在微分学中，已经讨论了已知函数求导数（或微分）的问题. 但是，在科学技术和经济问题中，经常需要解决与求导数（或微分）相反的问题，即已知函数的导数（或微分），求函数本身.

先看以下两个问题.

例如，已知某产品的成本 C 是其产量 x 的函数 $C=C(x)$，则该产品成本关于产量的变化率（边际成本）是成本对产量的导数 $C'(x)$；反之，若已知成本的变化率 $C'(x)$，求该产品的成本函数 $C=C(x)$，是一个与求导数相反的问题.

又如，曲线 $y=x^2+1$ 过点 $x=0$ 的切线的斜率是函数在该点的导数值，即 $k=y'\big|_{x=0}=0$.

但是，已知某曲线在过点 $x=0$ 的切线的斜率为 0，求该曲线的方程，也是一个与求导数相反的问题.

像这样的问题就是积分学所要研究的基本问题. 本章主要讲述不定积分的概念、性质及运算方法.

5.1 不定积分的概念及性质

5.1.1 概念

1. 原函数的概念

定义 5.1 若在某个区间 I 上，函数 $F(x)$ 与 $f(x)$ 满足关系式

$$F'(x)=f(x) \quad 或 \quad \mathrm{d}F(x)=f(x)\mathrm{d}x$$

则称 $F(x)$ 为 $f(x)$ 在 I 上的一个原函数.

例如，$(\ln x)'=\dfrac{1}{x}$，$\ln x$ 是 $\dfrac{1}{x}$ 的一个原函数；$(x^2)'=2x$，x^2 是 $2x$ 的一个原函数；$(\sin x)'=\cos x$，$\sin x$ 是 $\cos x$ 的一个原函数.

又 $(x^2+1)'=(x^2+2)'=\cdots=2x$，所以 x^2 和 x^2+1 都是 $2x$ 的原函数.

由上面的例子可以看出，一个函数的原函数不是唯一的.

注：（1）如果 $f(x)$ 在某区间连续，那么它的原函数一定存在；

（2）原函数的统一表达式有如下定理.

定理 5.1 若 $F(x)$ 是 $f(x)$ 的一个原函数，则 $F(x)+C$ 是 $f(x)$ 的全部原函数，其中 C 为任意常数.

2. 不定积分的概念

定义 5.2 函数 $f(x)$的全体原函数称为 $f(x)$的不定积分，记为 $\int f(x)\mathrm{d}x=F(x)+C$，其中 $F'(x)=f(x)$.

例 5.1 求下列不定积分：

（1）$\int x^2 \mathrm{d}x$；　　（2）$\int \frac{1}{x}\mathrm{d}x$.

解 （1）因为$\left(\frac{1}{3}x^3\right)' = x^2$，所以$\int x^2 \mathrm{d}x = \frac{1}{3}x^3 + C$.

（2）因为当 $x>0$ 时 $(\ln x)' = \frac{1}{x}$，当 $x<0$ 时 $[\ln(-x)]' = \frac{-1}{-x} = \frac{1}{x}$，所以 $\int \frac{1}{x}\mathrm{d}x = \ln|x| + C$.

例 5.2 设曲线过点(1, 2)且斜率为 $2x$，求该曲线方程.

解 设所求曲线方程为 $y = f(x)$，按题意有 $\frac{\mathrm{d}y}{\mathrm{d}x}=2x$，故 $y = \int 2x\mathrm{d}x = x^2 + \mathrm{C}$.

又曲线过点(1, 2)，故代入上式有 $2 = 1 + C$，于是所求方程为 $y= x^2 +1$.

例 5.3 某工厂生产某产品，每日生产的总成本 y 的变化率（边际成本）为 $y' = 5 + \frac{1}{\sqrt{x}}$，已知固定成本为10 000 元，求总成本函数 y .

解 因为 $y' = 5 + \frac{1}{\sqrt{x}}$，所以 $y = \int\left(5 + \frac{1}{\sqrt{x}}\right)\mathrm{d}x = 5x + 2\sqrt{x} + C$.

又已知固定成本为10 000 万，即当 $x = 0$ 时，$y = 10\,000$，因此有 $C = 10\,000$，从而有 $y = 5x + 2\sqrt{2} + 10\,000(x>0)$. 即总成本函数为 $y = 5x + 2\sqrt{2} + 10\,000(x>0)$.

5.1.2 基本积分公式

由于不定积分是导数的逆运算，由导数公式，得到以下基本积分公式：

（1）$\int 0\mathrm{d}x = C$；　　（2）$\int 1\mathrm{d}x = x + C$；

（3）$\int x^\alpha \mathrm{d}x = \frac{x^{\alpha+1}}{\alpha+1} + C$ （$\alpha \neq -1$）；　　（4）$\int \frac{1}{x}\mathrm{d}x = \ln|x| + C$；

（5）$\int a^x \mathrm{d}x = \frac{a^x}{\ln a} + C$ （$a>0$ 且 $a \neq 1$）；　　（6）$\int \mathrm{e}^x \mathrm{d}x = \mathrm{e}^x + C$；

（7）$\int \cos x\mathrm{d}x = \sin x + C$；　　（8）$\int \sin x\mathrm{d}x = -\cos x + C$；

（9）$\int \frac{1}{\sin^2 x}\mathrm{d}x = \int \csc^2 x\mathrm{d}x = -\cot x + C$；　　（10）$\int \frac{1}{\cos^2 x}\mathrm{d}x = \int \sec^2 x\mathrm{d}x = \tan x + C$；

（11）$\int \sec x \tan x\mathrm{d}x = \sec x + C$；　　（12）$\int \csc x \cot x\mathrm{d}x = -\csc x + C$；

（13）$\int \frac{1}{1+x^2}\mathrm{d}x = \arctan x + C = -\operatorname{arccot} x + C_1$；

（14）$\int \frac{1}{1-x^2}\mathrm{d}x = \arcsin x + C = -\arccos x + C_1$；

（15）$\int \mathrm{sh}x\mathrm{d}x = \mathrm{ch}x + C$；　　（16）$\int \mathrm{ch}x\mathrm{d}x = \mathrm{sh}x + C$.

5.1.3 不定积分的性质

性质 5.1 $\left[\int f(x)\mathrm{d}x\right]' = f(x)$ 或 $\mathrm{d}\int f(x)\mathrm{d}x = f(x)\mathrm{d}x$.

性质 5.2 $\int F'(x)\mathrm{d}x = F(x) + C$ 或 $\int \mathrm{d}F(x) = F(x) + C$.

性质 5.3 $\int kf(x)\mathrm{d}x = k\int f(x)\mathrm{d}x$（其中 $k \neq 0$，即非零常系数可以移到积分符号之前）.

性质 5.4 两个函数代数和的不定积分，等于各函数不定积分的代数和，即

$$\int [f(x) \pm g(x)]\,\mathrm{d}x = \int f(x)\mathrm{d}x \pm \int g(x)\mathrm{d}x$$

推而广之，有限个函数的和也有这一性质，即若干个函数代数和的不定积分，等于若干个函数不定积分的代数和.

例 5.4 求下列不定积分：

（1）$\int \frac{1}{x^2}\mathrm{d}x$；（2）$\int x\sqrt{x}\mathrm{d}x$.

解 （1）$\int \frac{1}{x^2}\mathrm{d}x = \int x^{-2}\mathrm{d}x = \frac{x^{-2+1}}{-2+1} + C = -\frac{1}{x} + C$；

（2）$\int x\sqrt{x}\mathrm{d}x = \int x^{\frac{3}{2}}\mathrm{d}x = \frac{2}{5}x^{\frac{5}{2}} + C$.

例 5.5 求下列不定积分：

（1）$\int \left(\sqrt{x}+1\right)\left(x - \frac{1}{\sqrt{x}}\right)\mathrm{d}x$；（2）$\int \frac{x^2-1}{x^2+1}\mathrm{d}x$.

解 （1）
$$\begin{aligned}\int \left(\sqrt{x}+1\right)\left(x - \frac{1}{\sqrt{x}}\right)\mathrm{d}x &= \int \left(x\sqrt{x} + x - 1 - \frac{1}{\sqrt{x}}\right)\mathrm{d}x = \int x\sqrt{x}\mathrm{d}x + \int x\mathrm{d}x - \int 1\mathrm{d}x - \int \frac{1}{\sqrt{x}}\mathrm{d}x \\ &= \frac{2}{5}x^{\frac{5}{2}} + \frac{1}{2}x^2 - x - 2x^{\frac{1}{2}} + C;\end{aligned}$$

（2）$\int \frac{x^2-1}{x^2+1}\mathrm{d}x = \int \frac{x^2+1-2}{x^2+1}\mathrm{d}x = \int \left(1 - \frac{2}{x^2+1}\right)\mathrm{d}x = \int \mathrm{d}x - 2\int \frac{1}{x^2+1}\mathrm{d}x = x - 2\arctan x + C$.

例 5.6 求下列不定积分：

（1）$\int \tan^2 x\mathrm{d}x$；（2）$\int \sin^2 \frac{x}{2}\mathrm{d}x$.

解 （1）$\int \tan^2 x\mathrm{d}x = \int (\sec^2 x - 1)\mathrm{d}x = \int \sec^2 x\mathrm{d}x - \int \mathrm{d}x = \tan x - x + C$；

（2）$\int \sin^2 \frac{x}{2}\mathrm{d}x = \int \frac{1-\cos x}{2}\mathrm{d}x = \frac{1}{2}x - \frac{1}{2}\sin x + C$.

习 题 5.1

1. 设 $f(x) = \frac{1}{x^2}$，求 $f(x)$ 的一个原函数.

2. 设 $F(x)$ 是 $\sqrt{1+x}$ 的一个原函数，求：

（1）$dF(x)$；（2）$dF(e^x)$.

3. 计算下列各题：

（1）$d\left[\int f(\ln x)dx\right]$；（2）$\int d[f(\ln x)]$；

（3）$\left[\int f(e^{-x})dx\right]'$；（4）$\int\left[f(e^{-x})\right]'dx$.

4. 求过点(1, 3)且切线斜率为 $3x^2$ 的曲线方程，并求该曲线过点 $x=-1$ 的切线和法线方程.

5. 一质点做直线运动，已知其速度 $v=t+2$，且当 $t=0$ 时 $s=6$．求此质点的运动方程.

6. 已知某产品产量的变化率是时间的函数 $f(x)=at+b$（a,b 为常数），此产品在 t 时刻的产量函数为 $P(t)$，且 $P(0)=0$，求 $P(t)$.

7. 求下列不定积分：

（1）$\int 2^{2x}dx$；（2）$\int\frac{(1-x)^2}{\sqrt{x}}dx$；（3）$\int(2^x+3^x)dx$；

（4）$\int\frac{x^2}{1+x^2}dx$；（5）$\int\sin^2\frac{x}{2}dx$；（6）$\int\frac{\cos 2x}{\cos x+\sin x}dx$；

（7）$\int\frac{dx}{\sin^2 x\cos^2 x}$；（8）$\int|x|dx$.

5.2 换元积分法

求不定积分的方法称为积分法．从本节开始，将按照被积函数的不同类型，给出不同的计算不定积分的方法.

5.2.1 直接积分法

利用不定积分的基本公式和不定积分的性质求不定积分的方法称为直接积分法.

例 5.7 求 $\int\left(x^2+\sin x-\frac{1}{1+x^2}\right)dx$.

解 $\int\left(x^2+\sin x-\frac{1}{1+x^2}\right)dx=\int x^2dx+\int\sin xdx-\int\frac{1}{1+x^2}dx=\frac{1}{3}x^3-\cos x-\arctan x+C$.

例 5.8 求 $\int\left(\cos\pi-7\sqrt{x\sqrt{x}}\right)dx$.

解 $\int\left(\cos\pi-7\sqrt{x\sqrt{x}}\right)dx=\int\cos\pi dx-\int 7x^{\frac{3}{4}}dx=x\cos\pi-4x^{\frac{7}{4}}+C=-x-4x^{\frac{7}{4}}+C$.

有些函数看上去不能利用基本公式和性质进行直接积分，但经过化简或恒等变形，也可以直接进行积分.

例 5.9 求 $\int 2^xe^xdx$.

解 $\int 2^xe^xdx=\int(2e)^xdx=\frac{(2e)^x}{\ln(2e)}+C=\frac{(2e)^x}{\ln 2+1}+C$

例 5.10 求$\int\left(x+\frac{1}{x}\right)^2\mathrm{d}x$.

解 $\int\left(x+\frac{1}{x}\right)^2\mathrm{d}x=\int\left(x^2+2+\frac{1}{x^2}\right)\mathrm{d}x=\frac{1}{3}x^3+2x-\frac{1}{x}+C$.

例 5.11 求$\int\frac{(x+1)^2}{x(x^2+1)}\mathrm{d}x$.

解 $\int\frac{(x+1)^2}{x(x^2+1)}\mathrm{d}x=\int\frac{x^2+1+2x}{x(x^2+1)}\mathrm{d}x=\int\left(\frac{1}{x}+\frac{2}{1+x^2}\right)\mathrm{d}x=\ln|x|+2\arctan x+C$.

在以上函数的变形中，三角函数的恒等变换是比较灵活的，一定要先掌握好一些常用的三角恒等变换公式，如积化和差公式、倍角公式、降幂公式等.

有兴趣的同学还可考虑$\int\frac{\cos 2x}{\sin^2 x\cos^2 x}\mathrm{d}x$，$\int\frac{x^4}{1+x^2}\mathrm{d}x$等.

5.2.2 第一类换元积分法

利用积分基本公式和性质可以计算的不定积分只是一小部分，有的函数虽简单，但无论如何变换都难以利用基本公式计算，如$\int\cos 2x\mathrm{d}x$，这就需要寻求新的计算方法.

定理 5.2 若$\int f(x)\mathrm{d}x=F(x)+C$，则有$\int f[\varphi(x)]\varphi'(x)\mathrm{d}x=F[\varphi(x)]+C$，其中$\varphi(x)$有连续导数.

证 由$\varphi'(x)\mathrm{d}x=\mathrm{d}\varphi(x)$，有$\int f[\varphi(x)]\varphi'(x)\mathrm{d}x=\int f[\varphi(x)]\cdot\mathrm{d}\varphi(x)$.

令$u=\varphi(x)$，则$\int f[\varphi(x)]\varphi'(x)\mathrm{d}x=\int f(u)\mathrm{d}u=F(u)+C=F[\varphi(x)]+C$.

上述证明中，用到了微分公式$\mathrm{d}\varphi(x)=\varphi'(x)\mathrm{d}x$，称为第一类换元积分法，又叫凑微分法. 在计算中，凑微分这一步至关重要.

例 5.12 求$\int\cos 2x\cdot 2\mathrm{d}x$.

解 因为$\int\cos x\mathrm{d}x=\sin x+C$，所以

$$\int\cos 2x\cdot 2\mathrm{d}x=\int\cos 2x\cdot\mathrm{d}(2x)\overset{令u=2x}{=\!=\!=}\int\cos u\mathrm{d}u=\sin u+C=\sin 2x+C$$

例 5.13 求$\int\mathrm{e}^{kx}\mathrm{d}x$（$k$为常数）.

解 $\int\mathrm{e}^{kx}\mathrm{d}x=\frac{1}{k}\int\mathrm{e}^{kx}\mathrm{d}(kx)\overset{令u=kx}{=\!=\!=}\frac{1}{k}\mathrm{e}^{kx}+C$.

求不定积分的各种方法，一般是不可替代的，所以，判断出什么函数用什么积分方法非常关键，观察定理 5.2 中被积函数$f[\varphi(x)]\varphi'(x)$的特点，称f为“主函数关系”，它的原函数是已知的，同时又包含$\varphi(x)$再乘$\varphi'(x)$，注意$\varphi(x)$与$\varphi'(x)$具有导数关系.

$f[\varphi(x)]\varphi'(x)$的特点为：①主函数f的原函数已知；②整个函数中，一部分是另一部分的导数.

例 5.14 求 $\int 2xe^{x^2}dx$.

解 因 $\int e^x dx = e^x + C$ ，又 $(x^2)' = 2x$ ，故

$$\int 2xe^{x^2}dx = \int e^{x^2}(x^2)'dx = \int e^{x^2}d(x^2) = e^{x^2} + C .$$

在求解例 5.14 的过程中，省略了换元（令 $u = x^2$ ）的过程，请仔细考虑并熟练掌握换元法，它能提高计算的速度.

例 5.15 求 $\int \frac{1}{x}\ln x dx$.

解 因为 $(\ln x)' = \frac{1}{x}$ ，所以

$$\int \frac{1}{x}\ln x dx = \int \ln x(\ln x)'dx = \int \ln x d(\ln x) = \frac{1}{2}(\ln x)^2 + C$$

按照常见的被积函数中导数关系的特点，作进一步的细分.

（1）主函数中的变量为一次函数，即 $f(ax+b)$. 因为 $(ax+b)' = a$ （常数），而常数可以拿到积分号外面来，所以有

$$\int f(ax+b)dx = \frac{1}{a}\int f(ax+b)(ax+b)'dx = \frac{1}{a}\int f(ax+b)d(ax+b) = \frac{1}{a}F(ax+b) + C$$

例 5.16 求 $\int \frac{1}{3x+2}dx$.

解 已知 $\int \frac{1}{x}dx = \ln|x| + C$ ，故

$$\int \frac{1}{3x+2}dx = \frac{1}{3}\int \frac{1}{3x+2}\cdot(3x+2)'dx = \frac{1}{3}\int \frac{1}{3x+2}d(3x+2) = \frac{1}{3}\ln|3x+2| + C$$

（2）主函数中变量为 x^n ，被积函数中还包含 x^{n-1} ，而 x^n 与 x^{n-1} 是导数关系，所以有

$$\int f(ax^n)x^{n-1}dx = \frac{1}{an}\int f(ax^n)d(ax^n) \quad (a \neq 1)$$

例 5.17 求 $\int x^2\cos(x^3+1)dx$.

解 因为 $(x^3+1)' = 3x^2$ ，所以

$$\int x^2\cos(x^3+1)dx = \frac{1}{3}\int \cos(x^3+1)(x^3+1)'dx = \frac{1}{3}\int \cos(x^3+1)d(x^3+1) = \frac{1}{3}\sin(x^3+1) + C$$

（3）被积函数中同时含有 $\ln x$ 与 $\frac{1}{x}$ ，即

$$\int f(\ln x)\frac{1}{x}dx = \int f(\ln x)d(\ln x)$$

例 5.18 求 $\int \frac{\sqrt{\ln x}}{x}dx$.

解 因为$\frac{1}{x}=(\ln x)'$，所以

$$\int\frac{\sqrt{\ln x}}{x}\mathrm{d}x=\int(\ln x)^{\frac{1}{2}}(\ln x)'\mathrm{d}x=\int(\ln x)^{\frac{1}{2}}\mathrm{d}(\ln x)=\frac{2}{3}(\ln x)^{\frac{3}{2}}+C$$

（4）被积函数中同时含有$\sin x$与$\cos x$，即

$$\int f(\cos x)\sin x\mathrm{d}x=-\int f(\cos x)\mathrm{d}(\cos x),\qquad \int f(\sin x)\cos x\mathrm{d}x=-\int f(\sin x)\mathrm{d}(\sin x)$$

例 5.19 求$\int\cos x\sin^2 x\mathrm{d}x$.

解 $\int\cos x\sin^2 x\mathrm{d}x=\int\sin^2 x(\sin x)'\mathrm{d}x=\int\sin^2 x\mathrm{d}(\sin x)=\frac{1}{3}\sin^3 x+C$

例 5.20 求$\int\tan x\mathrm{d}x$.

解 $\int\tan x\mathrm{d}x=\int\frac{\sin x}{\cos x}\mathrm{d}x=\int\frac{1}{\cos x}(-\cos x)'\mathrm{d}x=-\int\frac{1}{\cos x}\mathrm{d}(\cos x)=-\ln|\cos x|+C$

（5）被积函数中同时含有$\arcsin x$与$\frac{1}{\sqrt{1-x^2}}$，或者$\arctan x$与$\frac{1}{1+x^2}$，即

$$\int f(\arcsin x)\frac{1}{\sqrt{1-x^2}}\mathrm{d}x=\int f(\arcsin x)\mathrm{d}(\arcsin x)$$

$$\int f(\arctan x)\frac{1}{1+x^2}\mathrm{d}x=\int f(\arctan x)\mathrm{d}(\arctan x)$$

例 5.21 求$\int\frac{\mathrm{e}^{\arcsin x}}{\sqrt{1-x^2}}\mathrm{d}x$.

解 $\int\frac{\mathrm{e}^{\arcsin x}}{\sqrt{1-x^2}}\mathrm{d}x=\int\mathrm{e}^{\arcsin x}(\arcsin x)'\mathrm{d}x=\int\mathrm{e}^{\arcsin x}\mathrm{d}(\arcsin x)=\mathrm{e}^{\arcsin x}+C$

（6）其他一些常见的具有导数关系的函数还有$\frac{1}{x}$与$\frac{1}{x^2}$，$\sqrt{x}$与$\frac{1}{\sqrt{x}}$，e^x与e^x等，即

$$\int f(\sqrt{x})\frac{1}{\sqrt{x}}\mathrm{d}x=2\int f(\sqrt{x})\mathrm{d}(\sqrt{x})$$

例 5.22 求$\int\frac{\mathrm{e}^x}{1+\mathrm{e}^x}\mathrm{d}x$.

解 $\int\frac{\mathrm{e}^x}{1+\mathrm{e}^x}\mathrm{d}x=\int\frac{1}{1+\mathrm{e}^x}(\mathrm{e}^x)'\mathrm{d}x=\int\frac{1}{1+\mathrm{e}^x}\mathrm{d}(\mathrm{e}^x+1)=\ln(1+\mathrm{e}^x)+C$

例 5.23 求$\int\frac{1}{x^2}\cos\frac{1}{x}\mathrm{d}x$.

解 因为$\frac{1}{x^2}=\left(-\frac{1}{x}\right)'$，所以

$$\int\frac{1}{x^2}\cos\frac{1}{x}\mathrm{d}x=\int\cos\frac{1}{x}\left(\frac{1}{x}\right)'\mathrm{d}x=-\int\cos\frac{1}{x}\mathrm{d}\left(\frac{1}{x}\right)=-\sin\frac{1}{x}+C$$

例 5.24 求$\int \csc x\mathrm{d}x$.

解 $$\int \csc x\mathrm{d}x=\int\frac{\mathrm{d}x}{\sin x}=\int\frac{\mathrm{d}x}{2\sin\frac{x}{2}\cos\frac{x}{2}}=\int\frac{\mathrm{d}\left(\frac{x}{2}\right)}{\tan\frac{x}{2}\cos^2\frac{x}{2}}=\int\frac{\sec^2\frac{x}{2}\mathrm{d}\left(\frac{x}{2}\right)}{\tan\frac{x}{2}}$$

$$\int\frac{\mathrm{d}\left(\tan\frac{x}{2}\right)}{\tan\frac{x}{2}}=\ln\left|\tan\frac{x}{2}\right|+C$$

又 $$\tan\frac{x}{2}=\frac{\sin\frac{x}{2}}{\cos\frac{x}{2}}=\frac{2\sin^2\frac{x}{2}}{\sin x}=\frac{1-\cos x}{\sin x}=\csc x-\cot x$$

所以上述不定积分可表示为

$$\int \csc x\mathrm{d}x=\ln\left|\csc x-\cot x\right|+C$$

类似地，有

$$\int \sec x\mathrm{d}x=\ln\left|\sec x+\tan x\right|+C$$

习 题 5.2（1）

1. 填空：

（1）$\int\frac{1}{1+x^2}\mathrm{d}(1+x^2)=$____________；（2）$\int\sin(\mathrm{e}^{-x})\mathrm{d}(\mathrm{e}^{-x})=$____________；

（3）$\int \mathrm{e}^{\sin^2 x}\mathrm{d}(\sin^2 x)$____________；（4）$\int\frac{1}{1+\mathrm{e}^{2x}}\mathrm{d}(\mathrm{e}^x)=$____________；

（5）$\int(4\sin^3 x+2)\mathrm{d}(\sin x)=$__________；（6）$\int\frac{1}{\sqrt{1-x-x^2}}\mathrm{d}(1-x-x^2)=$__________.

2. 在下列各式的横线上填入适当的表达式：

（1）$x(3x^2+5)\mathrm{d}x=\mathrm{d}$__________；（2）$\frac{\csc^2 x}{1-\cot x}\mathrm{d}x=\mathrm{d}$__________；

（3）$\frac{1}{x\ln^2 x}\mathrm{d}x=\mathrm{d}$__________.

3. 求下列不定积分：

（1）$\int \mathrm{e}^{5x}\mathrm{d}x$；（2）$\int\frac{1}{(2x-3)^2}\mathrm{d}x$；（3）$\int\frac{x}{x^2+2}\mathrm{d}x$；

（4）$\int\frac{x}{\sqrt{2-3x^2}}\mathrm{d}x$；（5）$\int\tan^{10}x\sec^2 x\mathrm{d}x$；（6）$\int\cos^2 3x\mathrm{d}x$；

(7) $\int \frac{\sin\sqrt{x}}{\sqrt{x}}\mathrm{d}x$；　(8) $\int \frac{1}{x^2}\sin\frac{1}{x}\mathrm{d}x$；　(9) $\int \frac{\mathrm{e}^{\frac{1}{x}}}{x^2}\mathrm{d}x$；

(10) $\int \frac{1}{x\ln x}\mathrm{d}x$；　(11) $\int \frac{\sin x}{\cos^2 x}\mathrm{d}x$；　(12) $\int \frac{1+\ln x}{x\ln x}\mathrm{d}x$.

5.2.3 第二类换元积分法

在第一类换元积分法中，作变换 $u=\varphi(x)$，把积分 $\int f[\varphi(x)]\varphi'(x)\mathrm{d}x$ 变成 $\int f(u)\mathrm{d}u$ 后再直接积分．有一类函数（最常见的是含有根式的函数）需要作以上相反的变换，令 $x=\varphi(t)$，把 $\int f(x)\mathrm{d}x$ 化成 $\int f[\varphi(t)]\varphi'(t)\mathrm{d}t$ 的形式以后再进行积分运算.

定理 5.3 设 $x=\varphi(t)$ 单调可导，且 $\varphi'(t)\neq 0$，又设 $f[\varphi(t)]\cdot\varphi'(t)$ 具有原函数 $F(t)$，则有

$$\int f(x)\mathrm{d}x \xlongequal{令x=\varphi(t)} \int f[\varphi(t)]\varphi'(t)\mathrm{d}t = F(t)+C \xlongequal{t=\varphi^{-1}(x)} F[\varphi^{-1}(x)]+C$$

1. 根式代换

当被积函数中含有 $\sqrt[n]{ax+b}$ 的形式，可以直接令 $\sqrt[n]{ax+b}=t$ 或 $x=\frac{1}{a}(t^n-b)$.

例 5.25 求 $\int \frac{1}{2(1+\sqrt{x})}\mathrm{d}x$.

解 令 $x=t^2$，则 $\mathrm{d}x=2t\mathrm{d}t$.

$$\int \frac{1}{2\left(1+\sqrt{x}\right)}\mathrm{d}x=\int\left(1-\frac{1}{t+1}\right)\mathrm{d}t=t-\ln|t+1|+C=\sqrt{x}-\ln\left(\sqrt{x}+1\right)+C$$

例 5.26 求 $\int \frac{1}{\sqrt{x}\left(1+\sqrt[3]{x}\right)}\mathrm{d}x$.

解 令 $x=t^6$，则 $\mathrm{d}x=6t^5\mathrm{d}t$.

$$\int \frac{1}{\sqrt{x}\left(1+\sqrt[3]{x}\right)}\mathrm{d}x=\int \frac{6t^5}{t^3(1+t^2)}\mathrm{d}t=6\int\left(1-\frac{1}{1+t^2}\right)\mathrm{d}t=6(t-\arctan t)+C=6\left(\sqrt[6]{x}-\arctan\sqrt[6]{x}\right)+C$$

2. 三角代换

当被积函数中含有 $\sqrt{a^2-x^2}$ 或 $\sqrt{x^2-a^2}$ 时，使用根式代换是无效的，为了去根号，采用三角代换.

例 5.27 求 $\int \sqrt{a^2-x^2}\mathrm{d}x\ (a>0)$.

解 令 $x=a\sin t\left(-\frac{\pi}{2}<t<\frac{\pi}{2}\right)$，则 $\sqrt{a^2-x^2}=a\cos t$，$\mathrm{d}x=a\cos t\mathrm{d}t$，于是

$$\int\sqrt{a^2-x^2}\mathrm{d}x\ (a>0)=\int a^2\cos t\cdot\cos t\mathrm{d}t=a^2\int\cos^2 t\mathrm{d}t=a^2\int\left(\frac{1}{2}+\frac{1}{2}\cos 2t\right)\mathrm{d}t$$
$$=a^2\left(\frac{1}{2}t+\frac{1}{4}\sin 2t\right)+C$$

为了将变量t还原成x，按原变换$x=a\sin t$作一辅助三角形.

如图5.1所示，则$t=\arcsin\frac{x}{a}$，$\sin t=\frac{x}{a}$，$\cos t=\frac{\sqrt{a^2-x^2}}{a}$.

$$\int\sqrt{a^2-x^2}\mathrm{d}x\ (a>0)=a^2\left(\frac{1}{2}\arcsin\frac{x}{a}+\frac{1}{2a^2}x\sqrt{a^2-x^2}\right)+C$$
$$=\frac{a^2}{2}\arcsin\frac{x}{a}+\frac{x}{2}\cdot\sqrt{a^2-x^2}+C$$

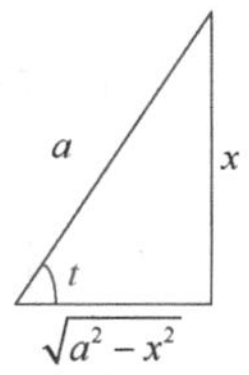

图5.1

注：上式最后一步，将t换回x的过程可借用三角函数的边角关系．例如，

$$\sin t=\frac{x}{a},\quad \cos t=\sqrt{1-\sin^2 t}=\frac{\sqrt{a^2-x^2}}{a},\quad t=\arcsin\frac{x}{a}$$
$$t+\frac{1}{2}\sin 2t=t+\sin t\cos t=\arcsin\frac{x}{a}+\frac{x}{a}\cdot\frac{\sqrt{a^2-x^2}}{a}$$

一般常用的三角代换有下列三种：

（1）被积函数中含有$\sqrt{a^2-x^2}$，令$x=a\sin t$ 或 $x=a\cos t$；

（2）被积函数中含有$\sqrt{a^2+x^2}$，令$x=a\tan t$ 或 $x=a\cot t$；

（3）被积函数中含有$\sqrt{x^2-a^2}$，令$x=a\sec t$ 或 $x=a\csc t$.

例 5.28 求$\int\frac{1}{\sqrt{x^2+a^2}}\mathrm{d}x\,(a>0)$.

解 令$x=a\tan t$ $\left(-\frac{\pi}{2}<t<\frac{\pi}{2}\right)$，则$\sqrt{x^2+a^2}=a\sec t$，$\mathrm{d}x=a\sec^2 t\mathrm{d}t$．由此可得

$$\int\frac{1}{\sqrt{x^2+a^2}}\mathrm{d}x\,(a>0)=\int\frac{a\sec^2 t}{a\sec t}\mathrm{d}t=\int\sec t\mathrm{d}t=\ln|\sec t+\tan t|+C=\ln\left|\frac{\sqrt{x^2+a^2}}{a}+\frac{x}{a}\right|+C$$
$$=\ln\left|\frac{x+\sqrt{x^2+a^2}}{a}\right|+C=\ln\left|x+\sqrt{x^2+a^2}\right|-\ln a+C$$
$$=\ln\left|x+\sqrt{x^2+a^2}\right|+C=\ln\left(x+\sqrt{x^2+a^2}\right)+C$$

习 题 5.2（2）

1. 用第二类换元积分法求下列不定积分时，可选择什么变换，请填在横线上.

（1）求$\int\frac{\mathrm{d}x}{x\sqrt{9-4x^2}}$时，可令$x=$________；

（2）求 $\int \frac{x^2}{\sqrt{x^2+7}}dx$ 时，可令 $x=$________；

（3）求 $\int \frac{dx}{\sqrt{(x^2-4)^3}}$ 时，可令 $x=$________.

2. 计算下列不定积分：

（1）$\int \frac{1}{1+\sqrt{x}}dx$；　（2）$\int \frac{x}{\sqrt{3-x}}dx$；　（3）$\int \frac{x^2}{\sqrt{a^2-x^2}}dx$；

（4）$\int \frac{\sqrt{x^2-4}}{x}dx$；　（5）$\int \frac{1}{\sqrt{(x^2+1)^3}}dx$；　（6）$\int \frac{1}{x\sqrt{x^2-9}}dx$；

（7）$\int \frac{1}{\sqrt{1+e^{2x}}}dx$；　（8）$\int \frac{x^2}{\sqrt{2-x}}dx$；　（9）$\int \frac{1}{x\sqrt{a^2-x^2}}dx$；

（10）$\int \frac{dx}{\sqrt{x+2}(x+1)}$；　（11）$\int \sqrt{1+e^x}dx$；　（12）$\int \frac{e^x}{1+e^x}\sqrt{\ln(1+e^x)}dx$；

（13）$\int \frac{dx}{x^2\sqrt{x^2-4}}$；　（14）$\int \frac{x}{\sqrt{x^2+2x+2}}dx$.

3. 已知非负函数 $F(x)$ 是 $f(x)$ 的一个原函数，并且有 $F(0)=1$，$f(x)F(x)=e^{-2x}$，求 $f(x)$.

5.3　分部积分法

前面在复合函数求导法则的基础上得到了换元积分法，现在利用两个函数乘积的求导法则，来推导出另一种积分法——分部积分法.

定理 5.4　设 $u(x), v(x)$ 具有连续的导数，则有

$$\int u(x)\cdot v'(x)dx = u(x)\cdot v(x) - \int u'(x)\cdot v(x)dx$$

或

$$\int u(x)\cdot dv(x) = u(x)\cdot v(x) - \int v(x)du(x)$$

定理 5.4 的主要作用是把左边的不定积分 $\int u(x)dv(x)$ 转化为右边的不定积分 $\int v(x)du(x)$，显然后一个积分较前一个积分要容易，否则，该转化是无意义的.

例 5.29　求 $\int xe^x dx$.

解　选 $u(x)=x$，$v(x)=e^x$，则

$$\int xe^x dx = \int x de^x = xe^x - \int e^x dx = xe^x - e^x + C$$

例 5.30　求 $\int x^2e^x dx$.

解　选 $u(x)=x^2$，$v(x)=e^x$，则

$$\int x^2e^x dx = \int x^2 de^x = x^2e^x - \int e^x dx^2 = x^2e^x - 2\int xe^x dx\text{（利用上式结果）} = x^2e^x - 2xe^x + 2e^x + C$$

例 5.31　求 $\int x\cos x dx$.

解　选 $u(x)=x$，$v(x)=\sin x$，则

$$\int x\cos x dx = \int x d\sin x = x\sin x - \int \sin x dx = x\sin x + \cos x + C$$

例 5.32 求$\int x\sin(3x-1)\mathrm{d}x$.

解 因为$\sin(3x-1)=\left[-\frac{1}{3}\cos(3x-1)\right]'$，所以选$u(x)=x$，$v(x)=\cos(3x-1)$，则

$$\int x\sin(3x-1)\mathrm{d}x=-\frac{1}{3}\int x\mathrm{d}\cos(3x-1)=-\frac{1}{3}x\cos(3x-1)+\frac{1}{3}\int\cos(3x-1)\mathrm{d}x$$
$$=-\frac{1}{3}x\cos(3x-1)+\frac{1}{9}\sin(3x-1)+C$$

例 5.33 求$\int x^3\ln x\mathrm{d}x$.

解 选$u(x)=\ln x$，$v(x)=\frac{1}{4}x^4$，则

$$\int x^3\ln x\mathrm{d}x=\int\ln x\mathrm{d}\left(\frac{1}{4}x^4\right)=\frac{1}{4}x^4\ln x-\int\frac{1}{4}x^4\mathrm{d}(\ln x)=\frac{1}{4}x^4\ln x-\int\frac{1}{x}\cdot\frac{1}{4}x^4\mathrm{d}x$$
$$=\frac{1}{4}x^4\ln x-\frac{1}{4}\int x^3\mathrm{d}x=\frac{1}{4}x^4\ln x-\frac{1}{16}x^4+C$$

相对于第一类换元法，分部积分法计算的被积函数的特点更加明显，一般有以下四个结论：

（1）被积表达式为$x^n\mathrm{e}^{ax+b}\mathrm{d}x$，可选$u(x)=x^n$，则

$$\mathrm{d}v(x)=\mathrm{e}^{ax+b}\mathrm{d}x\quad 即\quad v(x)=\frac{1}{a}\mathrm{e}^{ax+b}$$

（2）被积表达式为$x^n\sin(ax+b)\mathrm{d}x$或$x^n\cos(ax+b)\mathrm{d}x$，可选$u(x)=x^n$，则

$$\mathrm{d}v(x)=\sin(ax+b)\mathrm{d}x\quad 或\quad \mathrm{d}v(x)=\cos(ax+b)\mathrm{d}x$$

即

$$v(x)=-\frac{1}{a}\cos(ax+b)\quad 或\quad v(x)=\frac{1}{a}\sin(ax+b)$$

（3）被积表达式为$x^\alpha\ln x(\alpha\neq-1)$，可选$u(x)=\ln x$，则

$$\mathrm{d}v(x)=x^\alpha\mathrm{d}x\quad 即\quad v(x)=\frac{1}{\alpha+1}x^{\alpha+1}$$

（4）被积表达式为$x^n(\arcsin x)^n\mathrm{d}x$，可选$u(x)=(\arcsin x)^n$，则

$$\mathrm{d}v(x)=x^n\mathrm{d}x\quad 即\quad v(x)=\frac{1}{n+1}x^{n+1}$$

例 5.34 求$\int\arcsin x\mathrm{d}x$.

解 选$u(x)=\arcsin x$，$v(x)=x$，则

$$\int\arcsin x\mathrm{d}x=x\arcsin x-\int\frac{x}{\sqrt{1-x^2}}\mathrm{d}x=x\arcsin x+\frac{1}{2}\int\frac{1}{\sqrt{1-x^2}}\mathrm{d}(1-x^2)=x\arcsin x+\sqrt{1-x^2}+C$$

例 5.35 求$\int\mathrm{e}^x\sin x\mathrm{d}x$.

解 选$u(x)=\sin x$，$v(x)=\mathrm{e}^x$，则

$$\int e^x\sin x dx=\int\sin x de^x=e^x\sin x-\int e^x d\sin x=e^x\cdot\sin x-\int\cos x e^x dx$$

同理 $\int\cos x e^x dx=e^x\cos x+\int e^x\sin x dx$，所以

$$\int e^x\sin x dx=e^x\sin x-e^x\cos x-\int e^x\sin x dx$$

移项后得 $2\int e^x\sin x dx=e^x\sin x-e^x\cos x$，于是有

$$\int e^x\sin x dx=\frac{1}{2}e^x(\sin x-\cos x)+C$$

例 5.35 中使用的是递推的方法，请注意例 5.34 与例 5.35 两类被积函数的特点.

习　题　5.3

1. 求下列不定积分：

（1）$\int\ln(4+x^2)dx$；（2）$\int\arctan\sqrt{4x-1}dx$；（3）$\int(x^2+x)e^{-x}dx$；

（4）$\int(4x-2)\cos 2x dx$；（5）$\int x\sin^2 x dx$；（6）$\int x(1+x^2)e^{x^2}dx$；

（7）$\int(1+x^2)\ln x dx$；（8）$\int\ln\left(x+\sqrt{1+x^2}\right)dx$；（9）$\int\frac{1}{x^2}(x\cos x-\sin x)dx$；

（10）$\int\sin(\ln x)dx$；（11）$\int e^{\sqrt{x}}dx$；（12）$\int\frac{x\arctan x}{\sqrt{1+x^2}}dx$.

2. 设函数 $f(x)$ 满足 $\int xf(x)dx=x^2e^x+C$，求 $\int f(x)dx$.

3. 已知 $\frac{\ln x}{x}$ 是 $f(x)$ 的一个原函数，求 $\int(x+1)f'(x)dx$.

4. 设函数 $f(x)=\begin{cases}x+1, & x\leqslant 1,\\ 2x, & x>1,\end{cases}$ 求 $\int f(x)dx$.

5.4　有理函数的积分

5.4.1　有理函数的不定积分

在数学上，把由两个多项式的商所表示的函数，称为有理函数，其一般形式为

$$f(x)=\frac{P_n(x)}{Q_m(x)}=\frac{a_0x^n+a_1x^{n-1}+\cdots+a_{n-1}x+a_n}{b_0x^m+b_1x^{m-1}+\cdots+b_{m-1}x+b_n}$$

其中，m,n 为非负整数，$a_0,a_1,\cdots,a_{n-1},a_n$ 和 $b_0,b_1,\cdots,b_{m-1},b_m$ 为常数，且 $a_0\neq 0$，$b_0\neq 0$．在上式中，当 $n<m$ 时，$f(x)$ 为有理真分式函数；当 $n\geqslant m$ 时，$f(x)$ 为有理假分式函数．利用多项式除法，一定可以把有理假分式化成多项式与有理真分式之和，即

$$f(x)=\frac{P_n(x)}{Q_m(x)}=r(x)+\frac{P_l(x)}{Q_m(x)}$$

其中，$r(x)$ 为多项式，$P_l(x)$ 为次数小于 $Q_m(x)$ 的多项式．多项式的积分容易求得，故只需讨论有理真分式的积分.

求有理真分式的积分最终归结为求下面四类最简分式的积分：

（1）$\dfrac{A}{x-a}$；　　（2）$\dfrac{A}{(x-a)^n}(n=1,2,3,\cdots)$；

（3）$\dfrac{Bx+C}{x^2+px+q}$；　　（4）$\dfrac{Bx+C}{(x^2+px+q)^n}(n=1,2,3,\cdots)$.

其中，A, B, C, a, p, q 为常数，且二次项 x^2+px+q 无实根.

例 5.36 求 $\int\dfrac{x-4}{x^2+x-2}dx$.

解 设 $\dfrac{x-4}{x^2+x-2}=\dfrac{x-4}{(x+2)(x-1)}=\dfrac{A}{x+2}+\dfrac{B}{x-1}$，则

$$x-4=A(x-1)+B(x+2)=(A+B)x+2B-A$$

有 $\begin{cases}A+B=1,\\2B-A=-4,\end{cases}$ 解得 $\begin{cases}A=2,\\B=-1,\end{cases}$ 故 $\dfrac{x-4}{x^2+x-2}=\dfrac{2}{x+2}-\dfrac{1}{x-1}$，从而

$$\int\frac{x-4}{x^2+x-2}dx=2\int\frac{1}{x+2}dx-\int\frac{1}{x-1}dx=2\ln|x+2|-\ln|x-1|+C$$

例 5.37 求 $\int\dfrac{x^3+x}{x-1}dx$.

解 因为 $x^3+x=(x^2+x+2)(x-1)+2$，所以 $\dfrac{x^3+x}{x-1}=x^2+x+2+\dfrac{2}{x-1}$，可得

$$\int\frac{x^3+x}{x-1}dx=\int\left(x^2+x+2+\frac{2}{x-1}\right)dx=\frac{x^3}{3}+\frac{x^2}{2}+2x+2\ln|x-1|+C$$

5.4.2 可化为有理函数的不定积分

例 5.38 求 $\int\dfrac{1}{3+5\cos x}dx$.

解 由三角函数的万能公式知，$\sin x$ 与 $\cos x$ 都可表示为 $\tan\dfrac{x}{2}$ 的有理式.

令 $\tan\dfrac{x}{2}=t(-\pi<t<\pi)$，则有 $x=2\arctan t$，$dx=\dfrac{2}{1+t^2}dt$. 且

$$\sin x=\frac{2\tan\frac{x}{2}}{1+\tan^2\frac{x}{2}}=\frac{2t}{1+t^2},\qquad \cos x=\frac{1-\tan^2\frac{x}{2}}{1+\tan^2\frac{x}{2}}=\frac{1-t^2}{1+t^2}$$

故

$$\int\frac{1}{3+5\cos x}dx=\int\frac{1}{3+\frac{5(1-t^2)}{1+t^2}}\cdot\frac{2}{1+t^2}dt=\int\frac{2}{3+3t^2+5-5t^2}dt$$

$$=\int\frac{1}{4-t^2}dx=\frac{1}{4}\int\left(\frac{1}{t+2}-\frac{1}{t-2}\right)dt=\frac{1}{4}\left(\ln|t+2|-\ln|t-2|+C\right)=\frac{1}{4}\ln\left|\frac{\tan\frac{x}{2}+2}{\tan\frac{x}{2}-2}\right|+C$$

例 5.39 求$\int\frac{1}{1+\sqrt[3]{x+2}}\mathrm{d}x$．

解 设$\sqrt[3]{x+2}=t$，则$x=t^3-2$，$\mathrm{d}x=3t^2\mathrm{d}t$，故

$$\int\frac{1}{1+\sqrt[3]{x+2}}\mathrm{d}x=\int\frac{3t^2}{1+t}\mathrm{d}t=3\int\frac{t^2-1+1}{1+t}\mathrm{d}t=3\int\left(t-1+\frac{1}{1+t}\right)\mathrm{d}t$$

$$=3\left(\frac{t^2}{2}-t+\ln|1+t|\right)+C=\frac{3}{2}\sqrt[3]{(x+2)^2}-3\sqrt[3]{x+2}+3\ln\left|1+\sqrt[3]{x+2}\right|+C$$

习　题　5.4

求下列不定积分：

（1）$\int\frac{x+3}{x^2-5x+6}\mathrm{d}x$；　（2）$\int\frac{1}{x(x-1)^2}\mathrm{d}x$；　（3）$\int\frac{1}{(1+2x)(1+x^2)}\mathrm{d}x$；

（4）$\int\frac{1}{1+x^3}\mathrm{d}x$；　（5）$\int\frac{1}{1+\sin x}\mathrm{d}x$；　（6）$\int\frac{1}{x^2-x-2}\mathrm{d}x$．

第6章 定 积 分

前面研究了积分学的第一类问题——已知函数的导数求其原函数，即不定积分，下面来讨论积分学的另一类问题——求和式的极限，即定积分．它是学习多元函数积分学的重要基础，在实际中也有着广泛的应用．

本章将先从两个实例出发，引出定积分的概念和性质，然后介绍定积分的计算方法及定积分的应用．

6.1 定积分的概念及性质

6.1.1 定积分的概念

1．曲边梯形的面积

例 6.1 试求曲线 $y=x^2$、x 轴、直线 $x=1$ 所围成平面图形的面积．

解 （1）分割．将区间 $[0,1]$ 分成 n 等份，得到 n 个小区间，如图 6.1 所示．

分点：$\frac{1}{n},\frac{2}{n},\cdots,\frac{i}{n},\cdots,\frac{n-1}{n},1$；$y=x^2$ 在各分点的值分别为

$$\left(\frac{1}{n}\right)^2,\left(\frac{2}{n}\right)^2,\cdots,\left(\frac{i}{n}\right)^2,\cdots,\left(\frac{n-1}{n}\right)^2,1$$

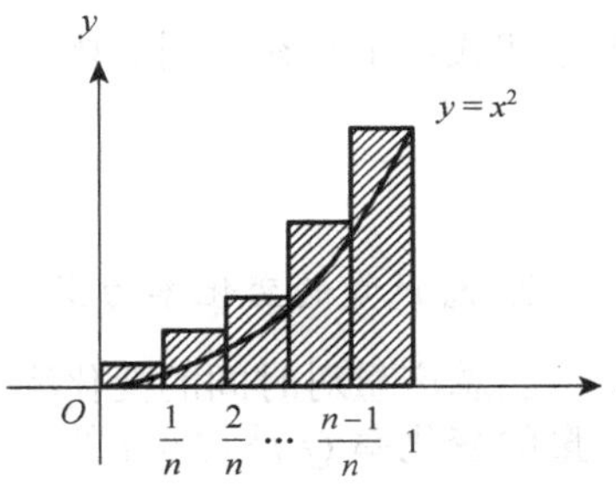

图 6.1

（2）取近似．以小区间长度 $\frac{1}{n}$ 为底、y 在各分点的值为高作 n 个小矩形，则每个小矩形的面积近似作为小窄曲边梯形的面积 $\Delta S_i(i=1,2,\cdots,n)$，即

$$\Delta S_1\approx\frac{1}{n}\cdot\left(\frac{1}{n}\right)^2,\ \Delta S_2\approx\frac{1}{n}\cdot\left(\frac{2}{n}\right)^2,\ \cdots,\ \Delta S_i\approx\frac{1}{n}\cdot\left(\frac{i}{n}\right)^2,\ \cdots,\ \Delta S_n\approx\frac{1}{n}\cdot 1^2$$

（3）求和．整个曲边梯形的面积为

$$S=\Delta S_1+\Delta S_2+\cdots+\Delta S_i+\cdots+\Delta S_n=\sum_{i=1}^{n}\Delta S_i\approx\frac{1}{n}\cdot\left(\frac{1}{n}\right)^2+\frac{1}{n}\cdot\left(\frac{2}{n}\right)^2+\cdots+\frac{1}{n}\cdot\left(\frac{i}{n}\right)^2+\cdots+\frac{1}{n}\cdot 1^2$$

$$=\frac{1}{n}\cdot\frac{1^2+2^2+\cdots+i^2+\cdots+n^2}{n^2}=\frac{1}{n^3}(1^2+2^2+\cdots+i^2+\cdots+n^2)=\frac{1}{n^3}\cdot\frac{1}{6}n(n+1)(2n+1)$$

（4）取极限．当分点无限增加，即 $n\to\infty$ 时，有

$$\lim_{n\to\infty}\frac{1}{n^3}\cdot\frac{1}{6}n(n+1)(2n+1)=\lim_{n\to\infty}\frac{1}{6}\cdot\frac{n+1}{n}\cdot\frac{2n+1}{n}=\frac{1}{6}\times1\times2=\frac{1}{3}$$

即曲边梯形的面积为$\frac{1}{3}$.

小结：求曲边梯形面积的四个步骤分别为分割、取近似、求和、取极限.

设$y=f(x)$在区间$[a,b]$上非负，由曲线$y=f(x)$，直线$x=a$、$x=b$、$y=0$所围成的平面图形称为曲边梯形，如图 6.2 所示，其面积求法如下：

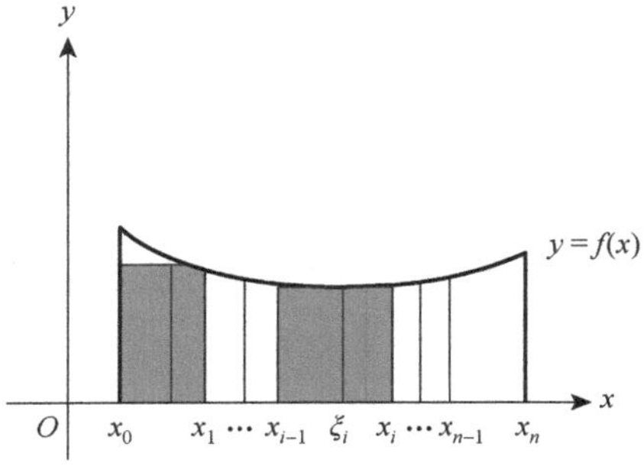

图 6.2

（1）分割. 在区间$[a,b]$上插入任意 $n-1$ 个分点$a=x_0<x_1<x_2<\cdots<x_{i-1}<x_i<\cdots<x_n=b$，将区间$[a,b]$分成$n$个小区间（一般可以等分），记小区间$[x_{i-1},x_i]$的长度为$\Delta x_i$.

（2）取近似. 在小区间$[x_{i-1},x_i]$上任取一点ξ_i，以$f(\xi_i)$为高、Δx_i为底的小矩形面积$f(\xi_i)\ \Delta x_i$作为小窄曲边梯形ΔA_i面积的近似值，即$\Delta A_i\approx f(\xi_i)\Delta x_i$.

（3）求和. 把所有小矩形面积相加，得整个曲边梯形面积A的近似值，即

$$S=\sum_{i=1}^{n}\Delta S_i\approx\sum_{i=1}^{n}f(\xi_i)\cdot\Delta x_i$$

（4）取极限. 取$\lambda=\max\limits_{1\leqslant i\leqslant n}\{\Delta x_i\}$，令$\lambda=0$（这时小区间的个数$n$无限增多，即$n\to\infty$），若上述和式极限存在，则此极限值就是曲边梯形的面积，即

$$S=\lim_{\lambda\to 0}\sum_{i=1}^{n}f(\xi_i)\Delta x_i$$

2. 总产量的变化率为变化时的总产量

当总产量对时间的变化率（即边际产量）为常量时，总产量等于变化率乘时间. 现在设总产量的变化率Q是时间t的函数$Q=Q(t)$，求时间t从a到b的总产量Q.

（1）将时间区间$[a,b]$分成n个小区间$[t_{k-1},t_k](k=1,2,\cdots,n)$，记其长度为$\Delta t_k=t_k-t_{k-1}$，在$[t_{k-1},t_k]$上任取一点$\xi_k$，则$Q(\xi_k)\cdot\Delta t_k$为时间段$[t_{k-1},t_k]$的产量的近似值.

（2）作和式$\sum\limits_{k=1}^{n}Q(\xi_i)\cdot\Delta t_k$，当分割相对较细时，它是实际产量的近似值，即

$$Q\approx\sum_{i=1}^{n}Q(\xi_k)\Delta t_k$$

分割越细，上式的近似程度就越好.

（3）规定当$\Delta t_k\to 0$时上述各式的极限存在，且与区间的分割和ξ_k的取法无关，称该极限值为$a\leqslant t\leqslant b$中的总产量，即

$$Q\approx\sum_{\lambda\to 0}^{n}Q(\xi_k)\Delta t_k$$

其中，$\lambda=\max\{\Delta t_1,\Delta t_2,\cdots,\Delta t_n\}$.

从上面两个问题可以看出，虽然它们是两个截然不同的问题，但解决问题的方法和计算形式都是相同的，即都归结为一个和式. 其实，还有许多问题的解决都可用类似的方法，有必要在抽象的形式下去研究这一和式的极限，这就引出了定积分的概念.

定义 6.1 设函数 $y=f(x)$ 在 $[a,b]$ 上有定义且有界，在 a,b 之间任意插入 $n-1$ 个分点 $x_1,x_2,\cdots,x_n$，把 $[a,b]$ 分成 n 个小区间，即 $a=x_0<x_1<\cdots<x_n=b$.

记 $\Delta x_i=x_i-x_{i-1}$ 为第 i 个小区间的长度，在小区间 $[x_{i-1},x_i]$ 上任取一点 ξ_i，作和式 $\lim\limits_{\lambda\to 0}\sum\limits_{i=1}^{n}f(\xi_i)\cdot\Delta x_i$. 记 $\lambda=\max\{\Delta x_1,\Delta x_2,\cdots,\Delta x_n\}$，若当 $\lambda\to 0$ 时，$\lim\limits_{\lambda\to 0}\sum\limits_{i=1}^{n}f(\xi_i)\cdot\Delta x_i$ 极限存在且唯一，就称 $f(x)$ 在区间 $[a,b]$ 上是可积的，并把该极限值称为 $f(x)$ 在 $[a,b]$ 上的定积分，记为 $\int_a^b f(x)\mathrm{d}x$，即

$$\int_a^b f(x)\mathrm{d}x=\lim_{\lambda\to 0}\sum_{i=1}^{n}f(\xi_i)\cdot\Delta x_i$$

其中，$f(x)$ 为被积函数，x 为积分变量，$f(x)\mathrm{d}x$ 为被积表达式，$[a,b]$ 为积分区间，a 为积分下限，b 为积分上限，$\int$ 为积分符号.

若 $\lim\limits_{\lambda\to 0}\sum\limits_{i=1}^{n}f(\xi_i)\cdot\Delta x_i$ 不存在极限，则称 $f(x)$ 在 $[a,b]$ 上不可积.

注：(1) 定积分的结果是一个数值，这个数值的大小只与被积函数 $f(x)$ 及区间 $[a,b]$ 有关，与区间的分法及 ξ_i 的取法无关；

(2) 若把积分变量 x 换成其他字母，其积分值不会改变，例如，把 x 换成 u，则 $\int_a^b f(x)\mathrm{d}x=\int_a^b f(u)\mathrm{d}u$.

定理 6.1（必要条件） 设 $f(x)$ 在 $[a,b]$ 上有定义，若 $f(x)$ 在 $[a,b]$ 上可积，则 $f(x)$ 在 $[a,b]$ 上一定有界.

定理 6.2（充分条件） 设 $f(x)$ 在 $[a,b]$ 上有定义，若下列条件之一成立，则 $f(x)$ 在 $[a,b]$ 上可积：

(1) $f(x)$ 在 $[a,b]$ 上连续；

(2) $f(x)$ 在 $[a,b]$ 上只有有限个间断点，且有界；

(3) $f(x)$ 在 $[a,b]$ 上单调.

例 6.2 证明：$\int_a^b A\mathrm{d}x=A(b-a)$，其中 A 为常数.

证 由定积分定义 6.1 知，$f(x)=A$（常值函数），故对于任意 $\xi_i\in[a,b]$，都有 $f(\xi_i)=A$（常数）. 积分和式

$$\sum_{i=1}^{n}f(\xi_i)\cdot\Delta x_i=\sum_{i=1}^{n}A\cdot\Delta x_i=A\cdot\sum_{i=1}^{n}\Delta x_i=A(b-a)$$

故
$$\int_a^b A\mathrm{d}x=\lim_{\lambda\to 0}\sum_{i=1}^{n}f(\xi_i)\Delta x_i=\lim_{\lambda\to 0}A(b-a)=A(b-a)$$

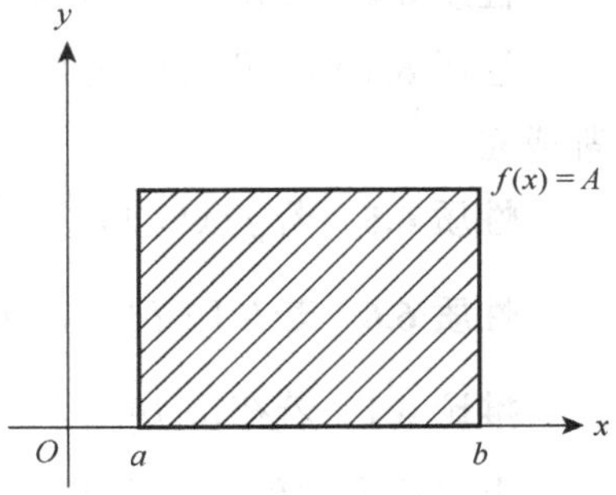

图 6.3

由图 6.3 可知，当 $A>0$ 时，$\int_a^b A\mathrm{d}x$ 表示底为 $b-a$、高为 A 的矩形的面积.

6.1.2 定积分的几何意义与经济意义

1. 定积分的几何意义

由定义 6.1 知，在 $[a,b]$ 上，$f(x)\geqslant 0$，则 $\int_a^b f(x)\mathrm{d}x$ 表示由曲线 $y=f(x)$，直线 $x=a$、$x=b$，

x 轴所围成曲边梯形的面积．而在$[a,b]$上，当 $f(x)<0$ 时，$y=f(x)$ 在$[a,b]$上与 x 轴所围成的图形在 x 轴的下方，定积分 $\int_a^b f(x)\mathrm{d}x$ 在几何上表示上述曲边梯形面积的相反数．若函数 $f(x)$ 在区间$[a,b]$上有正有负，则定积分 $\int_a^b f(x)\mathrm{d}x$ 表示各部分面积的代数和．

2．定积分的经济意义

某一经济总量函数的导数是该经济量的变化率（边际），而已知某一经济量的变化率求其总量函数，运用不定积分．若已知某一经济量的变化率为 $f(x)$，则其定积分 $\int_a^b f(x)\mathrm{d}x$ 表示 x 在$[a,b]$这一阶段的经济总量．若设总收入 R 关于产量 x 的变化率为 $R(x)$，则 $\int_a^b R(x)\mathrm{d}x$ 表示当产量从 a 变化到 b 时的总收入．

6.1.3　定积分的基本性质

根据定积分的定义，不加证明地给出定积分的一些性质，这些性质对定积分的理解及计算有比较重要的作用．以下总假设函数在所考虑的区间上可积．

性质 6.1　$\int_a^b f(x)\mathrm{d}x=-\int_b^a f(x)\mathrm{d}x$．特别地，有 $\int_a^a f(x)\mathrm{d}x=0$．

性质 6.2　两个函数代数和的定积分，等于它们定积分的代数和，即

$$\int_a^b[f(x)\pm g(x)]\mathrm{d}x=\int_a^b f(x)\mathrm{d}x\pm\int_a^b g(x)\mathrm{d}x$$

性质 6.3　被积函数的常数因子可以提到积分号外面，即

$$\int_a^b kf(x)\mathrm{d}x=k\int_a^b f(x)\mathrm{d}x$$

性质 6.4　设 $a<c<b$，则有 $\int_a^b f(x)\mathrm{d}x=\int_a^c f(x)\mathrm{d}x-\int_c^b f(x)\mathrm{d}x$．

性质 6.4 称为积分的区间可加性．利用性质 6.1，可以证明：无论 a,b,c 的位置如何，上式都成立．

性质 6.5　若 $f(x)=1$，则 $\int_a^b f(x)\mathrm{d}x=b-a$．

性质 6.6　若在$[a,b]$上，$f(x)\geqslant 0$，则 $\int_a^b f(x)\mathrm{d}x\geqslant 0$．

推论 6.1　若在$[a,b]$上，恒有 $f(x)\leqslant g(x)$，则 $\int_a^b f(x)\mathrm{d}x\leqslant\int_a^b g(x)\mathrm{d}x$．

上式称为定积分的单调性．

性质 6.7　设 $f(x)$ 在$[a,b]$上有最大值 M 和最小值 m，则有

$$m(b-a)\leqslant\int_a^b f(x)\mathrm{d}x\leqslant M(b-a)\quad(a<b)$$

上式称为定积分的估计性质．

性质 6.8（积分中值定理）　若 $f(x)$ 在$[a,b]$上连续，则在$[a,b]$上至少存在一点 ξ，使得下式成立：

$$\int_a^b f(x)\mathrm{d}x=f(\xi)(b-a)\quad(a\leqslant 9\leqslant b)$$

积分中值定理的几何意义是：以 $f(x)$ 为一边的曲边梯形面积等于以 $b-a$ 为底、$f(\xi)$ 为高的矩形面积．

性质 6.9　设 $f(x)$ 在对称区间 $[-a,a]$ 上连续，则有

（1）$\int_{-a}^{a} f(x)\mathrm{d}x = \int_0^a [f(x)+f(-x)]\mathrm{d}x$；

（2）如果 $f(x)$ 为奇函数，那么 $\int_{-a}^{a} f(x)\mathrm{d}x = 0$；

（3）如果 $f(x)$ 为偶函数，那么 $\int_{-a}^{a} f(x)\mathrm{d}x = 2\int_0^a f(x)\mathrm{d}x$．

性质 6.10　$\left|\int_a^b f(x)\mathrm{d}x\right| \leqslant \int_a^b |f(x)|\mathrm{d}x$．

例 6.3　利用定积分的几何意义，求 $\int_1^2 (x-3)\mathrm{d}x$．

解　在区间 $[1,2]$ 上，$f(x)=x-3<0$，故 $\int_1^2 (x-3)\mathrm{d}x$ 表示曲边梯形面积 S 的相反数．此梯形的底为 $|f(1)|=2$ 和 $|f(2)|=1$，高为 $2-1=1$，所以

$$\int_1^2 (x-3)\mathrm{d}x = -S = -\frac{(1+2)\times 1}{2} = -\frac{3}{2}$$

关于定积分的说明：

（1）$f(x)$ 在区间 $[a,b]$ 上可积的条件：

① $f(x)$ 在区间 $[a,b]$ 上连续；

② $f(x)$ 在区间 $[a,b]$ 上单调；

③ $f(x)$ 在区间 $[a,b]$ 上有界且有有限个间断点．

（2）$f(x)$ 在区间 $[a,b]$ 上可积，则 $f(x)$ 在区间 $[a,b]$ 上有界，即 $f(x)$ 在区间 $[a,b]$ 上无界，则 $f(x)$ 在区间 $[a,b]$ 上不可积．

例如，$\int_0^1 \frac{1}{x}\mathrm{d}x$ 不存在，因为 $\frac{1}{x}$ 在 $[0,1]$ 上无界．

例 6.4　估计定积分 $\int_0^1 \frac{1}{1+x^2}\mathrm{d}x$ 的范围．

解　由 $x\in[0,1]$，有 $0\leqslant x\leqslant 1$，即 $0\leqslant x^2\leqslant 1$，故

$$1\leqslant 1+x^2 \leqslant 2,\qquad \frac{1}{2}\leqslant \frac{1}{1+x^2}\leqslant 1$$

$$\int_0^1 \frac{1}{2}\mathrm{d}x \leqslant \int_0^1 \frac{1}{1+x^2}\mathrm{d}x \leqslant \int_0^1 1\mathrm{d}x$$

即

$$\frac{1}{2}\leqslant \int_0^1 \frac{1}{1+x^2}\mathrm{d}x \leqslant 1$$

例 6.5　试求函数 $y=x^2$ 在 $[0,1]$ 上满足定积分中值定理的 ξ 的值．

解　$f(x)=x^2$ 在 $[0,1]$ 上连续，由定积分的中值定理知，存在实数 $\xi\in[0,1]$，使得

$$\int_0^1 x^2\mathrm{d}x = f(\xi)\cdot(1-0) = f(\xi) = \xi^2$$

由引入知 $\int_0^1 x^2\mathrm{d}x = \frac{1}{3}$，有 $\xi^2=\frac{1}{3}$，即 $\xi=\frac{\sqrt{3}}{3}$．

例 6.6　求证：$2\leqslant \int_{-1}^{1} \mathrm{e}^{x^2}\mathrm{d}x \leqslant 2\mathrm{e}$．

证 $f(x)=e^{x^2}$ 在 $[-1,1]$ 上连续，由积分中值定理知，存在实数 $\xi\in[-1,1]$，使得

$$\int_{-1}^{1}e^{x2}dx=f(\xi)\cdot(b-a)=f(\xi)[1-(-1)]=2f(\xi)=2e^{\xi^2}$$

由 $-1\leqslant\xi\leqslant1$，有 $0\leqslant\xi^2\leqslant1$，即 $e^0\leqslant e^{\xi^2}\leqslant e^1$，故 $1\leqslant e^{\xi^2}\leqslant e$，$2\leqslant 2e^{\xi^2}\leqslant 2e$，即 $2\leqslant\int_{-1}^{1}e^{x^2}dx\leqslant 2e$.

习　题　6.1

1. 比较下列定积分的大小：

（1）$\int_0^1 x^2dx$ 与 $\int_0^1 x^3dx$；　（2）$\int_{\frac{1}{e}}^{e}\ln xdx$ 与 $\int_{\frac{1}{e}}^{e}|\ln x|dx$；　（3）$\int_{-1}^{e}e^{-x}dx$ 与 $\int_{-1}^{0}e^{x}dx$.

2. 估计下列定积分的值：

（1）$\int_1^4(x^2+1)dx$；　（2）$\int_{\frac{\pi}{4}}^{\frac{5\pi}{4}}(1+\sin x)dx$；

（3）$\int_{\frac{1}{\sqrt{3}}}^{\sqrt{3}}x\arctan xdx$；　（4）$\int_2^0 e^{x^2-x}dx$.

3. 利用定积分的性质和几何意义，求下列定积分的值：

（1）$\int_{-1}^{1}(1+\sqrt{1-x^2})dx$；　（2）$\int_{-1}^{1}(1+x^3)dx$；　（3）$\int_1^2\sqrt{2x-x^2}dx$；

（4）$\int_{-2}^{2}f(x)dx$，且 $f(x)=\begin{cases}x+1, & -2\leqslant x\leqslant 0,\\ 1-\sqrt{2x-x^2}, & 0<x\leqslant 2.\end{cases}$

4. 利用积分中值定理求 $\lim\limits_{n\to+\infty}\int_0^{\frac{1}{2}}\frac{x^n}{1+x}dx$.

6.2　定积分的基本定理

用定义去计算定积分是比较复杂的，尽管被积函数很简单，但求和式的极限却非常困难，有时甚至无法计算．本节通过揭示定积分与原函数的关系，引出计算定积分的一个简便而可行的计算公式——牛顿-莱布尼茨（Newton-Leibniz）公式．本节指出定积分的计算可以归结为计算原函数的函数值，从而揭示不定积分与定积分的关系．

为了解决这个问题，先来介绍积分上限函数的概念及性质．

6.2.1　积分上限函数及其导数

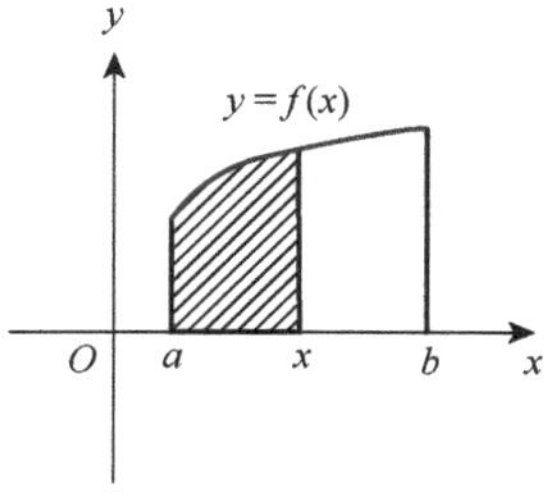

图 6.4

设 $f(x)$ 在区间 $[a,b]$ 上连续，对任意 $x\in[a,b]$，函数 $f(x)$ 可积，即 $\int_a^x f(x)dx$ 存在，一般记为 $\int_a^x f(t)dt$，该积分称为变上限积分（图 6.4）．

注：$\int_a^x f(t)dt$ 是上限 x 的函数，记为 $F(x)=\int_a^x f(t)dt$，与下限 a 的值无关．

定理 6.3　若函数 $f(x)$ 在区间 $[a,b]$ 上连续，则 $F(x)=\int_a^x f(t)dt$ 在

$[a,b]$上可导，且$F'(x)=\left[\int_a^x f(t)\mathrm{d}t\right]'=f(x)$，即

$$\frac{\mathrm{d}}{\mathrm{d}x}F(x)=\frac{\mathrm{d}}{\mathrm{d}x}\left[\int_a^x f(t)\mathrm{d}t\right]=f(x)\quad(a\leqslant x\leqslant b)$$

证 设自变量x有增量Δx，使得$x+\Delta x\in[a,b]$，则函数$F(x)$具有增量

$$\Delta F=F(x+\Delta x)-F(x)=\int_a^{x+\Delta x}f(t)\mathrm{d}t-\int_a^x f(t)\mathrm{d}t$$

$$\int_a^x f(t)\mathrm{d}t+\int_x^{x+\Delta x}f(t)\mathrm{d}t-\int_a^x f(t)\mathrm{d}t=\int_x^{x+\Delta x}f(t)\mathrm{d}t$$

利用积分中值定理，有$\Delta F=f(\xi)\Delta x$（ξ介于x与$x+\Delta x$之间），于是有

$$\frac{\Delta F}{\Delta x}=f(\xi)\quad（\xi介于x与x+\Delta x之间）$$

由于函数$f(x)$在区间$[a,b]$上连续，且当$\Delta(x)\to 0$时，$\xi\to x$，有

$$\lim_{\Delta x\to 0}\frac{\Delta F}{\Delta x}=\lim_{\xi\to x}f(\xi)=f(x)$$

定理 6.4（原函数存在定理） 若$f(x)$在区间$[a,b]$上连续，则函数

$$F(x)=\int_a^x f(t)\mathrm{d}t$$

就是函数$f(x)$在区间$[a,b]$上的一个原函数.

定理 6.4 表明，连续函数的原函数一定存在.

特别地，对于变上限的复合函数，还有下面两个推论.

推论 6.2 若$f(x)$连续，$\varphi(x)$可导，则

$$\frac{\mathrm{d}}{\mathrm{d}x}\int_a^{\varphi(x)}f(t)\mathrm{d}t=f[\varphi(x)]\cdot\varphi'(x)$$

证 设$y=\phi(u)=\int_a^u f(t)\mathrm{d}t$，$u=\varphi(x)$，则由定理 3.4 和定理 6.3，得

$$\frac{\mathrm{d}y}{\mathrm{d}x}=\frac{\mathrm{d}\phi}{\mathrm{d}u}\cdot\frac{\mathrm{d}u}{\mathrm{d}x}=f(u)\cdot u'_x=f[\varphi(x)]\cdot\varphi'(x)$$

于是
$$\frac{\mathrm{d}}{\mathrm{d}x}\int_a^{\varphi(x)}f(t)\mathrm{d}t=\left[\int_a^{\varphi(x)}f(t)\mathrm{d}t\right]'=f[\varphi(x)]\cdot\varphi'(x)$$

推论 6.3 若$f(x)$连续，$\varphi_1(x)$与$\varphi_2(x)$可导，则

$$\frac{\mathrm{d}}{\mathrm{d}x}\int_{\varphi_1(x)}^{\varphi_2(x)}f(t)\mathrm{d}t=f[\varphi_2(x)]\cdot\varphi_2'(x)-f[\varphi_1(x)]\cdot\varphi_1'(x)$$

例 6.7 计算下列各题：

（1）$\frac{\mathrm{d}}{\mathrm{d}x}\int_0^x \mathrm{e}^{-t}\mathrm{d}t$；（2）$\frac{\mathrm{d}}{\mathrm{d}x}\int_0^{x^2}\mathrm{e}^{-t}\mathrm{d}t$；（3）$\frac{\mathrm{d}}{\mathrm{d}x}\int_x^{x^2}\mathrm{e}^{-t}\mathrm{d}t$.

解 （1）$\frac{\mathrm{d}}{\mathrm{d}x}\int_0^x \mathrm{e}^{-t}\mathrm{d}t=\mathrm{e}^{-x}$；

（2）$\frac{\mathrm{d}}{\mathrm{d}x}\int_0^{x^2}\mathrm{e}^{-t}\mathrm{d}t=\mathrm{e}^{-x^2}\cdot 2x$；

（3）$\frac{\mathrm{d}}{\mathrm{d}x}\int_0^{x^2}\mathrm{e}^{-t}\mathrm{d}t=\frac{\mathrm{d}}{\mathrm{d}x}\left(\int_x^a \mathrm{e}^{-t}\mathrm{d}t+\int_a^{x^2}\mathrm{e}^{-t}\mathrm{d}t\right)=\frac{\mathrm{d}}{\mathrm{d}x}\left(\int_a^{x^2}\mathrm{e}^{-t}\mathrm{d}t-\int_a^x \mathrm{e}^{-t}\mathrm{d}t\right)=\frac{\mathrm{d}}{\mathrm{d}x}\int_a^{x^2}\mathrm{e}^{-t}\mathrm{d}t-\frac{\mathrm{d}}{\mathrm{d}x}\int_a^x \mathrm{e}^{-t}\mathrm{d}t$

$=\mathrm{e}^{-x^2}\cdot 2x-\mathrm{e}^{-x}$

例 6.8 设 $F(x)=(2x+1)\int_0^x(2t+1)\mathrm{d}t$，求 $F'(x)$，$F''(x)$．

解
$$F'(x)=2\int_0^x(2t+1)\mathrm{d}t+(2x+1)\left[\int_0^x(2t+1)\mathrm{d}t\right]'=2\int_0^x(2t+1)\mathrm{d}t+(2x+1)(2x+1)$$
$$=2\int_0^x(2t+1)\mathrm{d}t+(2x+1)^2$$
$$F''(x)=\left[2\int_0^x(2t+1)\mathrm{d}t+(2x+1)^2\right]'=2\left[\int_0^x(2t+1)\mathrm{d}t\right]'+\left[(2x+1)^2\right]'$$
$$=2(2x+1)+2(2x+1)\times 2=6(2x+1)$$

例 6.9 求下列极限：

（1）$\lim\limits_{x\to 0}\dfrac{\int_0^x\sin t\mathrm{d}t}{x^2}$；（2）$\lim\limits_{x\to +\infty}\dfrac{\int_a^x\left(1+\dfrac{1}{t}\right)^t\mathrm{d}t}{x}$．

分析 （1）为 $\dfrac{0}{0}$ 型，（2）为 $\dfrac{\infty}{\infty}$ 型，可用洛必达法则．

解 （1）$\lim\limits_{x\to 0}\dfrac{\int_0^x\sin t\mathrm{d}t}{x^2}=\lim\limits_{x\to 0}\dfrac{\left(\int_0^x\sin t\mathrm{d}t\right)'}{(x^2)'}=\lim\limits_{x\to 0}\dfrac{\sin x}{2x}=\dfrac{1}{2}\lim\limits_{x\to 0}\dfrac{\sin x}{x}=\dfrac{1}{2}$；

（2）$\lim\limits_{x\to +\infty}\dfrac{\int_a^x\left(1+\dfrac{1}{t}\right)^t\mathrm{d}t}{x}=\lim\limits_{x\to \infty}\dfrac{\left[\int_a^x\left(1+\dfrac{1}{t}\right)^t\mathrm{d}t\right]'}{(x)'}\lim\limits_{x\to +\infty}\dfrac{\left(1+\dfrac{1}{x}\right)^x}{1}\lim\limits_{x\to +\infty}\left(1+\dfrac{1}{x}\right)^x=\mathrm{e}$．

例 6.10 求证：函数 $f(x)=\int_0^{x^2}t\mathrm{e}^{-t}\mathrm{d}t$ 当 $x>0$ 时单调递增．

分析 证明函数单调递增，只需证明当 $x>0$ 时 $F'(x)>0$ 即可．

证
$$F'(x)=\left(\int_0^{x^2}t\mathrm{e}^{-t}\mathrm{d}t\right)'=x^2\cdot\mathrm{e}^{-x^2}\cdot 2x=2x^3\cdot\mathrm{e}^{-x^2}$$

因为 $x>0$，即 $F'(x)=2x^3\cdot\mathrm{e}^{-x^2}>0$，所以函数 $F(x)=\int_0^{x^2}t\mathrm{e}^{-t}\mathrm{d}t$ 当 $x>0$ 时单调递增．

例 6.11 设 $y(x)$ 是由方程 $\int_0^y\dfrac{1}{t}\mathrm{d}t+\int_0^x\sin(t^2)\mathrm{d}t=0$ 所确定的函数，求 y'．

解 方程两边同时对 x 求导，得
$$\left[\int_0^y\frac{1}{t}\mathrm{d}t+\int_0^x\sin(t^2)\mathrm{d}t\right]'=0\quad 即\quad \left(\int_0^y\frac{1}{t}\mathrm{d}t\right)'+\left[\int_0^x\sin(t^2)\mathrm{d}t\right]'=0$$
故 $\dfrac{1}{y}\cdot y'+\sin(x^2)=0$，即 $y'=-y\sin(x^2)$．

6.2.2 牛顿–莱布尼茨公式

定理 6.5 设 $f(x)$ 在 $[a,b]$ 上连续，$F(x)$ 是 $f(x)$ 在 $[a,b]$ 上的一个原函数，则有
$$\int_a^b f(x)\mathrm{d}x=F(b)-F(a)=F(x)\Big|_a^b$$

证 取 $\varphi(x)=\int_a^x f(x)\mathrm{d}t$，则 $\varphi(x)$ 也是 $f(x)$ 在 $[a,b]$ 上的一个原函数，它与 $F(x)$ 最多差一个常数，即 $\varphi(x)=F(x)+C$ 或 $\int_a^x f(t)\mathrm{d}t=F(x)+C$.

在上式中，令 $x=a$，有 $0=F(a)+C$，即

$$C=-F(a) \tag{6.1}$$

又令 $x=b$，有

$$\int_a^b f(t)\mathrm{d}t=F(b)+C \tag{6.2}$$

结合式（6.1）和式（6.2），有 $\int_a^b f(t)\mathrm{d}t=F(b)-F(a)$，即 $\int_a^b f(x)\mathrm{d}x=F(b)-F(a)$.

定理 6.5 将积分学中的两个重要概念不定积分与定积分联系到了一起，并把求定积分的过程大大简化了，所以，称之为微积分基本定理. 同时，它是由牛顿和莱布尼茨各自单独创立的，故又称牛顿-莱布尼茨公式.

例 6.12 求 $\int_0^1 x^2\mathrm{d}x$.

解 因为 $f(x)=x^2$ 在 $[0,1]$ 上连续，且 $F(x)=\frac{1}{3}x^3$ 是它的一个原函数，所以

$$\int_0^1 x^2\mathrm{d}x=\frac{1}{3}x^3\bigg|_0^1=\frac{1}{3}-0=\frac{1}{3}$$

例 6.13 求 $\int_{-1}^3 |x-2|\mathrm{d}x$.

解 因为 $|x-2|=\begin{cases}2-x, & -1\leqslant x\leqslant 2,\\ x-2, & 2<x\leqslant 3,\end{cases}$ 所以

$$\int_{-1}^3 |x-2|\mathrm{d}x=\int_{-1}^2(2-x)\mathrm{d}x+\int_2^3(x-2)\mathrm{d}x=\left(2x-\frac{1}{2}x^2\right)\bigg|_{-1}^2+\left(\frac{1}{2}x^2-2x\right)\bigg|_2^3=5$$

在利用牛顿-莱布尼茨公式求定积分时，一定要注意被积函数在积分区间中是否满足可积条件.

讨论 $f(x)=\frac{1}{x^2}$ 在 $[-1,1]$ 上的可积性.

如果直接利用牛顿-莱布尼茨公式，有

$$\int_{-1}^1 \frac{1}{x^2}\mathrm{d}x=-\frac{1}{x}\bigg|_{-1}^1=-1-1=-2$$

显然这是错误的，因为根据性质，在 $[-1,1]$ 上有 $\frac{1}{x^2}\geqslant 0$，则 $\int_{-1}^1 \frac{1}{x^2}\mathrm{d}x\geqslant 0$，这显然与用牛顿-莱布尼茨公式计算的结果相矛盾. 问题出在 $\frac{1}{x^2}$ 在 $[-1,1]$ 上不连续且无界，所以，它不满足牛顿-莱布尼茨公式的条件，从而也就不能利用牛顿-莱布尼茨公式计算.

例 6.14 计算曲线 $y=\sin x$ 在 $[0,\pi]$ 上与 x 轴所围图形的面积 S.

解 由定积分的几何意义，有

$$S=\int_0^\pi \sin x\mathrm{d}x=-\cos x\big|_0^\pi=1+1=2$$

例 6.15 求$\int_0^1 \frac{x^2}{1+x^2}dx$.

解 $\int_0^1 \frac{x^2}{1+x^2}dx = \int_0^1 \frac{x^2+1-1}{1+x^2}dx = \int_0^1\left(1-\frac{1}{1+x^2}\right)dx = (x-\arctan x)\Big|_0^1 = 1-\frac{\pi}{4}$.

例 6.16 求$\int_0^1 xe^x dx$.

解 $\int_0^1 xe^x dx = \int x de^x = xe^x - e^x + C$，利用牛顿-莱布尼茨公式，得

$$\int_0^1 xe^x dx = (xe^x - e^x)\Big|_0^1 = 0 + e^0 = 1$$

例 6.17 求$\int_0^1 (2-3\cos x)dx$.

解 $\int (2-3\cos x)dx = \int 2dx - 3\int \cos x dx = 2x - 3\sin x + C$，

$\int_0^1 (2-3\cos x)dx = [2x-3\sin x]_0^1 = (2\times 1 - 2\times 0) - (3\sin 1 - 3\sin 0) = 2 - 3\sin 1$.

例 6.18 求$\int_{\frac{\pi}{4}}^{\frac{\pi}{3}} \frac{dx}{\sin x\cos x}$.

解 $\int \frac{1}{\sin x\cos}dx = \int \frac{\sin^2 x + \cos^2 x}{\sin x\cos x}dx = \int \tan x dx + \int \cot x dx = -\ln|\cos x| + \ln|\sin x| + C$

$= \ln|\tan x| + C.$

即

$$\int_{\frac{\pi}{4}}^{\frac{\pi}{3}} \frac{dx}{\sin x\cos x} = \Big[\ln|\tan x|\Big]_{\frac{\pi}{4}}^{\frac{\pi}{3}} = \ln\left|\tan\frac{\pi}{3}\right| - \ln\left|\tan\frac{\pi}{4}\right| = \ln\sqrt{3} - \ln 1 = \ln\sqrt{3} = \frac{1}{2}\ln 3$$

注：在熟悉牛顿-莱布尼茨公式后，可简化书写过程.

例 6.19 求$\int_0^1 (2x-1)^{100}dx$.

解 $\int_0^1 (2x-1)^{100}dx = \frac{1}{2}\int_0^1 (2x-1)^{100}d(2x-1) = \frac{1}{2}\frac{(2x-1)^{101}}{101} = \frac{1}{202}\left[(2x-1)^{101}\right]_0^1$

$= \frac{1}{202}\left[(2\times 1-1)^{101} - (2\times 0-1)^{101}\right] = \frac{1}{202}[1-(-1)] = \frac{1}{101}.$

例 6.20 求$\int_1^e \frac{\ln x}{x}dx$.

解 $\int_1^e \frac{\ln x}{x}dx = \int_1^e \ln x d(\ln x) = \left[\frac{(\ln x)^2}{2}\right]_1^e = \frac{(\ln e)^2}{2} - \frac{(\ln 1)^2}{2} = \frac{1}{2} - 0 = \frac{1}{2}$.

例 6.21 设$f(x) = \begin{cases} x+1, & x \geqslant 0, \\ e^{-x}, & x < 0, \end{cases}$求$\int_{-1}^2 f(x)dx$.

解 $\int_{-1}^2 f(x)dx = \int_{-1}^0 e^{-x}dx + \int_0^2 (x+1)dx = [-e^{-x}]_{-1}^0 + \left[\frac{(x+1)^2}{2}\right]_0^2$

$= -(e^0 - e) + \left[\frac{(2+1)^2}{2} - \frac{(0+1)^2}{2}\right] = e - 1 + 4 = e + 3.$

例 6.22 求$\int_{-\frac{\pi}{2}}^{\frac{\pi}{2}} \sqrt{\cos x - \cos^3 x}dx$.

解 $\int_{-\frac{\pi}{2}}^{\frac{\pi}{2}}\sqrt{\cos x-\cos^3 x}\mathrm{d}x=\int_{-\frac{\pi}{2}}^{\frac{\pi}{2}}\sqrt{\cos x(1-\cos^2 x)}\mathrm{d}x=\int_{-\frac{\pi}{2}}^{\frac{\pi}{2}}\sqrt{\cos x\sin^2 x}\mathrm{d}x=\int_{-\frac{\pi}{2}}^{\frac{\pi}{2}}\sqrt{\cos x}|\sin x|\mathrm{d}x$.

当 $-\frac{\pi}{2}\leqslant x\leqslant 0$ 时， $\sin x\leqslant 0$ ， $|\sin x|=-\sin x$ ；

当 $0<x\leqslant\frac{\pi}{2}$ 时， $\sin x>0$ ， $|\sin x|=\sin x$.

$$\int_{-\frac{\pi}{2}}^{\frac{\pi}{2}}\sqrt{\cos x-\cos^3 x}\mathrm{d}x=\int_{-\frac{\pi}{2}}^{0}\sqrt{\cos x}(-\sin x)\mathrm{d}x+\int_{0}^{\frac{\pi}{2}}\sqrt{\cos x}\sin x\mathrm{d}x$$

$$=\int_{-\frac{\pi}{2}}^{0}\sqrt{\cos x}\mathrm{d}(\cos x)-\int_{0}^{\frac{\pi}{2}}\sqrt{\cos x}\mathrm{d}(\cos x)=\left[\frac{2}{3}(\cos x)^{\frac{3}{2}}\right]_{-\frac{\pi}{2}}^{0}-\left[\frac{2}{3}(\cos x)^{\frac{3}{2}}\right]_{0}^{\frac{\pi}{2}}$$

$$=\frac{2}{3}(1-0)-\frac{2}{3}(0-1)=\frac{2}{3}+\frac{2}{3}=\frac{4}{3}.$$

习 题 6.2

1. 求下列函数的导数：

(1) $f(x)=\int_0^{\sqrt{x}}\mathrm{e}^{-t^2}\mathrm{d}t$ ；　(2) $f(x)=\int_{x^2}^{x^3}\frac{1}{\sqrt{1+t^4}}\mathrm{d}t$ ；　(3) $f(x)=\int_{x^2}^{\mathrm{e}^x}\frac{\mathrm{d}x}{\sqrt{1+x^3}}$.

2. 求下列极限：

(1) $\lim\limits_{x\to 0}\frac{\int_0^x\arctan t\mathrm{d}t}{x^3}$ ；　(2) $\lim\limits_{x\to 1}\frac{\int_0^{1-x^2}\ln(1-t)\mathrm{d}t}{\sqrt{(x-1)^2}}$.

3. 求函数 $y=\int_0^x t(t-4)\mathrm{d}t$ 在区间 $[-1,5]$ 上的最大值和最小值.

4. 当 x 为何值时，函数 $f(x)=\int_0^x t\mathrm{e}^{-t^2}\mathrm{d}t$ 有极值？

5. 求 c 值，使 $f(x)=\int_0^1(x^2+cx+c^2)\mathrm{d}x$ 最小.

6. 求下列各题中定积分的值：

(1) $\int_0^1\frac{x}{1+2x}\mathrm{d}x$ ；　(2) $\int_1^{\mathrm{e}}\frac{\mathrm{d}x}{x(1+\ln x)}$ ；　(3) $\int_{-1}^1\frac{x}{\sqrt{5-4x}}\mathrm{d}x$ ；

(4) $\int_4^1\frac{1}{x+\sqrt{x}}\mathrm{d}x$ ；　(5) $\int_0^1\frac{x+|x|}{1+x^2}\mathrm{d}x$ ；　(6) $\int_{\frac{1}{\mathrm{e}}}^{\mathrm{e}}|\ln x|\mathrm{d}x$ ；

(7) 设 $f(x)=\begin{cases}\frac{1}{1+x}, & x\geqslant 0,\\ \mathrm{e}^x, & x<0,\end{cases}$ 求 $\int_0^2(x-1)\mathrm{d}x$ ；

(8) $\int_0^2\left|(x-1)(3x^2-1)\right|\mathrm{d}x$.

6.3 定积分的计算方法

由牛顿-莱布尼茨公式知道求定积分的问题可以归结为求被积函数的原函数或求不定积分的问题. 与不定积分的换元法与分部积分法相对应，也有定积分的换元法与分部积分法.

6.3.1 换元积分法

定理 6.6 若函数 $y=f(x)$ 在区间 $[a,b]$ 上连续，函数 $x=\varphi(t)$ 在区间 $[\alpha,\beta]$ 上具有连续的导数，当 t 在区间 $[\alpha,\beta]$ 上变化时，$x=\varphi(t)$ 的值在区间 $[a,b]$ 上变化，且 $\varphi(\alpha)=\alpha$，$\varphi(\beta)=b$，则

$$\int_a^b f(x)\mathrm{d}x=\int_a^b f[\varphi(t)]\varphi'(t)\mathrm{d}t$$

证 设函数 $F(x)$ 是函数 $f(x)$ 在区间 $[a,b]$ 上的一个原函数，则

$$\int_a^b f(x)\mathrm{d}x=F(a)-F(b)$$

再设 $\phi(t)=F[\varphi(t)]$，对 $\varphi(t)$ 求导，得

$$\phi'(t)=\frac{\mathrm{d}F}{\mathrm{d}x}\cdot\frac{\mathrm{d}x}{\mathrm{d}t}=f(x)\varphi'(t)=f[\varphi(t)]\varphi'(t)$$

即 $\phi(t)$ 是 $f[\varphi(t)]\varphi'(t)$ 的一个原函数，因此有

$$\int_\alpha^\beta f[\varphi(t)]\varphi'(t)=\phi(\beta)-\phi(\alpha)$$

又由 $\phi(t)=F[\varphi(t)]$，$\varphi(\alpha)=a$，$\varphi(\beta)=b$，知

$$\phi(\beta)-\phi(\alpha)=F[\varphi(\beta)]-F[\varphi(\alpha)]=F(b)-F(a)$$

所以

$$\int_a^b f(x)\mathrm{d}x=\int_a^b f[\varphi(t)]\varphi'(t)\mathrm{d}t$$

注：换元必换限，即原上限对新上限，原下限对新下限.

例 6.23 求 $\int_0^4\frac{1}{1+\sqrt{x}}\mathrm{d}x$.

解 设 $t=\sqrt{x}$，则 $x=t^2$，$\mathrm{d}x=2t\mathrm{d}t$. 当 $x=0$ 时，$t=\sqrt{0}=0$；当 $x=4$ 时，$t=\sqrt{4}=2$.

$$\int_0^4\frac{1}{1+\sqrt{x}}\mathrm{d}x=\int_0^2\frac{1}{1+t}\cdot 2t\mathrm{d}t=2\int_0^2\frac{t}{1+t}\mathrm{d}t=2\int_0^2\frac{(1+t)-1}{1+t}\mathrm{d}t$$

$$=2\int_0^2\left(1-\frac{1}{1+t}\right)\mathrm{d}t=2\left(t-\ln|1+t|\right)_0^2=2(2-\ln 3)$$

例 6.24 求 $\int_0^8\frac{\mathrm{d}x}{1+\sqrt[3]{x}}$.

解 令 $x=t^3$，则 $\mathrm{d}x=3t^2\mathrm{d}t$，且当 $x=0$ 时 $t=0$，当 $x=8$ 时 $t=2$，于是有

$$\int_0^8\frac{\mathrm{d}x}{1+\sqrt[3]{x}}=\int_0^2\frac{1}{1+t}\cdot 3t^2\mathrm{d}t=3\int_0^2\frac{t^2-1+1}{t+1}\mathrm{d}t=3\int_0^2\left(t-1+\frac{1}{t+1}\right)\mathrm{d}t=3\left(\frac{1}{2}t^2-t+\ln(1+t)\right)\Bigg|_0^2=3\ln 3$$

若令 $x=\frac{1}{t}$，则在区间 $[-1,1]$ 上的点 $x=0$ 处不连续，所以不可导，故不具有换元积分应具备的条件.

例 6.25 求 $\int_2^{\sqrt{2}}\frac{\mathrm{d}x}{x\sqrt{x^2-1}}$.

解 设 $x=\sec t=\frac{1}{\cos t}\left(0<t<\frac{\pi}{2}\right)$，则 $t=\arccos\frac{1}{x}(x>1)$，有 $\mathrm{d}x=\sec t\tan t\mathrm{d}t$. 当 $x=2$ 时，

$\cos t=\dfrac{1}{2}$，有 $t=\dfrac{\pi}{3}$；当 $x=\sqrt{2}$ 时，$\cos t=\dfrac{\sqrt{2}}{2}$，有 $t=\dfrac{\pi}{4}$．故

$$\int_{2}^{\sqrt{2}}\frac{dx}{x\sqrt{x^2-1}}=\int_{\frac{\pi}{3}}^{\frac{\pi}{4}}\frac{\sec t\tan t dt}{\sec t\tan t}=\int_{\frac{\pi}{3}}^{\frac{\pi}{4}}dt=\frac{\pi}{4}-\frac{\pi}{3}=-\frac{\pi}{12}$$

注：对 $\sqrt[n]{ax+b}$，设 $t=\sqrt[n]{ax+b}$；对 $\sqrt{a^2-x^2}$，设 $x=a\sin t$；对 $\sqrt{a^2+x^2}$，设 $x=a\tan t$；对 $\sqrt{x^2-a^2}$，设 $x=a\sec t$．

例 6.26　求 $\int_0^a\sqrt{a^2-x^2}dx(a>0)$．

解　令 $x=a\sin t$，有 $dx=a\cos tdt$，$\sqrt{a^2-x^2}=a\cos t$，且当 $x=0$ 时 $t=0$，当 $x=a$ 时 $t=\dfrac{\pi}{2}$，所以

$$\int_0^a\sqrt{a^2-x^2}dx(a>0)=a^2\int_0^{\frac{\pi}{2}}\cos^2 tdt=a^2\int_0^{\frac{\pi}{2}}\left(\frac{1}{2}+\frac{1}{2}\cos 2t\right)dt=\frac{a^2}{2}\left(t+\frac{1}{2}\sin 2t\right)\Bigg|_0^{\frac{\pi}{2}}=\frac{1}{4}a^2\pi$$

例 6.27　求 $\int_0^1 xe^{x^2}dx$．

解　令 $t=x^2$，即 $x=\sqrt{t}$，$dt=2xdx$，且当 $x=0$ 时 $t=0$，当 $x=1$ 时 $t=1$，故

$$\int_0^1 xe^{x^2}dx=\int_0^1\frac{1}{2}e^t dt=\frac{1}{2}e^t\Big|_0^1=\frac{1}{2}(e-1)$$

例 6.28　求 $\int_1^e\frac{1}{x}\ln xdx$．

解法一　令 $x=e^t$（或 $t=\ln x$），则 $dx=e^t dt$，且当 $x=1$ 时 $t=0$，当 $x=e$ 时 $t=1$．故

$$\int_1^e\frac{1}{x}\ln xdx=\int_0^1\frac{1}{e^t}\cdot t\cdot e^t dt=\int_0^1 tdt=\frac{1}{2}t^2\Big|_0^1=\frac{1}{2}$$

解法二　按照不定积分中第一类换元法的思路有

$$\int_1^e\frac{1}{x}\ln xdx=\int_1^e\frac{1}{x}\ln xdx=\int_1^e\ln x\cdot d(\ln x)\xlongequal{令t=\ln x}\int_0^1 tdt=\frac{1}{2}t^2\Big|_0^1=\frac{1}{2}$$

解法三　还是按解法二的思路有

$$\int_1^e\frac{1}{x}\ln xdx=\int_1^e\frac{1}{x}\ln xdx=\int_1^e\ln xd(\ln x)=\frac{1}{2}\ln^2 x\Big|_1^e=\frac{1}{2}(\ln^2 e-\ln^2 1)=\frac{1}{2}$$

解法四　先求 $\dfrac{1}{x}\ln x$ 的原函数，$\int\frac{1}{x}\ln xdx=\int\ln xd(\ln x)=\frac{1}{2}(\ln x)^2+C$，所以

$$\int_1^e\frac{1}{x}\ln xdx=\frac{1}{2}(\ln x)^2\Big|_1^e=\frac{1}{2}$$

请读者体会以上各种解法的步骤，并比较它们的优劣．

例 6.29　证明：若 $f(x)$ 为连续的奇函数，则 $\int_{-a}^a f(x)dx=0$．

证 因为 $f(x)$ 为奇函数，所以有 $f(-x)=-f(x)$，且 $\int_{-a}^{a}f(x)\mathrm{d}x=\int_{-a}^{0}f(x)\mathrm{d}x+\int_{0}^{a}f(x)\mathrm{d}x$.

对于 $\int_{-a}^{0}f(x)\mathrm{d}x$，令 $x=-t$，则 $\mathrm{d}x=-\mathrm{d}t$，且当 $x=-a$ 时 $t=a$，当 $x=0$ 时 $t=0$，故

$$\int_{-a}^{0}f(x)\mathrm{d}x=\int_{a}^{0}f(-t)(-\mathrm{d}t)=-\int_{0}^{a}f(t)\mathrm{d}t$$

从而
$$\int_{-a}^{a}f(x)\mathrm{d}x=\int_{-a}^{0}f(x)\mathrm{d}x+\int_{0}^{a}f(x)\mathrm{d}x=-\int_{0}^{a}f(x)\mathrm{d}x+\int_{0}^{a}f(x)\mathrm{d}x=0$$

类似地，可以证明：若 $f(x)$ 为偶函数，则 $\int_{-a}^{a}f(x)\mathrm{d}x=2\int_{0}^{a}f(x)\mathrm{d}x$.

例 6.30 求 $\int_{-1}^{1}\left(\sin 3x\cdot\tan^2 x+\dfrac{x}{\sqrt{1+x^2}}+x^2\right)\mathrm{d}x$.

解 因为 $\sin 3x\cdot\tan^2 x$ 和 $\dfrac{x}{\sqrt{1+x^2}}$ 都是奇函数，所以

$$\begin{aligned}\int_{-1}^{1}\left(\sin 3x\cdot\tan^2 x+\frac{x}{\sqrt{1+x^2}}+x^2\right)\mathrm{d}x&=\int_{-1}^{1}\sin 3x\tan^2 x\mathrm{d}x+\int_{-1}^{1}\frac{x}{\sqrt{1+x^2}}\mathrm{d}x+2\int_{0}^{1}x^2\mathrm{d}x\\&=0+0+\frac{2}{3}x^3\Big|_0^1=\frac{2}{3}\end{aligned}$$

例 6.31 若 $f(x)$ 在 $[0,1]$ 连续，证明 $\int_{0}^{\frac{\pi}{2}}f(\sin x)\mathrm{d}x=\int_{0}^{\frac{\pi}{2}}f(\cos x)\mathrm{d}x$.

证 设 $x=\dfrac{\pi}{2}-t$，则 $\mathrm{d}x=-\mathrm{d}t$，且当 $x=0$ 时 $t=\dfrac{\pi}{2}$，当 $x=\dfrac{\pi}{2}$ 时 $t=0$，故

$$左边=\int_{\frac{\pi}{2}}^{0}f\left[\sin\left(\frac{\pi}{2}-t\right)\right](-\mathrm{d}t)=-\int_{0}^{\frac{\pi}{2}}f(\cos t)(-\mathrm{d}t)=\int_{0}^{\frac{\pi}{2}}f(\cos t)\mathrm{d}t=\int_{0}^{\frac{\pi}{2}}f(\cos x)\,\mathrm{d}x=右边$$

例 6.32 设 $f(x)=\begin{cases}1+x^2, & x\leqslant 0,\\ \mathrm{e}^x, & x>0,\end{cases}$ 求 $\int_{1}^{3}f(x-2)\mathrm{d}x$.

解 设 $t=x-2$，则 $x=t+2$，$\mathrm{d}x=\mathrm{d}t$，且当 $x=1$ 时 $t=-1$，当 $x=3$ 时 $t=1$，故

$$\int_{1}^{3}f(x-2)\mathrm{d}x=\int_{-1}^{1}f(t)\mathrm{d}t=\int_{-1}^{1}f(x)\mathrm{d}x=\int_{-1}^{0}(1+x^2)\mathrm{d}x+\int_{0}^{1}\mathrm{e}^x\mathrm{d}x=\left[x+\frac{x^3}{3}\right]_{-1}^{0}+[\mathrm{e}^x]_0^1=\frac{4}{3}+\mathrm{e}-1=\frac{1}{3}+\mathrm{e}$$

例 6.33 求 $\int_{0}^{1}x\mathrm{e}^{-x^2}\mathrm{d}x$.

解 $\int_{0}^{1}x\mathrm{e}^{-x^2}\mathrm{d}x=-\dfrac{1}{2}\int_{0}^{1}\mathrm{e}^{-x^2}\mathrm{d}(-x^2)=\left[-\dfrac{1}{2}\mathrm{e}^{-x^2}\right]_0^1=-\dfrac{1}{2}(\mathrm{e}^{-1}-\mathrm{e}^0)=\dfrac{1}{2}(1-\mathrm{e}^{-1})$.

6.3.2 分部积分法

定理 6.7 设函数 $u(x),v(x)$ 在 $[a,b]$ 上有连续的导数，则有定积分的分部积分公式

$$\int_{a}^{b}u(x)\mathrm{d}v(x)=u(x)\cdot v(x)\Big|_a^b-\int_{a}^{b}v(x)\mathrm{d}u(x)$$

例 6.34 求 $\int_{0}^{1}x\mathrm{e}^x\mathrm{d}x$.

解 $\int_0^1 xe^x dx = xe^x\Big|_0^1 - \int_0^1 e^x dx = e - e^x\Big|_0^1 = 1$.

定积分的分部积分公式与不定积分的分部积分公式，在形式上是完全一样的，不同的是定积分中多了积分上、下限；另外，用分部积分公式计算定积分的函数特点与不定积分中的特点也是完全相同的.

例 6.35 求 $\int_0^{\frac{\pi}{2}} x^2 \sin x dx$.

解 $\int_0^{\frac{\pi}{2}} x^2 \sin x dx = \int_0^{\frac{\pi}{2}} x^2 d(-\cos x)$（取 $u = x^2$，$v = -\cos x$）

$$= -x^2 \cos x\Big|_0^{\frac{\pi}{2}} + 2\int_0^{\frac{\pi}{2}} x\cos x dx = 0 + 2\int_0^{\frac{\pi}{2}} x d\sin x \text{（再取 } u = x, \ v = \sin x\text{）}$$

$$= 2x\sin x\Big|_0^{\frac{\pi}{2}} - 2\int_0^{\frac{\pi}{2}} \sin x dx = 2\cdot\frac{\pi}{2} - 2\cdot(-\cos x)\Big|_0^{\frac{\pi}{2}} = \pi - 2.$$

例 6.36 设 $\int_1^b \ln x dx = 1$，求 b.

解 $\int_1^b \ln x dx = (x\ln x)\big|_1^b - \int_1^b x d(\ln x) = b\cdot\ln b - \int_1^b dx = b\cdot\ln b - x\big|_1^b = b\cdot\ln b - b + 1$.

由已知条件知，$b\cdot\ln b - b + 1 = 1$，即 $b(\ln b - 1) = 0$. 因 $b \neq 0$，从而有 $\ln b = 1$，即 $b = e$.

例 6.37 求 $\int_0^{\pi} x\cos x dx$.

解 设 $u(x) = x$，有 $u'(x) = 1$，$v'(x) = \cos x$，故 $v(x) = \sin x$，所以

$$\int_0^{\pi} x\cos x dx = (x\cdot\sin x)\big|_0^{\pi} - \int_0^{\pi} \sin x dx = -[-\cos x]_0^{\pi} = \cos\pi - \cos 0 = -1 - 1 = -2$$

例 6.38 求 $\int_0^1 x^2 e^{-x} dx$.

解 $\int_0^1 x^2 e^{-x} dx = -\int_0^1 x^2 d(-e^{-x}) = [-x^2(e^{-x})]_0^1 - \int_0^1 2x(-e^{-x})\,dx$

$$= -e^{-1} - [2xe^{-x}]_0^1 - \int_0^1 2(-e^{-x})dx = -e^{-1} - 2e^{-1} - 2(e^{-1} - 1) = 2 - 5e^{-1}.$$

6.3.3 定积分的常用公式

（1）设 $f(x)$ 在关于原点对称的区间 $[-a, a]$ 上可积，则

①当 $f(x)$ 为奇函数时，$\int_{-a}^{a} f(x)dx = 0$；

②当 $f(x)$ 为偶函数时，$\int_{-a}^{a} f(x)dx = 2\int_0^a f(x)dx$.

例 6.39 求 $\int_{-\frac{\pi}{2}}^{\frac{\pi}{2}} \frac{x + \cos x}{1 + \sin^2 x} dx$.

解 $\int_{-\frac{\pi}{2}}^{\frac{\pi}{2}} \frac{x + \cos x}{1 + \sin^2 x} dx = \int_{-\frac{\pi}{2}}^{\frac{\pi}{2}} \frac{x}{1 + \sin^2 x} dx + \int_{-\frac{\pi}{2}}^{\frac{\pi}{2}} \frac{\cos x}{1 + \sin^2 x} dx$.

在 $\left[-\frac{\pi}{2}, \frac{\pi}{2}\right]$ 上，$\frac{x}{1 + \sin^2 x}$ 为奇函数，$\frac{\cos x}{1 + \sin^2 x}$ 为偶函数，所以

$$\int_{-\frac{\pi}{2}}^{\frac{\pi}{2}}\frac{x+\cos x}{1+\sin^2 x}\mathrm{d}x=0+2\int_0^{\frac{\pi}{2}}\frac{\cos x}{1+\sin^2 x}\mathrm{d}x=2\int_0^{\frac{\pi}{2}}\frac{1}{1+\sin^2 x}\mathrm{d}(\sin x)=2\Big[\arctan(\sin x)\Big]_0^{\frac{\pi}{2}}=\frac{\pi}{2}$$

（2）设 $f(x)$ 是以 T 为周期的周期函数，且可积，则对任意实数 a 有

$$\int_a^{a+T}f(x)\mathrm{d}x=\int_0^T f(x)\mathrm{d}x$$

例 6.40 求 $\int_1^{\pi+1}\sin 2x\mathrm{d}x$.

解 因为 $y=\sin 2x$ 的周期为 $T=\frac{2\pi}{\omega}=\frac{2\pi}{2}=\pi$ ，所以

$$\int_1^{\pi+1}\sin 2x\mathrm{d}x=\int_0^{\pi}\sin 2x\mathrm{d}x=\frac{1}{2}\int_0^{\pi}\sin 2x\mathrm{d}(2x)=\frac{1}{2}[-\cos 2x]_0^{\pi}=0$$

例 6.41 设 $f(x)$ 是以 T 为周期的周期函数，则对任意实数 a 有 $\int_a^{a+T}f(x)\mathrm{d}x=\int_0^T f(x)\mathrm{d}x$ ，并由此计算 $\int_0^{n\pi}|\sin x|\mathrm{d}x(n\in\mathbf{N})$.

证 $\int_a^{a+T}f(x)\mathrm{d}x=\int_a^0 f(x)\mathrm{d}x+\int_0^T f(x)\mathrm{d}x+\int_T^{a+T}f(x)\mathrm{d}x$.

在 $\int_a^{a+T}f(x)\mathrm{d}x$ 中，令 $x=t+T$ ，则

$$\int_a^{a+T}f(x)\mathrm{d}x=\int_0^a f(t+T)\mathrm{d}t=\int_0^a f(t)\mathrm{d}t=\int_0^a f(x)\mathrm{d}x$$

因为 $\int_0^a f(x)\mathrm{d}x+\int_a^0 f(x)\mathrm{d}x=0$ ，所以 $\int_a^{a+T}f(x)\mathrm{d}x=\int_0^T f(x)\mathrm{d}x$. 又 $|\sin x|$ 是以 π 为周期的周期函数，故

$$\begin{aligned}\int_0^{n\pi}|\sin x|\,\mathrm{d}x&=\int_0^{\pi}|\sin x|\,\mathrm{d}x+\int_{\pi}^{2\pi}|\sin x|\,\mathrm{d}x+\cdots+\int_{n-1}^{n\pi}|\sin x|\,\mathrm{d}x\\&=n\int_0^{\pi}|\sin x|\,\mathrm{d}x=n\int_0^{\pi}\sin x\mathrm{d}x=2n\end{aligned}$$

即

$$\int_0^{n\pi}f(x)\mathrm{d}x=n\int_0^{\pi}f(x)\mathrm{d}x$$

（3）$\sin^n x,\cos^n x$ 在区间 $\left[0,\frac{\pi}{2}\right]$ 上的积分

$$\int_0^{\frac{\pi}{2}}\sin^n x\mathrm{d}x=\int_0^{\frac{\pi}{2}}\cos^n x\mathrm{d}x=\begin{cases}\frac{n-1}{n}\cdot\frac{n-3}{n-2}\cdot\frac{n-5}{n-4}\cdot\cdots\cdot\frac{2}{3}\cdot 1, & n=2k+1,k\in\mathbf{N}\\ \frac{n-1}{n}\cdot\frac{n-3}{n-2}\cdot\frac{n-5}{n-4}\cdot\cdots\cdot\frac{1}{2}\cdot\frac{\pi}{2}, & n=2k,k\in\mathbf{N}\end{cases}$$

例 6.42 求 $\int_0^{\frac{\pi}{2}}\sin^7 x\mathrm{d}x$.

解 $\int_0^{\frac{\pi}{2}}\sin^7 x\mathrm{d}x=\frac{7-1}{7}\cdot\frac{7-3}{7-2}\cdot\frac{2}{3}\cdot 1=\frac{6}{7}\cdot\frac{4}{5}\cdot\frac{2}{3}\cdot 1=\frac{16}{35}$.

例 6.43 求 $\int_0^{\frac{\pi}{4}}\cos^6 2x\mathrm{d}x$.

解 设 $t=2x$ ，有 $x=\frac{t}{2}$ ，即 $\mathrm{d}x=\frac{\mathrm{d}t}{2}$ ，且当 $x=0$ 时 $t=0$ ，当 $x=\frac{\pi}{4}$ 时 $t=\frac{\pi}{2}$ ，所以

$$\int_0^{\frac{\pi}{4}}\cos^6 2x\mathrm{d}x=\int_0^{\frac{\pi}{2}}\cos^6 t\left(\frac{1}{2}\mathrm{d}t\right)=\frac{1}{2}\int_0^{\frac{\pi}{2}}\cos^6 t\mathrm{d}t=\frac{1}{2}\cdot\frac{5}{6}\cdot\frac{3}{4}\cdot\frac{1}{2}\cdot\frac{\pi}{2}=\frac{5}{64}\pi$$

习 题 6.3

1. 选择题：

（1）下列积分为零的有（　　）.

A. $\int_0^{\pi}\frac{\sin x}{3+\cos x}\mathrm{d}x$　　B. $\int_{-1}^{1}x\sin x\mathrm{d}x$　　C. $\int_{-\frac{\pi}{2}}^{\frac{\pi}{2}}x^2\sin x\mathrm{d}x$　　D. $\int_{-\frac{\pi}{4}}^{\frac{\pi}{4}}\frac{3+\cos x}{\cos x}\mathrm{d}x$

（2）设函数 $f(x)$ 在 $[0,2]$ 上连续，则令 $t=2x$，有 $\int_0^1 f(2x)\mathrm{d}x=$（　　）.

A. $\int_0^2 f(t)\mathrm{d}t$　　B. $\frac{1}{2}\int_0^1 f(t)\mathrm{d}t$　　C. $2\int_0^2 f(t)\mathrm{d}t$　　D. $\frac{1}{2}\int_0^2 f(t)\mathrm{d}t$

2. 计算下列积分：

（1）$\int_1^4\frac{\sqrt{x-1}}{x}\mathrm{d}x$；　　（2）$\int_1^9\frac{1}{1+\sqrt{x}}\mathrm{d}x$；　　（3）$\int_0^1\frac{x^{\frac{3}{2}}}{1+x}\mathrm{d}x$；

（4）$\int_0^a x^2\sqrt{a^2-x^2}\mathrm{d}x\ (a>0)$；　　（5）$\int_0^1 \mathrm{e}^{\sqrt{x}}\mathrm{d}x$；　　（6）$\int_0^{\frac{\sqrt{2}}{2}}\arccos x\mathrm{d}x$；

（7）$\int_0^{\sqrt{\ln 2}}x^3\mathrm{e}^{x^2}\mathrm{d}x$；　　（8）$\int_0^{\frac{\pi}{2}}x\cos 3x\mathrm{d}x$；　　（9）$\int_0^{\pi}x\cos^2 x\mathrm{d}x$；

（10）$\int_1^{\mathrm{e}}x(\ln x)^2\mathrm{d}x$.

3. 证明下列各题：

（1）$\int_0^{\frac{\pi}{2}}\cos^n x\mathrm{d}x=\int_0^{\frac{\pi}{2}}\sin^n x\mathrm{d}x$.

（2）设 $f(x)$ 是以 T 为周期的周期函数，证明：$\int_a^{a+T}f(x)\mathrm{d}x=\int_0^T f(x)\mathrm{d}x$；

（3）设 $f(x)$ 为连续的奇函数，证明：$\phi(x)=\int_0^x f(t)\mathrm{d}t$ 为偶函数.

（4）若 $f(x)$ 是连续函数，则

① $\int_a^b f(x)\mathrm{d}x=(b-a)\int_0^1 f[a+(b-a)x]\mathrm{d}x$；

② $\int_0^a x^3 f(x^2)\mathrm{d}x=\frac{1}{2}\int_0^{a^2}xf(x)\mathrm{d}x$.

6.4 反 常 积 分

前面讨论定积分的积分区间都是有限区间，且被积函数在积分区间上有界. 但实际问题中还会遇到无穷区间上的积分以及无界函数的积分，这类积分称为反常积分，通常把前面所讨论的定积分称为常义积分. 下面主要讨论无穷区间上反常积分的计算.

定义 6.2 设函数 $f(x)$ 在 $[a,+\infty)$ 上连续，对于任意的 $b>a$，极限 $\lim\limits_{b\to+\infty}\int_a^b f(x)\mathrm{d}x$ 称为 $f(x)$ 在 $[a,+\infty)$ 上的反常积分，记为 $\int_a^{+\infty}f(x)\mathrm{d}x$，即

$$\int_a^{+\infty}f(x)\mathrm{d}x=\lim_{b\to+\infty}\int_a^b f(x)\mathrm{d}x$$

若极限存在，则称反常积分 $\int_a^{+\infty}f(x)\mathrm{d}x$ 收敛；若极限不存在，则称反常积分 $\int_a^{+\infty}f(x)\mathrm{d}x$ 发散.

类似地，定义 $f(x)$ 在无穷区间 $(-\infty, b]$ 上的积分为

$$\int_{-\infty}^{b} f(x)\mathrm{d}x = \lim_{a\to-\infty}\int_{a}^{b} f(x)\mathrm{d}x$$

若等式右端的极限存在，则称之为收敛；否则称之为发散.

函数在无穷区间 $(-\infty, +\infty)$ 内的积分定义为

$$\int_{-\infty}^{+\infty} f(x)\mathrm{d}x = \int_{-\infty}^{c} f(x)\mathrm{d}x + \int_{c}^{+\infty} f(x)\mathrm{d}x$$

其中，c 为任意实数．若上式的右端两个积分都收敛，则称之为收敛；否则称之为发散.

无穷区间上的积分也称为无穷积分.

例 6.44 计算无穷积分 $\int_{0}^{+\infty} \mathrm{e}^{-x}\mathrm{d}x$.

解 $\int_{0}^{+\infty} \mathrm{e}^{-x}\mathrm{d}x = \lim\limits_{b\to+\infty}\int_{0}^{b} \mathrm{e}^{-x}\mathrm{d}x = \lim\limits_{b\to+\infty}(-\mathrm{e}^{-x})\Big|_{0}^{b} = \lim\limits_{b\to+\infty}\left(-\dfrac{1}{\mathrm{e}^{b}}+1\right)=1$

为了书写方便，在计算过程中可不写极限符号，用记号 $F(x)\big|_{0}^{+\infty}$ 表示 $\lim\limits_{x\to+\infty}[F(x)-F(a)]$，这样例 6.44 可写为

$$\int_{0}^{+\infty} \mathrm{e}^{-x}\mathrm{d}x = (-\mathrm{e}^{-x})\Big|_{0}^{+\infty} = 0+1=1$$

例 6.45 计算无穷积分 $\int_{0}^{+\infty} \dfrac{1}{1+x^2}\mathrm{d}x$.

解 $\int_{0}^{+\infty} \dfrac{1}{1+x^2}\mathrm{d}x = \arctan x\Big|_{0}^{+\infty} = \dfrac{\pi}{2}-0=\dfrac{\pi}{2}$.

例 6.46 计算无穷积分 $\int_{-\infty}^{+\infty} \dfrac{1}{1+x^2}\mathrm{d}x$.

解
$$\begin{aligned}\int_{-\infty}^{+\infty} \frac{1}{1+x^2}\mathrm{d}x &= \int_{-\infty}^{0} \frac{1}{1+x^2}\mathrm{d}x + \int_{0}^{+\infty} \frac{1}{1+x^2}\mathrm{d}x = \arctan x\Big|_{-\infty}^{0} + \arctan x\Big|_{0}^{+\infty} \\ &= \left[0+\left(-\frac{\pi}{2}\right)\right]+\left(\frac{\pi}{2}-0\right)=\pi.\end{aligned}$$

例 6.47 计算无穷积分 $\int_{0}^{+\infty} t\mathrm{e}^{-pt}\mathrm{d}t$ （p 为常数，且 $p>0$）.

解
$$\begin{aligned}\int_{0}^{+\infty} t\mathrm{e}^{-pt}\mathrm{d}t &= -\frac{1}{p}\int_{0}^{+\infty} t\mathrm{d}(\mathrm{e}^{-pt}) = -\frac{1}{p}\left(t\mathrm{e}^{-pt}\Big|_{0}^{+\infty} - \int_{0}^{+\infty}\mathrm{e}^{-pt}\mathrm{d}t\right) = -\frac{1}{p}t\mathrm{e}^{-pt}\Big|_{0}^{+\infty} - \frac{1}{p^2}\mathrm{e}^{-pt}\Big|_{0}^{+\infty} \\ &= \frac{1}{p}\left(\lim_{t\to+\infty} t\mathrm{e}^{-pt}-0\right)-\frac{1}{p^2}(0-1)=\frac{1}{p^2}.\end{aligned}$$

例 6.48 讨论无穷积分 $\int_{1}^{+\infty} \dfrac{1}{x^p}\mathrm{d}x$ 的收敛性.

解 当 $p=1$ 时，$\int_{1}^{+\infty} \dfrac{1}{x}\mathrm{d}x = \ln|x|\Big|_{1}^{+\infty} = +\infty$ ；

当 $p\neq1$ 时，$\int_{1}^{+\infty} \dfrac{1}{x}\mathrm{d}x = \dfrac{x^{1-p}}{1-p}\Bigg|_{1}^{+\infty} = \begin{cases} +\infty, & p<1, \\ \dfrac{1}{1-p}, & p>1. \end{cases}$

即当 $p\leqslant1$ 时，该积分发散；当 $p>1$ 时，该积分收敛.

习 题 6.4

1. 计算无穷积分 $\int_{1}^{+\infty}\frac{1}{x^4}\mathrm{d}x$.

2. 计算无穷积分 $\int_{1}^{+\infty}\mathrm{e}^{-\lambda t}\mathrm{d}t$.

3. 计算无穷积分 $\int_{-\infty}^{+\infty}\frac{2x}{x^2+1}\mathrm{d}x$.

4. 计算无穷积分 $\int_{\mathrm{e}}^{+\infty}\frac{1}{x(\ln x)^2}\mathrm{d}x$.

6.5 定积分的应用

定积分的概念是在解决实际问题中发展起来的，它的应用十分广泛．本节将介绍定积分在求平面区域的面积和经济方面的应用．

6.5.1 用定积分求平面图形的面积

求由曲线 $y=f(x)$、 $y=g(x)$ $[g(x)\leqslant f(x)]$，直线 $x=a$、 $x=b$ 所围成图形的面积．

设平面图形由曲线 $y=f(x)$、$y=g(x)$，直线 $x=a$、$x=b$ 所围成，其中 $f(x)$、$g(x)$ 在 $[a,b]$ 上连续，且 $g(x)\leqslant f(x)$．

若 $f(x)\geqslant 0$，则图形（图 6.5 阴影部分）的面积等于曲边梯形 $AabB$ 的面积减去曲边梯形 $A'abB'$ 的面积，因此图形的面积 S 为

$$S=\int_a^b f(x)\mathrm{d}x-\int_a^b g(x)\mathrm{d}x=\int_a^b[f(x)-g(x)]\mathrm{d}x$$

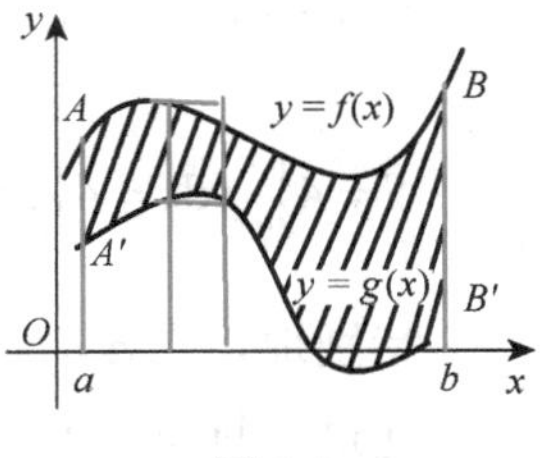

图 6.5

同样，设平面图形由曲线 $x=\varphi_1(y)$、$x=\varphi_2(y)$，直线 $y=c$、$y=d$ 围成，其中 $\varphi_1(y)$、 $\varphi_2(y)$ 在 $[c,d]$ 上连续，且 $\varphi_1(y)\leqslant\varphi_2(y)$，则图形的面积 S 为

$$S=\int_c^d\varphi_2(y)\mathrm{d}y-\int_c^d\varphi_1(y)\mathrm{d}y=\int_c^d[\varphi_2(y)-\varphi_1(y)]\,\mathrm{d}y$$

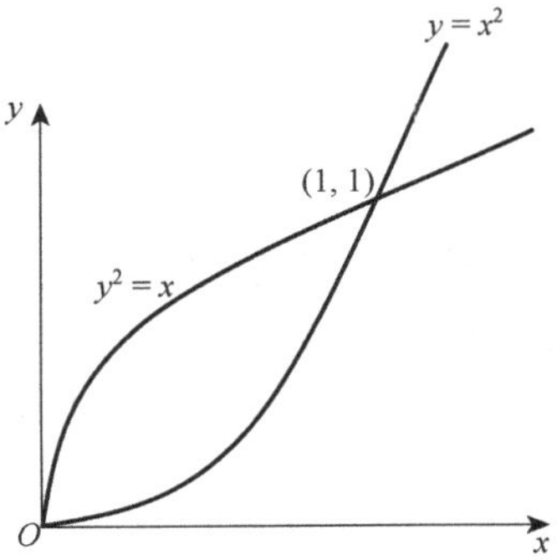

图 6.6

例 6.49 如图 6.6 所示，求曲线 $y=x^2$、 $x=y^2$ 所围成图形的面积．

解 为了求出图形的面积，一般先画出两条曲线所围成的图形．为了定出图形的所在范围，应先求出两条抛物线的交点，为此解方程组

$$\begin{cases}y=x^2\\x=y^2\end{cases}\Rightarrow\begin{cases}x=0\\y=0\end{cases}\text{ 或 }\begin{cases}x=1\\y=1\end{cases}$$

即这两条抛物线的交点为(0, 0)和(1, 1)．

从而知道这图形在直线 $x=0$ 与 $x=1$ 之间．因此曲线 $y=x^2$、 $x=y^2$ 所围成图形的面积为

$$S=\int_0^1\left(\sqrt{x}-x^2\right)\mathrm{d}x=\left(\frac{2}{3}x^{\frac{3}{2}}-\frac{1}{3}x^3\right)\Bigg|_0^1=\frac{1}{3}$$

例 6.50 求椭圆 $\frac{x^2}{a^2}+\frac{y^2}{b^2}=1$ 的面积.

解法一 由椭圆的对称性知，椭圆的面积 A 为它在第一象限面积 A_0 的 4 倍.

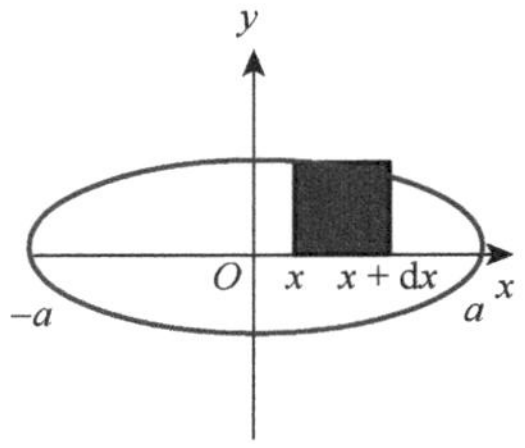

图 6.7

考察第一象限：由 $\frac{x^2}{a^2}+\frac{y^2}{b^2}=1$，有 $y=\frac{b}{a}\sqrt{a^2-x^2}$. 如图 6.7 所示，微元 $\mathrm{d}A=\frac{b}{a}\sqrt{a^2-x^2}\mathrm{d}x$ ，有 $A_0=\int_0^a\frac{b}{a}\sqrt{a^2-x^2}\mathrm{d}x$.

设 $x=a\cdot\sin t$ ，得 $t=\arcsin x$ ，即 $\mathrm{d}x=a\cos t$ ，当 $x=0$ 时 $t=0$ ，当 $x=a$ 时 $t=\frac{\pi}{2}$ ，所以

$$A_0=\int_0^a\frac{b}{a}\sqrt{a^2-x^2}\mathrm{d}x=\int_0^{\frac{\pi}{2}}\frac{b}{a}\sqrt{a^2-a^2\sin^2 t}\cdot(a\cos t)\mathrm{d}t=\frac{b}{a}\int_0^{\frac{\pi}{2}}\sqrt{a^2(1-\sin^2 t)}\cdot(a\cos t)\mathrm{d}t$$

$$=\frac{b}{a}\int_0^{\frac{\pi}{2}}\sqrt{a^2\cos^2 t}\cdot(a\cos t)\mathrm{d}t=\frac{b}{a}\int_0^{\frac{\pi}{2}}(a^2\cos^2 t)\mathrm{d}t=ab\int_0^{\frac{\pi}{2}}\cos^2 t\mathrm{d}t=ab\cdot\frac{1}{2}\cdot\frac{\pi}{2}=\frac{1}{4}\pi ab$$

即 $A=4A_0=\pi ab$.

解法二 利用参数方程，即 $\begin{cases}x=a\cos t,\\ y=b\sin t,\end{cases}$ 则 $S=4\int_0^a y\mathrm{d}x$.

令 $x=a\cos t$ ， $\mathrm{d}x=-a\sin t\mathrm{d}t$ ，当 $x=0$ 时 $t=\frac{\pi}{2}$ ，当 $x=a$ 时 $t=0$ ，所以

$$S=4\int_0^a y\mathrm{d}x=4\int_{\frac{\pi}{2}}^0 b\sin t\mathrm{d}(a\cos t)=4\int_{\frac{\pi}{2}}^0 b\sin t-a\sin t\mathrm{d}t=4ab\int_0^{\frac{\pi}{2}}\sin^2 t\mathrm{d}t=4ab\cdot\frac{1}{2}\cdot\frac{\pi}{2}=\pi ab$$

特别地，当 $a=b=r>0$ 时， $S=\pi r^2$.

通过计算可以发现，用定积分求平面区域的面积的主要步骤如下：

（1）作图；

（2）列出积分公式；

（3）求定积分的值.

其中第（2）步最关键也是最难的．为此，下面分两种情况给予特别说明.

1. 关于 x 求积分

先确定积分限 a 和 b ，它们分别为 x 在区域上的最小值和最大值，不妨称之为左端点和右端点.

为了确定被积函数，在区间 (a,b) 内任取一点 x_0 ，则直线 $x=x_0$ 与区域的边界一般有上、下两个交点，上方交点所在的曲线不妨称之为上边界曲线，下方交点所在的曲线称之为下边界曲线，那么可以把求面积 S 的式子表示为以下形式：

$$S=\int_{\text{左端点}}^{\text{右端点}}(\text{上边界函数}-\text{下边界函数})\mathrm{d}x$$

2. 关于 y 求积分

如果平行于 y 轴的直线与区域边界的交点不止两个或边界的函数不统一，采用 y 作为积分变量比较合适.

先确定积分限 c 和 d，它们分别为 y 在区域上的最小值和最大值，不妨称之为下端点和上端点. 在 (c,d) 内任取一点 y_0，作平行于 x 轴的直线 $y=y_0$，则该直线与区域的边界一般有左、右两个交点，左交点所在的曲线不妨称为左边界曲线 $x=\varphi_1(y)$，右交点所在的曲线称为右边界曲线 $x=\varphi_2(y)$，那么，可以把关于 y 求面积的积分式子表示为

$$S=\int_{\text{下端点}}^{\text{上端点}}(\text{右边界函数}-\text{左边界函数})\mathrm{d}y$$

6.5.2 用定积分求旋转体的体积

设一立体是由连续曲线 $y=f(x)$，x 轴，直线 $x=a$、$x=b(a<b)$ 所围成的平面图形绕 x 轴旋转一周所形成的旋转体，试求该旋转体的体积.

为了求出该旋转体的体积，可在 $[a,b]$ 上任取一个小区间 $[x,x+\mathrm{d}x]$.

设该小区间上方的窄曲边梯形绕 x 轴旋转一周所生成的薄片体积为 ΔV_x，则 $\Delta V_x\approx\pi[f(x)]^2\mathrm{d}x=\pi y^2\mathrm{d}x$.

根据微元法，有 $\mathrm{d}V_x=\pi y^2\mathrm{d}x$. 于是，旋转体的体积为

$$V_x=\int_a^b\mathrm{d}V_x=\pi\int_a^b y^2\mathrm{d}x=\pi\int_a^b f^2(x)\mathrm{d}x$$

同理，若立体是由曲线 $x=\varphi(y)$，y 轴，直线 $y=c$、$y=d(c<d)$ 所围成的平面图形绕 y 轴旋转一周所形成的旋转体，则该旋转体的体积为

$$V_y=\int_c^d\mathrm{d}V_x=\pi\int_c^d x^2\mathrm{d}y=\pi\int_c^d\varphi^2(y)\mathrm{d}y$$

例 6.51 如图 6.8 所示，已知球体的半径为 r，求球体的体积.

分析 球体可看成半圆面绕 x 轴旋转所形成的旋转体.

解 在第一象限中，圆的方程为 $x^2+y^2=r^2$，即 $y=\sqrt{r^2-x^2}$. 在 $[0,r]$ 上任取一点 x，则体积的微元为

$$\mathrm{d}v=\pi\cdot[f(x)]^2\cdot\mathrm{d}x=\pi(r^2-x^2)\mathrm{d}x$$

故
$$V=\int_{-r}^{r}\pi\cdot(r^2-x^2)\mathrm{d}x=\frac{4}{3}\pi r^3$$

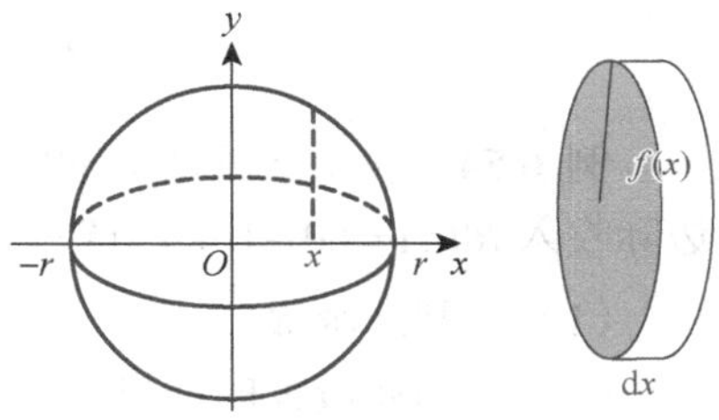

图 6.8

6.5.3 定积分在经济中的应用

由定积分的经济意义知道，已知某一经济量的边际函数为 $f(x)$，则定积分 $\int_a^b f(x)\mathrm{d}x$ 是关于 x 在区间 $[a,b]$ 上的该经济的总量.

例 6.52 某企业生产一种产品，每天生产 x t 的边际成本为 $C'(x)=0.4x+12$（万元），固定成本 5 万元，求总成本函数及产量从开始到 10 t 时的总成本.

解 总成本函数

$$C(x)=\int(0.4x+12)\mathrm{d}x=0.2x^2+12x+C_0\text{（万元）}$$

因为固定成本为 5 万元，即 $C_0=5$，所以

$$C(x)=0.2x^2+12x+5\text{（万元）}$$

产量从开始到 10 t 时的总成本为

$$C=\int_0^{10}(0.4x+12)\mathrm{d}x=(0.2x^2+12x)\Big|_0^{10}=20+120=140\text{（万元）}$$

例 6.53 已知生产某产品 x 单位总收入的变化率为 $R'(x)=200-\dfrac{x}{50}$（万元 / 单位），试求：

（1）生产 x 单位时的总收入和平均单位收入；

（2）生产 2 000 单位时的总收入和平均单位收入.

解 （1）总收入函数 $R(x)=\int\left(200-\dfrac{x}{50}\right)\mathrm{d}x=200x-\dfrac{x^2}{100}+C$.

因为 $R(0)=0$，$C=0$，所以 $R(x)=200x-\dfrac{x^2}{100}$，此时的平均单位收入为

$$\overline{R(x)}=\frac{R(x)}{x}=200-\frac{x}{100}$$

（2）生产 2 000 单位产品时的总收入为

$$R=\int_0^{2\,000}\left(200-\frac{x}{50}\right)\mathrm{d}x=\left(200x-\frac{1}{100}x^2\right)\Bigg|_0^{2\,000}=400\,000-40\,000=360\,000\text{（万元）}$$

此时平均单位收入为

$$\overline{R}=\frac{R(2\,000)}{2\,000}=\frac{360\,000}{2\,000}=180\text{（万元）}$$

例 6.54 设生产某产品的固定成本为 10，而当产量为 x 时的边际成本 $C'(x)=40+2.5x$，边际收入 $R'(x)=80-10x$，试求：

（1）总利润函数；

（2）总利润最大的产量.

解 （1）设总利润函数为 $L(x)$，则 $L(x)=R(x)-C(x)$，且

$$L'(x)=R'(x)-C'(x)=(80-10x)-(40+2.5x)=40-12.5x$$

于是，总利润函数

$$L(x)=\int L'(x)\mathrm{d}x=\int(40-12.5x)\mathrm{d}x=40x-6.25x^2+C$$

因为当 $x=0$ 时，$L=-10$（固定成本），所以 $L(x)=40x-6.25x^2-10$.

（2）令 $L'(x)=40-12.5x=0$，得 $x=3.2$，且 $L'(x)=-12.5<0$，所以，当产量为 3.2 时利润最大，此时，最大利润为 $L(3.2)=54$.

习 题 6.5

1. 求下列各平面图形的面积：

（1）曲线 $y=x$ 、 $y=x(x-a)$ 所围成的平面图形；

（2）曲线 $y^2=x$ 、 $y^2=-x+4$ 所围成的平面图形；

（3）曲线 $y=\dfrac{1}{x}(x>0)$ ，直线 $y=x$ 、 $x=2$ 所围成的平面图形；

（4）曲线 $y=\mathrm{e}^{-x}$ 、 $y=\mathrm{e}^{x}$ ，直线 $x=1$ 所围成的平面图形；

（5）曲线 $y^2=x$ 、直线 $x+y=2$ 所围成的平面图形；

（6）曲线 $y=\dfrac{1}{x}(x>0)$ ，直线 $y=x$ 、 $y=4x$ 所围成的平面图形.

2. 求下列旋转体的体积：

（1）椭圆 $\dfrac{x^2}{a^2}+\dfrac{y^2}{b^2}=1$ 分别绕 x 轴和 y 轴旋转一周所得旋转体的体积 V_x 和 V_y ；

（2）由曲线 $y=\sqrt{1+x^2}$ ，直线 $x=0$ 、 $y=0$ 、 $x=2$ 所围成的平面图形绕 x 轴旋转一周所得旋转体的体积；

（3）曲线 $y=x^2$ 、 $x=y^2$ 所围成的平面图形绕 x 轴旋转一周所得旋转体的体积.

3. 已知某产品的边际收益函数为 $R'(Q)=10(10-Q)\mathrm{e}^{-\frac{Q}{10}}$，其中 Q 为销售量， $R=R(Q)$ 为总收益，求该产品的总收益函数.

4. 已知某产品的边际成本和边际收益函数分别为 $C'(Q)=Q^2-4Q+6$ 和 $R'(Q)=105-2Q$ ，且固定成本为100，其中 Q 为销售量， $C(Q)$ 为总成本， $R(Q)$ 为总收益，求最大利润.

第 7 章　级　　数

7.1　常数项级数

7.1.1　常数项级数的概念

初等数学中已经学过：有限个实数 $u_1, u_2, \cdots, u_n$ 相加，其结果是一个实数．本章将在这个基础上继续推广，讨论“无限个实数相加”所可能出现的情形及其有关特性．例如，一根长为一尺的木棒，每天截去一半，这样的过程可以无限进行下去．若把每天截下那一部分的长度“加”起来：

$$\frac{1}{2}+\frac{1}{2^2}+\frac{1}{2^3}+\cdots+\frac{1}{2^n}+\cdots$$

这就是“无限个实数相加”的例子．从直观上可以看到，它的和是 1．

又如，由“无限个实数相加”的表达式：

$$1+(-1)+1+(-1)+\cdots$$

中，如果将它写作

$$(1-1)+(1-1)+(1-1)+\cdots=0+0+0+\cdots$$

其结果无疑是 0，如写作

$$1+[(-1)+1]+[(-1)+1)]+\cdots=1+0+0+\cdots$$

其结果就是 1．

两个结果完全不同．由此提出这样的问题：“无限个实数相加”是否存在“和”？如果存在，“和”等于什么？可见，“无限个实数相加”不能简单地沿用有限个实数相加的概念，而须建立它本身的理论．

定义 7.1　设有一个无穷数列 $u_1, u_2, \cdots, u_n, \cdots$，则称

$$u_1+u_2+\cdots+u_n+\cdots \tag{7.1}$$

为常数项级数或无穷级数（常简称为级数），其中 u_n 称为常数项级数（7.1）的通项．常数项级数（7.1）也常写作 $\sum\limits_{n=1}^{\infty} u_n$，或简单写作 $\sum u_n$．

作常数项级数（7.1）的前 n 项之和

$$s_n=u_1+u_2+\cdots+u_n=\sum_{k=1}^{n} u_k$$

s_n 称为常数项级数（7.1）的第 n 个部分和，简称为部分和．当 n 依次取 $1, 2, \cdots$ 时，它们构成一个新的数列：

$$s_1=u_1, s_2=u_1+u_2, s_3=u_1+u_2+u_3, \cdots, s_n=u_1+u_2+\cdots+u_n, \cdots$$

定义 7.2 若常数项级数（7.1）的部分和数列$\{s_n\}$收敛于s（即$\lim\limits_{n\to\infty} s_n = s$），则称常数项级数（7.1）收敛，称$s$为常数项级数（7.1）的和，表示为

$$s = u_1 + u_2 + \cdots + u_n + \cdots \quad 或 \quad \sum_{n=1}^{\infty} u_n$$

并称

$$R_n = u_{n+1} + u_{u+2} + \cdots = \sum_{k=n+1}^{\infty} u_k = s - s_n$$

为常数项级数的余和.

若数列$\{s_n\}$是发散的，则称常数项级数（7.1）发散.

例 7.1 判断下列级数是否收敛，若收敛求出其和：

（1）$1+2+3+\cdots+n+\cdots$；

（2）$\dfrac{1}{1\cdot 2}+\dfrac{1}{2\cdot 3}+\cdots+\dfrac{1}{n(n+1)}+\cdots$.

解 （1）这个级数的部分和为$s_n = 1+2+3+\cdots+n = \dfrac{n(n+1)}{2}$，显然有$\lim\limits_{n\to\infty} s_n = +\infty$，因此所给级数是发散的.

（2）这个级数的部分和为

$$s_n = \frac{1}{1\cdot 2}+\frac{1}{2\cdot 3}+\cdots+\frac{1}{n(n+1)} = \left(1-\frac{1}{2}\right)+\left(\frac{1}{2}-\frac{1}{3}\right)+\cdots+\left(\frac{1}{n}-\frac{1}{n+1}\right) = 1-\frac{1}{n+1}$$

从而

$$\lim_{n\to\infty} s_n = \lim_{n\to\infty}\left(1-\frac{1}{n+1}\right) = 1$$

故这个级数是收敛的，它的和是 1.

例 7.2 讨论几何级数（也称为等比级数）$\sum\limits_{n=1}^{\infty} aq^{n-1} = a + aq + aq^2 + \cdots + aq^{n-1} + \cdots (a \neq 0)$ 的敛散性.

解 作$s_n = \sum\limits_{n=1}^{\infty} aq^{n-1} = a + aq + aq^2 + \cdots + aq^{n-1}$，若$q \neq 1$，则$s_n = \dfrac{a(1-q^n)}{1-q}$.

下面考虑$\lim\limits_{n\to\infty} s_n$的问题.

若$|q|<1$，当$n\to\infty$时，$q^n \to 0$，故$\lim\limits_{n\to\infty} s_n = \lim\limits_{n\to\infty} \dfrac{a(1-q^n)}{1-q} = \dfrac{a}{1-q}$；

若$|q|>1$，当$n\to\infty$时，$q^n \to \infty$，故$\lim\limits_{n\to\infty} s_n$不存在；

若$q=1$，当$n\to\infty$时，$s_n = na \to \infty$，故$\lim\limits_{n\to\infty} s_n$不存在；

若$q=-1$，当$n\to\infty$时，$s_n = \begin{cases} 0, & n为偶数, \\ a, & n为奇数, \end{cases}$ 故$\lim\limits_{n\to\infty} s_n$不存在.

综上所述

$$\lim_{n\to\infty} s_n = \lim_{n\to\infty} \frac{a(1-q^n)}{1-q} = \begin{cases} \dfrac{a}{1-q}, & |q|<1 \\ 不存在, & |q| \geqslant 1 \end{cases}$$

级数与数列极限有着紧密的联系．给定级数$\sum_{n=1}^{\infty}u_n$，就有部分和数列$\left\{s_n=\sum_{k=1}^{n}u_k\right\}$；反之，给定数列$\{s_n\}$，就有以$\{s_n\}$为部分和数列的级数

$$s_1+(s_2-s_1)+\cdots+(s_n-s_{n-1})+\cdots=s_1+\sum_{n=2}^{\infty}(s_n-s_{n-1})=\sum_{n=1}^{\infty}u_n$$

其中，$u_1=s_1$，$u_n=s_n-s_{n-1}(n\geqslant 2)$．因此，级数$\sum_{n=1}^{\infty}u_n$与数列$\{s_n\}$同时收敛或同时发散，且在收敛时，有$\sum_{n=1}^{\infty}u_n=\lim_{n\to\infty}s_n$，即$\sum_{n=1}^{\infty}u_n=\lim_{n\to\infty}\sum_{k=1}^{\infty}u_k$．

基于级数与数列极限的这种关系，不难根据数列极限的性质推出下面有关级数的一些性质．

定理 7.1 若级数$\sum u_n$和$\sum v_n$分别收敛于u和v，c,d为常数，则由它们的项的线性组合所得到的级数$\sum(cu_n+dv_n)$也收敛，且

$$\sum(cu_n+dv_n)=c\sum u_n\pm d\sum v_n=cu\pm dv$$

即其和为$cu\pm dv$．

证 设$\sum u_n$的部分和为s_n，$\sum v_n$的部分和为s_n'，则有$\lim_{n\to\infty}s_n=u$，$\lim_{n\to\infty}s_n'=v$．故级数$\sum(cu_n+dv_n)$的部分和为

$$\begin{aligned}\tau_n&=(cu_1\pm dv_1)+(cu_2\pm dv_2)+\cdots+(cu_n\pm dv_n)\\&=c(u_1+u_2+\cdots+u_n)\pm d(v_1+v_2+\cdots+v_n)=cs_n\pm ds_n'\end{aligned}$$

所以

$$\lim_{n\to\infty}\tau_n=\lim_{n\to\infty}\left(cs_n\pm ds_n'\right)=cu\pm dv$$

这就表明级数$\sum(cu_n+dv_n)$也收敛，且其和为$cu\pm dv$．

定理 7.2 去掉、增加或改变级数的有限个项并不影响级数的敛散性．

分析 只需证明“在级数的前面部分去掉或增加有限项，不会改变级数的敛散性”，则其他情形可以类似证明．

证 设将级数$u_1+u_2+\cdots+u_k+u_{k+1}+\cdots+u_{k+n}+\cdots$的前$k$项去掉，则得到级数

$$u_{k+1}+u_{k+2}+\cdots+u_{k+n}+\cdots$$

于是新得到的级数的部分和为

$$\sigma_n=u_{k+1}+u_{k+2}+\cdots+u_{k+n}=s_{k+n}-s_k$$

其中s_{k+n}为原级数的前$k+n$项的和．由于s_k为常数，当$n\to\infty$时，σ_n与s_{k+n}或者同时具有极限，或者同时没有极限．

同理可以证明：在级数的前面增加有限项，不会改变级数的敛散性．

由此可见，一个级数是否收敛与级数前面有限项的取值无关．但是对于收敛级数来说，去掉或增加有限项后，级数的和一般是会发生变化的．

定理 7.3 在收敛级数的项中任意加括号，既不改变级数的敛散性，也不改变它的和．

证 设$\sum u_n$为收敛级数，其和为s．记

$$v_1=u_1+\cdots+u_{n_1},v_2=u_{n_1+1}+\cdots+u_{n_2},\cdots,v_k=u_{n_{k-1}+1}+\cdots+u_{n_k},\cdots$$

下面证明$\sum v_k$也收敛，且其和也为s．

事实上，设$\{s_n\}$为收敛级数$\sum u_n$的部分和数列，则级数$\sum v_k$的部分和数列$\{s_{n_k}\}$是$\{s_n\}$的一个子列．由于$\{s_n\}$收敛，且$\lim\limits_{n\to\infty}s_n=s$，由子列性质[①]知，$\{s_{n_k}\}$也收敛，且$\lim\limits_{n\to\infty}s_{n_k}=s$．即级数$\sum v_n$也收敛，它的和也等于$s$．

注：定理 7.3 的逆命题并不成立，即有些级数加括号后收敛，不能推断它在未加括号前也收敛．例如，

$$(1-1)+(1-1)+\cdots+(1-1)+\cdots=0+0+\cdots+0+\cdots=0$$

收敛，但级数$1-1+1-1+\cdots$却是发散的．

定理 7.4 若级数$\sum u_n$收敛，则有$\lim\limits_{n\to\infty}u_n=0$．

证 设级数$\sum u_n$收敛，其和为u，显然 $u_n=s_n-s_{n-1}\,(n\geqslant 2)$，于是

$$\lim_{n\to\infty}u_n=\lim_{n\to\infty}(s_n-s_{n-1})=u-u=0$$

例 7.3 证明：调和级数

$$1+\frac{1}{2}+\frac{1}{3}+\cdots+\frac{1}{n}+\cdots \tag{7.2}$$

是发散的．

证 这里调和级数虽然满足$\lim\limits_{n\to\infty}u_n=\lim\limits_{n\to\infty}\frac{1}{n}=0$，但是它是发散的．

用反证法来证明．

假设级数（7.2）收敛，设它的第n个部分和为s_n，且$s_n\to s(n\to\infty)$，显然，对级数（7.2）的第$2n$个部分和s_{2n}，也有$s_{2n}\to s(n\to\infty)$．于是

$$s_{2n}-s\to s-s=0\quad(n\to\infty) \tag{7.3}$$

但是
$$s_{2n}-s_n=\frac{1}{n+1}+\frac{1}{n+2}+\cdots+\frac{1}{2n}>\frac{1}{2n}+\frac{1}{2n}+\cdots+\frac{1}{2n}=\frac{1}{2}$$

与式（7.3）矛盾，故假设不成立，说明原级数发散．

注：定理 7.4 的逆否命题是成立的，即若$\lim\limits_{n\to\infty}u_n\neq 0$，则$\sum\limits_{n=1}^{\infty}u_n$必定发散．例如，级数$\sum\limits_{n=1}^{\infty}\frac{n}{n+1}$，它的通项$\frac{n}{n+1}\to 1\neq 0\quad(n\to\infty)$，因此该级数发散．

习 题 7.1（1）

1. 写出下列级数的前 5 项：

（1）$\sum\limits_{n=1}^{\infty}\frac{(-1)^{n+1}}{2^n-1}$；（2）$\sum\limits_{n=1}^{\infty}\frac{3}{(2n+1)2^{2n-1}}$；

（3）$\sum\limits_{n=1}^{\infty}\frac{(-1)^n+1}{n}$；（4）$\sum\limits_{n=1}^{\infty}\frac{1\cdot4\cdot7\cdot\cdots\cdot(3n+1)}{2\cdot7\cdot12\cdot\cdots\cdot(5n+2)}$；

① 子列性质：数列$\{a_n\}$收敛的充要条件是$\{a_n\}$的任一子列都收敛，且有相同的极限．

2. 写出下列级数的一般项：

（1）$\frac{2}{1}-\frac{3}{2}+\frac{4}{3}-\frac{5}{4}+\frac{6}{5}-\cdots$；（2）$1+\frac{1\cdot 2}{2^2}+\frac{1\cdot 2\cdot 3}{3^3}+\frac{1\cdot 2\cdot 3\cdot 4}{4^4}+\cdots$；

（3）$\frac{3}{4}-\frac{5}{36}+\frac{7}{144}-\frac{9}{400}+\cdots$.

3. 根据级数收敛和发散的定义，判断下列级数的敛散性：

（1）$2+2+\cdots+2+\cdots$；（2）$\frac{1}{1\cdot 4}+\frac{1}{2\cdot 5}+\cdots+\frac{1}{n(n+3)}+\cdots$；

（3）$\sin\frac{\pi}{6}+\sin\frac{2\pi}{6}+\cdots+\sin\frac{n\pi}{6}+\cdots$（提示：$s_n$ 两边同乘 $2\sin\frac{\pi}{12}$，再积化和差）.

4. 判断下列级数的敛散性：

（1）$1+\ln 2+\ln^2 2+\ln^3 2+\cdots$；（2）$1-\ln 3+\ln^2 3-\ln^3 3+\ln^4 3-\cdots$；

（3）$\frac{1}{3}+\frac{1}{\sqrt{3}}+\frac{1}{\sqrt[3]{3}}+\cdots+\frac{1}{\sqrt[n]{3}}+\cdots$；（4）$\left(\frac{1}{2}+\frac{1}{a}\right)+\left(\frac{1}{2^2}+\frac{1}{a^2}\right)+\cdots+\left(\frac{1}{2^n}+\frac{1}{a^n}\right)+\cdots$；

（5）$\left(\frac{1}{3}+\frac{1}{2}\right)+\left(\frac{1}{3^2}+\frac{1}{2\times 2}\right)+\cdots+\left(\frac{1}{3^n}+\frac{1}{n\times 2}\right)+\cdots$.

7.1.2 正项级数敛散性判别法

一般的常数项级数，它的各项可以是正数、负数或零. 现在先讨论各项都是正数或零的级数，这种级数称为正项级数.

正项级数

$$\sum_{n=1}^{\infty}u_n=u_1+u_2+\cdots+u_n+\cdots\quad(u_n\geqslant 0)\tag{7.4}$$

设其部分和为 s_n，显然部分和数列 $\{s_n\}$ 是单调递增的，即

$$s_1\leqslant s_2\leqslant\cdots\leqslant s_n\leqslant\cdots\quad(n=1,2,\cdots)$$

从而 s_n 只有两种变化情况：

（1）s_n 无限增大，于是 $\lim\limits_{n\to\infty}s_n$ 不存在；

（2）存在一个正数 M，使得 $|s_n|<M$，此时，根据数列极限存在准则，$\lim\limits_{n\to\infty}S_n$ 存在.

情况（1）表明级数（7.4）发散；情况（2）表明级数（7.4）是收敛的. 因此，正项级数是否收敛只要判定是否存在一个正数 M，使得 $|s_n|<M$ 就行了.

下面介绍几种比较判别法.

定理 7.5（比较判别法 Ⅰ） 设 $\sum\limits_{n=1}^{\infty}u_n$ 和 $\sum\limits_{n=1}^{\infty}v_n$ 为两个正项级数，如果存在某正数 N，对一切 $n>N$，都有 $u_n\leqslant v_n$，那么

（1）若级数 $\sum\limits_{n=1}^{\infty}v_n$ 收敛，则级数 $\sum\limits_{n=1}^{\infty}u_n$ 也收敛；

（2）若级数 $\sum\limits_{n=1}^{\infty}u_n$ 发散，则级数 $\sum\limits_{n=1}^{\infty}v_n$ 也发散.

例 7.4 判断下列正项级数的敛散性：

（1）$\sum_{n=1}^{\infty}\frac{1}{2^n+1}$；　　　　（2）$\sum_{n=1}^{\infty}\frac{1}{n+\sqrt{n}}$.

解　（1）由于 $\frac{1}{2^n+1}<\frac{1}{2^n}$，而几何级数 $\sum_{n=1}^{\infty}\frac{1}{2^n}$ 是收敛的，由比较原则知 $\sum_{n=1}^{\infty}\frac{1}{2^n+1}$ 收敛.

（2）由于 $\frac{1}{n+\sqrt{n}}>\frac{1}{2n}$，$\sum\frac{1}{2n}=\frac{1}{2}\sum\frac{1}{n}$，而调和级数 $\sum\frac{1}{n}$ 是发散的，$\sum\frac{1}{2n}$ 也发散，由比较判别法知 $\sum_{n=1}^{\infty}\frac{1}{n+\sqrt{n}}$ 也发散.

定理 7.6（比较判别法Ⅱ）　若 $\sum_{n=1}^{\infty}u_n,\sum_{n=1}^{\infty}v_n$ 为正项级数，且 $\lim_{n\to\infty}\frac{u_n}{v_n}=l$，则当 $0<l<+\infty$，即 $u_n\sim lv_n(n\to\infty)$ 时，$\sum_{n=1}^{\infty}u_n,\sum_{n=1}^{\infty}V_n$ 敛散性相同；当 $l=0$ 时，若级数 $\sum_{n=1}^{\infty}v_n$ 收敛，则 $\sum_{n=1}^{\infty}u_n$ 收敛；当 $l=+\infty$ 时，若 $\sum_{n=1}^{\infty}v_n$ 发散，则 $\sum_{n=1}^{\infty}u_n$ 发散.

例 7.5　判断级数 $\sum_{n=1}^{\infty}\frac{1}{n^{1-\frac{1}{n}}}$ 的敛散性.

解　因为 $\frac{1}{n^{1-\frac{1}{n}}}=\frac{\sqrt[n]{n}}{n}$，而 $\lim_{x\to\infty}\left(\frac{\sqrt[n]{n}}{n}\cdot n\right)=\lim_{x\to\infty}\sqrt[n]{n}=1$，所以由定理 7.6 知级数发散.

例 7.6　讨论 p 级数 $1+\frac{1}{2^p}+\frac{1}{3^p}+\cdots+\frac{1}{n^p}+\cdots$ 的敛散性.

解　当 $p\leqslant 1$ 时，$\frac{1}{n^p}\geqslant\frac{1}{n}$，由于调和级数 $\sum_{n=1}^{\infty}\frac{1}{n}$ 发散，由比较判别法，当 $p\leqslant 1$ 时，该级数是发散的.

当 $p>1$ 时，按顺序把该级数的 1 项、2 项、4 项、8 项、…括在一起，有

$$1+\left(\frac{1}{2^p}+\frac{1}{3^p}\right)+\left(\frac{1}{4^p}+\frac{1}{5^p}+\frac{1}{6^p}+\frac{1}{7^p}\right)+\left(\frac{1}{8^p}+\cdots+\frac{1}{15^p}\right)+\cdots \tag{7.5}$$

它的各项显然小于下列级数的各项：

$$1+\left(\frac{1}{2^p}+\frac{1}{2^p}\right)+\left(\frac{1}{4^p}+\frac{1}{4^p}+\frac{1}{4^p}+\frac{1}{4^p}\right)+\left(\frac{1}{8^p}+\cdots+\frac{1}{8^p}\right)+\cdots$$

即

$$1+\frac{1}{2^{p-1}}+\frac{1}{4^{p-1}}+\frac{1}{8^{p-1}} \tag{7.6}$$

而后一个级数是等比级数，$q=\left(\frac{1}{2}\right)^{p-1}<1$，所以级数（7.6）收敛.

于是，根据级数收敛的比较判别法，当 $p>1$ 时，级数（7.5）收敛，而级数（7.5）是正项级数，所以加括号不影响其敛散性，故原 p 级数收敛．综上所述，p 级数当 $p\leqslant 1$ 时发散，当 $p>1$ 时收敛.

定理 7.7 [比值判别法或达朗贝尔（d'Alembert）判别法]　若 $\sum_{n=1}^{\infty}u_n$ 为正项级数，且

$\lim\limits_{n\to\infty}\dfrac{u_{n+1}}{u_n}=q$，则

（1）当 $q<1$ 时，级数 $\sum\limits_{n=1}^{\infty}u_n$ 收敛；

（2）当 $q>1$ 或 $q=+\infty$ 时，级数 $\sum\limits_{n=1}^{\infty}u_n$ 发散；

（3）当 $q=1$ 时，级数可能收敛，也可能发散.

例 7.7 判断下列级数的敛散性：

（1）$\dfrac{2}{1}+\dfrac{2\cdot5}{1\cdot5}+\dfrac{2\cdot5\cdot8}{1\cdot5\cdot9}+\cdots+\dfrac{2\cdot5\cdot8\cdot\ \cdots\ \cdot[2+3(n-1)]}{1\cdot5\cdot9\cdot\ \cdots\ \cdot[1+4(n-1)]}$；

（2）$\sum\limits_{n=1}^{\infty}nx^{n-1}\ (x>0)$；　　　　（3）$\sum\limits_{n=1}^{\infty}\dfrac{5^n n!}{n^n}$.

解　（1）由于 $\lim\limits_{n\to\infty}\dfrac{u_{n+1}}{u_n}=\lim\limits_{n\to\infty}\dfrac{2+3n}{1+4n}=\dfrac{3}{4}<1$，由比值判别法知原级数收敛.

（2）由于 $\lim\limits_{n\to\infty}\dfrac{u_{n+1}}{u_n}=\lim\limits_{n\to\infty}\dfrac{(n+1)x^n}{nx^{n-1}}=\lim\limits_{n\to\infty}x\cdot\dfrac{n+1}{n}=x$，由比值判别法知

当 $0<x<1$ 时，$\sum\limits_{n=1}^{\infty}nx^{n-1}$ 收敛；

当 $x>1$ 时，$\sum\limits_{n=1}^{\infty}nx^{n-1}$ 发散；

当 $x=1$ 时，$\sum\limits_{n=1}^{\infty}nx^{n-1}=\sum\limits_{n=1}^{\infty}n$ 发散.

（3）由于 $\lim\limits_{n\to\infty}\dfrac{u_{n+1}}{u_n}=\lim\limits_{n\to\infty}\dfrac{\dfrac{5^{n+1}(n+1)}{(n+1)^{n+1}}}{\dfrac{5^n\cdot n!}{n^n}}=\lim\limits_{n\to\infty}5\cdot\left(\dfrac{n}{n+1}\right)^n=\lim\limits_{n\to\infty}5\left[\dfrac{1}{\left(1+\dfrac{1}{n}\right)^n}\right]=\dfrac{5}{\mathrm{e}}>1$，原级数发散.

定理 7.8[根值判别法或柯西（Cauchy）判别法]　设 $\sum\limits_{n=1}^{\infty}u_n$ 为正项级数，若 $\lim\limits_{n\to\infty}\sqrt[n]{u_n}=q$，则有

（1）当 $q<1$ 时，级数收敛；

（2）当 $q>1$ 时，级数发散；

（3）当 $q=1$ 时，级数可能收敛，也可能发散.

例 7.8　讨论级数 $\sum\limits_{n=1}^{\infty}\dfrac{3+(-1)^n}{2^n}$ 的敛散性.

解　由于 $\lim\limits_{n\to\infty}\sqrt[n]{u_n}=\lim\limits_{n\to\infty}\sqrt[n]{\dfrac{3+(-1)^n}{2^n}}=\dfrac{1}{2}<1$，原级数收敛.

注：凡能由比值判别法判别敛散性的级数，也能用根值判别法判断. 因而可以说根值判别法比比值判别法更有效.

事实上，当 $\lim\limits_{n\to\infty}\dfrac{u_{n+1}}{u_n}=q$ 时，必有 $\lim\limits_{n\to\infty}\sqrt[n]{u_n}=q$.

例如，级数 $\sum\dfrac{2+(-1)^n}{2^n}$ ，由于 $\lim\limits_{m\to\infty}\dfrac{u_{2m}}{u_{2m-1}}=\lim\limits_{m\to\infty}\dfrac{\frac{3}{2^{2m}}}{\frac{1}{2^{2m-1}}}=\dfrac{3}{2}(>1)$ ，而 $\lim\limits_{m\to\infty}\dfrac{u_{2m+1}}{u_{2m}}=\lim\limits_{m\to\infty}\dfrac{\frac{1}{2^{2m+1}}}{\frac{3}{2^{2m}}}=\dfrac{1}{6}$ (<1) ，由比值判别法无法判别此级数的敛散性．但是可用根式判别法考察这个级数：

$$\lim_{m\to\infty}\sqrt[2m]{u_{2m}}=\lim_{m\to\infty}\sqrt[2m]{\frac{3}{2^{2m}}}=\frac{1}{2}\quad 且\quad \lim_{m\to\infty}\sqrt[2m+1]{u_{2m}+1}=\lim_{m\to\infty}\sqrt[2m+1]{\frac{3}{2^{2m+1}}}=\frac{1}{2}$$

故由 $\lim\limits_{m\to\infty}\sqrt[n]{u_n}=\dfrac{1}{2}$ (<1) 知原级数收敛．

一般地，当 u_n 为乘积形式时多用比值判别法，当 u_n 为乘方形式时多用根式判别法．

上面讨论了正项级数的三个判别法．比较判别法需找一个已知收敛或发散的级数作参照，而比值判别法和根值判别法不需要参照级数，可就其级数本身的特点进行判定，这是它们的优点，缺点是当极限 $\lim\limits_{n\to\infty}\dfrac{u_{n+1}}{u_n}=1$（或 $\lim\limits_{n\to\infty}\sqrt[n]{u_n}=1$）时，判别法失效，需用其他判别法判别．总之，在具体使用这三个判别法时，可根据所给级数的特征灵活选择判别法．

7.1.3　交错级数、绝对收敛和条件收敛

1．交错级数及其敛散性

定义 7.3　若级数的各项符号正负相间，即

$$\sum_{n=1}^{\infty}(-1)^{n-1}u_n=u_1-u_2+u_3-u_4+\cdots+(-1)^{n-1}u_n+\cdots\quad(u_n>0,n=1,2,\cdots)\tag{7.7}$$

则称级数（7.7）为交错级数．

例如，$1-\dfrac{1}{2}+\dfrac{1}{3}-\dfrac{1}{4}+\cdots+(-1)^{n-1}\dfrac{1}{n}+\cdots$ 和 $1-\ln2+\ln3-\ln4+\cdots+(-1)^{n-1}\ln n+\cdots$ 等都是交错级数．

交错级数的敛散性判别有以下方法．

定理 7.9 [莱布尼茨（Leibniz）判别法]　设交错级数满足条件：

（1）$u_1\geqslant u_2\geqslant u_3\geqslant\cdots$，即数列 $\{u_n\}$ 单调递减；

（2）$\lim\limits_{n\to\infty}u_n=0$.

则交错级数（7.7）是收敛的，且它的和 $s\leqslant u_1$.

证　设级数的前 n 项部分和为 s_n . 当 n 为偶数时，一方面有

$$s_{2k+2}=s_{2k}+(u_{2k+1}-u_{2k+2})$$

由条件（1）知，$u_{2k+1}-u_{2k+2}\geqslant0$ ，所以 $u_{2k+2}>u_{2k}$ ，即 $\{u_{2k}\}$ 单调递增；另一方面

$$s_{2k}=u_1-u_2+u_3-u_4+\cdots+u_{2n-1}-u_{2n}=u_1-(u_2-u_3)-(u_4-u_5)-\cdots-(u_{2n-2}-u_{2n-1})-u_{2n}<u_1$$

根据单调有界原理知 $\{s_{2k}\}$ 收敛，设 $\lim\limits_{k\to\infty}S_{2k}=A$ ，则

$$\lim_{k\to\infty}s_{2k+1}=\lim_{n\to\infty}(s_{2k}+u_{2k+1})=\lim_{n\to\infty}s_{2k}+\lim_{n\to\infty}u_{2k+1}=A+0=A$$

所以有

$$\lim_{n\to\infty} s_n = A \quad 且 \quad s \leqslant u_1$$

2. 绝对收敛与条件收敛

定义 7.4 （1）若级数 $\sum_{n=1}^{\infty} u_n = u_1 + u_2 + \cdots + u_n + \cdots$ 各项的绝对值所组成的级数 $\sum_{n=1}^{\infty} |u_n| = |u_1| + |u_2| + \cdots + |u_n| + \cdots$ 收敛，则称原级数 $\sum_{n=1}^{\infty} u_n$ 绝对收敛；

（2）若级数 $\sum_{n=1}^{\infty} u_n$ 收敛，而级数 $\sum_{n=1}^{\infty} |u_n|$ 发散，则称原级数 $\sum_{n=1}^{\infty} u_n$ 条件收敛.

定理 7.10 若级数 $\sum_{n=1}^{\infty} |u_n|$ 收敛，则级数 $\sum_{n=1}^{\infty} u_n$ 也收敛.

注：定理 7.10 的逆命题不一定成立．例如，级数 $\sum_{n=1}^{\infty} \frac{(-1)^{n+1}}{n}$ 是收敛的，而由它各项的绝对值组成的调和级数 $\sum_{n=1}^{\infty} \frac{1}{n}$ 却是发散的，因此级数 $\sum_{n=1}^{\infty} \frac{(-1)^{n+1}}{n}$ 条件收敛.

例 7.9 讨论级数 $\sum_{n=1}^{\infty} \frac{\sin nx}{n^2}$ 的敛散性.

解 由 $u_n = \frac{\sin nx}{n^2}$，得 $|u_n| = \frac{|\sin nx|}{n^2} \leqslant \frac{1}{n^2}$，而级数 $\sum_{n=1}^{\infty} \frac{1}{n^2}$ 收敛，故由比较判别法知 $\sum_{n=1}^{\infty} |u_n|$ 收敛，再由定理 7.5 知，原级数 $\sum_{n=1}^{\infty} \frac{\sin nx}{n^2}$ 收敛，并且为绝对收敛.

例 7.10 判断下列级数是否收敛，若收敛，是否为绝对收敛：

（1）$\sum_{n=1}^{\infty} (-1)^{n-1} \frac{1}{n}$；　（2）$\sum_{n=1}^{\infty} (-1)^{n-1} \frac{1}{n^2}$；　（3）$1 - \frac{1}{3} + \frac{1}{5} - \frac{1}{7} + \cdots$.

解 （1）原级数为交错级数，$u_n = \frac{1}{n}$，$u_{n+1} = \frac{1}{n+1}$，故 $u_n \geqslant u_{n+1}$ 且 $\lim_{n\to\infty} u_n = 0$.

由莱布尼茨判别法知原级数收敛，但 $\sum_{n=1}^{\infty} |u_n| = 1 + \frac{1}{2} + \cdots + \frac{1}{n} + \cdots$ 发散，故原级数为条件收敛.

（2）$\sum_{n=1}^{\infty} \left| (-1)^{n-1} \frac{1}{n^2} \right| = \sum_{n=1}^{\infty} \frac{1}{n^2}$，而 $\sum_{n=1}^{\infty} \frac{1}{n^2}$ 为收敛级数，故原级数收敛，并且为绝对收敛.

（3）$u_n = \frac{1}{2n-1}$，$\lim_{n\to\infty} u_n = 0$，且 $u_{n+1} - u_n = \frac{1}{2n+1} - \frac{1}{2n-1} = \frac{-2}{(2n+1)(2n-1)} < 0$，故 $u_n \geqslant u_{n+1}$，由莱布尼兹判别法知原级数收敛.

又 $\left| (-1)^{n-1} \frac{1}{2n-1} \right| = \frac{1}{2n-1} > \frac{1}{2n}$，而级数 $\sum_{n=1}^{\infty} \frac{1}{2n} = \frac{1}{2} \sum_{n=1}^{\infty} \frac{1}{n}$ 发散，由比较判别法知级数 $\sum_{n=1}^{\infty} \frac{1}{2n-1}$ 发散，故原级数条件收敛.

习 题 7.1（2）

1. 用比较判别法判断下列级数的敛散性：

（1）$\frac{1}{5+1}+\frac{1}{10+1}+\cdots+\frac{1}{5n+1}+\cdots$；（2）$\frac{1}{\sqrt{3}}+\frac{1}{\sqrt[3]{4}}+\cdots+\frac{1}{\sqrt[n]{n+1}}+\cdots$；

（3）$\sum\limits_{n=1}^{\infty}\left(\sqrt{n^5+2}-\sqrt{n^2}\right)$；（4）$1+\frac{1+2}{1+2^3}+\frac{1+3}{1+3^3}+\cdots+\frac{1}{\sqrt[n]{n+1}}+\cdots$.

2. 用比值判别法判断下列级数的敛散性：

（1）$\sum\limits_{n=1}^{\infty}\frac{n^2}{5^n}$；（2）$\sum\limits_{n=1}^{\infty}\frac{3^n n!}{n^n}$；（3）$\sum\limits_{n=1}^{\infty}\frac{n^k}{a^n}$（$a>1, k$为常数）；

（4）$\sum\limits_{n=1}^{\infty}\frac{n!}{n^n}$；（5）$\sum\limits_{n=1}^{\infty}n\tan\frac{\pi}{2^{n+1}}$；（6）$\sum\limits_{n=1}^{\infty}\frac{1\cdot 5\cdot 9\cdot\ \cdots\ \cdot(4n-3)}{2\cdot 5\cdot 8\cdot\ \cdots\ \cdot(3n-1)}$.

3. 判断下列级数的敛散性：

（1）$1+\frac{1}{2!}+\frac{1}{3!}+\cdots+\frac{1}{n!}+\cdots$；（2）$\frac{1\cdot 2}{100^3}+\frac{1\cdot 2\cdot 3}{100^4}+\frac{1\cdot 2\cdot 3\cdot 4}{100^5}+\cdots$；

（3）$\frac{4}{5}+2\left(\frac{4}{5}\right)^2+3\left(\frac{4}{5}\right)^3+\cdots$；（4）$\sqrt{2}+\sqrt{\frac{3}{2}}+\sqrt{\frac{4}{3}}+\cdots$.

4. 判断下列级数的敛散性，如果收敛，指出是绝对收敛还是条件收敛：

（1）$1-\frac{1}{3}+\frac{1}{5}-\frac{1}{7}+\cdots+(-1)^{n+1}\frac{1}{2n-1}+\cdots$；

（2）$\frac{\sin x}{1}-\frac{\sin 2x}{4}+\frac{\sin 3x}{9}-\cdots+(-1)^{n+1}\frac{\sin nx}{n^2}+\cdots$；

（3）$1-\frac{3}{4}+\frac{4}{6}-\frac{5}{8}+\frac{6}{10}-\cdots+(-1)^{n+1}\frac{n+1}{2n}+\cdots$；

（4）$\sum\limits_{n=1}^{\infty}(-1)^{n+1}\frac{2^{n^2}}{n!}$.

5. 判断下列级数的敛散性：

（1）$\sum\limits_{n=1}^{\infty}\frac{1}{n^{1+\frac{1}{n}}}$；（2）$\sum\limits_{n=1}^{\infty}\frac{1}{n^{1+\frac{k}{\ln n}}}$.

7.2 幂 级 数

7.1 节讨论的级数每一项都是常数，称之为常数项级数．还有一类级数，每一项都是函数，称之为函数项级数．本节将讨论由幂函数列$\left\{a_n(x-x_0)^n\right\}$所产生的函数项级数．

$$\sum_{n=1}^{\infty}a_n(x-x_0)^n=a_0+a_1(x-x_0)+a_2(x-x_0)^2+\cdots+a_n(x-x_0)^n+\cdots \tag{7.8}$$

称为幂级数，它是一类最简单的函数项级数，从某种意义上说，它也可以看作是多项式的延伸．幂级数在理论和实际中有很多应用，特别是应用它表示函数方面．下面将着重讨论$x_0=0$的情形．

7.2.1 幂级数的概念及敛散性

定义 7.5 形如

$$\sum_{n=1}^{\infty} a_n x^n = a_0 + a_1 x + \cdots + a_n x^n + \cdots \tag{7.9}$$

的级数称为幂级数，其中 $a_0, a_1, \cdots a_n, \cdots$ 均为常数，称为幂级数的系数，$a_n x^n$ 称为幂级数的通项，$\sum_{n=1}^{\infty} a_n (x-x_0)^n = a_0 + a_1(x-x_0) + a_2(x-x_0)^2 + \cdots + a_n(x-x_0)^n + \cdots$ 称为点 $x_0 = 0$ 处的幂级数，它是级数（7.9）的一般形式.

在级数（7.8）中，只要令 $t = x - x_0$，就可转化成级数（7.9），所以不失一般性，着重讨论幂级数（7.9）的敛散性问题.

观察发现，任何一个幂级数在点 $x = 0$ 处肯定是收敛的.

对于每一个确定的实数 x_0，幂级数（7.9）成为常数项级数

$$\sum_{n=1}^{\infty} a_n x^n = a_0 + a_1 x_0 + \cdots + a_n x^n + \cdots \tag{7.10}$$

这个级数可能收敛，也可能发散. 若收敛，则称点 x_0 是幂级数（7.9）的收敛点；若发散，则称点 x_0 是幂级数（7.9）的发散点. 幂级数（7.9）的所有收敛点的全体组成的集合称为它的收敛域，记为 I；所有发散点的全体组成的集合称为它的发散域. 在收敛域上，幂级数的和为 x 的函数 $s(x)$，通常称 $s(x)$ 为幂级数的和函数，其定义域就是级数的收敛域，并记为 $s(x) = \sum_{n=1}^{\infty} a_n x^n, x \in I$.

现在的问题是，对于一个给定的幂级数，它的收敛域和发散域的结构如何呢?

幂级数 $\sum_{n=0}^{\infty} x^n = 1 + x + x^2 + \cdots + x^n + \cdots$ 可以看作是一个公比为 x 的几何级数. 根据前面的讨论，当 $|x| < 1$ 时，该级数收敛于 $\frac{1}{1-x}$；当 $|x| \geqslant 1$ 时，该级数发散. 因此，这个幂级数的收敛域是一个区间 $(-1,1)$，在收敛域内取值，则有

$$\frac{1}{1-x} = \sum_{n=0}^{\infty} x^n = 1 + x + x^2 + \cdots + x^n + \cdots, \quad x \in (-1,1)$$

由此可以看到，这个幂级数的收敛域是一个区间，事实上，还有许多这样的例子，因此，猜测这个结论对一般的幂级数都成立.

事实上，有如下定理.

定理 7.11 若幂级数 $\sum_{n=0}^{\infty} a_n x^n$ 不是仅在点 $x = 0$ 处收敛，也不是在整个 **R** 上都收敛，则必有一个确定的正数 R 存在，使得

（1）当 $|x| < R$ 时，幂级数收敛；

（2）当 $|x| > R$ 时，幂级数发散；

（3）当 $x = R$ 或 $x = -R$ 时，幂级数可能收敛，也可能发散.

这里的正数 R 通常称为幂级数（7.9）的收敛半径，开区间 $(-R, R)$ 称为幂级数（7.9）的收敛区间，再由幂级数在 $x=\pm R$ 处是否收敛来决定它的收敛域.

注：若幂级数（7.9）只在点 $x=0$ 处收敛，此时收敛域只有一点 $x=0$，为方便起见，规定它的收敛半径为 $R=0$；若幂级数（7.9）对一切 $x\in\mathbf{R}$ 都收敛，则规定收敛半径 $R=+\infty$，此时收敛域为 $(-\infty,+\infty)$.

下面的定理给出了一种求收敛半径的方法.

定理 7.12 若幂级数 $\sum\limits_{n=0}^{\infty}a_nx^n$ 相邻两项的系数满足条件

$$\lim_{n\to\infty}\left|\frac{a_n}{a_{n+1}}\right|=R$$

则 R 就是 $\sum\limits_{n=0}^{\infty}a_nx^n$ 的收敛半径.

在前一节中，用常数项级数的比值判别法去判断其收敛性时，是后项与前项的比值，而定理 7.12 考虑收敛半径是系数数列的前项与后项的比值.

例 7.11 求下列幂级数的收敛半径和收敛域：

（1）$x+\dfrac{x^2}{2}+\dfrac{x^3}{3}+\cdots+\dfrac{x^n}{n}+\cdots$；（2）$\sum\limits_{n=0}^{\infty}n!x^n$.

解 （1）$R=\lim\limits_{n\to\infty}\left|\dfrac{a_n}{a_{n+1}}\right|=\lim\limits_{n\to\infty}\dfrac{\frac{1}{n+1}}{\frac{1}{n}}=1$，故收敛半径 $R=1$.

当 $x=1$ 时，原幂级数成为调和级数 $1+\dfrac{1}{2}+\dfrac{1}{3}+\cdots+\dfrac{1}{n}+\cdots$，发散.

当 $x=-1$ 时，原幂级数成为 $-1+\dfrac{1}{2}-\dfrac{1}{3}+\cdots+(-1)^n\dfrac{1}{n}+\cdots$，这是一个交错级数，由莱布尼茨判别法知收敛. 因此，收敛域为 $[-1,1)$.

（2）
$$R=\lim_{n\to\infty}\left|\frac{a_n}{a_{n+1}}\right|=\lim_{n\to\infty}\frac{n!}{(n+1)!}=\lim_{n\to\infty}\frac{n}{(n+1)}=0$$

故收敛半径 $R=0$，即原幂级数仅在点 $x=0$ 处收敛.

例 7.12 求幂级数 $1+x+\dfrac{1}{2!}x^2+\cdots+\dfrac{1}{n!}x^n+\cdots$ 的收敛半径和收敛区间.

解
$$R=\lim_{n\to\infty}\left|\frac{a_n}{a_{n+1}}\right|=\lim_{n\to\infty}\frac{\frac{1}{n!}}{\frac{1}{(n+1)!}}=\lim_{n\to\infty}(n+1)=+\infty$$

故收敛半径 $R=+\infty$，收敛区间为 $(-\infty,+\infty)$.

例 7.13 求幂级数 $\sum\limits_{n=0}^{\infty}\dfrac{(x-1)^n}{2^n\cdot n}$ 的收敛域.

解 令 $t=x-1$，则原幂级数变为 $\sum\limits_{n=0}^{\infty}\dfrac{t^n}{2^n\cdot n}$，即

$$R=\lim_{n\to\infty}\left|\frac{a_n}{a_{n+1}}\right|=\lim_{n\to\infty}\frac{\frac{1}{2^n\cdot n}}{\frac{1}{2^{n+1}(n+1)}}=\lim_{n\to\infty}\frac{2^{n+1}\cdot(n+1)}{2^n\cdot n}=2$$

所以收敛半径为$R=2$，收敛区间为$|t|<2$，即$-1\leqslant x\leqslant 3$.

当$x=3$时，原级数成为$\sum_{n=0}^{\infty}\frac{1}{n}$，发散；

当$x=-1$时，原级数成为$\sum_{n=1}^{\infty}\frac{(-1)^n}{n}$，收敛.

因此原级数的收敛域为$[-1,3)$.

7.2.2 幂级数的性质

设幂级数

$$\sum_{n=0}^{\infty}a_nx^n \tag{7.11}$$

的收敛区域为$(-R_1,R_1)$，和函数为$s_1(x)$，即$s_1(x)=\sum_{n=0}^{\infty}a_nx^n\,(|x|<R_1)$.

又设幂级数

$$\sum_{n=0}^{\infty}b_nx^n \tag{7.12}$$

的收敛区域为$(-R_2,R_2)$，和函数为$s_2(x)$，即$s_2(x)=\sum_{n=0}^{\infty}b_nx^n\,(|x|<R_2)$，则幂级数有如下定理.

定理 7.13 两个幂级数在公共的收敛区域内，其和或差也是收敛的，并且和函数为相对应的两个和函数的和与差. 即设$R=\min\{R_1,R_2\}$，则

$$\sum_{n=0}^{\infty}a_nx^n\pm\sum_{n=0}^{\infty}b_nx^n=\sum_{n=0}^{\infty}(a_n\pm b_n)x^n=s_1(x)\pm s_2(x)\quad(|x|<R)$$

此性质表明：若两个幂级数的收敛区间的交为$(-R,R)$，则在$(-R,R)$内，将它们进行逐项相加或相减后的新幂级数在$(-R,R)$内仍然收敛.

定理 7.14 两个幂级数在其公共的收敛区域内，其积仍为收敛幂级数，并且和函数为对应的两个和函数之积，即设$R=\min\{R_1,R_2\}$，则

$$\left(\sum_{n=0}^{\infty}a_nx^n\right)\left(\sum_{n=0}^{\infty}b_nx^n\right)=s_1(x)s_2(x)\quad(|x|<R)$$

定理 7.15 幂级数（7.10）在收敛域$(-R,R)$内可逐项求导，且有逐项求导公式

$$S'(x)=\sum_{n=0}^{\infty}a_nx^n=\sum_{n=0}^{\infty}(a_nx^n)=\sum_{n=0}^{\infty}na_nx^{n-1}\quad(|x|<R)$$

逐项求导后的幂级数的收敛半径与原级数收敛半径相同.

若幂级数$\sum_{n=0}^{\infty}a_nx^n$的收敛半径为$R_1$，则它的和函数$s(x)$在区间内有任意阶导数.

定理 7.16 幂级数（7.11）在收敛区域 $(-R,R)$ 内可逐项求积，且有逐项求积公式

$$\int_0^x\left(\sum_{n=0}^{\infty}a_nx^n\right)\mathrm{d}x=\sum_{n=0}^{\infty}\int_0^x a_nx^n\mathrm{d}x=\sum_{n=0}^{\infty}a_n\int_0^x x^n\mathrm{d}x=\int_0^x s(x)\mathrm{d}x \quad (|x|<R)$$

例 7.14 求幂级数 $\sum_{n=1}^{\infty}\frac{(-1)^{n-1}}{n}x^n$ 的和函数.

解
$$R=\lim_{n\to\infty}\left|\frac{a_n}{a_{n+1}}\right|=\lim_{n\to\infty}\frac{\frac{1}{n}}{\frac{1}{n+1}}=1$$

当 $x=1$ 时，原级数成为 $1-\frac{1}{2}+\frac{1}{3}-\frac{1}{4}+\cdots+(-1)^{n-1}\frac{1}{n}+\cdots$，收敛；

当 $x=-1$ 时，原级数成为调和级数 $-\left(1+\frac{1}{2}+\frac{1}{3}+\frac{1}{4}+\cdots+\frac{1}{n}+\cdots\right)$，发散.

故收敛域为 $(-1,1]$.

设 $s(x)=\sum_{n=0}^{\infty}\frac{(-1)^{n-1}}{n}x^n=x-\frac{1}{2}x^2+\frac{1}{3}x^3-\cdots+(-1)^{n-1}\frac{1}{n}x^n+\cdots$，则 $s(0)=0$. 两边对 x 求导，得

$$s'(x)=1-x+x^2-\cdots+(-1)^{n-1}x^{n-1}+\cdots$$

右边级数是公比为 $-x$ 的几何级数，所以 $s'(x)=\frac{1}{1+x}$.

根据定理 7.16，两边同时从 0 到 x 积分得

$$s'(x)=\int_0^x s'(t)\mathrm{d}t=\int_0^x\frac{1}{1+t}\mathrm{d}t=\ln(1+x),\quad x\in(-1,1]$$

即
$$\sum_{n=1}^{\infty}\frac{(-1)^{n-1}}{n}x^n=\ln(1+x),\quad x\in(1,1]$$

习 题 7.2

1. 求下列幂级数的收敛半径、收敛区间和收敛域：

（1）$1+x+\frac{1}{2!}x^2+\frac{1}{3!}x^3+\cdots$；

（2）$\frac{x}{1\cdot3}+\frac{x^2}{2\cdot3^3}+\frac{x^3}{3\cdot3^3}+\cdots$；

（3）$\sum_{n=1}^{\infty}n!x^n$；

（4）$\frac{2x}{2}+\frac{2^2x^2}{5}+\frac{2^3x^3}{10}+\cdots\frac{2^nx^n}{n^2+1}+\cdots$；

（5）$\sum_{n=0}^{\infty}\frac{x^n}{3^n}$；

（6）$\sum_{n=1}^{\infty}\frac{(-x^n)}{3^{n-1}\sqrt{n}}$.

2. 求下列幂级数在其收敛域内的和函数：

（1）$\sum_{n=1}^{\infty}\frac{x^n}{n}$；

（2）$\sum_{n=1}^{\infty}\frac{x^{4n+1}}{4n+1}, x\in(-1,1)$；

（3）$\sum_{n=0}^{\infty}2(n+1)x^{2n+1}, x\in(-1,1)$；

（4）$\sum_{n=0}^{\infty}(n+1)x^{n+2}$.

3. 求级数 $\sum_{n=0}^{\infty}\frac{n+1}{2^{n-1}}$ 的和.

第2篇

线性代数

第8章　行　列　式

行列式是对线性方程组的研究中开发出来的一种重要的工具．通过本章的学习将看到，正是这个工具，使得由n个方程组成的n元线性方程组的解可以完美的形式展现出来．随着本书内容的展开，还将看到，行列式还有超越线性方程组的更为广泛的应用．

8.1　n阶行列式

8.1.1　排列

1. 排列的概念

为了给出n阶行列式的定义，须引入排列的概念．

例 8.1　用 1, 2, 3 三个数字，可以组成多少个没有重复数字的三位数？

解　123，132，231，321，312，213，共有$3\times2\times1=6$种．

问题　把n个不同的元素排成一列，共有多少种不同的排法？

定义 8.1　把n个不同的元素排成一列，称为这n个元素的全排列（或排列）．

n个不同元素的所有排列的种数，通常用A_n^n表示．

例 8.1 中，$A_3^3=3\times2\times1=6$．同理

$$A_n^n=n(n-1)(n-2)\cdots321=n!$$

2. 排列的逆序数

规定各元素之间有一个标准的次序，n个不同的自然数，规定由小到大为标准次序．

定义 8.2　在一个排列（$i_1i_2\cdots i_t\cdots i_s\cdots i_n$）中，若数$i_t > i_s$，则称数对$(i_s,i_t)$构成一个逆序；否则称$(i_s,i_t)$构成一个顺序．称一个$n$级排列中的逆序总数为此排列的逆序数，记为$\tau(i_1i_2\cdots i_t\cdots i_s\cdots i_n)$．当一个排列的逆序数为奇数时，称此排列为奇排列；当一个排列的逆序数为偶数时，称此排列为偶排列．依此n级排列$123\cdots n$中任何数对都不构成逆序，故有$\tau(123\cdots n)=0$，且此排列为偶排列．今后称此排列为前n个自然数的自然排列．n级排列$n(n-1)\cdots321$中任何数对都构成逆序，故有

$$\tau[n(n-1)\cdots321]=C_n^2=(n-1)+(n-2)+\cdots+1=\frac{n(n-1)}{2}$$

例如，排列 32514 中，3 与 2，5 与 1，5 与 4 构成逆序．

又如，排列 32514 中，

$$\begin{matrix}0&1&0&3&1\\\uparrow&\uparrow&\uparrow&\uparrow&\uparrow\\3&2&5&1&4\end{matrix}$$

故此排列的逆序数为$\tau(32514)=0+1+0+3+1=5$.

3. 计算排列逆序数的方法

（1）分别计算出排在$1,2,3,\cdots,n$前面比它大的数之和，即分别算出$1,2,3,\cdots,n$这n个元素的逆序数，这个元素的逆序数的总和即为所求排列的逆序数；

（2）分别计算出排列中每个元素前面比它大的数的个数之和，即算出排列中每个元素的逆序数，每个元素的逆序数之总和即为所求排列的逆序数.

例 8.2 求排列 32514 的逆序数.

解 在排列 32514 中，3 排在首位，逆序数为 0；2 的前面比 2 大的数只有 1 个 3，逆序数为 1；5 的前面没有比 5 大的数，逆序数为 0；1 的前面比 1 大的数有 3 个，故逆序数为 3；4 的前面比 4 大的数有 1 个，故逆序数为 1．于是排列 32514 的逆序数为

$$\tau(32514)=0+1+0+3+1=5$$

例 8.3 计算下列排列的逆序数，并讨论它们的奇偶性：

（1）217986354；（2）$n(n-1)(n-2)\cdots 321$.

解 （1）2 排在首位，逆序数为 0；1 的前面比 1 大的数只有 1 个 2，逆序数为 1；7 的前面没有比 7 大的数，逆序数为 0；9 的前面没有比 9 大的数，逆序数为 0；8 的前面比 8 大的数有 1 个，故逆序数为 1；6 的前面比 6 大的数有 3 个，故逆序数为 3；3 的前面比 3 大的数有 4 个，故逆序数为 4；5 的前面比 5 大的数有 4 个，故逆序数为 4；4 的前面比 4 大的数有 5 个，故逆序数为 5．于是 217986354 的逆序数为

$$\tau(217986354)=0+1+0+0+1+3+4+4+5=18$$

故此排列为偶排列.

（2）
$$\tau[n(n-1)\cdots 321]=(n-1)+(n-2)+\cdots+2+1=\frac{n(n-1)}{2}$$

当$n=4k$或$n=4k+1$时为偶排列；当$n=4k+2$或$n=4k+3$时为奇排列.

定理 8.1 经一次对换，排列改变其奇偶性.

8.1.2 n 阶行列式的定义

定义 8.3 将n^2个数依次排列并标记：

$$\begin{vmatrix} a_{11} & a_{12} & \cdots & a_{1n} \\ a_{21} & a_{22} & \cdots & a_{2n} \\ \vdots & \vdots & & \vdots \\ a_{n1} & a_{n2} & \cdots & a_{nn} \end{vmatrix} \tag{8.1}$$

称为一个n阶行列式（其中横向排列的n个数构成行列式的行，纵向排列的n个数构成行列式的列．行列式中的数a_{ij}又称元素，其第一下标和第二下标分别表示此元素所处的行和列，依次简称行标和列标），它表示取自不同行和不同列的元素的全部$n!$个乘积的代数和，即

$$\begin{vmatrix} a_{11} & a_{12} & \cdots & a_{1n} \\ a_{21} & a_{22} & \cdots & a_{2n} \\ \vdots & \vdots & & \vdots \\ a_{n1} & a_{n2} & \cdots & a_{nn} \end{vmatrix} = \sum_{j_1 j_2 \cdots j_n} (-1)^{\tau(j_1 j_2 \cdots j_n)} a_{1 j_1} a_{2 j_2} \cdots a_{n j_n} \tag{8.2}$$

特别地，1 阶行列式$|a_{11}| = a_{11}$.

称行列式的自左上角至右下角的对角线为行列式的主对角线，另一条对角线为次对角线．定义 8.3 式（8.2）右端和式（称为行列式的展开式）中每一项符号的确定规则是：当该项中的因子（即行列式中的元素）的行标依次成自然排列时，若其列标所构成的 n 级排列 $j_1 j_2 \cdots j_n$ 为偶排列，则该项赋予正号，否则赋予负号．符号“ $\sum\limits_{j_1 j_2 \cdots j_n}$ ”表示对全部 n 级排列求和．

例 8.4 二阶行列式

$$\begin{vmatrix} a_{11} & a_{12} \\ a_{21} & a_{22} \end{vmatrix} = (-1)^{\tau(12)} a_{11} a_{22} + (-1)^{\tau(21)} a_{12} a_{21} = a_{11} a_{22} - a_{12} a_{21}$$

三阶行列式

$$\begin{aligned} \begin{vmatrix} a_{11} & a_{12} & a_{13} \\ a_{21} & a_{22} & a_{23} \\ a_{31} & a_{32} & a_{33} \end{vmatrix} &= (-1)^{\tau(123)} a_{11} a_{22} a_{33} + (-1)^{\tau(231)} a_{12} a_{23} a_{31} + (-1)^{\tau(312)} a_{13} a_{21} a_{32} + (-1)^{\tau(321)} a_{13} a_{22} a_{31} \\ &\quad + (-1)^{\tau(132)} a_{11} a_{23} a_{32} + (-1)^{\tau(213)} a_{12} a_{21} a_{33} \\ &= a_{11} a_{22} a_{33} + a_{12} a_{23} a_{31} + a_{13} a_{21} a_{32} - a_{13} a_{22} a_{31} - a_{11} a_{23} a_{32} - a_{12} a_{21} a_{33} \end{aligned}$$

例 8.5 计算下列行列式

（1）$D = \begin{vmatrix} a & 0 & 0 & 0 & 0 \\ 0 & 0 & 0 & b & 0 \\ 0 & 0 & 0 & 0 & c \\ 0 & 0 & d & 0 & 0 \\ 0 & e & 0 & 0 & 0 \end{vmatrix}$；　　（2）$D = \begin{vmatrix} a_{11} & 0 & \cdots & 0 \\ a_{21} & a_{22} & \cdots & 0 \\ \vdots & \vdots & & \vdots \\ a_{n1} & a_{n2} & \cdots & a_{nn} \end{vmatrix}$.

解 （1）因行列式展开式中每一项都是行列式中来自不同行且不同列的元素的乘积，乘积中只要有一个因子是零此项就是零，而此 5 阶行列式中可能的非零元素唯有 a,b,c,d,e 5 个，它们恰来自不同的行和列，故

$$D = (-1)^{\tau(14532)} abcde = -abcde$$

（2）依定义 8.3，此行列式的展开式中有众多的零项，其可能的非零项必具有以下形式（略去其符号，下同）：

$$a_{11} a_{2 j_2} a_{3 j_3} \cdots a_{n j_n}$$

因上述项中已有原来自行列式第 1 列的因子 a_{11}，故 $a_{2 j_2}$ 只能是 $a_{22}, a_{23}, \cdots, a_{2n}$ 中的某一个，但其间只有 a_{22} 可能是非零的，于是行列式可能的非零项为

$$a_{11} a_{22} a_{3 j_3} \cdots a_{n j_n}$$

类似上述分析最终不难得，例 8.5（2）中的行列式可能的非零项只有 1 项 $a_{11} a_{22} \cdots a_{nn}$，从而得

$$D = (-1)^{\tau(12 \cdots n)} a_{11} a_{22} \cdots a_{nn}$$

称形如例 8.5（2）中的行列式为下三角形行列式．上述计算表明，下三角行列式的值等于其主对角线上元素的乘积．

最后，不加证明地给出 n 阶行列式的如下等价定义．

定义 8.4

$$\begin{vmatrix} a_{11} & a_{12} & \cdots & a_{1n} \\ a_{21} & a_{22} & \cdots & a_{2n} \\ \vdots & \vdots & & \vdots \\ a_{n1} & a_{n2} & \cdots & a_{nn} \end{vmatrix} = \sum_{j_1 j_2 \cdots j_n} (-1)^{\tau(j_1 j_2 \cdots j_n)} a_{j_1 1} a_{j_2 2} \cdots a_{j_n n} \tag{8.3}$$

例 8.6 计算行列式

$$D = \begin{vmatrix} 1 & -3 & 7 \\ 2 & 4 & -3 \\ -3 & 7 & 2 \end{vmatrix}$$

解

$$D = \begin{vmatrix} 1 & -3 & 7 \\ 2 & 4 & -3 \\ -3 & 7 & 2 \end{vmatrix} = 1\times4\times2+(-3)\times(-3)\times(-3)+7\times7\times2-7\times4\times(-3)-(-3)\times2\times2$$
$$-1\times7\times(-3)=196$$

习　题　8.1

1. 试求下列各排列的逆序数：

（1）1234；（2）4132；（3）3421；（4）$13\cdots(2n-1)\,24\cdots(2n)$．

2. 写出四阶行列式中含有因子 $a_{11}a_{23}$ 的项．

3. 计算下列行列式：

（1）$\begin{vmatrix} a^2 & ab \\ ab & b^2 \end{vmatrix}$；（2）$\begin{vmatrix} \sin x & -\cos x \\ \cos x & \sin x \end{vmatrix}$；（3）$\begin{vmatrix} x & -1 & 2 \\ 1 & x & 3 \\ 2 & -2 & x \end{vmatrix}$；

（4）$\begin{vmatrix} 1 & -1 & 0 \\ 2 & x & -1 \\ 3 & 0 & x \end{vmatrix}$；（5）$\begin{vmatrix} 4 & 0 & 0 & 0 & 0 \\ -1 & 0 & 2 & 0 & 0 \\ 0 & -1 & 4 & 0 & 0 \\ 0 & 3 & 0 & 3 & 0 \\ 0 & 0 & 0 & 2 & 5 \end{vmatrix}$；

（6）$\begin{vmatrix} x & y & x+y \\ y & x+y & x \\ x+y & x & y \end{vmatrix}$；（7）$\begin{vmatrix} 0 & 0 & \cdots & 0 & 1 & 0 \\ 0 & 0 & \cdots & 2 & 0 & 0 \\ \vdots & \vdots & & \vdots & \vdots & \vdots \\ 0 & n-2 & \cdots & 0 & 0 & 0 \\ n-1 & 0 & \cdots & 0 & 0 & 0 \\ 0 & 0 & \cdots & 0 & 0 & n \end{vmatrix}$．

8.2 行列式的性质

由n阶行列式的定义知，当n较大时，利用展开式计算行列式的计算量是很大的，为此，下面来研究行列式的性质，以便简化行列式的运算.

定义 8.5 将行列式D的行与列互换后得到新的行列式，称为行列式D的转置行列式，记为D^{T}.

即若 $D=\begin{vmatrix} a_{11} & a_{12} & \cdots & a_{1n} \\ a_{21} & a_{22} & \cdots & a_{2n} \\ \vdots & \vdots & & \vdots \\ a_{n1} & a_{n2} & \cdots & a_{nn} \end{vmatrix}$，则 $D^{\mathrm{T}}=\begin{vmatrix} a_{11} & a_{21} & \cdots & a_{n1} \\ a_{12} & a_{22} & \cdots & a_{n2} \\ \vdots & \vdots & & \vdots \\ a_{1n} & a_{2n} & \cdots & a_{nn} \end{vmatrix}$.

性质 8.1 行列式与它的转置行列式的值相等，即$D=D^{\mathrm{T}}$.

注：性质 8.1 说明行列式中行与列具有同等地位，对行成立的性质，对列也成立.

性质 8.2 交换行列式的任意两行，行列式的值反号.

推论 8.1 若行列式D中有两行完全相同，则此行列式的值为零.

性质 8.3 行列式中某行的公共因子可以提到行列式外面，即

$$\begin{vmatrix} a_{11} & a_{12} & \cdots & a_{1n} \\ \vdots & \vdots & & \vdots \\ ka_{i1} & ka_{i2} & \cdots & ka_{in} \\ \vdots & \vdots & & \vdots \\ a_{n1} & a_{n2} & \cdots & a_{nn} \end{vmatrix}=k\begin{vmatrix} a_{11} & a_{12} & \cdots & a_{1n} \\ \vdots & \vdots & & \vdots \\ a_{i1} & a_{i2} & \cdots & a_{in} \\ \vdots & \vdots & & \vdots \\ a_{n1} & a_{n2} & \cdots & a_{nn} \end{vmatrix}$$

根据性质 8.3 可以得到以下推论.

推论 8.2 若行列式D中某行元素全为零，则该行列式的值为零.

推论 8.3 若行列式D中某两行的元素对应成比例，则该行列式的值为零.

性质 8.4 若行列式D中某行每个元素都是两数之和，则D可依此行拆成两个行列式D_1和D_2之和，即

$$D=\begin{vmatrix} a_{11} & a_{12} & \cdots & a_{1n} \\ \vdots & \vdots & & \vdots \\ b_{i1}+c_{i1} & b_{i2}+c_{i2} & \cdots & b_{in}+c_{in} \\ \vdots & \vdots & & \vdots \\ a_{n1} & a_{n2} & \cdots & a_{nn} \end{vmatrix}=\begin{vmatrix} a_{11} & a_{12} & \cdots & a_{1n} \\ \vdots & \vdots & & \vdots \\ b_{i1} & b_{i2} & \cdots & b_{in} \\ \vdots & \vdots & & \vdots \\ a_{n1} & a_{n2} & \cdots & a_{nn} \end{vmatrix}+\begin{vmatrix} a_{11} & a_{12} & \cdots & a_{1n} \\ \vdots & \vdots & & \vdots \\ c_{i1} & c_{i2} & \cdots & c_{in} \\ \vdots & \vdots & & \vdots \\ a_{n1} & a_{n2} & \cdots & a_{nn} \end{vmatrix}$$

读者可利用定义自己对性质 8.4 进行证明.

性质 8.5 将行列式中某行元素的k倍加到另一行的相应元素上，行列式的值不变，即

$$\begin{vmatrix} a_{11} & a_{12} & \cdots & a_{1n} \\ \vdots & \vdots & & \vdots \\ a_{s1} & a_{s2} & \cdots & a_{sn} \\ \vdots & \vdots & & \vdots \\ a_{t1} & a_{t2} & \cdots & a_{tn} \\ \vdots & \vdots & & \vdots \\ a_{n1} & a_{n2} & \cdots & a_{nn} \end{vmatrix} = \begin{vmatrix} a_{11} & a_{12} & \cdots & a_{1n} \\ \vdots & \vdots & & \vdots \\ a_{s1}+ka_{t1} & a_{s2}+ka_{t2} & \cdots & a_{sn}+ka_{tn} \\ \vdots & \vdots & & \vdots \\ a_{t1} & a_{t2} & \cdots & a_{tn} \\ \vdots & \vdots & & \vdots \\ a_{n1} & a_{n2} & \cdots & a_{nn} \end{vmatrix}$$

行列式的性质可以简化行列式的计算，请看以下例题.

例 8.7 计算上三角形行列式

$$D = \begin{vmatrix} a_{11} & a_{12} & \cdots & a_{1n} \\ 0 & a_{22} & \cdots & a_{2n} \\ \vdots & \vdots & \ddots & \vdots \\ 0 & 0 & 0 & a_{nn} \end{vmatrix}$$

解 注意到 D 的转置行列式 D^{T} 恰是下三角行列式，由例 8.5（2）得

$$D = D^{\mathrm{T}} = a_{11}a_{12}\cdots a_{1n}$$

即上三角形行列式等于其主对角线上元素的乘积.

至此可以看到，上、下三角形行列式都等于其主对角线元素的乘积. 这一结果在行列式计算中常被加以利用.

为了清楚地反映行列式的变化过程，特规定以下记号：

“$r_i \leftrightarrow r_j$”表示行列式的第 i 行与第 j 行对调；“$r_i \leftrightarrow kr_j$”表示将行列式的第 j 行的 k 倍加到第 i 行.

此约定对行列式的列施行的类似变化只需将上述记号中的字母“r”换作“c”.

例如，“$c_i \leftrightarrow c_j$”表示将第 i 列与第 j 列对调；“$c_2 \leftrightarrow 3c_4$”表示将第 4 列的 3 倍加到第 2 列.

例 8.8 计算行列式

$$\begin{vmatrix} 2 & -1 & 0 & 1 \\ 1 & 0 & 2 & 3 \\ -3 & 1 & 1 & -1 \\ 3 & 2 & 0 & 2 \end{vmatrix}$$

解

$$D = \begin{vmatrix} 2 & -1 & 0 & 1 \\ 1 & 0 & 2 & 3 \\ -3 & 1 & 1 & -1 \\ 3 & 2 & 0 & 2 \end{vmatrix} \xlongequal{r_1+r_2} \begin{vmatrix} 1 & 0 & 2 & 3 \\ 2 & -1 & 0 & 1 \\ -3 & 1 & 1 & -1 \\ 3 & 2 & 0 & 2 \end{vmatrix} \xlongequal{r_2-2r_1,\ r_3+3r_1,\ r_4-3r_1} -\begin{vmatrix} 1 & 0 & 2 & 3 \\ 0 & -1 & -4 & -5 \\ 0 & 1 & 7 & 8 \\ 0 & 2 & -6 & -7 \end{vmatrix}$$

$$\xlongequal{r_3+r_2,\ r_4+2r_2} -\begin{vmatrix} 1 & 0 & 2 & 3 \\ 0 & -1 & -4 & -5 \\ 0 & 0 & 3 & 3 \\ 0 & 0 & -14 & -17 \end{vmatrix} = 3\begin{vmatrix} 1 & 0 & 2 & 3 \\ 0 & 1 & 4 & 5 \\ 0 & 0 & 1 & 1 \\ 0 & 0 & 14 & -17 \end{vmatrix} \xlongequal{r_4+14r_3} 3\begin{vmatrix} 1 & 0 & 2 & 3 \\ 0 & 1 & 4 & 5 \\ 0 & 0 & 1 & 1 \\ 0 & 0 & 0 & -3 \end{vmatrix} = -9$$

例 8.9 证明：

$$D=\begin{vmatrix} x_1+y_1 & y_1+z_1 & z_1+x_1 \\ x_2+y_2 & y_2+z_2 & z_2+x_2 \\ x_3+y_3 & y_3+z_3 & z_3+x_3 \end{vmatrix}=2\begin{vmatrix} x_1 & y_1 & z_1 \\ x_2 & y_2 & z_2 \\ x_3 & y_3 & z_3 \end{vmatrix}$$

证法一 由性质 8.4，左边行列式依第 1 列拆成行列式 D_1 与 D_2 之和，即 $D=D_1+D_2$；同理，D_1,D_2 又可分别依第 2 列拆成 $D_1=D_{11}+D_{12}$，$D_2=D_{21}+D_{22}$；最后 $D_{11},D_{12},D_{21},D_{22}$ 又可依第 3 列各自拆成两个行列式之和．显然，在这 8 个行列式中，有 6 个行列式均有两个相同的列，从而值为零，于是得

$$D=\begin{vmatrix} x_1 & y_1 & z_1 \\ x_2 & y_2 & z_2 \\ x_3 & y_3 & z_3 \end{vmatrix}+\begin{vmatrix} y_1 & z_1 & x_1 \\ y_2 & z_2 & x_2 \\ y_3 & z_3 & x_3 \end{vmatrix}$$

注意到上式右边第 2 个行列式只需依次对调第 1 列与第 3 列，第 2，3 列即成第 1 个行列式，故原等式成立．

证法二 $$D\xlongequal{c_3+c_1\times(-1)}\begin{vmatrix} x_1+y_1 & y_1+z_1 & z_1-x_1 \\ x_2+y_2 & y_2+z_2 & z_2-x_2 \\ x_3+y_3 & y_3+z_3 & z_3-x_3 \end{vmatrix}\xlongequal{c_3+c_2}\begin{vmatrix} x_1+y_1 & y_1+z_1 & 2z_1 \\ x_2+y_2 & y_2+z_2 & 2z_2 \\ x_3+y_3 & y_3+z_3 & 2z_3 \end{vmatrix}$$

$$=2\begin{vmatrix} x_1+y_1 & y_1+z_1 & z_1 \\ x_2+y_2 & y_2+z_2 & z_2 \\ x_3+y_3 & y_3+z_3 & z_3 \end{vmatrix}\xlongequal[c_1+c_3\cdot(-1)]{c_2+c_3\cdot(-1)}2\begin{vmatrix} x_1 & y_1 & z_1 \\ x_2 & y_2 & z_2 \\ x_3 & y_3 & z_3 \end{vmatrix}$$

故等式成立．

例 8.10 计算行列式

$$D=\begin{vmatrix} b & a & a & \cdots & a \\ a & b & a & \cdots & a \\ a & a & b & \cdots & a \\ \vdots & \vdots & \vdots & & \vdots \\ a & a & a & \cdots & b \end{vmatrix}$$

解

$$D\xlongequal{c_1+c_2+\cdots+c_n}\begin{vmatrix} (n-1)a+b & a & a & \cdots & a \\ (n-1)a+b & b & a & \cdots & a \\ (n-1)a+b & a & b & \cdots & a \\ \vdots & \vdots & \vdots & & \vdots \\ (n-1)a+b & a & a & \cdots & b \end{vmatrix}=[(n-1)a+b]\begin{vmatrix} 1 & a & a & \cdots & a \\ 1 & b & a & \cdots & a \\ 1 & a & b & \cdots & a \\ \vdots & \vdots & \vdots & & \vdots \\ 1 & a & a & \cdots & b \end{vmatrix}$$

$$\xlongequal[(i=2,3,\cdots,n)]{r_i+r_1\times(-a)}[(n-1)a+b]\begin{vmatrix} 1 & a & a & \cdots & a \\ 0 & b-a & 0 & \cdots & 0 \\ 0 & 0 & b-a & \cdots & 0 \\ \vdots & \vdots & \vdots & & \vdots \\ 0 & 0 & 0 & \cdots & b-a \end{vmatrix}=[(n-1)a+b](b-a)^{n-1}$$

8.3 行列式按行（列）展开定理

8.2 节中，利用行列式的性质可使某些行列式的计算大为简化．本节将讨论行列式计算的另一主要途径——降阶计算．一般而言，低阶行列式比高阶行列式更容易计算．因此，若能找到将高阶行列式转化为低阶行列式的途径，对简化行列式的计算无疑是有益的．

8.3.1 按行（列）展开行列式

定义 8.6 将行列式（8.1）中的元素 a_{ij} 所在的第 i 行和第 j 列划去之后所得到的 $n-1$ 阶行列式称为元素 a_{ij} 的余子式，记为 M_{ij}；称 $A_{ij}=(-1)^{i+j}M_{ij}$ 为 a_{ij} 的代数余子式．

例 8.11 设 $D=\begin{vmatrix}-1 & 2 & 0\\ 1 & 1 & 3\\ 0 & 4 & 2\end{vmatrix}$，则元素 $a_{23}=3$ 的余子式为 $M_{23}=\begin{vmatrix}-1 & 2\\ 0 & 4\end{vmatrix}=-4$，代数余子式为 $A_{23}=(-1)^{2+3}M_{23}=4$．

为给出行列式按行（列）展开定理，先介绍下面的引理．

引理 8.1 若 n 阶行列式 D 的第 i 行元素中除 a_{ij} 外都为零，则

$$D=a_{ij}A_{ij}$$

定理 8.2 n 阶行列式 D 等于它的任意一行（列）元素与其代数余子式的乘积之和，即

$$D=a_{i1}A_{i1}+a_{i2}A_{i2}+\cdots+a_{in}A_{in}$$

或

$$D=a_{1j}A_{1j}+a_{2j}A_{2j}+\cdots+a_{nj}A_{nj}\quad (i,j=1,2,\cdots,n)$$

定理 8.2 表明，n 阶行列式 D 可降阶为 $n-1$ 阶行列式来计算．特别地，当 D 的某行（列）有众多元素为零时，将 D 按此行展开将使计算量大为减少．

例 8.12 计算行列式

$$D=\begin{vmatrix}1 & 4 & 0 & 3 & 1\\ 8 & 6 & 3 & -7 & 9\\ 0 & 5 & 0 & 4 & 0\\ 0 & 5 & 0 & 0 & 0\\ 3 & -4 & 0 & -1 & 2\end{vmatrix}$$

解 因 D 的第 3 列只有一个非零元素，故可利用展开定理将 D 按第 3 列展开，得

$$D=3\cdot(-1)^{2+3}\begin{vmatrix}1 & 4 & 3 & 1\\ 0 & 5 & 4 & 0\\ 0 & 5 & 0 & 0\\ 3 & -4 & -1 & 2\end{vmatrix}\xlongequal{\text{按第3行展开}}(-3)\cdot 5\cdot(-1)^{3+2}\begin{vmatrix}1 & 3 & 1\\ 0 & 4 & 0\\ 3 & -1 & 2\end{vmatrix}$$

$$\xlongequal{\text{按第2行展开}}15\cdot 4\cdot(-1)^{2+2}\begin{vmatrix}1 & 1\\ 3 & 2\end{vmatrix}=-60$$

本例充分利用了行列式中有众多元素为零这一特点反复应用定理 8.2 将 D 逐次降阶，极大地简化了行列式的计算．其实，即使行列式中没有这么多零，也可以利用行列式的性质“造”出足够的零，再使用公式进行计算．

例 8.13 证明 n 阶范德蒙德（Vandermonde）行列式

$$V_n = \begin{vmatrix} 1 & 1 & 1 & \cdots & 1 \\ a_1 & a_2 & a_3 & \cdots & a_n \\ a_1^2 & a_2^2 & a_3^2 & \cdots & a_n^2 \\ \vdots & \vdots & \vdots & & \vdots \\ a_1^{n-1} & a_2^{n-1} & a_3^{n-1} & \cdots & a_n^{n-1} \end{vmatrix} = \prod_{n \geqslant i > j \geqslant 1} (a_i - a_j)$$

其中连乘积 $\prod\limits_{n \geqslant i > j \geqslant 1} (a_i - a_j)$ 表示满足条件 $n \geqslant i > j \geqslant 1$ 的所有因子 $a_i - a_j$ 的乘积．

证 对阶数 n 使用数学归纳法．当 $n = 2$ 时，有

$$V_2 = \begin{vmatrix} 1 & 1 \\ a_1 & a_2 \end{vmatrix} = a_2 - a_1 = \prod_{2 \geqslant i > j \geqslant 1} (a_i - a_j)$$

故等式成立．假设结论对 $n-1$ 阶范德蒙德行列式成立，现证结论对 n 阶范德蒙德行列式亦成立．

从 V_n 的第 n 行开始，自下而上直到第 2 行，都以上一行元素的 $-a_1$ 倍加到下一行，得

$$V_n = \begin{vmatrix} 1 & 1 & 1 & \cdots & 1 \\ 0 & a_2 - a_1 & a_3 - a_1 & \cdots & a_n - a_1 \\ 0 & a_2(a_2 - a_1) & a_3(a_3 - a_1) & \cdots & a_n(a_n - a_1) \\ \vdots & \vdots & \vdots & & \vdots \\ 0 & a_2^{n-2}(a_2 - a_1) & a_3^{n-2}(a_3 - a_1) & \cdots & a_n^{n-2}(a_n - a_1) \end{vmatrix}$$

按第 1 列展开并提取公因式，得

$$V_n = (a_2 - a_1)(a_3 - a_1)\cdots(a_n - a_1) \begin{vmatrix} 1 & 1 & \cdots & 1 \\ a_2 & a_3 & \cdots & a_n \\ \vdots & \vdots & & \vdots \\ a_2^{n-2} & a_3^{n-2} & \cdots & a_n^{n-2} \end{vmatrix}$$

显然，等号右边的行列式是 $n-1$ 阶范德蒙德行列式，故由归纳假设，得

$$V_n = (a_2 - a_1)(a_3 - a_1)\cdots(a_n - a_1) \prod_{n \geqslant i > j \geqslant 2} (a_i - a_j)$$

于是，对任意自然数 n，等式成立．

推论 8.4 n 阶行列式 D 中任意一行（列）元素与其他行（列）对应元素的代数余子式的乘积之和为零，即

$$a_{s1}A_{i1} + a_{s2}A_{i2} + \cdots + a_{sn}A_{in} = 0 \quad (s \neq i)$$
$$a_{1s}A_{1j} + a_{2s}A_{2j} + \cdots + a_{ns}A_{nj} = 0 \quad (s \neq j)$$

证明请读者自己完成．

8.3.2 拉普拉斯展开定理

本节将定义行列式按一行（列）展开的形式，推广到按 k 行（或 k 列）展开的形式．为此，

先考察 3 阶行列式的情况.

将 3 阶行列式按第 1 行展开，有

$$D=\begin{vmatrix}a_{11} & a_{12} & a_{13}\\ a_{21} & a_{22} & a_{23}\\ a_{31} & a_{32} & a_{33}\end{vmatrix}=a_{11}(-1)^{1+1}\begin{vmatrix}a_{22} & a_{23}\\ a_{32} & a_{33}\end{vmatrix}+a_{12}(-1)^{1+2}\begin{vmatrix}a_{21} & a_{23}\\ a_{31} & a_{33}\end{vmatrix}+a_{13}(-1)^{1+3}\begin{vmatrix}a_{21} & a_{22}\\ a_{31} & a_{32}\end{vmatrix}$$

右边 3 个 2 阶行列式分别为 a_{11},a_{12},a_{13} 的余子式．若将 a_{11},a_{12},a_{13} 与它们的余子式的关系反过来看，将这 3 个 2 阶行列式称为行列式 D 的二阶子式，而将 3 个 1 阶行列式 $|a_{11}|=a_{11}$，$|a_{12}|=a_{12}$，$|a_{13}|=a_{13}$ 分别称为这 3 个 2 阶子式的余子式.

定义 8.7 在 n 阶行列式 D 中任取 k 行、k 列（$1\leqslant k\leqslant n$），位于这些行与列的交叉点处的 k^2 个元素按原来的顺序组成的一个 k 阶行列式 M，称为 D 的一个 k 阶子式.

在 D 中划去这 k 行、k 列后，余下的元素按原来的顺序组成的一个 $n-k$ 阶行列式 N，称为 k 阶子式 M 的余子式.

如果 k 阶子式 M 在 D 中所在的行和列的标号分别为 $i_1,i_2,\cdots,i_k$ 和 $j_1,j_2,\cdots,j_k$，那么在 M 的余子式 N 前添加符号 $(-1)^{(i_1+i_2+\cdots+i_n)+(j_1+j_2+\cdots+j_n)}$ 后所得到的 $n-k$ 阶行列式，称为 k 阶子式 M 的代数余子式，记为 B，即

$$B=(-1)^{(i_1+i_2+\cdots+i_n)+(j_1+j_2+\cdots+j_n)}N$$

例 8.14 计算行列式

$$D=\begin{vmatrix}1 & 2 & 3 & 4\\ 0 & 2 & 1 & 0\\ 5 & 6 & 7 & 8\\ 0 & 0 & 3 & 0\end{vmatrix}$$

解 因 D 中取第 2 行和第 4 行，得 $C_4^2=6$ 个 2 阶子式中只有 1 个是非零的，故将 D 按第 2 行和第 4 行展开，得

$$D=\begin{vmatrix}2 & 1\\ 0 & 3\end{vmatrix}\cdot(-1)^{(2+4)+(2+3)}\begin{vmatrix}1 & 4\\ 5 & 8\end{vmatrix}=72$$

例 8.15 计算 $m+n$ 阶行列式

$$D=\begin{vmatrix}a_{11} & \dots & a_{1m} & c_{11} & \dots & c_{1n}\\ \vdots & & \vdots & & \vdots & \vdots\\ a_{m1} & \dots & a_{mm} & c_{m1} & \dots & c_{mn}\\ 0 & \dots & 0 & b_{11} & \dots & b_{1n}\\ \vdots & & \vdots & \vdots & & \vdots\\ 0 & \dots & 0 & b_{n1} & \dots & b_{nn}\end{vmatrix}$$

解 按第 m 行和第 m 列展开，得

$$D=\begin{vmatrix}a_{11} & \dots & a_{1m}\\ \vdots & & \vdots\\ a_{m1} & \dots & a_{mm}\end{vmatrix}(-1)^{(1+2+\cdots+m)+(1+2+\cdots+m)}\begin{vmatrix}b_{11} & \dots & b_{1n}\\ \vdots & & \vdots\\ b_{n1} & \dots & b_{nn}\end{vmatrix}=\begin{vmatrix}a_{11} & \dots & a_{1m}\\ \vdots & & \vdots\\ a_{m1} & \dots & a_{mm}\end{vmatrix}\cdot\begin{vmatrix}b_{11} & \dots & b_{1n}\\ \vdots & & \vdots\\ b_{n1} & \dots & b_{nn}\end{vmatrix}$$

习 题 8.3

1. 计算下列行列式：

（1）$\begin{vmatrix} 2 & -2 & 3 \\ 1 & 3 & 2 \\ 4 & -2 & 3 \end{vmatrix}$； （2）$\begin{vmatrix} 1 & 2 & 0 & 1 \\ 1 & 3 & 5 & 0 \\ 0 & 1 & 5 & 6 \\ 1 & 2 & 3 & 4 \end{vmatrix}$； （3）$\begin{vmatrix} 2 & 1 & 4 & -1 \\ 3 & -1 & 2 & -1 \\ 1 & 2 & 3 & -2 \\ 5 & 0 & 6 & -2 \end{vmatrix}$；

（4）$\begin{vmatrix} 2 & 3 & 4 & 1 \\ 3 & 4 & 1 & 2 \\ 4 & 1 & 2 & 3 \\ 1 & 2 & 3 & 4 \end{vmatrix}$； （5）$\begin{vmatrix} 1 & 1 & 1 & 1 \\ a & b & c & d \\ c & c & d & a \\ 0 & 0 & c-d & b \end{vmatrix}$； （6）$\begin{vmatrix} 0 & a & b & a \\ a & 0 & a & b \\ b & a & 0 & a \\ a & b & a & 0 \end{vmatrix}$；

（7）$\begin{vmatrix} a_1-b & a_2 & a_3 & \dots & a_n \\ a_1 & a_2-b & a_3 & \dots & a_n \\ a_1 & a_2 & a_3-b & \dots & a_n \\ \vdots & \vdots & \vdots & & \vdots \\ a_1 & a_2 & a_3 & \dots & a_n-b \end{vmatrix}$； （8）$\begin{vmatrix} 1 & 1 & 1 & 1 \\ 2 & 1 & 3 & 4 \\ 4 & 1 & 9 & 16 \\ 8 & 1 & 27 & 64 \end{vmatrix}$； （9）$\begin{vmatrix} 1 & 1 & 1 \\ a & b & c \\ a^2 & b^2 & c^2 \end{vmatrix}$.

2. 解下列方程：

（1）$\begin{vmatrix} x & x & 2 \\ 0 & -1 & 1 \\ 1 & 2 & x \end{vmatrix}=0$； （2）$\begin{vmatrix} 1 & 2 & 3 & x+4 \\ 1 & 2 & x+3 & 4 \\ 1 & x+2 & 3 & 4 \\ x+1 & 2 & 3 & 4 \end{vmatrix}=0$.

3. 证明：

（1）$\begin{vmatrix} a^2 & ab & b^2 \\ 2a & a+b & 2b \\ 1 & 1 & 1 \end{vmatrix}=(a-b)^3$； （2）$\begin{vmatrix} ax+by & ay+bz & az+bx \\ ay+bz & az+bx & ax+by \\ az+bx & ax+by & ay+bz \end{vmatrix}=(a^3+b^3)\begin{vmatrix} x & y & z \\ y & z & x \\ z & x & y \end{vmatrix}$.

4. 计算 n 阶行列式：

（1）$\begin{vmatrix} 0 & 1 & 1 & \dots & 1 & 1 \\ 1 & 0 & 1 & \dots & 1 & 1 \\ 1 & 1 & 0 & \dots & 1 & 1 \\ \vdots & \vdots & \vdots & \ddots & \vdots & \vdots \\ 1 & 1 & 1 & \dots & 0 & 1 \\ 1 & 1 & 1 & \dots & 1 & 0 \end{vmatrix}$； （2）$\begin{vmatrix} 1 & 2 & 2 & \dots & 2 \\ 2 & 2 & 2 & \dots & 2 \\ 2 & 2 & 3 & \dots & 2 \\ \vdots & \vdots & \vdots & \ddots & \vdots \\ 2 & 2 & 2 & \dots & n \end{vmatrix}$.

8.4 克拉默法则

本节将二元、三元的非齐次线性方程组推广到含有 n 个变量 n 个方程的 n 元非齐次线性方程组.

定理 8.3［克拉默（Cramer）法则］ 对于 $n\times n$ 线性方程组

$$\begin{cases} a_{11}x_1 + a_{12}x_2 + \cdots + a_{1n}x_n = b_1 \\ a_{21}x_1 + a_{22}x_2 + \cdots + a_{2n}x_n = b_2 \\ \cdots\cdots \\ a_{n1}x_1 + a_{n2}x_2 + \cdots + a_{nn}x_n = b_n \end{cases} \tag{8.4}$$

若系数行列式

$$D = \begin{vmatrix} a_{11} & a_{12} & \cdots & a_{1n} \\ a_{21} & a_{22} & \cdots & a_{2n} \\ \vdots & \vdots & & \vdots \\ a_{n1} & a_{n2} & \cdots & a_{nn} \end{vmatrix} \neq 0$$

则方程组有唯一解，即

$$x_1 = \frac{D_1}{D},\quad x_2 = \frac{D_2}{D},\ \cdots,\ x_n = \frac{D_n}{D}$$

其中 $D_j\,(j = 1,2,\cdots,n)$ 是将 D 中的第 j 列元素依次换成常数项 $b_1, b_2, \cdots, b_n$ 后所得到的行列式.

定义 8.8 若方程组（8.4）中常数项全为零，即

$$\begin{cases} a_{11}x_1 + a_{12}x_2 + \cdots + a_{1n}x_n = 0 \\ a_{21}x_1 + a_{22}x_2 + \cdots + a_{2n}x_n = 0 \\ \cdots\cdots \\ a_{n1}x_1 + a_{n2}x_2 + \cdots + a_{nn}x_n = 0 \end{cases}$$

则称为齐次线性方程组.

由定义 8.8 可得下面的推论.

推论 8.5 若 n 元齐次线性方程组的系数行列式 $D \neq 0$，则方程组只有零解，即

$$x_1 = x_2 = \cdots = x_n = 0$$

作为推论 8.5 的逆否命题，有下面的推论.

推论 8.6 若齐次线性方程组有非零解 $x_j = c_j$（c_j中至少有一个取非零值，$j = 1,2,\cdots,n$ ），则其系数行列式 $D = 0$.

例 8.16 讨论线性方程组

$$\begin{cases} x_1 - 3x_2 + 7x_3 = 2 \\ 2x_1 + 4x_2 - 3x_3 = -1 \\ -3x_1 + 7x_2 + 2x_3 = 3 \end{cases}$$

的解.

解

$$D = \begin{vmatrix} 1 & -3 & 7 \\ 2 & 4 & -3 \\ -3 & 7 & 2 \end{vmatrix} = 196 \neq 0$$

由克拉默法则知，方程组有唯一确定的解. 此时

$$D_1 = \begin{vmatrix} 2 & -3 & 7 \\ -1 & 4 & -3 \\ 3 & 7 & 2 \end{vmatrix} = -54,\quad D_2 = \begin{vmatrix} 1 & 2 & 7 \\ 2 & -1 & -3 \\ -3 & 3 & 2 \end{vmatrix} = 38,\quad D_3 = \begin{vmatrix} 1 & -3 & 2 \\ 2 & 4 & -1 \\ -3 & 7 & 3 \end{vmatrix} = 80$$

故 $$x_1=\frac{D_1}{D}=\frac{-54}{196}=-\frac{27}{98},\quad x_2=\frac{D_2}{D}=\frac{38}{196}=\frac{19}{98},\quad x_3=\frac{D_3}{D}=\frac{80}{196}=\frac{20}{49}$$

习　题　8.4

1. 用克拉默法则求解下列线性方程组：

（1）$\begin{cases} x_1+x_2-2x_3=-3, \\ 5x_1-2x_2+7x_3=22, \\ 2x_1-5x_2+4x_3=4; \end{cases}$　　（2）$\begin{cases} x_2-3x_3+4x_4=-5, \\ x_1-2x_3+3x_4=-4, \\ 4x_1+3x_2-5x_3=5, \\ 3x_1+2x_2-5x_4=12; \end{cases}$

（3）$\begin{cases} x_1+2x_2+x_3=3, \\ -2x_1+x_2-x_3=-3, \\ x_1-4x_2+2x_3=-5; \end{cases}$　　（4）$\begin{cases} x_1-x_2+x_3-2x_4=2, \\ 2x_1-x_3+4x_4=4, \\ 3x_1+2x_2+x_3=-1, \\ -x_1+2x_2-x_3+2x_4=-4. \end{cases}$

2. 已知 $a^2\neq b^2$，证明线性方程组

$$\begin{cases} ax_1+bx_4=1 \\ ax_2+bx_3=1 \\ bx_2+ax_3=1 \\ bx_1+ax_4=1 \end{cases}$$

有唯一解，并求解.

3. λ 取何值时，齐次线性方程组

$$\begin{cases} (\lambda-1)x_1+x_2-x_3=0 \\ 2x_1-(\lambda+2)x_2+2x_3=0 \\ x_1-x_2+(\lambda+1)x_3=0 \end{cases}$$

有非零解？

4. a,b 满足什么条件时，齐次线性方程组

$$\begin{cases} x_1+x_2+x_3+ax_4=0 \\ x_1+2x_2+x_3+x_4=0 \\ x_1+x_2-3x_3+x_4=0 \\ x_1+x_2+ax_3+bx_4=0 \end{cases}$$

有非零解？

第9章 矩 阵

9.1 矩阵的概念

先看下面几个例子.

例 9.1 有某种货物从 3 处生产地运往 4 个销售地，调运的里程如表 9.1 所示（单位：km).

表 9.1

生产地	销售地			
	a	b	c	d
A	40	50	70	100
B	50	30	80	90
C	60	40	30	50

约定：第 1, 2, 3 行表示生产地 A, B, C，第 1, 2, 3, 4 列表示销售地 a, b, c, d，则 3 行 4 列的数表

$$\begin{pmatrix} 40 & 50 & 70 & 100 \\ 50 & 30 & 80 & 90 \\ 60 & 40 & 30 & 50 \end{pmatrix}$$

即为销售表.

例 9.2 设某石油公司有三个炼油厂以原油作为主要原料，利用 1 t 原油生产的燃料油、柴油和汽油如表 9.2 所示（单位：t).

表 9.2

产品	炼油厂		
	第一炼油厂	第二炼油厂	第三炼油厂
燃料油	0.762	0.476	0.286
柴油	0.190	0.476	0.381
汽油	0.286	0.381	0.571

这些数据按原来的排列顺序可以组成一个 3×3 的数表，称之为 3 阶矩阵，即

$$\begin{pmatrix} 0.762 & 0.476 & 0.286 \\ 0.190 & 0.476 & 0.381 \\ 0.286 & 0.381 & 0.571 \end{pmatrix}$$

其中第 1 行表示各炼油厂利用 1 t 原油生产的燃料油数量，不同数值反映出各炼油厂在工艺和技术上的不同，第 2 行和第 3 行也有类似的含义. 矩阵的各列反映出各炼油厂生产的各类油品的构成情况.

一个含 m 个方程 n 个未知量的非齐次线性方程组

$$\begin{cases} a_{11}x_1 + a_{12}x_2 + \cdots + a_{1n}x_n = b_1 \\ a_{21}x_1 + a_{22}x_2 + \cdots + a_{2n}x_n = b_2 \\ \cdots\cdots \\ a_{m1}x_1 + a_{m2}x_2 + \cdots + a_{mn}x_n = b_m \end{cases}$$

省去方程组的“+”“=”，以及未知量 $x_i (i = 1, 2, \cdots, n)$，将未知量的系数和右边常数项按原顺序组成一个长方形的数表

$$\begin{pmatrix} a_{11} & a_{12} & \cdots & a_{1n} & b_1 \\ a_{21} & a_{22} & \cdots & a_{2n} & b_2 \\ \vdots & \vdots & & \vdots & \vdots \\ a_{m1} & a_{m2} & \cdots & a_{mn} & b_m \end{pmatrix}$$

则上表仍明确地表示了一个含 m 个方程 n 个未知量的非齐次线性方程组. 其中，第 i 行表示第 i 个方程（$i = 1, 2, \cdots, m$），第 j 列表示未知量 x_j 的系数（$j = 1, 2, \cdots, n$），第 $n+1$ 列表示方程右边的常数项.

这种在经济领域中遇到的各种矩形数表可以抽象成一个数学概念——矩阵.

定义 9.1 由 $m \times n$ 个元素排成 m 行 n 列的一个矩形数表，称为一个 $m \times n$ 矩阵，记为

$$\begin{pmatrix} a_{11} & \cdots & a_{1n} \\ \vdots & & \vdots \\ a_{m1} & \cdots & a_{mn} \end{pmatrix} \tag{9.1}$$

其中 a_{ij} 称为矩阵的第 i 行第 j 列的元素.

一般情况下，矩阵用黑体大写字母 $\boldsymbol{A}, \boldsymbol{B}, \boldsymbol{C}$ 等表示，为了表明矩阵的行数和列数，也可表示成 $\boldsymbol{A}_{m \times n}, \boldsymbol{B} = (b_{ij})_{m \times n}$ 等.

所有元素都是零的矩阵，称为零矩阵，记为 $\boldsymbol{O}$（注意区分矩阵 $\boldsymbol{O}$ 和数 0）.

当矩阵 $\boldsymbol{A}$ 的行数和列数相等且都等于 n 时，称 $\boldsymbol{A}$ 为 n 阶矩阵（或 n 阶方阵）.

9.2 矩阵的运算

若 $\boldsymbol{A} = (a_{ij}), \boldsymbol{B} = (b_{ij})$ 都是 $m \times n$ 矩阵，则称 $\boldsymbol{A}, \boldsymbol{B}$ 是同型矩阵.

定义 9.2 两个同型矩阵 $\boldsymbol{A} = (a_{ij})_{m \times n}, \boldsymbol{B} = (b_{ij})_{m \times n}$，若其对应元素相等，即 $a_{ij} = b_{ij} (i = 1, 2, \cdots, m; j = 1, 2, \cdots, n)$，则称 $\boldsymbol{A}$ 与 $\boldsymbol{B}$ 相等，记为 $\boldsymbol{A} = \boldsymbol{B}$.

由定义 9.2 知，$\boldsymbol{A} = \boldsymbol{O} \Leftrightarrow a_{ij} = 0 (i = 1, 2, \cdots, m; j = 1, 2, \cdots, n)$.

两个 $m \times n$ 矩阵相等等价于 $m \times n$ 个元素（数）的等式. 例如，由

$$\begin{pmatrix} x & y & 3 \\ -1 & 2 & 5 \end{pmatrix} = \begin{pmatrix} -1 & 5 & 3 \\ -1 & z & 5 \end{pmatrix}$$

可得 $x = -1$，$y = 5$，$z = 2$.

9.2.1 矩阵的加法

先看一个例子.

例 9.3 若某 4 名学生的期末成绩为 $\boldsymbol{A}$，期中成绩为 $\boldsymbol{B}$，即

$$\boldsymbol{A}=\begin{pmatrix}94&90&95\\78&80&70\\98&95&97\\60&70&72\end{pmatrix},\qquad \boldsymbol{B}=\begin{pmatrix}94&90&97\\83&85&76\\98&95&97\\60&70&72\end{pmatrix}$$

则每名学生各门课程期中与期末考试的成绩之和可表示为

$$\boldsymbol{A}+\boldsymbol{B}=\begin{pmatrix}94&90&95\\78&80&70\\98&95&97\\60&70&72\end{pmatrix}+\begin{pmatrix}94&90&97\\83&85&76\\98&95&97\\60&70&72\end{pmatrix}=\begin{pmatrix}188&180&192\\161&165&146\\196&190&194\\120&140&144\end{pmatrix}$$

定义 9.3 设 $\boldsymbol{A}=(a_{ij})_{m\times n}$，$\boldsymbol{B}=(b_{ij})_{m\times n}$，规定

$$\boldsymbol{A}+\boldsymbol{B}=(a_{ij}+b_{ij})=\begin{pmatrix}a_{11}+b_{11}&a_{12}+b_{12}&\cdots&a_{1n}+b_{1n}\\a_{21}+b_{21}&a_{22}+b_{22}&\cdots&a_{2n}+b_{2n}\\\vdots&\vdots&&\vdots\\a_{m1}+b_{m1}&a_{m2}+b_{m2}&\cdots&a_{mn}+b_{mn}\end{pmatrix}$$

并称 $\boldsymbol{A}+\boldsymbol{B}$ 为矩阵 $\boldsymbol{A}$ 与 $\boldsymbol{B}$ 之和.

注：同型矩阵才能相加，且其和仍是同型矩阵．例如，

$$\boldsymbol{A}=\begin{pmatrix}1&2\\0&-3\\5&-1\end{pmatrix},\qquad \boldsymbol{B}=\begin{pmatrix}3&-2\\2&1\\-2&-3\end{pmatrix}$$

则

$$\boldsymbol{A}+\boldsymbol{B}=\begin{pmatrix}4&0\\2&-2\\3&-4\end{pmatrix}$$

由于数的运算有交换律、结合律，矩阵加法满足：

（1）交换律　$\boldsymbol{A}+\boldsymbol{B}=\boldsymbol{B}+\boldsymbol{A}$；

（2）结合律　$(\boldsymbol{A}+\boldsymbol{B})+\boldsymbol{C}=\boldsymbol{A}+(\boldsymbol{B}+\boldsymbol{C})$；

（3）$\boldsymbol{A}+\boldsymbol{O}=\boldsymbol{A}$；

（4）$\boldsymbol{A}+(-\boldsymbol{A})=\boldsymbol{O}$.

其中，$\boldsymbol{A},\boldsymbol{B},\boldsymbol{C},\boldsymbol{O},-\boldsymbol{A}$ 都是同型矩阵，且若 $\boldsymbol{A}=(a_{ij})_{m\times n}$，则 $-\boldsymbol{A}=(-a_{ij})_{m\times n}$，并称 $-\boldsymbol{A}$ 是 $\boldsymbol{A}$ 的负矩阵，并由此定义两个同型矩阵的减法：

$$\boldsymbol{A}-\boldsymbol{B}=\boldsymbol{A}+(-\boldsymbol{B})$$

9.2.2 数与矩阵的乘法

定义 9.4 设 $\boldsymbol{A}=(a_{ij})$ 为 $m\times n$ 矩阵，k 为一个常数，则 $k\boldsymbol{A}$（或 $\boldsymbol{A}k$）为用数 k 乘 $\boldsymbol{A}$ 的每一个元素而形成的 $m\times n$ 矩阵.

即若

$$\boldsymbol{A}=\begin{pmatrix} a_{11} & \cdots & a_{1n} \\ \vdots & & \vdots \\ a_{m1} & \cdots & a_{mn} \end{pmatrix}$$

则

$$k\boldsymbol{A}=\begin{pmatrix} ka_{11} & \cdots & ka_{1n} \\ \vdots & & \vdots \\ ka_{m1} & \cdots & ka_{mn} \end{pmatrix}$$

并称这个矩阵为 k 与 $\boldsymbol{A}$ 的数量乘法，简称数乘.

例如，若

$$\boldsymbol{A}=\begin{pmatrix} 4 & 8 & 2 \\ 6 & 8 & 10 \end{pmatrix}$$

则

$$\frac{1}{2}\boldsymbol{A}=\begin{pmatrix} 2 & 4 & 1 \\ 3 & 4 & 5 \end{pmatrix}, \qquad 3\boldsymbol{A}=\begin{pmatrix} 12 & 24 & 6 \\ 18 & 24 & 30 \end{pmatrix}$$

容易验证，数乘运算满足：

（1）$1\cdot\boldsymbol{A}=\boldsymbol{A},\quad 0\cdot\boldsymbol{A}=\boldsymbol{O}$；

（2）$(kl)\boldsymbol{A}=k(l\boldsymbol{A})$；

（3）$(k+l)\boldsymbol{A}=k\boldsymbol{A}+l\boldsymbol{A}$；

（4）$k(\boldsymbol{A}+\boldsymbol{B})=k\boldsymbol{A}+k\boldsymbol{B}$.

其中，$1,k,l$ 为数，$\boldsymbol{A},\boldsymbol{B}$ 为同型矩阵.

例 9.4 设矩阵 $\boldsymbol{A},\boldsymbol{B},\boldsymbol{X}$ 满足关系 $2\boldsymbol{A}-\boldsymbol{X}=3\boldsymbol{B}+3\boldsymbol{X}$，其中

$$\boldsymbol{A}=\begin{pmatrix} 2 & 0 & -1 \\ -1 & 3 & 5 \end{pmatrix}, \qquad \boldsymbol{B}=\begin{pmatrix} 1 & 3 & -2 \\ 0 & 2 & -1 \end{pmatrix}$$

求矩阵 $\boldsymbol{X}$.

解 移项整理得

$$-4\boldsymbol{X}=3\boldsymbol{B}-2\boldsymbol{A}$$

故

$$\boldsymbol{X}=-\frac{1}{4}(3\boldsymbol{B}-2\boldsymbol{A})=-\frac{1}{4}\left[\begin{pmatrix} 3 & 9 & -6 \\ 0 & 6 & -3 \end{pmatrix}-\begin{pmatrix} 4 & 0 & -2 \\ -2 & 6 & 10 \end{pmatrix}\right]$$

$$=-\frac{1}{4}\begin{pmatrix} -1 & 9 & -4 \\ 2 & 0 & -13 \end{pmatrix}=\begin{pmatrix} \frac{1}{4} & -\frac{9}{4} & 1 \\ -\frac{1}{2} & 0 & \frac{13}{4} \end{pmatrix}$$

9.2.3 矩阵的乘法

例 9.5 某工厂生产三种产品，各种产品每件所需的生产成本估计以及各个季度每一产品的生产件数如下所示.

	A	B	C
原材料	0.10	0.30	0.15
劳动量	0.30	0.40	0.25
管理费	0.10	0.20	0.15

	夏	秋	冬	春
A	4000	4500	4500	4000
B	2000	2600	2400	2200
C	5800	6200	6000	6000

现在希望给出一张数表，说明各个季度所需各类成本的明细表.

解 用矩阵符号将上述两张表写成矩阵形式：

$$\boldsymbol{M}=\begin{pmatrix}0.10 & 0.30 & 0.15\\ 0.30 & 0.40 & 0.25\\ 0.10 & 0.20 & 0.15\end{pmatrix},\qquad \boldsymbol{P}=\begin{pmatrix}4\,000 & 4\,500 & 4\,500 & 4\,000\\ 2\,000 & 2\,600 & 2\,400 & 2\,200\\ 5\,800 & 6\,200 & 6\,000 & 6\,000\end{pmatrix}$$

所要求的明细表可以表示成下列形式的矩阵：

$$\begin{array}{r} \\ \text{原材料}\\ \text{劳动量}\\ \text{管理费}\end{array}\begin{array}{c}\begin{array}{cccc}\text{夏} & \text{秋} & \text{冬} & \text{春}\end{array}\\ \begin{pmatrix}\bullet & \bullet & \bullet & \bullet\\ \bullet & \bullet & \bullet & \bullet\\ \bullet & \bullet & \bullet & \bullet\end{pmatrix}\end{array}$$

这是一个 3×4 矩阵，它可以利用所给的两张表，即矩阵 $\boldsymbol{M}$ 和 $\boldsymbol{P}$，计算出每一个“•”的数值，即夏季所需原材料、劳动量、管理费的费用分别为

$$0.10\times4\,000+0.30\times2\,000+0.15\times5\,800=1\,870$$
$$0.30\times4\,000+0.40\times2\,000+0.25\times5\,800=3\,450$$
$$0.10\times4\,000+0.20\times2\,000+0.15\times5\,800=1\,670$$

同理可得，秋季所需原材料、劳动量、管理费的费用分别为

$$0.10\times4\,500+0.30\times2\,600+0.15\times6\,200=2\,160$$
$$0.30\times4\,500+0.40\times2\,600+0.25\times6\,200=3\,940$$
$$0.10\times4\,500+0.20\times2\,600+0.15\times6\,200=1\,900$$

冬季所需原材料、劳动量、管理费的费用分别为

$$0.10\times4\,500+0.30\times2\,400+0.15\times6\,000=2\,070$$
$$0.30\times4\,500+0.40\times2\,400+0.25\times6\,000=3\,810$$
$$0.10\times4\,500+0.20\times2\,400+0.15\times6\,000=1\,830$$

春季所需原材料、劳动量、管理费的费用分别为

$$0.10\times4\,000+0.30\times2\,200+0.15\times6\,000=1\,960$$
$$0.30\times4\,000+0.40\times2\,200+0.25\times6\,000=3\,580$$
$$0.10\times4\,000+0.20\times2\,200+0.15\times6\,000=1\,740$$

因此得到各个季度所需各类成本的明细表矩阵为

$$\begin{pmatrix} 1870 & 2160 & 2070 & 1960 \\ 3450 & 3940 & 3810 & 3580 \\ 1670 & 1900 & 1830 & 1740 \end{pmatrix}$$

考察上述例子后，现在可以定义矩阵的乘法.

定义 9.5 设 $\boldsymbol{A}=(a_{ij})$ 是 $m \times n$ 矩阵， $\boldsymbol{A}=(b_{ij})$ 是 $n \times s$ 矩阵，以

$$c_{ij}=a_{i1}b_{1j}+a_{i2}b_{2j}+\cdots+a_{in}b_{nj}=\sum_{k=1}^{n}a_{ik}b_{kj}$$

为元素的 $m \times s$ 矩阵 $\boldsymbol{C}=(c_{ij})$ 为矩阵 $\boldsymbol{A}$ 左乘矩阵 $\boldsymbol{B}$ 的乘积，记为 $\boldsymbol{C}=\boldsymbol{AB}$.

对于矩阵的乘法需注意以下几点：

（1）只有矩阵 $\boldsymbol{A}$ 的列数和矩阵 $\boldsymbol{B}$ 的行数相同时，$\boldsymbol{AB}$ 才有意义；

（2）乘积矩阵 $\boldsymbol{C}=(c_{ij})_{m\times n}$ 的第 i 行第 j 列的元素 c_{ij} 等于矩阵 $\boldsymbol{A}$ 的第 i 行每一个元素与矩阵 $\boldsymbol{B}$ 第 j 列对应元素的乘积之和；

（3）乘积矩阵 $\boldsymbol{C}$ 的行数等于矩阵 $\boldsymbol{A}$ 的行数，列数等于矩阵 $\boldsymbol{B}$ 的列数.

例 9.6 设

$$\boldsymbol{A}=\begin{pmatrix} 3 & 4 \\ 1 & 2 \end{pmatrix}, \qquad \boldsymbol{B}=\begin{pmatrix} 1 & 2 \\ 4 & 5 \\ 3 & 6 \end{pmatrix}$$

这时矩阵 $\boldsymbol{A}$ 左乘矩阵 $\boldsymbol{B}$ 没有意义，即不能相乘；而矩阵 $\boldsymbol{A}$ 右乘矩阵 $\boldsymbol{B}$ 却有意义，且可以得到一个 3×2 矩阵：

$$\boldsymbol{BA}=\begin{pmatrix} 1 & 2 \\ 4 & 5 \\ 3 & 6 \end{pmatrix}\begin{pmatrix} 3 & 4 \\ 1 & 2 \end{pmatrix}=\begin{pmatrix} 1\times3+2\times1 & 1\times4+2\times2 \\ 4\times3+5\times1 & 4\times4+5\times2 \\ 3\times3+6\times1 & 3\times4+6\times2 \end{pmatrix}=\begin{pmatrix} 5 & 8 \\ 17 & 26 \\ 15 & 24 \end{pmatrix}$$

例 9.7 若

$$\boldsymbol{A}=\begin{pmatrix} 1 & 1 \\ 0 & 0 \end{pmatrix}, \qquad \boldsymbol{B}=\begin{pmatrix} 1 & 1 \\ 2 & 2 \end{pmatrix}$$

则 $\boldsymbol{AB}$ 和 $\boldsymbol{BA}$ 都有意义，并且有

$$\boldsymbol{AB}=\begin{pmatrix} 3 & 3 \\ 0 & 0 \end{pmatrix}, \qquad \boldsymbol{BA}=\begin{pmatrix} 1 & 1 \\ 2 & 2 \end{pmatrix}$$

由此可以看出矩阵乘法的一个必须注意的特点，即一般不满足交换律和消去律. 为此，将 $\boldsymbol{AB}$ 称为用 $\boldsymbol{A}$ 左乘 $\boldsymbol{B}$,而将 $\boldsymbol{BA}$ 称为用 $\boldsymbol{A}$ 右乘 $\boldsymbol{B}$.特别地,若 $\boldsymbol{AB}$ 和 $\boldsymbol{BA}$ 都有意义,并且 $\boldsymbol{AB}=\boldsymbol{BA}$,则称矩阵 $\boldsymbol{A}$ 与矩阵 $\boldsymbol{B}$ 是可交换相乘的矩阵.

由定义可以证明矩阵乘法和数与矩阵的乘法满足以下运算法则：

（1）结合律 $(\boldsymbol{AB})\boldsymbol{C}=\boldsymbol{A}(\boldsymbol{BC})$；

（2）左分配律 $\boldsymbol{A}(\boldsymbol{B}+\boldsymbol{C})=\boldsymbol{AB}+\boldsymbol{AC}$；

（3）右分配律 $(\boldsymbol{B}+\boldsymbol{C})\boldsymbol{A}=\boldsymbol{BA}+\boldsymbol{CA}$；

（4） $k(\boldsymbol{AB})=(k\boldsymbol{A})\boldsymbol{B}=\boldsymbol{A}(k\boldsymbol{B})$（$k$为常数）.

例 9.8 设

$$A=\begin{pmatrix}1 & 2\\3 & 4\end{pmatrix},\quad B=\begin{pmatrix}2 & 1\\-3 & 2\end{pmatrix},\quad C=\begin{pmatrix}1 & 0\\2 & 1\end{pmatrix}$$

验证$(\boldsymbol{AB})\boldsymbol{C}=\boldsymbol{A}(\boldsymbol{BC})$.

解

$$A(BC)=\begin{pmatrix}1 & 2\\3 & 4\end{pmatrix}\left[\begin{pmatrix}2 & 1\\-3 & 2\end{pmatrix}\begin{pmatrix}1 & 0\\2 & 1\end{pmatrix}\right]=\begin{pmatrix}1 & 2\\3 & 4\end{pmatrix}\begin{pmatrix}4 & 1\\1 & 2\end{pmatrix}=\begin{pmatrix}6 & 5\\16 & 11\end{pmatrix}$$

$$(AB)C=\left[\begin{pmatrix}1 & 2\\3 & 4\end{pmatrix}\begin{pmatrix}2 & 1\\-3 & 2\end{pmatrix}\right]\begin{pmatrix}1 & 0\\2 & 1\end{pmatrix}=\begin{pmatrix}-4 & 5\\-6 & 11\end{pmatrix}\begin{pmatrix}1 & 0\\2 & 1\end{pmatrix}=\begin{pmatrix}6 & 5\\16 & 11\end{pmatrix}$$

即

$$(AB)C=\begin{pmatrix}6 & 5\\16 & 11\end{pmatrix}=A(BC)$$

定义 9.6 主对角线下（上）方的元素都是 0 的 n 阶矩阵称为上（下）三角形矩阵，即 $\begin{pmatrix}a_{11} & a_{12} & \cdots & a_{1n}\\0 & a_{22} & \cdots & a_{2n}\\\vdots & \vdots & & \vdots\\0 & 0 & \cdots & a_{nn}\end{pmatrix}$为上三角形矩阵，$\begin{pmatrix}a_{11} & 0 & \cdots & 0\\a_{21} & a_{22} & \cdots & 0\\\vdots & \vdots & & \vdots\\a_{n1} & a_{n2} & \cdots & a_{nn}\end{pmatrix}$为下三角形矩阵.

主对角线元素全为非零常数 a、其余元素全为 0 的 n 阶矩阵，称为 n 阶数量矩阵，即

$$\begin{pmatrix}a & 0 & \cdots & 0\\0 & a & \cdots & 0\\\vdots & \vdots & & \vdots\\0 & 0 & \cdots & a\end{pmatrix}$$

特别地，主对角线元素全为 1、其余元素全为 0 的 n 阶矩阵称为 n 阶单位矩阵（简称单位阵），记为 $\boldsymbol{E}$ 或 $\boldsymbol{E}_n$，即

$$E=\begin{pmatrix}1 & 0 & \cdots & 0\\0 & 1 & \cdots & 0\\\vdots & \vdots & & \vdots\\0 & 0 & \cdots & 1\end{pmatrix}$$

因为 $E_mA_{m\times n}=A_{m\times n}$，$A_{m\times n}E_n=A_{m\times n}$，所以单位矩阵在矩阵乘法中与数 1 在数的乘法中的作用是类似的．又

$$(kE)A=k(EA)=kA,\qquad A(kE)=k(AE)=kA$$

故数量矩阵 $k\boldsymbol{E}$ 乘 $\boldsymbol{A}$ 等于数 k 乘矩阵 $\boldsymbol{A}$.

数量矩阵可与任意同阶方阵相交换；反之，可与任意同阶方阵相交换的矩阵必是数量矩阵.

定义 9.7 非主对角元素都是 0 的 n 阶矩阵称为 n 阶对角矩阵（简称对角阵），记为 $\boldsymbol{\varLambda}$，即

$$\varLambda=\begin{pmatrix}a_1 & 0 & \cdots & 0\\0 & a_2 & \cdots & 0\\\vdots & \vdots & & \vdots\\0 & 0 & \cdots & a_n\end{pmatrix}$$

设 $\boldsymbol{\Lambda}_1=\begin{pmatrix} a_1 & 0 & \cdots & 0 \\ 0 & a_2 & \cdots & 0 \\ \vdots & \vdots & & \vdots \\ 0 & 0 & \cdots & a_n \end{pmatrix}$, $\boldsymbol{\Lambda}_2=\begin{pmatrix} b_1 & 0 & \cdots & 0 \\ 0 & b_2 & \cdots & 0 \\ \vdots & \vdots & & \vdots \\ 0 & 0 & \cdots & b_n \end{pmatrix}$, 则有

$$\boldsymbol{\Lambda}_1\boldsymbol{\Lambda}_2=\begin{pmatrix} a_1 & 0 & \cdots & 0 \\ 0 & a_2 & \cdots & 0 \\ \vdots & \vdots & & \vdots \\ 0 & 0 & \cdots & a_n \end{pmatrix}\begin{pmatrix} b_1 & 0 & \cdots & 0 \\ 0 & b_2 & \cdots & 0 \\ \vdots & \vdots & & \vdots \\ 0 & 0 & \cdots & b_n \end{pmatrix}=\begin{pmatrix} a_1b_1 & 0 & \cdots & 0 \\ 0 & a_2b_2 & \cdots & 0 \\ \vdots & \vdots & & \vdots \\ 0 & 0 & \cdots & a_nb_n \end{pmatrix}=\begin{pmatrix} b_1a_1 & 0 & \cdots & 0 \\ 0 & b_2a_2 & \cdots & 0 \\ \vdots & \vdots & & \vdots \\ 0 & 0 & \cdots & b_na_n \end{pmatrix}$$

$$=\begin{pmatrix} b_1 & 0 & \cdots & 0 \\ 0 & b_2 & \cdots & 0 \\ \vdots & \vdots & & \vdots \\ 0 & 0 & \cdots & b_n \end{pmatrix}\begin{pmatrix} a_1 & 0 & \cdots & 0 \\ 0 & a_2 & \cdots & 0 \\ \vdots & \vdots & & \vdots \\ 0 & 0 & \cdots & a_n \end{pmatrix}=\boldsymbol{\Lambda}_2\boldsymbol{\Lambda}_1$$

即同阶对角阵可交换，显然

$$\boldsymbol{\Lambda}_1\boldsymbol{\Lambda}_1=\begin{pmatrix} a_1 & 0 & \cdots & 0 \\ 0 & a_2 & \cdots & 0 \\ \vdots & \vdots & & \vdots \\ 0 & 0 & \cdots & a_n \end{pmatrix}\begin{pmatrix} a_1 & 0 & \cdots & 0 \\ 0 & a_2 & \cdots & 0 \\ \vdots & \vdots & & \vdots \\ 0 & 0 & \cdots & a_n \end{pmatrix}\begin{pmatrix} a_1^2 & 0 & \cdots & 0 \\ 0 & a_2^2 & \cdots & 0 \\ \vdots & \vdots & & \vdots \\ 0 & 0 & \cdots & a_n^2 \end{pmatrix}$$

对角阵 $\boldsymbol{\Lambda}$ 又可写为

$$\boldsymbol{\Lambda}=\mathrm{diag}(a_1,a_2,\cdots,a_n)$$

所以数量矩阵可写为 $\boldsymbol{K}=\mathrm{diag}(k,k,\cdots,k)$.

例 9.9 试证明 n 阶单位矩阵与任意 n 阶矩阵是可交换的.

证 设 $\boldsymbol{A}=(a_{ij})_{n\times n}$ 为任意 n 阶矩阵，则有

$$\boldsymbol{EA}=\begin{pmatrix} 1 & 0 & \cdots & 0 \\ 0 & 1 & \cdots & 0 \\ \vdots & \vdots & & \vdots \\ 0 & 0 & \cdots & 1 \end{pmatrix}\begin{pmatrix} a_{11} & a_{12} & \cdots & a_{1n} \\ a_{21} & a_{22} & \cdots & a_{2n} \\ \vdots & \vdots & & \vdots \\ a_{n1} & a_{n2} & \cdots & a_{nn} \end{pmatrix}=\begin{pmatrix} a_{11} & a_{12} & \cdots & a_{1n} \\ a_{21} & a_{22} & \cdots & a_{2n} \\ \vdots & \vdots & & \vdots \\ a_{n1} & a_{n2} & \cdots & a_{nn} \end{pmatrix}=\boldsymbol{A}$$

$$\boldsymbol{AE}=\begin{pmatrix} a_{11} & a_{12} & \cdots & a_{1n} \\ a_{21} & a_{22} & \cdots & a_{2n} \\ \vdots & \vdots & & \vdots \\ a_{n1} & a_{n2} & \cdots & a_{nn} \end{pmatrix}\begin{pmatrix} 1 & 0 & \cdots & 0 \\ 0 & 1 & \cdots & 0 \\ \vdots & \vdots & & \vdots \\ 0 & 0 & \cdots & 1 \end{pmatrix}=\begin{pmatrix} a_{11} & a_{12} & \cdots & a_{1n} \\ a_{21} & a_{22} & \cdots & a_{2n} \\ \vdots & \vdots & & \vdots \\ a_{n1} & a_{n2} & \cdots & a_{nn} \end{pmatrix}=\boldsymbol{A}$$

因 $\boldsymbol{AE}=\boldsymbol{EA}$ ，故 $\boldsymbol{E}$ 与 $\boldsymbol{A}$ 是可交换的.

利用例 9.9，对于上述数量矩阵 $\boldsymbol{K}$ ，显然有 $\boldsymbol{KA}=\boldsymbol{AK}=k\boldsymbol{A}$. 这表明，不论用 $\boldsymbol{K}$ 左乘方阵 $\boldsymbol{A}$ 还是右乘方阵 $\boldsymbol{A}$ 所得到的积都等于用数 k 乘 $\boldsymbol{A}$ 所得到的矩阵. 这是数量矩阵的重要性质.

下面给出可视为矩阵乘法特例的方阵乘幂的定义.

定义 9.8 若 k 为一个正整数，定义（规定 $\boldsymbol{A}^0=\boldsymbol{I}$ ）

$$\boldsymbol{A}^k=\underbrace{\boldsymbol{AA}\cdots\boldsymbol{A}}_{k个}$$

由此定义，容易验证方阵的幂满足下列运算规律：

（1） $\boldsymbol{A}^k\boldsymbol{A}^l=\boldsymbol{A}^{k+l}$ （k,l 为非负整数，下同）；

（2） $(\boldsymbol{A}^k)^l=(\boldsymbol{A}^l)^k$.

因为矩阵的乘法不满足交换律，所以对于同阶方阵 $\boldsymbol{A},\boldsymbol{B}$，一般 $(\boldsymbol{AB})^k\neq\boldsymbol{A}^k\boldsymbol{B}^k$.

此外，初等数学中一些熟知的公式，一般亦不可随意移到矩阵运算中来．例如，因 $(A+B)^2=(A+B)(A+B)=A^2+AB+BA+B^2$，但是对于两个同阶方阵 $\boldsymbol{A},\boldsymbol{B}$ 而言，$(\boldsymbol{A}+\boldsymbol{B})^2$ 与 $\boldsymbol{A}^2+2\boldsymbol{AB}+\boldsymbol{B}^2$ 当且仅当 $\boldsymbol{A},\boldsymbol{B}$ 可以交换相乘时才相等．

例 9.10 某公司为促进技术进步，对职工分批脱产轮训．若现有不脱产职工 8 000 人，脱产参加轮训的职工 2 000 人．计划每年从现在不脱产的那些人员中抽调 30%的人参加轮训，而在轮训队伍中让 60%的人结业回到工作岗位去．若职工总人数不变，问一年后不脱产职工和脱产职工各有多少人？两年后又怎样？

解 根据题意先写出矩阵

$$\boldsymbol{A}=\begin{matrix} & \text{原不脱产} & \text{原脱产} & \\ & \left(\begin{matrix}0.7\\0.3\end{matrix}\right. & \left.\begin{matrix}0.6\\0.4\end{matrix}\right) & \begin{matrix}\text{现不脱产}\\\text{现脱产}\end{matrix}\end{matrix}$$

a_{11} 为原不脱产的生产人员中留下继续生产的百分比，a_{21} 为原不脱产的生产人员中调去参加轮训的百分比，a_{12} 为原脱产参加轮训人员中现在回到不脱产的生产工作岗位中去的百分比，a_{22} 为原脱产参加轮训人员中留下继续参加轮训的百分比，则

$$\boldsymbol{X}=\begin{pmatrix}8\,000\\2\,000\end{pmatrix}\begin{matrix}\text{现不脱产的生产人员}\\\text{现脱产的参加轮训人员}\end{matrix}$$

表示目前的人员结构，故

$$\boldsymbol{AX}=\begin{pmatrix}0.7&0.6\\0.3&0.4\end{pmatrix}\begin{pmatrix}8\,000\\2\,000\end{pmatrix}=\begin{pmatrix}6\,800\\3\,200\end{pmatrix}$$

为一年后的人员结构，而

$$\boldsymbol{A}^2\boldsymbol{X}=\boldsymbol{A}(\boldsymbol{AX})=\begin{pmatrix}0.7&0.6\\0.3&0.4\end{pmatrix}\begin{pmatrix}6\,800\\3\,200\end{pmatrix}=\begin{pmatrix}6\,680\\3\,320\end{pmatrix}$$

为两年后的人员结构．可以看出，原来脱产参加轮训的人数（2 000 人）是不脱产在岗参加生产人数（8 000 人）的四分之一，两年后脱产参加轮训的人数（3 320 人）约为不脱产在岗参加生产人数（6 680 人）的一半．

例 9.11 设 $\boldsymbol{A}=\begin{pmatrix}-1&3\\0&2\end{pmatrix}$，$\boldsymbol{B}=\begin{pmatrix}1&2\\-3&1\end{pmatrix}$，求 $\boldsymbol{A}^2-\boldsymbol{AB}-2\boldsymbol{A}$.

解 $\boldsymbol{A}^2-\boldsymbol{AB}-2\boldsymbol{A}=\boldsymbol{A}(\boldsymbol{A}-\boldsymbol{B}-2\boldsymbol{E})=\begin{pmatrix}-1&3\\0&2\end{pmatrix}\begin{pmatrix}1&2\\-3&1\end{pmatrix}-\begin{pmatrix}-1&3\\0&2\end{pmatrix}-\begin{pmatrix}1&2\\-3&1\end{pmatrix}=\begin{pmatrix}13&-4\\6&-2\end{pmatrix}$

9.2.4 矩阵的转置

定义 9.9 设

$$A=(a_{ij})_{m\times n}=\begin{pmatrix} a_{11} & a_{12} & \cdots & a_{1n} \\ a_{21} & a_{22} & \cdots & a_{2n} \\ \vdots & \vdots & & \vdots \\ a_{m1} & a_{m2} & \cdots & a_{mn} \end{pmatrix}$$

若一个矩阵以 $\boldsymbol{A}$ 的第 i ($i=1,2,\cdots,m$)行为其第 i 列，则称此矩阵为 $\boldsymbol{A}$ 的转置矩阵，记为 $\boldsymbol{A}^{\mathrm{T}}$，即

$$\boldsymbol{A}^{\mathrm{T}}=\begin{pmatrix} a_{11} & a_{21} & \cdots & a_{m1} \\ a_{12} & a_{22} & \cdots & a_{m2} \\ \vdots & \vdots & & \vdots \\ a_{1n} & a_{2n} & \cdots & a_{mn} \end{pmatrix}$$

矩阵的转置满足以下运算规则：

（1） $(\boldsymbol{A}^{\mathrm{T}})^{\mathrm{T}}=\boldsymbol{A}$；

（2） $(\boldsymbol{A}+\boldsymbol{B})^{\mathrm{T}}=\boldsymbol{A}^{\mathrm{T}}+\boldsymbol{B}^{\mathrm{T}}$；

（3） $(k\boldsymbol{A})^{\mathrm{T}}=k\boldsymbol{A}^{\mathrm{T}}$ （k 为常数）；

（4） $(\boldsymbol{AB})^{\mathrm{T}}=\boldsymbol{B}^{\mathrm{T}}\boldsymbol{A}^{\mathrm{T}}$.

规则（1）、（2）、（3）证明留给读者完成，现证规则（4）成立.

设 $\boldsymbol{A}=(a_{ij})_{m\times s}$， $\boldsymbol{B}=(b_{ij})_{s\times n}$，则

（1） $\boldsymbol{AB}$ 是 $m\times n$ 矩阵，$(\boldsymbol{AB})^{\mathrm{T}}$ 是 $n\times m$ 矩阵， $\boldsymbol{A}^{\mathrm{T}}$ 是 $s\times m$ 矩阵， $\boldsymbol{B}^{\mathrm{T}}$ 是 $n\times s$ 矩阵， $\boldsymbol{B}^{\mathrm{T}}\boldsymbol{A}^{\mathrm{T}}$ 是 $n\times m$ 矩阵，故 $(\boldsymbol{AB})^{\mathrm{T}}$ 和 $\boldsymbol{B}^{\mathrm{T}}\boldsymbol{A}^{\mathrm{T}}$ 是同型矩阵.

（2）矩阵 $(\boldsymbol{AB})^{\mathrm{T}}$ 的第 i 行第 j 列元素是 $\boldsymbol{AB}$ 的第 j 行第 i 列元素，即

$$(\boldsymbol{AB})^{\mathrm{T}}_{ij}=(\boldsymbol{AB})_{ji}=a_{j1}b_{1i}+a_{j2}b_{2i}+\cdots+a_{js}b_{si}$$

矩阵 $\boldsymbol{B}^{\mathrm{T}}\boldsymbol{A}^{\mathrm{T}}$ 的第 i 行第 j 列元素是 $\boldsymbol{B}^{\mathrm{T}}$ 的第 i 行与 $\boldsymbol{A}^{\mathrm{T}}$ 的第 j 列元素对应乘积的和，是 $\boldsymbol{B}$ 的第 i 列与 $\boldsymbol{A}$ 的第 j 行元素对应乘积的和，即

$$(\boldsymbol{B}^{\mathrm{T}}\boldsymbol{A}^{\mathrm{T}})_{ij}=b_{1i}a_{j1}+b_{2i}a_{j2}+\cdots+b_{si}a_{js}=a_{j1}b_{1i}+a_{j2}b_{2i}+\cdots+a_{js}b_{si}$$

从而有

$$(\boldsymbol{AB})^{\mathrm{T}}_{ij}=(\boldsymbol{B}^{\mathrm{T}}\boldsymbol{A}^{\mathrm{T}})_{ij}\quad (i=1,2,\cdots,n;\ j=1,2,\cdots,m)$$

即 $(\boldsymbol{AB})^{\mathrm{T}}=\boldsymbol{B}^{\mathrm{T}}\boldsymbol{A}^{\mathrm{T}}$ 的对应元素相等，从而有

$$(\boldsymbol{AB})^{\mathrm{T}}=\boldsymbol{B}^{\mathrm{T}}\boldsymbol{A}^{\mathrm{T}}$$

显然，规则（4）可以推广为

$$(\boldsymbol{AB}\cdots\boldsymbol{C})^{\mathrm{T}}=\boldsymbol{C}^{\mathrm{T}}\cdots\boldsymbol{B}^{\mathrm{T}}\boldsymbol{A}^{\mathrm{T}}$$

当 $\boldsymbol{A}$ 为方阵时，有 $(\boldsymbol{A}^k)^{\mathrm{T}}=(\boldsymbol{A}^{\mathrm{T}})^k$.

定义 9.10　设 $\boldsymbol{A}=(a_{ij})_{n\times n}$，若 $\boldsymbol{A}^{\mathrm{T}}=\boldsymbol{A}$，则称 $\boldsymbol{A}$ 为对称矩阵；若 $\boldsymbol{A}^{\mathrm{T}}=-\boldsymbol{A}$，则称 $\boldsymbol{A}$ 为反对称矩阵.

显然，当且仅当 $a_{ij}=a_{ji}(i,j=1,2,\cdots,n)$ 时 $\boldsymbol{A}$ 为对称矩阵；当且仅当 $a_{ij}=-a_{ji}(i,j=1,2,\cdots,n)$ 时 $\boldsymbol{A}$ 为反对称矩阵.

例 9.12 矩阵

$$\boldsymbol{A}=\begin{pmatrix} a & x & y \\ x & b & z \\ y & z & c \end{pmatrix}$$

为对称矩阵；矩阵

$$\boldsymbol{B}=\begin{pmatrix} 0 & a & -b \\ -a & 0 & c \\ b & -c & 0 \end{pmatrix}$$

为反对称矩阵.

此例显示，反对称矩阵 $\boldsymbol{B}$ 的主对角元都是零，事实上这是所有反对称矩阵的一个重要特征.

例 9.13 设 $\boldsymbol{A}$ 为 n 阶矩阵，证明：

（1）$\boldsymbol{A}^{\mathrm{T}}\boldsymbol{A}$ 为对称矩阵；　　（2）$\boldsymbol{A}-\boldsymbol{A}^{\mathrm{T}}$ 为反对称矩阵.

证 （1）因 $(\boldsymbol{A}^{\mathrm{T}}\boldsymbol{A})^{\mathrm{T}}=\boldsymbol{A}^{\mathrm{T}}(\boldsymbol{A}^{\mathrm{T}})^{\mathrm{T}}=\boldsymbol{A}^{\mathrm{T}}\boldsymbol{A}$，故 $\boldsymbol{A}^{\mathrm{T}}\boldsymbol{A}$ 为对称矩阵.

（2）因 $(\boldsymbol{A}-\boldsymbol{A}^{\mathrm{T}})^{\mathrm{T}}=\boldsymbol{A}^{\mathrm{T}}+(-\boldsymbol{A}^{\mathrm{T}})^{\mathrm{T}}=\boldsymbol{A}^{\mathrm{T}}-\boldsymbol{A}=-(\boldsymbol{A}-\boldsymbol{A}^{\mathrm{T}})$，故 $\boldsymbol{A}-\boldsymbol{A}^{\mathrm{T}}$ 为反对称矩阵.

习　题　9.2

1. 计算：

（1）$\begin{pmatrix} 1 & 2 & 3 \\ 4 & -5 & 6 \end{pmatrix}+\begin{pmatrix} -2 & 0 & 1 \\ 3 & 1 & 2 \end{pmatrix}$；　　（2）$\begin{pmatrix} 1 & 0 \\ 0 & 0 \end{pmatrix}+2\begin{pmatrix} 0 & 1 \\ 0 & 0 \end{pmatrix}+3\begin{pmatrix} 0 & 0 \\ 1 & 0 \end{pmatrix}+4\begin{pmatrix} 0 & 0 \\ 0 & 1 \end{pmatrix}$.

2. 设

$$\boldsymbol{A}=\begin{pmatrix} 2 & 0 & -1 \\ 3 & 1 & -2 \end{pmatrix},\qquad \boldsymbol{B}=\begin{pmatrix} -1 & 1 & 2 \\ -2 & 1 & 5 \end{pmatrix}$$

求 $\boldsymbol{A}+\boldsymbol{B}$，$\boldsymbol{A}-\boldsymbol{B}$，$2\boldsymbol{A}-3\boldsymbol{B}$.

3. 设矩阵 $\boldsymbol{X}$ 满足 $\boldsymbol{X}-2\boldsymbol{A}=\boldsymbol{B}-\boldsymbol{X}$，其中

$$\boldsymbol{A}=\begin{pmatrix} 2 & -1 \\ -1 & 2 \end{pmatrix},\qquad \boldsymbol{B}=\begin{pmatrix} 0 & -2 \\ -2 & 0 \end{pmatrix}$$

求 $\boldsymbol{X}$.

4. 某石油公司所属的 3 个炼油厂 A_1,A_2,A_3 在 1997 年和 1998 年生产的 4 种油品 B_1,B_2,B_3,B_4 的产量如表 9.3 所示（单位：万 t）.

表 9.3

炼油厂	油品							
	1997 年				1998 年			
	B_1	B_2	B_3	B_4	B_1	B_2	B_3	B_4
A_1	58	27	15	4	63	25	13	5
A_2	72	30	18	5	90	30	20	7
A_3	65	25	14	3	80	28	18	5

（1）列出矩阵 $A_{3\times4}$ 和 $B_{3\times4}$，分别表示 3 个炼油厂 1997 年和 1998 年各种油品的产量；

（2）计算 $A+B$ 和 $A-B$，并说明其经济意义；

（3）计算 $\frac{1}{2}(A+B)$，并说明其经济意义.

5. 计算下列矩阵的乘积：

（1）$\begin{pmatrix}3 & -2 & 1\\1 & -1 & 2\end{pmatrix}\begin{pmatrix}-1 & 5\\-2 & 4\\3 & -1\end{pmatrix}$；　　（2）$\begin{pmatrix}1 & 1\\0 & 0\end{pmatrix}\begin{pmatrix}0 & 2\\0 & 3\end{pmatrix}$；

（3）$(1,2,3)\begin{pmatrix}1\\2\\3\end{pmatrix}$；　　（4）$\begin{pmatrix}1\\2\\3\end{pmatrix}(1,2,3)$；

（5）$\begin{pmatrix}4 & 0 & -1 & 6\\-1 & 2 & 5 & 3\\3 & 7 & 1 & -1\end{pmatrix}\begin{pmatrix}5 & -1\\2 & 0\\-4 & 7\\1 & 3\end{pmatrix}$；　　（6）$(1,-1,2)\begin{pmatrix}-1 & 2 & 0\\0 & 1 & 1\\3 & 0 & -1\end{pmatrix}\begin{pmatrix}2\\-1\\-2\end{pmatrix}$.

6. 设

$$A=\begin{pmatrix}2 & 1 & 0\\0 & -3 & 1\\1 & 1 & -1\end{pmatrix},\qquad B=\begin{pmatrix}-1 & 1 & 0\\2 & -1 & 1\\1 & 2 & 1\end{pmatrix}$$

计算：

（1）$AB-B^2$；　　（2）$A^2-BA-2A$.

7. 已知 $A=\begin{pmatrix}3 & 2 & -1\\2 & -3 & 5\end{pmatrix}$，$B=\begin{pmatrix}1 & 3\\-5 & 4\\3 & 6\end{pmatrix}$，求 AB 和 BA.

8. 设矩阵 $A=\begin{pmatrix}1 & 2\\0 & 1\end{pmatrix}$，求 A^n.

9.3 逆 矩 阵

在数的运算过程中，任何一个非零数 a 都存在倒数 $\frac{1}{a}$，使得 $a\times\frac{1}{a}=1$. 在矩阵的运算过程中，也有类似情况.

9.3.1 方阵的行列式

定义 9.11 设 A 为 n 阶矩阵，称 A 的元素保持其原有位置不变所构成的 n 阶行列式为矩阵 A 的行列式，记为 $|A|$.

例 9.14 设

$$A=\begin{pmatrix}1 & 2 & -1\\-3 & 1 & 4\\0 & 5 & 6\end{pmatrix}$$

则 $\boldsymbol{A}$ 的行列式

$$|\boldsymbol{A}|=\begin{vmatrix}1 & 2 & -1\\ -3 & 1 & 4\\ 0 & 5 & 6\end{vmatrix}$$

显然，方阵 $\boldsymbol{A}$ 与 $|\boldsymbol{A}|$ 是两个不同的概念，可将行列式 $|\boldsymbol{A}|$ 视为方阵 $\boldsymbol{A}$ 的某种特征.

方阵的行列式有以下性质（设 $\boldsymbol{A}$，$\boldsymbol{B}$ 为 n 阶矩阵，k 为常数）：

（1）$|\boldsymbol{A}^{\mathrm{T}}|=|\boldsymbol{A}|$；

（2）$|k\boldsymbol{A}|=k^n|\boldsymbol{A}|$；

（3）$|\boldsymbol{AB}|=|\boldsymbol{A}|\cdot|\boldsymbol{B}|$.

利用行列式的性质很容易证明上述性质（1）、（2）、（3），请读者自行完成.

9.3.2 可逆矩阵

定义 9.12 对于一个给定的方阵 $\boldsymbol{A}$，若存在同阶矩阵 $\boldsymbol{B}$，使得 $\boldsymbol{AB}=\boldsymbol{BA}=\boldsymbol{E}$ 成立，则称矩阵 $\boldsymbol{A}$ 为可逆矩阵（亦称非退化矩阵或非奇异矩阵），并称矩阵 $\boldsymbol{B}$ 为矩阵 $\boldsymbol{A}$ 的逆矩阵.

由定义可以看出：

（1）$\boldsymbol{A}$ 与 $\boldsymbol{B}$ 可交换，因此可逆矩阵 $\boldsymbol{A}$ 一定是方阵. 换句话说，若一个矩阵不是方阵，则一定不可逆，并且与 $\boldsymbol{A}$ 可交换的矩阵 $\boldsymbol{B}$ 是与 $\boldsymbol{A}$ 同阶的方阵；

（2）当 $\boldsymbol{A}$ 可逆时，由 $\boldsymbol{B}=\boldsymbol{A}^{-1}$，有

$$\boldsymbol{AA}^{-1}=\boldsymbol{A}^{-1}\boldsymbol{A}=\boldsymbol{E}$$

说明当 $\boldsymbol{A}$ 可逆时 $\boldsymbol{B}=\boldsymbol{A}^{-1}$ 也可逆，并且 $\boldsymbol{B}^{-1}=(\boldsymbol{A}^{-1})^{-1}=\boldsymbol{A}$.

定理 9.1 若矩阵 $\boldsymbol{A}$ 为可逆矩阵，则其逆矩阵是唯一的.

证 设 $\boldsymbol{B}_1$ 和 $\boldsymbol{B}_2$ 都是矩阵 $\boldsymbol{A}$ 的逆矩阵，则必有 $\boldsymbol{E}=\boldsymbol{AB}_2$ 和 $\boldsymbol{B}_1\boldsymbol{A}=\boldsymbol{E}$ 成立，且有

$$\boldsymbol{B}_1=\boldsymbol{B}_1\boldsymbol{E}=\boldsymbol{B}_1\boldsymbol{AB}_2=(\boldsymbol{B}_1\boldsymbol{A})\boldsymbol{B}_2=\boldsymbol{EB}_2=\boldsymbol{B}_2$$

此定理还说明：单位矩阵在矩阵的乘积时可以任意地“添加”或“删除”.

由于可逆矩阵 $\boldsymbol{A}$ 的逆矩阵是唯一的，通常用确定的符号 $\boldsymbol{A}^{-1}$ 表示，即有

$$\boldsymbol{AA}^{-1}=\boldsymbol{A}^{-1}\boldsymbol{A}=\boldsymbol{E}$$

因 $\boldsymbol{E}\cdot\boldsymbol{E}=\boldsymbol{E}$，故单位矩阵必为可逆矩阵，并且它的逆矩阵就是它自身，即

$$\boldsymbol{E}^{-1}=\boldsymbol{E}$$

例 9.15 因

$$\begin{pmatrix}1 & 2\\ 2 & 3\end{pmatrix}\begin{pmatrix}-3 & 2\\ 2 & -1\end{pmatrix}=\begin{pmatrix}-3 & 2\\ 2 & -1\end{pmatrix}\begin{pmatrix}1 & 2\\ 2 & 3\end{pmatrix}=\begin{pmatrix}1 & 0\\ 0 & 1\end{pmatrix}$$

故 $\begin{pmatrix}1 & 2\\ 2 & 3\end{pmatrix}$ 与 $\begin{pmatrix}-3 & 2\\ 2 & -1\end{pmatrix}$ 互为逆矩阵，即

$$\begin{pmatrix}1 & 2\\ 2 & 3\end{pmatrix}^{-1}=\begin{pmatrix}-3 & 2\\ 2 & -1\end{pmatrix},\qquad \begin{pmatrix}-3 & 2\\ 2 & -1\end{pmatrix}^{-1}=\begin{pmatrix}1 & 2\\ 2 & 3\end{pmatrix}$$

例 9.16 试证对角矩阵

$$A=\begin{pmatrix}2&0&0\\0&4&0\\0&0&1\end{pmatrix}$$

是可逆矩阵，并求出 A^{-1}.

解 因为

$$\begin{pmatrix}\frac{1}{2}&0&0\\0&\frac{1}{4}&0\\0&0&1\end{pmatrix}\begin{pmatrix}2&0&0\\0&4&0\\0&0&1\end{pmatrix}=\begin{pmatrix}2&0&0\\0&4&0\\0&0&1\end{pmatrix}\begin{pmatrix}\frac{1}{2}&0&0\\0&\frac{1}{4}&0\\0&0&1\end{pmatrix}=\begin{pmatrix}1&0&0\\0&1&0\\0&0&1\end{pmatrix}$$

所以矩阵 A 是可逆矩阵，并且

$$A^{-1}=\begin{pmatrix}\frac{1}{2}&0&0\\0&\frac{1}{4}&0\\0&0&1\end{pmatrix}$$

对于一般的方阵如何判断其是否可逆？可逆的话如何求出其逆矩阵？为了回答这些问题下面引入伴随矩阵的概念.

定义 9.13 设 n 阶矩阵 $A=(a_{ij})$，A_{ij} 为 $|A|$ 中元素 $a_{ij}(i, j=1,2,\cdots,n)$ 的代数余子式，称方阵

$$\begin{pmatrix}A_{11}&A_{21}&\cdots&A_{n1}\\A_{12}&A_{22}&\cdots&A_{n2}\\\vdots&\vdots&&\vdots\\A_{1n}&A_{2n}&\cdots&A_{nn}\end{pmatrix}$$

为 A 的伴随矩阵，记为 A^*.

注：A^* 中第 i 行元素 $A_{ki}(k=1,2,\cdots,n)$ 是 $|A|$ 中第 i 列的相应元素 $a_{ki}(k=1,2,\cdots,n)$ 的代数余子式.

定理 9.2 设 A 为 n 阶矩阵，A^* 为其伴随矩阵，则

$$AA^*=A^*A=|A|E$$

例 9.17 设 $A=\begin{pmatrix}a&b\\c&d\end{pmatrix}$，依定义有 $A^*=\begin{pmatrix}d&-b\\-c&a\end{pmatrix}$，于是

$$AA^*=A^*A=\begin{pmatrix}ad-bc&0\\0&ad-bc\end{pmatrix}=(ad-bc)E=|A|E$$

此例是定理 9.2 的极好例证．此外读者还可从中总结出一个 2 阶方阵的伴随矩阵的规律.

定理 9.3 方阵 A 可逆的充要条件是 $|A|\neq 0$，且当 A 可逆时有

$$A^{-1}=\frac{1}{|A|}A^*$$

其中

$$A^* = \begin{pmatrix} A_{11} & A_{21} & \cdots & A_{n1} \\ A_{12} & A_{22} & \cdots & A_{n2} \\ \vdots & \vdots & & \vdots \\ A_{1n} & A_{2n} & \cdots & A_{nn} \end{pmatrix}$$

证 必要性．设 $\boldsymbol{A}$ 可逆，由定义有 $\boldsymbol{AB} = \boldsymbol{BA} = \boldsymbol{E}$，两边取行列式，得

$$|\boldsymbol{AB}| = |\boldsymbol{A}||\boldsymbol{B}| = |\boldsymbol{E}| = 1$$

故 $|\boldsymbol{A}| \neq 0$．

充分性．$|\boldsymbol{A}| \neq 0$，故存在逆矩阵

$$|\boldsymbol{B}| = \frac{1}{|\boldsymbol{A}|}\boldsymbol{A}^* = \frac{1}{|\boldsymbol{A}|}\begin{pmatrix} A_{11} & A_{21} & \cdots & A_{n1} \\ A_{12} & A_{22} & \cdots & A_{n2} \\ \vdots & \vdots & & \vdots \\ A_{1n} & A_{2n} & \cdots & A_{nn} \end{pmatrix}$$

有

$$\boldsymbol{AB} = \boldsymbol{A} \cdot \frac{1}{|\boldsymbol{A}|}\boldsymbol{A}^* = \begin{pmatrix} a_{11} & a_{12} & \cdots & a_{1n} \\ a_{21} & a_{22} & \cdots & a_{2n} \\ \vdots & \vdots & & \vdots \\ a_{n1} & a_{n2} & \cdots & a_{nn} \end{pmatrix} \cdot \frac{1}{|\boldsymbol{A}|}\begin{pmatrix} A_{11} & A_{21} & \cdots & A_{n1} \\ A_{12} & A_{22} & \cdots & A_{n2} \\ \vdots & \vdots & & \vdots \\ A_{1n} & A_{2n} & \cdots & A_{nn} \end{pmatrix}$$

$$= \frac{1}{|\boldsymbol{A}|}\begin{pmatrix} |\boldsymbol{A}| & 0 & \cdots & 0 \\ 0 & \boldsymbol{A} & \cdots & 0 \\ \vdots & \vdots & & \vdots \\ 0 & 0 & \cdots & |\boldsymbol{A}| \end{pmatrix} = \begin{pmatrix} 1 & 0 & \cdots & 0 \\ 0 & 1 & \cdots & 0 \\ \vdots & \vdots & & \vdots \\ 0 & 0 & \cdots & 1 \end{pmatrix} = \boldsymbol{E}$$

同理可证 $\boldsymbol{BA} = \boldsymbol{E}$．

由此可知，$\boldsymbol{A}$ 可逆，且 $\boldsymbol{A}^{-1} = \frac{1}{|\boldsymbol{A}|}\boldsymbol{A}^*$.

根据定理 9.3，若例 9.17 矩阵 $\boldsymbol{A}$ 中的元素满足 $ad - bc \neq 0$，则矩阵 $\boldsymbol{A}$ 可逆，其逆矩阵为

$$\boldsymbol{A}^{-1} = \frac{1}{ad - bc}\begin{pmatrix} d & -b \\ -c & a \end{pmatrix}$$

当 $ad - bc = 0$ 时，矩阵 $\boldsymbol{A}$ 不可逆．

通常称其行列式不为零的矩阵为非奇异矩阵，行列式为零的矩阵为奇异矩阵．这样，定理 9.3 又可写成：方阵 $\boldsymbol{A}$ 可逆的充要条件是 $\boldsymbol{A}$ 为非奇异矩阵．

例 9.18 设

$$\boldsymbol{A} = \begin{pmatrix} 2 & 2 & 2 \\ 1 & 2 & 3 \\ 1 & 3 & 6 \end{pmatrix}$$

试判断 $\boldsymbol{A}$ 是否可逆，若可逆求出其逆矩阵．

解 $|\boldsymbol{A}| = 2 \neq 0$，故 $\boldsymbol{A}$ 可逆．又 $|\boldsymbol{A}|$ 各元素的代数余子式分别为

$$A_{11} = 3,\quad A_{12} = -3,\quad A_{13} = 1,\quad A_{21} = -6,\quad A_{22} = 10,\quad A_{23} = -4$$

$$A_{31} = 2,\quad A_{32} = -4,\quad A_{33} = 2$$

所以

$$A^{-1}=\frac{1}{|A|}A^*=\frac{1}{2}\begin{pmatrix}3 & -6 & 2\\ -3 & 10 & -4\\ 1 & -4 & 2\end{pmatrix}$$

或

$$A^{-1}=\frac{1}{|A|}A^*=\begin{pmatrix}\frac{3}{2} & -3 & 1\\ -\frac{3}{2} & 5 & -2\\ \frac{1}{2} & -2 & 1\end{pmatrix}$$

推论 9.1 若已知 $A_1,A_2,\cdots,A_k$ 为同阶的可逆矩阵，则积 $A_1A_2\cdots A_k$ 也是可逆矩阵，且有

$$(A_1A_2\cdots A_k)^{-1}=A_k^{-1}A_{k-1}^{-1}\cdots A_1^{-1}$$

此推论说明：有限个可逆矩阵的乘积仍然是可逆矩阵.

推论 9.2 若方阵 A，B 满足 $AB=E$，则 A 可逆，且 $A^{-1}=B$.

例 9.19 设 A 为 n 阶矩阵，满足关系 $A^2+3A-2E=O$，证明 $A, A+2E$ 可逆，并求 $A^{-1},(A+2E)^{-1}$.

解 由题设条件知 $A^2+3A-2E=O$，得 $A(A+2E)=2E$，从而 $A\cdot\frac{A+3E}{2}=E$，故 A 可逆，且

$$A^{-1}=\frac{1}{2}(A+3E)$$

又由 $A^2+3A-2E=O$，得 $(A+2E)(A+E)=4E$，从而 $(A+2E)\cdot\frac{A+E}{4}=E$，故 $A+2E$ 可逆，且

$$(A+2E)^{-1}=\frac{1}{4}(A+E)$$

9.3.3 可逆矩阵的性质

定理 9.4 设 A，B 为 n 阶可逆矩阵，则有

（1）$|A^{-1}|=\frac{1}{|A|}=|A|^{-1}$；

（2）$(A^{-1})^{-1}=A$；

（3）$(kA)^{-1}=\frac{1}{k}A^{-1}$（$k\neq 0$）；

（4）$(AB)^{-1}=B^{-1}A^{-1}$；

（5）$(A^{\mathrm{T}})^{-1}=(A^{-1})^{\mathrm{T}}$.

运算规则（2）、（3）、（5）的证明作为练习留给读者完成，这里只证明（1）和（4）.

（1）$AA^{-1}=E$，两边取行列式得

$$|A||A^{-1}|=1$$

因$|A|\neq 0$，故$|A^{-1}|=\dfrac{1}{|A|}=|A|^{-1}$.

（4）因为$|AB|=|A||B|\neq 0$，所以AB可逆，且

$$AB(B^{-1}A^{-1})=A(BB^{-1})A=AEA^{-1}=AA^{-1}=E$$

故

$$(AB)^{-1}=B^{-1}A^{-1}$$

例 9.20 设A，B和$A+B$均为可逆矩阵，试证$A^{-1}+B^{-1}$也是可逆矩阵，并求出其可逆矩阵.

解 因为A，B和$A+B$是可逆矩阵，所以A^{-1}，$B+A=A+B$，B^{-1}也是可逆矩阵，且

$$\begin{aligned}A^{-1}+B^{-1}&=A^{-1}E+EB^{-1}=A^{-1}E+A^{-1}AB^{-1}=A^{-1}(E+AB^{-1})\\&=A^{-1}(BB^{-1}+AB^{-1})=A^{-1}(B+A)B^{-1}\end{aligned}$$

由推论 9.1 知，$A^{-1}+B^{-1}$也是可逆矩阵，并且有

$$(A^{-1}+B^{-1})^{-1}=[A^{-1}(B+A)B^{-1}]^{-1}=B(A+B)^{-1}A$$

9.3.4 正交矩阵

定义 9.14 对于给定的方阵Q，若满足

$$QQ^{\mathrm{T}}=Q^{\mathrm{T}}Q=E$$

则称Q为正交矩阵.

由可逆矩阵的定义知，正交矩阵一定是可逆矩阵，且正交矩阵Q的逆矩阵Q^{-1}一定满足

$$Q^{-1}=Q^{\mathrm{T}}$$

并且也可以用满足等式$Q^{-1}=Q^{\mathrm{T}}$为条件来定义正交矩阵.

由定义 9.14 知，正交矩阵Q一定是可逆矩阵，并且$Q^{-1}=Q^{\mathrm{T}}$；反之，若矩阵Q可逆，并且$Q^{-1}=Q^{\mathrm{T}}$，则$Q^{\mathrm{T}}Q=E$，即表明Q是正交矩阵. 这就证明了以下定理.

定理 9.5 n阶矩阵Q为正交矩阵的充要条件是Q可逆，并且$Q^{-1}=Q^{\mathrm{T}}$.

由此立即得到如下推论.

推论 9.3 n阶矩阵Q为正交矩阵的充要条件是$Q^{\mathrm{T}}Q=E$.

由定义 9.14，可推出正交矩阵的以下性质：

（1）若Q为正交矩阵，则$|Q|=1$或$|Q|=-1$；

（2）若P和Q都是n阶正交矩阵，则PQ也是n阶正交矩阵；

（3）矩阵Q为正交矩阵的充要条件是Q可逆，且$Q^{-1}=Q^{\mathrm{T}}$.

例 9.21 试证矩阵

$$A=\begin{pmatrix}\cos\alpha & -\sin\alpha\\ \sin\alpha & \cos\alpha\end{pmatrix} \quad 和 \quad B=\begin{pmatrix}\cos\alpha & \sin\alpha\\ \sin\alpha & -\cos\alpha\end{pmatrix}$$

均为正交矩阵.

证 因为

$$AA^{\mathrm{T}}=\begin{pmatrix}\cos\alpha & -\sin\alpha\\ \sin\alpha & \cos\alpha\end{pmatrix}\begin{pmatrix}\cos\alpha & \sin\alpha\\ -\sin\alpha & \cos\alpha\end{pmatrix}$$
$$=\begin{pmatrix}\cos^2\alpha+\sin^2\alpha & \cos\alpha\sin\alpha-\sin\alpha\cos\alpha\\ \sin\alpha\cos\alpha-\cos\alpha\sin\alpha & \sin^2\alpha+\cos^2\alpha\end{pmatrix}$$
$$=\begin{pmatrix}1 & 0\\ 0 & 1\end{pmatrix}=I=A^{\mathrm{T}}A$$

$$BB^{\mathrm{T}}=\begin{pmatrix}\cos\alpha & \sin\alpha\\ \sin\alpha & -\cos\alpha\end{pmatrix}\begin{pmatrix}\cos\alpha & \sin\alpha\\ \sin\alpha & -\cos\alpha\end{pmatrix}$$
$$=\begin{pmatrix}\cos^2\alpha+\sin^2\alpha & \cos\alpha\sin\alpha-\sin\alpha\cos\alpha\\ \sin\alpha\cos\alpha-\cos\alpha\sin\alpha & \sin^2\alpha+\cos^2\alpha\end{pmatrix}$$
$$=\begin{pmatrix}1 & 0\\ 0 & 1\end{pmatrix}=I=B^{\mathrm{T}}B$$

所以 A 和 B 都是正交矩阵，矩阵 B 同时还是对称矩阵.

习 题 9.3

1. 判断以下矩阵是否可逆，若可逆，求其逆矩阵：

（1）$A=\begin{pmatrix}-3 & 4\\ -2 & 2\end{pmatrix}$； （2）$A=\begin{pmatrix}1 & 1 & 1\\ 0 & 2 & 2\\ 0 & 0 & 3\end{pmatrix}$； （3）$A=\begin{pmatrix}1 & 0 & 2\\ 2 & 1 & 0\\ 3 & 0 & 1\end{pmatrix}$；

（4）$A=\begin{pmatrix}2 & 2 & 3\\ 1 & -1 & 0\\ -1 & 2 & 1\end{pmatrix}$； （5）$A=\begin{pmatrix}1 & 2 & 3\\ 2 & 2 & 1\\ 3 & 4 & 3\end{pmatrix}$.

2. 设 A,B 均为 4 阶方阵，且 $|A|=2$，$|B|=-2$．求：

（1）$|3AB^{-1}|$； （2）$|A^{\mathrm{T}}(AB)^{-1}|$.

3. 解下列矩阵方程：

（1）$\begin{pmatrix}0 & 1 & 2\\ 1 & 1 & 4\\ 2 & -1 & 0\end{pmatrix}X=\begin{pmatrix}1 & -1 & 1\\ 1 & 1 & 0\\ 2 & 2 & 1\end{pmatrix}$； （2）$X\begin{pmatrix}3 & 1 & -1\\ 2 & 2 & 0\\ 1 & -1 & 2\end{pmatrix}=\begin{pmatrix}1 & -1 & 3\\ 4 & 3 & 2\\ 1 & -2 & 5\end{pmatrix}+X$；

（3）$\begin{pmatrix}1 & 4\\ -1 & 2\end{pmatrix}X\begin{pmatrix}2 & 0\\ -1 & 1\end{pmatrix}=\begin{pmatrix}3 & 1\\ 0 & -1\end{pmatrix}$.

4. 用逆矩阵求线性方程组

$$\begin{cases} y+2z=1\\ x+y+4z=1\\ 2x-y=2\end{cases}$$

的解.

9.4 矩阵的分块

将矩阵作适当的分块，使之成为分块矩阵，再利用分块矩阵的运算完成矩阵的相关运算，这样一种处理矩阵的技巧不论在理论分析中还是实际中都是非常有用的．本节将对此作一简单介绍．

9.4.1 分块矩阵

用贯通矩阵的横线和纵线将矩阵 $\boldsymbol{A}$ 分割成若干个小矩阵的分块，矩阵 $\boldsymbol{A}$ 中如此得到的小矩阵称为 $\boldsymbol{A}$ 的子块（或子矩阵），以这些子块为元素的矩阵称为 $\boldsymbol{A}$ 的分块矩阵．

例 9.22 设

$$\boldsymbol{A}=\left(\begin{array}{ccc:cc}2&0&0&-1&0\\0&2&0&0&1\\0&0&2&2&0\\\hdashline 0&0&0&-1&2\\0&0&0&-1&-1\end{array}\right)$$

在矩阵 $\boldsymbol{A}$ 的第 3 行与第 4 行间及第 3 列与第 4 列间分别画一条横线及一条纵线，这样，矩阵 $\boldsymbol{A}$ 就被分割成 4 个小矩阵．若记

$$\boldsymbol{E}_3=\begin{pmatrix}1&0&0\\0&1&0\\0&0&1\end{pmatrix},\quad \boldsymbol{B}=\begin{pmatrix}-1&0\\0&1\\2&0\end{pmatrix},\quad \boldsymbol{C}=\begin{pmatrix}-1&2\\-1&-1\end{pmatrix},\quad \boldsymbol{O}_{2\times3}=\begin{pmatrix}0&0&0\\0&0&0\end{pmatrix}$$

则有

$$\boldsymbol{A}=\begin{pmatrix}2\boldsymbol{E}_3&\boldsymbol{B}\\\boldsymbol{O}_{2\times3}&\boldsymbol{C}\end{pmatrix}$$

即矩阵 $\boldsymbol{A}$ 的 2×2 分块矩阵．

显然，对矩阵的适当分块有时能显示矩阵结构上的某些特点．例如，例 9.22 中矩阵 $\boldsymbol{A}$ 的左上角的子块是一个数量矩阵，而左下角的子块则是一个零矩阵．若用另外的方式对 $\boldsymbol{A}$ 进行分块，则上述特点难以展现．一个矩阵该如何分块取决于该矩阵的结构及计算（或分析）的需要．

9.4.2 分块矩阵的运算

分块矩阵运算时，可以把子矩阵当作元看待，直接运用矩阵运算的有关法则，但要注意以下几个问题：

（1）用分块矩阵做加法时，必须使对应的子矩阵具有相同的行数和列数，即相加的矩阵的分块方式应完全相同．用数 k 与分块矩阵相乘时，k 应与每一个子块矩阵相乘．

① $\boldsymbol{A}+\boldsymbol{B}=(\boldsymbol{A}_{ij})_{s\times t}+(\boldsymbol{B}_{ij})_{s\times t}=(\boldsymbol{A}_{ij}+\boldsymbol{B}_{ij})_{s\times t}$；

② $k\boldsymbol{A}=k(\boldsymbol{A}_{ij})_{s\times t}=(k\boldsymbol{A}_{ij})_{s\times t}$．

（2）利用分块矩阵计算矩阵 $\boldsymbol{A}_{m\times s}$ 与 $\boldsymbol{B}_{s\times n}$ 的乘积 $\boldsymbol{AB}$ 时，应使左矩阵 $\boldsymbol{A}$ 的列的分块方式与右矩阵 $\boldsymbol{B}$ 的行的分块方式相同．还要注意的是，相乘时，$\boldsymbol{A}$ 的各子块矩阵分别左乘 $\boldsymbol{B}$ 对应的子矩阵．

$$AB=(A_{ij})_{m\times s}(B_{ij})_{s\times t}=(C_{ij})_{m\times t}$$

其中
$$C_{ij}=\sum_{k=1}^{s}A_{ik}B_{kj}$$

例 9.23 设

$$F=\begin{pmatrix}1&1\\0&1\\-1&0\\0&1\\2&1\end{pmatrix}$$

A 为例 9.22 中的矩阵，用分块乘法计算 AF .

解 为使分块乘法得以进行，当 A 采取例 9.22 中的分块方式时，F 的行必须与 A 的列有相同的分块方式（F 的列可任意划分）. 现令 $F=\begin{pmatrix}G\\H\end{pmatrix}$，其中 $G=\begin{pmatrix}1&1\\0&1\\-1&0\end{pmatrix}$，$H=\begin{pmatrix}0&1\\2&1\end{pmatrix}$. 这样，$A$ 为 2×2 分块矩阵，F 为 2×1 分块矩阵，符合分块矩阵乘法的要求，于是

$$AF=\begin{pmatrix}2E_3&B\\O&C\end{pmatrix}\begin{pmatrix}G\\H\end{pmatrix}=\begin{pmatrix}2G+BH\\CH\end{pmatrix}$$

其中
$$2G+BH=2\begin{pmatrix}1&1\\0&1\\-1&0\end{pmatrix}+\begin{pmatrix}-1&0\\0&1\\2&0\end{pmatrix}\begin{pmatrix}0&1\\2&1\end{pmatrix}=\begin{pmatrix}2&1\\2&3\\-2&2\end{pmatrix}$$

$$CH=\begin{pmatrix}-1&2\\-1&-1\end{pmatrix}\begin{pmatrix}0&1\\2&1\end{pmatrix}=\begin{pmatrix}4&1\\-2&-2\end{pmatrix}$$

因此
$$AF=\begin{pmatrix}2&1\\2&3\\-2&2\\4&1\\-2&-2\end{pmatrix}$$

注：本例中，若将矩阵 F 的行的分割线划在其他位置，而 A 的分块方式不变，则分块乘法无法进行.

例 9.24 设

$$A=\begin{pmatrix}1&-1&0&0\\3&-1&0&0\\0&1&0&0\\0&0&2&-1\end{pmatrix},\qquad B=\begin{pmatrix}1&0&0&0\\-1&0&0&0\\0&1&3&-1\\0&2&1&4\end{pmatrix}$$

试计算乘积 AB .

解 先对矩阵 A, B 采用分块技术，再利用矩阵的行乘列法则计算出 AB，即

$$\boldsymbol{AB}=\left(\begin{array}{cc:cc}1 & -1 & 0 & 0\\ 3 & -1 & 0 & 0\\ 0 & 1 & 0 & 0\\ \hdashline 0 & 0 & 2 & -1\end{array}\right)\left(\begin{array}{c:ccc}1 & 0 & 0 & 0\\ -1 & 0 & 0 & 0\\ \hdashline 0 & 1 & 3 & -1\\ 0 & 2 & 1 & 4\end{array}\right)=\begin{pmatrix}\boldsymbol{A}_{11} & \boldsymbol{O}\\ \boldsymbol{O} & \boldsymbol{A}_{22}\end{pmatrix}\begin{pmatrix}\boldsymbol{B}_{11} & \boldsymbol{O}\\ \boldsymbol{O} & \boldsymbol{B}_{22}\end{pmatrix}=\begin{pmatrix}\boldsymbol{A}_{11}\boldsymbol{B}_{11} & \boldsymbol{O}\\ \boldsymbol{O} & \boldsymbol{A}_{22}\boldsymbol{B}_{22}\end{pmatrix}$$

其中 $\boldsymbol{A}_{11}=\begin{pmatrix}1 & -1\\ 3 & -1\\ 0 & 1\end{pmatrix}$，$\boldsymbol{B}_{11}=\begin{pmatrix}1\\ -1\end{pmatrix}$，$\boldsymbol{A}_{22}=(2\quad -1)$，$\boldsymbol{B}_{22}=\begin{pmatrix}1 & 3 & -1\\ 2 & 1 & 4\end{pmatrix}$，所以

$$\boldsymbol{A}_{11}\boldsymbol{B}_{11}=\begin{pmatrix}1 & -1\\ 3 & -1\\ 0 & 1\end{pmatrix}\begin{pmatrix}1\\ -1\end{pmatrix}=\begin{pmatrix}2\\ 4\\ -1\end{pmatrix},\qquad \boldsymbol{A}_{22}\boldsymbol{B}_{22}=(2\quad -1)\begin{pmatrix}1 & 3 & -1\\ 2 & 1 & 4\end{pmatrix}=(0\quad 5\quad -6)$$

故

$$\boldsymbol{AB}=\left(\begin{array}{c:ccc}2 & 0 & 0 & 0\\ 4 & 0 & 0 & 0\\ -1 & 0 & 0 & 0\\ \hdashline 0 & 0 & 5 & -6\end{array}\right)$$

（3）分块矩阵的转置.

分块矩阵转置时，应先将子块的行列互换，再将每一个子块转置，即设 $\boldsymbol{A}_{m\times n}$ 分块为

$$\boldsymbol{A}=\begin{pmatrix}\boldsymbol{A}_{11} & \boldsymbol{A}_{12} & \cdots & \boldsymbol{A}_{1n}\\ \boldsymbol{A}_{21} & \boldsymbol{A}_{22} & \cdots & \boldsymbol{A}_{2n}\\ \vdots & \vdots & & \vdots\\ \boldsymbol{A}_{m1} & \boldsymbol{A}_{m2} & \cdots & \boldsymbol{A}_{mn}\end{pmatrix}$$

则可以验证

$$\boldsymbol{A}^{\mathrm{T}}=\begin{pmatrix}\boldsymbol{A}_{11}^{\mathrm{T}} & \boldsymbol{A}_{21}^{\mathrm{T}} & \cdots & \boldsymbol{A}_{m1}^{\mathrm{T}}\\ \boldsymbol{A}_{12}^{\mathrm{T}} & \boldsymbol{A}_{22}^{\mathrm{T}} & \cdots & \boldsymbol{A}_{m2}^{\mathrm{T}}\\ \vdots & \vdots & & \vdots\\ \boldsymbol{A}_{1n}^{\mathrm{T}} & \boldsymbol{A}_{2n}^{\mathrm{T}} & \cdots & \boldsymbol{A}_{mn}^{\mathrm{T}}\end{pmatrix}$$

例如，例 9.23 中矩阵 $\boldsymbol{F}$ 的转置矩阵

$$\boldsymbol{F}^{\mathrm{T}}=(\boldsymbol{G}^{\mathrm{T}},\boldsymbol{H}^{\mathrm{T}})=\begin{pmatrix}1 & 0 & -1 & 0 & 2\\ 1 & 1 & 0 & 1 & 1\end{pmatrix}$$

（4）分块求逆.

将矩阵进行分块是为了使矩阵运算得以简化而采用的一种技巧. 当对矩阵作了分块而未能给运算带来任何益处时这种分块就是多余的. 事实上，很多时候矩阵的分块运算只是在一些具有特殊结构的矩阵的运算中方显出其功效. 对矩阵的分块求逆方法，只以两种特殊的矩阵给以示例.

例 9.25 设 $\boldsymbol{H}=\begin{pmatrix}\boldsymbol{A} & \boldsymbol{O}\\ \boldsymbol{C} & \boldsymbol{B}\end{pmatrix}$，其中 $\boldsymbol{A}$，$\boldsymbol{B}$ 分别为 $s\times t$ 可逆矩阵，$\boldsymbol{C}$ 为 $t\times s$ 矩阵，$\boldsymbol{O}$ 为 $s\times t$ 零矩阵. 试证明 $\boldsymbol{H}$ 可逆，并求其逆.

解 由行列式的拉普拉斯（Laplace）展开定理得$|\boldsymbol{H}|=|\boldsymbol{A}||\boldsymbol{B}|\neq 0$，故$\boldsymbol{H}$可逆.

设$\boldsymbol{H}^{-1}=\begin{pmatrix}\boldsymbol{X}_1 & \boldsymbol{X}_2\\ \boldsymbol{X}_3 & \boldsymbol{X}_4\end{pmatrix}$，其中子块$\boldsymbol{X}_1,\boldsymbol{X}_2,\boldsymbol{X}_3,\boldsymbol{X}_4$分别与$\boldsymbol{H}$的子块$\boldsymbol{A},\boldsymbol{O},\boldsymbol{C},\boldsymbol{B}$同型，则有

$$\begin{pmatrix}\boldsymbol{A} & \boldsymbol{O}\\ \boldsymbol{C} & \boldsymbol{B}\end{pmatrix}\begin{pmatrix}\boldsymbol{X}_1 & \boldsymbol{X}_2\\ \boldsymbol{X}_3 & \boldsymbol{X}_4\end{pmatrix}=\boldsymbol{E}_{s+t}=\begin{pmatrix}\boldsymbol{E}_s & \boldsymbol{O}\\ \boldsymbol{O} & \boldsymbol{E}_t\end{pmatrix}$$

即

$$\begin{pmatrix}\boldsymbol{AX}_1 & \boldsymbol{AX}_2\\ \boldsymbol{CX}_1+\boldsymbol{BX}_3 & \boldsymbol{CX}_2+\boldsymbol{BX}_4\end{pmatrix}=\begin{pmatrix}\boldsymbol{E}_s & \boldsymbol{O}\\ \boldsymbol{O} & \boldsymbol{E}_t\end{pmatrix}$$

于是得矩阵方程组$\begin{cases}\boldsymbol{AX}_1=\boldsymbol{E}_S,\\ \boldsymbol{AX}_2=\boldsymbol{O},\\ \boldsymbol{CX}_1+\boldsymbol{BX}_3=\boldsymbol{O},\\ \boldsymbol{CX}_2+\boldsymbol{BX}_4=\boldsymbol{E}_t,\end{cases}$解之得$\begin{cases}\boldsymbol{X}_1=\boldsymbol{A}^{-1},\\ \boldsymbol{X}_2=\boldsymbol{O},\\ \boldsymbol{X}_3=-\boldsymbol{B}^{-1}\boldsymbol{CA}^{-1},\\ \boldsymbol{X}_4=\boldsymbol{B}^{-1},\end{cases}$故$\boldsymbol{H}^{-1}=\begin{pmatrix}\boldsymbol{A}^{-1} & \boldsymbol{O}\\ -\boldsymbol{B}^{-1}\boldsymbol{CA}^{-1} & \boldsymbol{B}^{-1}\end{pmatrix}$.

若例 9.25 中的子矩阵$\boldsymbol{C}=\boldsymbol{O}$，则$\boldsymbol{H}=\begin{pmatrix}\boldsymbol{A} & \boldsymbol{O}\\ \boldsymbol{O} & \boldsymbol{B}\end{pmatrix}$，此时有$\boldsymbol{H}^{-1}=\begin{pmatrix}\boldsymbol{A}^{-1} & \boldsymbol{O}\\ \boldsymbol{O} & \boldsymbol{B}^{-1}\end{pmatrix}$

例 9.26 设

$$\boldsymbol{A}=\begin{pmatrix}0&1&0&0\\0&0&2&0\\0&0&0&3\\4&0&0&0\end{pmatrix}$$

求$\boldsymbol{A}^{-1}$.

解 将$\boldsymbol{A}$分块成

$$\boldsymbol{A}=\begin{pmatrix}\boldsymbol{O} & \boldsymbol{B}\\ \boldsymbol{C} & \boldsymbol{O}\end{pmatrix}$$

其中

$$\boldsymbol{B}=\begin{pmatrix}1&0&0\\0&2&0\\0&0&3\end{pmatrix},\qquad \boldsymbol{C}=(4)$$

则

$$\boldsymbol{A}^{-1}=\begin{pmatrix}\boldsymbol{O} & \boldsymbol{B}\\ \boldsymbol{C} & \boldsymbol{O}\end{pmatrix}^{-1}=\begin{pmatrix}\boldsymbol{O} & \boldsymbol{C}^{-1}\\ \boldsymbol{B}^{-1} & O\end{pmatrix}=\begin{pmatrix}0&0&0&\frac{1}{4}\\1&0&0&0\\0&\frac{1}{2}&0&0\\0&0&\frac{1}{3}&0\end{pmatrix}$$

（5）两类特殊的分块矩阵.

①分块对角矩阵（或准对角矩阵）. 形如

$$\begin{pmatrix}\boldsymbol{A}_1 & \boldsymbol{O} & \cdots & \boldsymbol{O}\\ \boldsymbol{O} & \boldsymbol{A}_2 & \cdots & \boldsymbol{O}\\ \vdots & \vdots & & \vdots\\ \boldsymbol{O} & \boldsymbol{O} & \cdots & \boldsymbol{A}_s\end{pmatrix}$$

其中 $A_1, A_2, \cdots, A_s$ 均为方阵，且其余子矩阵均为零矩阵的分块矩阵，称为分块对角矩阵或准对角矩阵.

需注意的是，对角矩阵可以看成是分块对角矩阵（每个子矩阵都是一阶矩阵）. 但是，一般地，分块对角矩阵不一定是对角矩阵.

②分块上三角矩阵. 形如

$$\begin{pmatrix} A_{11} & A_{12} & \cdots & A_{1n} \\ O & A_{22} & \cdots & A_{2n} \\ \vdots & \vdots & & \vdots \\ O & O & \cdots & A_{nn} \end{pmatrix}$$

其中 $A_{ii}(i=1,2,\cdots,n)$ 都是方阵，称为分块上三角形矩阵. 类似地，分块下三角形矩阵是形如

$$\begin{pmatrix} A_{11} & O & \cdots & O \\ A_{21} & A_{22} & \cdots & O \\ \vdots & \vdots & & \vdots \\ A_{n1} & A_{n2} & \cdots & A_{nn} \end{pmatrix}$$

的分块矩阵，其中 $A_{ii}(i=1,2,\cdots,n)$ 为方阵.

9.5 矩阵的初等变换与矩阵的秩

矩阵的初等变换起源于解线性方程组的三类同解变形. 利用初等变换先将矩阵 A 转化为形状比较"简单"的矩阵 B，然后通过对 B 的探讨，解决 A 的有关问题，或讨论 A 的某些性质，是讨论矩阵问题常用的方法.

9.5.1 矩阵的初等变换

定义 9.15 设矩阵 $A=(a_{ij})_{m\times n}$，则以下三种变换：

（1）交换矩阵 A 的某两行（列）；

（2）用一个非零的数乘矩阵 A 的某一行（列）；

（3）将矩阵 A 的某一行（列）的 k 倍加到另一行（列）上.

称为矩阵 A 的行（列）初等变换. 一般将矩阵的行、列初等变换统称为矩阵的初等变换. 上述变换依次记为 $r_i \leftrightarrow r_j$，kr_i，$r_i + kr_j$. 列初等变换只需将上述记号中的字母 r 换成 c 即可.

例 9.27

$$A=\begin{pmatrix} 0 & 2 & -1 & 1 \\ 1 & -1 & 0 & 2 \\ -2 & 0 & 3 & 1 \end{pmatrix} \xrightarrow{r_1 \leftrightarrow r_2} \begin{pmatrix} 1 & -1 & 0 & 2 \\ 0 & 2 & -1 & 1 \\ -2 & 0 & 3 & 1 \end{pmatrix} \xrightarrow{r_3+2r_1} \begin{pmatrix} 1 & -1 & 0 & 2 \\ 0 & 2 & -1 & 1 \\ 0 & -2 & 3 & 5 \end{pmatrix}$$

$$\xrightarrow{r_3+r_2} \begin{pmatrix} 1 & -1 & 0 & 2 \\ 0 & 2 & -1 & 1 \\ 0 & 0 & 2 & 6 \end{pmatrix} \xrightarrow{\frac{1}{2}r_3} \begin{pmatrix} 1 & -1 & 0 & 2 \\ 0 & 2 & -1 & 1 \\ 0 & 0 & 1 & 3 \end{pmatrix} = B$$

例 9.27 表明，一般而言，矩阵经初等变换后不再是原来的矩阵，所以它们之间不能以等号相连而是连之以符号“$\longrightarrow$”. 通常将矩阵 $\boldsymbol{A}$ 与初等变换后所得到的矩阵 $\boldsymbol{B}$ 称为相抵矩阵或等价矩阵，记为 $\boldsymbol{A}\cong\boldsymbol{B}$. 易知，矩阵的等价关系具有如下性质：

（1）反身性　$\boldsymbol{A}\cong\boldsymbol{A}$；

（2）对称性　若 $\boldsymbol{A}\cong\boldsymbol{B}$，则 $\boldsymbol{B}\cong\boldsymbol{A}$；

（3）传递性　若 $\boldsymbol{A}\cong\boldsymbol{B}$，$\boldsymbol{B}\cong\boldsymbol{C}$，则 $\boldsymbol{A}\cong\boldsymbol{C}$.

定义 9.16　若一个矩阵具有如下特征则称为阶梯（形）矩阵：

（1）零行（即其元素皆为零的行）位于全部非零行的下方（如果矩阵有零行的话）；

（2）非零行的首非零元（即位于最左边的非零元）的列标随其行标严格递增.

定义 9.17　若一个阶梯形矩阵具有如下特征，则称之为行简化阶梯形矩阵：

（1）非零行的首非零元为 1；

（2）非零行的首非零元所在列的其余元素皆为零.

例 9.28　矩阵

$$\boldsymbol{A}=\begin{pmatrix}2&1&-1&3\\0&3&0&1\\0&0&-1&4\end{pmatrix},\qquad \boldsymbol{B}=\begin{pmatrix}1&0&0&3&4\\0&1&2&5&3\\0&0&0&0&0\end{pmatrix}$$

$$\boldsymbol{C}=\begin{pmatrix}0&2&0&4\\0&0&0&2\\0&0&0&0\end{pmatrix},\qquad \boldsymbol{D}=\begin{pmatrix}1&-3&2&3\\0&0&1&5\\0&0&0&0\end{pmatrix}$$

都是阶梯形矩阵，但只有 $\boldsymbol{B}$ 是行简化阶梯形矩阵；矩阵

$$\begin{pmatrix}2&1&-1&3\\0&3&0&1\\0&4&-1&4\end{pmatrix},\qquad \begin{pmatrix}1&0&3&1&2\\0&0&0&0&0\\0&1&2&1&5\end{pmatrix}$$

都不是阶梯形矩阵.

一个非零矩阵能否经过行初等变换化为阶梯矩阵？例 9.27 已经显示，这是做得到的.

定理 9.6　任意非零矩阵都可经初等变换化为阶梯形矩阵.

推论 9.4　任意非零矩阵都可经行初等变换化为行简化阶梯形矩阵.

推论 9.5　任意可逆矩阵都可经行初等变换化为单位矩阵.

注：事实上，任意可逆矩阵亦可经列初等变换化为单位矩阵.

例 9.29　用行初等变换将矩阵

$$\boldsymbol{A}=\begin{pmatrix}3&1&5&6\\1&-1&3&-2\\2&1&3&5\\1&1&1&1\end{pmatrix}$$

化为行简化阶梯形矩阵.

解
$$A\xrightarrow{r_1\leftrightarrow r_4}\begin{pmatrix}1&1&1&1\\1&-1&3&-2\\2&1&3&5\\3&1&5&6\end{pmatrix}\xrightarrow[r_4-3r_1]{\substack{r_2-r_1\\r_3-2r_1}}\begin{pmatrix}1&1&1&1\\0&-2&2&-3\\0&-1&1&3\\0&-2&2&3\end{pmatrix}$$

$$\xrightarrow{r_2\leftrightarrow r_3}\begin{pmatrix}1&1&1&1\\0&-1&1&3\\0&-2&2&-3\\0&-2&2&3\end{pmatrix}\xrightarrow[r_4-2r_2]{r_3-2r_2}\begin{pmatrix}1&1&1&1\\0&-1&1&3\\0&0&0&-9\\0&0&0&-3\end{pmatrix}$$

$$\xrightarrow{-\frac{1}{9}r_3}\begin{pmatrix}1&1&1&1\\0&-1&1&3\\0&0&0&1\\0&0&0&-3\end{pmatrix}\xrightarrow[r_4+3r_3]{\substack{r_1-r_3\\r_2-3r_3}}\begin{pmatrix}1&1&1&0\\0&-1&1&0\\0&0&0&1\\0&0&0&0\end{pmatrix}\xrightarrow{r_2\cdot(-1)}\begin{pmatrix}1&1&1&0\\0&1&-1&0\\0&0&0&1\\0&0&0&0\end{pmatrix}$$

$$\xrightarrow{r_1-r_2}\begin{pmatrix}1&0&2&0\\0&1&-1&0\\0&0&0&1\\0&0&0&0\end{pmatrix}=\boldsymbol{B}\ .$$

例 9.29 表明，将一个矩阵化为行简化阶梯形矩阵并不一定非得机械地按照定理或其推论的证明中的步骤去做，而是要根据实际计算的情况灵活地加以处理．此外，一个矩阵经行初等变换所化成的阶梯形矩阵显然不是唯一的，而所化成的行简化阶梯形矩阵却是唯一的．但如果矩阵变化过程中还加进列初等变换，那么后者的唯一性不成立．

定义 9.18 若一个矩阵具有如下特征，则称之为标准形矩阵：

（1）位于左上角的子块是一个 r 阶单位阵；

（2）其余的子块（如果有的话）都是零矩阵．

例 9.30 矩阵

$$\begin{pmatrix}1&0&0\\0&1&0\\0&0&0\end{pmatrix},\quad\begin{pmatrix}1&0&0&0&0\\0&1&0&0&0\\0&0&1&0&0\end{pmatrix},\quad\begin{pmatrix}1\\0\\0\end{pmatrix},\quad\begin{pmatrix}1&0\\0&1\end{pmatrix}$$

都是标准型矩阵．

定理 9.7 任意非零矩阵都可经初等变换化为标准形矩阵．

例 9.31 将例 9.29 中的矩阵化为标准形．

解 由例 9.29，有

$$A\to\begin{pmatrix}1&0&2&0\\0&1&-1&0\\0&0&0&1\\0&0&0&0\end{pmatrix}\xrightarrow{c_3-2c_1+c_2}\begin{pmatrix}1&0&0&0\\0&1&0&0\\0&0&0&1\\0&0&0&0\end{pmatrix}\xrightarrow{c_3\leftrightarrow c_4}\begin{pmatrix}1&0&0&0\\0&1&0&0\\0&0&1&0\\0&0&0&0\end{pmatrix}$$

例 9.31 表明，先对矩阵 $\boldsymbol{A}$ 作行初等变换使之化为行简化阶梯形矩阵，再对 $\boldsymbol{B}$ 作列初等变换必可将 $\boldsymbol{A}$ 化为标准形．在实际计算中读者可不拘泥于上述程序．事实上，交替使用行、列初等变换能更快地将一个矩阵化为标准形，读者不妨一试．最后还应指出，一般而论，单用行的或单用列的初等变换不一定能将一个矩阵化成标准形，但对于可逆矩阵，定理 9.6 的推论 9.5 表明，单用行或单用列的初等变换可以将其化成标准形.

定义 9.19 由单位矩阵经过一次初等变换得到的矩阵称为初等矩阵.

对应于三种变换，可以得到三种初等矩阵. 例如，对于三阶单位矩阵

$$\boldsymbol{E}_3=\begin{pmatrix}1&0&0\\0&1&0\\0&0&1\end{pmatrix}$$

交换 $\boldsymbol{E}_3$ 的第 1 行（列）与第 2 行（列），得到初等矩阵

$$\begin{pmatrix}0&1&0\\1&0&0\\0&0&1\end{pmatrix}$$

将 $\boldsymbol{E}_3$ 的第 3 行（列）乘常数 $-\frac{1}{3}$，得到初等矩阵

$$\begin{pmatrix}1&0&0\\0&1&0\\0&0&-\frac{1}{3}\end{pmatrix}$$

将 $\boldsymbol{E}_3$ 的第 1 行的–2 倍加到第 2 行（或将 $\boldsymbol{E}_3$ 的第 2 列的–2 倍加到第 1 列），得到初等矩阵

$$\begin{pmatrix}1&0&0\\-2&1&0\\0&0&1\end{pmatrix}$$

显然，初等矩阵都是可逆矩阵. 容易验证，它们的逆矩阵仍是初等矩阵.

9.5.2 初等变换求逆

9.3.2 小节介绍了用伴随矩阵求逆矩阵法，当方阵的阶数 n 较大时，需计算的行列式较多，计算量较大，本小节将介绍求逆矩阵的另一种方法——初等变换求逆法.

（1）将 n 阶方阵 $\boldsymbol{A}$ 和 n 阶单位矩阵 $\boldsymbol{E}$ 合并成一个 n 行 $2n$ 列的矩阵，中间用虚线分开，即

$$(\boldsymbol{A} \,\vdots\, \boldsymbol{E})$$

（2）以将 $\boldsymbol{A}$ 化为 $\boldsymbol{E}$ 为目标，对 $\boldsymbol{A}$ 和 $\boldsymbol{E}$ 进行相同的初等行变换，当 $\boldsymbol{A}$ 化成 $\boldsymbol{E}$ 时，$\boldsymbol{E}$ 就化为 $\boldsymbol{A}$ 的逆矩阵 $\boldsymbol{A}^{-1}$，即

$$(\boldsymbol{A} \,\vdots\, \boldsymbol{E}) \xrightarrow{\text{行初等变换}} (\boldsymbol{E} \,\vdots\, \boldsymbol{A}^{-1})$$

（3）若 $\boldsymbol{A}$ 不能经行初等变换化为 $\boldsymbol{E}$，或者 $\boldsymbol{A}$ 变出了零行，则矩阵 $\boldsymbol{A}$ 不可逆.

例 9.32 用行初等变换求 $\boldsymbol{A}=\begin{pmatrix}3&2&2\\2&2&1\\1&3&1\end{pmatrix}$ 的逆矩阵.

解 $(A \mid E)=\left(\begin{array}{ccc|ccc}3&2&2&1&0&0\\2&2&1&0&1&0\\1&3&1&0&0&1\end{array}\right)\xrightarrow{r_1\leftrightarrow r_3}\left(\begin{array}{ccc|ccc}1&3&1&0&0&1\\2&2&1&0&1&0\\3&2&2&1&0&0\end{array}\right)$

$$\xrightarrow[-3r_1+r_3]{-2r_1+r_2}\left(\begin{array}{ccc|ccc}1&3&1&0&0&1\\0&-4&-1&0&1&-2\\0&-7&-1&1&0&-3\end{array}\right)\xrightarrow{-\frac{1}{4}r_2}\left(\begin{array}{ccc|ccc}1&3&1&0&0&1\\0&1&\frac{1}{4}&0&-\frac{1}{4}&\frac{1}{2}\\0&-7&-1&1&0&-3\end{array}\right)$$

$$\xrightarrow{r_3+7r_2}\left(\begin{array}{ccc|ccc}1&3&1&0&0&1\\0&1&\frac{1}{4}&0&-\frac{1}{4}&\frac{1}{2}\\0&0&\frac{3}{4}&1&-\frac{7}{4}&\frac{1}{2}\end{array}\right)\xrightarrow{\frac{4}{3}r_3}\left(\begin{array}{ccc|ccc}1&3&1&0&0&1\\0&1&\frac{1}{4}&0&-\frac{1}{4}&\frac{1}{2}\\0&0&1&\frac{4}{3}&-\frac{7}{3}&\frac{2}{3}\end{array}\right)$$

$$\xrightarrow[r_1-r_3]{r_2-\frac{1}{4}r_3}\left(\begin{array}{ccc|ccc}1&3&0&-\frac{4}{3}&\frac{7}{3}&\frac{1}{3}\\0&1&\frac{1}{4}&-\frac{1}{3}&\frac{1}{3}&\frac{1}{3}\\0&0&1&\frac{4}{3}&-\frac{7}{3}&\frac{2}{3}\end{array}\right)\xrightarrow{r_1-3r_2}\left(\begin{array}{ccc|ccc}1&0&0&-\frac{1}{3}&\frac{4}{3}&-\frac{2}{3}\\0&1&0&-\frac{1}{3}&\frac{1}{3}&\frac{1}{3}\\0&0&1&\frac{4}{3}&-\frac{7}{3}&\frac{2}{3}\end{array}\right)$$

故
$$A^{-1}=\begin{pmatrix}-\frac{1}{3}&\frac{4}{3}&-\frac{2}{3}\\-\frac{1}{3}&\frac{1}{3}&\frac{1}{3}\\\frac{4}{3}&-\frac{7}{3}&\frac{2}{3}\end{pmatrix}$$

同样的列初等变换，将单位矩阵 E 变为 A^{-1}，故也可用列初等变换求逆矩阵 A^{-1}，作 $2n\times n$ 矩阵 $\begin{pmatrix}A\\ \hline E\end{pmatrix}$，且一起作列初等变换，将 A 变换为 E，则 E 变换为了 A^{-1}，即有

$$\begin{pmatrix}A\\ \hline E\end{pmatrix}\xrightarrow{\text{列初等变换}}\begin{pmatrix}E\\ \hline A^{-1}\end{pmatrix}$$

用初等变换也可解矩阵方程 $AX=B\left(|A|\neq 0\right)$．具体方法如下：

（1）将系数矩阵 A 和常数项矩阵 B 合并成一个矩阵，中间用虚线隔开，即 $(A \mid B)$；

（2）以单位矩阵 E 为目标，将 A 化为 E，对 A 和 B 进行相同的行初等变换，当 A 化为 E 时 B 就化为了 $A^{-1}B$，即

$$(A \mid B)\xrightarrow{\text{行初等变换}}(E \mid A^{-1}B)$$

例 9.33 解矩阵方程

$$\begin{pmatrix}1&-2&0\\3&-5&2\\-2&5&1\end{pmatrix}X=\begin{pmatrix}1&1\\4&3\\2&2\end{pmatrix}$$

解 设 $\boldsymbol{A}=\begin{pmatrix}1&-2&0\\3&-5&2\\-2&5&1\end{pmatrix}$，$\boldsymbol{B}=\begin{pmatrix}1&1\\4&3\\2&2\end{pmatrix}$，则

$$\left(\begin{array}{ccc|cc}1&-2&0&1&1\\3&-5&2&4&3\\-2&5&1&2&2\end{array}\right)\xrightarrow[r_3+2r_1]{r_2-3r_1}\left(\begin{array}{ccc|cc}1&-2&0&1&1\\0&1&2&1&0\\0&1&1&4&4\end{array}\right)\xrightarrow{r_3-r_2}\left(\begin{array}{ccc|cc}1&-2&0&1&1\\0&1&2&1&0\\0&0&-1&3&4\end{array}\right)$$

$$\xrightarrow{r_2+2r_3}\left(\begin{array}{ccc|cc}1&-2&0&1&1\\0&1&0&7&8\\0&0&-1&3&4\end{array}\right)\xrightarrow[(-1)\times r_3]{r_1+2r_2}\left(\begin{array}{ccc|cc}1&0&0&15&17\\0&1&0&7&8\\0&0&1&-3&-4\end{array}\right)$$

故

$$\boldsymbol{X}=\begin{pmatrix}15&17\\7&8\\-3&-4\end{pmatrix}$$

9.5.3 矩阵的秩

前面讨论了矩阵的标准形，显然，有很多不同的矩阵会有相同的标准形．此外，一个矩阵可经行初等变换化为不同的阶梯形，但不同的阶梯形中非零行的个数却是相同的．这一切都源于矩阵的一种本质特征——矩阵的秩．

定义 9.20 设矩阵 $\boldsymbol{A}=(a_{ij})_{m\times n}$，称位于 $\boldsymbol{A}$ 的某 k 行 k 列 $\left(1\leqslant k\leqslant \min\{m,n\}\right)$ 的交叉点处的元素按照其原来的相对位置所构成的 k 阶行列式为 $\boldsymbol{A}$ 的 k 阶子式．

例 9.34 设

$$\boldsymbol{A}=\begin{pmatrix}1&0&-1&2\\3&1&2&0\\1&1&4&-4\end{pmatrix}$$

则 3 阶行列式

$$\begin{vmatrix}1&0&-1\\3&1&2\\1&1&4\end{vmatrix},\quad\begin{vmatrix}1&0&2\\3&1&0\\1&1&-4\end{vmatrix},\quad\begin{vmatrix}1&-1&2\\3&2&0\\1&4&-4\end{vmatrix},\quad\begin{vmatrix}0&-1&2\\1&2&0\\1&4&-4\end{vmatrix}$$

是 $\boldsymbol{A}$ 的全部 4 个 3 阶子式；2 阶行列式

$$\begin{vmatrix}1&-1\\3&2\end{vmatrix},\qquad\begin{vmatrix}1&0\\1&-4\end{vmatrix}$$

等是 $\boldsymbol{A}$ 的 2 阶子式；1 阶行列式 $|1|,|0|,|-1|$ 等是 $\boldsymbol{A}$ 的 1 阶子式．

定义 9.21 矩阵 $\boldsymbol{A}$ 的非零子式的最高阶数称为矩阵 $\boldsymbol{A}$ 的秩，记为 $R(\boldsymbol{A})$.

注：（1）此定义表明，矩阵 $\boldsymbol{A}$ 的秩为 r 的充要条件是，$\boldsymbol{A}$ 至少有一个 r 阶非零子式且全部 $r+1$ 阶子式（如果有的话）都等于零，从而更高阶子式（如果有的话）亦为零；

（2）零矩阵没有非零子式，规定其秩为零；

（3）显然，标准形矩阵的秩等于其左上角的单位阵的阶数，阶梯形矩阵的秩恰为其非零行的个数．

例 9.35 例 9.34 中矩阵 A 的全部 3 阶子式都等于零，而其 2 阶子式$\begin{vmatrix}1 & -1\\3 & 2\end{vmatrix}=5$，于是 A 的非零子式的最高阶数为 2，故 $R(A)=2$.

定义 9.22 设 A 为 n 阶矩阵，若 $R(A)=n$，则称 A 为满秩矩阵；若 $R(A)<n$，则称 A 为降秩矩阵.

例如，$A=\begin{pmatrix}1 & 2 & 0 & 4\\0 & 1 & 5 & 2\\0 & 0 & 2 & 0\\0 & 0 & 0 & 1\end{pmatrix}$为 4 阶满秩矩阵.

根据定义 9.21，求矩阵 A 的秩须计算多个行列式的值，当 A 的行、列数较多时，这个计算量是相当大的．为此需探讨求矩阵秩的新途径．下面的定理为求秩提供了新的思路.

定理 9.8 矩阵的初等变换不改变矩阵的秩.

例 9.36 求矩阵 $A=\begin{pmatrix}2 & 1 & 0 & 4\\-1 & 1 & 3 & 4\\-1 & 0 & 1 & 0\\3 & 2 & -1 & 1\end{pmatrix}$的秩.

解 $A=\begin{pmatrix}-1 & 1 & 3 & 4\\2 & 1 & 0 & 4\\-1 & 0 & 1 & 0\\3 & 2 & -1 & 1\end{pmatrix}\to\begin{pmatrix}-1 & 1 & 3 & 4\\0 & 3 & 6 & 12\\0 & -1 & -2 & -4\\0 & 5 & 8 & 13\end{pmatrix}\to\begin{pmatrix}-1 & 1 & 3 & 4\\0 & -1 & -2 & -4\\0 & 5 & 8 & 13\\0 & 3 & 6 & 12\end{pmatrix}\to\begin{pmatrix}-1 & 1 & 3 & 4\\0 & -1 & -2 & -4\\0 & 0 & -2 & 17\\0 & 0 & 0 & 0\end{pmatrix}$

故 $R(A)=3$.

若把矩阵 A 的子矩阵的行列式称为 A 的子行列式，简称子式，则定义 9.21 可以把 $R(A)$ 说成是矩阵 A 的一切非零子式的最高阶数．即若 $R(A)=k$，则 A 至少有一个取非零值的 k 阶子式，而所有的 $k+1$ 阶子式（如果存在的话）的值必为零.

从定义可以看出：

（1）当且仅当 A 为零矩阵时，$R(\boldsymbol{O})=0$.

（2）若发现 A 的一个非零 k 阶子行列式，则必有 $R(A)\geqslant k$．而当 $R(A)=k$ 时，表明 A 至少有一个非零的 k 阶子式，但是并不能说明 A 的所有 k 阶子式都不为零，然而可以断定一切高于 k 阶（如果存在的话）的子式必全为零.

（3）若 A 为 $m\times n$ 型矩阵，则必有

$$R(A)\leqslant\min\{m,n\},\qquad R(A)=R(A^{\mathrm{T}})$$

（4）若 $R(A_{m\times n})\leqslant\min\{m,n\}$，当 $R(A_{m\times n})=m$ 时，称 A 为行满秩矩阵；当 $R(A_{m\times n})=n$ 时，称 A 为列满秩矩阵；当 $R(A_{n\times n})=n$ 时，称 A 为满秩矩阵，$R(A_{n\times n})=n\Leftrightarrow|A|\neq0$，即 A 为可逆矩阵.

9.6 应用举例

投入产出综合平衡模型是一种宏观的经济模型，用于为经济系统（小至一家公司，大到整

个国家乃至国际经济共同体）编制经济计划并研究各种相关的经济政策和问题．这种模型是由美国经济学家里昂惕夫（Leontief）于 1931 年开始研究，并于 1936 年首先发表第一篇研究成果，此后数十年间已经被愈来愈多的国家采用并取得了良好的效果，里昂惕夫本人也因此而获得 1973 年度的诺贝尔经济学奖．

下面结合一个简化了的例子说明一些概念和方法．

设将某城市的煤矿、电厂、地方铁路三个企业作为一个经济系统来考察．可以看出，这个系统具有可以运用投入产出分析法的两个基本特点：

（1）系统的每个部门（现在为企业）都是单一的产品（分别是煤、电、铁路运输能力）；

（2）每个部门都要用系统内各部门的产品来加工或“变换”，生成一定数量的本部门的单一产品．

例如，电厂生产电的时候既要用煤也要用电还要用到一定的铁路运能，所以系统内的每个部门既是生产部门也是消耗部门，将消耗的系统内部产品称为“投入”，生产所得本部门的产品称为“产出”．设已知由下表给出的数据：

		消耗部门		
生		煤矿	电厂	铁路
产	煤矿	0.00	0.40	0.45
部	电厂	0.25	0.05	0.10
门	铁路	0.35	0.10	0.10

应该这样来理解表中的数据，例如，从第 3 列的数据可知，每生产 1 元钱价值的铁路运能要消耗掉 0.45 元价值的煤，消耗掉 0.10 元价值的电，消耗掉 0.10 元价值的铁路运能．

常称这张表为技术投入产出表，表中的元素称为直接消耗系数，由这张表写出的矩阵

$$\boldsymbol{T}=\begin{pmatrix}0.00 & 0.40 & 0.45\\ 0.25 & 0.05 & 0.10\\ 0.35 & 0.10 & 0.10\end{pmatrix}$$

称为直接消耗矩阵，显然，元素 t_{ij} 即为每生产单位价值第 j 种产品所要消耗的第 i 种产品的价值．

现在假设在某一周内，这三个企业收到的订单（系统外部需求）分别是：煤矿得到了 50 000 元的订单，电厂得到了 25 000 元价值的供电要求，而地方铁路得到了价值 30 000 元的运输要求．当然这三个企业为了能生产出满足外部需求的产值，首先要满足系统内部相互的需求以维持正常运行，这样就要问每个企业一周总产出（产值）应该为多少，才能完成收到的订单任务．

由于每个企业的产出既要用于满足系统内部的需求，又要满足外来的订单（外部要求）．设 x_1, x_2, x_3 依次为这三个企业的总产出，则依据技术投入产出表，可以写出

$$\begin{cases}x_1 = 50\,000 \qquad\qquad + 0.40x_2 + 0.45x_3\\ x_2 = 25\,000 + 0.25x_1 + 0.05x_2 + 0.10x_3\\ x_3 = 30\,000 + 0.35x_1 + 0.10x_2 + 0.10x_3\end{cases} \tag{9.2}$$

若引进总产出向量 $\boldsymbol{x}=(x_1, x_2, x_3)^{\mathrm{T}}$ 及最终需求向量 $\boldsymbol{d}=(50\,000, 25\,000, 30\,000)^{\mathrm{T}}$，则利用矩阵运算可以将上述方程组表示为矩阵形式：

$$\boldsymbol{x}=\boldsymbol{d}+\boldsymbol{T}\boldsymbol{x} \tag{9.3}$$

这个方程组常称为分配平衡方程组，即总产出的一部分用于满足订单，另一部分用于运转生产，可以将方程组（3.4）改写为

$$(\boldsymbol{E}-\boldsymbol{T})\boldsymbol{x}=\boldsymbol{d} \tag{9.4}$$

其中 $\boldsymbol{E}$ 为单位矩阵，常称 $\boldsymbol{E}-\boldsymbol{T}$ 为该系统的里昂惕夫矩阵．如果对于任何的外部需求 $\boldsymbol{d}$（其元素均取非负值），方程组（9.4）都有非负解的话，就称这个经济系统为可行的．现有

$$\boldsymbol{E}-\boldsymbol{T}=\begin{pmatrix} 1 & -0.40 & -0.45 \\ -0.25 & 0.95 & -0.10 \\ -0.35 & -0.10 & 0.90 \end{pmatrix}$$

用高斯-若尔当（Gauss-Jordan）消元法可以求出方程组（9.3）或（9.4）的解，即可以得出总产出向量，但是实际上，在不同的计划期间，一个经济系统的直接消耗系数往往有小的变动，而各个企业接到的订单数额也常常不同，所以采用先求出逆矩阵 $(\boldsymbol{E}-\boldsymbol{T})^{-1}$、再求总产出向量的方法更加适宜，可以求得

$$(\boldsymbol{E}-\boldsymbol{T})^{-1}=\begin{pmatrix} 1.456\,58 & 0.698\,13 & 0.805\,86 \\ 0.448\,18 & 1.279\,90 & 0.366\,30 \\ 0.616\,25 & 0.413\,70 & 1.465\,20 \end{pmatrix} \tag{9.5}$$

这样就容易进一步得出总产出向量为

$$\boldsymbol{x}=(\boldsymbol{E}-\boldsymbol{T})^{-1}\boldsymbol{d}=\begin{pmatrix} 1.456\,58 & 0.698\,13 & 0.805\,86 \\ 0.448\,18 & 1.279\,90 & 0.366\,30 \\ 0.616\,25 & 0.413\,70 & 1.465\,20 \end{pmatrix}\begin{pmatrix} 500\,00 \\ 250\,00 \\ 300\,00 \end{pmatrix}=\begin{pmatrix} 114\,458 \\ 65\,395 \\ 85\,111 \end{pmatrix}$$

如果随着经济的增长，外部需求增长成为

$$\overline{\boldsymbol{d}}=\begin{pmatrix} 76\,044 \\ 27\,318 \\ 42\,148 \end{pmatrix}$$

那么相应的总产出向量应该就是 $(\boldsymbol{E}-\boldsymbol{T})\overline{\boldsymbol{x}}=\overline{\boldsymbol{d}}$ 的解，即有

$$\overline{\boldsymbol{x}}=(\boldsymbol{E}-\boldsymbol{T})^{-1}\overline{\boldsymbol{d}}=\begin{pmatrix} 163\,801 \\ 84\,484 \\ 119\,919 \end{pmatrix}$$

其中 $(\boldsymbol{E}-\boldsymbol{T})^{-1}$ 仍为矩阵（9.5）所示，数据的单位均为元．

对于本例，矩阵（9.5）的元素全为非负（称为非负矩阵），故对于每一个非负需求向量 $\boldsymbol{d}$，总产出向量总是非负的，即这个经济系统是可行的．

利用矩阵运算还可以讨论经济系统各企业间的完全消耗系数．事实上，依以上所给出的数据，如每生产价值为 1 元的电要直接消耗 0.40 元的煤、0.05 元的电和 0.10 元的铁路运能，但在这被消耗的 0.05 元的电和 0.10 元的铁路运能中又蕴含着要另外消耗一定数量的煤，这样就有一个要确定每生产 1 元的电到底总共需要消耗多少钱煤的完全消耗系数问题．若以 c_{ij} 表示完全消耗系数，即每生产单位价值（现为 1 元）第 j 种产品时消耗第 i 种产品价值的总量，则可以写出

$$c_{ij}=t_{ij}+c_{i1}t_{1j}+c_{i2}t_{2j}+c_{i3}t_{3j}=t_{ij}+\sum_{k=1}^{3}c_{ik}t_{kj} \quad (i,j=1,2,3)$$

其中 t_{ij} 为直接消耗系数，上式可以用矩阵形式表示为

$$\boldsymbol{C}=\boldsymbol{T}+\boldsymbol{CT} \quad 即 \quad \boldsymbol{C}(\boldsymbol{E}-\boldsymbol{T})=\boldsymbol{T}$$

用里昂惕夫矩阵的逆矩阵 $(\boldsymbol{E}-\boldsymbol{T})^{-1}$ 右乘上式的两边，可得公式

$$\boldsymbol{C}=\boldsymbol{T}(\boldsymbol{E}-\boldsymbol{T})^{-1}=[\boldsymbol{E}-(\boldsymbol{E}-\boldsymbol{T})](\boldsymbol{E}-\boldsymbol{T})^{-1}=(\boldsymbol{E}-\boldsymbol{T})^{-1}-\boldsymbol{E}$$

代入数据，即得

$$\boldsymbol{C}=(\boldsymbol{E}-\boldsymbol{T})^{-1}-\boldsymbol{E}=\begin{pmatrix}1.45658 & 0.69813 & 0.80586\\ 0.44818 & 1.27990 & 0.36630\\ 0.61625 & 0.41370 & 1.46520\end{pmatrix}-\begin{pmatrix}1&0&0\\0&1&0\\0&0&1\end{pmatrix}$$

$$=\begin{pmatrix}0.45658 & 0.69813 & 0.80586\\ 0.44818 & 0.27990 & 0.36630\\ 0.61625 & 0.41370 & 0.46520\end{pmatrix}$$

完全消耗矩阵从更深层次揭示了系统内各企业在生产上的相互依赖关系. 例如，对以上的数据，若企业要扩大煤的生产，每周增加对外供应产值 1 万元的煤，那就不仅需要增产 $0.2(t_{21}\times 1)$万元的电和 $0.35(t_{31}\times 1)$万元铁路运能作为直接消耗，还将有约 0.46 元的煤、0.20 元的电和 0.27 元的铁路运能作为间接消耗，这对于经济系统的计划决策者而言是极其重要的数据，在为某企业或部门扩大生产而进行投资等问题上，要充分考虑其他部门的承受能力.

习 题 9.6

1. 利用分块矩阵的乘法，计算 $\boldsymbol{AB}$:

（1）$\boldsymbol{A}=\begin{pmatrix}\boldsymbol{E}_2 & \boldsymbol{O}\\ \boldsymbol{A}_{21} & \boldsymbol{A}_{22}\end{pmatrix}$，$\boldsymbol{B}=\begin{pmatrix}\boldsymbol{B}_{11} & \boldsymbol{B}_{12}\\ \boldsymbol{E}_2 & \boldsymbol{B}_{22}\end{pmatrix}$，其中

$$\boldsymbol{A}_{21}=\begin{pmatrix}2&0\\-1&1\end{pmatrix},\quad \boldsymbol{A}_{22}=\begin{pmatrix}1&1\\0&1\end{pmatrix},\quad \boldsymbol{B}_{11}=\begin{pmatrix}3&-2\\-2&1\end{pmatrix},\quad \boldsymbol{B}_{12}=\begin{pmatrix}5\\3\end{pmatrix},\quad \boldsymbol{B}_{22}=\begin{pmatrix}-2\\1\end{pmatrix}$$

（2）$\boldsymbol{A}=\begin{pmatrix}\boldsymbol{A}_1\\ \boldsymbol{A}_2\\ \boldsymbol{A}_3\end{pmatrix}$，$\boldsymbol{B}=(\boldsymbol{B}_1,\boldsymbol{B}_2,\boldsymbol{B}_3)$，其中

$$\boldsymbol{A}_1=(-2,-1,2),\quad \boldsymbol{A}_2=(2,-2,1),\quad \boldsymbol{A}_3=(1,2,2),\quad \boldsymbol{B}_1=\begin{pmatrix}-2\\-1\\2\end{pmatrix},\quad \boldsymbol{B}_2=\begin{pmatrix}2\\-2\\1\end{pmatrix},\quad \boldsymbol{B}_3=\begin{pmatrix}1\\2\\2\end{pmatrix}$$

2. 设矩阵 $\boldsymbol{A},\boldsymbol{B}$ 可逆，试证明下列矩阵可逆，并求其逆:

（1）$\begin{pmatrix}\boldsymbol{O} & \boldsymbol{A}\\ \boldsymbol{B} & \boldsymbol{O}\end{pmatrix}$；　　（2）$\begin{pmatrix}\boldsymbol{A} & \boldsymbol{C}\\ \boldsymbol{O} & \boldsymbol{B}\end{pmatrix}$.

3. 设 $\boldsymbol{A}=\begin{pmatrix}1&0&0&0\\ \lambda&1&0&0\\ 0&0&1&\lambda\\ 0&0&0&1\end{pmatrix}$，求 $\boldsymbol{A}^n$ 及 $\boldsymbol{A}^{-1}$.

4. 求下列矩阵的秩：

（1）$\begin{pmatrix} 2 & 2 & -1 \\ 1 & -2 & 4 \\ 5 & 8 & 2 \end{pmatrix}$；　　（2）$\begin{pmatrix} 1 & 2 & 3 \\ 2 & 3 & 1 \\ 3 & 1 & 2 \end{pmatrix}$；

（3）$\begin{pmatrix} 2 & -1 & 1 \\ 4 & -2 & 2 \\ 6 & -3 & 3 \end{pmatrix}$；　　（4）$\begin{pmatrix} 2 & 3 \\ 1 & -1 \\ -1 & 2 \end{pmatrix}$.

5. 用行初等变换法求下列矩阵的逆矩阵：

（1）$\boldsymbol{A}=\begin{pmatrix} 3 & 2 \\ 1 & 4 \end{pmatrix}$；　　（2）$\boldsymbol{A}=\begin{pmatrix} 1 & 1 & 1 \\ 0 & 2 & 2 \\ 0 & 0 & 3 \end{pmatrix}$；

（3）$\boldsymbol{A}=\begin{pmatrix} 1 & 0 & 2 \\ 2 & 1 & 0 \\ 3 & 0 & 1 \end{pmatrix}$；　　（4）$\boldsymbol{A}=\begin{pmatrix} 2 & 2 & 3 \\ 1 & -1 & 0 \\ -1 & 2 & 1 \end{pmatrix}$.

6. 矩阵 $\boldsymbol{A}=\begin{pmatrix} 1 & 2 & -2 & 3 \\ 4 & t & 3 & 12 \\ 3 & -1 & 1 & 9 \end{pmatrix}$，当 t 为何值时，$R(\boldsymbol{A})<3$？

7. 在一个包括三个部门的投入产出模型中，已知直接消耗系数矩阵

$$\boldsymbol{A}=\begin{pmatrix} 0.0109 & 0.1518 & 0.0038 \\ 0.1383 & 0.1822 & 0.0845 \\ 0.0550 & 0.0599 & 0.0647 \end{pmatrix}$$

（1）求 $(\boldsymbol{E}-\boldsymbol{A})^{-1}$；

（2）求完全消耗系数 $\boldsymbol{B}$；

（3）若最终需求矩阵 $\boldsymbol{Y}=(210,540,320)^{\mathrm{T}}$，求总产出 $\boldsymbol{X}$.

第10章　向　　量

10.1　线性方程组的高斯消元法

第 8 章中已经讲述过克拉默法则，它是针对线性方程组中方程个数和未知量个数相等时提出的一个求解线性方程组的方法．尽管克拉默法则及其推论在理论上是重要的，但其只有在系数行列式不等于零时才可以使用，显然具有极大的局限性，当 n 较大时，其计算量相当庞大，很不实用．因此，寻找其他的线性方程组求解方法是必要的．

下面讨论一般的 m 个方程 n 个未知量的线性方程组

$$\begin{cases} a_{11}x_1 + a_{12}x_2 + \cdots + a_{1n}x_n = b_1 \\ a_{21}x_1 + a_{22}x_2 + \cdots + a_{2n}x_n = b_2 \\ \cdots\cdots \\ a_{m1}x_1 + a_{m2}x_2 + \cdots + a_{mn}x_n = b_m \end{cases} \tag{10.1}$$

其中方程的个数 m 可以等于 n，也可以大于或小于 n．当方程组（10.1）的常数项 b_i 全为零时称其为齐次线性方程组；否则称之为非齐次线性方程组．

尽管中学数学中已经有了线性方程组的初步概念，在 8.4 节中亦解过特殊的 n 元线性方程组，但为了讨论线性方程组的一般理论，先对有关线性方程组的概念予以规范仍是十分重要的．

定义 10.1　若将数 $c_1, c_2, \cdots, c_n$ 分别代替方程组（10.1）中的未知量 $x_1, x_2, \cdots, x_n$ 后，方程组（10.1）中的每个方程都成为恒等式，则称

$$x_1 = c_1, x_2 = c_2, \cdots, x_n = c_n$$

为方程组（10.1）的一个解．方程组（10.1）的全体解构成的集合称为方程组的解集．

方程组（10.1）的上述解又可记为

$$\boldsymbol{X} = \begin{pmatrix} c_1 \\ c_2 \\ \vdots \\ c_n \end{pmatrix}$$

解方程组就是要求出方程组的全部解，即求出它的全部解的集合．

定义 10.2　若两个方程组有相同的解集合，则称这两个方程组为同解方程组，或者称两个方程组同解．

借助矩阵工具，方程组（10.1）又可以写成下面的矩阵方程的形式：

$$\boldsymbol{AX} = \boldsymbol{\beta} \tag{10.2}$$

其中

$$A=(a_{ij})_{m\times n}=\begin{pmatrix} a_{11} & a_{12} & \cdots & a_{1n} \\ a_{21} & a_{22} & \cdots & a_{2n} \\ \vdots & \vdots & & \vdots \\ a_{m1} & a_{m2} & \cdots & a_{mn} \end{pmatrix}, \quad X=\begin{pmatrix} x_1 \\ x_2 \\ \vdots \\ x_n \end{pmatrix}, \quad \beta=\begin{pmatrix} b_1 \\ b_2 \\ \vdots \\ b_m \end{pmatrix}$$

显然，线性方程组（10.1）与其系数矩阵 $\boldsymbol{A}$、常数项列矩阵 $\boldsymbol{\beta}$ 互相唯一确定．或者说，线性方程组（10.1）与其增广矩阵

$$\overline{A}=\left(\begin{array}{cccc|c} a_{11} & a_{12} & \cdots & a_{1n} & b_1 \\ a_{21} & a_{22} & \cdots & a_{2n} & b_2 \\ \vdots & \vdots & & \vdots & \vdots \\ a_{m1} & a_{m2} & \cdots & a_{mn} & b_m \end{array}\right)$$

互相唯一确定．

对于一般线性方程组（10.1），首先需要解决的问题是：

（1）方程组是否有解？

（2）如果方程组有解，它有多少个解？如何求出它的全部解？

例 10.1 解线性方程组

$$\begin{cases} 2x_1-x_2-x_3=2 \\ x_1-x_2+2x_3=3 \\ x_1+x_2-x_3=2 \end{cases}$$

解 增广矩阵为

$$\overline{A}=\left(\begin{array}{ccc|c} 2 & -1 & -1 & 2 \\ 1 & -1 & 2 & 3 \\ 1 & 1 & -1 & 2 \end{array}\right)$$

交换前两个方程，得

$$\begin{cases} x_1-x_2+2x_3=3 \\ 2x_1-x_2-x_3=2 \\ x_1+x_2-x_3=2 \end{cases}$$

相应地，增广矩阵为

$$\left(\begin{array}{ccc|c} 1 & -1 & 2 & 3 \\ 2 & -1 & -1 & 2 \\ 1 & 1 & -1 & 2 \end{array}\right)$$

将第一个方程的–2 倍及–1 倍分别加到第二个方程及第三个方程上，得

$$\begin{cases} x_1-x_2+2x_3=3 \\ x_2-5x_3=-4 \\ 2x_2-3x_3=-1 \end{cases} \quad \text{对应矩阵为} \quad \left(\begin{array}{ccc|c} 1 & -1 & 2 & 3 \\ 0 & 1 & -5 & -4 \\ 0 & 2 & -3 & -1 \end{array}\right)$$

将第二个方程的–2 倍加到第三个方程上，再用 $\dfrac{1}{7}$ 同乘第三个方程两边，得

$$\begin{cases} x_1 - x_2 + 2x_3 = 3 \\ \quad\;\; x_2 - 5x_3 = -4 \\ \qquad\quad\;\; x_3 = 1 \end{cases} \quad \text{对应矩阵为} \quad \left(\begin{array}{ccc|c} 1 & -1 & 2 & 3 \\ 0 & 1 & -5 & -4 \\ 0 & 0 & 1 & 1 \end{array}\right)$$

将第三个方程的 5 倍加到第二个方程上，得

$$\begin{cases} x_1 - x_2 + 2x_3 = 3 \\ \quad\;\; x_2 \qquad\; = 1 \\ \qquad\quad\;\; x_3 = 1 \end{cases} \quad \text{对应矩阵为} \quad \left(\begin{array}{ccc|c} 1 & -1 & 2 & 3 \\ 0 & 1 & 0 & 1 \\ 0 & 0 & 1 & 1 \end{array}\right)$$

最后，将第三个方程的–2 倍及第二个方程的 1 倍加到第一个方程上，得

$$\begin{cases} x_1 \qquad\quad = 2 \\ \quad\; x_2 \quad\; = 1 \\ \qquad\; x_3 = 1 \end{cases} \quad \text{对应矩阵为} \quad \left(\begin{array}{ccc|c} 1 & 0 & 0 & 2 \\ 0 & 1 & 0 & 1 \\ 0 & 0 & 1 & 1 \end{array}\right)$$

由初等代数可知，最后一个方程组是原方程组的同解方程组，所以原方程组的解为 $\boldsymbol{X} = (2,1,1)^{\mathrm{T}}$.

上述求解过程表明，解线性方程组的基本步骤是反复地对方程组施行如下三种变换：

（1）将两个方程的位置对调；

（2）以非零常数乘某个方程的两边；

（3）将一个方程的若干倍加到另一个方程上.

称上述三种变换为线性方程组的初等变换．与 9.5 节中介绍的矩阵的初等变换相比较，显然可以得到如下重要结论：对方程组施行的初等变换相当于对方程组的增广矩阵 $\overline{\boldsymbol{A}}$ 所作的行初等变换．那么对于一般的线性方程组而言，上述初等变换会不会改变其解的状况呢？

定理 10.1 线性方程组（10.2）经过初等变换所得的新方程组与原方程组同解.

根据定理 10.1 并注意到 9.5 节中关于任意矩阵都可经过行初等变换化为阶梯形矩阵的结论，显然相应地，线性方程组（10.1）必可经初等变换化为与之同解的阶梯形方程组（即阶梯形矩阵所对应的方程组）.

例 10.2 解线性方程组

$$\begin{cases} 2x_1 - x_2 + 3x_3 = 1 \\ 4x_1 - 2x_2 + 5x_3 = 4 \\ 2x_1 - x_2 + 4x_3 = -1 \\ 6x_1 - 3x_2 + 5x_3 = 11 \end{cases}$$

解 如例 10.1 所示，只需对方程组的增广矩阵 $\overline{\boldsymbol{A}}$ 作行初等变换将其化为阶梯形矩阵：

$$\overline{\boldsymbol{A}} = \left(\begin{array}{ccc|c} 2 & -1 & 3 & 1 \\ 4 & -2 & 5 & 4 \\ 2 & -1 & 4 & -1 \\ 6 & -3 & 5 & 11 \end{array}\right) \xrightarrow{\text{行初等变换}} \left(\begin{array}{ccc|c} 2 & -1 & 0 & 7 \\ 0 & 0 & 1 & -2 \\ 0 & 0 & 0 & 0 \\ 0 & 0 & 0 & 0 \end{array}\right) = \overline{\boldsymbol{A}_1}$$

因矩阵 $\overline{\boldsymbol{A}_1}$ 的第 3 行和第 4 行对应的方程为 $0 = 0$，它们没有为方程组的解提供任何信息，故称之为多余方程，将其去掉得原方程组的同解阶梯形方程组

$$\begin{cases}2x_1 - x_2 \quad = 7 \\ \quad x_3 = -2\end{cases}$$

即

$$\begin{cases}x_1 = \dfrac{1}{2}(7 + x_2) \\ x_3 = -2\end{cases}$$

显然，对于 x_2 的任意取定的值 c 此方程组有解

$$\begin{cases}x_1 = \dfrac{1}{2}(7 + c) \\ x_2 = c \\ x_3 = -2\end{cases} \quad (c\text{ 为任意实数})$$

即原方程组有无穷多个解.

例 10.2 中的方程组的解的这种形式称为方程组的一般解，其中 c 为任意常数. 例 10.2 的一般解又可写为

$$\begin{cases}x_1 = \dfrac{1}{2}(7 + c) \\ x_3 = -2\end{cases} \quad (c\text{ 为任意常数})$$

其中 x_2 称为自由未知量.

例 10.3 解线性方程组

$$\begin{cases}x_1 + 3x_2 - 2x_3 = 4 \\ 3x_1 + 2x_2 - 5x_3 = 11 \\ 2x_1 + x_2 + x_3 = 3 \\ -2x_1 + x_2 + 3x_3 = -6\end{cases}$$

解 $$\overline{A} = \left(\begin{array}{ccc|c}1 & 3 & -2 & 4 \\ 3 & 2 & -5 & 11 \\ 2 & 1 & 1 & 3 \\ -2 & 1 & 3 & -6\end{array}\right) \to \left(\begin{array}{ccc|c}1 & 3 & -2 & 4 \\ 0 & -7 & 1 & -1 \\ 0 & -5 & 5 & -5 \\ 0 & 7 & -1 & 2\end{array}\right) \to \left(\begin{array}{ccc|c}1 & 3 & -2 & 4 \\ 0 & -7 & 1 & -1 \\ 0 & 1 & -1 & 1 \\ 0 & 0 & 0 & 1\end{array}\right)$$

最后得到的阶梯形矩阵对应的阶梯形方程组为

$$\begin{cases}x_1 + 3x_2 - 2x_3 = 4 \\ x_2 - x_3 = 3 \\ -6x_3 = 6 \\ 0 = 1\end{cases}$$

这是一个矛盾方程组，从而原方程组无解.

例 10.4 解线性方程组

$$\begin{cases}x_1 + 3x_2 - 2x_3 = 4 \\ 3x_1 + 2x_2 - 5x_3 = 11 \\ x_1 - 4x_2 - x_3 = 3 \\ -2x_1 + x_2 + 3x_3 = -7\end{cases}$$

解
$$\overline{A}=\left(\begin{array}{ccc:c}1&3&-2&4\\3&2&-5&11\\1&-4&-1&3\\-2&1&3&-7\end{array}\right)\to\left(\begin{array}{ccc:c}1&3&-2&4\\0&-7&1&-1\\0&-7&1&-1\\0&7&-1&1\end{array}\right)\to\left(\begin{array}{ccc:c}1&3&-2&4\\0&-7&1&-1\\0&0&0&0\\0&0&0&0\end{array}\right)$$

最后得到的阶梯形矩阵对应的阶梯形方程组为

$$\begin{cases}x_1+3x_2-2x_3=4\\ \quad -7x_2\ \ +x_3=-1\end{cases}$$

其中原来的第 3 个和第 4 个方程均化为 0 = 0，说明这两个方程为原方程组中的多余方程，不再写出．若将上述方程组改写为

$$\begin{cases}x_1+3x_2=4+2x_3\\ \quad -7x_2=-1-x_3\end{cases}$$

则可以看出：只要任意给定 x_3 的值，即可唯一地确定 x_1，x_2 的值，从而得到原方程组的一个解，因此原方程组有无穷多个解．这时，称未知量 x_3 为自由未知量，称主元对应的变量 x_1，x_2 为主变量．为了使主变量 x_1，x_2 都仅用 x_3 表示，可以将上面已得到的阶梯形矩阵进一步化为行简化阶梯形矩阵，即

$$\overline{A}\to\left(\begin{array}{ccc:c}1&3&-2&4\\0&-7&1&-1\\0&0&0&0\\0&0&0&0\end{array}\right)\to\left(\begin{array}{ccc:c}1&3&-2&4\\0&1&-\frac{1}{7}&\frac{1}{7}\\0&0&0&0\\0&0&0&0\end{array}\right)\to\left(\begin{array}{ccc:c}1&0&-\frac{11}{7}&\frac{25}{7}\\0&1&-\frac{1}{7}&\frac{1}{7}\\0&0&0&0\\0&0&0&0\end{array}\right)=\overline{A_1}$$

得到

$$\begin{cases}x_1=\dfrac{25}{7}+\dfrac{11}{7}x_3\\ x_2=\dfrac{1}{7}+\dfrac{1}{7}x_3\end{cases}$$

令 $x_3=c$，则原方程组的解为

$$\begin{cases}x_1=\dfrac{25}{7}+\dfrac{11}{7}c\\ x_2=\dfrac{1}{7}+\dfrac{1}{7}c\end{cases}\qquad(c\text{ 为任意常数})$$

例 10.1～例 10.4 反映出求解线性方程组可能出现的所有情况，即有唯一解、无解或有无穷多个解．

对于一般的由 m 个方程组成的 n 元线性方程组，也有类似的情况．

定理 10.2 n 元线性方程组 $\boldsymbol{AX}=\boldsymbol{\beta}$ 有解的充要条件是 $R(\boldsymbol{A})=R(\overline{\boldsymbol{A}})$．当 $R(\boldsymbol{A})=R(\overline{\boldsymbol{A}})=r<n$ 时，方程组有无穷多解；当 $R(\boldsymbol{A})=R(\overline{\boldsymbol{A}})=r=n$ 时，方程组有唯一解．

求解线性方程组（10.1）时可分为两步：

（1）用行初等变换将方程组（10.1）增广矩阵 $\overline{\boldsymbol{A}}$ 化为阶梯形矩阵（这一过程称为消元过程），这时即可求出 $R(\boldsymbol{A})$ 和 $R(\overline{\boldsymbol{A}})$，再由定理 10.2 对方程组（10.1）的解的状况作出判断．

（2）若上一步判定方程组（10.1）有解，则继续将 $\overline{\boldsymbol{A}_1}$ 化为行简化阶梯形矩阵（这一过程称

为回代过程），这时即可写出方程组（10.1）的同解方程组，并求出方程组（10.1）的解.

上述解线性方程组的方法通常称为高斯消元法.

例 10.5 对于线性方程组

$$\begin{cases} kx_1 + x_2 + x_3 = 5 \\ 3x_1 + 2x_2 + kx_3 = 18-5k \\ x_2 + 2x_3 = 2 \end{cases}$$

问 k 取何值时方程组有唯一解、有无穷多个解或无解？在有无穷多个解时求出通解.

解 利用行初等变换

$$\overline{A} = \left(\begin{array}{ccc:c} k & 1 & 1 & 5 \\ 3 & 2 & k & 18-5k \\ 0 & 1 & 2 & 2 \end{array}\right) \to \left(\begin{array}{ccc:c} k & 0 & -1 & 3 \\ 3 & 0 & k-4 & 14-5k \\ 0 & 1 & 2 & 2 \end{array}\right) \to \left(\begin{array}{ccc:c} 3 & 0 & k-4 & 14-5k \\ 0 & 1 & 2 & 2 \\ 0 & 0 & \frac{4}{3}k-\frac{1}{3}k^2-1 & \frac{5}{3}k^2-\frac{14}{3}k+3 \end{array}\right)$$

（1）当 $\frac{4}{3}k-\frac{1}{3}k^2-1 \neq 0$，即 $k \neq 1$ 且 $k \neq 3$ 时，$R(\boldsymbol{A}) = R(\overline{\boldsymbol{A}}) = 3 = n$，方程组有唯一确定的解.

（2）当 $k=1$ 时，$\frac{5}{3}k^2-\frac{14}{3}k+3=0$，所以 $R(\boldsymbol{A}) = R(\overline{\boldsymbol{A}}) = 2 < n$，方程组有无穷多个解，其通解中含有 $n-R(\boldsymbol{A}) = 3-2 = 1$ 个任意常数. 此时的方程组等价于

$$\begin{cases} 3x_1 - 3x_3 = 9 \\ x_2 + 2x_3 = 2 \end{cases} \Rightarrow \begin{cases} x_1 - x_3 = 3 \\ x_2 + 2x_3 = 2 \end{cases} \Rightarrow \begin{cases} x_1 = 3 + x_3 \\ x_2 = 2 - 2x_3 \\ x_3 = x_3 \end{cases}$$

设 $x_3 = c$，则

$$\begin{cases} x_1 = 3 + c \\ x_2 = 2 - 2c \\ x_3 = c \end{cases} \quad (c \text{ 为任意常数})$$

（3）当 $k=3$ 时，因为 $R(\boldsymbol{A}) = 2 < 3 = R(\overline{\boldsymbol{A}})$，所以方程组无解.

由定理 10.2 容易得到如下关于齐次线性方程组的定理.

定理 10.3 齐次线性方程组有非零解的充要条件是系数矩阵的秩 $R(\boldsymbol{A})$ 小于未知数的个数 n，且其中任意一个解中都含有 $n-R(\boldsymbol{A})$ 个任意常数.

注：系数矩阵的秩为 $R(\boldsymbol{A})$，说明方程组中只有 $R(\boldsymbol{A})$ 个方程是独立的，即只能确定 $R(\boldsymbol{A})$ 个未知数，而另外 $n-R(\boldsymbol{A})$ 个未知数将变为任意常数.

齐次线性方程组的一般解（含有 $n-R(\boldsymbol{A})$ 个任意常数的解），有时又称为通解.

例 10.6 求下列齐次线性方程组：

（1）$\begin{cases} x_1 + 2x_2 + 4x_3 + x_4 = 0 \\ 2x_1 + 4x_2 + 8x_3 + 2x_4 = 0 \\ 3x_1 + 6x_2 + 2x_3 = 0 \end{cases}$；（2）$\begin{cases} x_1 + 2x_2 + 3x_3 = 0 \\ 3x_1 + 6x_2 + 10x_3 = 0 \\ 2x_1 + 5x_2 + 7x_3 = 0 \\ x_1 + 2x_2 + 4x_3 = 0 \end{cases}$；（3）$\begin{cases} x_1 + 2x_2 + 3x_3 - x_4 = 0 \\ x_1 + 4x_2 + 4x_3 + 3x_4 = 0 \\ 2x_1 + 4x_2 + 6x_3 + 4x_4 = 0 \\ -x_1 - 2x_2 - 3x_3 + 4x_4 = 0 \end{cases}$

解 用行初等变换将系数矩阵化为阶梯形矩阵.

（1）
$$A=\begin{pmatrix}1&2&4&1\\2&4&8&2\\3&6&2&0\end{pmatrix}\to\begin{pmatrix}1&2&4&1\\0&0&0&0\\0&0&-10&-3\end{pmatrix}\to\begin{pmatrix}1&2&4&1\\0&0&-10&-3\\0&0&0&0\end{pmatrix}$$

因为 $R(A)=2$，而 $n=4$，所以方程组有非零解，且通解中含有 $n-R(A)=4-2=2$ 个任意常数．为了求出通解，可以进一步将系数矩阵化简：

$$\begin{pmatrix}1&2&4&1\\0&0&-10&-3\\0&0&0&0\end{pmatrix}\to\begin{pmatrix}1&2&0&-\frac{1}{5}\\0&0&1&\frac{3}{10}\\0&0&0&0\end{pmatrix}$$

矩阵$\begin{pmatrix}1&2&0&-\frac{1}{5}\\0&0&1&\frac{3}{10}\\0&0&0&0\end{pmatrix}$表示一个与原方程组同解的方程组

$$\begin{cases}x_1+2x_2 \qquad -\frac{1}{5}x_4=0\\ \qquad\qquad x_3+\frac{3}{10}x_4=0\end{cases}\Rightarrow\begin{cases}x_1=-2x_2+\frac{1}{5}x_4\\x_2=x_2\\x_3=-\frac{3}{10}x_4\\x_4=x_4\end{cases}$$

若令 $x_2=c_1$， $x_4=c_2$，则方程组的通解可以写为

$$\begin{cases}x_1=-2c_1+\frac{1}{5}c_2\\x_2=c_1\\x_3=-\frac{3}{10}c_2\\x_4=c_2\end{cases}\quad（c_1,c_2\text{ 为任意常数}）$$

（2）
$$A=\begin{pmatrix}1&2&3\\3&6&10\\2&5&7\\1&2&4\end{pmatrix}\to\begin{pmatrix}1&2&3\\0&0&1\\0&1&1\\0&0&1\end{pmatrix}\to\begin{pmatrix}1&2&3\\0&1&1\\0&0&1\\0&0&0\end{pmatrix}$$

因为 $R(A)=3=n$，所以方程组只有平凡解（即零解）．

（3）
$$A=\begin{pmatrix}1&2&3&-1\\1&4&4&3\\2&4&6&4\\-1&-2&-3&4\end{pmatrix}\to\begin{pmatrix}1&2&3&-1\\0&2&1&4\\0&0&0&6\\0&0&0&3\end{pmatrix}\to\begin{pmatrix}1&2&3&-1\\0&2&1&4\\0&0&0&6\\0&0&0&0\end{pmatrix}$$

因为 $R(A)=3<4=n$，所以通解中含有 1 个任意常数．继续将系数矩阵化简：

$$\begin{pmatrix}1&2&3&-1\\0&2&1&4\\0&0&0&6\\0&0&0&0\end{pmatrix}\to\begin{pmatrix}1&0&2&-5\\0&1&\frac{1}{2}&2\\0&0&0&6\\0&0&0&0\end{pmatrix}\to\begin{pmatrix}1&0&2&0\\0&1&\frac{1}{2}&0\\0&0&0&1\\0&0&0&0\end{pmatrix}$$

得一个与原方程组同解的方程组

$$\begin{cases}x_1 \quad +2x_3 \quad =0\\ \quad x_2+\frac{1}{2}x_3 \quad =0\\ \quad\quad x_4=0\end{cases}\Rightarrow\begin{cases}x_1=-2x_3\\x_2=-\frac{1}{2}x_3\\x_3=x_3\\x_4=0\end{cases}$$

若令 $x_3=c$，则原方程组的一般解又可表示为

$$\begin{cases}x_1=-2c\\x_2=-\frac{1}{2}c\\x_3=c\\x_4=0\end{cases}\quad（c\text{ 为任意常数}）$$

习　题　10.1

1. 求解线性方程组：

（1）$\begin{cases}x_1-x_2+2x_3=3,\\x_1+x_2-x_3=2,\\2x_1-x_2-x_3=2;\end{cases}$　　（2）$\begin{cases}x_1-2x_2+3x_3-4x_4=4,\\x_2-x_3+x_4=-3,\\x_1+3x_2-3x_4=2;\end{cases}$

（3）$\begin{cases}x_1+3x_2+5x_3-2x_4=3,\\x_1+5x_2-9x_3+8x_4=1,\\2x_1+7x_2+3x_3+x_4=5,\\5x_1+18x_2+4x_3+5x_4=12.\end{cases}$

2. 当 k 为何值时，齐次线性方程组

$$\begin{cases}2x_1-x_2+3x_3=0\\3x_1-4x_2+7x_3=0\\-x_1+2x_2+kx_3=0\end{cases}$$

有非零解？并求出方程组的解.

10.2　向量的线性相关性

10.2.1　向量的基本概念及线性运算

定义 10.3　n 个有顺序的实数组成的有序数组 $(a_1,a_2,\cdots,a_n)$ 称为 n 维（实）向量，一般用 α,β,γ 等字母表示，即

$$\boldsymbol{\alpha}=(a_1,a_2,\cdots,a_n)$$

称为 n 维行向量，其中 $a_i(i=1,2,\cdots,n)$ 为 $\boldsymbol{\alpha}$ 的第 i 个分量；

$$\boldsymbol{\beta}=\begin{pmatrix}b_1\\b_2\\\vdots\\b_n\end{pmatrix}$$

称为 n 维列向量，其中 $b_i(i=1,2,\cdots,n)$ 为 $\boldsymbol{\beta}$ 的第 i 个分量，显然

$$\boldsymbol{\beta}=(b_1,b_2,\cdots,b_n)^{\mathrm{T}}$$

其实，向量是一类特殊的矩阵，n 维行向量是 $1\times n$ 矩阵，n 维列向量是 $n\times 1$ 矩阵．由此矩阵的相关运算可以用到向量上来．

n 维向量中分量全为零的向量具有特殊的地位，通常称为零向量，记为

$$\mathbf{0}=(0,0,\cdots,0)$$

若 $\boldsymbol{\alpha}=(a_1,a_2,\cdots,a_n)$，则称 $(-a_1,-a_2,\cdots,-a_n)$ 为 $\boldsymbol{\alpha}$ 的负向量，记为 $-\boldsymbol{\alpha}$．

定义 10.4　设 $\boldsymbol{\alpha}=(a_1,a_2,\cdots,a_n)$，$\boldsymbol{\beta}=(b_1,b_2,\cdots,b_n)$ 都是 n 维向量，则

（1）两个向量相等当且仅当它们对应的分量相等，即

$$\boldsymbol{\alpha}=\boldsymbol{\beta}\Leftrightarrow a_i=b_i(i=1,2,\cdots,n)$$

（2）两个向量的和等于两个向量对应的分量之和，即

$$\boldsymbol{\alpha}+\boldsymbol{\beta}=(a_1+b_1,a_2+b_2,\cdots,a_n+b_n)$$

利用负向量可以定义向量的减法：向量 $\boldsymbol{\alpha}$ 与 $\boldsymbol{\beta}$ 的差 $\boldsymbol{\alpha}-\boldsymbol{\beta}$ 定义为 $\boldsymbol{\alpha}+(-\boldsymbol{\beta})$，即

$$\boldsymbol{\alpha}-\boldsymbol{\beta}=(a_1-b_1,a_2-b_2,\cdots,a_n-b_n)$$

（3）数 k 与向量 $\boldsymbol{\alpha}$ 的乘积等于数 k 乘 n 维向量 $\boldsymbol{\alpha}$ 的各个分量，即

$$k\boldsymbol{\alpha}=(ka_1,ka_2,\cdots,ka_n)$$

向量的加法和数乘统称为向量的线性运算．按定义，容易验证向量的线性运算满足下面的运算律（其中 $\boldsymbol{\alpha},\boldsymbol{\beta},\boldsymbol{\gamma}$ 为向量，k,l 为实数）：

（1）加法交换律　$\boldsymbol{\alpha}+\boldsymbol{\beta}=\boldsymbol{\beta}+\boldsymbol{\alpha}$；

（2）加法结合律　$(\boldsymbol{\alpha}+\boldsymbol{\beta})+\boldsymbol{\gamma}=\boldsymbol{\alpha}+(\boldsymbol{\beta}+\boldsymbol{\gamma})$；

（3）$\boldsymbol{\alpha}+\mathbf{0}=\mathbf{0}+\boldsymbol{\alpha}=\boldsymbol{\alpha}$；

（4）$\boldsymbol{\alpha}+(-\boldsymbol{\alpha})=\mathbf{0}$；

（5）$1\cdot\boldsymbol{\alpha}=\boldsymbol{\alpha}$；

（6）$(kl)\boldsymbol{\alpha}=k(l\boldsymbol{\alpha})=l(k\boldsymbol{\alpha})$；

（7）$(k+l)\boldsymbol{\alpha}=k\boldsymbol{\alpha}+l\boldsymbol{\alpha}$；

（8）$k(\boldsymbol{\alpha}+\boldsymbol{\beta})=k\boldsymbol{\alpha}+k\boldsymbol{\beta}$；

例 10.7　设向量 $\boldsymbol{\alpha}=(1,1,0)$，$\boldsymbol{\beta}=(-2,0,1)$，且 $\boldsymbol{\gamma}$ 满足等式 $2\boldsymbol{\alpha}+\boldsymbol{\beta}+3\boldsymbol{\gamma}=\mathbf{0}$，求 $\boldsymbol{\gamma}$．

解　$3\boldsymbol{\gamma}=-2\boldsymbol{\alpha}-\boldsymbol{\beta}$，故

$$\boldsymbol{\gamma}=-\frac{2}{3}\boldsymbol{\alpha}-\frac{1}{3}\boldsymbol{\beta}=\left(-\frac{2}{3},-\frac{2}{3},0\right)+\left(\frac{2}{3},0,-\frac{1}{3}\right)=\left(0,-\frac{2}{3},-\frac{1}{3}\right)$$

通常称定义了上述加法与数乘运算的全体 n 维实向量的集合为 n 维实向量空间，简称 n 维

向量空间，记为$\mathbf{R}^n$．当$n=3$时，$\mathbf{R}^3$就是三维几何空间；当$n=2$时，$\mathbf{R}^2$就是二维几何空间，即平面．

10.2.2 向量的线性表出

定义 10.5 设有n维向量$\boldsymbol{\alpha}_1,\boldsymbol{\alpha}_2,\cdots,\boldsymbol{\alpha}_m,\boldsymbol{\beta}$，若存在一组数$k_1,k_2,\cdots,k_m$使得

$$\boldsymbol{\beta}=k_1\boldsymbol{\alpha}_1+k_2\boldsymbol{\alpha}_2+\cdots+k_m\boldsymbol{\alpha}_m$$

则称向量$\boldsymbol{\beta}$是向量$\boldsymbol{\alpha}_1,\boldsymbol{\alpha}_2,\cdots,\boldsymbol{\alpha}_m$的线性组合，或者称向量$\boldsymbol{\beta}$可由向量$\boldsymbol{\alpha}_1,\boldsymbol{\alpha}_2,\cdots,\boldsymbol{\alpha}_m$线性表示，称$k_1,k_2,\cdots,k_m$为组合系数或表示系数．

例 10.8 设$\boldsymbol{\alpha}_1=(1,0,2,-1)$，$\boldsymbol{\alpha}_2=(3,0,4,1)$，$\boldsymbol{\alpha}_3=(2,0,2,2)$，$\boldsymbol{\beta}=(-1,0,0,-3)$，不难验证

$$\boldsymbol{\beta}=2\boldsymbol{\alpha}_1-\boldsymbol{\alpha}_2+0\cdot\boldsymbol{\alpha}_3 \quad 或 \quad \boldsymbol{\beta}=\boldsymbol{\alpha}_1+0\cdot\boldsymbol{\alpha}_2-\boldsymbol{\alpha}_3$$

即$\boldsymbol{\beta}$是$\boldsymbol{\alpha}_1,\boldsymbol{\alpha}_2,\boldsymbol{\alpha}_3$的线性组合．

例 10.9 设$\boldsymbol{\beta}=(-1,1,5)$，$\boldsymbol{\alpha}_1=(1,2,3)$，$\boldsymbol{\alpha}_2=(0,1,4)$，$\boldsymbol{\alpha}_3=(2,3,6)$，判定向量$\boldsymbol{\beta}$是否可由向量组$\boldsymbol{\alpha}_1,\boldsymbol{\alpha}_2,\boldsymbol{\alpha}_3$线性表示，如果可以，写出它的表达式．

解 设$\boldsymbol{\beta}=k_1\boldsymbol{\alpha}_1+k_1\boldsymbol{\alpha}_2+k_3\boldsymbol{\alpha}_3$，即

$$(-1,1,5)=k_1(1,2,3)+k_2(0,1,4)+k_3(2,3,6)=(k_1+2k_3,2k_1+k_2+3k_3,3k_1+4k_2+6k_3)$$

则由向量相等的定义可得以k_1,k_2,k_3为未知量的线性方程组

$$\begin{cases} k_1 \qquad +2k_3=-1 \\ 2k_1+k_2+3k_3=1 \\ 3k_1+4k_2+6k_3=5 \end{cases}$$

解此方程组得有唯一解

$$\begin{cases} k_1=1 \\ k_2=2 \\ k_3=-1 \end{cases}$$

于是，$\boldsymbol{\beta}$可以表示为$\boldsymbol{\alpha}_1,\boldsymbol{\alpha}_2,\boldsymbol{\alpha}_3$的线性组合，其表示为$\boldsymbol{\beta}=\boldsymbol{\alpha}_1+2\boldsymbol{\alpha}_2-\boldsymbol{\alpha}_3$且表示方法是唯一的．

上述例子表明，向量$\boldsymbol{\beta}$是否可由向量组$\boldsymbol{\alpha}_1,\boldsymbol{\alpha}_2,\cdots,\boldsymbol{\alpha}_m$线性表示的问题可归结为相应线性方程组的求解问题．事实上，借助向量运算可将方程组（10.1）写为下面的向量形式：

$$x_1\boldsymbol{\alpha}_1+x_2\boldsymbol{\alpha}_2+\cdots+x_n\boldsymbol{\alpha}_n=\boldsymbol{\beta} \tag{10.3}$$

其中

$$\boldsymbol{\alpha}_j=\begin{pmatrix} a_{1j} \\ a_{2j} \\ \vdots \\ a_{mj} \end{pmatrix}（j=1,2,\cdots,n），\qquad \boldsymbol{\beta}=\begin{pmatrix} b_1 \\ b_2 \\ \vdots \\ b_m \end{pmatrix}$$

若方程组（10.1）即（10.3）有解，则至少存在$x_1,x_2,\cdots,x_n$的一组数

$$x_1=c_1,x_2=c_2,\cdots,x_n=c_n$$

使得方程组（10.3）成立，这样，m 维向量$\boldsymbol{\beta}$可由$\boldsymbol{\alpha}_1,\boldsymbol{\alpha}_2,\cdots,\boldsymbol{\alpha}_n$线性表示；反之，若$\boldsymbol{\beta}$可由向量组$\boldsymbol{\alpha}_1,\boldsymbol{\alpha}_2,\cdots,\boldsymbol{\alpha}_n$线性表示，例如有

$$c_1\boldsymbol{\alpha}_1+c_2\boldsymbol{\alpha}_2+\cdots+c_n\boldsymbol{\alpha}_n=\boldsymbol{\beta}$$

则

$$x_1 = c_1, x_2 = c_2, \cdots, x_n = c_n$$

是方程组（10.3）即（10.1）的解．因此有下面的定理．

定理 10.4 设 $\boldsymbol{\alpha}_1, \boldsymbol{\alpha}_2, \cdots, \boldsymbol{\alpha}_n, \boldsymbol{\beta}$ 为 m 维向量，则 $\boldsymbol{\beta}$ 可由 $\boldsymbol{\alpha}_1, \boldsymbol{\alpha}_2, \cdots, \boldsymbol{\alpha}_n$ 线性表示的充要条件是方程组（10.1）有解．

关于线性组合，有以下结果：

（1）n 维零向量 $\mathbf{0}$ 是任意 n 维向量组的线性组合：

$$\mathbf{0} = 0\boldsymbol{\alpha}_1 + 0\boldsymbol{\alpha}_2 + \cdots + 0\boldsymbol{\alpha}_m$$

（2）n 维向量组 $\boldsymbol{\alpha}_1, \boldsymbol{\alpha}_2, \cdots, \boldsymbol{\alpha}_m$ 中的任意向量 $\boldsymbol{\alpha}_i (i = 1, 2, \cdots, m)$ 是此 n 维向量组的线性组合：

$$\boldsymbol{\alpha}_i = 0\boldsymbol{\alpha}_1 + ... + 0\boldsymbol{\alpha}_{i-1} + \boldsymbol{\alpha}_i + 0\boldsymbol{\alpha}_{i+1} + \cdots + 0\boldsymbol{\alpha}_m$$

（3）任何一个 n 维向量 $\boldsymbol{\alpha} = (\alpha_1, \alpha_2, \cdots, \alpha_n)^{\mathrm{T}}$ 都可由 n 维基本向量组

$$\boldsymbol{\varepsilon}_1 = \begin{pmatrix} 1 \\ 0 \\ \vdots \\ 0 \end{pmatrix}, \quad \boldsymbol{\varepsilon}_2 = \begin{pmatrix} 0 \\ 1 \\ \vdots \\ 0 \end{pmatrix}, \quad \cdots, \quad \boldsymbol{\varepsilon}_n = \begin{pmatrix} 0 \\ 0 \\ \vdots \\ 1 \end{pmatrix} \tag{10.4}$$

线性表示为

$$\boldsymbol{\alpha} = \alpha_1 \boldsymbol{\varepsilon}_1 + \alpha_2 \boldsymbol{\varepsilon}_2 + \cdots + \alpha_n \boldsymbol{\varepsilon}_n$$

其中线性表示的系数恰是 $\boldsymbol{\alpha}$ 的分量 $\alpha_1, \alpha_2, \cdots, \alpha_n$．

10.2.3 线性相关与线性无关

定义 10.6 对 n 维向量 $\boldsymbol{\alpha}_1, \boldsymbol{\alpha}_2, \cdots, \boldsymbol{\alpha}_n$，若存在不全为零的数 $k_1, k_2, \cdots, k_n$，使得

$$k_1\boldsymbol{\alpha}_1 + k_2\boldsymbol{\alpha}_2 + \cdots + k_n\boldsymbol{\alpha}_n = \mathbf{0} \tag{10.5}$$

成立，则称向量组 $\boldsymbol{\alpha}_1, \boldsymbol{\alpha}_2, \cdots, \boldsymbol{\alpha}_n$ 线性相关；否则称向量组 $\boldsymbol{\alpha}_1, \boldsymbol{\alpha}_2, \cdots, \boldsymbol{\alpha}_n$ 线性无关．

要说明向量组 $\boldsymbol{\alpha}_1, \boldsymbol{\alpha}_2, \cdots, \boldsymbol{\alpha}_n$ 线性相关，只要找到不全为零的数 $k_1, k_2, \cdots, k_n$，使得方程组（10.5）成立即可．因此

（1）含有零向量的向量组线性相关，即

$$1 \cdot \mathbf{0} + 0 \cdot \boldsymbol{\alpha}_2 + \cdots + 0 \cdot \boldsymbol{\alpha}_n = \mathbf{0}$$

（2）含有相等向量（或成比例）的向量组线性相关，设 $\boldsymbol{\alpha}_1 = \boldsymbol{\alpha}_2$，则

$$1 \cdot \boldsymbol{\alpha}_1 + (-1) \cdot \boldsymbol{\alpha}_2 + \cdots + 0 \cdot \boldsymbol{\alpha}_n = \mathbf{0}$$

（3）单个向量 $\boldsymbol{\alpha}$，若 $\boldsymbol{\alpha} = \mathbf{0}$，因 $1 \cdot \boldsymbol{\alpha} = 1 \cdot \mathbf{0} = \mathbf{0}$，故线性相关；若 $\boldsymbol{\alpha} \neq \mathbf{0}$，线性无关．

定理 10.5 n 维向量 $\boldsymbol{\alpha}_1, \boldsymbol{\alpha}_2, \cdots, \boldsymbol{\alpha}_n$ 线性相关（线性无关）的充要条件是齐次线性方程组（10.5）有非零解（仅有零解）．

例 10.10 判别向量组 $\boldsymbol{\alpha}_1 = (1, 1, -2)^{\mathrm{T}}$，$\boldsymbol{\alpha}_2 = (2, 1, 3)^{\mathrm{T}}$，$\boldsymbol{\alpha}_3 = (-3, 1, 1)^{\mathrm{T}}$ 是否线性相关．

解 考察是否存在不全为零的数 k_1, k_2, k_3，使得

$$k_1 \begin{pmatrix} 1 \\ 1 \\ -2 \end{pmatrix} + k_2 \begin{pmatrix} 2 \\ 1 \\ 3 \end{pmatrix} + k_3 \begin{pmatrix} -3 \\ 1 \\ 1 \end{pmatrix} = \begin{pmatrix} 0 \\ 0 \\ 0 \end{pmatrix}$$

解以k_1,k_2,k_3为未知数的齐次线性方程组

$$\begin{cases} k_1+2k_2-3k_3=0 \\ k_1+k_2+k_3=0 \\ -2k_1+3k_2+k_3=0 \end{cases}$$

方程组的系数矩阵

$$\boldsymbol{A}=\begin{pmatrix} 1 & 2 & -3 \\ 1 & 1 & 1 \\ -2 & 3 & 1 \end{pmatrix} \xrightarrow{\text{行初等变换}} \begin{pmatrix} 1 & 0 & 0 \\ 0 & 1 & 0 \\ 0 & 0 & 1 \end{pmatrix}$$

故$R(\boldsymbol{A})=3=n$，所以方程组只有零解，即$k_1=k_2=k_3=0$，从而向量组$\boldsymbol{\alpha}_1,\boldsymbol{\alpha}_2,\boldsymbol{\alpha}_3$线性无关.

推论 10.1 设

$$\boldsymbol{\alpha}_i=\begin{pmatrix} a_{1i} \\ a_{2i} \\ \vdots \\ a_{ni} \end{pmatrix} \quad (i=1,2,\cdots,n)$$

则向量组$\boldsymbol{\alpha}_1,\boldsymbol{\alpha}_2,\cdots,\boldsymbol{\alpha}_n$线性相关的充要条件是$R(\boldsymbol{A})<n$，其中矩阵

$$\boldsymbol{A}=\begin{pmatrix} a_{11} & a_{12} & \dots & a_{1n} \\ a_{21} & a_{22} & \dots & a_{2n} \\ \vdots & \vdots & & \vdots \\ a_{n1} & a_{n2} & \dots & a_{nn} \end{pmatrix}=(\boldsymbol{\alpha}_1,\boldsymbol{\alpha}_2,\cdots,\boldsymbol{\alpha}_n)$$

推论 10.2 n个n维向量$\boldsymbol{\alpha}_1,\boldsymbol{\alpha}_2,\cdots,\boldsymbol{\alpha}_n$线性相关的充要条件是$|\boldsymbol{A}|=0$，其中

$$\boldsymbol{A}=(\boldsymbol{\alpha}_1,\boldsymbol{\alpha}_2,\cdots,\boldsymbol{\alpha}_n)$$

例 10.11 设$\boldsymbol{\alpha}_1,\boldsymbol{\alpha}_2,\boldsymbol{\alpha}_3$线性无关，且有$\boldsymbol{\beta}_1=\boldsymbol{\alpha}_1+\boldsymbol{\alpha}_2$，$\boldsymbol{\beta}_2=\boldsymbol{\alpha}_1+\boldsymbol{\alpha}_3$，$\boldsymbol{\beta}_3=\boldsymbol{\alpha}_2+\boldsymbol{\alpha}_3$，问$\boldsymbol{\beta}_1,\boldsymbol{\beta}_2,\boldsymbol{\beta}_3$是否线性相关？

解 设有一组数k_1,k_2,k_3，使得$k_1\boldsymbol{\alpha}_1+k_2\boldsymbol{\alpha}_2+k_3\boldsymbol{\alpha}_3=\boldsymbol{0}$，即

$$k_1(\boldsymbol{\alpha}_1+\boldsymbol{\alpha}_2)+k_2(\boldsymbol{\alpha}_2+\boldsymbol{\alpha}_3)+k_3(\boldsymbol{\alpha}_2+\boldsymbol{\alpha}_3)=\boldsymbol{0}$$

整理得

$$(k_1+k_2)\boldsymbol{\alpha}_1+(k_1+k_3)\boldsymbol{\alpha}_2+(k_2+k_3)\boldsymbol{\alpha}_3=\boldsymbol{0}$$

因为$\boldsymbol{\alpha}_1,\boldsymbol{\alpha}_2,\boldsymbol{\alpha}_3$线性无关，所以

$$\begin{cases} k_1+k_2=0 \\ k_1+k_3=0 \\ k_2+k_3=0 \end{cases}$$

此方程组的系数行列式$|\boldsymbol{A}|=-2\neq 0$，故只有零解$k_1=k_2=k_3=0$，从而$\boldsymbol{\beta}_1,\boldsymbol{\beta}_2,\boldsymbol{\beta}_3$线性无关.

定理 10.6 向量组$\boldsymbol{\alpha}_1,\boldsymbol{\alpha}_2,\cdots,\boldsymbol{\alpha}_m(m\geqslant 2)$线性相关的充要条件是$\boldsymbol{\alpha}_1,\boldsymbol{\alpha}_2,\cdots,\boldsymbol{\alpha}_m$中至少有一个向量可以表示为其余向量的线性组合.

证 必要性. 设向量组$\boldsymbol{\alpha}_1,\boldsymbol{\alpha}_2,\cdots,\boldsymbol{\alpha}_m$线性相关，由定义 10.5，存在不全为零的数$k_1,k_2,\cdots,k_m$使得

$$k_1\boldsymbol{\alpha}_1+k_2\boldsymbol{\alpha}_2+\cdots+k_m\boldsymbol{\alpha}_m=\boldsymbol{0}$$

若 $k_i \neq 0$，则得到

$$\boldsymbol{\alpha}_i = -\frac{k_1}{k_i}\boldsymbol{\alpha}_1 - \cdots - \frac{k_{i-1}}{k_i}\boldsymbol{\alpha}_{i-1} - \frac{k_{i+1}}{k_i}\boldsymbol{\alpha}_{i+1} - \cdots - \frac{k_m}{k_i}\boldsymbol{\alpha}_m$$

这表明 α_i 可以表示为向量组中其余向量的线性组合.

充分性. 设 $\boldsymbol{\alpha}_1,\boldsymbol{\alpha}_2,\cdots,\boldsymbol{\alpha}_m$ 中有一个向量 $\boldsymbol{\alpha}_j$ 可以表示为其余向量的线性组合，即

$$a_j = l_1\boldsymbol{\alpha}_1 + \cdots + l_{j-1}\boldsymbol{\alpha}_{j-1} + l_{j+1}\boldsymbol{\alpha}_{j+1} + \cdots + l_m\boldsymbol{\alpha}_m$$

其中 $l_1,l_2,\cdots,l_{j-1},l_{j+1},l_{j+2},\cdots,l_m \in \mathbf{R}$. 上式也可写成

$$l_1\boldsymbol{\alpha}_1 + \cdots + l_{j-1}\boldsymbol{\alpha}_{j-1} - \boldsymbol{\alpha}_j + l_{j+1}\boldsymbol{\alpha}_{j+1} + \cdots + l_m\boldsymbol{\alpha}_m = \mathbf{0}$$

其中 $l_1,l_2,\cdots,l_{j-1},l_{j+1},l_{j+2},\cdots,l_m$ 不全为零，从而 $\boldsymbol{\alpha}_1,\boldsymbol{\alpha}_2,\cdots,\boldsymbol{\alpha}_{j-1},\boldsymbol{\alpha}_j,\boldsymbol{\alpha}_{j+1},\cdots,\boldsymbol{\alpha}_m$ 线性相关.

需要注意的是，定理 10.5 中的“有一个”而不是“每一个”. 例如，向量 $\boldsymbol{\alpha}_1=(1,0)^{\mathrm{T}}$，$\boldsymbol{\alpha}_2=(2,0)^{\mathrm{T}}$，$\boldsymbol{\alpha}_3=(0,1)^{\mathrm{T}}$ 显然线性相关，有 $\boldsymbol{\alpha}_2 = 2\boldsymbol{\alpha}_1 + 0\boldsymbol{\alpha}_3$，但 $\boldsymbol{\alpha}_2$ 不能表示为 $\boldsymbol{\alpha}_1,\boldsymbol{\alpha}_2$ 的线性组合.

推论 10.3 $\mathbf{R}^n$ 中的向量组 $\boldsymbol{\alpha}_1,\boldsymbol{\alpha}_2,\cdots,\boldsymbol{\alpha}_m (m \geqslant 2)$ 线性无关的充要条件是向量组 $\boldsymbol{\alpha}_1,\boldsymbol{\alpha}_2,\cdots,\boldsymbol{\alpha}_m$ 中的每一个向量都不能表示为其余向量的线性组合.

定理 10.7 若向量组 $\boldsymbol{\beta}$ 可由向量组 $\boldsymbol{\alpha}_1,\boldsymbol{\alpha}_2,\cdots,\boldsymbol{\alpha}_m$ 线性表出，且 $\boldsymbol{\alpha}_1,\boldsymbol{\alpha}_2,\cdots,\boldsymbol{\alpha}_m$ 线性无关，则表示法唯一；若 $\boldsymbol{\alpha}_1,\boldsymbol{\alpha}_2,\cdots,\boldsymbol{\alpha}_m$ 线性相关，则表示法不唯一. 换句话说，若 $\boldsymbol{\beta}$ 可由向量组 $\boldsymbol{\alpha}_1,\boldsymbol{\alpha}_2,\cdots,\boldsymbol{\alpha}_m$ 线性表出，则表示法唯一的充要条件是向量组 $\boldsymbol{\alpha}_1,\boldsymbol{\alpha}_2,\cdots,\boldsymbol{\alpha}_m$ 线性无关.

证 充分性. 设 $\boldsymbol{\alpha}_1,\boldsymbol{\alpha}_2,\cdots,\boldsymbol{\alpha}_m$ 线性无关，若有两种表示法：

$$\boldsymbol{\beta} = k_1\boldsymbol{\alpha}_1 + k_2\boldsymbol{\alpha}_2 + \cdots + k_m\boldsymbol{\alpha}_m \quad \text{和} \quad \boldsymbol{\beta} = l_1\boldsymbol{\alpha}_1 + l_2\boldsymbol{\alpha}_2 + \cdots + l_m\boldsymbol{\alpha}_m$$

则有

$$k_1\boldsymbol{\alpha}_1 + k_2\boldsymbol{\alpha}_2 + \cdots + k_m\boldsymbol{\alpha}_m = l_1\boldsymbol{\alpha}_1 + l_2\boldsymbol{\alpha}_2 + \cdots + l_m\boldsymbol{\alpha}_m$$

即

$$(k_1 - l_1)\boldsymbol{\alpha}_1 + (k_2 - l_2)\boldsymbol{\alpha}_2 + \cdots + (k_m - l_m)\boldsymbol{\alpha}_m = \mathbf{0}$$

由于 $\boldsymbol{\alpha}_1,\boldsymbol{\alpha}_2,\cdots,\boldsymbol{\alpha}_m$ 线性无关，上式只有当 $k_1 - l_1 = k_2 - l_2 = \cdots = k_m - l_m = 0$ 时才能成立，由此得到

$$k_1 = l_1, k_2 = l_2, \cdots, k_m = l_m$$

说明当 $\boldsymbol{\alpha}_1,\boldsymbol{\alpha}_2,\cdots,\boldsymbol{\alpha}_m$ 线性无关时，$\boldsymbol{\beta}$ 可由向量组 $\boldsymbol{\alpha}_1,\boldsymbol{\alpha}_2,\cdots,\boldsymbol{\alpha}_m$ 线性表出，且表示法唯一.

必要性. 用反证法. 假设 $\boldsymbol{\alpha}_1,\boldsymbol{\alpha}_2,\cdots,\boldsymbol{\alpha}_m$ 线性相关，则存在不全为零的数 $k_1,k_2,\cdots,k_m \in \mathbf{R}$，使得

$$k_1\boldsymbol{\alpha}_1 + k_2\boldsymbol{\alpha}_2 + \cdots + k_m\boldsymbol{\alpha}_m = \mathbf{0}$$

又由于 $\boldsymbol{\beta}$ 可由 $\boldsymbol{\alpha}_1,\boldsymbol{\alpha}_2,\cdots,\boldsymbol{\alpha}_m$ 线性表出，设

$$\boldsymbol{\beta} = l_1\boldsymbol{\alpha}_1 + l_2\boldsymbol{\alpha}_2 + \cdots + l_m\boldsymbol{\alpha}_m$$

其中 $l_1,l_2,\cdots,l_m \in \mathbf{R}$，由上述两式可以得到

$$\boldsymbol{\beta} = (k_1 + l_1)\boldsymbol{\alpha}_1 + (k_2 + l_2)\boldsymbol{\alpha}_2 + \cdots + (k_m + l_m)\boldsymbol{\alpha}_m$$

因 $k_1,k_2,\cdots,k_m$ 不全为零，故 l_1 与 $k_1 + l_1$，l_2 与 $k_2 + l_2$，…，l_m 与 $k_m + l_m$ 必不全相同，说明 $\boldsymbol{\beta}$ 存在由 $\boldsymbol{\alpha}_1,\boldsymbol{\alpha}_2,\cdots,\boldsymbol{\alpha}_m$ 线性表出的两种表示方法，与表示法唯一的条件矛盾. 从而证明了当 $\boldsymbol{\beta}$ 由 $\boldsymbol{\alpha}_1,\boldsymbol{\alpha}_2,\cdots,\boldsymbol{\alpha}_m$ 线性表出的表示法唯一时，向量组 $\boldsymbol{\alpha}_1,\boldsymbol{\alpha}_2,\cdots,\boldsymbol{\alpha}_m$ 一定线性无关.

例 10.12 设向量组 $\boldsymbol{\alpha}_1,\boldsymbol{\alpha}_2,\boldsymbol{\alpha}_3$ 线性相关，$\boldsymbol{\alpha}_2,\boldsymbol{\alpha}_3,\boldsymbol{\alpha}_4$ 线性无关，证明 $\boldsymbol{\alpha}_1$ 能由 $\boldsymbol{\alpha}_2,\boldsymbol{\alpha}_3$ 线性表出.

证 因为向量组 $\boldsymbol{\alpha}_1,\boldsymbol{\alpha}_2,\boldsymbol{\alpha}_3$ 线性相关，所以存在不全为零的数 k_1,k_2,k_3，使得

$$k_1\boldsymbol{\alpha}_1 + k_2\boldsymbol{\alpha}_2 + k_3\boldsymbol{\alpha}_3 = \mathbf{0}$$

若 $k_1 = 0$，则 k_2,k_3 不全为零，且有 $k_2\boldsymbol{\alpha}_2 + k_3\boldsymbol{\alpha}_3 = \mathbf{0}$，即 $\boldsymbol{\alpha}_2,\boldsymbol{\alpha}_3$ 线性相关，这与 $\boldsymbol{\alpha}_2,\boldsymbol{\alpha}_3,\boldsymbol{\alpha}_4$ 线性无关

矛盾，故 $k_1 \neq 0$，于是有

$$\boldsymbol{\alpha}_1 = -\frac{k_2}{k_1}\boldsymbol{\alpha}_2 - \frac{k_3}{k_1}\boldsymbol{\alpha}_3$$

例 10.13 证明：若向量组的一个部分组线性相关，则整个向量组也线性相关（部分相关，则整体相关）.

证 设向量组 $\boldsymbol{\alpha}_1,\boldsymbol{\alpha}_2,\cdots,\boldsymbol{\alpha}_r,\boldsymbol{\alpha}_{r+1},\cdots,\boldsymbol{\alpha}_s$ 的一个部分组，如 $\boldsymbol{\alpha}_1,\boldsymbol{\alpha}_2,\cdots,\boldsymbol{\alpha}_r$ 线性相关，则存在不全为零的 r 个数 $k_1,k_2,\cdots,k_r \in \mathbf{R}$，使得

$$k_1\boldsymbol{\alpha}_1 + k_2\boldsymbol{\alpha}_2 + \cdots + k_r\boldsymbol{\alpha}_r = 0$$

从而得到

$$k_1\boldsymbol{\alpha}_1 + \cdots + k_r\boldsymbol{\alpha}_r + 0\boldsymbol{\alpha}_{r+1} + \cdots + 0\boldsymbol{\alpha}_s = 0$$

由于 $k_1,k_2,\cdots,k_r,0,\cdots,0$ 不全为零，整个向量组 $\boldsymbol{\alpha}_1,\boldsymbol{\alpha}_2,\cdots,\boldsymbol{\alpha}_r,\boldsymbol{\alpha}_{r+1},\cdots,\boldsymbol{\alpha}_s$ 也线性相关.

此例的逆否命题当然同时成立. 若向量组线性无关，则它的任何一个部分组也线性无关（整体无关，则部分无关）.

习 题 10.2

1. 设 $\boldsymbol{\alpha}_1 = (1,1,0,-1)$，$\boldsymbol{\alpha}_2 = (-2,1,0,0)$，$\boldsymbol{\alpha}_3 = (-1,-2,0,1)$，求：

（1）$\boldsymbol{\alpha}_1 + \boldsymbol{\alpha}_2 + \boldsymbol{\alpha}_3$；　　（2）$2\boldsymbol{\alpha}_1 - 3\boldsymbol{\alpha}_2 + 5\boldsymbol{\alpha}_3$.

2. 设 $\boldsymbol{\alpha}_1 = (2,0,1)$，$\boldsymbol{\alpha}_2 = (3,1,-1)$ 满足 $2\boldsymbol{\beta} + 3\boldsymbol{\alpha}_1 = 3\boldsymbol{\beta} + \boldsymbol{\alpha}_2$，求 $\boldsymbol{\beta}$.

3. 已知向量

$$\boldsymbol{\alpha}_1 = \begin{pmatrix} 5 \\ 2 \\ 1 \\ 3 \end{pmatrix}, \quad \boldsymbol{\alpha}_2 = \begin{pmatrix} 10 \\ 1 \\ 5 \\ 10 \end{pmatrix}, \quad \boldsymbol{\alpha}_3 = \begin{pmatrix} 4 \\ 1 \\ -1 \\ 1 \end{pmatrix}$$

满足等式 $3(\boldsymbol{\alpha}_1 - \boldsymbol{\beta}) + 2(\boldsymbol{\alpha}_2 - \boldsymbol{\beta}) - 5(\boldsymbol{\alpha}_3 + \boldsymbol{\beta}) = \mathbf{0}$，求 $\boldsymbol{\beta}$.

4. 下列向量组中的向量 $\boldsymbol{\beta}$ 能否由向量 $\boldsymbol{\alpha}_1,\boldsymbol{\alpha}_2,\boldsymbol{\alpha}_3$ 线性表出，若能表出，试求出它的表达式：

（1）$\boldsymbol{\beta} = (-9,-4,-7)^{\mathrm{T}}$，$\boldsymbol{\alpha}_1 = (1,2,-5)^{\mathrm{T}}$，$\boldsymbol{\alpha}_2 = (2,-1,3)^{\mathrm{T}}$，$\boldsymbol{\alpha}_3 = (3,3,-2)^{\mathrm{T}}$；

（2）$\boldsymbol{\beta} = (2,1,1,1)^{\mathrm{T}}$，$\boldsymbol{\alpha}_1 = (1,2,-1,1)^{\mathrm{T}}$，$\boldsymbol{\alpha}_2 = (1,1,2,2)^{\mathrm{T}}$，$\boldsymbol{\alpha}_3 = (2,3,1,3)^{\mathrm{T}}$.

5. 讨论下列向量组的线性相关性.

（1）$\boldsymbol{\alpha}_1 = (1,-2,0)^{\mathrm{T}}$，$\boldsymbol{\alpha}_2 = (2,1,-2)^{\mathrm{T}}$；

（2）$\boldsymbol{\alpha}_1 = (2,1,3)^{\mathrm{T}}$，$\boldsymbol{\alpha}_2 = (3,-2,5)^{\mathrm{T}}$，$\boldsymbol{\alpha}_3 = (1,4,1)^{\mathrm{T}}$；

（3）$\boldsymbol{\alpha}_1 = (1,2,1,-1)^{\mathrm{T}}$，$\boldsymbol{\alpha}_2 = (2,1,3,-1)^{\mathrm{T}}$，$\boldsymbol{\alpha}_3 = (3,-3,2,-1)^{\mathrm{T}}$.

10.3 向量组的秩

对任意给定的一个 n 维向量组，研究其线性无关部分组最多可以包含多少个向量，在理论及应用上都十分重要. 下面对此进行讨论.

10.3.1 向量组的等价

定义 10.7 设有两个向量组

$$(\text{I})\ \boldsymbol{\alpha}_1,\boldsymbol{\alpha}_2,\cdots,\boldsymbol{\alpha}_n;\qquad (\text{II})\ \boldsymbol{\beta}_1,\boldsymbol{\beta}_2,\cdots,\boldsymbol{\beta}_m$$

若向量组（Ⅰ）的每个向量都可由向量组（Ⅱ）线性表示，则称向量组（Ⅰ）可由向量组（Ⅱ）线性表示；若向量组（Ⅰ）与向量组（Ⅱ）可以相互线性表示，则称向量组（Ⅰ）与向量组（Ⅱ）等价.

等价向量组可记为

$$\{\boldsymbol{\alpha}_1,\boldsymbol{\alpha}_2,\cdots,\boldsymbol{\alpha}_n\}\cong\{\boldsymbol{\beta}_1,\boldsymbol{\beta}_2,\cdots,\boldsymbol{\beta}_m\}$$

例 10.14 设向量$\boldsymbol{\gamma}$可由向量组$\boldsymbol{\alpha}_1,\boldsymbol{\alpha}_2,\boldsymbol{\alpha}_3$线性表示，而向量组$\boldsymbol{\alpha}_1,\boldsymbol{\alpha}_2,\boldsymbol{\alpha}_3$可由向量组$\boldsymbol{\beta}_1,\boldsymbol{\beta}_2$线性表示，证明：向量$\boldsymbol{\gamma}$可由向量组$\boldsymbol{\beta}_1,\boldsymbol{\beta}_2$线性表示.

证 由已知可设$\boldsymbol{\gamma}=l_1\boldsymbol{\alpha}_1+l_2\boldsymbol{\alpha}_2+l_3\boldsymbol{\alpha}_3$，$\boldsymbol{\alpha}_i=k_{i1}\boldsymbol{\beta}_1+k_{i2}\boldsymbol{\beta}_2\ (i=1,2,3)$. 将后式代入前式并整理得

$$\boldsymbol{\gamma}=(l_1k_{11}+l_2k_{21}+l_3k_{31})\boldsymbol{\beta}_1+(l_1k_{12}+l_2k_{22}+l_3k_{32})\boldsymbol{\beta}_2$$

即$\boldsymbol{\gamma}$可由向量组$\boldsymbol{\beta}_1,\boldsymbol{\beta}_2$线性表示.

例 10.14 表明，向量组的线性表示具有传递性，即若向量组（Ⅰ）可由向量组（Ⅱ）线性表示，向量组（Ⅱ）可由向量组（Ⅲ）线性表示，则向量组（Ⅰ）可由向量组（Ⅲ）线性表示.

容易证明，等价向量组具有以下性质：

（1）反身性，即向量组与自身等价；

（2）对称性，即若向量组（Ⅰ）与向量组（Ⅱ）等价，则向量组（Ⅱ）与向量组（Ⅰ）等价；

（3）传递性，即若向量组（Ⅰ）与向量组（Ⅱ）等价，向量组（Ⅱ）与向量组（Ⅲ）等价，则向量组（Ⅰ）与向量组（Ⅲ）等价.

10.3.2 向量组的极大线性无关组

定义 10.8 若一个向量组的部分向量组$\boldsymbol{\alpha}_1,\boldsymbol{\alpha}_2,\cdots,\boldsymbol{\alpha}_m$满足以下两个条件：

（1）$\boldsymbol{\alpha}_1,\boldsymbol{\alpha}_2,\cdots,\boldsymbol{\alpha}_m$线性无关；

（2）将向量组的其余向量（如果有的话）中的任意一个向量添加到$\boldsymbol{\alpha}_1,\boldsymbol{\alpha}_2,\cdots,\boldsymbol{\alpha}_m$中，得到的$m+1$个向量都线性相关（即向量组的其余向量都可以表示为$\boldsymbol{\alpha}_1,\boldsymbol{\alpha}_2,\cdots,\boldsymbol{\alpha}_m$的线性组合).

则称$\boldsymbol{\alpha}_1,\boldsymbol{\alpha}_2,\cdots,\boldsymbol{\alpha}_m$为该向量组的一个极大线性无关组，简称极大无关组.

显然，任何一个含有非零向量的向量组都有极大无关组，而全由零向量组成的向量组没有极大无关组.

由定义 10.8 可以得到关于向量组与极大无关组的下列结论：

（1）任意一个向量组与它的极大无关组（如果有的话）等价；

（2）一个向量组的任意两个极大无关组之间等价；

（3）非零行的首非零元之所在列对应的列向量构成极大无关组.

例 10.15 设$\boldsymbol{\alpha}_1=(1,0,0)^{\mathrm{T}}$，$\boldsymbol{\alpha}_2=(0,1,0)^{\mathrm{T}}$，$\boldsymbol{\alpha}_3=(1,2,0)^{\mathrm{T}}$. 显然部分组$\boldsymbol{\alpha}_1,\boldsymbol{\alpha}_2$线性无关，且有

$$\boldsymbol{\alpha}_1=1\cdot\boldsymbol{\alpha}_1+0\cdot\boldsymbol{\alpha}_2,\quad \boldsymbol{\alpha}_2=0\cdot\boldsymbol{\alpha}_1+1\cdot\boldsymbol{\alpha}_2,\quad \boldsymbol{\alpha}_3=1\cdot\boldsymbol{\alpha}_1+2\cdot\boldsymbol{\alpha}_2$$

即$\boldsymbol{\alpha}_1,\boldsymbol{\alpha}_2,\boldsymbol{\alpha}_3$中的任一向量都可由$\boldsymbol{\alpha}_1,\boldsymbol{\alpha}_2$线性表示，所以部分组$\boldsymbol{\alpha}_1,\boldsymbol{\alpha}_2$是向量组$\boldsymbol{\alpha}_1,\boldsymbol{\alpha}_2,\boldsymbol{\alpha}_3$的一个极大无关组.

定理 10.8 若向量组$\boldsymbol{\alpha}_1,\boldsymbol{\alpha}_2,\cdots,\boldsymbol{\alpha}_s$可由向量组$\boldsymbol{\beta}_1,\boldsymbol{\beta}_2,\cdots,\boldsymbol{\beta}_t$线性表示，且$s>t$，则向量组$\boldsymbol{\alpha}_1,\boldsymbol{\alpha}_2,\cdots,\boldsymbol{\alpha}_s$线性相关.

证 要证明$\boldsymbol{\alpha}_1,\boldsymbol{\alpha}_2,\cdots,\boldsymbol{\alpha}_s$线性相关，只需证明一定存在一组不全为零的常数$k_1,k_2,\cdots,k_s$，使得$k_1\boldsymbol{\alpha}_1+k_2\boldsymbol{\alpha}_2+,\cdots,+k_s\boldsymbol{\alpha}_s=\boldsymbol{0}$成立，为此，考虑$\boldsymbol{\alpha}_1,\boldsymbol{\alpha}_2,\cdots,\boldsymbol{\alpha}_s$的线性组合

$$x_1\boldsymbol{\alpha}_1+x_2\boldsymbol{\alpha}_2+\cdots+x_s\boldsymbol{\alpha}_s \tag{10.6}$$

由已知条件$\boldsymbol{\alpha}_1,\boldsymbol{\alpha}_2,\cdots,\boldsymbol{\alpha}_s$可由$\boldsymbol{\beta}_1,\boldsymbol{\beta}_2,\cdots,\boldsymbol{\beta}_t$线性表出，可设

$$\begin{aligned}\boldsymbol{\alpha}_1&=a_{11}\boldsymbol{\beta}_1+a_{21}\boldsymbol{\beta}_2+\cdots+a_{t1}\boldsymbol{\beta}_t\\\boldsymbol{\alpha}_2&=a_{12}\boldsymbol{\beta}_1+a_{22}\boldsymbol{\beta}_2+\cdots+a_{t2}\boldsymbol{\beta}_t\\&\cdots\cdots\\\boldsymbol{\alpha}_s&=a_{1s}\boldsymbol{\beta}_1+a_{2s}\boldsymbol{\beta}_2+\cdots+a_{ts}\boldsymbol{\beta}_t\end{aligned}$$

代入线性组合（10.6），有

$$\begin{aligned}x_1\boldsymbol{\alpha}_1+x_2\boldsymbol{\alpha}_2+\cdots+x_s\boldsymbol{\alpha}_s&=x_1(a_{11}\boldsymbol{\beta}_1+a_{21}\boldsymbol{\beta}_2+\cdots+a_{t1}\boldsymbol{\beta}_t)+x_2(a_{12}\boldsymbol{\beta}_1+a_{22}\boldsymbol{\beta}_2+\cdots+a_{t2}\boldsymbol{\beta}_t)+\cdots\\&\quad+x_s(a_{1s}\boldsymbol{\beta}_1+a_{2s}\boldsymbol{\beta}_2+\cdots+a_{ts}\boldsymbol{\beta}_t)\\&=(a_{11}x_1+a_{12}x_2+\cdots+a_{1s}x_s)\boldsymbol{\beta}_1+(a_{21}x_1+a_{22}x_2+\cdots+a_{2s}x_s)\boldsymbol{\beta}_2+\cdots\\&\quad+(a_{t1}x_1+a_{t2}x_2+\cdots+a_{ts}x_s)\boldsymbol{\beta}_t\end{aligned} \tag{10.7}$$

令方程组（10.7）中$\boldsymbol{\beta}_1,\boldsymbol{\beta}_2,\cdots,\boldsymbol{\beta}_t$的系数都为零，得到以下$s$元齐次线性方程组：

$$\begin{cases}a_{11}x_1+a_{12}x_2+\cdots+a_{1s}x_s=0\\a_{21}x_1+a_{22}x_2+\cdots+a_{2s}x_s=0\\\cdots\cdots\\a_{t1}x_1+a_{t2}x_2+\cdots+a_{ts}x_s=0\end{cases} \tag{10.8}$$

由已知条件$t<s$，即此方程组方程的个数t少于未知量的个数s，必存在非零解，令$x_1=k_1,x_2=k_2,\cdots,x_s=k_s$为其一个非零解，则由方程组（10.5）～（10.7）有

$$\begin{aligned}k_1\boldsymbol{\alpha}_1+k_2\boldsymbol{\alpha}_2+\cdots+k_s\boldsymbol{\alpha}_s&=(a_{11}k_1+a_{12}k_2+\cdots+a_{1s}k_s)\boldsymbol{\beta}_1+(a_{21}k_1+a_{22}k_2+\cdots+a_{2s}k_s)\boldsymbol{\beta}_2+\cdots\\&\quad+(a_{t1}k_1+a_{t2}k_2+\cdots+a_{ts}k_s)\boldsymbol{\beta}_t\\&=0\boldsymbol{\beta}_1+0\boldsymbol{\beta}_2+\cdots+0\boldsymbol{\beta}_t\end{aligned}$$

即存在不全为零的数$k_1,k_2,\cdots,k_s$，使得

$$k_1\boldsymbol{\alpha}_1+k_2\boldsymbol{\alpha}_2+\cdots+k_s\boldsymbol{\alpha}_s=\boldsymbol{0}$$

从而，向量组$\boldsymbol{\alpha}_1,\boldsymbol{\alpha}_2,\cdots,\boldsymbol{\alpha}_s$线性相关.

由定理 10.7 可以得到以下推论.

推论 10.4 若向量组$\boldsymbol{\alpha}_1,\boldsymbol{\alpha}_2,\cdots,\boldsymbol{\alpha}_s$线性无关，并且可由向量组$\boldsymbol{\beta}_1,\boldsymbol{\beta}_2,\cdots,\boldsymbol{\beta}_t$线性表出，则$s\leqslant t$.

显然，这个推论是定理 10.7 的逆否命题.

推论 10.5 两个线性无关的等价向量组必含有相同数量的向量.

推论 10.6 一个向量组的任意两个极大无关组所含的向量个数相同.

证 向量组$\boldsymbol{\alpha}_1,\boldsymbol{\alpha}_2,\cdots,\boldsymbol{\alpha}_s$的两个极大无关组分别为

$$\boldsymbol{\alpha}_{i1},\boldsymbol{\alpha}_{i2},\cdots,\boldsymbol{\alpha}_{ir}\quad 和 \quad\boldsymbol{\alpha}_{j1},\boldsymbol{\alpha}_{j2},\cdots,\boldsymbol{\alpha}_{jp}$$

由定理 10.7 及推论 10.4 知

$$\{\boldsymbol{\alpha}_{i1},\boldsymbol{\alpha}_{i2},\cdots,\boldsymbol{\alpha}_{ir}\}\cong\{\boldsymbol{\alpha}_{j1},\boldsymbol{\alpha}_{j2},\cdots,\boldsymbol{\alpha}_{jp}\}$$

再由定理 10.7 的推论 10.5 即可得到$r=p$.

10.3.3 向量组的秩与矩阵的秩的关系

第 9 章介绍了矩阵的秩的概念，那么矩阵的秩与向量组的秩之间有什么关系呢？下面讨论这个问题.

定义 10.9 向量组 $(\boldsymbol{\alpha}_1,\boldsymbol{\alpha}_2,\cdots,\boldsymbol{\alpha}_m)$ 的一个极大无关组所含向量的个数称为向量组的秩，记为

$$R(\boldsymbol{\alpha}_1,\boldsymbol{\alpha}_2,\cdots,\boldsymbol{\alpha}_m)$$

由于全由零向量组成的向量组没有极大无关组，规定其秩为零.

显然，对任意含有非零向量的向量组 $\boldsymbol{\alpha}_1,\boldsymbol{\alpha}_2,\cdots,\boldsymbol{\alpha}_m$，有

$$0 < R(\boldsymbol{\alpha}_1,\boldsymbol{\alpha}_2,\cdots,\boldsymbol{\alpha}_m) \leqslant m$$

其中等号当且仅当向量组 $\boldsymbol{\alpha}_1,\boldsymbol{\alpha}_2,\cdots,\boldsymbol{\alpha}_m$ 线性无关时成立.

利用向量组的秩的定义可得以下推论.

推论 10.7 等价的向量组必有相同的秩.

注：等秩向量组不一定等价.

推论 10.8 若向量组 $\boldsymbol{\alpha}_1,\boldsymbol{\alpha}_2,\cdots,\boldsymbol{\alpha}_n$ 可由向量组 $\boldsymbol{\beta}_1,\boldsymbol{\beta}_2,\cdots,\boldsymbol{\beta}_m$ 线性表示，则

$$R(\boldsymbol{\alpha}_1,\boldsymbol{\alpha}_2,\cdots,\boldsymbol{\alpha}_n) \leqslant R(\boldsymbol{\beta}_1,\boldsymbol{\beta}_2,\cdots,\boldsymbol{\beta}_m)$$

证 设 $R(\boldsymbol{\alpha}_1,\boldsymbol{\alpha}_2,\cdots,\boldsymbol{\alpha}_n)=r_1$，$R(\boldsymbol{\beta}_1,\boldsymbol{\beta}_2,\cdots,\boldsymbol{\beta}_m)=r_2$，且不妨设 $\boldsymbol{\alpha}_1,\boldsymbol{\alpha}_2,\cdots,\boldsymbol{\alpha}_{r_1}$ 与 $\boldsymbol{\beta}_1,\boldsymbol{\beta}_2,\cdots,\boldsymbol{\beta}_{r_2}$ 分别为向量组 $\boldsymbol{\alpha}_1,\boldsymbol{\alpha}_2,\cdots,\boldsymbol{\alpha}_n$ 和 $\boldsymbol{\beta}_1,\boldsymbol{\beta}_2,\cdots,\boldsymbol{\beta}_m$ 的一个极大无关组，则由向量组与它的极大无关组等价知

$$\{\boldsymbol{\alpha}_1,\boldsymbol{\alpha}_2,\cdots,\boldsymbol{\alpha}_{r_1}\} \cong \{\boldsymbol{\beta}_1,\boldsymbol{\beta}_2,\cdots,\boldsymbol{\beta}_{r_2}\} \quad 且 \quad \{\boldsymbol{\beta}_1,\boldsymbol{\beta}_2,\cdots,\boldsymbol{\beta}_m\} \cong \{\boldsymbol{\beta}_1,\boldsymbol{\beta}_2,\cdots,\boldsymbol{\beta}_{r_2}\}$$

因此，当向量组 $\boldsymbol{\alpha}_1,\boldsymbol{\alpha}_2,\cdots,\boldsymbol{\alpha}_n$ 可由向量组 $\boldsymbol{\beta}_1,\boldsymbol{\beta}_2,\cdots,\boldsymbol{\beta}_m$ 线性表出时，由线性表出的传递性，$\boldsymbol{\alpha}_1,\boldsymbol{\alpha}_2,\cdots,\boldsymbol{\alpha}_{r_1}$ 必可由 $\boldsymbol{\beta}_1,\boldsymbol{\beta}_2,\cdots,\boldsymbol{\beta}_{r_2}$ 线性表出．又 $\boldsymbol{\alpha}_1,\boldsymbol{\alpha}_2,\cdots,\boldsymbol{\alpha}_{r_1}$ 线性无关，由定理 10.7 的推论 10.4 可推出 $r_1 \leqslant r_2$，即

$$R(\boldsymbol{\alpha}_1,\boldsymbol{\alpha}_2,\cdots,\boldsymbol{\alpha}_n) \leqslant R(\boldsymbol{\beta}_1,\boldsymbol{\beta}_2,\cdots,\boldsymbol{\beta}_m)$$

定理 10.9 设 $\boldsymbol{A}$ 为 $m\times n$ 阶矩阵，则 $\boldsymbol{A}$ 的列向量组 $\boldsymbol{\alpha}_1,\boldsymbol{\alpha}_2,\cdots,\boldsymbol{\alpha}_n$ 的秩等于矩阵 $\boldsymbol{A}$ 的秩.

对于一个 $m\times n$ 阶矩阵 $\boldsymbol{A}$，将 $\boldsymbol{A}$ 按行分块，$\boldsymbol{A}$ 的每一行称为 $\boldsymbol{A}$ 的一个行向量，显然，$\boldsymbol{A}$ 的行向量组的秩小于等于 m；将 $\boldsymbol{A}$ 按列分块，$\boldsymbol{A}$ 的每一列称为 $\boldsymbol{A}$ 的列向量，显然，$\boldsymbol{A}$ 的列向量组的秩小于等于 n，即

$$\boldsymbol{A}=\begin{pmatrix}\boldsymbol{\alpha}_1\\ \boldsymbol{\alpha}_2\\ \vdots\\ \boldsymbol{\alpha}_m\end{pmatrix}=(\boldsymbol{\beta}_1,\boldsymbol{\beta}_2,\cdots,\boldsymbol{\beta}_n)$$

$R(\boldsymbol{\alpha}_1,\boldsymbol{\alpha}_2,\cdots,\boldsymbol{\alpha}_m)$ 称为 $\boldsymbol{A}$ 的行（向量组的）秩，且 $R(\boldsymbol{\alpha}_1,\boldsymbol{\alpha}_2,\cdots,\boldsymbol{\alpha}_m)\leqslant m$；$R(\boldsymbol{\beta}_1,\boldsymbol{\beta}_2,\cdots,\boldsymbol{\beta}_n)$ 称为 $\boldsymbol{A}$ 的列（向量组的）秩，且 $R(\boldsymbol{\beta}_1,\boldsymbol{\beta}_2,\cdots,\boldsymbol{\beta}_n)\leqslant n$．并且有

$$R(\boldsymbol{A})=\boldsymbol{A}\text{的列秩}=\boldsymbol{A}\text{的行秩}$$

初等变换不改变矩阵的秩，所以有下面的推论.

推论 10.9 初等变换不改变矩阵的行秩与列秩.

例 10.16 设有向量

$$\boldsymbol{\alpha}_1=\begin{pmatrix}1\\4\\1\\0\end{pmatrix},\quad \boldsymbol{\alpha}_2=\begin{pmatrix}2\\9\\-1\\-3\end{pmatrix},\quad \boldsymbol{\alpha}_3=\begin{pmatrix}1\\0\\-3\\-1\end{pmatrix},\quad \boldsymbol{\alpha}_4=\begin{pmatrix}3\\10\\-7\\-7\end{pmatrix}$$

求此向量组的秩和它的一个极大线性无关组，并将其余向量用极大无关组线性表示.

解 构造矩阵 $\boldsymbol{A}=(\boldsymbol{\alpha}_1,\boldsymbol{\alpha}_2,\boldsymbol{\alpha}_3,\boldsymbol{\alpha}_4)$，对 $\boldsymbol{A}$ 作行初等变换将其化为行简化阶梯形矩阵，即

$$\boldsymbol{A}=\begin{pmatrix}1&2&1&3\\4&9&0&10\\1&-1&-3&-7\\0&-3&-1&-7\end{pmatrix}\xrightarrow{\text{行初等变换}}\begin{pmatrix}1&0&0&-2\\0&1&0&2\\0&0&1&1\\0&0&0&0\end{pmatrix}=\boldsymbol{B}$$

显然，$R(\boldsymbol{A})=R(\boldsymbol{B})=3$，所以 $R(\boldsymbol{\alpha}_1,\boldsymbol{\alpha}_2,\boldsymbol{\alpha}_3,\boldsymbol{\alpha}_4)=3$.

记 $B=(\boldsymbol{\beta}_1,\boldsymbol{\beta}_2,\boldsymbol{\beta}_3,\boldsymbol{\beta}_4)$，显然 $\boldsymbol{\beta}_1,\boldsymbol{\beta}_2,\boldsymbol{\beta}_3$ 是 $\boldsymbol{B}$ 的列向量组的一个极大无关组，且有

$$\boldsymbol{\beta}_4=-2\boldsymbol{\beta}_1+2\boldsymbol{\beta}_2+\boldsymbol{\beta}_3$$

所以 $\boldsymbol{\alpha}_1,\boldsymbol{\alpha}_2,\boldsymbol{\alpha}_3$ 是 $\boldsymbol{A}$ 的一个极大线性无关组，且有

$$\boldsymbol{\alpha}_4=-2\boldsymbol{\alpha}_1+2\boldsymbol{\alpha}_2+\boldsymbol{\alpha}_3$$

例 10.17 设阶梯形矩阵

$$\boldsymbol{A}=\begin{pmatrix}1&-1&2&1&3\\0&1&-1&-2&2\\0&0&0&1&1\\0&0&0&0&0\end{pmatrix}$$

（1）求 $\boldsymbol{A}$ 的行向量组的极大无关组，$\boldsymbol{A}$ 的行秩，将其余向量由极大无关组线性表出；

（2）求 $\boldsymbol{A}$ 的列向量组的极大无关组，$\boldsymbol{A}$ 的列秩，将其余向量由极大无关组线性表出；

（3）求 $R(\boldsymbol{A})$.

解 $\boldsymbol{\alpha}_1=(1,-1,2,1,3),\quad \boldsymbol{\alpha}_2=(0,1,-1,-2,2),\quad \boldsymbol{\alpha}_3=(0,0,0,1,1),\quad \boldsymbol{\alpha}_4=(0,0,0,0,0)$

$\boldsymbol{\beta}_1=(1,0,0,0)^{\mathrm{T}},\quad \boldsymbol{\beta}_2=(-1,1,0,0)^{\mathrm{T}},\quad \boldsymbol{\beta}_3=(2,-1,0,0)^{\mathrm{T}},\quad \boldsymbol{\beta}_4=(1,-2,1,0)^{\mathrm{T}},\quad \boldsymbol{\beta}_5=(3,2,1,0)^{\mathrm{T}}$

（1）因 $\boldsymbol{\alpha}_1x_1+\boldsymbol{\alpha}_2x_2+\boldsymbol{\alpha}_3x_3=\boldsymbol{0}$ 只有零解，$\boldsymbol{\alpha}_1,\boldsymbol{\alpha}_2,\boldsymbol{\alpha}_3$ 线性无关，而 $\boldsymbol{\alpha}_1,\boldsymbol{\alpha}_2,\boldsymbol{\alpha}_3,\boldsymbol{\alpha}_4$ 线性相关，故 $\boldsymbol{\alpha}_1,\boldsymbol{\alpha}_2,\boldsymbol{\alpha}_3$ 是行向量组 $\boldsymbol{\alpha}_1,\boldsymbol{\alpha}_2,\boldsymbol{\alpha}_3,\boldsymbol{\alpha}_4$ 的极大线性无关组，并且有

$$R(\boldsymbol{\alpha}_1,\boldsymbol{\alpha}_2,\boldsymbol{\alpha}_3,\boldsymbol{\alpha}_4)=3,\qquad \boldsymbol{\alpha}_4=0\boldsymbol{\alpha}_1+0\boldsymbol{\alpha}_2+0\boldsymbol{\alpha}_3$$

（2）因 $\boldsymbol{\beta}_1x_1+\boldsymbol{\beta}_2x_2+\boldsymbol{\beta}_4x_3=\boldsymbol{0}$ 只有零解，$\boldsymbol{\beta}_1,\boldsymbol{\beta}_2,\boldsymbol{\beta}_4$ 线性无关，而 $\boldsymbol{\beta}_1,\boldsymbol{\beta}_2,\boldsymbol{\beta}_3,\boldsymbol{\beta}_4$ 及 $\boldsymbol{\beta}_1,\boldsymbol{\beta}_2,\boldsymbol{\beta}_4,\boldsymbol{\beta}_5$ 线性相关，故 $\boldsymbol{\beta}_1,\boldsymbol{\beta}_2,\boldsymbol{\beta}_4$ 是列向量组 $\boldsymbol{\beta}_1,\boldsymbol{\beta}_2,\boldsymbol{\beta}_3,\boldsymbol{\beta}_4,\boldsymbol{\beta}_5$ 的极大线性无关组，且 $R(\boldsymbol{\beta}_1,\boldsymbol{\beta}_2,\boldsymbol{\beta}_3,\boldsymbol{\beta}_4,\boldsymbol{\beta}_5)=3$.

又 $\boldsymbol{\beta}_1x_1+\boldsymbol{\beta}_2x_2+\boldsymbol{\beta}_4x_3=\boldsymbol{\beta}_3$ 有解(1, −1, 0)，故 $\boldsymbol{\beta}_3=\boldsymbol{\beta}_1-\boldsymbol{\beta}_2+0\boldsymbol{\beta}_4$；

$\boldsymbol{\beta}_1x_1+\boldsymbol{\beta}_2x_2+\boldsymbol{\beta}_4x_3=\boldsymbol{\beta}_5$ 有解(6, 4, 1)，故 $\boldsymbol{\beta}_5=6\boldsymbol{\beta}_1+4\boldsymbol{\beta}_2+\boldsymbol{\beta}_4$.

（3）因 3 阶子式

$$\begin{vmatrix}1&-1&1\\0&1&-2\\0&0&1\end{vmatrix}=1\neq 0$$

$\boldsymbol{A}$ 中任何 4 阶子式均为零，故 $R(\boldsymbol{A})=3$.

由例 10.17 可知，阶梯形矩阵有行秩 = 列秩 = 矩阵 $\boldsymbol{A}$ 的秩 = 非零行的行数，则有如下定理.

定理 10.10 对矩阵 $\boldsymbol{A}$ 作行初等变换得 $\boldsymbol{B}$，则 $\boldsymbol{A}$ 和 $\boldsymbol{B}$ 的任何对应的列向量组具有相同的线性相关性.

定理 10.11 （1）初等变换不改变矩阵 $\boldsymbol{A}$ 的行秩、列秩及 $\boldsymbol{A}$ 的（行列式）秩（$\boldsymbol{A}$ 的最大的不为零的子式的阶数）；

（2）$\boldsymbol{A}$ 的行秩 = $\boldsymbol{A}$ 的列秩 = $\boldsymbol{A}$ 的（行列式）秩，简称三秩相等. 三秩相等是因为将 $\boldsymbol{A}$ 经初等变换化为阶梯形矩阵或等价标准形时，其行秩、列秩与行列式秩是一样的.

习 题 10.3

1. 证明向量组的等价关系具有：（1）反身性；（2）对称性；（3）传递性.

2. 求下列向量组的一个极大无关组，并把其余向量由此极大线性无关组线性表示：

（1）$\boldsymbol{\alpha}_1=\begin{pmatrix}1\\0\\0\end{pmatrix}$，$\boldsymbol{\alpha}_2=\begin{pmatrix}1\\-1\\2\end{pmatrix}$，$\boldsymbol{\alpha}_3=\begin{pmatrix}1\\0\\-1\end{pmatrix}$，$\boldsymbol{\alpha}_4=\begin{pmatrix}-1\\1\\0\end{pmatrix}$；（2）$\boldsymbol{\alpha}_1=\begin{pmatrix}1\\0\\1\\2\end{pmatrix}$，$\boldsymbol{\alpha}_2=\begin{pmatrix}1\\-1\\0\\1\end{pmatrix}$，$\boldsymbol{\alpha}_3=\begin{pmatrix}2\\-1\\1\\3\end{pmatrix}$；

（3）$\boldsymbol{\alpha}_1=\begin{pmatrix}1\\3\\4\\-2\end{pmatrix}$，$\boldsymbol{\alpha}_2=\begin{pmatrix}2\\1\\3\\-1\end{pmatrix}$，$\boldsymbol{\alpha}_3=\begin{pmatrix}3\\-1\\2\\0\end{pmatrix}$，$\boldsymbol{\alpha}_4=\begin{pmatrix}4\\-3\\1\\1\end{pmatrix}$.

3. 求下列向量组的极大无关组与秩：

（1）$\boldsymbol{\alpha}_1=\begin{pmatrix}6\\4\\1\\-1\\2\end{pmatrix}$，$\boldsymbol{\alpha}_2=\begin{pmatrix}7\\1\\0\\-1\\3\end{pmatrix}$，$\boldsymbol{\alpha}_3=\begin{pmatrix}1\\4\\-9\\-16\\22\end{pmatrix}$，$\boldsymbol{\alpha}_4=\begin{pmatrix}1\\0\\2\\3\\-4\end{pmatrix}$；

（2）$\boldsymbol{\alpha}_1=\begin{pmatrix}0\\0\\1\\1\end{pmatrix}$，$\boldsymbol{\alpha}_2=\begin{pmatrix}1\\2\\3\\0\end{pmatrix}$，$\boldsymbol{\alpha}_3=\begin{pmatrix}-1\\-2\\0\\3\end{pmatrix}$，$\boldsymbol{\alpha}_4=\begin{pmatrix}2\\4\\6\\0\end{pmatrix}$，$\boldsymbol{\alpha}_5=\begin{pmatrix}1\\-2\\-1\\0\end{pmatrix}$；

（3）$\boldsymbol{\alpha}_1=\begin{pmatrix}0\\3\\1\\2\end{pmatrix}$，$\boldsymbol{\alpha}_2=\begin{pmatrix}1\\-1\\2\\0\end{pmatrix}$，$\boldsymbol{\alpha}_3=\begin{pmatrix}2\\1\\0\\1\end{pmatrix}$，$\boldsymbol{\alpha}_4=\begin{pmatrix}2\\0\\1\\3\end{pmatrix}$，$\boldsymbol{\alpha}_5=\begin{pmatrix}1\\-1\\2\\4\end{pmatrix}$.

4. 求向量组

$$\boldsymbol{\alpha}_1=\begin{pmatrix}1\\1\\1\\2\end{pmatrix},\quad \boldsymbol{\alpha}_2=\begin{pmatrix}1\\a\\1\\1\end{pmatrix},\quad \boldsymbol{\alpha}_3=\begin{pmatrix}1\\1\\a\\1\end{pmatrix}$$

的秩和一个极大无关组.

10.4 向量的内积和标准正交化方法

10.4.1 向量的内积

向量的内积是空间解析几何中向量点积（又称数量积）的推广，是两个向量与一个实数的对应关系.

定义 10.10 设$\boldsymbol{\alpha}=(a_1,a_2,\cdots,a_n)^{\mathrm{T}}$，$\boldsymbol{\beta}=(b_1,b_2,\cdots,b_n)^{\mathrm{T}}$，则

$$\boldsymbol{\alpha}^{\mathrm{T}}\boldsymbol{\beta}=(a_1,a_2,\cdots,a_n)\begin{pmatrix}b_1\\b_2\\\vdots\\b_n\end{pmatrix}=a_1b_1+a_2b_2+\cdots+a_nb_n=\sum_{i=1}^{n}a_ib_i$$

称为向量$\boldsymbol{\alpha}$与$\boldsymbol{\beta}$的内积，记为$(\boldsymbol{\alpha},\boldsymbol{\beta})$，即$(\boldsymbol{\alpha},\boldsymbol{\beta})=\boldsymbol{\alpha}^{\mathrm{T}}\boldsymbol{\beta}=a_1b_1+a_2b_2+\cdots+a_nb_n=\sum_{i=1}^{n}a_ib_i$.

例如，若$\boldsymbol{\alpha}=(1,2,3,4)^{\mathrm{T}}$，$\boldsymbol{\beta}=(1,-1,1,-1)^{\mathrm{T}}$，则

$$(\boldsymbol{\alpha},\boldsymbol{\beta})=\boldsymbol{\alpha}^{\mathrm{T}}\boldsymbol{\beta}=(1,2,3,4)\begin{pmatrix}1\\-1\\1\\-1\end{pmatrix}=-2$$

又如，若$\boldsymbol{\alpha}=(1,2,3,4)^{\mathrm{T}}$，$\boldsymbol{\beta}=(0,1,-2,1)^{\mathrm{T}}$，则

$$(\boldsymbol{\alpha},\boldsymbol{\beta})=\boldsymbol{\alpha}^{\mathrm{T}}\boldsymbol{\beta}=(1,2,3,4)\begin{pmatrix}0\\1\\-2\\1\end{pmatrix}=0$$

根据定义 10.5 易证内积具有下列性质：

（1）$(\boldsymbol{\alpha},\boldsymbol{\beta})=(\boldsymbol{\beta},\boldsymbol{\alpha})$；

（2）$(\boldsymbol{\alpha}+\boldsymbol{\beta},\boldsymbol{\gamma})=(\boldsymbol{\alpha},\boldsymbol{\gamma})+(\boldsymbol{\beta},\boldsymbol{\gamma})$；

（3）$(k\boldsymbol{\alpha},\boldsymbol{\beta})=k(\boldsymbol{\alpha},\boldsymbol{\beta})$；

（4）$(\boldsymbol{\alpha},\boldsymbol{\alpha})\geqslant\mathbf{0}$，$(\boldsymbol{\alpha},\boldsymbol{\alpha})=\mathbf{0}\Leftrightarrow\boldsymbol{\alpha}=\mathbf{0}$.

定义 10.11 设$\boldsymbol{\alpha}=(a_1,a_2,\cdots,a_n)^{\mathrm{T}}$，则向量的长度或向量的模定义为$\sqrt{(\boldsymbol{\alpha},\boldsymbol{\alpha})}$，记为$\|\boldsymbol{\alpha}\|$，即

$$\|\boldsymbol{\alpha}\|=\sqrt{(\boldsymbol{\alpha},\boldsymbol{\alpha})}=\sqrt{\boldsymbol{\alpha}^{\mathrm{T}}\boldsymbol{\alpha}}=\sqrt{\sum_{i=1}^{n}a_i^2}=\sqrt{a_1^2+a_2^2+\cdots+a_n^2}$$

向量的模满足：

（1）$\|\boldsymbol{\alpha}\|\geqslant 0$且$\|\boldsymbol{\alpha}\|=0\Leftrightarrow(\boldsymbol{\alpha},\boldsymbol{\alpha})=\mathbf{0}\Leftrightarrow\boldsymbol{\alpha}=\mathbf{0}\Leftrightarrow a_i=0(i=1,2,\cdots,n)$；

（2）$\|k\boldsymbol{\alpha}\|=|k|\|\boldsymbol{\alpha}\|$；

（3）若$\|\boldsymbol{\alpha}\|=1$，则称$\boldsymbol{\alpha}$为单位向量，若$\boldsymbol{\alpha}\neq 0$，则$\dfrac{1}{\|\boldsymbol{\alpha}\|}\boldsymbol{\alpha}$为单位向量或标准化向量，即

$$\left\|\frac{1}{\|\boldsymbol{\alpha}\|}\boldsymbol{\alpha}\right\| = \frac{1}{\|\boldsymbol{\alpha}\|}\cdot\|\boldsymbol{\alpha}\| = 1$$

定理 10.12 向量的内积满足

$$|(\boldsymbol{\alpha},\boldsymbol{\beta})| \leqslant \|\boldsymbol{\alpha}\|\cdot\|\boldsymbol{\beta}\|$$

称为柯西-施瓦茨（Cauchy-Schwarz）不等式.

柯西-施瓦茨不等式中等号成立的充分必要条件是$\boldsymbol{\alpha},\boldsymbol{\beta}$线性相关.

当$\boldsymbol{\alpha},\boldsymbol{\beta}$线性相关时，若$\boldsymbol{\alpha}=\mathbf{0}$，等号成立；若$\boldsymbol{\alpha}\neq\mathbf{0}$，设$\boldsymbol{\beta}=k\boldsymbol{\alpha}$，则

$$|(\boldsymbol{\alpha},\boldsymbol{\beta})| = |(\boldsymbol{\alpha},k\boldsymbol{\alpha})| = |k||(\boldsymbol{\alpha},\boldsymbol{\alpha})| = |k|\|\boldsymbol{\alpha}\|^2 = \|k\boldsymbol{\alpha}\|\|\boldsymbol{\alpha}\| = \|\boldsymbol{\alpha}\|\|\boldsymbol{\beta}\|$$

根据柯西-施瓦茨不等式，可以利用内积，定义两向量之间的夹角.

定义 10.12 向量$\boldsymbol{\alpha},\boldsymbol{\beta}$之间的夹角定义为

$$\langle\boldsymbol{\alpha},\boldsymbol{\beta}\rangle = \arccos\frac{(\boldsymbol{\alpha},\boldsymbol{\beta})}{\|\boldsymbol{\alpha}\|\|\boldsymbol{\beta}\|}$$

当$(\boldsymbol{\alpha},\boldsymbol{\beta})=\mathbf{0}$时，$\langle\boldsymbol{\alpha},\boldsymbol{\beta}\rangle=\arccos\mathbf{0}=\frac{\pi}{2}$，称向量$\boldsymbol{\alpha}$与$\boldsymbol{\beta}$正交，故向量$\boldsymbol{\alpha},\boldsymbol{\beta}$正交$\Leftrightarrow(\boldsymbol{\alpha},\boldsymbol{\beta})=\mathbf{0}$.

零向量与任何向量的内积为零，因此，零向量与任何向量正交.

定义 10.13 如果一个非零向量（即该向量组中的向量都不是零）$\boldsymbol{\alpha}_1,\boldsymbol{\alpha}_2,\cdots,\boldsymbol{\alpha}_s\ (s\geqslant 2)$中任何两个向量正交，称向量$\boldsymbol{\alpha}_1,\boldsymbol{\alpha}_2,\cdots,\boldsymbol{\alpha}_s$两两正交，即向量组为正交向量组.

如果一个正交向量组中每个向量都是单位向量，那么该向量组为正交单位向量组，或称标准正交向量组.

例 10.18 已知$\boldsymbol{\alpha}_1=(1,2,1)^{\mathrm{T}}$，$\boldsymbol{\alpha}_2=(1,-1,1)^{\mathrm{T}}$，求与$\boldsymbol{\alpha}_1,\boldsymbol{\alpha}_2$都正交的向量$\boldsymbol{\alpha}_3$.

解 设$\boldsymbol{\alpha}_3=(x_1,x_2,x_3)^{\mathrm{T}}$.

因$\boldsymbol{\alpha}_3$与$\boldsymbol{\alpha}_1$正交，故有$(\boldsymbol{\alpha}_1,\boldsymbol{\alpha}_3)=\boldsymbol{\alpha}_1^{\mathrm{T}}\boldsymbol{\alpha}_3=x_1+2x_2+x_3=0$；

因$\boldsymbol{\alpha}_3$与$\boldsymbol{\alpha}_2$正交，故有$(\boldsymbol{\alpha}_2,\boldsymbol{\alpha}_3)=\boldsymbol{\alpha}_2^{\mathrm{T}}\boldsymbol{\alpha}_3=x_1-x_2+x_3=0$.

解线性方程组

$$\begin{cases}x_1+2x_2+x_3=0\\x_1\ \ -x_2+x_3=0\end{cases}$$

得$x_1=-k$，$x_2=0$，$x_3=k$，故

$$\boldsymbol{\alpha}_3=(-k,0,k)^{\mathrm{T}}\quad（k\text{为任意常数}）$$

10.4.2 施密特正交化方法

一个线性无关向量组不一定相互正交，但可以根据下面的定理构造出一个正交向量组.

定理 10.13 设向量组$\boldsymbol{\alpha}_1,\boldsymbol{\alpha}_2,\cdots,\boldsymbol{\alpha}_s\,(s\geqslant 2)$线性无关，令

$$\beta_1=\alpha_1$$
$$\beta_2=\alpha_2-\frac{(\alpha_2,\beta_1)}{(\beta_1,\beta_1)}\beta_1$$
$$\beta_3=\alpha_3-\frac{(\alpha_3,\beta_2)}{(\beta_2,\beta_2)}\beta_2-\frac{(\alpha_3,\beta_1)}{(\beta_1,\beta_1)}\beta_1$$
$$\cdots\cdots$$
$$\beta_s=\alpha_s-\frac{(\alpha_s,\beta_{s-1})}{(\beta_{s-1},\beta_{s-1})}\beta_{s-1}-\frac{(\alpha_s,\beta_{s-2})}{(\beta_{s-2},\beta_{s-2})}\beta_{s-2}-\cdots-\frac{(\alpha_s,\beta_1)}{(\beta_1,\beta_1)}\beta_1$$

则 $\beta_1,\beta_2,\cdots,\beta_s$ 是一个正交向量组，且满足

$$\{\alpha_1,\alpha_2,\cdots,\alpha_s\}\cong\{\beta_1,\beta_2,\cdots,\beta_s\}$$

上述正交化过程称为施密特（Schmidt）正交化.

若将 $\beta_1,\beta_2,\cdots,\beta_s$ 单位化（或标准化），即令

$$\gamma_i=\frac{1}{\|\beta_i\|}\beta_i\quad(i=1,2,\cdots,s)$$

则向量组 $\gamma_1,\gamma_2,\cdots,\gamma_s$ 为标准正交向量组（或正交单位向量组）.

例 10.19 设

$$\alpha_1=(1,-1,0)^{\mathrm T},\quad \alpha_2=(1,0,1)^{\mathrm T},\quad \alpha_3=(1,-1,1)^{\mathrm T}$$

用施密特正交化方法，将 $\alpha_1,\alpha_2,\alpha_3$ 构造成一个标准正交向量组.

解 取

$$\beta_1=\alpha_1=(1,-1,0)^{\mathrm T}$$

$$\beta_2=\alpha_2-\frac{(\alpha_2,\beta_1)}{(\beta_1,\beta_1)}\beta_1=\begin{pmatrix}1\\0\\1\end{pmatrix}-\frac{1}{2}\begin{pmatrix}1\\-1\\0\end{pmatrix}=\begin{pmatrix}\frac{1}{2}\\\frac{1}{2}\\1\end{pmatrix}$$

$$\beta_3=\alpha_3-\frac{(\alpha_3,\beta_2)}{(\beta_2,\beta_2)}\beta_2-\frac{(\alpha_3,\beta_1)}{(\beta_1,\beta_1)}\beta_1=\begin{pmatrix}1\\-1\\1\end{pmatrix}-\frac{2}{3}\begin{pmatrix}\frac{1}{2}\\\frac{1}{2}\\1\end{pmatrix}-\frac{2}{2}\begin{pmatrix}-\frac{1}{3}\\-\frac{1}{3}\\\frac{1}{3}\end{pmatrix}=\begin{pmatrix}-\frac{1}{3}\\-\frac{1}{3}\\\frac{1}{3}\end{pmatrix}$$

再将 β_1,β_2,β_3 单位化，得标准正交向量组为

$$\eta_1=\frac{1}{\|\beta_1\|}\beta_1=\begin{pmatrix}\frac{1}{\sqrt{2}}\\-\frac{1}{\sqrt{2}}\\0\end{pmatrix},\quad \eta_2=\frac{1}{\|\beta_2\|}\beta_2=\begin{pmatrix}\frac{1}{\sqrt{6}}\\\frac{1}{\sqrt{6}}\\\frac{2}{\sqrt{6}}\end{pmatrix},\quad \eta_3=\frac{1}{\|\beta_3\|}\beta_3=\begin{pmatrix}-\frac{1}{\sqrt{3}}\\-\frac{1}{\sqrt{3}}\\\frac{1}{\sqrt{3}}\end{pmatrix}$$

习 题 10.4

1. 计算向量$\boldsymbol{\alpha}$与$\boldsymbol{\beta}$ 的内积，并判定它们是否正交：

（1） $\boldsymbol{\alpha}=(1,-1,-2,5)$ ， $\boldsymbol{\beta}=(4,-2,1,-1)$ ；

（2） $\boldsymbol{\alpha}=\left(\frac{\sqrt{2}}{2},-\frac{1}{2},\frac{\sqrt{3}}{2},1\right)$， $\boldsymbol{\beta}=\left(\frac{\sqrt{2}}{2},\frac{1}{2},-\frac{\sqrt{3}}{2},\frac{1}{2}\right)$.

2. 求与向量$\boldsymbol{\alpha}_1=(1,1,-1,1)$，$\boldsymbol{\alpha}_2=(1,-1,-1,1)$，$\boldsymbol{\alpha}_3=(2,1,1,3)$ 都正交的单位向量.

3. 用施密特正交化方法，由下列向量组分别构造一组标准正交向量组：

（1） $\boldsymbol{\alpha}_1=(0,1,1)$，$\boldsymbol{\alpha}_2=(1,1,0)$，$\boldsymbol{\alpha}_3=(1,0,1)$ ；

（2） $\boldsymbol{\alpha}_1=(1,-2,2)$，$\boldsymbol{\alpha}_2=(-1,0,-1)$，$\boldsymbol{\alpha}_3=(5,-3,-7)$ ；

（3） $\boldsymbol{\alpha}_1=(1,2,2,-1)$，$\boldsymbol{\alpha}_2=(1,1,-5,3)$，$\boldsymbol{\alpha}_3=(3,2,8,-7)$.

第 11 章　线性方程组解的性质及结构

第 10 章介绍了线性方程组有解的判别定理，本章将讨论线性方程组有无穷多个解的情况下，这些解之间的关系及解的结构.

11.1　齐次线性方程组解的性质及结构

$m\times n$ 齐次线性方程组为

$$\begin{cases} a_{11}x_1+a_{12}x_2+\cdots+a_{1n}x_n=0 \\ a_{21}x_1+a_{22}x_2+\cdots+a_{2n}x_n=0 \\ \cdots\cdots \\ a_{m1}x_1+a_{m2}x_2+\cdots+a_{mn}x_n=0 \end{cases} \tag{11.1}$$

或者写成矩阵形式

$$\boldsymbol{Ax}=\boldsymbol{0} \tag{11.2}$$

或者写成向量形式

$$\boldsymbol{\alpha}_1x_1+\boldsymbol{\alpha}_2x_2+\cdots+\boldsymbol{\alpha}_nx_n=\boldsymbol{0} \tag{11.3}$$

其中 $\boldsymbol{\alpha}_j=\begin{pmatrix} a_{1j} \\ a_{2j} \\ \vdots \\ a_{mj} \end{pmatrix}$ $(j=1,2,\cdots,n)$，$m\times n$ 矩阵 $\boldsymbol{A}=(a_{ij})$ 为方程组的系数矩阵，$\boldsymbol{x}^{\mathrm{T}}=(x_1,x_2,\cdots,x_n)$ 为 n 维未知数向量，而 m 维向量 $\boldsymbol{0}$ 为自由项（或右端项）向量.

方程组（11.1）有非零解 $\Leftrightarrow$ 列向量组 $\boldsymbol{\alpha}_1,\boldsymbol{\alpha}_2,\cdots,\boldsymbol{\alpha}_n$ 线性相关 $\Leftrightarrow$ $R(\boldsymbol{A})<n$.

注：齐次线性方程组至少有一组零解.

这里 $R(\boldsymbol{A})$ 是指 $\boldsymbol{A}$ 的秩，现在也是指 $\boldsymbol{A}$ 的列秩或 $\boldsymbol{A}$ 的行秩. 若理解为 $\boldsymbol{A}$ 的列秩 $r<n$，则列向量组线性相关，即方程组（11.3）有非零解；若理解为 $\boldsymbol{A}$ 的行秩 $r<n$，则意味着 $\boldsymbol{A}$ 有 r 个线性无关行向量，其余 $m-r$ 个行向量可由这 r 个线性无关行向量线性表出. 故对 $\boldsymbol{A}$ 作行初等变换必可将 $m-r$ 行化为全零行，即有 $m-r$ 个方程是多余方程，即当 $R(\boldsymbol{A})=r<n$ 时，方程组（11.1）有非零解.

齐次线性方程组（11.1）的解有下列性质：

（1）若 $\boldsymbol{\xi}_1,\boldsymbol{\xi}_2$ 是 $\boldsymbol{AX}=\boldsymbol{0}$ 的两个解，则 $\boldsymbol{\xi}_1+\boldsymbol{\xi}_2$ 也是 $\boldsymbol{AX}=\boldsymbol{0}$ 的解；

（2）若 $\boldsymbol{\xi}_1$ 是 $\boldsymbol{AX}=\boldsymbol{0}$ 的解，则 $k\boldsymbol{\xi}_1$ 也是 $\boldsymbol{AX}=\boldsymbol{0}$ 的解，其中 k 为任意常数.

定义 11.1　设 $\boldsymbol{\xi}_1,\boldsymbol{\xi}_2,\cdots,\boldsymbol{\xi}_s$ 是 $\boldsymbol{AX}=\boldsymbol{0}$ 的解向量，满足

（1）$\boldsymbol{\xi}_1,\boldsymbol{\xi}_2,\cdots,\boldsymbol{\xi}_s$ 线性无关；

（2）$\boldsymbol{AX}=\boldsymbol{0}$ 的任一解向量可由 $\boldsymbol{\xi}_1,\boldsymbol{\xi}_2,\cdots,\boldsymbol{\xi}_s$ 线性表出.

则称 $\boldsymbol{\xi}_1,\boldsymbol{\xi}_2,\cdots,\boldsymbol{\xi}_s$ 是 $\boldsymbol{AX}=\boldsymbol{0}$ 的一个基础解系.

定理 11.1　设 A 是 $m\times n$ 阶矩阵，若 $R(A)=r<n$，则方程组（11.1）存在 $n-r$ 个解向量.

证　因为 $r(\boldsymbol{A}_{m\times n})=r<n$，对系数矩阵 $\boldsymbol{A}$ 按高斯消元法进行行初等变换. 将 $\boldsymbol{A}$ 化为阶梯形矩阵，并进一步化为如下（不失一般性）简化阶梯形矩阵：

$$\boldsymbol{C}=\begin{pmatrix} 1 & 0 & \cdots & 0 & c_{1,r+1} & \cdots & c_{1n} \\ 0 & 1 & \cdots & 0 & c_{2,r+1} & \cdots & c_{2n} \\ \vdots & \vdots & & \vdots & \vdots & & \vdots \\ 0 & 0 & \cdots & 1 & c_{r,r+1} & \cdots & c_{rn} \\ 0 & 0 & \cdots & 0 & 0 & \cdots & 0 \\ \vdots & \vdots & & \vdots & \vdots & & \vdots \\ 0 & 0 & \cdots & 0 & 0 & \cdots & 0 \end{pmatrix} \tag{11.4}$$

于是方程组（11.4）的同解方程组为

$$\begin{cases} x_1=-c_{1,r+1}x_{r+1}-c_{2,r+1}x_{r+2}-\cdots-c_{1n}x_n \\ x_2=-c_{2,r+1}x_{r+1}-c_{2,r+2}x_{r+2}-\cdots-c_{2n}x_n \\ \cdots\cdots \\ x_n=-c_{r,r+1}x_{r+1}-c_{2,r+2}x_{r+2}-\cdots-c_{rn}x_n \end{cases} \tag{11.5}$$

其中 $x_{r+1},x_{r+2},\cdots,x_n$ 为自由未知量.

对 $n-r$ 个自由未知量 $x_{r+1},x_{r+2},\cdots,x_n$ 分别赋值

$$\begin{pmatrix}1\\0\\\vdots\\0\end{pmatrix},\begin{pmatrix}0\\1\\\vdots\\0\end{pmatrix},\cdots,\begin{pmatrix}0\\0\\\vdots\\1\end{pmatrix}$$

且分别回代入方程组（11.5），可得方程组（11.1）的 $n-r$ 个解：

$$\boldsymbol{\zeta}_1=\begin{pmatrix}-c_{1,r+1}\\-c_{2,r+1}\\\vdots\\-c_{r,r+1}\\1\\0\\\vdots\\0\end{pmatrix},\quad \boldsymbol{\zeta}_2=\begin{pmatrix}-c_{1,r+2}\\-c_{2,r+2}\\\vdots\\-c_{r,r+2}\\0\\1\\\vdots\\0\end{pmatrix},\quad \cdots,\quad \boldsymbol{\zeta}_{n-r}=\begin{pmatrix}-c_{1n}\\-c_{2n}\\\vdots\\-c_{rn}\\0\\0\\\vdots\\1\end{pmatrix} \tag{11.6}$$

则可以证明向量组 $\boldsymbol{\zeta}_1,\boldsymbol{\zeta}_2,\cdots,\boldsymbol{\zeta}_{n-r}$ 即为方程组（11.1）的基础解系.

显然，它们都是方程组（11.1）的解向量，且满足

（1）$\boldsymbol{\zeta}_1,\boldsymbol{\zeta}_2,\cdots,\boldsymbol{\zeta}_{n-r}$ 线性无关.

由 $k_1\boldsymbol{\zeta}_1+k_2\boldsymbol{\zeta}_2+\cdots+k_{n-r}\boldsymbol{\zeta}_{n-r}=\boldsymbol{0}$，即

$$k_1\begin{pmatrix}-c_{1,r+1}\\-c_{2,r+1}\\\vdots\\-c_{r,r+1}\\1\\0\\\vdots\\0\end{pmatrix}+k_2\begin{pmatrix}-c_{1,r+2}\\-c_{2,r+2}\\\vdots\\-c_{r,r+2}\\0\\1\\\vdots\\0\end{pmatrix}+\cdots+k_{n-r}\begin{pmatrix}-c_{1n}\\-c_{2n}\\\vdots\\-c_{rn}\\0\\0\\\vdots\\1\end{pmatrix}=\mathbf{0}$$

最后 $n-r$ 个方程可推得 $k_1=k_2=\cdots=k_{n-r}=0$，故 $\boldsymbol{\zeta}_1,\boldsymbol{\zeta}_2,\cdots,\boldsymbol{\zeta}_{n-r}$ 线性无关.

（2）方程组（11.1）的任何一个解向量都可由 $\boldsymbol{\zeta}_1,\boldsymbol{\zeta}_2,\cdots,\boldsymbol{\zeta}_{n-r}$ 线性表出.

设方程组（11.1）的任一解为

$$\boldsymbol{\zeta}^*=(d_1,d_2,\cdots,d_r,d_{r+1},\cdots,d_n)^{\mathrm{T}}$$

因 $\boldsymbol{\zeta}^*$ 为方程组（11.1）的任一解向量，应满足方程组（11.1）的同解方程组（11.5），即有

$$\begin{cases}d_1=-c_{1,r+1}d_{r+1}-c_{2,r+1}d_{r+2}-\cdots-c_{1n}d_n\\d_2=-c_{2,r-1}d_{r+1}-c_{2,r+2}d_{r+2}-\cdots-c_{2n}d_n\\\cdots\cdots\\d_n=-c_{r,r+1}d_{r+1}-c_{2,r+2}d_{r+2}-\cdots-c_{rn}d_n\end{cases}$$

故

$$\boldsymbol{\zeta}^*=\begin{pmatrix}d_1\\d_2\\\vdots\\d_r\\d_{r+1}\\d_{r+2}\\\vdots\\d_n\end{pmatrix}=\begin{bmatrix}-c_{1,r+1}d_{r+1}&-c_{1,r+2}d_{r+2}&\cdots&-c_{1n}d_n\\-c_{2,r+1}d_{r+1}&-c_{2,r+2}d_{r+2}&\cdots&-c_{2n}d_n\\\vdots&\vdots&&\vdots\\-c_{r,r+1}d_{r+1}&-c_{r,r+1}d_{r+2}&\cdots&-c_{rn}d_n\\d_{r+1}&0&\cdots&0\\0&d_{r+2}&\cdots&0\\\vdots&\vdots&&\vdots\\0&0&\cdots&d_n\end{bmatrix}$$

$$=d_{r+1}\begin{pmatrix}-c_{1,r+1}\\-c_{2,r+1}\\\vdots\\-c_{r,r+1}\\1\\0\\\vdots\\0\end{pmatrix}+d_{r+2}\begin{pmatrix}-c_{1,r+2}\\-c_{2,r+2}\\\vdots\\-c_{r,r+2}\\0\\1\\\vdots\\0\end{pmatrix}+\cdots+d_n\begin{pmatrix}-c_{1n}\\-c_{2n}\\\vdots\\-c_{rn}\\0\\0\\\vdots\\1\end{pmatrix}$$

$$=d_{r+1}\zeta_1+d_{r+2}\zeta_2+\ldots+d_n\zeta_{n-r}$$

由（1）、（2）知，$\boldsymbol{\zeta}_1,\boldsymbol{\zeta}_2,\cdots,\boldsymbol{\zeta}_{n-r}$ 为方程组（11.1）的基础解系.

因此，方程组（11.1）的全部解（通解或一般解）可以记为

$$k_1\boldsymbol{\zeta}_1+k_2\boldsymbol{\zeta}_2+\cdots+k_{n-r}\boldsymbol{\zeta}_{n-r}$$

其中 $k_1,k_2,\cdots,k_{n-r}$ 为任意常数.

定理的证明过程也提供了求解齐次线性方程组的基础解系和通解的方法.

例 11.1　求解下列齐次线性方程组：

(1) $\begin{cases} x_1+2x_2+4x_3+x_4=0, \\ 2x_1+4x_2+8x_3+2x_4=0, \\ 3x_1+6x_2+2x_3=0; \end{cases}$ (2) $\begin{cases} x_1+2x_2+3x_3=0, \\ 3x_1+6x_2+10x_3=0, \\ 2x_1+5x_2+7x_3=0, \\ x_1+2x_2+4x_3=0; \end{cases}$ (3) $\begin{cases} x_1+2x_2+3x_3-x_4=0, \\ x_1+4x_2+4x_3+3x_4=0, \\ 2x_1+4x_2+6x_3+4x_4=0, \\ -x_1-2x_2-3x_3+4x_4=0. \end{cases}$

解　用行初等变换将系数矩阵化为阶梯形矩阵：

(1) $\boldsymbol{A}=\begin{pmatrix} 1 & 2 & 4 & 1 \\ 2 & 4 & 8 & 2 \\ 3 & 6 & 2 & 0 \end{pmatrix} \to \begin{pmatrix} 1 & 2 & 4 & 1 \\ 0 & 0 & 0 & 0 \\ 0 & 0 & -10 & -3 \end{pmatrix} \to \begin{pmatrix} 1 & 2 & 4 & 1 \\ 0 & 0 & -10 & -3 \\ 0 & 0 & 0 & 0 \end{pmatrix}$

因为 $R(\boldsymbol{A})=2$，而 $n=4$，所以方程组有非零解，且通解中含有 $n-R(\boldsymbol{A})=4-2=2$ 个任意常数．为了求出通解，可以进一步将系数矩阵简化：

$$\begin{pmatrix} 1 & 2 & 4 & 1 \\ 0 & 0 & -10 & -3 \\ 0 & 0 & 0 & 0 \end{pmatrix} \to \begin{pmatrix} 1 & 2 & 0 & -\dfrac{1}{5} \\ 0 & 0 & 1 & \dfrac{3}{10} \\ 0 & 0 & 0 & 0 \end{pmatrix}$$

矩阵 $\begin{pmatrix} 1 & 2 & 0 & -\dfrac{1}{5} \\ 0 & 0 & 1 & \dfrac{3}{10} \\ 0 & 0 & 0 & 0 \end{pmatrix}$ 表示一个与原方程组同解的方程组

$$\begin{cases} x_1+2x_2 \qquad -\dfrac{1}{5}x_4=0 \\ \qquad\qquad x_3+\dfrac{3}{10}x_4=0 \end{cases} \Rightarrow \begin{cases} x_1=-2x_2+\dfrac{1}{5}x_4 \\ x_2=x_2 \\ x_3=-\dfrac{3}{10}x_4 \\ x_4=x_4 \end{cases}$$

设 $x_2=k_1$，$x_4=k_2$，则方程组的通解可以写为

$$\begin{cases} x_1=-2k_1+\dfrac{1}{5}k_2 \\ x_2=k_1 \\ x_3=-\dfrac{3}{10}k_2 \\ x_4=k_2 \end{cases} \quad \text{或} \quad \begin{pmatrix} x_1 \\ x_2 \\ x_3 \\ x_4 \end{pmatrix}=k_1\begin{pmatrix} -2 \\ 1 \\ 0 \\ 0 \end{pmatrix}+k_2\begin{pmatrix} \dfrac{1}{5} \\ 0 \\ -\dfrac{3}{10} \\ 1 \end{pmatrix}=\boldsymbol{\xi}_1\boldsymbol{\alpha}_1+\boldsymbol{\xi}_2\boldsymbol{\alpha}_2$$

其中 k_1 和 k_2 为两个可以取任意值的常数，即 k_1 和 k_2 取任意值构成的向量都是方程组的一个具体解；$\boldsymbol{\xi}_1=(-2,1,0,0)^{\mathrm{T}}$ 和 $\boldsymbol{\xi}_2=\left(\dfrac{1}{5},0,-\dfrac{3}{10},1\right)^{\mathrm{T}}$ 为方程组的非平凡解，并且称由这两个向量组成的向量组为该齐次线性方程组的一个基础解系．

（2）$A=\begin{pmatrix}1&2&3\\3&6&10\\2&5&7\\1&2&4\end{pmatrix}\to\begin{pmatrix}1&2&3\\0&0&1\\0&1&1\\0&0&1\end{pmatrix}\to\begin{pmatrix}1&2&3\\0&1&1\\0&0&1\\0&0&0\end{pmatrix}$

因为$R(A)=3=n$（等于未知数的个数），所以方程组只有平凡解（即零解）.

（3）$A=\begin{pmatrix}1&2&3&-1\\1&4&4&3\\2&4&6&4\\-1&-2&-3&4\end{pmatrix}\to\begin{pmatrix}1&2&3&-1\\0&2&1&4\\0&0&0&6\\0&0&0&3\end{pmatrix}\to\begin{pmatrix}1&2&3&-1\\0&2&1&4\\0&0&0&6\\0&0&0&0\end{pmatrix}$

因为$R(A)=3<4=n$，所以通解中含有 1 个任意常数．继续将系数矩阵化简：

$$\begin{pmatrix}1&2&3&-1\\0&2&1&4\\0&0&0&6\\0&0&0&0\end{pmatrix}\to\begin{pmatrix}1&0&2&-5\\0&1&\frac{1}{2}&2\\0&0&0&6\\0&0&0&0\end{pmatrix}\to\begin{pmatrix}1&0&2&0\\0&1&\frac{1}{2}&0\\0&0&0&1\\0&0&0&0\end{pmatrix}$$

得一个与原方程组同解的方程组

$$\begin{cases}x_1+2x_3=0\\x_2+\frac{1}{2}x_3=0\\x_4=0\end{cases}\Rightarrow\begin{cases}x_1=-2x_3\\x_2=-\frac{1}{2}x_3\\x_3=x_3\\x_4=0\end{cases}$$

令$x_3=k$，则$\begin{pmatrix}x_1\\x_2\\x_3\\x_4\end{pmatrix}=k\begin{pmatrix}-2\\-\frac{1}{2}\\1\\0\end{pmatrix}=k\boldsymbol{\xi}$，故方程组的基础解系由一个解向量$\boldsymbol{\xi}=\left(-2,-\frac{1}{2},1,0\right)^{\mathrm{T}}$组成.

11.2 非齐次线性方程组解的性质及结构

一般的$m\times n$非齐次线性方程组为

$$\begin{cases}a_{11}x_1+a_{12}x_2+\cdots+a_{1n}x_n=b_1\\a_{21}x_1+a_{22}x_2+\cdots+a_{2n}x_n=b_2\\\cdots\cdots\\a_{m1}x_1+a_{m2}x_2+\cdots+a_{mn}x_n=b_m\end{cases}\tag{11.7}$$

可以表示为向量形式：

$$\boldsymbol{\alpha}_1x_1+\boldsymbol{\alpha}_2x_2+\cdots+\boldsymbol{\alpha}_nx_n=\boldsymbol{\beta}\tag{11.8}$$

$$\boldsymbol{\alpha}_j=\begin{pmatrix}\boldsymbol{\alpha}_{1j}\\ \boldsymbol{\alpha}_{2j}\\ \vdots\\ \boldsymbol{\alpha}_{mj}\end{pmatrix}(j=1,2,\cdots,n)\qquad \boldsymbol{\beta}=\begin{pmatrix}b_1\\ b_2\\ \vdots\\ b_m\end{pmatrix}$$

或矩阵形式

$$\boldsymbol{A}_{m\times n}\boldsymbol{X}=\boldsymbol{B} \tag{11.9}$$

其中

$$\boldsymbol{A}=\begin{pmatrix}a_{11} & a_{12} & \dots & a_{1n}\\ a_{21} & a_{22} & \dots & a_{2n}\\ \vdots & \vdots & & \vdots\\ a_{m1} & a_{m2} & \dots & a_{mn}\end{pmatrix},\quad \boldsymbol{X}=\begin{pmatrix}x_1\\ x_2\\ \vdots\\ x_n\end{pmatrix},\quad \boldsymbol{B}=\begin{pmatrix}b_1\\ b_2\\ \vdots\\ b_m\end{pmatrix}$$

方程组（11.7）有解的充要条件是：

$\boldsymbol{AX}=\boldsymbol{B}\Leftrightarrow\boldsymbol{B}$ 可以由 $\boldsymbol{A}$ 的列向量线性表出 $\Leftrightarrow R(\boldsymbol{A})=R(\boldsymbol{A}\mid\boldsymbol{B})$

当 $R(\boldsymbol{A})=R(\boldsymbol{A}\mid\boldsymbol{B})=n$ 时，$\boldsymbol{A}$ 的列向量组线性无关，$\boldsymbol{B}$ 可由 $\boldsymbol{A}$ 的列向量组线性表出，且表示方法唯一，方程组（11.7）有唯一解.

当 $R(\boldsymbol{A})=R(\boldsymbol{A}\mid\boldsymbol{B})$ 时，$\boldsymbol{B}$ 不能由 $\boldsymbol{A}$ 的列向量组线性表出，方程组（11.7）无解.

若将方程组（11.7）的常数项 $b_1,b_2,\cdots,b_m$ 全部换成零，就得到 n 元齐次线性方程组（11.1）. 这时称齐次线性方程组（11.1）是非齐次线性方程组（11.7）的导出组.

非齐次线性方程组的解有下列性质：

（1）若 $\boldsymbol{\zeta}$ 是 $\boldsymbol{AX}=\boldsymbol{0}$ 的解，$\boldsymbol{\eta}$ 是 $\boldsymbol{AX}=\boldsymbol{B}$ 解，则 $\boldsymbol{\zeta}+\boldsymbol{\eta}$ 仍是 $\boldsymbol{AX}=\boldsymbol{B}$ 的解.

因为 $\boldsymbol{A}(\boldsymbol{\zeta}+\boldsymbol{\eta})=\boldsymbol{A\zeta}+\boldsymbol{A\eta}=\boldsymbol{B}$.

（2）若 $\boldsymbol{\eta}_1,\boldsymbol{\eta}_2$ 是 $\boldsymbol{AX}=\boldsymbol{B}$ 的解，则 $\boldsymbol{\eta}_1-\boldsymbol{\eta}_2$ 是对应齐次线性方程组 $\boldsymbol{AX}=\boldsymbol{0}$ 的解.

因为 $\boldsymbol{A}(\boldsymbol{\eta}_1-\boldsymbol{\eta}_2)=\boldsymbol{A\eta}_1-\boldsymbol{A\eta}_2=\boldsymbol{B}-\boldsymbol{B}=\boldsymbol{0}$.

注：$\boldsymbol{\eta}_1+\boldsymbol{\eta}_2$ 不再是 $\boldsymbol{AX}=\boldsymbol{B}$ 的解，而是 $\boldsymbol{AX}=2\boldsymbol{B}$ 的解，因为 $\boldsymbol{A}(\boldsymbol{\eta}_1+\boldsymbol{\eta}_2)=\boldsymbol{A\eta}_1+\boldsymbol{A\eta}_2=\boldsymbol{B}+\boldsymbol{B}=2\boldsymbol{B}$.

定理 11.2　若非齐次线性方程组 $\boldsymbol{AX}=\boldsymbol{B}$ 有解，则其通解为

$$k_1\boldsymbol{\zeta}_1+k_2\boldsymbol{\zeta}_2+\cdots+k_{n-r}\boldsymbol{\zeta}_{n-r}+\boldsymbol{\eta}^*$$

其中，$\boldsymbol{\eta}^*$ 为 $\boldsymbol{AX}=\boldsymbol{B}$ 的一个特解，$k_1\boldsymbol{\zeta}_1+k_2\boldsymbol{\zeta}_2+\cdots+k_{n-r}\boldsymbol{\zeta}_{n-r}$ 为对应齐次线性方程组（也称 $\boldsymbol{AX}=\boldsymbol{B}$ 的导出组）$\boldsymbol{AX}=\boldsymbol{0}$ 的通解.

证　因为

$$\boldsymbol{A}(k_1\boldsymbol{\zeta}_1+k_2\boldsymbol{\zeta}_2+\cdots+k_{n-r}\boldsymbol{\zeta}_{n-r}+\boldsymbol{\eta}^*)=\boldsymbol{A}k_1\boldsymbol{\zeta}_1+\boldsymbol{A}k_2\boldsymbol{\zeta}_2+\cdots+\boldsymbol{A}k_{n-r}\boldsymbol{\zeta}_{n-r}+\boldsymbol{A\eta}^*=\boldsymbol{B}$$

所以 $k_1\boldsymbol{\zeta}_1+k_2\boldsymbol{\zeta}_2+\cdots+k_{n-r}\boldsymbol{\zeta}_{n-r}+\boldsymbol{\eta}^*$ 是 $\boldsymbol{AX}=\boldsymbol{B}$ 的解.

又若 $\boldsymbol{\eta}$ 是 $\boldsymbol{AX}=\boldsymbol{B}$ 的任一解，则由非齐次线性方程组解的性质知，$\boldsymbol{\eta}-\boldsymbol{\eta}^*$ 是对应齐次线性方程组的解，其可由 $\boldsymbol{AX}=\boldsymbol{0}$ 的基础解系 $\boldsymbol{\zeta}_1,\boldsymbol{\zeta}_2,\cdots,\boldsymbol{\zeta}_{n-r}$ 线性表出，设为 $\boldsymbol{\eta}-\boldsymbol{\eta}^*=c_1\boldsymbol{\zeta}_1+c_2\boldsymbol{\zeta}_2+\cdots+c_{n-r}\boldsymbol{\zeta}_{n-r}$，从而有

$$\boldsymbol{\eta}=c_1\boldsymbol{\zeta}_1+c_2\boldsymbol{\zeta}_2+\cdots+c_{n-r}\boldsymbol{\zeta}_{n-r}+\boldsymbol{\eta}^*=(\boldsymbol{\eta}-\boldsymbol{\eta}^*)+\boldsymbol{\eta}^*$$

由 $\boldsymbol{\eta}$ 的任意性知

$$k_1\boldsymbol{\zeta}_1+k_2\boldsymbol{\zeta}_2+\cdots+k_{n-r}\boldsymbol{\zeta}_{n-r}+\boldsymbol{\eta}^*$$

是 $\boldsymbol{AX}=\boldsymbol{B}$ 的通解，其中 $k_1,k_2,\cdots,k_{n-r}$ 为任意常数.

由定理 11.2 知，求 $\boldsymbol{AX}=\boldsymbol{B}$ 的通解，只需求 $\boldsymbol{AX}=\boldsymbol{B}$ 的一个特解 $\boldsymbol{\eta}^*$，加上 $\boldsymbol{AX}=\boldsymbol{0}$ 的通解即可．若 $\boldsymbol{AX}=\boldsymbol{B}$ 有解，当 $\boldsymbol{AX}=\boldsymbol{0}$ 仅有零解时，$\boldsymbol{AX}=\boldsymbol{B}$ 有唯一解；当 $\boldsymbol{AX}=\boldsymbol{0}$ 有无穷多解时，$\boldsymbol{AX}=\boldsymbol{B}$ 也有无穷多解．

例 11.2 用基础解系表示非齐次线性方程组的全部解：

$$\begin{cases}2x_1-x_2+4x_3-3x_4=-4\\ x_1+x_3-x_4=-3\\ 3x_1+x_2+x_3=1\\ 7x_1+7x_3-3x_4=3\end{cases}$$

解 对增广矩阵施行初等变换：

$$(\boldsymbol{A}\mid\boldsymbol{B})=\left(\begin{array}{cccc|c}2&-1&4&-3&-4\\1&0&1&-1&-3\\3&1&1&0&1\\7&0&7&-3&3\end{array}\right)\to\left(\begin{array}{cccc|c}1&0&1&-1&-3\\0&-1&2&-1&2\\0&1&-2&3&10\\0&0&0&4&24\end{array}\right)\to\left(\begin{array}{cccc|c}1&0&1&-1&-3\\0&1&-2&1&-2\\0&0&0&1&6\\0&0&0&0&0\end{array}\right)$$

解法一．求对应齐次线性方程组的基础解系和非齐次线性方程组的一个特解，从而得出非齐次线性方程组的通解：

$$R(\boldsymbol{A})=R(\boldsymbol{A}\mid\boldsymbol{B})=3,\quad n=4,\quad n-R(\boldsymbol{A})=1$$

对应齐次线性方程组有一个非零解向量组成基础解系，取自由未知量 $x_3=1$，代入对应齐次线性方程组，得基础解系为

$$\boldsymbol{\zeta}=(-1,2,1,0)^{\mathrm{T}}$$

再求一个非齐次线性方程组的特解，取自由未知量 $x_3=0$，代入非齐次线性方程组，得特解为

$$\boldsymbol{\eta}=(3,-8,0,6)^{\mathrm{T}}$$

故方程组的通解为

$$k\boldsymbol{\zeta}+\boldsymbol{\eta}=k(-1,2,1,0)^{\mathrm{T}}+(3,-8,0,6)^{\mathrm{T}}$$

其中 k 为任意常数．

解法二．先直接求出非齐次线性方程组的通解，再分离出对应齐次线性方程组的通解和一个非齐次线性方程组的特解．

令自由未知量 $x_3=k$，代入非齐次线性方程组，得非齐次线性方程组的通解为

$$\begin{cases}x_1=3-k\\ x_2=-8+2k\\ x_3=k\\ x_4=6\end{cases}$$

表示成向量形式为

$$\begin{pmatrix}x_1\\x_2\\x_3\\x_4\end{pmatrix}=\begin{pmatrix}3-k\\-8+2k\\k\\6\end{pmatrix}=k\begin{pmatrix}-1\\2\\1\\0\end{pmatrix}+\begin{pmatrix}3\\-8\\0\\6\end{pmatrix}=k\boldsymbol{\zeta}+\boldsymbol{\eta}$$

其中，k 为任意常数，$k\boldsymbol{\zeta}$ 为齐次线性方程组的通解，$\boldsymbol{\eta}$ 为 $\boldsymbol{AX}=\boldsymbol{B}$ 的一个特解．

习 题 11.2

1. 求解下列齐次线性方程组：

（1）$\begin{cases} x_1+x_2-x_3+x_4=0, \\ x_1-x_2+2x_3-x_4=0, \\ 3x_1+x_2+x_4=0; \end{cases}$
（2）$\begin{cases} x_1+2x_2+4x_3-3x_4=0, \\ 3x_1+5x_2+6x_3-4x_4=0, \\ 3x_1+8x_2+24x_3-19x_4=0; \end{cases}$

（3）$\begin{cases} x_1+x_2+x_3+x_4+x_5=0, \\ 3x_1+2x_2+x_3+x_4-3x_5=0, \\ x_2+2x_3+2x_4+6x_5=0, \\ 5x_1+4x_2-3x_3+3x_4-x_5=0. \end{cases}$

2. 用基础解系表示下列非齐次线性方程组的全部解：

（1）$\begin{cases} 2x_1-x_2+4x_3-3x_4=-4, \\ x_1+x_3-x_4=-3, \\ 3x_1+x_2+x_3=1, \\ 7x_1+7x_3-3x_4=3; \end{cases}$
（2）$\begin{cases} x_1+x_2+x_3=0, \\ x_1+x_2-x_3-x_4-2x_5=1, \\ 2x_1+2x_2-x_4-2x_5=1, \\ 5x_1+5x_2-3x_3-4x_4-8x_5=4. \end{cases}$

3. 证明线性方程组

$$\begin{cases} x_1+x_2=a_1 \\ x_2+x_3=a_2 \\ x_3+x_4=-a_3 \\ x_1+x_4=a_4 \end{cases}$$

有解的充要条件是 $a_1+a_2+a_3+a_4=0$，有解时，求其通解.

4. 设 $\boldsymbol{\beta}_1,\boldsymbol{\beta}_2,\boldsymbol{\beta}_3$ 是方程组 $\boldsymbol{AX}=\boldsymbol{B}$ 的三个解向量，问 $\lambda_1,\lambda_2,\lambda_3$ 满足什么条件时，$\lambda_1\boldsymbol{\beta}_1+\lambda_2\boldsymbol{\beta}_2+\lambda_3\boldsymbol{\beta}_3$ 也是 $\boldsymbol{AX}=\boldsymbol{B}$ 的解向量？

第 12 章　矩阵的特征值和特征向量及相似矩阵

矩阵的特征值、特征向量和相似矩阵、标准形是矩阵理论的重要组成部分，它们不仅在数学的各个分支，如微分方程、差分方程中有重要应用，而且数量经济领域等等其他科技领域也有广泛应用.

12.1　矩阵的特征值和特征向量

12.1.1　矩阵的特征值和特征向量的概念及计算方法

在经济管理的许多定量分析模型中，经常会遇到矩阵的特征值和特征向量的问题.

例 12.1　发展与环境的问题已成为 21 世纪各国政府关注的重点：为了定量分析污染与工业发展水平的关系，有人提出了以下工业增长模型：设 x_0 为某地区目前的污染水平（以空气或河湖水质的某种污染指数为测量单位），y_0 为目前的工业发展水平（以某种工业发展指数为测算单位）. 若干年后（如 5 年后）的污染水平和工业发展水平分别记为 x_1 和 y_1，它们之间的关系为

$$x_1 = 3x_0 + y_0, \qquad y_1 = 2x_0 + 2y_0$$

写成矩阵形式为

$$\begin{pmatrix} x_1 \\ y_1 \end{pmatrix} = \begin{pmatrix} 3 & 1 \\ 2 & 2 \end{pmatrix}\begin{pmatrix} x_0 \\ y_0 \end{pmatrix} \quad 或 \quad \boldsymbol{\alpha}_1 = \boldsymbol{A}\boldsymbol{\alpha}_0$$

其中

$$\boldsymbol{\alpha}_1 = \begin{pmatrix} x_1 \\ y_1 \end{pmatrix}, \quad \boldsymbol{\alpha}_0 = \begin{pmatrix} x_0 \\ y_0 \end{pmatrix}, \quad \boldsymbol{A} = \begin{pmatrix} 3 & 1 \\ 2 & 2 \end{pmatrix}$$

若当前的 $\boldsymbol{\alpha}_0 = (x_0, y_0)^{\mathrm{T}} = (1,1)^{\mathrm{T}}$，则

$$\boldsymbol{\alpha}_1 = \begin{pmatrix} x_1 \\ y_1 \end{pmatrix} = \begin{pmatrix} 3 & 1 \\ 2 & 2 \end{pmatrix}\begin{pmatrix} 1 \\ 1 \end{pmatrix} = \begin{pmatrix} 4 \\ 4 \end{pmatrix} = 4\begin{pmatrix} 1 \\ 1 \end{pmatrix}$$

即 $\boldsymbol{A}\boldsymbol{\alpha}_0 = 4\boldsymbol{\alpha}_0$. 由此可预测若干年后的污染水平与工业发展水平.

可以发现，矩阵 $\boldsymbol{A}$ 乘向量 $\boldsymbol{\alpha}_0$ 所得向量 $\boldsymbol{\alpha}_1 = \boldsymbol{A}\boldsymbol{\alpha}_0$ 恰是 $\boldsymbol{\alpha}_0$ 的 4 倍. 这正是矩阵的特征值和特征向量.

定义 12.1　设 $\boldsymbol{A}$ 为一个 n 阶方阵，若存在 n 维非零向量 $\boldsymbol{\alpha}$，使得

$$\boldsymbol{A}\boldsymbol{\alpha} = \lambda\boldsymbol{\alpha} \tag{12.1}$$

成立，则称数 λ 为方阵 $\boldsymbol{A}$ 的特征值，并称非零向量 $\boldsymbol{\alpha}$ 为方阵 $\boldsymbol{A}$ 属于特征值 λ 的特征向量.

注：特征向量 $\boldsymbol{\alpha} \neq \boldsymbol{0}$，且特征值问题是对 n 阶方阵而言的. 本章仅讨论实数域上的矩阵的特征值和特征向量.

将（12.1）改写为

$$(\lambda \boldsymbol{E}-\boldsymbol{A})\boldsymbol{\alpha}=\boldsymbol{0} \tag{12.2}$$

根据定义，n 阶矩阵 $\boldsymbol{A}$ 的特征值 λ，使得齐次线性方程组（12.2）有非零解的 λ 值，即满足方程

$$|\lambda \boldsymbol{E}-\boldsymbol{A}|=0 \tag{12.3}$$

的 λ 都是 $\boldsymbol{A}$ 的特征值，故 $\boldsymbol{A}$ 的特征值是一元方程 $|\lambda \boldsymbol{E}-\boldsymbol{A}|=\boldsymbol{0}$ 的根，而 $\boldsymbol{A}$ 的属于特征值 λ 的特征向量 $\boldsymbol{\alpha}$ 是齐次线性方程组

$$|\lambda \boldsymbol{E}-\boldsymbol{A}|\boldsymbol{X}=\boldsymbol{0} \tag{12.4}$$

的非零解.

由齐次线性方程组解的性质，不难得到如下定理.

定理 12.1　（1）若 $\boldsymbol{\alpha}$ 是 $\boldsymbol{A}$ 的属于特征值 λ_0 的特征向量，则 $k\boldsymbol{\alpha}$(k 为任意非零常数)也是 $\boldsymbol{A}$ 的属于 λ_0 的特征向量．即若 $\boldsymbol{A}\boldsymbol{\alpha}=\lambda_0\boldsymbol{\alpha}(\boldsymbol{\alpha}\neq\boldsymbol{0})$，则 $\boldsymbol{A}(k\boldsymbol{\alpha})=\lambda_0(k\boldsymbol{\alpha})\ (k\neq 0)$.

（2）若 $\boldsymbol{\alpha}_1,\boldsymbol{\alpha}_2$ 都是 $\boldsymbol{A}$ 的属于特征值 λ_0 的特征向量，且 $\boldsymbol{\alpha}_1+\boldsymbol{\alpha}_2\neq\boldsymbol{0}$，则 $\boldsymbol{\alpha}_1+\boldsymbol{\alpha}_2$ 也是 $\boldsymbol{A}$ 的属于 λ_0 的特征向量．即若 $\boldsymbol{A}\boldsymbol{\alpha}_1=\lambda_0\boldsymbol{\alpha}_1$，$\boldsymbol{A}\boldsymbol{\alpha}_2=\lambda_0\boldsymbol{\alpha}_2$，则

$$\boldsymbol{A}(\boldsymbol{\alpha}_1+\boldsymbol{\alpha}_2)=\lambda_0(\boldsymbol{\alpha}_1+\boldsymbol{\alpha}_2)$$

定义 12.2　设 $\boldsymbol{A}=(a_{ij})$ 为 n 阶矩阵，含有未知数 λ 的矩阵 $\lambda\boldsymbol{E}-\boldsymbol{A}$ 称为 $\boldsymbol{A}$ 的特征矩阵，其行列式

$$|\lambda \boldsymbol{E}-\boldsymbol{A}|=\begin{vmatrix}\lambda-a_{11} & -a_{12} & \cdots & -a_{1n}\\ -a_{21} & \lambda-a_{22} & \cdots & -a_{2n}\\ \vdots & \vdots & & \vdots\\ -a_{n1} & -a_{n2} & \cdots & \lambda-a_{nn}\end{vmatrix}$$

称为 $\boldsymbol{A}$ 的特征多项式，$|\lambda \boldsymbol{E}-\boldsymbol{A}|=0$ 称为 $\boldsymbol{A}$ 的特征方程.

$\boldsymbol{A}$ 的特征方程是 λ 的 n 次方程，在复数域上有 n 个根，其中 k 重根称为 k 重特征值，算作 k 个根.

例 12.2　求矩阵 $\boldsymbol{A}=\begin{pmatrix}-3 & 4\\ 2 & -1\end{pmatrix}$ 的特征值和特征向量.

解　写出特征方程

$$|\lambda \boldsymbol{E}-\boldsymbol{A}|=\begin{vmatrix}\lambda+3 & -4\\ -2 & \lambda+1\end{vmatrix}=(\lambda+3)(\lambda+1)-8=\lambda^2+4\lambda-5=(\lambda-1)(\lambda+5)=0$$

得到两个特征值 $\lambda_1=1,\quad \lambda_2=-5$.

对于 $\lambda_1=1$ 时的特征向量满足齐次线性方程组 $(\lambda_1\boldsymbol{E}-\boldsymbol{A})\boldsymbol{X}=\boldsymbol{0}$，即

$$\begin{pmatrix}4 & -4\\ -2 & 2\end{pmatrix}\begin{pmatrix}x_1\\ x_2\end{pmatrix}=\begin{pmatrix}0\\ 0\end{pmatrix}$$

也就是

$$\begin{cases}4x_1-4x_2=0\\ -2x_1+2x_2=0\end{cases}$$

解得基础解系为 $\boldsymbol{\xi}_1=\begin{pmatrix}1\\ 1\end{pmatrix}$，因此 $\boldsymbol{A}$ 的属于特征值 $\lambda_1=1$ 的全体特征向量为 $k_1\boldsymbol{\xi}_1$，其中 k_1 为任意非零常数.

对于 $\lambda_2=-5$ 时的特征向量满足齐次线性方程组 $(\lambda_2\boldsymbol{E}-\boldsymbol{A})\boldsymbol{X}=\boldsymbol{0}$，即

$$\begin{pmatrix}-2&-4\\-2&-4\end{pmatrix}\begin{pmatrix}x_1\\x_2\end{pmatrix}=\begin{pmatrix}0\\0\end{pmatrix}$$

也就是 $x_1+2x_2=0$，有

$$\begin{cases}x_1=-2x_2\\x_2=x_2\end{cases}$$

解得基础解系为 $\boldsymbol{\xi}_2=\begin{pmatrix}-2\\1\end{pmatrix}$，因此 $\boldsymbol{A}$ 的属于特征值 $\lambda_2=-5$ 的全体特征向量为 $k_2\boldsymbol{\xi}_2$，其中 k_2 为任意非零常数.

例 12.3 求矩阵 $\boldsymbol{A}=\begin{pmatrix}1&-2&3\\0&4&-5\\0&0&6\end{pmatrix}$ 的特征值和特征向量.

解 矩阵 $\boldsymbol{A}$ 的特征方程为

$$|\lambda\boldsymbol{E}-\boldsymbol{A}|=\begin{vmatrix}\lambda-1&2&-3\\0&\lambda-4&5\\0&0&\lambda-6\end{vmatrix}=(\lambda-1)(\lambda-4)(\lambda-6)=0$$

得 $\boldsymbol{A}$ 的特征值为 $\lambda_1=1$，$\lambda_2=4$，$\lambda_3=6$.

当 $\lambda_1=1$ 时，由齐次线性方程组 $(\lambda_1\boldsymbol{E}-\boldsymbol{A})\boldsymbol{X}=\boldsymbol{0}$，即

$$\begin{pmatrix}0&2&-3\\0&-3&5\\0&0&-5\end{pmatrix}\begin{pmatrix}x_1\\x_2\\x_3\end{pmatrix}=\begin{pmatrix}0\\0\\0\end{pmatrix}$$

也就是

$$\begin{cases}2x_2-3x_3=0\\-3x_2+5x_3=0\\-5x_3=0\end{cases}$$

解得基础解系为 $\boldsymbol{\xi}_1=\begin{pmatrix}1\\0\\0\end{pmatrix}$，因此 $\boldsymbol{A}$ 的属于特征值 $\lambda_1=1$ 的全体特征向量为 $k_1\boldsymbol{\xi}_1$，其中 k_1 为任意非零常数.

当 $\lambda_2=4$ 时，由齐次线性方程组 $(\lambda_1\boldsymbol{E}-\boldsymbol{A})\boldsymbol{X}=\boldsymbol{0}$，即

$$\begin{pmatrix}3&2&-3\\0&0&5\\0&0&-2\end{pmatrix}\begin{pmatrix}x_1\\x_2\\x_3\end{pmatrix}=\begin{pmatrix}0\\0\\0\end{pmatrix}$$

也就是

$$\begin{cases}3x_1+2x_2-3x_3=0\\5x_3=0\\-2x_3=0\end{cases}$$

解得基础解系为$\boldsymbol{\xi}_2=\begin{pmatrix}-2\\3\\0\end{pmatrix}$，因此$\boldsymbol{A}$的属于特征值$\lambda_2=4$的全体特征向量为$k_2\boldsymbol{\xi}_2$，其中$k_2$为非零任意常数.

当$\lambda_3=6$时，由齐次线性方程组$(\lambda_3\boldsymbol{E}-\boldsymbol{A})\boldsymbol{X}=\boldsymbol{0}$，即

$$\begin{pmatrix}5&2&-3\\0&2&5\\0&0&0\end{pmatrix}\begin{pmatrix}x_1\\x_2\\x_3\end{pmatrix}=\begin{pmatrix}0\\0\\0\end{pmatrix}$$

也就是

$$\begin{cases}5x_1+2x_2-3x_3=0\\ \qquad 2x_2+5x_3=0\\0\qquad\qquad\quad=0\end{cases}$$

解得基础解系为$\boldsymbol{\xi}_3=\begin{pmatrix}16\\-25\\10\end{pmatrix}$，因此$\boldsymbol{A}$的属于特征值$\lambda_3=6$的全体特征向量为$k_3\boldsymbol{\xi}_3$，其中$k_3$为任意非零常数.

例 12.4 求矩阵$\boldsymbol{A}=\begin{pmatrix}1&2&2\\2&1&2\\2&2&1\end{pmatrix}$的特征值和特征向量.

解 $\boldsymbol{A}$的特征多项式为

$$|\lambda\boldsymbol{E}-\boldsymbol{A}|=\begin{vmatrix}\lambda-1&-2&-2\\-2&\lambda-1&-2\\-2&-2&\lambda-1\end{vmatrix}=(\lambda-5)(\lambda+1)^2$$

所以$\boldsymbol{A}$的特征值为$\lambda_1=5,\ \lambda_2=\lambda_3=-1$.

对$\lambda_1=5$，解齐次线性方程组$(5\boldsymbol{E}-\boldsymbol{A})\boldsymbol{X}=\boldsymbol{0}$，即

$$\begin{cases}4x_1-2x_2-2x_3=0\\-2x_1+4x_2-2x_3=0\\-2x_1-2x_2+4x_3=0\end{cases}$$

得基础解系

$$\boldsymbol{\xi}_1=\begin{pmatrix}1\\1\\1\end{pmatrix}$$

$\boldsymbol{\xi}_1$就是$\boldsymbol{A}$的属于$\lambda_1=5$的线性无关特征向量，$\boldsymbol{A}$的属于$\lambda_1=5$的线性无关特征向量为

$$k_1\boldsymbol{\xi}_1=k_1\begin{pmatrix}1\\1\\1\end{pmatrix}\quad(k_1\neq0)$$

对$\lambda_2=\lambda_3=-1$，解齐次线性方程组$(-\boldsymbol{E}-\boldsymbol{A})\boldsymbol{X}=\boldsymbol{0}$，即

$$\begin{cases}-2x_1-2x_2-2x_3=0\\-2x_1-2x_2-2x_3=0\\-2x_1-2x_2-2x_3=0\end{cases}$$

得基础解系

$$\boldsymbol{\xi}_2=\begin{pmatrix}-1\\1\\0\end{pmatrix},\qquad \boldsymbol{\xi}_3=\begin{pmatrix}-1\\0\\1\end{pmatrix}$$

$\boldsymbol{\xi}_2,\boldsymbol{\xi}_3$ 就是 $\boldsymbol{A}$ 的属于 $\lambda_2=\lambda_3=-1$ 的线性无关特征向量，$\boldsymbol{A}$ 的属于 $\lambda_2=\lambda_3=-1$ 的线性无关特征向量为

$$k_2\boldsymbol{\xi}_2+k_3\boldsymbol{\xi}_3=k_2\begin{pmatrix}-1\\1\\0\end{pmatrix}+k_3\begin{pmatrix}-1\\0\\1\end{pmatrix}\quad (k_2,k_3\text{ 不全为零})$$

例 12.5 求矩阵 $\boldsymbol{A}=\begin{pmatrix}2&-1&1\\0&3&-1\\2&1&3\end{pmatrix}$ 的特征值和特征向量.

解 $\boldsymbol{A}$ 的特征多项式为

$$|\lambda\boldsymbol{E}-\boldsymbol{A}|=\begin{vmatrix}\lambda-2&1&-1\\0&\lambda-3&1\\-2&-1&\lambda-3\end{vmatrix}=(\lambda-4)(\lambda-2)^2$$

所以 $\boldsymbol{A}$ 的特征值为 $\lambda_1=4$，$\lambda_2=\lambda_3=2$.

对 $\lambda_1=4$，解齐次线性方程组 $(4\boldsymbol{E}-\boldsymbol{A})\boldsymbol{X}=\boldsymbol{0}$，即

$$\begin{cases}2x_1+x_2-x_3=0\\x_2+x_3=0\\-2x_1-x_2+x_3=0\end{cases}$$

得基础解系

$$\boldsymbol{\xi}_1=\begin{pmatrix}1\\-1\\1\end{pmatrix}$$

$\boldsymbol{\xi}_1$ 就是 $\boldsymbol{A}$ 的属于 $\lambda_1=4$ 的线性无关特征向量，$\boldsymbol{A}$ 的属于 $\lambda_1=4$ 的线性无关特征向量为

$$k_1\boldsymbol{\xi}_1=k_1\begin{pmatrix}1\\1\\1\end{pmatrix}\quad (k_1\neq 0)$$

对 $\lambda_2=\lambda_3=2$，解齐次线性方程组 $(2\boldsymbol{E}-\boldsymbol{A})\boldsymbol{X}=\boldsymbol{0}$，即

$$\begin{cases}x_2-x_3=0\\-x_2+x_3=0\\-2x_1-x_2-x_3=0\end{cases}$$

得基础解系

$$\xi_2 = \begin{pmatrix} -1 \\ 1 \\ 1 \end{pmatrix}$$

ξ_2 就是 A 的属于 $\lambda_2 = \lambda_3 = 2$ 的线性无关特征向量，A 的属于 $\lambda_2 = \lambda_3 = 2$ 的线性无关特征向量为

$$k_2\xi_2 \quad (k_2 \neq 0)$$

12.1.2　特征值和特征向量的性质

定理 12.2　n 阶矩阵 A 与它的转置矩阵 A^{T} 有相同的特征值.

证　因为

$$|\lambda E - A| = |(\lambda E - A)^{\mathrm{T}}| = |\lambda E - A^{\mathrm{T}}|$$

所以 A 与 A^{T} 有相同特征多项式，故有相同的特征值.

定理 12.3　n 阶矩阵 A 可逆的充要条件是它的任一特征值不等于零.

证　必要性. 设 A 可逆，则 $|A| \neq 0$，所以

$$|0E - A| = |-A| = (-1)^n |A| = 0$$

即 0 不是 A 的特征值. 与已知条件矛盾，故 A 必可逆.

充分性. 设 A 的任一特征值不等于零. 假定 A 不可逆，则 $|A| = 0$，于是

$$|0E - A| = |-A| = (-1)^n |A| = 0$$

所以 $\lambda = 0$ 是 A 的一个特征值. 与已知条件矛盾，故 A 可逆.

定理 12.4　矩阵 $A_{n\times n}$ 的所有特征值之和等于 A 的主对角元素之和，即

$$\sum_{i=1}^{n} \lambda_i = \sum_{i=1}^{n} a_{ii}$$

矩阵 $A = (a_{ij})_{n\times n}$ 的主对角元素之和称为矩阵 A 的迹，记为 $\mathrm{tr}A$，故 $\mathrm{tr}A = \sum\limits_{i=1}^{n} a_{ii}$.

矩阵 $A_{n\times n}$ 的所有特征值之积等于 $|A|$，即

$$\prod_{i=1}^{n} \lambda_i = |A|$$

显然，若 A 可逆，则 $|A| \neq 0$，即 $\prod \lambda_i \neq 0$，故 A 的特征值全不为零. 若 A 不可逆，则 $|A| = 0$，故 A 的特征值 $\lambda = 0$，且齐次线性方程组 $AX = \mathbf{0}$（有非零解）的非零解 ζ，即是 A 的属于 $\lambda = 0$ 的特征向量（因为 $A\zeta = \mathbf{0} = 0\zeta$ ）.

定理 12.5　设 A 为 n 阶矩阵，$\lambda_1, \lambda_2, \cdots, \lambda_m$ 是 A 的 m 个互不相同的特征值，$\xi_1, \xi_2, \cdots, \xi_m$ 分别是 A 的属于 $\lambda_1, \lambda_2, \cdots, \lambda_m$ 的特征向量，则 $\xi_1, \xi_2, \cdots, \xi_m$ 线性无关.

证　对 m 使用数学归纳法.

当 $m = 1$ 时，由于单个非零向量线性无关，结论成立.

假设结论对 $m-1$ 个互异特征值 $\lambda_1, \lambda_2, \cdots, \lambda_m$ 的情形成立，即它们所对应的特征向量 $\xi_1, \xi_2, \cdots, \xi_m$ 线性无关. 现证明 m 个互异特征值 $\lambda_1, \lambda_2, \cdots, \lambda_m$ 各自对应的特征向量 $\lambda_1, \lambda_2, \cdots, \lambda_m$ 也线性无关.

设

$$k_1\boldsymbol{\xi}_1+k_2\boldsymbol{\xi}_2+\cdots+k_{m-1}\boldsymbol{\xi}_{m-1}+k_m\boldsymbol{\xi}_m=\boldsymbol{0} \tag{12.5}$$

用 $\boldsymbol{A}$ 左乘式（12.5）两边，得

$$k_1\boldsymbol{A}\boldsymbol{\xi}_1+k_2\boldsymbol{A}\boldsymbol{\xi}_2+\cdots+k_{m-1}\boldsymbol{A}\boldsymbol{\xi}_{m-1}+k_m\boldsymbol{A}\boldsymbol{\xi}_m=\boldsymbol{0} \tag{12.6}$$

因

$$\boldsymbol{A}\boldsymbol{\xi}_i=\lambda_i\boldsymbol{A}_i \quad (i=1,2,\cdots,m)$$

故

$$k_1\lambda_1\boldsymbol{\xi}_1+k_2\lambda_2\boldsymbol{\xi}_2+\cdots+k_{m-1}\lambda_{m-1}\boldsymbol{\xi}_{m-1}+k_m\lambda_m\boldsymbol{\xi}_m=\boldsymbol{0} \tag{12.7}$$

用 λ_m 乘式（12.5）两边，得

$$k_1\lambda_m\boldsymbol{\xi}_1+k_2\lambda_m\boldsymbol{\xi}_2+\cdots+k_{m-1}\lambda_m\boldsymbol{\xi}_{m-1}+k_m\lambda_m\boldsymbol{\xi}_m=\boldsymbol{0} \tag{12.8}$$

式（12.8）减去式（12.7），得

$$k_1(\lambda_m-\lambda_1)\boldsymbol{\xi}_1+k_2(\lambda_m-\lambda_2)\boldsymbol{\xi}_2+\cdots+k_{m-1}(\lambda_m-\lambda_{m-1})\boldsymbol{\xi}_{m-1}=\boldsymbol{0}$$

由归纳法假设 $\boldsymbol{\xi}_1,\boldsymbol{\xi}_2,\cdots,\boldsymbol{\xi}_{m-1}$ 线性无关，所以

$$k_i(\lambda_m-\lambda_i)=0 \quad (i=1,2,\cdots,m-1)$$

又 $\lambda_m-\lambda_i\neq 0$，故只有

$$k_i=0 \quad (i=1,2,\cdots,m-1)$$

代入式（12.6），得

$$k_m\boldsymbol{\xi}_m=\boldsymbol{0}$$

而 $\boldsymbol{\xi}_m\neq 0$，所以只有 $k_m=0$，故 $\boldsymbol{\xi}_1,\boldsymbol{\xi}_2,\cdots,\boldsymbol{\xi}_m$ 线性无关.

定理 12.6 若 $\lambda_1,\lambda_2,\cdots,\lambda_m$ 是 n 阶矩阵 $\boldsymbol{A}$ 的互异特征值，而 $\boldsymbol{\xi}_{i1},\boldsymbol{\xi}_{i2},\cdots,\boldsymbol{\xi}_{ir_i}\,(i=1,2,\cdots,m)$ 是 $\boldsymbol{A}$ 的属于特征值 λ_i 的线性无关特征向量，则向量组

$$\boldsymbol{\xi}_{11},\boldsymbol{\xi}_{12},\cdots,\boldsymbol{\xi}_{1r_1},\boldsymbol{\xi}_{21},\boldsymbol{\xi}_{22},\cdots,\boldsymbol{\xi}_{2r_2},\cdots,\boldsymbol{\xi}_{m1},\boldsymbol{\xi}_{m2},\cdots,\boldsymbol{\xi}_{mr_m}$$

线性无关.

$\boldsymbol{A}$ 的线性无关的特征向量的个数与 $\boldsymbol{A}$ 的特征值有什么样的关系呢？对此有如下定理.

定理 12.7 若 λ_0 是 n 阶矩阵 $\boldsymbol{A}$ 的 k 重特征值，则 $\boldsymbol{A}$ 的属于 λ_0 的线性无关特征向量最多有 k 个.

例如，例 12.4 中 $\boldsymbol{A}$ 的属于二重特征值−1 的线性无关的特征向量的个数刚好为 2 个，而例 12.5 中属于二重特征值 2 的线性无关的特征向量则只有 1 个，例 12.2、例 12.4 则表明单个特征值对应的线性无关的特征向量刚好是 1 个．总之，例 12.2～例 12.5 中矩阵 $\boldsymbol{A}$ 的属于某个特征值的线性无关的特征向量个数都不超过该特征值的重数.

习　题　12.1

1. 求下列矩阵的特征值和特征向量：

（1）$\boldsymbol{A}=\begin{pmatrix}2&-4\\-3&3\end{pmatrix}$；　（2）$\boldsymbol{A}=\begin{pmatrix}2&1&1\\0&2&0\\0&-1&1\end{pmatrix}$；

（3）$\boldsymbol{A}=\begin{pmatrix}1&-3&3\\3&-5&3\\6&-6&4\end{pmatrix}$；　（4）$\boldsymbol{A}=\begin{pmatrix}3&2&4\\2&0&2\\4&2&3\end{pmatrix}$.

2. 求下列矩阵 $\boldsymbol{A}$ 的特征值和特征向量：

（1）$\boldsymbol{A}$ 是数量矩阵；（2）$\boldsymbol{A}$ 是对角阵.

3. 设 $\boldsymbol{A}=\begin{pmatrix}3 & 1\\ 5 & -1\end{pmatrix}$，求：

（1）$\boldsymbol{A}$ 的特征值和特征向量；（2）$\boldsymbol{A}^{50}\begin{pmatrix}1\\ -5\end{pmatrix}$.

12.2 相似矩阵与矩阵可对角化

12.2.1 相似矩阵及其性质

定义 12.3 设 $\boldsymbol{A}$，$\boldsymbol{B}$ 都是 n 阶矩阵，若有可逆矩阵 $\boldsymbol{P}$，使得 $\boldsymbol{B}=\boldsymbol{P}^{-1}\boldsymbol{AP}$，则称 $\boldsymbol{A}$ 与 $\boldsymbol{B}$ 相似，记为 $\boldsymbol{A}\sim\boldsymbol{B}$，$\boldsymbol{P}$ 称为相似变换矩阵.

矩阵的相似关系满足：

（1）反身性 $\boldsymbol{A}\sim\boldsymbol{A}$.

这是因为 $\boldsymbol{A}=\boldsymbol{E}^{-1}\boldsymbol{AE}$.

（2）对称性 若 $\boldsymbol{A}\sim\boldsymbol{B}$，则 $\boldsymbol{B}\sim\boldsymbol{A}$.

事实上，因为 $\boldsymbol{A}\sim\boldsymbol{B}$，所以存在可逆矩阵 $\boldsymbol{P}$，使得 $\boldsymbol{B}=\boldsymbol{P}^{-1}\boldsymbol{AP}$，于是

$$\boldsymbol{A}=\boldsymbol{PBP}^{-1}=(\boldsymbol{P}^{-1})^{-1}\boldsymbol{BP}^{-1}$$

即

$$\boldsymbol{B}\sim\boldsymbol{A}$$

（3）传递性 若 $\boldsymbol{A}\sim\boldsymbol{B}$，$\boldsymbol{B}\sim\boldsymbol{C}$，则 $\boldsymbol{A}\sim\boldsymbol{C}$.

由 $\boldsymbol{A}\sim\boldsymbol{B}$，$\boldsymbol{B}\sim\boldsymbol{C}$，必存在 n 阶可逆矩阵 $\boldsymbol{P},\boldsymbol{Q}$，有

$$\boldsymbol{P}^{-1}\boldsymbol{AP}=\boldsymbol{B},\qquad \boldsymbol{Q}^{-1}\boldsymbol{BQ}=\boldsymbol{C}$$

于是 $\boldsymbol{Q}^{-1}(\boldsymbol{P}^{-1}\boldsymbol{AP})\boldsymbol{Q}=\boldsymbol{C}$，即

$$(\boldsymbol{PQ})^{-1}\boldsymbol{A}(\boldsymbol{PQ})=\boldsymbol{C}$$

由此可得 $\boldsymbol{A}\sim\boldsymbol{C}$.

（4）若 $\boldsymbol{A}\sim\boldsymbol{B}$，则 $|\boldsymbol{A}|=|\boldsymbol{B}|$.

（5）若 $\boldsymbol{A}\sim\boldsymbol{B}$，则 $|\lambda\boldsymbol{E}-\boldsymbol{A}|=|\lambda\boldsymbol{E}-\boldsymbol{B}|$.

因为 $\boldsymbol{A}\sim\boldsymbol{B}$，所以存在可逆矩阵 $\boldsymbol{P}$，使得 $\boldsymbol{P}^{-1}\boldsymbol{AP}=\boldsymbol{B}$，于是

$$|\lambda\boldsymbol{E}-\boldsymbol{B}|=|\lambda\boldsymbol{E}-\boldsymbol{P}^{-1}\boldsymbol{AP}|=|\boldsymbol{P}^{-1}(\lambda\boldsymbol{E}-\boldsymbol{A})\boldsymbol{P}|=|\boldsymbol{P}^{-1}||\lambda\boldsymbol{E}-\boldsymbol{A}||\boldsymbol{P}|=|\lambda\boldsymbol{E}-\boldsymbol{A}|$$

注：有相同特征值的两个 n 阶方阵不一定相似.

例如，单位矩阵 $\boldsymbol{E}=\begin{pmatrix}1 & 0\\ 0 & 1\end{pmatrix}$ 与矩阵 $\boldsymbol{A}=\begin{pmatrix}1 & 2\\ 0 & 1\end{pmatrix}$ 有相同的特征值 1（二重根），但 $\boldsymbol{A}$ 与 $\boldsymbol{E}$ 不相似（因为单位矩阵只能与单位矩阵相似）.

（6）若 $\boldsymbol{A}\sim\boldsymbol{B}$，则 $R(\boldsymbol{A})=R(\boldsymbol{B})$.

（7）若 $\boldsymbol{A}\sim\boldsymbol{B}$，且 $\boldsymbol{A}$ 可逆，则 $\boldsymbol{B}$ 也可逆，且 $\boldsymbol{A}^{-1}\sim\boldsymbol{B}^{-1}$.

因为 $\boldsymbol{A}\sim\boldsymbol{B}$，所以存在可逆矩阵 $\boldsymbol{B}$，使得 $\boldsymbol{P}^{-1}\boldsymbol{A}\boldsymbol{P}=\boldsymbol{B}$，若 $\boldsymbol{A}$ 可逆，因可逆矩阵的乘积仍可逆，故 $\boldsymbol{B}$ 也可逆，且 $\boldsymbol{B}^{-1}=\boldsymbol{P}^{-1}\boldsymbol{A}^{-1}\boldsymbol{P}$，所以 $\boldsymbol{A}^{-1}\sim\boldsymbol{B}^{-1}$.

（8）若 $\boldsymbol{A}\sim\boldsymbol{B}$，则 $\boldsymbol{A}^k\sim\boldsymbol{B}^k$ （k 为任意非负整数）.

由 $\boldsymbol{A}\sim\boldsymbol{B}$，存在可逆矩阵 $\boldsymbol{P}$，有 $\boldsymbol{P}^{-1}\boldsymbol{A}\boldsymbol{P}=\boldsymbol{B}$，于是

$$\begin{aligned}\boldsymbol{B}^k&=(\boldsymbol{P}^{-1}\boldsymbol{A}\boldsymbol{P})^k=(\boldsymbol{P}^{-1}\boldsymbol{A}\boldsymbol{P})(\boldsymbol{P}^{-1}\boldsymbol{A}\boldsymbol{P})\cdots(\boldsymbol{P}^{-1}\boldsymbol{A}\boldsymbol{P})\\&=\boldsymbol{P}^{-1}\boldsymbol{A}\boldsymbol{P}\boldsymbol{P}^{-1}\boldsymbol{A}\boldsymbol{P}\cdots\boldsymbol{P}^{-1}\boldsymbol{A}\boldsymbol{P}=\boldsymbol{P}^{-1}\boldsymbol{A}^k\boldsymbol{P}\end{aligned}$$

所以

$$\boldsymbol{A}^k\sim\boldsymbol{B}^k$$

12.2.2 n 阶矩阵 $\boldsymbol{A}$ 与对角矩阵相似的条件

对 n 阶矩阵 $\boldsymbol{A}$，任给一个 n 阶非奇异矩阵 $\boldsymbol{P}$，则 $\boldsymbol{P}^{-1}\boldsymbol{A}\boldsymbol{P}$ 就与 $\boldsymbol{A}$ 相似，所以与 $\boldsymbol{A}$ 相似的矩阵很多. 因为相似矩阵有很多共同的性质，所以只要从与 $\boldsymbol{A}$ 相似的一类矩阵中找到一个特别简单的矩阵，通过对这个简单矩阵的性质的研究就知道 $\boldsymbol{A}$ 的不少性质. 对角矩阵是一种很简单的矩阵，那么，什么样的 n 阶矩阵才能与对角矩阵相似呢？下面给出 n 阶矩阵 $\boldsymbol{A}$ 与对角矩阵相似的条件.

定理 12.8 n 阶矩阵 $\boldsymbol{A}$ 与对角矩阵相似的充要条件是 $\boldsymbol{A}$ 有 n 个线性无关的特征向量.

证 必要性. 因为 $\boldsymbol{A}\sim\boldsymbol{\Lambda}$，所以存在可逆矩阵 $\boldsymbol{P}$，使得

$$\boldsymbol{P}^{-1}\boldsymbol{A}\boldsymbol{P}=\boldsymbol{\Lambda}=\begin{pmatrix}\lambda_1&&&\\&\lambda_2&&\\&&\ddots&\\&&&\lambda_n\end{pmatrix}$$

即

$$\boldsymbol{A}\boldsymbol{P}=\boldsymbol{P}\boldsymbol{\Lambda}.$$

令 $\boldsymbol{P}=(\boldsymbol{x}_1,\boldsymbol{x}_2,\cdots,\boldsymbol{x}_n)(\boldsymbol{x}_i\neq\boldsymbol{0},i=1,2,\cdots,n)$，则 $\boldsymbol{P}$ 的列向量组 $(x_1,x_2,\cdots,x_n)$ 线性无关（因为 $\boldsymbol{P}$ 可逆）. 于是

$$\boldsymbol{A}\boldsymbol{P}=\boldsymbol{A}(\boldsymbol{x}_1,\boldsymbol{x}_2,\cdots,\boldsymbol{x}_n)=(\lambda_1\boldsymbol{x}_1,\lambda_2\boldsymbol{x}_2,\cdots,\lambda_n\boldsymbol{x}_n)$$

从而有

$$\boldsymbol{A}\boldsymbol{x}_i=\lambda_i\boldsymbol{x}_i\quad(i=1,2,\cdots,n)$$

因 $\boldsymbol{x}_i\neq\boldsymbol{0}$，故 λ_i 为 $\boldsymbol{A}$ 的特征值，$\boldsymbol{x}_i$ 为 $\boldsymbol{A}$ 对应于 λ_i 的特征向量，所以 $\boldsymbol{A}$ 有 n 个线性无关的特征向量（它们恰好是可逆矩阵 $\boldsymbol{P}$ 的列向量组）.

充分性. 设 $\boldsymbol{A}$ 有 n 个线性无关的特征向量 $\boldsymbol{x}_1,\boldsymbol{x}_2,\cdots,\boldsymbol{x}_n$，它们分别对应于特征值 $\lambda_1,\lambda_2,\cdots,\lambda_n$，即有 $\boldsymbol{A}\boldsymbol{x}_i=\lambda_i\boldsymbol{x}_i(i=1,2,\cdots,n)$，亦即

$$\boldsymbol{A}(\boldsymbol{x}_1,\boldsymbol{x}_2,\cdots,\boldsymbol{x}_n)=(\lambda_1\boldsymbol{x}_1,\lambda_2\boldsymbol{x}_2,\cdots,\lambda_n\boldsymbol{x}_n)$$

或

$$\boldsymbol{A}(\boldsymbol{x}_1,\boldsymbol{x}_2,\cdots,\boldsymbol{x}_n)=(\boldsymbol{x}_1,\boldsymbol{x}_2,\cdots,\boldsymbol{x}_n)\begin{pmatrix}\lambda_1&&&\\&\lambda_2&&\\&&\ddots&\\&&&\lambda_n\end{pmatrix}$$

令 $\boldsymbol{P}=(\boldsymbol{x}_1,\boldsymbol{x}_2,\cdots,\boldsymbol{x}_n)(\boldsymbol{x}_i\neq\boldsymbol{0},i=1,2,\cdots,n)$. 因 $(\boldsymbol{x}_1,\boldsymbol{x}_2,\cdots,\boldsymbol{x}_n)$ 线性无关，故 $\boldsymbol{P}$ 可逆.

由 $\boldsymbol{AP}=\boldsymbol{P}\begin{pmatrix}\lambda_1 & & & \\ & \lambda_2 & & \\ & & \ddots & \\ & & & \lambda_n\end{pmatrix}$ 知 $\boldsymbol{P}^{-1}\boldsymbol{AP}=\begin{pmatrix}\lambda_1 & & & \\ & \lambda_2 & & \\ & & \ddots & \\ & & & \lambda_n\end{pmatrix}$，所以 $\boldsymbol{A}$ 相似于对角矩阵.

推论 12.1　若 n 阶矩阵 $\boldsymbol{A}$ 有 n 个互不相同的特征值 $\lambda_1,\lambda_2,\cdots,\lambda_n$，则 $\boldsymbol{A}$ 与对角矩阵 $\boldsymbol{\Lambda}$ 相似，其中 $\boldsymbol{\Lambda}$ 的主对角线的元依次为 $\lambda_1,\lambda_2,\cdots,\lambda_n$.

应注意，由 n 阶矩阵 $\boldsymbol{A}$ 可对角化，并不能断定 $\boldsymbol{A}$ 必有 n 个互不相同的特征值. 例如，数量矩阵 $a\boldsymbol{E}$ 是可对角化的，但它只有特征值 a（n 重).

定理 12.9　n 阶矩阵 $\boldsymbol{A}$ 与对角阵相似的充要条件是 $\boldsymbol{A}$ 的每个 k 重特征值 λ 恰好对应有 k 个线性无关的特征向量，即矩阵 $\lambda\boldsymbol{E}-\boldsymbol{A}$ 的秩为 $n-k$.

例 12.6　设矩阵

$$\boldsymbol{A}=\begin{pmatrix}4 & 6 & 0\\ -3 & -5 & 0\\ -3 & -6 & 1\end{pmatrix}$$

（1）判断 $\boldsymbol{A}$ 是否与对角阵相似，若相似，求与 $\boldsymbol{A}$ 相似的对角阵 $\boldsymbol{\Lambda}$ 和相似变换矩阵 $\boldsymbol{P}$；

（2）求 $\boldsymbol{A}^{100}$.

解　（1）因为

$$|\lambda\boldsymbol{E}-\boldsymbol{A}|=(\lambda+2)(\lambda-1)^2$$

所以 $\boldsymbol{A}$ 有特征值 $\lambda_1=-2$，$\lambda_2=\lambda_3=1$.

对 $\lambda_1=-2$，解方程组

$$(-2\boldsymbol{E}-\boldsymbol{A})\boldsymbol{X}=\boldsymbol{0}$$

得基础解系

$$\boldsymbol{\xi}_1=(-1,1,1)^{\mathrm{T}}$$

对 $\lambda_2=\lambda_3=1$，解方程组

$$(\boldsymbol{E}-\boldsymbol{A})\boldsymbol{X}=\boldsymbol{0}$$

得基础解系

$$\boldsymbol{\xi}_2=(-2,1,0)^{\mathrm{T}},\qquad \boldsymbol{\xi}_3=(0,0,1)^{\mathrm{T}}$$

显然 $\boldsymbol{A}$ 有三个线性无关的特征向量，所以 $\boldsymbol{A}$ 与对角阵

$$\boldsymbol{\Lambda}=\begin{pmatrix}-2 & & \\ & 1 & \\ & & 1\end{pmatrix}$$

相似.

以 $\boldsymbol{\xi}_1,\boldsymbol{\xi}_2,\boldsymbol{\xi}_3$ 作为列向量，得相似变换矩阵

$$\boldsymbol{P}=\begin{pmatrix}-1 & -2 & 0\\ 1 & 1 & 0\\ 1 & 0 & 1\end{pmatrix}$$

有

$$P^{-1}AP=\begin{pmatrix}-2&&\\&1&\\&&1\end{pmatrix}$$

（2）因 $A=P^{-1}\Lambda P$，故

$$A^2=P\begin{pmatrix}-2&&\\&1&\\&&1\end{pmatrix}P^{-1}P\begin{pmatrix}-2&&\\&1&\\&&1\end{pmatrix}=P\begin{pmatrix}-2&&\\&1&\\&&1\end{pmatrix}^2P^{-1}$$

类似可得

$$A^{100}=P\begin{pmatrix}-2&&\\&1&\\&&1\end{pmatrix}^{100}P^{-1}$$

又由

$$P^{-1}=\begin{pmatrix}1&2&0\\-1&-1&0\\-1&-2&1\end{pmatrix}$$

得

$$A^{100}=\begin{pmatrix}-1&-2&0\\1&1&0\\1&0&1\end{pmatrix}\begin{pmatrix}2^{100}&&\\&1&\\&&1\end{pmatrix}\begin{pmatrix}1&2&0\\-1&-1&0\\-1&-2&1\end{pmatrix}$$

$$=\begin{pmatrix}-2^{100}+2&-2^{101}+2&0\\2^{100}-1&2^{101}-1&0\\2^{100}-1&2^{101}-2&1\end{pmatrix}$$

例 12.7 设矩阵 $A=\begin{pmatrix}0&0&1\\x&1&y\\1&0&0\end{pmatrix}$ 可相似于一个对角阵，试讨论 x,y 应满足的条件.

解 矩阵 A 的特征多项式

$$|\lambda E-A|=\begin{vmatrix}\lambda&0&-1\\-x&\lambda-1&-y\\-1&0&\lambda\end{vmatrix}=(\lambda-1)^2(\lambda+1)$$

所以 A 的特征值为 $\lambda_1=\lambda_2=1$，$\lambda_3=-1$. 根据定理 12.9 知，对于二重特征值 $\lambda_1=\lambda_2=1$，矩阵 A 应有两个线性无关的特征向量，故对应齐次线性方程组 $(E-A)X=0$ 的系数矩阵 $E-A$ 的秩 $R(E-A)=1$，又

$$E-A=\begin{pmatrix}1&0&-1\\-x&0&-y\\-1&0&1\end{pmatrix}\to\begin{pmatrix}1&0&-1\\0&0&x+y\\0&0&0\end{pmatrix}$$

由此可得：A 可对角化时，必有 $x+y=0$.

习　题　12.2

1. 下列矩阵是否可对角化？若可对角化，试求可逆矩阵 $\boldsymbol{P}$，使得 $\boldsymbol{P}^{-1}\boldsymbol{AP}$ 为对角矩阵.

（1）$\boldsymbol{A}=\begin{pmatrix}1&1\\-1&3\end{pmatrix}$；　　（2）$\boldsymbol{A}=\begin{pmatrix}4&2&3\\2&1&2\\-1&-2&0\end{pmatrix}$；

（3）$\boldsymbol{A}=\begin{pmatrix}1&-1&1\\2&4&-2\\-3&-3&5\end{pmatrix}$；　　（4）$\boldsymbol{A}=\begin{pmatrix}3&-1&0&0\\1&1&0&0\\-2&4&5&-3\\7&5&3&-1\end{pmatrix}$.

2. 设矩阵 $\boldsymbol{D}=\begin{pmatrix}2&0&0\\0&2&0\\0&0&3\end{pmatrix}$，判断下述矩阵是否与 D 相似：

（1）$\boldsymbol{A}_1=\begin{pmatrix}3&0&0\\0&2&0\\0&0&2\end{pmatrix}$；　　（2）$\boldsymbol{A}_2=\begin{pmatrix}2&1&0\\0&2&0\\0&0&3\end{pmatrix}$；

（3）$\boldsymbol{A}_3=\begin{pmatrix}2&0&1\\0&2&0\\0&0&3\end{pmatrix}$；　　（4）$\boldsymbol{A}_4=\begin{pmatrix}2&1&0\\0&2&1\\0&0&3\end{pmatrix}$.

3. 已知矩阵 $\boldsymbol{A}=\begin{pmatrix}2&0&0\\0&0&1\\0&1&x\end{pmatrix}$ 与 $\boldsymbol{B}=\begin{pmatrix}2&0&0\\0&y&0\\0&0&-1\end{pmatrix}$ 相似.

（1）求 x,y 的值；　　（2）求矩阵 $\boldsymbol{P}$，使得 $\boldsymbol{P}^{-1}\boldsymbol{AP}=\boldsymbol{B}$.

12.3　实对称矩阵的特征值和特征向量

12.3.1　实对称矩阵特征值的性质

定理 12.10　实对称矩阵的特征值必为实数，并且也必有对应的实特征向量.

注：任意 n 阶矩阵的特征值不一定是实数.

定理 12.11　实对称矩阵 $\boldsymbol{A}$ 的属于不同特征值对应的特征向量相互正交.

证　设 $\boldsymbol{A}^{\mathrm{T}}=\boldsymbol{A}$，$\lambda_1,\lambda_2$ 为 $\boldsymbol{A}$ 的不同特征值，其对应的特征向量分别为 $\boldsymbol{x}_1,\boldsymbol{x}_2$，于是有

$$\boldsymbol{Ax}_1=\lambda_1\boldsymbol{x}_1\quad(\boldsymbol{x}_1\neq\boldsymbol{0})$$

$$\boldsymbol{Ax}_2=\lambda_2\boldsymbol{x}_2\quad(\boldsymbol{x}_2\neq\boldsymbol{0})$$

因

$$(\lambda_1\boldsymbol{x}_1)^{\mathrm{T}}=(\boldsymbol{Ax}_1)^{\mathrm{T}}$$

故

$$\lambda_1\boldsymbol{x}_1^{\mathrm{T}}=\boldsymbol{x}_1^{\mathrm{T}}\boldsymbol{A}^{\mathrm{T}}$$

用 $\boldsymbol{x}_2$ 右乘上式两边，得

$$\lambda_1\boldsymbol{x}_1^{\mathrm{T}}\boldsymbol{x}_2=\boldsymbol{x}_1^{\mathrm{T}}\boldsymbol{A}\boldsymbol{x}_2=\boldsymbol{x}_1^{\mathrm{T}}\lambda_2\boldsymbol{x}_2=\lambda_2\boldsymbol{x}_1^{\mathrm{T}}\boldsymbol{x}_2$$

即

$$(\lambda_1-\lambda_2)\boldsymbol{x}_1^{\mathrm{T}}\boldsymbol{x}_2=\boldsymbol{0}$$

因为 $\lambda_1\neq\lambda_2$，所以

$$\boldsymbol{x}_1^{\mathrm{T}}\boldsymbol{x}_2=\boldsymbol{0}$$

即 $\boldsymbol{x}_1$ 与 $\boldsymbol{x}_2$ 正交.

定理 12.12 实对称矩阵 $\boldsymbol{A}$ 的属于 k 重特征值 λ_0 的线性无关的特征向量恰有 k 个.

12.3.2 n 阶实对称矩阵的对角化

由定理 12.12 可得：任意实对称矩阵必与对角阵相似.

将 n 阶实对称矩阵 $\boldsymbol{A}$ 的每个 k 重特征值 λ 对应的 k 个线性无关的特征向量用施密特方法正交化后，它们仍是 $\boldsymbol{A}$ 的属于特征值 λ 的特征向量，由此可知 n 阶实对称矩阵 $\boldsymbol{A}$ 一定有 n 个正交的特征向量，再将这 n 个正交向量单位化，得到一组标准正交基，用其构成正交矩阵 $\boldsymbol{Q}$，有

$$\boldsymbol{Q}^{-1}\boldsymbol{A}\boldsymbol{Q}=\boldsymbol{\Lambda}$$

其中 $\boldsymbol{\Lambda}=\mathrm{diag}(\lambda_1,\lambda_2,\cdots,\lambda_n)$，$\lambda_i(i=1,2,\cdots,n)$ 为 $\boldsymbol{A}$ 的 n 个特征值.

定义 12.4 对于任意一个 n 阶实对称矩阵，若存在正交矩阵 $\boldsymbol{Q}$，使得

$$\boldsymbol{Q}^{-1}\boldsymbol{A}\boldsymbol{Q}=\boldsymbol{B}$$

则称 $\boldsymbol{A}$ 与 $\boldsymbol{B}$ 正交相似.

求正交矩阵 $\boldsymbol{Q}$ 的步骤：

（1）计算 n 阶矩阵 $\boldsymbol{A}$ 的特征多项式 $|\lambda\boldsymbol{E}-\boldsymbol{A}|$；

（2）求出特征方程 $|\lambda\boldsymbol{E}-\boldsymbol{A}|=0$ 的全部特征根，它们就是矩阵 $\boldsymbol{A}$ 的全部特征值；

（3）设 $\lambda_1,\lambda_2,\cdots,\lambda_r$ 是 $\boldsymbol{A}$ 的全部互异特征值，对于每一个 λ_i 解齐次线性方程组 $(\lambda_i\boldsymbol{E}-\boldsymbol{A})\boldsymbol{X}=\boldsymbol{0}$，求出它的一个基础解系，它们就是 $\boldsymbol{A}$ 的属于特征值 λ_i 的一组线性无关特征向量，该方程组的全体非零解向量就是 $\boldsymbol{A}$ 的属于特征值 λ_i 的全部特征向量；

（4）用 $\boldsymbol{A}$ 的所有属于不同特征值的已标准正交化的特征向量作为矩阵的列向量构成正交矩阵 $\boldsymbol{Q}$.

例 12.8 设

$$\boldsymbol{A}=\begin{pmatrix}4&2&2\\2&4&2\\2&2&4\end{pmatrix}$$

求变换矩阵 $\boldsymbol{Q}$ 使正交相似于对角阵.

解

$$|\lambda\boldsymbol{E}-\boldsymbol{A}|=\begin{vmatrix}\lambda-4&-2&-2\\-2&\lambda-4&-2\\-2&-2&\lambda-4\end{vmatrix}=(\lambda-2)^2(\lambda-8)$$

故 $\boldsymbol{A}$ 的特征值为 $\lambda_1=8$，$\lambda_2=\lambda_3=2$.

对 $\lambda_1=8$，解齐次线性方程组 $(8\boldsymbol{E}-\boldsymbol{A})\boldsymbol{X}=\boldsymbol{0}$，得 $\boldsymbol{A}$ 的属于特征值 8 的线性无关特征向量为

$$\boldsymbol{x}_1=\begin{pmatrix}1\\1\\1\end{pmatrix}$$

将 $\boldsymbol{x}_1$ 单位化，得

$$\boldsymbol{x}_1^*=\begin{pmatrix}\frac{1}{\sqrt{3}}\\\frac{1}{\sqrt{3}}\\\frac{1}{\sqrt{3}}\end{pmatrix}$$

对 $\lambda_2=\lambda_3=2$，解齐次线性方程组 $(2\boldsymbol{E}-\boldsymbol{A})\boldsymbol{X}=\boldsymbol{0}$，得 $\boldsymbol{A}$ 的属于特征值 2 的线性无关特征向量为

$$\boldsymbol{x}_2=\begin{pmatrix}-1\\1\\0\end{pmatrix},\qquad \boldsymbol{x}_3=\begin{pmatrix}-1\\0\\1\end{pmatrix}$$

用施密特方法正交化并单位化，得长度为 1 且相互正交的向量

$$\boldsymbol{x}_2^*=\begin{pmatrix}-\frac{1}{\sqrt{2}}\\\frac{1}{\sqrt{2}}\\0\end{pmatrix},\qquad \boldsymbol{x}_3^*=\begin{pmatrix}-\frac{1}{\sqrt{6}}\\-\frac{1}{\sqrt{6}}\\\frac{2}{\sqrt{6}}\end{pmatrix}$$

于是得正交矩阵

$$\boldsymbol{Q}=\left(\boldsymbol{x}_1^*,\boldsymbol{x}_2^*,\boldsymbol{x}_3^*\right)=\begin{pmatrix}\frac{1}{\sqrt{3}}&-\frac{1}{\sqrt{2}}&-\frac{1}{\sqrt{6}}\\\frac{1}{\sqrt{3}}&\frac{1}{\sqrt{2}}&-\frac{1}{\sqrt{6}}\\\frac{1}{\sqrt{3}}&0&\frac{2}{\sqrt{6}}\end{pmatrix}$$

$$\boldsymbol{Q}^{-1}\boldsymbol{A}\boldsymbol{Q}=\boldsymbol{Q}^{\mathrm{T}}\boldsymbol{A}\boldsymbol{Q}=\begin{pmatrix}8&0&0\\0&2&0\\0&0&2\end{pmatrix}$$

例 12.9　判断 n 阶矩阵 $\boldsymbol{A},\boldsymbol{B}$ 是否相似，其中

$$\boldsymbol{A}=\begin{pmatrix}1&1&\dots&1\\1&1&\dots&1\\\vdots&\vdots&&\vdots\\1&1&\dots&1\end{pmatrix},\qquad \boldsymbol{B}=\begin{pmatrix}n&0&\dots&0\\1&0&\dots&0\\\vdots&\vdots&&\vdots\\1&0&\dots&0\end{pmatrix}$$

解 由

$$|\lambda \boldsymbol{E}-\boldsymbol{A}|=\begin{vmatrix}\lambda-1 & -1 & \dots & -1\\ -1 & \lambda-1 & \dots & -1\\ \vdots & \vdots & & \vdots\\ -1 & -1 & \dots & \lambda-1\end{vmatrix}=0$$

即

$$(\lambda-n)\lambda^{n-1}=0$$

得 $\boldsymbol{A}$ 的特征值为

$$\lambda_1=n,\qquad \lambda_2=\lambda_3=\cdots=\lambda_n=0$$

因 $\boldsymbol{A}$ 是实对称矩阵，故存在可逆矩阵 $\boldsymbol{Q}_1$，使得

$$\boldsymbol{Q}_1^{-1}\boldsymbol{A}\boldsymbol{Q}_1=\boldsymbol{\Lambda}=\begin{pmatrix}n & 0 & \dots & 0\\ 0 & 0 & \dots & 0\\ \vdots & \vdots & & \vdots\\ 0 & 0 & \dots & 0\end{pmatrix}$$

又

$$|\lambda \boldsymbol{E}-\boldsymbol{B}|=(\lambda-n)\lambda^{n-1}$$

可见 $\boldsymbol{B}$ 与 $\boldsymbol{A}$ 有相同的特征值.

对于 $\boldsymbol{B}$ 的 $n-1$ 重特征根 $\lambda=0$，因为 $R(0\boldsymbol{E}-\boldsymbol{B})=R(-\boldsymbol{B})=1$，所以对应有 $n-1$ 个线性无关的特征向量，因而存在可逆矩阵 $\boldsymbol{Q}_2$，使得

$$\boldsymbol{Q}_2^{-1}\boldsymbol{B}\boldsymbol{Q}_2=\boldsymbol{Q}_2^{\mathrm{T}}\boldsymbol{B}\boldsymbol{Q}_2=\boldsymbol{\Lambda}$$

从而

$$\boldsymbol{Q}_2^{-1}\boldsymbol{B}\boldsymbol{Q}_2=\boldsymbol{Q}_1^{-1}\boldsymbol{A}\boldsymbol{Q}_1$$

即

$$\boldsymbol{B}=(\boldsymbol{Q}_1\boldsymbol{Q}_2^{-1})^{-1}\boldsymbol{A}(\boldsymbol{Q}_1\boldsymbol{Q}_2^{-1})$$

故 $\boldsymbol{A}$ 与 $\boldsymbol{B}$ 相似.

习 题 12.3

1. 对下列实对称矩阵 $\boldsymbol{A}$，求正交矩阵 $\boldsymbol{Q}$，使得 $\boldsymbol{Q}^{-1}\boldsymbol{A}\boldsymbol{Q}$ 为对角矩阵：

（1）$\boldsymbol{A}=\begin{pmatrix}1 & 2 & 3\\ 2 & 1 & 3\\ 3 & 3 & 6\end{pmatrix}$；（2）$\boldsymbol{A}=\begin{pmatrix}1 & 1 & 1\\ 1 & 1 & 1\\ 1 & 1 & 1\end{pmatrix}$.

2. 设 3 阶实对称矩阵 $\boldsymbol{A}$ 的特征值为 $\lambda_1=-1$，$\lambda_2=1$（二重），对应于 λ_1 的特征向量 $\boldsymbol{\alpha}_1=(0,1,1)^{\mathrm{T}}$.

（1）求 $\boldsymbol{A}$ 对应于特征值 1 的特征向量；

（2）求矩阵 $\boldsymbol{A}$.

第13章 二 次 型

13.1 二次型的矩阵表示及矩阵合同

13.1.1 问题的引入

在平面解析几何中，标准方程 $x^2+y^2=R^2$ 的图形是圆，$\dfrac{x^2}{a^2}+\dfrac{y^2}{b^2}=1$ 的图形是椭圆，$\dfrac{x^2}{a^2}-\dfrac{y^2}{b^2}=1$ 的图形是双曲线；而对于一般二次曲线 $ax^2+bxy+cy^2=d$ 的图形是什么，就看不出来了．但是，只要适当选择 θ，作旋转替换 $\begin{cases}x=x'\cos\theta-y'\sin\theta,\\ y=x'\sin\theta+y'\cos\theta,\end{cases}$ 就可将曲线方程化为标准方程 $a'x'^2+b'y'^2=1$，这样就容易判别出 $ax^2+bxy+cy^2=d$ 的图形了．下面作一般讨论．

13.1.2 二次型的基本概念

定义 13.1 n 个变量 $x_1,x_2,\cdots,x_n$ 的二次齐次多项式

$$f(x_1,x_2,\cdots,x_n)=a_{11}x_1^2+2a_{12}x_1x_2+2a_{13}x_1x_3+\cdots+2a_{1n}x_1x_n \\ +a_{22}x_2^2+\cdots+a_{2n}x_2x_n+\cdots+a_{nn}x_n{}^2 \tag{13.1}$$

称为 $x_1,x_2,\cdots,x_n$ 的一个 n 元二次型．本章讨论的二次型的系数 a_{ij} 全部为实数，简称实二次型或二次型．

若令 $x_{ij}=x_{ji}(i=1,2,\cdots,n;j=1,2,\cdots,n)$，则

$$2a_{ij}x_ix_j=a_{ij}x_ix_j+a_{ij}x_jx_i$$

故二次型可以写为对称形式：

$$f(x_1,x_2,\cdots,x_n)=a_{11}x_1^2+a_{12}x_1x_2+\cdots+a_{1n}x_1x_n+a_{21}x_2x_1+a_{22}x_2^2+\cdots+a_{2n}x_2x_n \\ +\cdots+a_{n1}x_nx_1+a_{n2}x_nx_2+\cdots+a_{nn}x_n^2 \tag{13.2}$$

将式（13.2）的系数排成的 $n\times n$ 矩阵：

$$\boldsymbol{A}=\begin{pmatrix}a_{11}&a_{12}&\dots&a_{1n}\\a_{21}&a_{22}&\dots&a_{2n}\\\vdots&\vdots&&\vdots\\a_{n1}&a_{n2}&\dots&a_{nn}\end{pmatrix}$$

称为二次型（13.1）的矩阵．

因为 $a_{ij}=a_{ji}(i,j=1,2,\cdots n)$，所以二次型的矩阵都是对称矩阵．再令

$$X=\begin{pmatrix}x_1\\x_2\\\vdots\\x_n\end{pmatrix}$$

则二次型（13.1）又可以表示为矩阵的乘积形式：

$$f(x_1,x_2,\cdots,x_n)=X^{\mathrm{T}}AX \tag{13.3}$$

显然，给定二次型后，对应的矩阵 A 就被唯一确定，A 的对角元素 $a_{ii}(i=1,2,\cdots,n)$ 是二次型中平方项的系数，元素 a_{ij} 是混合项 x_ix_j 的系数的一半；反之，给定一个二次型的对应矩阵（是对称矩阵），二次型也就完全被确定了．即 n 元二次型与 n 阶实对称矩阵之间有一一对应关系．

例 13.1　设二次型

$$f(x_1,x_2,x_3)=x_1^2+2x_2^2+3x_3^2+4x_1x_2+5x_1x_3+6x_2x_3$$

试求二次型矩阵 A，并将 $f(x_1,x_2,x_3)$ 表示成矩阵形式．

解　将 $f(x_1,x_2,x_3)$ 写为对称形式（13.2），并表示成矩阵形式：

$$f(x_1,x_2,x_3)=x_1^2+2x_1x_2+\frac{5}{2}x_1x_3+2x_2x_1+2x_2^2+3x_2x_3+\frac{5}{2}x_3x_1+3x_3x_2+3x_3^2$$

故 $f(x_1,x_2,x_3)$ 的对应矩阵

$$A=\begin{pmatrix}1&2&\frac{5}{2}\\2&2&3\\\frac{5}{2}&3&3\end{pmatrix}$$

再令

$$X=\begin{pmatrix}x_1\\x_2\\x_3\end{pmatrix}$$

则

$$f(x_1,x_2,x_3)=(x_1,x_2,x_3)\begin{pmatrix}1&2&\frac{5}{2}\\2&2&3\\\frac{5}{2}&3&3\end{pmatrix}\begin{pmatrix}x_1\\x_2\\x_3\end{pmatrix}$$

例 13.2　已知矩阵

$$A=\begin{pmatrix}3&1&3\\1&-1&2\\3&2&5\end{pmatrix}$$

求 A 对应的二次型．

解　设

$$X=(x_1,x_2,x_3)^{\mathrm{T}}$$

则

$$f(x_1,x_2,x_3)=\boldsymbol{X}^{\mathrm{T}}\boldsymbol{A}\boldsymbol{X}=(x_1,x_2,x_3)\begin{pmatrix}3&1&3\\1&-1&2\\3&2&5\end{pmatrix}\begin{pmatrix}x_1\\x_2\\x_3\end{pmatrix}$$

$$=3x_1^{\ 2}-x_2^{\ 2}+5x_3^{\ 2}+2x_1x_2+6x_1x_3+4x_2x_3$$

若二次型中只含有变量的平方项，没有混合项，即所有的混合项 $x_ix_j(i\neq j)$ 的系数全为零的二次型

$$f(x_1,x_2,\cdots,x_n)=d_1x_1^2+d_2x_2^2+\cdots+d_nx_n^2$$

称为二次型的标准型，其对应的矩阵是对角矩阵，即

$$f(x_1,x_2,\cdots,x_n)=d_1x_1^2+d_2x_2^2+\cdots+d_nx_n^2=(x_1,x_2,\cdots x_n)\begin{pmatrix}d_1x_1\\d_2x_2\\\vdots\\d_nx_n\end{pmatrix}$$

$$=(x_1,x_2,\cdots x_n)\begin{pmatrix}d_1&0&\cdots&0\\0&d_2&\cdots&0\\\vdots&\vdots&&\vdots\\0&0&\cdots&d_n\end{pmatrix}\begin{pmatrix}x_1\\x_2\\\vdots\\x_n\end{pmatrix}=\boldsymbol{X}^{\mathrm{T}}\boldsymbol{\Lambda}\boldsymbol{X}$$

其中 $\boldsymbol{\Lambda}$ 为对角矩阵.

13.1.3 线性变换

定义 13.2 称两组变量 $x_1,x_2,\cdots,x_n$ 与 $y_1,y_2,\cdots,y_n$ 的关系

$$\begin{cases}x_1=c_{11}y_1+c_{12}y_2+\cdots+c_{1n}y_n\\x_2=c_{21}y_1+c_{22}y_2+\cdots+c_{2n}y_n\\\cdots\cdots\\x_n=c_{n1}y_1+c_{n2}y_2+\cdots+c_{nn}y_n\end{cases}\tag{13.4}$$

为由 $x_1,x_2,\cdots,x_n$ 到 $y_1,y_2,\cdots,y_n$ 的一个线性变换.

令

$$\boldsymbol{C}=(c_{ij})=\begin{pmatrix}c_{11}&c_{12}&\dots&c_{1n}\\c_{21}&c_{22}&\dots&c_{2n}\\\vdots&\vdots&&\vdots\\c_{n1}&c_{n2}&\dots&c_{nn}\end{pmatrix},\qquad \boldsymbol{Y}=\begin{pmatrix}y_1\\y_2\\\vdots\\y_n\end{pmatrix}$$

则线性变换（13.4）可写为

$$\boldsymbol{X}=\boldsymbol{C}\boldsymbol{Y}\tag{13.5}$$

其中 $\boldsymbol{C}$ 称为线性变换的系数矩阵.

若 $\boldsymbol{C}$ 为非奇异矩阵，则式（13.5）称为非奇异线性变换，并称

$$\boldsymbol{Y}=\boldsymbol{C}^{-1}\boldsymbol{X}\tag{13.6}$$

为 $\boldsymbol{X}=\boldsymbol{C}\boldsymbol{Y}$ 的逆变换.

若线性变换的系数矩阵为正交矩阵，则称此线性变换为正交矩阵. 显然，正交变换必为非奇异线性变换.

13.1.4 矩阵合同

不难看出，将线性变换（13.4）代入二次型（13.1）所得到的关于 $y_1, y_2, \cdots, y_n$ 的多项式仍然是二次齐次，即线性变换把二次型变成二次型．特别地，二次型经非奇异线性变换 $\boldsymbol{X} = \boldsymbol{CY}$ 后亦为二次型，而逆变换 $\boldsymbol{Y} = \boldsymbol{C}^{-1}\boldsymbol{X}$ 又将所得的二次型还原．但经非奇异性变换后的二次型的矩阵与原二次型的矩阵之间有什么关系呢？下面对此进行探讨．

将非奇异线性变换（13.5）代入二次型（13.3），得

$$f = \boldsymbol{X}^{\mathrm{T}}\boldsymbol{AX} = (\boldsymbol{CY})^{\mathrm{T}}\boldsymbol{A}(\boldsymbol{CY}) = \boldsymbol{Y}^{\mathrm{T}}(\boldsymbol{C}^{\mathrm{T}}\boldsymbol{AC})\boldsymbol{Y}$$

显然有 $(\boldsymbol{C}^{\mathrm{T}}\boldsymbol{AC})^{\mathrm{T}} = \boldsymbol{C}^{\mathrm{T}}\boldsymbol{A}^{\mathrm{T}}(\boldsymbol{C}^{\mathrm{T}})^{\mathrm{T}} = \boldsymbol{C}^{\mathrm{T}}\boldsymbol{AC}$，即 $\boldsymbol{C}^{\mathrm{T}}\boldsymbol{AC}$ 为对称矩阵，因此 $\boldsymbol{C}^{\mathrm{T}}\boldsymbol{AC}$ 是二次型(13.3)经非奇异线性变换（13.5）后所得到的新二次型的矩阵．若以 $\boldsymbol{B}$ 表示新二次型矩阵，则有

$$\boldsymbol{B} = \boldsymbol{C}^{\mathrm{T}}\boldsymbol{AC} \tag{13.7}$$

这就是前后两个二次型矩阵的关系．与之相应，引入矩阵合同的概念．

定义 13.3 设 $\boldsymbol{A},\boldsymbol{B}$ 为 n 阶矩阵，若存在非奇异矩阵 $\boldsymbol{C}$，使得

$$\boldsymbol{B} = \boldsymbol{C}^{\mathrm{T}}\boldsymbol{AC}$$

则称 $\boldsymbol{A}$ 与 $\boldsymbol{B}$ 是合同的（或 $\boldsymbol{A}$ 与 $\boldsymbol{B}$ 合同），记为 $\boldsymbol{A} \simeq \boldsymbol{B}$．

可见二次型作非奇异线性变换后，前后两个二次型的矩阵是合同的．合同是矩阵之间的一种关系，容易证明合同关系满足：

（1）反身性　$\boldsymbol{A} \simeq \boldsymbol{A}$．

（2）对称性　若 $\boldsymbol{A} \simeq \boldsymbol{B}$，则 $\boldsymbol{B} \simeq \boldsymbol{A}$．

（3）传递性　若 $\boldsymbol{A} \simeq \boldsymbol{B}$，$\boldsymbol{B} \simeq \boldsymbol{C}$，则 $\boldsymbol{A} \simeq \boldsymbol{C}$．

合同矩阵还具有如下性质．

性质 13.1 若 $\boldsymbol{A}$ 与 $\boldsymbol{B}$ 合同，则 $R(\boldsymbol{A}) = R(\boldsymbol{B})$.

证 因 $\boldsymbol{B} = \boldsymbol{C}^{\mathrm{T}}\boldsymbol{AC}$，故 $R(\boldsymbol{A}) \leqslant R(\boldsymbol{B})$．又因 $\boldsymbol{C}$ 为非奇异矩阵，有 $\boldsymbol{A} = (\boldsymbol{C}^{\mathrm{T}})^{-1}\boldsymbol{BC}^{-1}$，从而 $R(\boldsymbol{A}) \leqslant R(\boldsymbol{B})$，于是

$$R(\boldsymbol{A}) = R(\boldsymbol{B})$$

性质 13.1 表明，非奇异线性变换 $\boldsymbol{X} = \boldsymbol{CY}$ 将原二次型 $f = \boldsymbol{X}^{\mathrm{T}}\boldsymbol{AX}$ 化为新二次型 $\boldsymbol{Y}^{\mathrm{T}}\boldsymbol{BY}$ 后其秩不发生改变．二次型的这一性质可以从新二次型的某些性质推知原二次型的有关性质．

习　题　13.1

1. 写出下列二次型的矩阵：

（1）$f(x_1,x_2,x_3) = 2x_1^2 - x_2^2 + 4x_1x_3 - 2x_2x_3$；

（2）$f(x_1,x_2,x_3) = x_1^2 - x_3^2 + 2x_1x_2 + 6x_2x_3$；

（3）$f(x_1,x_2,x_3) = 3x_1^2 + 6x_2^2 + 3x_3^2 - 4x_1x_2 - 8x_1x_3 - 4x_2x_3$．

2. 写出下列各对称矩阵所对应的二次型：

（1）$A=\begin{pmatrix} 1 & -\frac{1}{2} & \frac{1}{2} \\ -\frac{1}{2} & 0 & -2 \\ \frac{1}{2} & -2 & 2 \end{pmatrix}$；　　（2）$A=\begin{pmatrix} 0 & \frac{1}{2} & -1 & 0 \\ \frac{1}{2} & -1 & \frac{1}{2} & \frac{1}{2} \\ -1 & \frac{1}{2} & 0 & \frac{1}{2} \\ 0 & \frac{1}{2} & \frac{1}{2} & 1 \end{pmatrix}$.

3. 设二次型 $f(x_1,x_2,x_3)=(x_1+x_2)^2+(x_2-x_3)^2+(x_3+x_1)^2$，求此二次型的秩.

13.2　二次型的标准形和规范形

13.2.1　二次型的标准形

定义 13.4　二次型 $f(x_1,x_2,\cdots,x_n)$ 经非奇异线性变换所得的只含有平方项的二次型称为原二次型 $f(x_1,x_2,\cdots,x_n)$ 的标准型.

对于任意二次型是否一定能找到适当的非奇异线性变换使其化为标准形呢？对此不加证明地给出下面的定理.

定理 13.1　数域 F 上的任意一个二次型都可以经过非奇异线性变换化为标准形.

13.2.2　化二次型为标准形

怎样才能找到适当的非奇异线性变换将已知的二次型化为标准形呢？本书介绍以下两种方法.

1. 正交变换法

正交变换法是实二次型化标准形的方法. 如前所述，二次型化为标准形的问题，实质上就是对称矩阵合同于对角阵的问题. 对实二次型 $f=\boldsymbol{X}^{\mathrm{T}}\boldsymbol{A}\boldsymbol{X}$，因矩阵 $\boldsymbol{A}$ 是实对称矩阵，故由定理 12.12，$\boldsymbol{A}$ 必与对角阵正交相似，即存在正交矩阵 $\boldsymbol{Q}$，使得

$$\boldsymbol{Q}^{-1}\boldsymbol{A}\boldsymbol{Q}=\boldsymbol{\Lambda}=\mathrm{diag}(\lambda_1,\lambda_2,\cdots,\lambda_n)$$

其中 $\lambda_1,\lambda_2,\cdots,\lambda_n$ 为 $\boldsymbol{A}$ 的特征值.

因为对正交矩阵 $\boldsymbol{Q}$，有 $\boldsymbol{Q}^{-1}=\boldsymbol{Q}^{\mathrm{T}}$，所以

$$\boldsymbol{Q}^{-1}\boldsymbol{A}\boldsymbol{Q}=\boldsymbol{\Lambda}$$

即实对称阵必与对角阵 $\boldsymbol{\Lambda}$ 合同. 于是对实二次型，利用正交矩阵 $\boldsymbol{Q}$ 作正交变换 $\boldsymbol{X}=\boldsymbol{Q}\boldsymbol{Y}$，则实二次型

$$f=\boldsymbol{X}^{\mathrm{T}}\boldsymbol{A}\boldsymbol{X}=(\boldsymbol{Q}\boldsymbol{Y})^{\mathrm{T}}\boldsymbol{A}(\boldsymbol{Q}\boldsymbol{Y})=\boldsymbol{Y}^{\mathrm{T}}\boldsymbol{Q}^{\mathrm{T}}\boldsymbol{A}\boldsymbol{Q}\boldsymbol{Y}=\boldsymbol{Y}^{\mathrm{T}}\boldsymbol{\Lambda}\boldsymbol{Y}=\lambda_1 y_1^2+\lambda_2 y_2^2+\cdots+\lambda_n y_n^2$$

即正交变换 $\boldsymbol{X}=\boldsymbol{Q}\boldsymbol{Y}$ 将实二次型化为标准形. 于是，有如下定理.

定理 13.2　任意一个实二次型都可经过正交变换化为标准形，且标准形中平方项的系数就是原实二次型矩阵 $\boldsymbol{A}$ 的全部特征值.

将实二次型化为标准形的正交变换法的步骤是：

（1）求出实二次型 f 的系数矩阵 $\boldsymbol{A}$ 的全部特征值 $\lambda_1,\lambda_2,\cdots,\lambda_n$；

（2）求出使 $\boldsymbol{A}$ 对角化的正交变换矩阵 $\boldsymbol{Q}$，得正交变换 $\boldsymbol{X}=\boldsymbol{QY}$；

（3）写出 f 的标准形

$$f=\lambda_1 y_1^2+\lambda_2 y_2^2+\cdots+\lambda_n y_n^2 \quad 或 \quad f=\boldsymbol{Y}^{\mathrm{T}}\boldsymbol{\Lambda Y}$$

其中

$$\boldsymbol{\Lambda}=\operatorname{diag}(\lambda_1,\lambda_2,\cdots,\lambda_n)$$

例 13.3 化实二次型

$$f(x_1,x_2,x_3)=3x_1^2+6x_2^2+3x_3^2-4x_1x_2-8x_1x_3-4x_2x_3$$

为标准形，并求出相应的正交变换.

解 二次型 $f(x_1,x_2,x_3)$ 的对应矩阵为

$$\boldsymbol{A}=\begin{pmatrix}3&-2&-4\\-2&6&-2\\-4&-2&3\end{pmatrix}$$

矩阵 $\boldsymbol{A}$ 的特征多项式

$$|\lambda\boldsymbol{E}-\boldsymbol{A}|=\begin{vmatrix}\lambda-3&2&4\\2&\lambda-6&2\\4&2&\lambda-3\end{vmatrix}=\begin{vmatrix}\lambda-3&2&7-\lambda\\2&\lambda-6&0\\4&2&\lambda-7\end{vmatrix}=\begin{vmatrix}\lambda+1&4&0\\2&\lambda-6&0\\4&2&\lambda-7\end{vmatrix}$$

$$=(\lambda-7)(\lambda^2-5\lambda-14)=(\lambda-7)^2(\lambda+2)$$

得 $\boldsymbol{A}$ 的特征值 $\lambda_1=\lambda_2=7$（二重特征值），$\lambda_3=-2$.

当 $\lambda_1=\lambda_2=7$ 时，由 $(\lambda_1\boldsymbol{E}-\boldsymbol{A})\boldsymbol{X}=\boldsymbol{0}$，即

$$\begin{pmatrix}4&2&4\\2&1&2\\4&2&4\end{pmatrix}\begin{pmatrix}x_1\\x_2\\x_3\end{pmatrix}=\begin{pmatrix}0\\0\\0\end{pmatrix}$$

解得基础解系 $\boldsymbol{\xi}_1=(-1,2,0)^{\mathrm{T}}$，$\boldsymbol{\xi}_2=(1,0,-1)^{\mathrm{T}}$.

当 $\lambda_3=-2$ 时，$(\lambda_3\boldsymbol{E}-\boldsymbol{A})\boldsymbol{X}=\boldsymbol{0}$，即

$$\begin{pmatrix}-5&2&4\\2&-8&2\\4&2&-5\end{pmatrix}\begin{pmatrix}x_1\\x_2\\x_3\end{pmatrix}=\begin{pmatrix}0\\0\\0\end{pmatrix}$$

对系数矩阵作行初等变换：

$$\begin{pmatrix}-5&2&4\\2&-8&2\\4&2&-5\end{pmatrix}\to\begin{pmatrix}2&-8&2\\4&2&-5\\0&0&0\end{pmatrix}\to\begin{pmatrix}2&-8&2\\0&18&-9\\0&0&0\end{pmatrix}$$

解得基础解系 $\boldsymbol{\xi}_3=(2,1,2)^{\mathrm{T}}$.

显然，$\boldsymbol{\xi}_1,\boldsymbol{\xi}_2$ 与 $\boldsymbol{\xi}_3$ 已正交，对 $\boldsymbol{\xi}_1,\boldsymbol{\xi}_2$ 用施密特正交化方法进行正交化，得

$$\boldsymbol{\beta}_1=\boldsymbol{\xi}_1=\begin{pmatrix}-1\\2\\0\end{pmatrix}$$

$$\boldsymbol{\beta}_2=\boldsymbol{\xi}_2-\frac{(\boldsymbol{\xi}_2,\boldsymbol{\xi}_1)}{(\boldsymbol{\beta}_1,\boldsymbol{\beta}_2)}\boldsymbol{\beta}_1=\begin{pmatrix}1\\0\\-1\end{pmatrix}-\frac{-1}{5}\begin{pmatrix}-1\\2\\0\end{pmatrix}=\begin{pmatrix}\frac{4}{5}\\\frac{2}{5}\\-1\end{pmatrix}$$

取 $\boldsymbol{\beta}_2=\begin{pmatrix}4\\2\\-5\end{pmatrix}$，将 $\boldsymbol{\beta}_1,\boldsymbol{\beta}_2,\boldsymbol{\beta}_3$ 单位化：

$$\boldsymbol{\beta}_1^0=\frac{1}{\sqrt{5}}\begin{pmatrix}-1\\2\\0\end{pmatrix},\quad \boldsymbol{\beta}_2^0=\frac{1}{\sqrt{45}}\begin{pmatrix}4\\2\\-5\end{pmatrix},\quad \boldsymbol{\xi}_3^0=\begin{pmatrix}\frac{2}{3}\\\frac{1}{3}\\\frac{2}{3}\end{pmatrix}$$

将 $\boldsymbol{\beta}_1^0,\boldsymbol{\beta}_2^0,\boldsymbol{\xi}_3^0$ 合并成正交矩阵，即令

$$\boldsymbol{Q}=\begin{pmatrix}\frac{-1}{\sqrt{5}}&\frac{4}{\sqrt{45}}&\frac{2}{3}\\\frac{2}{\sqrt{5}}&\frac{2}{\sqrt{45}}&\frac{1}{3}\\0&\frac{-5}{\sqrt{45}}&\frac{2}{3}\end{pmatrix}$$

则
$$f(x_1,x_2,x_3)=\boldsymbol{X}^{\mathrm{T}}\boldsymbol{A}\boldsymbol{X}=\boldsymbol{Y}^{\mathrm{T}}\boldsymbol{Q}^{\mathrm{T}}\boldsymbol{A}^{\mathrm{T}}\boldsymbol{Q}\boldsymbol{Y}=\boldsymbol{Y}^{\mathrm{T}}\begin{pmatrix}7&0&0\\0&7&0\\0&0&-2\end{pmatrix}\boldsymbol{Y}=7y_1^2+7y_2^2-2y_3^2$$

所作正交变换为 $\boldsymbol{X}=\boldsymbol{Q}\boldsymbol{Y}$，即

$$\begin{cases}x_1=-\dfrac{1}{\sqrt{5}}y_1+\dfrac{4}{\sqrt{45}}y_2+\dfrac{2}{3}y_3\\x_2=\dfrac{2}{\sqrt{5}}y_1+\dfrac{2}{\sqrt{45}}y_2+\dfrac{1}{3}y_3\\x_3=-\dfrac{5}{\sqrt{45}}y_2+\dfrac{2}{3}y_3\end{cases}$$

注：用正交变换化二次型为标准形，其标准形的系数就是对应矩阵 $\boldsymbol{A}$ 的特征值.

2. 配方法

下面通过例题来介绍化二次型为标准形的配方法. 这种方法简单易懂，实际上就是中学代数里二次三项式配平方法的推广.

例 13.4 化二次型

$$f(x_1,x_2,x_3)=x_1^{\ 2}+2x_2^{\ 2}+2x_1x_2+2x_1x_3+6x_2x_3$$

为标准形，并求出所用的可逆线性变换.

解 如果二次型含有某一变量的平方，就先集中含该变量的各项进行配方．本例中，先集中含 x_1 的各项（当然也可以先集中含 x_2 的各项）配方，再集中含 x_2 的各项配方，如此继续下去，直到配成平方和为止．

$$\begin{aligned}
f &= x_1^2 + 2(x_2 + x_3)x_1 + 2x_2^2 + 6x_2x_3 \\
&= \left[x_1^2 + 2(x_2 + x_3)x_1 + (x_2 + x_3)^2\right] - (x_2 + x_3)^2 + 2x_2^2 + 6x_2x_3 \\
&= (x_1 + x_2 + x_3)^2 + x_2^2 + 4x_2x_3 - x_3^2 \\
&= (x_1 + x_2 + x_3)^2 + (x_2^2 + 4x_2x_3 + 4x_3^2) - 4x_3^2 - x_3^2 \\
&= (x_1 + x_2 + x_3)^2 + (x_2^2 + 2x_3^2)^2 - 5x_3^2
\end{aligned}$$

令 $\begin{cases} y_1 = x_1 + x_2 + x_3, \\ y_2 = x_2 + 2x_3, \\ y_3 = x_3, \end{cases}$ 即 $\begin{cases} x_1 = y_1 + y_2 + y_3, \\ x_2 = y_2 + 2y_3, \\ x_3 = y_3, \end{cases}$ 则此变换将原二次型化为标准形

$$f = y_1^2 + y_2^2 - 5y_3^2$$

变换矩阵为

$$\boldsymbol{C} = \begin{pmatrix} 1 & 1 & 1 \\ 0 & 1 & 2 \\ 0 & 0 & 1 \end{pmatrix}$$

其中 $|\boldsymbol{C}| = \begin{vmatrix} 1 & 1 & 1 \\ 0 & 1 & 2 \\ 0 & 0 & 1 \end{vmatrix} \neq 0$，$\boldsymbol{C}$ 可逆．

例 13.5 用配方法将下面的二次型化为标准形：

$$f(x_1, x_2, x_3) = x_1x_2 + 2x_1x_3$$

解 与例 13.4 不同的是，这个二次型只有混合项，没有平方项．若只将 $2x_1x_3$ 项配成 $2x_1x_3 = (x_1 + x_3)^3 - x_1^2 - x_3^2$，这种配方将不能满足把某个变量一次配完的原则．

这里先利用平方差的公式作一次可逆线性变换，使二次型出现平方项．令

$$\begin{cases} x_1 = y_1 + y_2 \\ x_2 = y_1 - y_2 \\ x_3 = y_3 \end{cases} \quad 即 \quad \begin{pmatrix} x_1 \\ x_2 \\ x_3 \end{pmatrix} = \begin{pmatrix} 1 & 1 & 0 \\ 1 & -1 & 0 \\ 0 & 0 & 1 \end{pmatrix} \begin{pmatrix} y_1 \\ y_2 \\ y_3 \end{pmatrix}$$

则原二次型化为

$$\begin{aligned}
f(x_1, x_2, x_3) &= (y_1 + y_2)(y_1 - y_2) + 2(y_1 + y_2)y_3 \\
&= y_1^2 - y_2^2 + 2y_1y_3 + 2y_2y_3 \\
&= (y_1 + y_3)^2 - (y_2 - y_3)^2
\end{aligned}$$

再令 $\begin{cases} z_1 = y_1 + y_3, \\ z_2 = y_2 - y_3, \\ z_3 = y_3, \end{cases}$ 即 $\begin{cases} y_1 = z_1 - z_3, \\ y_2 = z_2 + z_3, \\ y_3 = z_3, \end{cases}$ $\begin{pmatrix} y_1 \\ y_2 \\ y_3 \end{pmatrix} = \begin{pmatrix} 1 & 0 & -1 \\ 0 & 1 & 1 \\ 0 & 0 & 1 \end{pmatrix} \begin{pmatrix} z_1 \\ z_2 \\ z_3 \end{pmatrix}$，即原二次型化为标准形

$$f(x_1, x_2, x_3) = z_1^2 - z_2^2$$

所作的可逆线性替换为

$$\begin{pmatrix}x_1\\x_2\\x_3\end{pmatrix}=\begin{pmatrix}1&1&0\\1&-1&0\\0&0&1\end{pmatrix}\begin{pmatrix}y_1\\y_2\\y_3\end{pmatrix}=\begin{pmatrix}1&1&0\\1&-1&0\\0&0&1\end{pmatrix}\begin{pmatrix}1&0&-1\\0&1&1\\0&0&1\end{pmatrix}\begin{pmatrix}z_1\\z_2\\z_3\end{pmatrix}$$

$$=\begin{pmatrix}1&1&0\\1&-1&-2\\0&0&1\end{pmatrix}\begin{pmatrix}z_1\\z_2\\z_3\end{pmatrix}$$

13.2.3 二次型的规范形

一个二次型的标准形未必相同，这与所作的可逆线性变换有关，即二次型的标准形不是唯一的. 但是，同一个二次型化为标准形后，标准形中所含的正、负平方项的个数却是相同的. 为了深入地讨论这一问题，需引入二次型的规范形的概念.

若二次型 $f(x_1,x_2,\cdots,x_n)=\boldsymbol{X}^{\mathrm{T}}\boldsymbol{AX}$（其中 $\boldsymbol{A}^{\mathrm{T}}=\boldsymbol{A}$）通过可逆线性变换化为

$$y_1^2+\cdots+y_p^2-y_{p+1}^2-\cdots-y_r^2 \quad (p\leqslant r\leqslant n)$$

则称为该二次型的规范形.

定理 13.3（惯性定理） 任意一个 n 元二次型 $f(x_1,x_2,\cdots,x_n)$ 都可以通过可逆线性变换化为规范形，且规范形是唯一的.

证 任一二次型通过可逆线性变换 $\boldsymbol{X}=\boldsymbol{CY}$ 可化为标准形

$$f(x_1,x_2,\cdots,x_n)=d_1y_1^2+d_2y_2^2+\cdots+d_py_p^2-d_{p+1}y_{p+1}^2-\cdots-d_ry_r^2$$

其中 $d_i>0\ (i=1,2,\cdots,r)$，二次型 $f(x_1,x_2,\cdots,x_n)$ 的秩为 r .

作可逆线性变换：

$$\begin{cases}y_1=\dfrac{1}{\sqrt{d_1}}z_1\\ \cdots\cdots\\ y_r=\dfrac{1}{\sqrt{d_r}}z_r\\ y_{r+1}=\dfrac{1}{\sqrt{d_{r+1}}}z_{r+1}\\ \cdots\cdots\\ y_n=z_n\end{cases}$$

则二次型化为规范形：

$$f(x_1,x_2,\cdots,x_n)=z_1^2+z_2^2+\cdots+z_p^2-z_{p+1}^2-\cdots-z_r^2$$

可以证明此规范形是唯一的（证明略).

推论 13.1 任意实对称矩阵 $\boldsymbol{A}$ 合同于对角矩阵

$$\begin{pmatrix}\boldsymbol{E}_p&&\\&-\boldsymbol{E}_{r-p}&\\&&\boldsymbol{O}\end{pmatrix}$$

在二次型的规范形中，正项的项数 p 称为正惯性指数，负项的项数 $r-p$ 称为负惯性指数，它们的差，即 $p-(r-p)=2p-r$ 称为二次型的符号差．正惯性指数与负惯性指数的和为 r，恰等于二次型的秩，即二次型矩阵 $\boldsymbol{A}$ 的秩．由此可得如下推论．

推论 13.2 两个实对称矩阵合同的充要条件是它们具有相同的正惯性指数和秩．

习 题 13.2

1. 用正交变换法将下列二次型化为标准形，并写出所作的线性变换：

（1）$f(x_1,x_2,x_3)=2x_1^2+x_2^2-4x_1x_2-4x_2x_3$；

（2）$f(x_1,x_2,x_3)=2x_1x_2-2x_2x_3$．

2. 用配方法将下列二次型化为标准形：

（1）$f(x_1,x_2,x_3)=x_1^2+2x_2^2+4x_3^2+2x_1x_2+4x_2x_3$；

（2）$f(x_1,x_2,x_3)=-4x_1x_2+2x_1x_3+2x_2x_3$．

13.3 正定二次型和正定矩阵

根据二次型的标准形和规范形，可以判别两个二次型或两个对应矩阵是否合同，还可以对二次型的函数值是否恒大于零等进行分类．二次型分类，无论在理论上，还是在应用中，都有重要意义，特别是正定二次型在工程技术及最优化等问题中有广泛应用．

定义 13.5 设二次型 $f(x_1,x_2,\cdots,x_n)=\boldsymbol{X}^{\mathrm{T}}\boldsymbol{A}\boldsymbol{X}$，若对于任意的 $\boldsymbol{X}=(x_1,x_2,\cdots,x_n)^{\mathrm{T}}\neq\boldsymbol{0}$，有 $f(x_1,x_2,\cdots,x_n)=\boldsymbol{X}^{\mathrm{T}}\boldsymbol{A}\boldsymbol{X}>0$，则称该二次型为正定二次型，矩阵 $\boldsymbol{A}$ 为正定矩阵．

例 13.6 二次型 $f(x_1,x_2,\cdots,x_n)=x_1^2+x_2^2+\cdots+x_n^2$ 是正定二次型．因为对于任意的 $\boldsymbol{X}=(x_1,x_2,\cdots,x_n)^{\mathrm{T}}\neq 0$，有 $f(x_1,x_2,\cdots,x_n)>0$，而二次型

$$f(x_1,x_2,\cdots,x_n)=x_1^2+x_2^2+\cdots+x_r^2 \quad (r<n)$$

不是正定二次型．因为对于 $\boldsymbol{X}=(0,0,\cdots,0,x_{r+1},x_{r+2},\cdots,x_n)^{\mathrm{T}}\neq\boldsymbol{0}$，所以

$$f(x_1,x_2,\cdots,x_n)=0$$

由此例可以看出，利用二次型的标准形或规范形很容易判断二次型的正定性．

定理 13.4 可逆线性变换不改变二次型的正定性．

证 设二次型 $f(x_1,x_2,\cdots,x_n)=\boldsymbol{X}^{\mathrm{T}}\boldsymbol{A}\boldsymbol{X}$ 是正定二次型．经可逆线性变换 $\boldsymbol{X}=\boldsymbol{C}\boldsymbol{Y}$，得

$$f(x_1,x_2,\cdots,x_n)=\boldsymbol{X}^{\mathrm{T}}\boldsymbol{A}\boldsymbol{X}\xlongequal{\boldsymbol{X}=\boldsymbol{C}\boldsymbol{Y}}\boldsymbol{Y}^{\mathrm{T}}\boldsymbol{X}^{\mathrm{T}}\boldsymbol{A}\boldsymbol{C}\boldsymbol{Y}$$

仍是正定二次型．因对于任意的 $\boldsymbol{Y}=(y_1,y_2,\cdots,y_n)^{\mathrm{T}}\neq\boldsymbol{0}$，$\boldsymbol{C}$ 是可逆矩阵，得 $\boldsymbol{X}\neq\boldsymbol{0}$（若 $\boldsymbol{X}=\boldsymbol{0}$，则 $\boldsymbol{Y}=\boldsymbol{C}^{-1}\boldsymbol{X}=\boldsymbol{0}$，这与 $\boldsymbol{Y}\neq\boldsymbol{0}$ 矛盾），$\boldsymbol{Y}^{\mathrm{T}}\boldsymbol{X}^{\mathrm{T}}\boldsymbol{A}\boldsymbol{C}\boldsymbol{Y}=\boldsymbol{X}^{\mathrm{T}}\boldsymbol{A}\boldsymbol{X}>\boldsymbol{0}$，故 $\boldsymbol{Y}^{\mathrm{T}}\boldsymbol{X}^{\mathrm{T}}\boldsymbol{A}\boldsymbol{C}\boldsymbol{Y}$ 是正定二次型．

利用二次型的标准形或规范形判别二次型的正定性有下列重要定理．

定理 13.5 n 元二次型 $f(x_1,x_2,\cdots,x_n)=\boldsymbol{X}^{\mathrm{T}}\boldsymbol{A}\boldsymbol{X}$ 正定（矩阵 $\boldsymbol{A}$ 正定）的充要条件如下：

（1）$\boldsymbol{A}$ 的正惯性指数是 n；

（2）$\boldsymbol{A}$ 与单位矩阵合同，即存在可逆矩阵 $\boldsymbol{C}$，使得 $\boldsymbol{C}^{\mathrm{T}}\boldsymbol{A}\boldsymbol{C}=\boldsymbol{E}$，即 $\boldsymbol{A}\cong\boldsymbol{E}$；

（3）$\boldsymbol{A}=\boldsymbol{D}^{\mathrm{T}}\boldsymbol{D}$，其中 $\boldsymbol{D}$ 为 n 阶可逆矩阵；

（4）$\boldsymbol{A}$ 的全部特征值 $\lambda_i>0\ (i=1,2,\cdots,n)$．

定理 13.6 若二次型 $f(x_1,x_2,\cdots,x_n)=\boldsymbol{X}^{\mathrm{T}}\boldsymbol{AX}$ 正定，则

（1）$\boldsymbol{A}$ 的主对角元素 $a_{ii}>0\ (i=1,2,\cdots,n)$；

（2）$\boldsymbol{A}$ 的行列式 $|\boldsymbol{A}|>0$．

例 13.7 判别下列二次型是否是正定，并说明理由：

（1）$f(x_1,x_2,x_3)=x_1^2+2x_2^2-3x_3^2+2x_1x_2-4x_2x_3$；

（2）$g(x_1,x_2,x_3)=x_1^2+3x_3^2+2x_1x_2+8x_1x_3$；

（3）$\varphi(x_1,x_2,x_3)=x_1^2+2x_2^2+3x_3^2-4x_1x_2-2x_2x_3$．

解 （1）、（2）、（3）都不是正定二次型．

（1）$f(x_1,x_2,x_3)$ 中，$a_{33}=-3$，不满足必要条件，故 f 不正定；或取 $\boldsymbol{X}=(0,0,1)^{\mathrm{T}}$，则有 $\boldsymbol{X}^{\mathrm{T}}\boldsymbol{AX}=-3<0$，由定义知，$f$ 不正定．

（2）$g(x_1,x_2,x_3)$ 中，缺 x_2^2 项，即 $a_{22}=0$，故由正定的必要条件知，g 不正定；或取 $\boldsymbol{X}=(0,1,0)^{\mathrm{T}}$，则有 $\boldsymbol{X}^{\mathrm{T}}\boldsymbol{AX}=\boldsymbol{0}$，由定义知，$f$ 不正定．

（3）$\varphi(x_1,x_2,x_3)$ 中 $a_{ii}>0\ (i=1,2,3)$，满足必要条件，但还不一定正定．若取 $\boldsymbol{X}=(1,1,1)^{\mathrm{T}}$，则有 $\boldsymbol{X}^{\mathrm{T}}\boldsymbol{AX}=\boldsymbol{0}$，由定义知，$\varphi$ 不正定．

定理 13.7 n 元二次型 $f(x_1,x_2,\cdots,x_n)=\boldsymbol{X}^{\mathrm{T}}\boldsymbol{AX}$ 正定的充要条件是 $\boldsymbol{A}$ 的全部顺序主子式大于零，即

$$|\boldsymbol{A}_1|=|a_{11}|>0$$

$$|\boldsymbol{A}_2|=\begin{vmatrix} a_{11} & a_{12} \\ a_{21} & a_{22} \end{vmatrix}>0$$

$$\cdots\cdots$$

$$|\boldsymbol{A}_n|=|\boldsymbol{A}|=\begin{vmatrix} a_{11} & a_{12} & \cdots & a_{1n} \\ a_{21} & a_{22} & \cdots & a_{2n} \\ \vdots & \vdots & & \vdots \\ a_{n1} & a_{n2} & \cdots & a_{nn} \end{vmatrix}>0$$

例 13.8 判定实二次型

$$f(x_1,x_2,x_3)=5x_1^2+x_2^2+5x_3^2+4x_1x_2-8x_1x_3-4x_2x_3$$

是否正定．

解 f 的矩阵

$$\boldsymbol{A}=\begin{pmatrix} 5 & 2 & -4 \\ 2 & 1 & -2 \\ -4 & -2 & 5 \end{pmatrix}$$

其顺序主子式

$$|\boldsymbol{A}_1|=5>0,\quad |\boldsymbol{A}_2|=\begin{vmatrix} 5 & 2 \\ 2 & 1 \end{vmatrix}>0,\quad |\boldsymbol{A}_3|=\begin{vmatrix} 5 & 2 & -4 \\ 2 & 1 & -2 \\ -4 & -2 & 5 \end{vmatrix}>0$$

故 f 是正定二次型．

定义 13.6 设二次型 $f(x_1,x_2,\cdots,x_n)=\boldsymbol{X}^{\mathrm{T}}\boldsymbol{A}\boldsymbol{X}$.

（1）若对任意的 $\boldsymbol{X}=(x_1,x_2,\cdots,x_n)^{\mathrm{T}}\neq 0$，恒有

$$\boldsymbol{X}^{\mathrm{T}}\boldsymbol{A}\boldsymbol{X}<\boldsymbol{0}$$

则称二次型为负定二次型，实对称矩阵为负定矩阵.

（2）若对任意的 $\boldsymbol{X}=(x_1,x_2,\cdots,x_n)^{\mathrm{T}}$，恒有

$$\boldsymbol{X}^{\mathrm{T}}\boldsymbol{A}\boldsymbol{X}\geqslant 0 \quad (\leqslant 0)$$

且存在 $\boldsymbol{X}_0=(x_1^0,x_2^0,\cdots,x_n^0)^{\mathrm{T}}\neq\boldsymbol{0}$，使得 $\boldsymbol{X}_0^{\mathrm{T}}\boldsymbol{A}\boldsymbol{X}_0=0$，则称该二次型为半正定（半负定）二次型，实对称矩阵 $\boldsymbol{A}$ 为半正定矩阵（半负定矩阵）.

（3）若存在 $\boldsymbol{X}_1$，使得 $\boldsymbol{X}_1^{\mathrm{T}}\boldsymbol{A}\boldsymbol{X}_1>0$，又存在 $\boldsymbol{X}_2$，使得 $\boldsymbol{X}_2^{\mathrm{T}}\boldsymbol{A}\boldsymbol{X}_2<0$，则称该二次型为不定二次型，实对称矩阵 $\boldsymbol{A}$ 为不定矩阵.

显然，若 $\boldsymbol{A}$ 是负定矩阵，则 $-\boldsymbol{A}$ 是正定矩阵，故判别 $\boldsymbol{A}$ 为负定矩阵时，只需判别 $-\boldsymbol{A}$ 是正定矩阵即可.

定理 13.8 n 元二次型 $f(x_1,x_2,\cdots,x_n)=\boldsymbol{X}^{\mathrm{T}}\boldsymbol{A}\boldsymbol{X}(\boldsymbol{A}^{\mathrm{T}}=\boldsymbol{A})$，则下列条件等价：

（1） $f(x_1,x_2,\cdots,x_n)$ 为负定二次型；

（2） $f(x_1,x_2,\cdots,x_n)$ 的负惯性指数为 n；

（3）实对称矩阵 $\boldsymbol{A}$ 合同于 $-\boldsymbol{E}$；

（4）实对称矩阵 $\boldsymbol{A}$ 的全部特征值均小于零；

（5）实对称矩阵 $\boldsymbol{A}$ 的奇数阶顺序主子式小于零，偶数阶顺序主子式大于零.

定理 13.9 n 元二次型 $f(x_1,x_2,\cdots,x_n)=\boldsymbol{X}^{\mathrm{T}}\boldsymbol{A}\boldsymbol{X}(\boldsymbol{A}^{\mathrm{T}}=\boldsymbol{A})$，则下列条件等价：

（1） $f(x_1,x_2,\cdots,x_n)$ 为半正定二次型；

（2） $f(x_1,x_2,\cdots,x_n)$ 的负惯性指数 $p=r<n$；

（3）实对称矩阵 $\boldsymbol{A}$ 合同于 $\begin{pmatrix}\boldsymbol{E}_r & \boldsymbol{O}\\ \boldsymbol{O} & \boldsymbol{O}\end{pmatrix}$，且 $r<n$；

（4）实对称矩阵 $\boldsymbol{A}$ 的全部特征值均小于零；

（5）实对称矩阵 $\boldsymbol{A}$ 的所有特征值大于零或等于零，且至少存在一个特征值等于零.

例 13.9 证明三元二次型

$$f(x)=-x_1^2-2x_2^2-3x_3^2+2x_1x_2+2x_2x_3$$

是负定二次型.

证法一 记 $g(x_1,x_2,x_3)=-f(x_1,x_2,x_3)=x_1^2+x_2^2+3x_3^2-2x_1x_2-2x_2x_3$，因

$$\begin{aligned}g(x_1,x_2,x_3)&=x_1^2+x_2^2+3x_3^2-2x_1x_2-2x_2x_3=(x_1-x_2)^2+x_2^2-2x_2x_3+3x_3^2\\&=(x_1-x_2)^2+(x_2-x_3)^2+2x_3^2\end{aligned}$$

正惯性指数 $p=3$，$g(x_1,x_2,x_3)$ 是正定二次型，故 $f(x_1,x_2,x_3)$ 是负定二次型.

证法二 $f(x_1,x_2,x_3)$ 的对应矩阵为

$$\boldsymbol{A}=\begin{pmatrix}-1 & 1 & 0\\ 1 & -2 & 1\\ 0 & 1 & -3\end{pmatrix}$$

因 $|a_{11}|<0$， $\begin{vmatrix} a_{11} & a_{12} \\ a_{21} & a_{22} \end{vmatrix} = \begin{vmatrix} -1 & 1 \\ 1 & -2 \end{vmatrix} = 1 > 0$

$$\begin{vmatrix} -1 & 1 & 0 \\ 1 & -2 & 1 \\ 0 & 1 & -3 \end{vmatrix} = -2 < 0$$

由定理 13.8 知， $f(x_1,x_2,x_3)$ 是负定二次型.

习 题 13.3

1. 判别下列二次型是否是正定二次型：

（1） $f(x_1,x_2,x_3)=5x_1^2+3x_2^2+20x_3^2-2x_1x_2-2x_1x_3-10x_2x_3$；

（2） $f(x_1,x_2,x_3)=10x_1^2+2x_2^2+x_3^2+8x_1x_2+24x_1x_3-28x_2x_3$.

2. 判别下列矩阵是否是正定矩阵：

（1） $\boldsymbol{A}=\begin{pmatrix} 2 & -1 & 0 \\ -1 & 2 & -1 \\ 0 & -1 & 2 \end{pmatrix}$；　　（2） $\boldsymbol{A}=\begin{pmatrix} 2 & -1 & -1 \\ -1 & 2 & -1 \\ -1 & -1 & 2 \end{pmatrix}$.

第 3 篇

概率论与数理统计

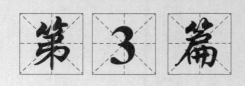

第 14 章　随机事件及其概率

自然界和人们在实践活动中所遇到的种种现象，一般来说可分为两类：一类是必然现象，或称确定现象；另一类是随机现象，或称不确定现象. 随机现象并不是没有规律可循的，它们在大量重复试验中仍然遵从一定的客观规律性. 这种规律性称为随机现象的统计规律性. 例如：大量投币试验中，正、反面出现次数约为试验次数的 1/2；对一个目标进行多次射击，弹孔按照一定规律分布. 概率论与数理统计是研究和揭示随机现象统计规律性的一门数学学科.

14.1　随机事件及其运算

14.1.1　随机试验与样本空间

为了确定随机现象的规律性，需要对随机现象进行多次观察或实验，把这些工作统称为试验. 由于概率论研究的对象是随机现象，要求所做的试验都具有如下共同特点：

（1）试验可以在相同的条件下重复进行；

（2）每次试验的可能结果不止一个，但事先可以明确试验的所有可能结果；

（3）每次试验前不能确定哪个结果将出现.

具有上述三个特点的试验称为随机试验，简称试验，记为 E.

随机试验 E 每一个可能结果称为基本事件，或称为样本点. 由全体样本点组成的集合，称为随机试验 E 的样本空间，用 Ω 表示.

例 14.1　掷一枚骰子，观察其出现的点数，所有可能出现的结果有 6 个：1 点，2 点，…，6 点，分别用 $1,2,\cdots,6$ 表示，则样本空间为 $\Omega=\{1,2,\cdots,6\}$.

例 14.2　一射手进行射击，直到击中目标为止，观察射击的次数，若“第一次击中目标所需要的射击次数为 i 次”（$i=1,2,\cdots$），则样本空间为 $\Omega=\{1,2,\cdots\}$.

例 14.3　在一批日光灯中任意抽取一只，测试其寿命，用 t（单位：h）表示日光灯的寿命，则 t 可取所有非负实数，即 $t\geqslant 0$，对应了试验的所有可能结果，则样本空间为 $\Omega=\{t\,|\,t\geqslant 0\}$.

通过上面的例子可以看到，随机试验的样本空间可能有有限个样本点，也可能有可列无穷多个样本点，还可能有不可列无穷多个样本点.

14.1.2　随机事件

在随机试验中，对一次试验来说，可能出现也可能不出现的事情称为随机事件，简称事件，一般用大写字母 A,B,C 等表示. 例如，在例 14.1 中，$A=\{$出现 2 点$\}$，$B=\{$出现 5 点$\}$，$C=\{$出现偶数点$\}$. A,B,C 等都是随机事件. 由一个样本点构成的事件即为基本事件，如 $A=\{$出现 2

点}．由若干个基本事件构成的事件，称为复杂事件，如 $C=\{$出现偶数点$\}=\{$出现 2 点，出现 4 点，出现 6 点$\}$．在每一次试验中必然要出现的事情称为必然事件，不可能出现的事情称为不可能事件．必然事件用 Ω 表示，不可能事件用 $\varnothing$ 表示．不可能事件和必然事件本来不是随机事件，但为了以后讨论方便，把它们看作是一种特殊的随机事件．

14.1.3 事件间的关系与运算

1. 事件的包含

若事件 A 发生必然导致事件 B 发生，则称事件 A 包含于事件 B 中，或称事件 B 包含事件 A，记为 $A\subset B$，如图 14.1 所示．

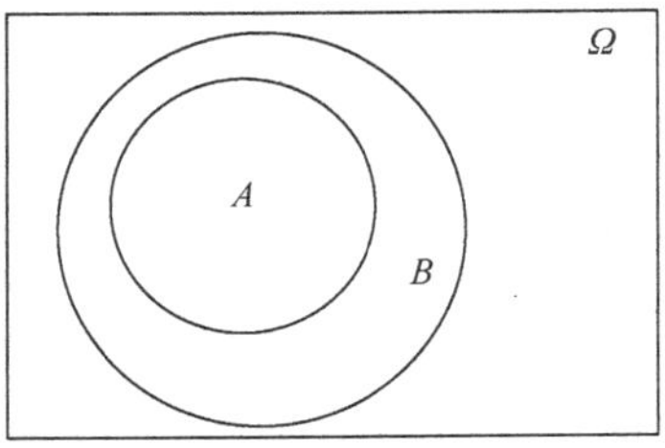

图 14.1

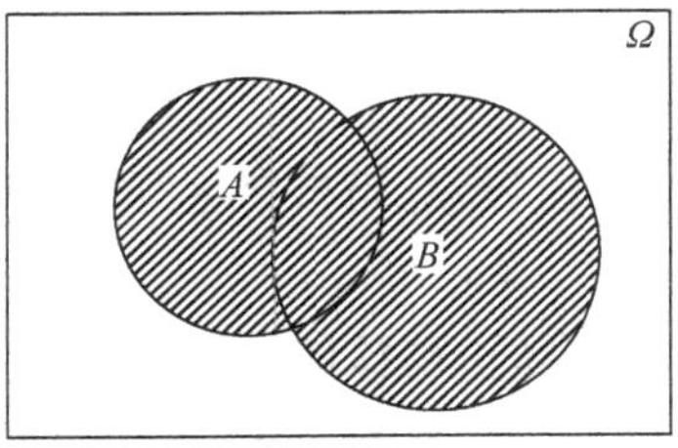

图 14.2

若 $A\subset B$ 且 $B\subset A$，则称事件 A 与事件 B 相等，记为 $A=B$．

2. 事件的并（和）

若事件 A 与事件 B 中至少有一个发生，这样构成的事件，称为事件 A 与事件 B 的并事件，(或称 A 与 B 的和事件)，记为 $A\cup B$ 或 $A+B$．显然事件 $A\cup B$ 表示事件"或者 A 发生，或者 B 发生，或者 A 与 B 都发生"，如图 14.2 中的阴影部分所示．

类似地，"事件 $A_1,A_2,\cdots,A_n$ 中至少有一个发生"称为 n 个事件 $A_1,A_2,\cdots,A_n$ 的和事件，记为 $A_1\cup A_2\cup\cdots\cup A_n$ 或 $A_1+A_2+\cdots+A_n$，简记为 $\bigcup\limits_{i=1}^{n}A_i$ 或 $\sum\limits_{i=1}^{n}A_i$．"事件 $A_1,A_2,\cdots,A_n,\cdots$ 中至少有一个发生"称为可列个事件 $A_1,A_2,\cdots,A_n,\cdots$ 的和事件，记为 $A_1\cup A_2\cup\cdots\cup A_n\cup\cdots$ 或 $A_1+A_2+\cdots+A_n+\cdots$，简记为 $\bigcup\limits_{i=1}^{\infty}A_i$ 或 $\sum\limits_{i=1}^{\infty}A_i$．

3. 事件的交（积）

由事件 A 与事件 B 同时发生而构成的事件，称为事件 A 与事件 B 的交事件（或称为事件 A 与事件 B 的积事件），记为 $A\cap B$，简记为 AB，如图 14.3 中的阴影部分所示．

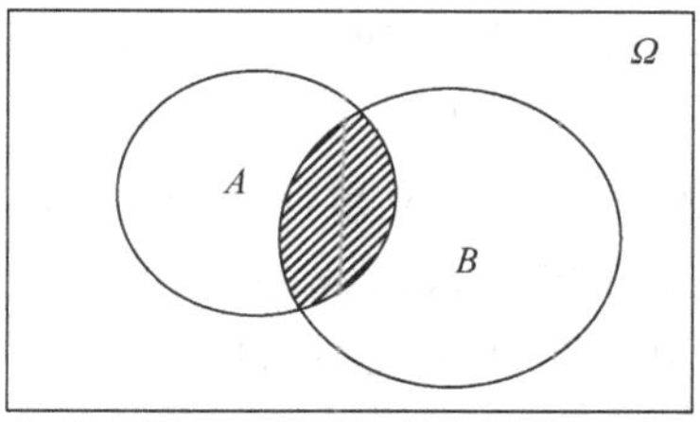

图 14.3

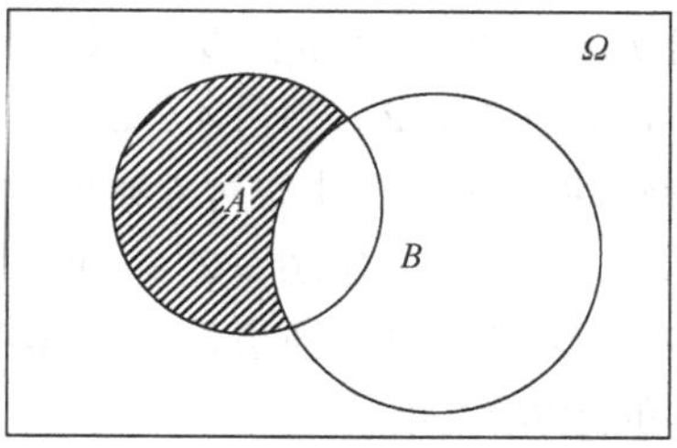

图 14.4

类似地，“事件 $A_1,A_2,\cdots,A_n$ 同时发生”称为 n 个事件 $A_1,A_2,\cdots,A_n$ 的积事件，记为 $A_1\cap A_2\cap\cdots\cap A_n$ 或 $\bigcap\limits_{i=1}^{n}A_i$ ．“事件 $A_1,A_2,\cdots,A_n,\cdots$ 同时发生”称为可列个事件 $A_1,A_2,\cdots,A_n,\cdots$ 的积事件，记为 $A_1\cap A_2\cap\cdots\cap A_n\cap\cdots$ 或 $\bigcap\limits_{i=1}^{\infty}A_i$ ．

4. 事件的差

事件 A 发生且事件 B 不发生，这样构成的事件，称为事件 A 与事件 B 的差事件，记为 $A-B$ ，如图 14.4 中的阴影部分所示．

5. 互不相容事件

若事件 A 与事件 B 不能同时发生，则称事件 A 与事件 B 互不相容（或互斥），记为 $AB=\varnothing$ ．A 与 B 互不相容关系如图 14.5 所示，表示事件 A 与事件 B 没有共同的样本点．例如，掷一枚骰子，A 表示“出现 2 点”，B 表示“出现 5 点”，则 A 与 B 为互不相容事件．

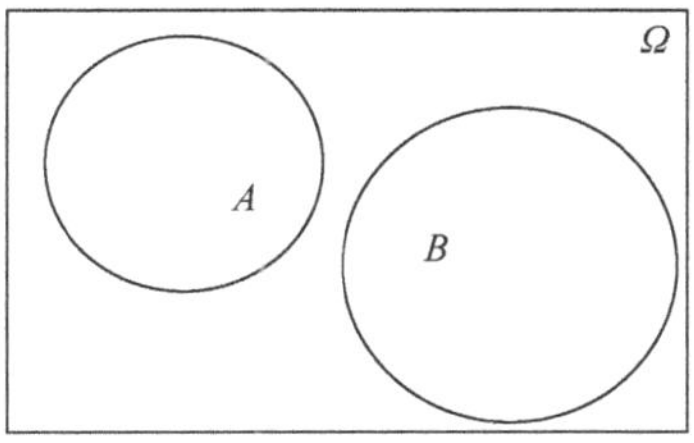

图 14.5

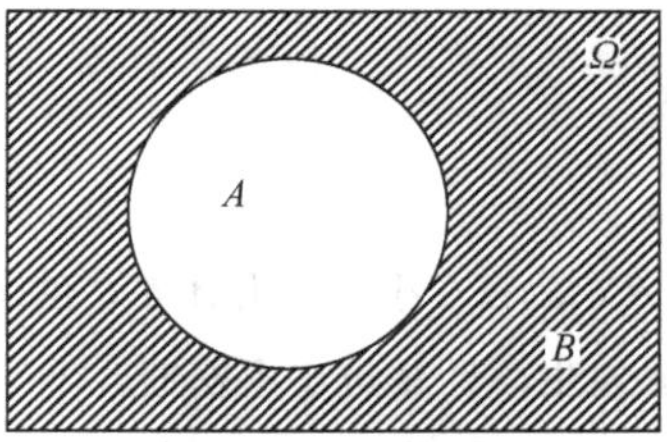

图 14.6

一般地，若事件 $A_1,A_2,\cdots,A_n$ 中任意两个事件都互不相容，则称此 n 个事件互不相容，可表示为 $A_iA_j=\varnothing(i\neq j;i,j=1,2,\cdots n)$ ．类似地，若事件 $A_1,A_2,\cdots,A_n,\cdots$ 中任意两个事件都互不相容，则称此可数个事件互不相容，可表示为 $A_iA_j=\varnothing(i\neq j;i,j=1,2,\cdots,n,\cdots)$ ．

6. 对立事件

若事件 A 与事件 B 二者必有且仅有一个发生，则称事件 A 与事件 B 为对立事件（或互逆事件)，通常把 A 的对立事件记为 $\overline{A}$，即 $B=\overline{A}$，$\overline{A}$ 也称为 A 的逆事件. 例如，掷一枚硬币，用 A 表示“出现国徽面”，而事件 B 表示“出现币值面”，则 A 与 B 为对立事件，如图 14.6 所示.

显然，$A\cup\overline{A}=\Omega$，$A\cap\overline{A}=\varnothing$.

要特别注意互斥事件与对立事件的区别：事件 A 与事件 B 互为对立事件必须满足两个关系式，即 $A\cup B=\Omega$，$A\cap B=\varnothing$；而事件 A 与事件 B 为互斥事件只需满足一个关系式，即 $A\cap B=\varnothing$. 这就是说，当事件 A 与事件 B 对立，则事件 A 与事件 B 互不相容；反之不然.

事件的运算律如下：

（1）交换律　$A\cup B=B\cup A$，$A\cap B=B\cap A$.

（2）结合律　$(A\cup B)\cup C=A\cup(B\cup C)$，$(A\cap B)\cap C=A\cap(B\cap C)$.

（3）分配律　$A\cap(B\cup C)=(A\cap B)\cup(A\cap C)$，$A\cup(B\cap C)=(A\cup B)\cap(A\cup C)$.

（4）对偶律（德摩根律）　$\overline{A\cup B}=\overline{A}\cap\overline{B}$，$\overline{A\cap B}=\overline{A}\cup\overline{B}$.

例 14.4　甲、乙、丙三人对靶射击，用 A,B,C 分别表示“甲击中”“乙击中”“丙击中”，试用 A,B,C 表示下列事件：

（1）甲、乙都击中而丙未击中；

（2）只有甲击中；

（3）靶被击中；

（4）三人中最多两人击中；

（5）三人中恰好一人击中.

解　（1）事件“甲、乙都击中而丙未击中”表示 A,B 与 $\overline{C}$ 同时发生，即 $AB\overline{C}$.

（2）事件“只有甲击中”就是 A 发生而 B,C 未发生，可表示为 $A\overline{B}\overline{C}$.

（3）事件“靶被击中”意味着或是甲击中或是乙击中或是丙击中，可表示为 $A\cup B\cup C$.

（4）事件“三人中最多两人击中”意即三人中至少有一人未击中，可表示为 $\overline{A}\cup\overline{B}\cup\overline{C}$.

（5）事件“三人中恰好有一人击中”意即三人中只有一人击中其余两人未击中，可表示为 $A\overline{B}\overline{C}\cup B\overline{A}\overline{C}\cup C\overline{A}\overline{B}$.

习　题　14.1

设 A,B,C 为三个事件，用 A,B,C 的运算关系表示下列事件：

（1）A 发生，且 B 与 C 不发生；

（2）A 和 B 都发生，而 C 不发生；

（3）A,B,C 都发生；

（4）A,B,C 中至少有一个发生；

（5）A,B,C 中至少有两个发生；

（6）A,B,C 恰好发生一个；

（7）A,B,C 中恰好发生两个；

（8）A,B,C 都不发生；

（9）A,B,C 中不多于两个事件发生；

（10）A,B,C 中不多于一个事件发生.

14.2 随机事件的概率

14.2.1 频率

定义 14.1 设随机事件 A 在 n 次重复试验中出现 m 次，则称比值 $\frac{m}{n}$ 为事件 A 在 n 次重复试验中出现的频率，记为 $f_n(A)$，m 称为频数，即

$$f_n(A)=\frac{m}{n}$$

由定义 14.1 容易得出它具有下列性质.

（1）非负性 对任何事件 A，有 $f_n(A)\geqslant 0$；

（2）规范性 对事件 Ω（$\varnothing$），有 $f_n(\Omega)=1\ [f_n(\varnothing)=0]$；

（3）有限可加性 若 n 个事件 $A_1,A_2,\cdots,A_n$ 两两互不相容，则

$$f_n\left(\bigcup_{i=1}^{n}A_i\right)=\sum_{i=1}^{n}f_n(A_i)$$

事件的频率这一概念平时经常用到，如检验产品质量标准之一的“产品的合格率 $=\frac{\text{合格产品数}}{\text{总产品数}}$”，检验某种药物疗效的“治愈率 $=\frac{\text{治愈人数}}{\text{用药总人数}}$”，检验射击技术标准之一的“命中率 $=\frac{\text{命中次数}}{\text{射击总次数}}$”. 人们经过长期的实践发现，当重复试验的次数 n 增大时，事件出现的频率在 0 与 1 之间的某个确定的常数附近摆动，并逐渐稳定于此常数，也就是说事件的频率具有一定的稳定性. 历史上曾有几位数学家做过投掷一均匀硬币的试验，如表 14.1 所示.

表 14.1

试验者	投硬币次数	出正面次数	频率
高峰	4 040	2 048	0.506 9
罗尔娜	12 000	6 019	0.501 6
皮尔逊	24 000	12 012	0.500 5

在上述掷硬币的试验中，当试验次数 n 很大时，出现正面的频率在 $\frac{1}{2}$ 这个常数附近摆动. 这个确定的常数称为相应事件发生的概率.

14.2.2 统计概率

定义 14.2 在大量重复试验中，若事件 A 发生的频率稳定地在某个常数 p 附近，则称该常数 p 为事件 A 的统计概率，记为 $P(A)$，即 $P(A)=p$.

试验次数 n 增大时，频率 $f_n(A)$ 稳定于概率 $P(A)$，因此当 n 很大时，常取概率作为频率的近似值，即 $P(A) \approx f_n(A)$.

类似地，概率的统计定义也满足频率的三条性质.

14.2.3 古典概率

在概率论发展的初期，人们研究的是一种特殊的随机试验，即

（1）只有有限个样本点；

（2）各样本点的出现是等可能的.

称具备以上两个条件的随机试验为古典概型的随机试验.

定义 14.3（古典概率） 设试验结果共有 n 个基本事件 $\omega_1, \omega_2, \cdots, \omega_n$ ，而且这些事件发生的可能性相等. 事件 A 由其中的 m 个基本事件组成，则事件 A 的概率为

$$P(A) = \frac{m}{n} = \frac{A\text{所包含的基本事件的个数}}{\text{基本事件的总数}} \tag{14.1}$$

按这种定义计算的概率称为古典概率.

例 14.5 将一枚骰子掷两次，问出现点数之和等于 7 的概率是多少？

解 两次掷骰子所有可能出现的点数共有 36 对，即基本事件总数 $n = 36$ ，而每一对出现的机会相等. 若记事件 A 为“点数之和等于 7”，它包含(1,6), (2,5), (3,4), (4,3), (5,2), (6,1)共 6 对，根据概率的古典定义，有

$$P(A) = \frac{6}{36} = \frac{1}{6}$$

例 14.6 在 100 件产品中，有 10 件次品，今从中任取 5 件，求其中

（1）恰有 2 件次品的概率；

（2）没有次品的概率.

解 （1）基本事件总数 $n = C_{100}^5$. 设 A 表示事件“任取的 5 件产品中恰有 2 件次品”，则事件 A 所包含的基本事件数可以这样计算：从 10 件次品中任取 2 件次品，有 C_{10}^2 种取法；从 90 件正品中取得 3 件正品，共有 C_{90}^3 种取法，因而 $m = C_{10}^2 \times C_{90}^3$. 根据古典概率的定义，有

$$P(A) = \frac{C_{10}^2 \times C_{90}^3}{C_{100}^5} \approx 0.0702$$

（2）设 A_0 表示事件“没有次品”，则事件 A_0 所包含的基本事件数 $m = C_{90}^5$ ，故

$$P(A_0) = \frac{C_{90}^5}{C_{100}^5} \approx 0.5838$$

例 14.7 将甲、乙、丙三名学生依次随机地分配到 5 间宿舍中去，假定每间宿舍最多可住 8 人. 试求：

（1）这三名学生住在不同宿舍中的概率；

（2）至少有两名学生住在同一宿舍中的概率.

解 （1）由于每名学生都可能分配到这 5 间宿舍中的任意一间，共有 $5 \times 5 \times 5 = 5^3$ 种分配方案，即 $n = 5^3$. 设事件 A 表示“这三名学生住在不同的宿舍中”. 对学生甲有 5 种分配方案；甲分配之后，为了使甲、乙不住同一宿舍，对学生乙只有 4 种分配方案；类似地，对学生丙只

有 3 种分配方案．于是，$m=5\times4\times3$．由此得到

$$P(A)=\frac{5\times4\times3}{5^3}=\frac{12}{25}=0.48$$

（2）这个事件是事件 A 的对立事件 $\overline{A}$，$\overline{A}$ 必包含 $n-m$ 个基本事件，因此

$$P(\overline{A})=\frac{n-m}{n}=1-\frac{m}{n}=1-P(A)=1-0.48=0.52$$

例 14.8 有 10 双不同的鞋子，丢了 6 只，求还剩完整 6 双鞋子的概率．

解 从 10 双不同的鞋子中取 6 只的方法有 C_{20}^6 种，即 $n=C_{20}^6$．设事件 A 表示"还剩完整 6 双鞋子"，由题意可知丢失的 6 只中恰有两双能配成对的，它们来自 10 双不同的鞋子中，取得的方法有 C_{10}^2 种．而其余 6–4 = 2 只必是不同型号的 2 双，它们只能来自其余的 8 双，在这 8 双中随机取 2 双有 C_8^2 种取法，对于所取的每一双可以取其左只，也可以取右只，有 2^2 种取法．所以事件 A 包含的基本事件数为 $m=C_{10}^2C_8^2 2^2$．根据古典概率的定义，有

$$P(A)=\frac{C_{10}^2C_8^2 2^2}{C_{20}^6}\approx0.130$$

14.2.4 概率的公理化定义及概率的基本性质

1. 概率的公理化定义

定义 14.4（概率的公理化） 设 E 是一个随机试验，如果对于 E 的每一个事件 A 都规定一个实数 $P(A)$ 与之对应，而且这种规定满足下列三条公理：

公理 14.1 非负性：对任意事件 A，$0\leqslant P(A)\leqslant1$．

公理 14.2 规范性：$P(\Omega)=1$．

公理 14.3 可列可加性：若可列个事件 $A_1,A_2,\cdots,A_n,\cdots$ 两两互不相容，即当 $i\neq j$ 时，$A_iA_j=\varnothing$，有

$$P\left(\bigcup_{i=1}^{\infty}A_i\right)=\sum_{i=1}^{\infty}P(A_i)$$

则称 $P(A)$ 为事件 A 的概率．

2. 概率的基本性质

在概率的三条公理的基础上，可以推出概率的下列简单性质．

性质 14.1 $P(\varnothing)=0$．

证 因 $\Omega=\Omega+\varnothing+\varnothing+\varnothing+\cdots$，由公理 14.3 有

$$P(\Omega)=P(\Omega)+P(\varnothing)+P(\varnothing)+P(\varnothing)+\cdots$$

再由公理 14.2 和公理 14.1 有

$$P(\varnothing)=0$$

性质 14.2（有限可加性） 设 $A_1,A_2,\cdots,A_n$ 为 n 个两两互不相容事件，即当 $i\neq j$ 时，$A_iA_j=\varnothing$，则

$$P\left(\bigcup_{i=1}^{n} A_i\right)=\sum_{i=1}^{n} P(A_i) \tag{14.2}$$

证 在公理 14.3 中取 $A_{n+1}=A_{n+2}=\cdots=\varnothing$，由性质 14.1 知 $P(\varnothing)=0$，得

$$P\left(\bigcup_{i=1}^{n} A_i\right)=P\left(\bigcup_{i=1}^{\infty} A_i\right)=\sum_{i=1}^{\infty} P(A_i)=\sum_{i=1}^{n} P(A_i)$$

性质 14.3 对任意事件 A 有 $P(A)=1-P(\bar{A})$.

证 因 $A\cup\bar{A}=\Omega$ 且 $A\bar{A}=\varnothing$，由式（14.2），得

$$1=P(\Omega)=P\left(A\cup\bar{A}\right)=P(A)+P\left(\bar{A}\right)$$

即

$$P(A)=1-P(\bar{A})$$

性质 14.4 设 A,B 为两个事件，且 $A\subset B$，则

$$P(B-A)=P(B)-P(A) \tag{14.3}$$

证 因 $A\subset B$，故 $B=A+(B-A)$，且 $A\cap(B-A)=\varnothing$，由性质 14.2，有

$$P(B)=P(A)+P(B-A)$$

即

$$P(B-A)=P(B)-P(A)$$

推论 14.1 设 A,B 为两个事件，且 $A\subset B$，则

$$P(A)\leqslant P(B)$$

证 由性质 14.4 和公理 14.1 得 $P(B-A)=P(B)-P(A)\geqslant 0$.

此推论称为概率的单调性.

性质 14.5 设 A,B 为任意两个事件，则

$$P(A\cup B)=P(B)+P(A)-P(AB) \tag{14.4}$$

证 因 $A\cup B=A+(B-AB)$ 且 $A\cap(B-AB)=\varnothing$，由性质 14.2，有

$$P(B\cup A)=P(A)+P(B-AB)$$

又 $AB\subset B$，由性质 14.4 有 $P(B-AB)=P(B)-P(AB)$，故

$$P(A\cup B)=P(B)+P(A)-P(AB)$$

此性质称为概率的加法定理.

特别地，对三个事件 A,B,C，有

$$P(A\cup B\cup C)=P(A)+P(B)+P(C)-P(AB)-P(BC)-P(AC)+P(ABC)$$

一般地，若 $A_i(i=1,2,\cdots,n)$ 为 n 个事件，则有

$$P\left(\bigcup_{i=1}^{n} A_i\right)=\sum_{i=1}^{n} P(A_i)-\sum_{1\leqslant i<j\leqslant n} P(A_iA_j)+\sum_{1\leqslant i<j<k\leqslant n} P(A_iA_jA_k)+\cdots+(-1)^{n-1}P(A_1A_2\cdots A_n) \tag{14.5}$$

例 14.9 在 20 个电子设备中，有 15 个正品，5 个次品，从中任意抽取 4 个，问至少抽到 2 个次品的概率是多少？

解 设事件 A 表示“抽到 2 个次品”，B 表示“抽到 3 个次品”，C 表示“抽到 4 个次品”. 容易看出，A,B,C 互不相容，由式（14.2）得

$$P\text{（“至少抽到 2 个次品”）}=P(A+B+C)=P(A)+P(B)+P(C)$$
$$=\frac{C_{15}^2C_5^2}{C_{20}^4}+\frac{C_{15}^1C_5^3}{C_{20}^4}+\frac{C_5^4}{C_{20}^4}=0.25$$

例 14.10 袋中有红、白、黑球各一个，每次从袋中任取一个球，记录其颜色以后再放回袋中，这样连续 3 次（有放回地取），求 3 次都没有取到红球或 3 次都没有取到白球的概率.

解 设 $A=\{3$ 次都没有取到红球$\}$，$B=\{3$ 次都没有取到红球$\}$，所求事件的概率为 $P(A\cup B)$. 利用式（14.4）$P(A\cup B)=P(B)+P(A)-P(AB)$，其中 $P(A)=P(B)=\frac{2^3}{3^3}$，而

$$AB=\{3\text{ 次都没有取到红球又 3 次都没有取到白球}\}=\{3\text{ 次取到黑球}\}$$

于是 $P(AB)=\frac{1}{3^3}$，由此得

$$P(A\cup B)=\frac{2^3}{3^3}+\frac{2^3}{3^3}-\frac{1}{3^3}=\frac{5}{9}$$

习 题 14.2

1. 10 件产品中有两件次品，现做不放回的抽样检查，从中连续随机抽取两次，每次抽一次，求以下事件的概率：

（1）两件均为正品；

（2）两件均为次品；

（3）第二次抽到的是次品；

（4）两件中恰有一件次品；

（5）两件中至少有一件次品；

（6）两件中至多有一件次品.

2. 10 个人抽两张球票（即 10 张签，其中 2 张写着“有”字，8 张写着“无”字），一个一个地依次抽取（取后不放回），求第 $K(K=1,2,\cdots,10)$ 个人抽到票数的概率.

3. 设某产品一盒共 10 只，已知其中有 3 只次品，从盒中任取 2 次，每次任取 1 只，作不放回抽样，求第一次取得次品后，第二次又取到次品的概率.

4. 设每台机床在一天内需要修理的概率为 0.02，某车间有 50 台这种机床，试求在一天内需要修理的机床不多于 2 台的概率.

5. 100 件产品中有 3 件次品，今从中任取 5 件进行检查，求其次品数分别为 0,1,2,3 的概率.

6. 一批产品中，一、二、三等品的概率分别为 0.8,0.16,1.04,，若规定一、二等品为合格品，求产品合格的概率.

14.3 条件概率与事件的独立性

14.3.1 条件概率与乘法定理

1. 条件概率

在许多概率计算问题中，往往会遇到在事件 B 已经发生的条件下，求事件 A 发生的概率，

由于新增加事件 B 已经发生了这个条件，它与事件 A 的概率意义是不同的，把这种概率称为事件 B 发生条件下事件 A 发生的条件概率，记为 $P(A|B)$.

例 14.11 设一个盒子中有 10 个产品，其中 7 个是合格品，3 个是不合格品，7 个合格品中 3 个是一级品．现从 10 个产品中等可能随机抽出 1 个产品进行检查，求：

（1）该产品是一级品的概率；

（2）已知抽得的是 1 个合格品，该产品是一级品的概率．

分析 问题（1）、（2）同样都是求抽出的产品为一级品的概率，但问题（1）的前提条件，抽出的范围应该是 10 个产品中抽取，而问题（2）的前提条件不仅要求抽取在 10 个范围内，而且要求抽取限定在 7 个合格品的范围内．可以认为，问题（2）除了具备问题（1）的条件外，还满足另外的条件．在概率论中，认为问题（1）下的概率为无条件概率，问题（2）下的概率为条件概率．

解 设 $A=\{$抽得的产品为一级品$\}$，$B=\{$抽得的产品为合格品$\}$，$AB=\{$抽得的产品既是合格品又是一级品$\}$，$A|B=\{$在合格品的条件下，该产品为一级品$\}$.

根据前面的分析，事件 A,B,AB 为无条件概率，相对应的基本事件个数为 10 个，由古典概率的定义，得

$$P(A)=\frac{3}{10},\quad P(B)=\frac{7}{10},\quad P(AB)=\frac{3}{10}$$

这里，$P(A|B)$ 是条件概率，表示 B 已经发生的条件下，A 发生的概率，因此 B 已发生了，这时样本空间所含样本点的总数为 7，原来的样本空间（包含 10 个样本点）被缩小，显然 $P(A)\neq P(A|B)$，仔细观察后发现，$P(A|B)$ 与 $P(B),P(AB)$ 之间有如下关系：

$$P(A|B)=\frac{3}{7}=\frac{\frac{3}{10}}{\frac{7}{10}}=\frac{P(AB)}{P(B)}$$

为此，给出条件概率的定义．

定义 14.5 设 A,B 是两事件，且 $P(B)>0$，则称

$$P(A|B)=\frac{P(AB)}{P(B)}$$

为在事件 B 已发生的条件下，事件 A 发生的条件概率．

类似地，可以定义在事件 A 已发生的条件下，事件 B 发生的条件概率：

$$P(B|A)=\frac{P(AB)}{P(A)}\quad [P(A)>0]$$

不难验证，条件概率 $P(A|B)$ 符合概率定义中的三条公理，即

（1）非负性　对任意事件 A，有 $0\leqslant P(A|B)\leqslant 1$；

（2）规范性　$P(\Omega|B)=1$，$P(\varnothing|B)=0$；

（3）可列可加性　若可列个事件 $A_1,A_2,\cdots$ 两两互不相容，即当 $i\neq j$ 时，$A_iA_j=\varnothing$，则有

$$P\left(\bigcup_{i=1}^{\infty}A_i\,|\,B\right)=\sum_{i=1}^{\infty}P(A_i|B)$$

既然条件概率符合概率的定义，于是概率的一切性质都适用于条件概率．

例如，对于任意事件 A_1,A_2，有 $P[(A_1\cup A_2)\mid B]=P(A_1\mid B)+P(A_2\mid B)-P(A_1A_2\mid B)$，$P(A\mid B)=1-P(\bar{A}\mid B)$ 等.

例 14.12 设某种动物由出生算起活 20 岁以上的概率为 0.8，活 25 岁以上的概率为 0.6. 如果现在有一个 21 岁的这种动物，问它将在 5 年之内死亡的概率是多少？

解 设 $A=\{$能活到 20 岁以上$\}$，$B=\{$能活到 25 岁以上$\}$，则所求的概率为 $P(B\mid A)$. 按题意有，$P(A)=0.8$，$P(B)=0.6$. 因为 $B\subset A$，所以 $AB=B$，因此 $P(AB)=P(B)=0.6$. 所求的条件概率为

$$P(\bar{B}\mid A)=1-P(B\mid A)=1-\frac{P(AB)}{P(A)}=1-\frac{0.6}{0.8}=0.25$$

2. 乘法定理

由条件概率的定义，可立即得到下面的乘法定理.

定理 14.1（乘法定理） 设 $P(A)>0$，则有

$$P(AB)=P(A)P(B\mid A) \tag{14.6}$$

设 $P(B)>0$，则有

$$P(BA)=P(B)P(A\mid B)$$

式（14.6）可以推广到更多个事件上去.

例如，当 $P(AB)>0$（即保证 $P(A)\geqslant P(AB)>0$）时，$P(ABC)=P(A)P(B\mid A)P(C\mid AB)$.

定理 14.2 乘法定理可推广到任意 n 个事件之积的情形.

设 $A_1,A_2,\cdots,A_n(n>2)$ 为 n 个事件，且 $P(A_1A_2\cdots A_n)>0$ 时，用数学归纳法不难证明

$$P(A_1A_2A_n)=P(A_1)P(A_2|A_1)P(A_3|A_1A_2)\cdots P(A_n|A_1A_2\cdots A_{n-1})$$

例 14.13 包装了的玻璃器皿第一次扔下被打破的概率为 0.4，若未破，第二次扔下被打破的概率为 0.6，若又未破，第三次扔下被打破的概率为 0.9. 求将这种包装了的器皿连续扔下三次而未被打破的概率.

解 （1）以第 i 次扔下器皿被打破的事件为 $A_i(i=1,2,3)$，以 B 表示事件“扔下三次而未被打破”. 因 $B=\bar{A}_1\bar{A}_2\bar{A}_3$，故有

$$P(B)=P(\bar{A}_1\bar{A}_2\bar{A}_3)=P(\bar{A}_1)P(\bar{A}_2\mid\bar{A}_1)P(\bar{A}_3\mid\bar{A}_1\bar{A}_2)$$

依题意知 $P(A_1)=0.4$，$P(A_2\mid\bar{A}_1)=0.6$，$P(A_3\mid\bar{A}_1\bar{A}_2)=0.9$，从而

$$P(\bar{A}_1)=0.6,\quad P(\bar{A}_2\mid\bar{A}_1)=0.4,\quad P(\bar{A}_3\mid\bar{A}_1\bar{A}_2)=0.1$$

于是

$$P(B)=0.6\times0.4\times0.1=0.024$$

（2）$\bar{B}=A_1\cup\bar{A}_1A_2\cup\bar{A}_1\bar{A}_2A_3$，显然 $A_1,\bar{A}_1A_2$，$\bar{A}_1\bar{A}_2A_3$ 是互不相容的，故

$$\begin{aligned}P(\bar{B})&=P(A_1)+P(\bar{A}_1A_2)+P(\bar{A}_1\bar{A}_2A_3)\\&=P(A_1)+P(\bar{A}_1)P(A_2\mid\bar{A}_1)+P(\bar{A}_1)P(\bar{A}_2\mid\bar{A}_1)P(A_3\mid\bar{A}_1\bar{A}_2)\\&=0.4+0.6\times0.6+0.6\times0.4\times0.9=0.976\end{aligned}$$

$$P(B)=1-0.976=0.024$$

14.3.2 事件的独立性

设 A,B 为任意两个事件，$P(A)>0$，则条件概率 $P(B\mid A)$ 是有定义的. 这时就可能有以下

两种情形：

（1） $P(B|A) \neq P(B)$；

（2） $P(B|A) = P(B)$.

情形(1)说明事件 A 的发生对事件 B 的发生是有影响的，即 B 的概率因 A 的发生而变化．情形（2）说明事件 B 发生的概率不受事件 A 发生这个条件的影响，因此当 $P(B|A) = P(B)$ 时，称事件 B 不依赖于事件 A，或称 B 对于 A 是独立的．

例 14.14　设 100 件产品中有 5 件次品，用放回抽取的方法，抽取 2 件，求：

（1）在第一次抽得次品的条件下第二次抽得次品的概率；

（2）第二次抽得次品的概率．

解　设 $A=\{$第一次抽得次品$\}$，$B=\{$第二次抽得次品$\}$．

因为是放回抽取，第二次抽取时产品的组成与第一次抽取时完全相同，由古典概率计算公式，得

$$P(A)=P(B)=0.05, \quad P(AB)=\frac{5\times 5}{100\times 100}=0.25, \quad P(B|A)=\frac{P(AB)}{P(A)}=0.5=P(B)$$

易见，这时等式 $P(AB)=P(A)P(B)$ 成立．

从直观上讲，采用的是有放回抽取方法，因此 A 发生对 B 发生的概率是没有影响的．

定义 14.6　对于任意两个事件 A 与 B，若

$$P(AB)=P(A)P(B)$$

则称事件 A 与事件 B 相互独立．

关于两个事件的独立性，不难证明有如下定理成立．

定理 14.3　当 $P(A)>0$，$P(B)>0$ 时，事件 A 与 B 相互独立的充要条件是

$$P(B|A)=P(B) \quad 或 \quad P(A|B)=P(A)$$

定理 14.4　若事件 A 与 B 相互独立，则下列三对事件：A 与 $\bar{B}$，$\bar{A}$ 与 B，$\bar{A}$ 与 $\bar{B}$ 也相互独立．

证　下面只证 A 与 $\bar{B}$ 相互独立（其余两对的证法类似，留给读者自己证明）．

$$\begin{aligned} P(A\bar{B}) &= P(A-AB)=P(A)-P(AB)=P(A)-P(A)P(B) \\ &= P(A)[1-P(B)]=P(A)P(\bar{B}) \end{aligned}$$

故 A 与 $\bar{B}$ 也相互独立．

两个事件相互独立的概念可推广到有限多个事件的情形．

定义 14.7　设 $A_1, A_2, \cdots A_n$ 为 $n(n\geqslant 2)$ 个事件，若对于所有可能的组合 $1\leqslant i<j<k<\cdots\leqslant n$ 同时有

$$\begin{cases} P(A_iA_j)=P(A_i)P(A_j) \\ P(A_iA_jA_k)=P(A_i)P(A_j)P(A_k) \\ \cdots\cdots \\ P(A_1A_2\cdots A_n)=P(A_1)P(A_2)\cdots P(A_n) \end{cases}$$

成立，则称 $A_1, A_2, \cdots A_n$ 相互独立．

在定义 14.8 中，第 1 行等式代表 C_n^2 个等式，第 2 行等式代表 C_n^3 个等式……最后一行等式代表 C_n^n 个等式，则共有

$$C_n^2+C_n^3+\cdots+C_n^n=(C_n^0+C_n^1+C_n^2+\cdots+C_n^n)-C_n^0-C_n^1$$
$$=(1+1)^n-n-1=2^n-n-1$$

所以只有当上面 2^n-n-1 个等式同时都成立时才能称 n 个事件 $A_1,A_2,\cdots A_n$ 相互独立.

事件的独立性是概率论中的一个重要概念，原则上应根据定义来判断 n 个事件是否独立，但是这是比较困难的. 在很多实际问题中，往往是分析实际关系来判断 n 个事件是否独立.

例 14.15 假设有 4 个同样的球，其中 3 个球上分别标有数字 $1,2,3$，剩下的 1 个球上同时标有 $1,2,3$ 三个数字. 现在从 4 个球中任取 1 个，以 A_i 表示{在取出的球上标有数字 i} $(i=1,2,3)$，求证：A_1,A_2,A_3 两两相互独立，但（总起来）不相互独立.

证 由题意知

$$P(A_1)=\frac{1}{2},\quad P(A_2)=\frac{1}{2},\quad P(A_3)=\frac{1}{2}$$

$$P(A_1A_2)=P(A_1A_3)=P(A_2A_3)=\frac{1}{4}$$

因为

$$P(A_1A_2)=\frac{1}{4}=P(A_1)P(A_2)$$

$$P(A_1A_3)=\frac{1}{4}=P(A_1)P(A_3)$$

$$P(A_2A_3)=\frac{1}{4}=P(A_2)P(A_3)$$

所以 A_1,A_2,A_3 两两相互独立.

又由题意知 $P(A_1A_2A_3)=\dfrac{1}{4}$，因为

$$P(A_1A_2A_3)=\frac{1}{4},\qquad P(A_1)P(A_2)P(A_3)=\frac{1}{8}$$

有

$$P(A_1A_2A_3)\neq P(A_1)P(A_2)P(A_3)$$

所以 A_1,A_2,A_3 不相互独立.

例 14.16 扎先生从武汉到上海参加贸易洽谈会，他可以选择乘坐轮船、汽车、火车、飞机这四种交通工具中的一种. 若他乘坐轮船、汽车、火车、飞机的概率分别是 $0.3,0.1,0.5,0.1$，且乘坐这四种交通工具使他迟到的概率分别是 $0.4,0.3,0.2,0.01$，求他迟到的概率.

解 设 A 表示“扎先生迟到”，B_1 表示“扎先生乘坐轮船”，B_2 表示“扎先生乘坐火车”，B_3 表示“扎先生乘坐汽车”，B_4 表示“扎先生乘坐飞机”，则

$$\Omega=B_1\cup B_2\cup B_3\cup B_4 \quad 且 \quad B_iB_j=\varnothing\ (i=1,2,3,4)$$

因此事件 A 发生必然是事件 A 与 Ω 中的一个 $B_i(i=1,2,3,4)$ 同时发生，即 AB_i 发生. 所以 $A=A\Omega=AB_1\cup AB_2\cup AB_3\cup AB_4$，且 AB_1,AB_2,AB_3,AB_4 两两互不相容. 于是

$$\begin{aligned}P(A)&=P(AB_1)+P(AB_2)+P(AB_3)+P(AB_4)\\&=P(B_1)P(A\mid B_1)+P(B_2)P(A\mid B_2)+P(B_3)P(A\mid B_3)+P(B_4)P(A\mid B_4)\\&=0.3\times0.4+0.5\times0.2+0.1\times0.3+0.1\times0.01=0.251\end{aligned}$$

习　题　14.3

1. 某人提出一个问题，甲先回答，答对的概率是 0.4，若甲答错，则由乙回答，乙答对的概率是 0.5，求问题是由乙答对的概率.

2. 设事件 $A,B,A\cup B$ 的概率分别为 p,q,r ，求 $P(AB)$ ， $P(A\overline{B})$ ， $P(\overline{A}B)$ 及 $P(\overline{A}\overline{B})$.

3. 设事件 $\overline{A}$ 与 B 独立，且 $P(A)=\dfrac{1}{5}$ ， $P(B)=\dfrac{1}{3}$ ，求下列事件的概率：

（1） $P(A\cup B)$ ；（2） $P(\overline{A}\cup B)$ ；（3） $P(A\cup\overline{B})$ ；（4） $P(\overline{\overline{A}B})$ ；（5） $P(\overline{A\overline{B}})$.

4. 假设一厂家生产的每台仪器，以概率 0.70 可以直接出厂，以概率 0.30 需进一步调试，经调试后以概率 0.80 可以出厂，以概率 0.20 定为不合格品不能出厂. 现该厂出产了 n（$n\geqslant 2$）台仪器（假设各台仪器的生产过程相互独立），求：

（1）全部能出厂的概率 α ；

（2）其中恰有两件不能出厂的概率 β ；

（3）其中至少有两件不能出厂的概率 θ .

5. 求证：事件 $\overline{A}$ 与事件 $\overline{B}$ 独立的充要条件是 $\overline{A}$ 与 B 独立.

14.4　全概率公式与贝叶斯公式

14.4.1　全概率公式

全概率公式是某类事件概率的计算公式，为了便于说明，暂且将此类事件记为 B. 这类事件具有明显的特征，B 的发生与否以及发生的可能性大小与一系列的前提事件直接相关，这一系列的前提事件记为 $A_i(i=1,2,\cdots,n)$ ，每一个前提事件的发生都可能导致 B 的发生，但在一次具体试验中 B 能够且只能与一个前提事件伴随发生. 当知道了前提事件 A_i 发生的概率 $P(A_i)$ 以及条件概率 $P(B\mid A_i)$ 时，如何计算 $P(B)$? 这就需要全概率公式解决.

首先来考察一个例子.

例 14.17　设有甲、乙两个袋子，甲袋中装有 2 个红球和 3 个白球；乙袋中装有 1 个红球和 3 个白球. 今任选一个袋子，从选到的袋子中任取 1 个球，问取到的球是红球的概率为多少？

解　记 B 表示“取得红球”，A_1 表示“从甲袋中取球”，且 $P(A_1)=\dfrac{1}{2}$，A_2 表示“从乙袋中取球”，且 $P(A_2)=\dfrac{1}{2}$.

B 发生只有两种可能： $B=A_1B+A_2B$. 由加法公式，得

$$P(B)=P(A_1B)+P(A_2B)$$

再由乘法定理有

$$P(B)=P(A_1)P(B\mid A_1)+P(A_2)P(B\mid A_2)$$

依题意有

$$P(B\mid A_1)=\frac{2}{5},\qquad P(B\mid A_2)=\frac{1}{4}$$

故

$$P(B)=\frac{1}{2}\times\frac{2}{5}+\frac{1}{2}\times\frac{1}{4}=0.325$$

上述分析的实质是把一个复杂事件分解为若干个互不相容的简单事件，再将概率的加法公式与乘法定理结合起来，这就产生了全概率公式.

定义 14.8 设 Ω 为试验 E 的样本空间，$A_1,A_2,\cdots,A_n$ 为 E 的一组事件. 若

（1） $A_iA_j=\varnothing(i\neq j;i,j=1,2,\cdots,n)$；

（2） $A_1\cup A_2\cup\cdots\cup A_n=\Omega$.

则称 $A_1,A_2,\cdots,A_n$ 为样本空间 Ω 的一个划分或完备事件组.

若 $A_1,A_2,\cdots,A_n$ 为样本空间 Ω 的一个划分，则对每次试验，事件 $A_1,A_2,\cdots,A_n$ 中必有一个且仅有一个发生.

例如，设试验 E 为"掷一颗骰子观察其点数"，它的样本空间 $\Omega=\{1,2,3,4,5,6\}$. E 的一组事件 $B_1=\{1,2,3\}$，$B_2=\{4,5\}$，$B_3=\{6\}$ 是 Ω 的一个划分. 而组事件 $C_1=\{1,2,3\}$，$C_2=\{4,5\}$，$C_3=\{5,6\}$ 不是 Ω 的一个划分.

定理 14.5 设 Ω 为试验 E 的样本空间，B 为 E 的事件，$A_1,A_2,\cdots,A_n$ 为 Ω 的一个划分，且 $P(A_i)>0(i=1,2,\cdots,n)$，则

$$P(B)=\sum_{i=1}^{n}P(A_i)P(B\mid A_i) \tag{14.7}$$

式（14.7）称为全概率公式.

例 14.18 某工厂有 4 个车间生产同一种产品，其产量分别占总产量的 15%, 20%, 30%和 35%，各车间的次品率依次为 0.05, 0.04, 0.03 和 0.02. 现在从出厂产品中任意取一件，问恰好抽到次品的概率是多少？

解 设 $A_i=\{$任取一件，恰取到第 i 车间的产品$\}$ $(i=1,2,3,4)$，$B=\{$任取一件，恰取到次品$\}$，则 A_1,A_2,A_3,A_4 为样本空间 Ω 的一个划分，依题意有

$$P(A_1)=\frac{15}{100},\quad P(A_2)=\frac{20}{100},\quad P(A_3)=\frac{30}{100},\quad P(A_4)=\frac{35}{100}$$

$$P(B\mid A_1)=0.05,\quad P(B\mid A_2)=0.04,\quad P(B\mid A_3)=0.03,\quad P(B\mid A_4)=0.02$$

于是由全概率公式，得

$$P(B)=\sum_{i=1}^{n}P(A_i)P(B\mid A_i)=\frac{15}{100}\times0.05+\frac{20}{100}\times0.04+\frac{30}{100}\times0.03+\frac{35}{100}\times0.02=0.0315$$

14.4.2 贝叶斯公式

定理 14.6 设 Ω 为试验 E 的样本空间，B 为 E 的事件，$A_1,A_2,\cdots,A_n$ 为 Ω 的一个划分，且 $P(B)>0$，$P(A_i)>0(i=1,2,\cdots,n)$，则

$$P(A_i\mid B)=\frac{P(A_i)P(B\mid A_i)}{\sum_{j=1}^{n}P(A_j)P(B\mid A_j)}\quad(i=1,2,\cdots,n) \tag{14.8}$$

称公式（14.8）为贝叶斯（Bayes）公式.

例 14.19 在例 14.18 中，若该厂规定，出了次品要追究有关各车间的经济责任．现从出厂产品中任取一件，结果为次品，但该件产品是哪个车间生产的标志已经脱落，问厂长如何处理这件次品问题比较合理？即各车间各应承担多大经济责任？

解 从概率论的角度考虑，可以按 $P(A_i \mid B)(i=1,2,3,4)$ 的大小来追究各车间的经济责任．

由例 14.18 的题设与结果，有

$$P(A_1)=\frac{15}{100},\quad P(A_2)=\frac{20}{100},\quad P(A_3)=\frac{30}{100},\quad P(A_4)=\frac{35}{100}$$

$$P(B \mid A_1)=0.05,\quad P(B \mid A_2)=0.04,\quad P(B \mid A_3)=0.03,\quad P(B \mid A_4)=0.02$$

于是由贝叶斯公式，得

$$P(A_1 \mid B)=\frac{P(A_1)P(B \mid A_1)}{\sum_{j=1}^{4}P(A_j)P(B \mid A_j)}=\frac{0.15\times 0.05}{0.0315}\approx 0.238$$

$$P(A_2 \mid B)=\frac{P(A_2)P(B \mid A_2)}{\sum_{j=1}^{4}P(A_j)P(B \mid A_j)}=\frac{0.20\times 0.04}{0.0315}\approx 0.254$$

$$P(A_3 \mid B)=\frac{P(A_3)P(B \mid A_3)}{\sum_{j=1}^{4}P(A_j)P(B \mid A_j)}=\frac{0.30\times 0.03}{0.0315}\approx 0.286$$

$$P(A_4 \mid B)=\frac{P(A_4)P(B \mid A_4)}{\sum_{j=1}^{4}P(A_j)P(B \mid A_j)}=\frac{0.35\times 0.02}{0.0315}\approx 0.222$$

所以第 1, 2, 3, 4 车间应负责经济责任分别为 0.238, 0.254, 0.286, 0.222 较合理．

在这个例子中，$P(A_i)(i=1,2,3,4)$ 是在试验以前已经知道的概率，所以习惯地称它们为先验概率．在试验结果出现次品（即 B 发生）后所求条件概率 $P(A_i \mid B)(i=1,2,3,4)$，通常称为后验概率．

例 14.20 设患肺病的人经过检查，被查出的概率为 95%，而未患肺病的人经过检查，被误认为有肺病的概率为 2%；又设全城居民中患有肺病的概率为 0.04%，若从居民中随机抽一人检查，诊断为有肺病，求这个人确实患有肺病的概率．

解 以 A 表示某居民患肺病的事件，$\overline{A}$ 即表示无肺病．设 B 为检查后诊断为有肺病的事件，要求 $P(A \mid B)$． A 与 $\overline{A}$ 为样本空间 Ω 的一个划分，由贝叶斯公式，得

$$P(A \mid B)=\frac{P(A)P(B \mid A)}{P(A)P(B \mid A)+P(\overline{A})P(B \mid \overline{A})}$$

$$P(A)=0.0004,\qquad P(\overline{A})=0.9996$$

$$P(B \mid A)=0.95,\qquad P(B \mid \overline{A})=0.02$$

故

$$P(A \mid B)=\frac{0.0004\times 0.95}{0.0004\times 0.95+0.9996\times 0.02}=0.0187$$

因此，虽然检验法相当可靠，但是一次检验诊断为有肺病的人确实患有肺病的可能性不大．换言之，一次检验提供的信息量不足以作出判断．

习　题　14.4

1. 一批零件共有 100 个，其中有次品 5 个，每次从中任取一个，取后不放回，求下列事件的概率：

（1）第二次才取得正品；

（2）第二次取得正品；

（3）检查 3 个零件至少有 1 个是次品.

2. 在数字通信中，信号是由数字 0 和 1 组成，由于随机干扰，发送数字 0 可能错误接收为 1，发送数字 1 可能错误接收为 0. 已知发送 0 时，接收为 0 的概率为 0.8，接收为 1 的概率为 0.2；发送 1 时，接收为 1 的概率为 0.9，接收为 0 的概率为 0.1. 假设发送 0 或 1 的概率均为 0.5. 在已收到数字为 1 的条件下，求发出的数字为 1 的概率.

14.5　伯努利概型

伯努利（Bernoulli），瑞士数学家，在多方面作出重要贡献. 他发展了无穷小分析，与莱布尼茨共同获得微积分学中的不少成果，积分“integral”这一术语即由他首创. 他对无穷级数理论和常微分方程的积分法也有贡献，对概率论也有深入的研究，提出了大数法则的伯努利定理，建立了描述独立试验序列的伯努利概型.

14.5.1　n 重伯努利概型

若试验 E 的可能结果只有两个，即 A 和 $\overline{A}$，且记 $P(A)=p$，$P(\overline{A})=1-p=q$，称之为伯努利试验. 若将试验 E 重复进行 n 次，且每次试验结果互不影响（独立的），则称为 n 重伯努利试验，相应的数学模型称为 n 重伯努利概型. 称独立重复进行的可列次伯努利试验为一个伯努利独立试验序列.

例如，从有一定次品率的一批产品中逐件地抽取 n 件产品（有放回抽样试验），若每次取出后都立即放回这批产品中再抽下一件，则可以把每取一件产品作为一次试验.

由于每次取出后立即放回这批产品中去再抽下一件，有

（1）每次抽取，面对的产品的次品率是相同的，且试验可能结果只有｛取到次品｝和｛取到正品｝；

（2）各次取得的结果都不能影响其余各次抽到正品或次品的概率.

因此，这是 n 重伯努利试验.

14.5.2　伯努利公式

伯努利概型是一个常见且十分有用的概型，有如下重要定理.

定理 14.7　设事件 A 在每次试验中发生的概率为 $p(0<p<1)$，不发生的概率为 $q(q=1-p)$，则在 n 重伯努利试验中，事件 A 恰好发生 k 次的概率为

$$P_n(k)=C_n^k p^k q^{n-k} \quad (k=0,1,2,3,\cdots,n)$$

例 14.21 一批产品中，有 20%的次品，进行重复抽样检查，共取 5 件样品，计算这 5 件样品中恰好有 3 件次品的概率.

解 设 A 为 5 件样品中恰好有 3 件次品的事件.

这里，重复抽样检查是 5 重伯努利试验，$n=5$，$p=0.2$，$q=1-p=0.8$，由二项概率公式，得

$$P(A_3)=C_5^3(0.2)^3(0.8)^2=0.0512$$

例 14.22 对某种药物的疗效进行研究，设这种药物对某种疾病有效率为 $p=0.8$，现有 10 名患此疾病的病人同时服用此药，求其中至少有 6 名病人服用有效的概率.

解 这是伯努利概型，$n=10$，$p=0.8$，记 $A=\{$至少有 6 名患者服药有效$\}$，则

$$\begin{aligned}P(A)&=P_{10}(6)+P_{10}(7)+P_{10}(8)+P_{10}(9)+P_{10}(10)\\&=\sum_{k=6}^{10}C_{10}^k(0.8)^k(0.2)^{10-k}\approx 0.97\end{aligned}$$

习 题 14.5

1. 某机场有一个 9 人组成的顾问小组，若每个顾问贡献正确意见的百分比为 0.7，现在该机场对某事可行与否个别征求各位顾问的意见，并按多数人意见作出决策，求作出正确决策的概率.

2. 设 A,a 为两个正整数，且 $A>a$，利用概率论证明恒等式

$$1+\frac{A-a}{A-1}+\frac{(A-a)(A-a-1)}{(A-1)(A-2)}+\cdots+\frac{(A-a)\cdot\cdots\cdot 2\cdot 1}{(A-1)\cdot\cdots\cdot(a+1)\cdot a}=\frac{A}{a}$$

第 15 章　随机变量及其分布

在随机试验下可以建立相应的随机变量，确定随机变量就是要确定随机变量的取值范围以及随机变量不同取值所对应的概率．本章重点介绍离散型随机变量和连续性随机变量及它们的数字特征．

15.1　随机变量的概念

第 14 章给出了概率论的公理化定义，并讨论了最简单的概型中随机事件的概率计算问题．在遇到简单的具体事件时，可以先判断其类型，然后求概率．然而，实际中遇到的概率问题往往错综复杂、千变万化，并非都是简单的概型．这时，需要全面、系统地研究随机试验．随机变量的引入是概率论发展史上的里程碑，它使得对随机现象的研究转化为普通函数的研究，从而可用微积分工具，使得概率论研究跃上了一个更高的台阶．

定义 15.1　设随机试验的样本空间为 Ω，若对任意样本点 $\omega \in \Omega$，都存在一个实数 $X(\omega)$ 与之对应，即存在一个定义于 Ω 的单值函数 $X = X(\omega)$，则称 $X(\omega)$ 为随机变量，简记为 X.

通常用大写英文字母 $X, Y, Z, \cdots$ 表示随机变量，随机变量作为样本点的函数，有两个基本特点：一是变异性，即对于不同的试验结果，它可能取不同的值，因此是变量不是常量；二是随机性，即试验中究竟出现哪种结果是随机的，因此变量究竟取何值在试验之前预先无法确定．

例 15.1　掷一颗骰子，观察其出现的点数，该试验的样本空间 $\Omega = \{1,2,3,4,5,6\}$．若用变量 X 表示掷出的点数，即当骰子掷出 k 点时，令 $X = k\ (k = 1, 2, 3, 4, 5, 6)$，则 X 为随机变量，它完全描述了本试验的结果．

例 15.2　在相同条件下，重复进行某项试验，直到首次成功为止，则试验的次数是一个随机变量，记为 X，它可以取一切正整数值．

例 15.3　袋中装有分别标示 1, 2, 3, 4, 5 号的 5 只球，其中 1, 2 号为白球，其余为红球，从中任取 2 只球，则该试验的样本空间为

$$\Omega = \{(1,2),(1,3),(1,4),(1,5),(2,3),(2,4),(2,5),(3,4),(3,5),(4,5)\}$$

令

$$X = X(\omega) = \begin{cases} 0, & \omega = (3,4),(3,5),(4,5) \\ 1, & \omega = (1,3),(1,4),(1,5),(2,3),(2,4),(2,5) \\ 2, & \omega = (1,2) \end{cases}$$

则 X 为定义于 Ω 上的一个单值实函数，从而是一个随机变量，它描述了取出的 2 只球中的白球数．

在一确定的试验下，建立一个与之相对应的随机变量有两点要求：

（1）确定随机变量的取值范围；

（2）确定随机变量在取值范围内取值的概率．

习　题　15.1

1. 试分别给出可能取值为有限、可列的随机变量的实例.
2. 试给出可能取值至少充满一个区间的随机变量的实例.

15.2　离散型随机变量的定义和概率分布

15.2.1　离散型随机变量的概念及性质

定义 15.2　若随机变量 X 的所有取值是有限个 $x_1,x_2,\cdots,x_n$ 或无限可列个 $x_1,x_2,\cdots,x_i,\cdots$，则称该随机变量 X 为离散型随机变量.

定义 15.3　若 X 是离散型随机变量，它的所有可能取值不妨设为

$$x_1,x_2,\cdots,x_i,\cdots$$

取这些值对应的概率为

$$p_i = P(x = x_i) \quad (i = 1,2,3) \tag{15.1}$$

p_i 满足下列性质：

（1）$p_i \geqslant 0\,(i = 1,2,\cdots,n)$；

（2）$\sum_{i=1}^{n} p_i = 1$.

称式（15.1）为离散型随机变量 X 的概率函数或概率分布列，简称为 X 的分布（分布律），记为 $X \sim p_i$.

离散型随机变量 X 的分布列常表示为如下概率分布表：

X	x_1	x_2	$\cdots$	x_n	$\cdots$
p_i	p_1	p_2	$\cdots$	p_n	$\cdots$

该表直观地表示了随机变量 X 取各个值的概率的规律. X 取各个值各占一些概率，这些概率合起来是 1，可以想象成：概率 1 以一定的规律分布在各个可能值上. 这就是表 15.1 称为分布律的缘故.

例 15.4　掷一颗骰子，以 X 表示出现的点数，求随机变量 X 的分布律.

解　X 有 $1,2,3,4,5,6$ 共 6 个可能取值，若骰子是均匀的，则每个点数出现的可能性相同，即

$$P(X = k) = \frac{1}{6} \quad (k = 1,2,3,4,5,6)$$

故 X 的分布律如下：

X	1	2	3	4	5	6
p_i	$\frac{1}{6}$	$\frac{1}{6}$	$\frac{1}{6}$	$\frac{1}{6}$	$\frac{1}{6}$	$\frac{1}{6}$

例 15.5 一个袋中有 4 个橙色球和 3 个白色球，从中任取 3 个球，求抽到橙色球个数的概率分布.

解 以 X 表示“抽到橙色球个数”，则 $X=0,1,2,3$.

$$P(X=0)=\frac{C_3^3}{C_7^3}=\frac{1}{35},\qquad P(X=1)=\frac{C_4^1C_3^1}{C_7^3}=\frac{12}{35}$$

$$P(X=2)=\frac{C_4^2C_3^1}{C_7^3}=\frac{18}{35},\quad P(X=3)=\frac{C_4^3}{C_7^3}=\frac{4}{35}$$

X 的分布列如下：

X	0	1	2	3
p_i	$\frac{1}{35}$	$\frac{12}{35}$	$\frac{18}{35}$	$\frac{4}{35}$

15.2.2 离散型随机变量的分布函数

定义 15.4 设 X 为离散型随机变量，对任意实数 x，称概率 $P(X\leqslant x)=\sum\limits_{x_i\leqslant x}p_i$ 为离散型随机变量 X 的分布函数，记为 $F(x)$，即

$$F(x)=P(X\leqslant x)=\sum_{x_i\leqslant x}p_i$$

分布函数具有下列性质：

（1） $0\leqslant F(x)\leqslant 1$；

（2）若 $x_1\leqslant x_2$，则 $F(x_1)\leqslant F(x_2)$，且 $P(x_1\leqslant x\leqslant x_2)=F(x_2-x_1)$；

（3） $\lim\limits_{x\to-\infty}F(x)=0$， $\lim\limits_{x\to+\infty}F(x)=1$.

由此可知，离散型随机变量的分布函数是一个阶梯函数，在每一个点 x_i 处有一个跃度，这是离散型随机变量的一个重要特征.

虽然概率分布和分布函数可以互相表示，但分布函数往往用于研究一般随机变量的共同性质，具体到离散型随机变量，还是用概率分布研究较直观和方便.

例 15.6 设离散型随机变量 X 的概率分布如下：

X	0	1	2
p_i	$\frac{1}{3}$	$\frac{1}{6}$	$\frac{1}{2}$

（1）写出 X 的分布函数；

（2）求 $P\left(x<\frac{1}{2}\right)$ 和 $P\left(0\leqslant x\leqslant\frac{3}{2}\right)$.

解 （1）$F(x)=P(X\leqslant x)=\sum\limits_{x_i\leqslant x}p_i=\begin{cases}0, & x<0\\ \dfrac{1}{3}, & 0\leqslant x<1\\ \dfrac{1}{3}+\dfrac{1}{6}, & 1\leqslant x<2\\ \dfrac{1}{3}+\dfrac{1}{6}+\dfrac{1}{2}, & x\geqslant 2\end{cases}=\begin{cases}0, & x<0\\ \dfrac{1}{3}, & 0\leqslant x<0\\ \dfrac{1}{2}, & 1\leqslant x<2\\ 1, & x\geqslant 2\end{cases}$

（2）$P\left(X<\dfrac{1}{2}\right)=P(X=0)=\dfrac{1}{3}$，

$$P\left(0\leqslant x\leqslant\frac{3}{2}\right)=P(X=0)+P(X=1)=\frac{1}{3}+\frac{1}{6}=\frac{1}{2}.$$

15.2.3 常见的离散型随机变量的概率分布

1. 单点分布（退化分布）

定义 15.5 若随机变量 X 以概率 1 取常数 C，则称 X 服从单点分布，其分布如下：

随机变量 X	C
概率	1

2. 两点分布（伯努利分布）

定义 15.6 若随机变量 X 以概率 p 取 1，以概率 $1-p=q$ 取 0，其概率分布如下：

随机变量 X	0	1
概率	q	p

则称 X 服从参数为 p 的两点分布（或参数为 p 的 0-1 分布）.

3. 二项分布

定义 15.7 若随机变量 X 的概率分布为

$$P(X=k)=C_n^k p^k q^{n-k}\quad (0<p<1;\ q=1-p;\ k=0,1,2,3,\cdots,n)$$

则称 X 服从参数为 n,p 的二项分布，记为 $X\sim B(n,p)$.

例 15.7 根据市场调查，市场上的某品牌香烟有 13%是假冒的，张先生每年消费该品牌香烟 20 条，求他至少买到 1 条假烟的概率.

解 以 X 表示张先生在一年内购买的假烟条数，则 $X\sim B(20, 13\%)$，所求概率为

$$P(X\geqslant 1)=1-P(X<1)=1-P(X=0)=1-C_{20}^0\cdot 0.13^0\cdot 0.87^{20}\approx 0.94$$

可见，张先生一年内如果消费 20 条该品牌香烟，他购买到假烟的可能性是非常大的.

4. 泊松分布

定义 15.8 若随机变量 X 的概率分布为

$$P(X=k)=\frac{\lambda^k e^{-\lambda}}{k!} \quad (k=0,1,2,\cdots,n;\ \lambda>0\text{为常数})$$

则称 X 服从以 λ 为参数的泊松（Poisson）分布，记为 $X=P(\lambda)$.

注意到 $\sum_{k=0}^{\infty}\frac{\lambda^k}{k!}e^{-\lambda}=e^{-\lambda}\sum_{k=0}^{\infty}\frac{\lambda^k}{k!}=e^{-\lambda}\cdot e^{\lambda}=1$，故泊松分布满足概率分布的两条性质．泊松分布的概率计算问题可通过查泊松分布函数表（见附录 B 附表 1）完成.

例 15.8 设某市每年因交通事故死亡的人数服从泊松分布，据资料显示，在一年中因交通事故死亡 1 人的概率是死亡 2 人概率的 $\frac{1}{2}$，计算一年中因交通事故至少死亡 3 人的概率.

解 用随机变量 X 表示一年中因交通事故死亡的人数，则 X 服从参数为 λ 的泊松分布．由已知条件 $P(X=1)=\frac{1}{2}P(X=2)$，即 $\lambda e^{-\lambda}=\frac{1}{2}\cdot\frac{\lambda^2}{2}e^{-\lambda}$，解得 $\lambda=4$，故一年中因交通事故至少死亡 3 人的概率为

$$P(X\geqslant 3)=1-P(X\leqslant 2)$$

查 $\lambda=4$ 的泊松分布函数表，得

$$P(X\geqslant 3)=1-0.2381=0.7619$$

习 题 15.2

1. 一箱产品 20 件，其中 5 件优质品，不放回地抽取，每次 1 件，共抽取 2 次，求取到的优质品件数 X 的分布律.

2. 第 1 题若采用有放回抽取，其他条件不变，求随机变量 X 的分布律.

3. 设收到一批 100 个零件的货物，每一零件是次品的概率为 0.01，该批零件验收合格的标准是次品数不超过 3 个．试求这批货物合格的概率.

4. 假设 1 h 内进入学校图书馆的学生人数服从泊松分布，已知 1 h 内无学生进入图书馆的概率为 0.01，求 1 h 内至少有 2 名学生进入图书馆的概率.

5. 设有 5 节电池，其中 2 节是次品.

（1）每次取 1 节，直到将 2 节次品都取出，设第 2 节次品在第 X 次找到，求 X 的分布律;

（2）每次取 1 节，直到找出 2 节次品或 3 节正品为止，求所需次数 Y 的分布律.

15.3 连续型随机变量的概率分布

15.3.1 连续型随机变量的密度函数

通俗理解，离散型随机变量所有可能的取值都是间断分离的，连续型随机变量的取值是连续不断的．例如，某种产品的长度在生产上有一个技术规定的标准长度，现实中由于许多随机因素的影响，其实际长度与规定的标准长度之间必然存在偏差，这种偏差的大小取值是随机的，

而且可能取到某区间内的任意一个值．这种偏差就是连续型随机变量．概率论中的连续型随机变量有其严格的定义．

定义 15.9 对于连续型随机变量 X，若存在非负可积函数 $f(x)$ $(-\infty < x < +\infty)$，使得对于任意实数 $a,b(a < b)$，有 $P(a < X \leqslant b) = \int_a^b f(x)\mathrm{d}x$，则称 $f(x)$ 为连续型随机变量 X 的密度函数，简称为密度函数或分布函数．

容易看出，密度函数具有以下性质：

（1）$f(x) \geqslant 0(-\infty < x < +\infty)$；

（2）$\int_{-\infty}^{+\infty} f(x)\mathrm{d}x = 1$.

反之，同时满足上述两个性质的函数也可以作为某个随机变量的密度函数．

例 15.9 证明函数

$$f(x) = \frac{1}{2}\mathrm{e}^{-|x|} \quad (-\infty < x < +\infty)$$

是一个密度函数．

分析此题只需验证 $f(x)$ 是否能满足上述两条性质即可．

证 显然，$f(x) \geqslant 0$，而

$$\int_{-\infty}^{+\infty} \frac{1}{2}\mathrm{e}^{-|x|}\mathrm{d}x = 1$$

所以 $f(x)$ 是一个密度函数．

15.3.2 连续型随机变量的分布函数

定义 15.10 设 $f(x)$ 是连续型随机变量 X 的密度函数，令

$$F(x) = P(X \leqslant x) = \int_{-\infty}^{x} f(t)\mathrm{d}t$$

则 $F(x)$ 称为连续型随机变量 X 的分布函数．

由定积分的几何意义知，连续型随机变量在某一区间上取值的概率等于其密度函数在该区间上的定积分．因此，有下列结论：

（1）连续型随机变量的密度函数是其分布函数的导数，即 $f(x) = F'(x)$；

（2）连续型随机变量在某一点的取值概率为 0，即 $P(X = x_0) = 0$．

分布函数具有以下性质：

（1）$0 \leqslant F(x) \leqslant 1$；

（2）若 $x_1 < x_2$，则 $F(x_1) \leqslant F(x_2)$；

（3）$P(x_1 < X \leqslant x_2) = F(x_2) - F(x_1)$；

（4）$\lim\limits_{x \to -\infty} F(x) = 0$，$\lim\limits_{x \to +\infty} F(x) = 1$．

例 15.10 设连续型随机变量 X 的密度函数为

$$f(x) = \begin{cases} kx + 1, & 0 \leqslant x \leqslant 2 \\ 0, & \text{其他} \end{cases}$$

求常数 k.

解 根据连续型随机变量的性质，有

$$
\begin{aligned}
1 &= \int_{-\infty}^{+\infty} f(x)\mathrm{d}x = \int_{-\infty}^{0} f(x)\mathrm{d}x + \int_{0}^{2} f(x)\mathrm{d}x + \int_{2}^{+\infty} f(x)\mathrm{d}x \\
&= \int_{-\infty}^{0} 0\mathrm{d}x + \int_{0}^{2} f(x)\mathrm{d}x + \int_{2}^{+\infty} 0\mathrm{d}x \\
&= \int_{0}^{2} (kx+1)\mathrm{d}x = \left(\frac{k}{2}x^2 + x\right)\Big|_0^2 = 2k+2
\end{aligned}
$$

从而解得 $k=-0.5$.

15.3.3　常用连续型随机变量及其分布

1. 均匀分布

定义 15.11　若随机变量 X 的密度函数为

$$
f(x) = \begin{cases} \dfrac{1}{b-a}, & a < x < b \\ 0, & \text{其他} \end{cases}
$$

则称 X 在区间 $[a,b]$ 上服从均匀分布，记为 $X \sim U(a,b)$.

均匀分布的分布函数为

$$
F(x) = \begin{cases} 0, & x < a \\ \dfrac{x-a}{b-a}, & a \leqslant x < b \\ 1, & x \geqslant b \end{cases}
$$

例 15.11　某城市 A 发往城市 B 的长途汽车每隔 30 min 发一班，一旅客乘坐此长途汽车，如果他到达车站的时间 X 服从 $[0,30]$ 上的均匀分布，试求该旅客候车时间在 5 min 至 20 min 之间的概率.

解　以 X 表示该旅客的候车时间，依题意有 $X \sim U[0,30]$，其密度函数为

$$
f(x) = \begin{cases} \dfrac{1}{30}, & 0 \leqslant x \leqslant 30 \\ 0, & \text{其他} \end{cases}
$$

所以

$$
F(5 \leqslant x \leqslant 20) = \int_{5}^{20} \frac{1}{30}\mathrm{d}x = 0.5
$$

2. 正态分布

在连续型随机变量分布中，正态分布是最重要最常用的分布.

定义 15.12　若随机变量 X 的密度函数为

$$
f(x) = \frac{1}{\sqrt{2\pi}\sigma} \mathrm{e}^{-\frac{(x-\mu)^2}{2\sigma^2}} \quad (-\infty < x < +\infty)
$$

其中 $-\infty < \mu < +\infty$, $\sigma > 0$，则称随机变量 X 服从正态分布，记为 $X \sim N(\mu, \sigma^2)$

正态分布的分布函数为

$$
F(x) = \frac{1}{\sqrt{2\pi}\sigma} \int_{-\infty}^{x} \mathrm{e}^{-\frac{(t-\mu^2)}{2\sigma^2}} \mathrm{d}t \quad (-\infty < x < +\infty)
$$

正态分布的密度函数有以下特点：

（1） $f(x)$ 以直线 $x=\mu$ 为对称轴，向左向右无限延伸，且以 x 轴为渐近线， μ 确定曲线的位置；

（2）当 $x=\mu$ 时达到最大值 $f(x)=\dfrac{1}{\sqrt{2\pi}\sigma}$；

（3）曲线 $f(x)$ 在 $x=\mu\pm\sigma$ 处各有一个拐点；

（4） σ 越小，曲线越陡峭，反之曲线越平坦.

特别地，当 $\mu=0$， $\sigma=1$ 时的正态分布称为标准正态分布，记为 $N(0,1)$．其相应的密度函数和分布函数分别用 $\varphi(x)$ 和 $\Phi(x)$ 表示，即

$$\varphi(x)=\frac{1}{\sqrt{2\pi}}\mathrm{e}^{-\frac{x^2}{2}}\quad(-\infty<x<+\infty)$$

$$\Phi(x)=\frac{1}{\sqrt{2\pi}}\int_{-\infty}^{x}\mathrm{e}^{-\frac{t^2}{2}}\mathrm{d}t\quad(-\infty<x<+\infty)$$

若 $X\sim N(0,1)$，则有

$$P(x_1<X<x_2)=\frac{1}{\sqrt{2\pi}}\int_{x_1}^{x_2}\mathrm{e}^{-\frac{t^2}{2}}\mathrm{d}t=\Phi(x_2)-\Phi(x_1)$$

查标准正态分布表（附录 B 附表 2）可求出 $\Phi(x_1)$ 和 $\Phi(x_2)$ 的值.

注： $\Phi(-x)=1-\Phi(x)$．

例 15.12 某学校学生体重的分布近似于 μ 值为 53 kg， σ 的值为 7 kg 的正态分布，试求这个学校内体重在 50 kg 至 65 kg 间的学生人数占学生总数的百分之几？

解 设 X 表示学生的体重，求出 $P(50\leqslant x\leqslant 65)$ 即可.

$$\begin{aligned}P(50\leqslant x\leqslant 65)&=\Phi\left(\frac{65-53}{7}\right)-\Phi\left(\frac{50-53}{7}\right)\approx\Phi(1.71)-\Phi(-0.43)\\&=0.956\,4-0.333\,6=0.622\,8=62.28\%\end{aligned}$$

即这个学校内体重在 50 kg 至 65 kg 间的学生人数占学生总数的 62.28%.

习 题 15.3

1. 设随机变量 X 具有密度函数

$$f(x)=\begin{cases}Ax(1-x), & x\in[0,1]\\0, & x\notin[0,1]\end{cases}$$

求：（1）系数 A；（2）分布函数 $F(x)$；（3） $P\left(|X-EX|<\sqrt{5}\sqrt{DX}\right)$．

2. 设随机变量 X 的分布函数为

$$F(x)=\begin{cases}0, & x<0\\A\sin x, & 0\leqslant x\leqslant\pi/2\\1, & x>\pi/2\end{cases}$$

求 $P\left(|X|<\pi/6\right)$．

3. 某批产品的长度 X 服从正态分布， $X \sim N(50,0.25)$ ，求：

（1）产品长度 X 落在 49.5 到 50.5 之间的概率；

（2）产品的长度不超过 49.2 的概率；

（3）能以 0.95 的概率作保证，产品长度 X 落在什么范围内？

4. 设 K 在[0, 5]上服从均匀分布，求方程 $4t^2 + 4kt + (k + 2) = 0$ 有实根的概率（方程中未知数为 t）.

5. 设随机变量 X 服从正态分布 $N(60,9)$ ，求分点 x_1, x_2 使得 X 分别落在 $(-\infty, x_1)$ ，(x_1, x_2) ，$(x_2, +\infty)$ 内的概率之比为 3∶4∶5.

6. 设某种电池寿命（单位：h）服从正态分布 $N(\mu, 35^2)$ ，且已知该电池寿命超过 250 h 的概率为 0.923 6，求参数 a，使得该种电池寿命在 $\mu - a$ 与 $\mu + a$ 之间的概率不小于 0.9.

第 16 章　随机变量的数字特征

随机变量的分布完整地描述了随机现象的统计规律性，但在经济现象和生产实践中，很多随机变量的分布函数是较难确定的．实际中常常也不需要全面研究随机变量的分布情况，只需要知道它的某些特征就可以了．例如：考察某个城市的生活水平，城市居民的平均收入是个重要指标；灯泡的性能主要看灯泡的寿命、功率等．

随机变量的许多特征可以用数字大小来刻画，这类特征称为随机变量的数字特征．

16.1　随机变量的数学期望

16.1.1　离散型随机变量的数学期望

1. 离散型随机变量数学期望的定义

例 16.1　某工厂对甲、乙两种型号的铣床进行性能对比试验，已知一次试验出现的废品数的概率如下，问哪种型号的铣床性能较好？

废品数	0	1	2	3
$p_{甲}$	0.3	0.4	0.1	0.2
$p_{乙}$	0.4	0.3	0.3	0

解　假定试验 10 次，则甲铣床平均每次出废品数为

$$\frac{0\times10\times0.3+1\times10\times0.4+2\times10\times0.1+3\times10\times0.2}{10}=1.2\ （件）$$

乙铣床平均每次出废品数为

$$\frac{0\times10\times0.4+1\times10\times0.3+2\times10\times0.3+3\times10\times0}{10}=0.9\ （件）$$

从平均值可以看出，乙铣床比甲铣床出的废品少，相对而言，乙铣床性能好于甲铣床．

通过上面的例子可以看出，所求的平均数与试验次数无关．这类平均数称为数学期望．

定义 16.1　设 X 为离散型随机变量，它的概率分布为 $P(x=x_i)=p_i\ (i=1,2,3\cdots)$，若 $\sum_{i=1}^{\infty}|x_i|p_i$ 收敛，则称 $\sum_{i=1}^{\infty}x_ip_i$ 为随机变量 X 的数学期望，记为 $E(X)$，即

$$E(X)=\sum_{i=1}^{\infty}x_ip_i$$

数学期望简称期望，又称为均值.

数学期望 $E(X)$完全由随机变量 X 的概率分布所确定. 若 X 服从某一分布，也称 $E(X)$是这一分布的数学期望.

例 16.2 某公司考虑使用一笔资金在一小区附近进行投资，投资的方案有两种：

（1）投资建设一餐馆，据有关专业人士估计年净利润有三种可能，即 15 万，20 万，30 万，相应发生的概率分别为 0.4, 0.2, 0.4.

（2）投资建设一药店，据有关人士估计年净利润有两种可能，即 12 万，22.5 万，相应发生的概率分别为 0.5, 0.5.

若以期望净利润的大小作为投资与否的标准，问应该采取哪种投资方案？

解 设 X, Y 分别为两种方案的投资净利润，显然 X, Y 均为随机变量，它们的概率分布分别如下：

X	15	20	30
概率	0.4	0.2	0.4

Y	12	22.5
概率	0.5	0.5

方案（1）的年期望净利润就是 X 的数学期望，方案（2）的年期望净利润就是 Y 的数学期望.

X 的数学期望为

$$E(X)=15\times0.4+20\times0.2+30\times0.4=22$$

Y 的数学期望为

$$E(Y)=12\times0.5+22.5\times0.5=17.25$$

由此可知，投资方案（1）具有较高的年期望净利润，故应选择投资方案（1）.

2. 常用离散型随机变量的数学期望

（1）两点 0-1 分布的数学期望.

设随机变量 X 服从参数为 p 的两点分布，则 X 具有如下分布：

X	0	1
概率	q	p

其中 $p+q=1$.

根据离散型随机变量数学期望的定义，X 的数学期望为

$$E(X)=\sum_{i=1}^{\infty}x_ip_i=0\times q+1\times p=p$$

(2) 二项分布的数学期望.

定理 16.1 若随机变量 X 服从参数为 n, p 的二项分布，则有

$$E(X) = np$$

例 16.3 假设三个人进入一服装店，每个人购买的概率均为 0.3，而且彼此相互独立，求三人中购买服装人数的数学期望.

解 设 X 为三人中购买服装的人数，X 服从参数 $n=3$，$p=0.3$ 的二项分布.

根据定理 16.1，X 的数学期望为

$$E(X) = np = 3\times 0.3 = 0.9$$

16.1.2 连续型随机变量的数学期望

1. 连续型随机变量数学期望的定义

定义 16.2 设 X 为连续型随机变量，密度函数为 $f(x)$，若 $\int_{-\infty}^{+\infty}|x|f(x)\mathrm{d}x$ 收敛，则称积分

$$\int_{-\infty}^{+\infty}xf(x)\mathrm{d}x$$

为随机变量 X 的数学期望，记为 $E(X)$，即

$$E(X)=\int_{-\infty}^{+\infty}xf(x)\mathrm{d}x$$

若积分 $\int_{-\infty}^{+\infty}xf(x)\mathrm{d}x$ 不绝对收敛，则称 x 的数学期望不存在.

例 16.4 设随机变量 X 的密度函数为

$$f(x)=\frac{1}{2}\mathrm{e}^{-|x|} \quad (-\infty < x < +\infty)$$

求 $E(X)$.

解

$$\int_{-\infty}^{+\infty}|x|f(x)\mathrm{d}x=\int_{-\infty}^{+\infty}\frac{1}{2}|x|\mathrm{e}^{-|x|}\mathrm{d}x=\int_{0}^{+\infty}x\mathrm{e}^{-x}\mathrm{d}x=(-x\mathrm{e}^{-x}-\mathrm{e}^{-x})\big|_{0}^{+\infty}=1$$

即 $\int_{-\infty}^{+\infty}xf(x)\mathrm{d}x$ 绝对收敛，故 $E(X)$ 存在，且

$$E(X)=\int_{-\infty}^{+\infty}xf(x)\mathrm{d}x=\int_{-\infty}^{+\infty}\frac{x}{2}\mathrm{e}^{-|x|}\mathrm{d}x=0$$

2. 常用连续型随机变量的数学期望

(1) 均匀分布的数学期望.

设随机变量 X 服从区间 $[a,b]$ 上的均匀分布，则 X 的密度函数为

$$f(x)=\begin{cases}\dfrac{1}{b-a}, & a\leqslant x\leqslant b\\ 0, & \text{其他}\end{cases}$$

根据连续型随机变量的数学期望的定义，X 的数学期望为

$$E(X)=\int_{-\infty}^{+\infty}xf(x)\mathrm{d}x=\int_{a}^{b}x\frac{1}{b-a}\mathrm{d}x=\frac{1}{b-a}\times\frac{1}{2}x^{2}\Big|_{a}^{b}=\frac{1}{b-a}\times\frac{1}{2}(b^{2}-a^{2})=\frac{a+b}{2}.$$

以上结果表明，均匀分布的数学期望正好等于 X 取值区间的中点，即 X 取值的平均数．这再次说明数学期望的平均意义．

例 16.5 某公共汽车站每 6 min 有一辆公共汽车通过，乘客在任一时刻到达车站候车是等可能的，求任一乘客候车的平均时间．

解 设 X 为乘客的候车时间，显然 X 服从区间 $[0,6]$ 上的均匀分布．求乘客候车的平均时间，即是求 X 的数学期望．根据以上结果，X 的数学期望为

$$E(X)=\frac{0+6}{2}=3$$

即任一乘客候车的平均时间为 3 min．

（2）正态分布的数学期望．

定理 16.2 若随机变量 X 服从参数为 μ,σ^2 的正态分布，则 X 的数学期望为

$$E(X)=\mu$$

16.1.3 数学期望的性质

数学期望具有下列性质：

性质 16.1 若 C 为常数，则 $E(C)=C$.

性质 16.2 若 k 为常数，则 $E(kX)=kE(X)$.

性质 16.3 设 X_1,X_2 为两个随机变量，则 $E(X_1+X_2)=E(X_1)+E(X_2)$．

性质 16.4 设 X_1,X_2 为相互独立的随机变量，则 $E(X_1X_2)=E(X_1)E(X_2)$．

这一性质可以推广到任意有限个随机变量之和的情况．

例 16.6 已知随机变量 X 的密度函数为

$$f(x)=\begin{cases}2x, & 0\leqslant x\leqslant 1\\ 0, & \text{其他}\end{cases}$$

求：（1）$E(X)$；（2）$E(X^2)$．

解 （1）$E(X)=\int_{-\infty}^{+\infty}xf(x)\mathrm{d}x=\int_0^1 x\cdot 2x\mathrm{d}x=\dfrac{2}{3}$

（2）$E(X^2)=\int_{-\infty}^{+\infty}x^2f(x)\mathrm{d}x=\int_0^1 x^2\cdot 2x\mathrm{d}x=\dfrac{1}{2}$

习 题 16.1

1. 设 X 的密度函数为

$$f(x)=\begin{cases}\dfrac{x}{2}, & 0<x<2\\ 0, & \text{其他}\end{cases}$$

求 $E(X)$，$E(X^2+1)$．

2. 假设一部机器在一天内发生故障的概率为 0.2，机器发生故障时全天停止工作，若一周 5 个工作日里无故障可获利润 10 万元，一周发生 1 次故障所获利润为 5 万元，发生 2 次故障所获利润为 0 万元，发生 3 次或 3 次以上故障就要亏损 2 万元，求一周内的期望利润是多少．

16.2 随机变量的方差

16.2.1 随机变量方差的定义

定义 16.3 设 X 为一个随机变量，若 $E[X-E(X)]^2$ 存在，则称 $E[X-E(X)]^2$ 为 X 的方差，记为 $D(X)$，即

$$D(X)=E[X-E(X)]^2$$

由定义 16.3 知，若 X 的取值比较集中在 $E(X)$，则方差较小；若 X 的取值比较分散，则方差较大．所以方差是刻画随机变量取值离散程度的一个量．

为计算方便，方差的计算公式还可以简化为

$$D(X)=E(X^2)-[E(X)]^2$$

X 的方差的平方根 $\sqrt{D(X)}$ 称为标准差（或均方差），由于它与 X 具有相同的度量单位，在实际问题中经常使用．

例 16.7 设随机变量 X 服从 0-1 分布，试求它的方差 $D(X)$．

解 由已知，$E(X)=p$，而 $E(X^2)=0^2\times(1-p)+1^2\times p=p$，所以

$$D(X)=E(X^2)-[E(X)]^2=p-p^2=pq$$

16.2.2 常用随机变量的方差

1. 常用离散型随机变量的方差

（1）两点分布的方差．

设随机变量 X 服从参数为 p 的两点分布，则 X 的方差为

$$D(X)=pq$$

证 已知 X 服从两点分布，则 $E(X)=p$，而

$$E(X^2)=0^2\times q+1^2\times p=p$$

根据方差的计算公式，有

$$D(X)=E(X^2)-[E(X)]=p-p^2=p(1-p)=pq$$

（2）二项分布的方差．

设随机变量 X 服从参数为 n,p 的二项分布，即 $X\sim B(n,p)$，则 X 的方差为

$$D(X)=npq$$

（3）泊松分布的方差．

设随机变量 X 服从参数为 λ 的泊松分布，即 $X\sim P(\lambda)$，则 X 的方差为

$$D(X)=\lambda$$

2. 常用连续型随机变量的方差

（1）均匀分布的方差.

设随机变量 X 服从区间 $[a,b]$ 上的均匀分布，则 X 的方差为

$$D(X)=\frac{(b-a)^2}{12}$$

证　由于 X 服从区间 $[a,b]$ 上的均匀分布，由均匀分布的相关知识，X 的密度函数为

$$f(x)=\begin{cases}\dfrac{1}{b-a}, & a\leqslant x\leqslant b\\ 0, & \text{其他}\end{cases}$$

X 的数学期望为 $E(X)=\dfrac{a+b}{2}$.

需计算 X^2 的数学期望：

$$E(X^2)=\int_{-\infty}^{+\infty}x^2f(x)\mathrm{d}x=\int_a^b x^2\frac{1}{b-a}\mathrm{d}x=\frac{1}{b-a}\times\frac{1}{3}x^3\Big|_a^b$$

$$=\frac{1}{b-a}\times\frac{1}{3}(b^3-a^3)=\frac{b^2+ab+a^2}{3}$$

根据方差的计算公式，有

$$D(X)=E(X^2)-[E(X)]^2=\frac{b^2+ab+a^2}{3}-\left(\frac{b+a}{2}\right)^2=\frac{(b-a)^2}{12}$$

（2）正态分布的方差.

设随机变量 X 服从参数为 μ, σ^2 的正态分布，根据正态分布的有关知识，X 的密度函数为

$$f(x)=\frac{1}{\sqrt{2\pi}\sigma}\mathrm{e}^{-\frac{1}{2\sigma^2}(x-\mu)^2}\quad(-\infty<x<\infty)$$

X 的数学期望为 $E(X)=\mu$.

根据方差的定义，有

$$D(X)=\int_{-\infty}^{+\infty}(x-\mu)^2f(x)\mathrm{d}x=\int_{-\infty}^{+\infty}(x-\mu)^2\frac{1}{\sqrt{2\pi}\sigma}\mathrm{e}^{-\frac{1}{2\sigma^2}(x-\mu)^2}\mathrm{d}x$$

$$=\int_{-\infty}^{+\infty}\frac{\sigma^2}{\sqrt{2\pi}}z^2\mathrm{e}^{-\frac{z^2}{2}}\mathrm{d}z\quad\left(z=\frac{x-\mu}{\sigma}\right)=\frac{\sigma^2}{\sqrt{2\pi}}\left(-z\mathrm{e}^{-\frac{z^2}{2}}\Big|_{-\infty}^{+\infty}\mathrm{d}z+\int_{-\infty}^{+\infty}\mathrm{e}^{-\frac{z^2}{2}}\mathrm{d}z\right)=\frac{\sigma^2}{\sqrt{2\pi}}\int_{-\infty}^{+\infty}\mathrm{e}^{-\frac{z^2}{2}}\mathrm{d}z=\sigma^2$$

上式中利用了标准正态分布的密度函数在 $(-\infty, +\infty)$ 内的积分为 1，即

$$\int_{-\infty}^{+\infty}\frac{1}{\sqrt{2\pi}}\mathrm{e}^{-\frac{z^2}{2}}\mathrm{d}z=1$$

（3）指数分布的方差.

设随机变量 X 服从参数为 λ 的指数分布，则 X 的方差为

$$D(X)=\frac{1}{\lambda^2}$$

证 由于随机变量 X 服从参数为 λ 的指数分布，根据指数分布的相关知识 X 的密度函数为

$$f(x)=\begin{cases}\lambda e^{-\lambda x}, & x>0\\ 0, & x\leqslant 0\end{cases}$$

X 的数学期望为 $E(X)=\dfrac{1}{\lambda}$.

计算 X^2 的数学期望

$$E(X^2)=\int_{-\infty}^{+\infty}X^2f(x)\mathrm{d}x=\int_0^{+\infty}x^2\lambda e^{-\lambda x}\mathrm{d}x=-\left[(x^2e^{-\lambda x})\Big|_0^{+\infty}-\int_0^{+\infty}2xe^{-\lambda x}\mathrm{d}x\right]=0+\frac{2}{\lambda}\int_0^{+\infty}\lambda xe^{-\lambda x}\mathrm{d}x=\frac{2}{\lambda}\times\frac{1}{\lambda}=\frac{2}{\lambda^2}$$

根据方差的计算公式，有

$$D(X)=E(X^2)-[E(X)]^2=\frac{2}{\lambda^2}-\left(\frac{1}{\lambda}\right)^2=\frac{1}{\lambda^2}$$

上面介绍了随机变量的数学特征的概念，以及数字特征中最重要的两种类型，即数学期望和方差．数学期望反映随机变量取值的平均水平，方差反映随机变量取值的集中或分散程度．

16.2.3 随机变量方差的性质

性质 16.5 常数的方差为零，即若 C 为常数，则 $D(C)=0$.

证 由于 C 为常数，由数学期望的性质 16.1 知，$E(C)=C$，根据方差的定义，有

$$D(C)=E\{[C-E(C)]^2\}=E(0^2)=0$$

性质 16.6 C 为常数，X 为随机变量，其方差存在，则

$$D(CX)=C^2D(X)$$

证 根据方差的定义，有

$$\begin{aligned}D(CX)&=E[CX-E(CX)^2]=E\{C^2[X-E(X)]^2\}\\&=C^2E\{[X-E(X)]^2\}=C^2D(X)\end{aligned}$$

性质 16.7 X, Y 均为随机变量，其方差存在且相互独立，则

$$D(X+Y)=D(X)+D(Y)$$

例 16.8 设随机变量 X 的数学期望 $E(X)$与方差 $D(X)$都存在，并且方差大于零，求随机变量 $Z=\dfrac{X-E(X)}{\sqrt{D(X)}}$ 的数学期望和方差.

解 $E(X)$，$D(X)$都是确定的常数，根据数学期望的相关性质，有

$$\begin{aligned}E(Z)&=E\left[\frac{X-E(X)}{\sqrt{D(X)}}\right]=\frac{1}{\sqrt{D(X)}}E[X-E(X)]\\&=\frac{1}{\sqrt{D(X)}}[E(X)-E(X)]=0\end{aligned}$$

根据方差的性质，有

$$D(Z)=D\left[\frac{X-E(X)}{\sqrt{D(X)}}\right]=\frac{1}{\left[\sqrt{D(X)}\right]^2}D[X-E(X)]=\frac{1}{D(X)}D(X)=1$$

例 16.9　某公司计划开发一个新项目，该项目总投入为 100 万元人民币．由于许多随机变量的影响，项目完成以后，有三种可能的结果：

（1）开发成功，总收入 150 万元；

（2）开发情况一般，总收入 120 万元；

（3）开发失败，总收入为 0.

根据有关专业人士估计，三种结果发生的概率分别为 0.6，0.3，0.1．求该项目净收入的数学期望和标准差，并解释它们的实际意义．

解　设 X 为开发该项目的净收入（净收入 = 总收入–总投入），根据题意，X 的概率分布为

$$P(X=50)=0.6,\quad P(X=20)=0.3,\quad P(X=-100)=0.1$$

根据数学期望和方差的定义，X 的数学期望、方差、标准差分别为

$$E(X)=50\times0.6+20\times0.3+(-100)\times0.1=26\text{（万元）}$$

$$D(X)=(50-26)^2\times0.6+(20-26)^2\times0.3+(-100-26)^2\times0.1=1944\text{（万元）}$$

$$\sqrt{D(X)}=44.0908\text{（万元）}$$

以上结果表明，该项目净收入的平均水平为 26 万元，标准差约为 44.1 万元．离散程度较大表明净收入水平的分布较为分散，最大净收入为 50 万元，最低净收入为–100 万元，跨度为 150 万元．

习　题　16.2

1. 一批零件中有 9 个合格品和 3 个废品，安装机器时，从这批零件中任取 1 个，如果每次取出的废品不再放回去，求：

（1）在取得合格品以前已取出的废品数 X 的分布律；

（2）数学期望 $E(X)$；

（3）方差和标准差；

（4）$E(-2X+1)$ 和 $E(X^2+1)$．

2. 当 C 为何值时，$P(|X=k|)=C\left(\dfrac{2}{3}\right)^k (k=1,2,\cdots)$ 才能成为随机变量 X 的分布列？

3. 设随机变量 X 的数学期望为 $E(X)$，方差为 $D(X)>0$，令 $Y=\dfrac{X-E(X)}{\sqrt{D(X)}}$，求 $E(Y),D(Y)$．

第 17 章　数理统计的基本概念

17.1　简单随机样本

17.1.1　总体与个体

数理统计中通常把研究对象的全体称为总体，而把总体中的每个对象称为个体．例如，研究一批产品的质量时，这批产品就是总体，其中每个产品就是一个个体．不过，实际中常常关心的是研究对象的某个指标 X（如产品质量中的等级、尺寸、质量等），这时总体是指该指标的所有可能值，个体则是指对该指标的一次次观测与试验．总体所含个体的数量称为总体容量．容量有限的总体称为有限总体，容量无限的总体称为无限总体．

作为总体的指标 X，其可能值通常不止一个，因此是一个随机变量．随机变量 X 的分布称为总体的分布．为方便起见，也直接用 $X \sim F(x)$ 表示．

17.1.2　样本

从总体 X 中随机抽取的 n 个个体 $X_1, X_2, \cdots, X_n$ 称为总体 X 的一个样本，记为 $(X_1, X_2, \cdots, X_n)$，其中 X_i 称为第 i 个样品，样本中所含样品个数 n 称为样本容量．

样本 $(X_1, X_2, \cdots, X_n)$ 的一组观测值 $(x_1, x_2, \cdots, x_n)$ 称为样本值．样本值的全体构成一个 n 维空间．这样，一次试验下的样本值便可以看作是这个 n 维空间中的一个样本点．

为使样本有利于对总体的考察，要求样本满足以下两点：

（1）独立性，即 $X_1, X_2, \cdots, X_n$ 是相互独立的随机变量，其全体即 $(X_1, X_2, \cdots, X_n)$ 构成一个 n 维随机变量；

（2）代表性，即 $X_1, X_2, \cdots, X_n$ 与总体 X 有相同的分布，这样总体 X 具备概率特性，当然每个样品 X_i 也同样具备．

具有上述特点的样本称为简单随机样本，简称为样本．

17.1.3　样本的联合分布

假设总体 X 有分布函数 $F(x)$，于是样本 $(X_1, X_2, \cdots, X_n)$ 的联合分布函数为

$$F(x_1, x_2, \cdots, x_n) = \prod_{i=1}^{n} F(x_i)$$

（1）若总体 X 为离散型随机变量，此时 X 的概率分布为

$$P(X = x_i) = p_i \quad (i = 1, 2, \cdots)$$

则样本 $(X_1, X_2, \cdots, X_n)$ 的联合概率分布为

$$P(X_1 = x_1, X_2 = x_2, \cdots, X_n = x_n) = \prod_{i=1}^{n} P(X_i = x_i)$$

其中 $x_1, x_2, \cdots, x_n$ 为 $X_1, X_2, \cdots, X_n$ 的任一组可能的观测值.

（2）若总体 X 为连续型随机变量，此时总体 X 有分布密度 $p(x)$，则样本 $(X_1, X_2, \cdots, X_n)$ 的联合分布密度为

$$P(x_1, x_2, \cdots, x_n) = \prod_{i=1}^{n} P(x_i)$$

（3）若总体 X 的均值和方差分别为 μ，σ^2，则

$$E(X_k) = \mu, \qquad D(X_k) = \sigma^2 \quad (k = 1, 2, \cdots, n)$$

习　题　17.1

1. 求总体 $X \sim N(20,3)$ 的容量分别为 10, 15 的两个独立样本平均值的差的绝对值小于 0.3 的概率.
2. 在总体 $X \sim N(52, 6.3^2)$ 中随机抽取一容量为 36 的样本，求样本均值 $\overline{X}$ 落在 50.8 到 53.8 之间的概率.

17.2　统计量与抽样分布

17.2.1　统计量

定义 17.1　设 $X_1, X_2, \cdots, X_n$ 是来自总体 X 的一个样本，$g(X_1, X_2, \cdots, X_n)$ 是 $X_1, X_2, \cdots, X_n$ 的函数，若 g 中不含未知参数，则称 $g(X_1, X_2, \cdots, X_n)$ 是一个统计量.

因为 $X_1, X_2, \cdots, X_n$ 都是随机变量，而统计量 $g(X_1, X_2, \cdots, X_n)$ 是随机变量的函数，所以统计量是一个随机变量. 设 $x_1, x_2, \cdots, x_n$ 是相应于样本 $X_1, X_2, \cdots, X_n$ 的样本值，则称 $g(x_1, x_2, \cdots, x_n)$ 是 $g(X_1, X_2, \cdots, X_n)$ 的观测值.

例如，若 $X_1, X_2, \cdots, X_n$ 是来自正态总体的一个样本，其中 $\mu = \mu_0$ 已知，而 σ^2 未知，则 $\frac{1}{n}\sum_{i=1}^{n}(X_i - \mu)$，$X_1^2 + X_2^2 + 1$，$X_1 + X_2$ 都是统计量，但 $\frac{X_1^2}{\sigma^2}$，$\frac{X_1 - \mu}{\sigma}$ 都不是统计量，因为它们含有未知参数 σ.

17.2.2　常用统计量

设 $X_1, X_2, \cdots, X_n$ 是来自总体 X 的一个样本，则常用统计量如下.

1. 样本均值

$$\overline{X} = \frac{1}{n}\sum_{i=1}^{n} X_i$$

2. 样本方差

$$S^2=\frac{1}{n-1}\sum_{i=1}^{n}(X_i-\bar{X})^2=\frac{1}{n-1}\sum_{i=1}^{n}(X_i^2-n\bar{X}^2)$$

其中，$\sum_{i=1}^{n}(X_i-\bar{X})^2$ 为样本离差平方和，$S=\sqrt{S^2}=\frac{1}{n-1}\sum_{i=1}^{n}(X_i-\bar{X})^2$ 为样本标准差.

3. 样本矩

（1）样本 k 阶原点矩

$$V_k=\frac{1}{n}\sum_{i=1}^{n}X_i^k \quad (k=1,2,\cdots)$$

（2）样本 k 阶中心矩

$$U_k=\frac{1}{n}\sum_{i=1}^{n}(X_i-\bar{X})^k \quad (k=2,3,\cdots)$$

17.2.3 抽样分布

本小节的讨论以正态分布为前提，着重介绍抽样分布数值表的结构以及在不同统计问题中临界值的查找方法.

统计量所服从的分布称为抽样分布，而抽样分布定理是指在总体不同条件下，特定的统计量所服从的分布类型以及相关结论的总称.

1. U 统计量

定义 17.2 设总体服从 $N(\mu,\sigma^2)$，$(X_1,X_2,\cdots,X_n)$ 为样本，$\bar{X}$ 为样本均值，则称 $U=\frac{\bar{X}-\mu}{\sigma/\sqrt{n}}$ 为 U 统计量.

因为 $X_1,X_2,\cdots,X_n$ 与 X 是独立同分布的，易知 $\bar{X}\sim N(\mu,\sigma^2)$，所以

$$U=\frac{\bar{X}-\mu}{\sigma/\sqrt{n}}\sim N(0,1)$$

可见 U 统计量是服从标准正态分布的.

标准正态分布函数为

$$\Phi(x)=P(U\leqslant x)=\frac{1}{\sqrt{2\pi}}\int_{-\infty}^{x}\mathrm{e}^{-\frac{t^2}{2}}\mathrm{d}t$$

如图 17.1 所示，$P(U\leqslant x)=1-\alpha$. 在统计应用中，α 通常是事先给定的小概率，称为临界概率，与临界概率 α 对应的实数 x 称为临界值. 为表明临界值右侧所占有分布密度曲线下的面积是 α，形象地把临界值 x 记为 U_α，即

$$P(U\leqslant U_\alpha)=1-\alpha$$

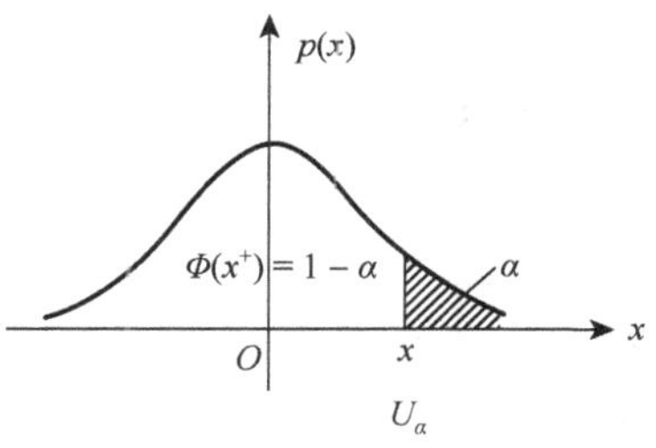

图 17.1

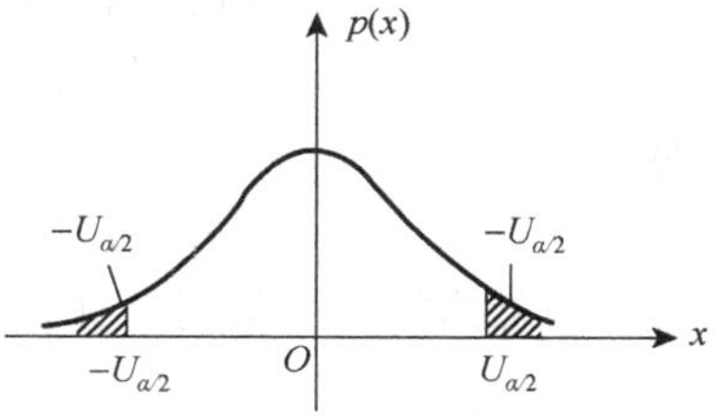

图 17.2

对于给定的临界概率α，在统计应用中有两方面的问题需要解决.

（1）双边问题.

把α对半平分后分布列在分布密度曲线的右、左两侧（图 17.2），即有

$$P(|U|\geqslant U_{\alpha/2})=\alpha$$

与此等价的有

$$P(|U|<U_{\alpha/2})=1-\alpha$$

这类问题通常称为双边问题，它有左、右两个临界值，由于分布密度曲线具有对称性，右、左临界值也是相反数关系，即

$$-U_{\alpha/2}=U\left(1-\frac{\alpha}{2}\right) \tag{17.1}$$

（2）单边问题.

把α集中地布列在分布密度曲线的一侧，如图 17.3 所示，置α于右侧，即

$$P(U\geqslant U_{\alpha})=\alpha$$

其中$U=U_{1-\alpha}$为单边右侧临界值.

如图 17.4 所示，置α于左侧，即有$P(U\leqslant -U_{\alpha})=\alpha$. 其中$U=-U_{1-\alpha}$为单边左侧临界值.

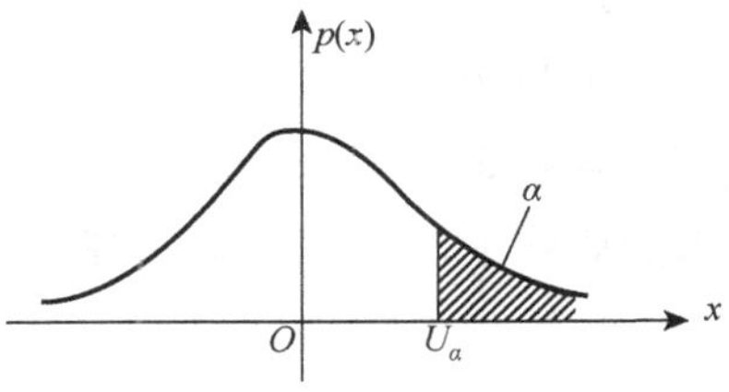

图 17.3

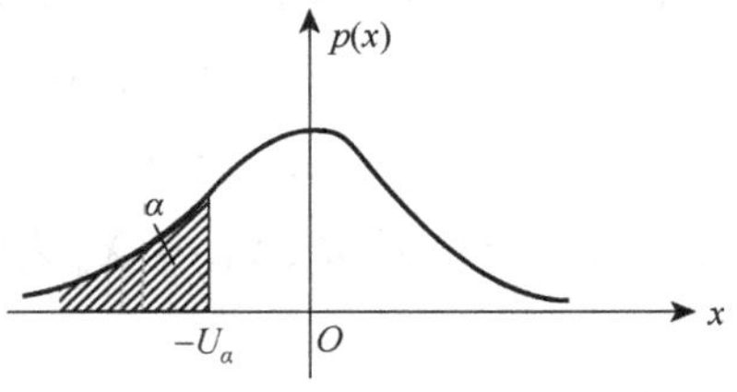

图 17.4

这类问题统称为单边问题，它们只有一个临界值.

例 17.1 给定临界概率$\alpha=0.01$，试求U统计量下的双边右、左临界值及单边右、左侧临界值.

解 由式（17.1）知，双边问题中，$\alpha=0.01$的右临界值为

$$U=U_{1-\alpha/2}=U_{0.995}=2.57$$

左临界值为

$$U=-U_{1-\alpha/2}=-U_{0.995}=-2.57$$

故单边问题中，$\alpha = 0.01$的右侧临界值为

$$U = U_{1-\alpha} = U_{0.99} = 2.33$$

单边左侧临界值为

$$U = -U_{1-\alpha} = -U_{0.99} = -2.33$$

下面介绍来自正态总体的几个常用统计量分布

2. χ^2分布

定义 17.3 设总体$X \sim N(0,1)$，$(X_1, X_2, \cdots, X_n)$为样本，则称

$$\chi^2 = \sum_{i=1}^{k} X_i^2$$

是服从自由度为k的χ^2分布，记为$\chi^2 \sim \chi^2(k)$.

可以证明，$\chi^2(k)$分布的概率密度为

$$p(x) = \begin{cases} \dfrac{1}{2^{\frac{k}{2}}\Gamma\left(\dfrac{k}{2}\right)} x^{\frac{k}{2}-1} \mathrm{e}^{-\frac{x}{2}}, & x > 0 \\ 0, & x \leqslant 0 \end{cases}$$

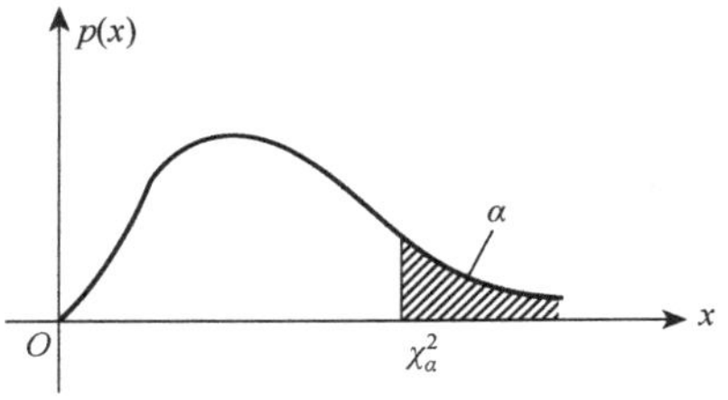

图 17.5

例 17.2 给定临界概率$\alpha = 0.05$，自由度$k = 29$，试求χ^2统计量下的双边右、左临界值及单边右、左侧临界值.

解 由附录 B 附表 3（χ^2分布上侧分位数表，有关上侧分位数的具体表示，如图 17.5 所示）知，双边问题中$\alpha = 0.05$的右临界值、左临界值分别为

$$\lambda_1 = \chi^2_{1-\alpha/2}(k) = \chi^2_{0.975}(29) = 16.047$$

$$\lambda_2 = \chi^2_{\alpha/2}(k) = \chi^2_{0.025}(29) = 45.722$$

单边问题中$\alpha = 0.05$的右侧临界值、左侧临界值分别为

$$\lambda_1 = \chi^2_{1-\alpha}(k) = \chi^2_{0.95}(29) = 17.708$$

$$\lambda_2 = \chi^2_{\alpha}(k) = \chi^2_{0.005}(29) = 42.557$$

基于总体$X \sim N(\mu, \sigma^2)$及$X_1, X_2, \cdots, X_n$为样本的假定下，χ^2统计量的常用形式与相关结论，有

（1）$\dfrac{(n-1)S^2}{\sigma^2} \sim \chi^2(n-1)$；

（2）样本均值$\bar{X}$与样本方差S^2相互独立.

3. t分布

定义 17.4 设$X \sim N(0,1)$，$Y \sim \chi^2(k)$，X，Y相互独立，则称

$$t = \frac{X}{\sqrt{Y / K}}$$

是自由度为k的t分布，记为$t \sim t(k)$.

可以证明 t 分布密度函数为

$$p(x)=\frac{\Gamma\left(\frac{k+1}{2}\right)}{\sqrt{k\pi}\Gamma\left(\frac{k}{2}\right)}\left(1+\frac{x^2}{k}\right)^{-\frac{k+1}{2}}\quad(-\infty<x<\infty)$$

对于给定的临界概率 α 及自由度 k，通过 t 分布临界值表可查得对应的临界值 t_α . 如图 17.6 所示，t 分布临界值按表达式可写为

$$P(t(k)\geqslant t_\alpha)=\alpha$$

在双边问题中，若置 $\frac{\alpha}{2}$ 于左、右侧，于是满足 $P(|t(k)|\geqslant t_{\alpha/2})=\alpha$ 的右双边临界值为 $t_{\alpha/2}(k)$，左双边临界值为 $-t_{\alpha/2}(k)$.

在单边问题中，若置 α 于右侧，则满足 $P(t(k)\geqslant t_\alpha)=\alpha$ 的右侧临界值为 $t_\alpha(k)$. 若置 α 于左侧，则满足 $Pt(k)<-t_\alpha)=\alpha$ 的左侧临界值为 $-t_\alpha(k)$.

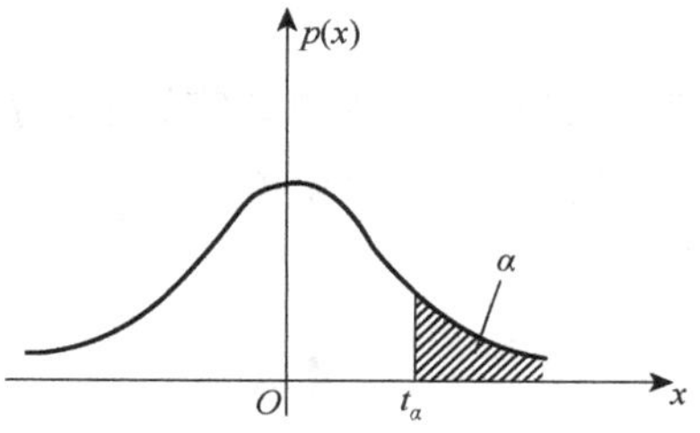

图 17.6

例 17.3　给定临界概率 $\alpha=0.01$，自由度 $k=15$，试求 t 统计量下的双边右、左临界值以及单边右、左侧临界值.

解　由附录 B 附表 4 知，双边问题中 $\alpha=0.01$ 的右临界值、左临界值分别为

$$t=t_{\alpha/2}(k)=t_{0.005}(15)=1.7531$$
$$t=-t_{\alpha/2}(k)=-t_{0.005}(15)=-1.7531$$

单边问题中 $\alpha=0.01$ 的右侧临界值、左侧临界值分别为

$$t=t_\alpha(k)=t_{0.10}(15)=1.3406$$
$$t=-t_\alpha(k)=-t_{0.10}(15)=-1.3406$$

在总体 $X\sim N(\mu,\sigma^2)$ 及 $X_1,X_2,\cdots,X_n$ 为样本的假定下，$\bar{X},S^2$ 分别为样本均值和样本方差，则有

$$\frac{\bar{X}-N}{S/\sqrt{n}}\sim t(n-1)$$

4. *F* 分布

定义 17.5　设 $X\sim\chi^2(k_1)$，$Y\sim\chi^2(k_2)$，X,Y 相互独立，则称

$$F=\frac{\frac{X}{k_1}}{\frac{Y}{k_2}}=\frac{k_1X}{k_2Y}$$

服从自由度为 (k_1,k_2) 的 F 分布，记为 $F\sim F(k_1,k_2)$.

可以证明，F 分布的密度函数为

$$p(x)=\begin{cases}\dfrac{\Gamma\left(\dfrac{k_1+k_2}{2}\right)}{\Gamma\left(\dfrac{k_1}{2}\right)\Gamma\left(\dfrac{k_2}{2}\right)}\cdot\dfrac{k_1^{\frac{k_1}{2}}k_2^{\frac{k_2}{2}}x^{\frac{k_1}{2}-1}}{(k_1x+k_2)^{\frac{k_1+k_2}{2}}}, & x>0\\ 0, & x\leqslant 0\end{cases}$$

其中自由度k_1,k_2为它的两个参数. 以上式为密度函数的分布称为F分布.

对于给定的临界概率α以及自由度k_1,k_2，通过附录B附表5（F分布临界值表）可查得对应的临界值F_α. 借助图17.7，附录B中的表5给出了下面表达式所对应的临界值：

$$P[F(k_1,k_2)>F_\alpha]=\alpha$$

其中$F_\alpha(k_1,k_2)$为单边临界值，等号右端字母F表示查表使用F分布临界值表，括号内的k_1,k_2指出了查表用的自由度.

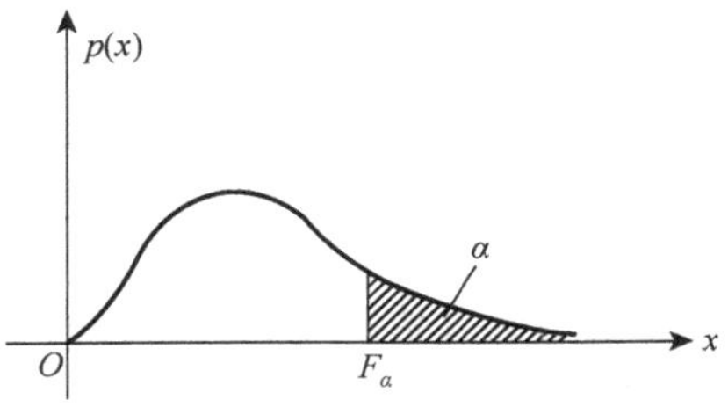

图 17.7

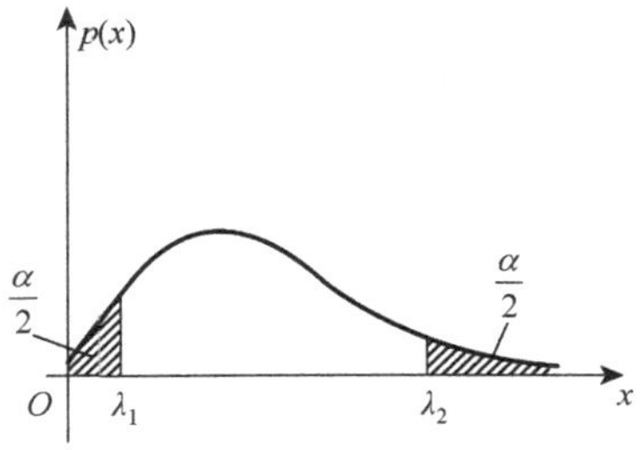

图 17.8

由图17.8知，在双边问题中，满足

$$P[\lambda_1<F(k_1,k_2)<\lambda_2]=1-\alpha$$

左临界值$\lambda_1=F_{1-\alpha/2}(k_1,k_2)$，右临界值$\lambda_2=F_{\alpha/2}(k_1,k_2)$.

注：$F_{1-\alpha}(k_1,k_2)=\dfrac{1}{F_\alpha(k_2,k_1)}$.

例 17.4 给定临界概率$\alpha=0.05$，第一自由度$k_1=12$，第二自由度$k_2=5$，试求F统计量下的双边右、左临界值及单边右、左侧临界值.

解 由附录B附表5知，双边问题中$\alpha=0.05$的右临界值为

$$\lambda_2=F_{\alpha/2}(k_1,k_2)=F_{0.025}(12,5)=6.52$$

左临界值为

$$\lambda_1=F_{1-\alpha/2}(k_1,k_2)=\frac{1}{F_{\alpha/2}(k_2,k_1)}=\frac{1}{F_{0.025}(5,12)}=\frac{1}{3.89}=0.257\,1$$

单边问题中$\alpha=0.05$的右侧临界值为

$$\lambda_2=F_\alpha(k_1,k_2)=F_{0.05}(12,5)=4.68$$

左侧临界值为

$$\lambda_1=F_{1-\alpha}(k_1,k_2)=\frac{1}{F_\alpha(k_2,k_1)}=\frac{1}{F_{0.005}(5,12)}=\frac{1}{3.11}=0.321\,5$$

为应用方便，将不同统计量下，单、双边问题的查表方法汇总在表 17.1 中.

表 17.1

名称	统计量分布及其数值表的结构	给定临界概率 α 求临界值的查表方法		
U 统计量	$U=\dfrac{\bar{X}-\mu}{\sigma/\sqrt{n}}\sim N(0,1)$ 其中 $\bar{X}=\dfrac{1}{n}\sum\limits_{i=1}^{n}X_i$，$X_i\sim N(\mu,\ \sigma^2)\ (i=1,2,\cdots,n)$， $X_1,X_2,\cdots,X_n$ 相互独立	双边		$P(\vert U\vert\geqslant U_{\alpha/2})=\alpha$ $\Rightarrow U=\pm U_{1-\alpha/2}$
		单边	右侧	$P(U\geqslant U_\alpha)=\alpha$ $\Rightarrow U=U_{1-\alpha}$
			左侧	$P(U\leqslant -U_\alpha)=\alpha$ $\Rightarrow U=-U_{1-\alpha}$
t 统计量	$t=\dfrac{X}{\sqrt{Y/K}}$ 其中 $X\sim N(0,1)$，$Y\sim\chi^2(k)$，X,Y 相互独立	双边		$P(\vert t\vert\geqslant t_{\alpha/2})=\alpha$ $\Rightarrow t=\pm t_{\alpha/2}(k)$
		单边	右侧	$P(t\geqslant t_\alpha)=\alpha$ $\Rightarrow t=t_\alpha(k)$
			左侧	$P(t\leqslant -t_\alpha)=\alpha$ $\Rightarrow t=-t_\alpha(k)$
χ^2 统计量	$\chi^2=\sum\limits_{i=1}^{k}X_i^2\sim\chi^2(k)$ 其中 $X_i\sim N(0,1)\ (i=1,2,\cdots,k)$ $X_1,X_2,\cdots,X_n$ 相互独立	双边		$P(\lambda_1<\chi^2<\lambda_2)=1-\alpha$ $\Rightarrow\lambda_1=\chi^2_{1-\alpha/2}(k)$ $\Rightarrow\lambda_2=\chi^2_{\alpha/2}(k)$
		单边	右侧	$P(\chi^2\geqslant\lambda_2)=\alpha$ $\Rightarrow\lambda_2=\chi^2_\alpha(k)$
			左侧	$P(\chi^2\leqslant\lambda_1)=\alpha$ $\Rightarrow\lambda_1=\chi^2_{1-\alpha}(k)$
F 统计量	$F=\dfrac{\frac{X}{k_1}}{\frac{Y}{k_2}}\sim F(k_1,k_2)$ 其中 $X\sim\chi^2(k_1)$，$Y\sim\chi^2(k_2)$，X,Y 相互独立	双边		$P(\lambda_1<F<\lambda_2)=1-\alpha$ $\Rightarrow\lambda_1=\dfrac{1}{F_{\alpha/2}(k_2,k_1)}$ $\Rightarrow\lambda_2=F_{\alpha/2}(k_1,k_2)$
		单边	右侧	$P(F\geqslant\lambda_2)=\alpha$ $\Rightarrow\lambda_2=F_{\alpha/2}(k_1,k_2)$
			左侧	$P(F\leqslant\lambda_2)=\alpha$ $\Rightarrow\lambda_1=\dfrac{1}{F_{\alpha/2}(k_2,k_1)}$

习　题　17.2

1. 设 X_1,X_2,X_3 为总体 X 的样本，求证：统计量

$$\varphi_1(X_1,X_2,X_3)=\frac{2}{5}X_1+\frac{1}{5}X_2+\frac{2}{5}X_3$$

$$\varphi_2(X_1,X_2,X_3)=\frac{1}{6}X_1+\frac{1}{3}X_2+\frac{1}{2}X_3$$

$$\varphi_3(X_1,X_2,X_3)=\frac{1}{7}X_1+\frac{3}{14}X_2+\frac{9}{14}X_3$$

都是总体 X 的数学期望 $E(X)$ 的无偏估计量，并判断其有效性.

2. 从一批次品率为 p 的产品中，有放回地抽取 n 个，其中次品 n_A 个.

（1）n_A 是否为统计量？

（2）计算 $E(n_A)$，$D(n_A)$.

3. 求 $N(5,16)$ 分布的上侧 α 分位数：（1）$\alpha=0.95$；（2）$\alpha=0.05$；（3）$\alpha=0.01$.

4. 查表计算 $\chi_\alpha^2(18)$：（1）$\alpha=0.05$；（2）$\alpha=0.99$.

5. 设 $\chi^2\sim\chi^2(n)$，证明：（1）$E(\chi^2)=n$；（2）$D(\chi^2)=2n$.

6. 设 X_1,X_2,X_3,X_4 为来自正态总体 $N(0,2^2)$ 的样本，$X=a(X_1-2X_2)^2+b(3X_3-4X_4)^2$，确定恰当的参数 a 和 b，使得统计量 X 服从 χ^2 分布，并求自由度.

第18章　参数估计

许多实际问题中，所研究的总体分布类型往往是已知的，仅仅是分布中的某些参数有待确定．在对总体的分布进行研究时，需要估计出这些未知参数．另外，有时并不需要知道总体的分布形式，而只要了解它的某些数字特征，这就要对这些数字特征进行估计．这类问题统称为参数估计问题．

参数估计分为点估计和区间估计．

18.1　点　估　计

设总体 X 含有未知参数 θ，$(X_1,X_2,\cdots,X_n)$ 为取自总体 X 的一个样本，$(x_1,x_2,\cdots,x_n)$ 为相应的样本观测值，用样本构造一个统计量 $\hat{\theta}=\hat{\theta}\ (X_1,X_2,\cdots,X_n)$，把 $(x_1,x_2,\cdots,x_n)$ 代入算出具体数值 $\hat{\theta}=\hat{\theta}\ (X_1,X_2,\cdots,X_n)$ 来估计未知参数 θ，称 $\hat{\theta}=\hat{\theta}\ (X_1,X_2,\cdots,X_n)$ 为 θ 的点估计值，而 $\hat{\theta}=\hat{\theta}\ (X_1,X_2,\cdots,X_n)$ 称为 θ 的估计量．通常，估计量 $\hat{\theta}=\hat{\theta}\ (X_1,X_2,\cdots,X_n)$ 和 $\hat{\theta}=\hat{\theta}\ (x_1,x_2,\cdots,x_n)$ 都称为未知参数 θ 的点估计，简记为 $\hat{\theta}$．

常用的点估计方法有矩估计法和极大似然估计法．

18.1.1　矩估计法

矩估计法是用样本的 k 阶原点矩作为总体的原点矩的估计，进而求解未知参数的一种估计方法．下面仅就连续型总体来说明矩估计的基本方法．

设总体 X 的概率密度为 $f(x,\theta_1,\theta_2,\cdots,\theta_m)$ 其中 $\theta_1,\theta_2,\cdots,\theta_m$ 为总体的未知参数，若 X 的前 m 阶矩 $\nu_k=E(X^k)\ (k=1,2,\cdots,m)$ 都存在且不为零，它们都是 $\theta_1,\theta_2,\cdots,\theta_m$ 的函数，记为 $g_k(\theta_1,\theta_2,\cdots,\theta_m)\ (k=1,2,\cdots,m)$，即

$$\begin{cases}\nu_1=E(X)=\int_{-\infty}^{+\infty}xf(x,\theta_1,\theta_2,\cdots,\theta_m)\mathrm{d}x=g_1(\theta_1,\theta_2,\cdots,\theta_m)\\ \nu_2=E(X^2)=\int_{-\infty}^{+\infty}x^2f(\theta_1,\theta_2,\cdots,\theta_m)\mathrm{d}x=g_2(\theta_1,\theta_2,\cdots,\theta_m)\\ \cdots\cdots\\ \nu_m=E(X^m)=\int_{-\infty}^{+\infty}x^mf(x,\theta_1,\theta_2,\cdots,\theta_m)\mathrm{d}x=g_m(\theta_1,\theta_2,\cdots,\theta_m)\end{cases}$$

解上述 m 个方程，得方程的解为

$$\begin{cases}\theta_1=h_1(\nu_1,\nu_2,\cdots,\nu_m)\\ \theta_2=h_2(\nu_1,\nu_2,\cdots,\nu_m)\\ \cdots\cdots\\ \theta_m=h_m(\nu_1,\nu_2,\cdots,\nu_m)\end{cases}\tag{18.1}$$

在式（18.1）中，把 $v_k=E(X^k)$ 换成 $\hat{v}_k=\frac{1}{n}\sum_{i=1}^{n}X_i^k\ (k=1,2,\cdots,m)$，就得到 $\theta_1,\theta_2,\cdots,\theta_m$ 的矩估计量

$$\hat{\theta}_i=h_i(\hat{v}_1,\hat{v}_2,\cdots,\hat{v}_m)\quad (k=1,2,\cdots,m)$$

设 θ 为未知参数，$g(\theta)$ 为连续函数，可以证明，若 $\hat{\theta}$ 为 θ 的矩估计量，则 $g(\hat{\theta})$ 就为 $g(\theta)$ 的矩估计量.

例 18.1 设总体 X 服从均匀分布 $U(0,\theta)$，其中 θ 为未知参数，求 θ 的估计量.

解 $v_1=E(X)=\frac{\theta}{2}$，即 $\theta=2v_1$，所以 θ 的估计量为 $\hat{\theta}=2\hat{v}_1=2\bar{X}$.

例 18.2 设总体 X 的分布列如下：

X	0	1	2	3
p	θ^2	$2\theta(1-\theta)$	θ^2	$1-2\theta$

其中 $\theta\left(0<\theta<\frac{1}{2}\right)$ 为未知参数，利用总体 X 的样本值 3, 0, 1, 1, 2, 3, 0, 3，求 θ 的矩估计值.

解
$$E(X)=0\times\theta^2+1\times2\theta(1-\theta)+2\times\theta^2+3\times(1-2\theta)=3-4\theta$$

θ 的矩估计量为 $\hat{\theta}=\frac{1}{4}(3-\bar{X})$，$\bar{X}$ 的观测值为

$$\bar{X}=\frac{1}{8}(3+0+1+1++2+3+0+3)=\frac{13}{8}$$

所以 θ 的估计值为 $\hat{\theta}=\frac{11}{32}$.

例 18.3 求总体均值 $E(X)=\mu$ 和方差 $D(X)=\sigma^2$ 的矩估计量.

解
$$\begin{cases}v_1=E(X)=\mu\\ v_2=E(X^2)=D(X)+[E(X)]^2=\sigma^2+\mu^2\end{cases}$$

解得
$$\begin{cases}v_1=E(X)=\mu\\ \sigma^2=E(X^2)-[E(X)]^2=v_2-v_1^2\end{cases}$$

于是，μ 和 σ^2 的矩估计量为

$$\hat{\mu}=\hat{v}_1=\bar{X}$$

$$\hat{\sigma}^2=\hat{v}_2-\hat{v}_1^2=\frac{1}{n}\sum_{i=1}^{n}X_i^2-\bar{X}=\frac{1}{n}\sum_{i=1}^{n}(X_i-\bar{X})^2$$

例 18.4 设总体 $X\sim U(a,b)$，其中 a,b 为未知参数，$X_1,X_2,\cdots,X_n$ 为 X 的一个样本，求 a,b 的矩估计量.

解
$$v_1=E(X)=\frac{a+b}{2}$$

$$v_2=E(X^2)=D(X)+[E(X)]^2=\frac{(b-a)^2}{12}+\left(\frac{a+b}{2}\right)^2$$

即
$$\begin{cases} a+b=2v_1 \\ b-a=\sqrt{12(v_2-v_1^2)} \end{cases}$$

解得
$$a=v_1-\sqrt{3(v_2-v_1^2)}, \qquad b=v_1+\sqrt{3(v_2+v_1^2)}$$

分别以 $\hat{v}_1,\hat{v}_2$ 代替 v_1,v_2，得到 a,b 的矩估计量分别为

$$\hat{a}=\hat{v}_1-\sqrt{3(\hat{v}_2-\hat{v}_1^2)}=\bar{X}-\sqrt{\frac{3}{n}\sum_{i=1}^{n}(X_i-\bar{X})^2}$$

$$\hat{b}=\hat{v}_1+\sqrt{3(\hat{v}_2-\hat{v}_1^2)}=\bar{X}+\sqrt{\frac{3}{n}\sum_{i=1}^{n}(X_i-\bar{X})^2}$$

18.1.2 极大似然估计法

若通过试验，得到样本值 $(x_1,x_2,\cdots,x_n)$，它是已经发生的随机事件. 可以设想样本取得这个值的事件是以最大概率发生的，因此，在对总体参数进行估计时，应以概率达到最大的参数值作为未知参数的估计值. 这就是极大似然估计法的基本思想.

设总体 X 分布类型已知，$\theta_1,\theta_2,\cdots,\theta_n$ 为未知参数. 要考虑当 $X_1=x_1,X_2=x_2,\cdots,X_n=x_n$ 时概率最大. 当总体 X 为离散型随机变量时，且分布列为 $P(X=x)=p(x,\theta_1,\theta_2,\cdots,\theta_r)$，就是要考虑 $(X_1,X_2,\cdots,X_n)$ 的联合分布列

$$\prod_{i=1}^{n}P(X_i=x_i)=\prod_{i=1}^{n}p(x_i,\theta_1,\theta_2,\cdots,\theta_m)$$

的最值问题；而当总体 X 为连续型随机变量时，概率密度为 $f(x,\theta_1,\theta_2,\cdots,\theta_m)$ 时，由于样本 $(X_1,X_2,\cdots,X_n)$ 的概率密度 $\prod\limits_{i=1}^{n}f(x_i,\theta_1,\theta_2,\cdots,\theta_m)$ 在 $(x_1,x_2,\cdots,x_n)$ 处的值越大，则样本 $(X_1,X_2,\cdots,X_n)$ 在 $(x_1,x_2,\cdots,x_n)$ 附近取值的概率也越大，只要考虑 $X_1,X_2,\cdots,X_n$ 的联合概率密度 $\prod\limits_{i=1}^{n}f(x_i,\theta_1,\theta_2,\cdots,\theta_m)$ 的最值问题. 于是，引出了似然函数的概念.

定义 18.1 设总体 X 的概率分布为 $p(x,\theta_1,\theta_2,\cdots,\theta_m)$，其中 $\theta_1,\theta_2,\cdots,\theta_m$ 为未知参数. 当总体 X 为离散型随机变量时，$p(x,\theta_1,\theta_2,\cdots,\theta_m)$ 表示 X 分布列 $P(X=x)$；当总体 X 为连续型随机变量时，$p(x,\theta_1,\theta_2,\cdots,\theta_m)$ 表示 X 的概率密度. 于是总体 X 的样本 $X_1,X_2,\cdots,X_n$ 的联合分布 $\prod\limits_{i=1}^{n}p(x_i,\theta_1,\theta_2,\cdots,\theta_m)$，记为 $L(\theta_1,\theta_2,\cdots,\theta_m)$，即

$$L(\theta_1,\theta_2,\cdots,\theta_m)=\prod_{i=1}^{n}p(x_i,\theta_1,\theta_2,\cdots,\theta_m)$$

称 $L(\theta_1,\theta_2,\cdots,\theta_r)$ 为似然函数.

定义 18.2 当 $\theta_1=\hat{\theta}_1(X_1,X_2,\cdots,X_n)$，$\theta_2=\hat{\theta}_2(X_1,X_2,\cdots,X_n),\cdots,\theta_m=\hat{\theta}_m(X_1,X_2,\cdots,X_n)$ 时，似然函数 $L(\theta_1,\theta_2,\cdots,\theta_m)$ 取最大值，即

$$L(\theta_1,\theta_2,\cdots,\theta_m)=\max_{\theta_1,\theta_2,\cdots,\theta_m}L(\theta_1,\theta_2,\cdots,\theta_m) \tag{18.2}$$

称 $\hat{\theta}_1,\hat{\theta}_2,\cdots,\hat{\theta}_m$ 为 $\theta_1,\theta_2,\cdots,\theta_m$ 的极大似然估计量．而相应的 $\theta_1=\hat{\theta}_1(X_1,X_2,\cdots,X_n)$，$\theta_2=\hat{\theta}_2(X_1,X_2,\cdots,X_n),\cdots,\theta_m=\hat{\theta}_m(X_1,X_2,\cdots,X_n)$ 称为 $\theta_1,\theta_2,\cdots,\theta_m$ 的极大似然估计值．

由于 $L(\theta_1,\theta_2,\cdots,\theta_m)$ 与 $\ln L(\theta_1,\theta_2,\cdots,\theta_m)$ 在同一 θ 处取得极值，求出函数 $\ln L(\theta_1,\theta_2,\cdots,\theta_m)$ 的最值，即对各参数 $\theta_1,\theta_2,\cdots,\theta_m$ 分别求偏导数（若只有一个未知参数 θ，对 θ 求导数），并令它们为零，得

$$\frac{\partial \ln L(\theta_1,\theta_2,\cdots,\theta_m)}{\partial \theta_i}=0,\quad (i=1,2,\cdots,m) \tag{18.3}$$

式（18.3）称为似然方程（组），从似然方程组中求出 $\ln L$ 的驻点，从中找出满足式（18.2）的解 $\theta_1,\theta_2,\cdots,\theta_m$．

设 θ 为未知参数，$g(\theta)$ 为连续函数，且 $g(\theta)$ 有单值反函数，可以证明，若 $\hat{\theta}$ 为 θ 的极大似然估计量，则 $g(\hat{\theta})$ 就为 $g(\theta)$ 的极大似然估计量．

例 18.5 设总体 $X\sim B(1,p)$，其中 p 为未知参数，求似然函数 $L(p)$．

解 设 $(X_1,X_2,\cdots,X_n)$ 为取自总体 X 的一个样本，$(x_1,x_2,\cdots,x_n)$ 为相应的一组观测值，则 X_i 的概率密度为

$$P[X_i=x_i]=p^{x_i}(1-p)^{1-x_i}\quad (x_i=0 \text{ 或 } 1;\ i=1,2,\cdots,n)$$

于是，似然函数 $L(p)$ 为

$$L(p)=\prod_{i=1}^{n}p^{x_i}(1-p)^{1-x_i}=p^{\sum\limits_{i=1}^{n}x_i}(1-p)^{n-\sum\limits_{i=1}^{n}x_i}$$

例 18.6 设总体 X 服从正态分布 $f(x,\mu,\sigma^2)=\frac{1}{\sqrt{2\pi}\sigma}\mathrm{e}^{-\frac{(x-\mu)}{2\sigma^2}}$，其中 μ,σ^2 为未知参数，求 μ 和 σ^2 的极大似然估计量．

解 设 $(x_1,x_2,\cdots,x_n)$ 为样本 $(X_1,X_2,\cdots,X_n)$ 的一组观测值，则似然函数为

$$L(\mu,\sigma^2)=\prod_{i=1}^{n}\frac{1}{\sqrt{2\pi}\sigma}\mathrm{e}^{-\frac{(x_i-\mu)^2}{2\sigma^2}}=(2\pi\sigma^2)^{-\frac{n}{2}}\mathrm{e}^{-\frac{1}{2\sigma^2}\sum\limits_{i=1}^{n}(x_i-\mu)^2}$$

两边取对数，得

$$\ln L(\mu,\sigma^2)=-\frac{n}{2}\ln(2\pi)-\frac{n}{2}\ln\sigma^2-\frac{1}{2\sigma^2}\sum_{i=1}^{n}(x_i-\mu)^2$$

对 $\ln L(\mu,\sigma^2)$ 分别求关于 μ,σ^2 的偏导数，并令其为零，得似然方程组为

$$\begin{cases}\dfrac{\partial \ln L(\mu,\sigma^2)}{\partial \mu}=\dfrac{1}{\sigma^2}\sum\limits_{i=1}^{n}(x_i-\mu)=0\\[2ex]\dfrac{\partial \ln L(\mu,\sigma^2)}{\partial \sigma^2}=-\dfrac{n}{2\sigma^2}+\dfrac{1}{2\sigma^4}\sum\limits_{i=1}^{n}(x_i-\mu)^2=0\end{cases}$$

解得
$$\hat{\mu}=\frac{1}{n}\sum_{i=1}^{n}x_i,\qquad \hat{\sigma}^2=\frac{1}{n}\sum_{i=1}^{n}(x_i-\overline{x})^2$$

故 μ,σ^2 的极大似然估计为

$$\hat{\mu}=\bar{X},\qquad \hat{\sigma}^2=\frac{1}{n}\sum_{i=1}^{n}(X_i-\bar{X})^2$$

例 18.7 求例 18.2 中 θ 的极大似然估计值.

解 由已给的样本值，似然函数为

$$\begin{aligned}L(\theta)&=\prod_{i=1}^{8}P(X=X_I)\\&=P(x=3)P(x=0)P(x=1)P(x=1)P(x=2)P(x=3)P(x=0)P(x=3)\\&=(1-2\theta)^3\theta^4[2\theta(1-\theta)]^2\theta^2\\&=4\theta^8(1-\theta)^2(1-2\theta)^3\end{aligned}$$

$$\ln L=\ln4+q\ln\theta+2\ln(1-\theta)+3\ln(1-2\theta)$$

$$\frac{\partial\ln L}{\partial\theta}=\frac{8}{\theta}-\frac{2}{1-\theta}-\frac{6}{1-2\theta}=0$$

解得 $\theta_{1,2}=\dfrac{8\pm2\sqrt{3}}{13}$，$\dfrac{8\pm2\sqrt{3}}{13}>\dfrac{1}{2}$（舍去），$\theta$ 的极大似然估计值为 $\hat{\theta}=\dfrac{8-2\sqrt{3}}{13}$.

例 18.8 设两个参数的指数分布的概率密度为

$$f(x,\theta_1,\theta_2)=\frac{1}{\theta_2}\mathrm{e}^{-\frac{x-\theta_1}{\theta_2}}\quad(x\geqslant\theta_1)$$

其中 $-\infty<\theta_1<+\infty$，$0<\theta_2<+\infty$．$(X_1,X_2,\cdots,X_n)$ 为总体的一个样本，求未知参数 θ_1,θ_2 的极大似然估计量.

解 设 $(x_1,x_2,\cdots,x_n)$ 为样本 $(X_1,X_2,\cdots,X_n)$ 的一组观测值，则似然函数为

$$L(\theta_1,\theta_2)=\prod_{i=1}^{n}\frac{1}{\theta_2}\mathrm{e}^{-\frac{x_i-\theta_1}{\theta_2}}=\frac{1}{\theta_2^n}\mathrm{e}^{-\frac{1}{\theta_2}\sum\limits_{i=1}^{n}(x_i-\theta_1)}$$

两边取对数，得

$$\ln L(\theta_1,\theta_2)=-n\ln\theta_2-\frac{1}{\theta_2}\sum_{i=1}^{n}(x_i-\theta_1)$$

对 θ_1,θ_2 求偏导数，得

$$\begin{cases}\dfrac{\partial\ln L(\theta_1,\theta_2)}{\partial\theta_1}=\dfrac{n}{\theta_2}\\[2ex]\dfrac{\partial\ln L(\theta_1,\theta_2)}{\partial\theta_2}=-\dfrac{n}{\theta_2}+\dfrac{1}{\theta_2^2}\sum\limits_{i=1}^{n}(x_i-\theta_1)\end{cases}$$

在第一个方程中，$\dfrac{\partial\ln L(\theta_1,\theta_2)}{\partial\theta_1}>0$，因而对固定的 θ_2，$\ln L(\theta_1,\theta_2)$ 关于 θ_1 严格单调递增，即 $L(\theta_1,\theta_2)$ 关于 θ_1 严格单调递增．$x_i\geqslant\theta_1\ (i=1,2,\cdots,n)$，因而 $\ln L(\theta_1,\theta_2)$ 在 $\theta_1=x_{(1)}$ 取最大值，故 θ_1 的极大似然估计量为 $\hat{\theta}_1=X_{(1)}$．在第二个方程中，令偏导数为零，得似然方程为

$$\frac{\partial\ln L(\theta_1,\theta_2)}{\partial\theta_2}=-\frac{n}{\theta_2}+\frac{1}{\theta_2^2}\sum_{i=1}^{n}(x_i-\theta_1)=0$$

解得
$$\hat{\theta}_2=\bar{x}-x_{(1)}$$

因此 θ_2 的极大似然估计量为 $\hat{\theta}_2 = \bar{X} - X_{(1)}$.

18.1.3 估计量的评价标准

评价估计量好坏的常用标准为无偏性、有效性和一致性.

1. 无偏性

定义 18.3 设 $\theta_1 = \hat{\theta}_1(X_1, X_2, \cdots, X_n)$ 为未知参数 θ 的估计量，若对任何可能的参数值都有

$$E[\hat{\theta}(X_1, X_2, \cdots, X_n)] = \theta$$

则称 $\hat{\theta}$ 为未知参数 θ 的无偏估计量.

例 18.9 求样本的 k 阶原点矩 $\hat{v}_k = \frac{1}{n}\sum_{i=1}^{n} X_i^k$ 是总体 k 阶原点矩 $v_k = E(X^k)$ 的无偏估计量.

解 因

$$E(\hat{v}_k) = E\left(\frac{1}{n}\sum_{i=1}^{n} X_i^k\right) = \frac{1}{n}\sum_{i=1}^{n} E(X^k) = E(X^k) = v_k$$

故 $\hat{v}_k$ 是总体 k 阶原点矩 v_k 的无偏估计量.

特别地，取 $k=1$，可知样本均值 $\bar{X}$ 是总体均值 $E(X)$ 的无偏估计量.

例 18.10 样本方差 S^2 是总体方差 $D(X)$ 的无偏估计量.

解 $$E(S^2) = E\left[\frac{1}{n-1}\sum_{i=1}^{n}(X_i - \bar{X})^2\right] = E\left[\frac{1}{n-1}\left(\sum_{i=1}^{n} X_i^2 - n\bar{X}\right)\right] = \frac{1}{n-1}\left[\sum_{i=1}^{n} E(X_i^2) - nE(\bar{X}^2)\right]$$

$$= \frac{1}{n-1}\left(n\{D(X) + [E(X)]^2\} - n\left\{\frac{1}{n}D(X) + [E(X)]^2\right\}\right) = D(X)$$

例 18.11 总体 X 服从正态分布 $N(\mu, \sigma^2)$，$(X_1, X_2, \cdots, X_n)$ 是其样本，求 c 使得

$$\hat{\sigma}^2 = c\sum_{i=1}^{n-1}(X_{i+1} - X_i)^2$$

为 σ^2 的无偏估计量.

解 由于 $(X_1, X_2, \cdots, X_n)$ 为样本，$X_i \sim N(\mu, \sigma^2)$ $(i = 1, 2, \cdots, n)$，且相互独立，于是 $X_{i+1} - X_i \sim N(0, 2\sigma^2)$，且

$$E(\hat{\sigma}^2) = c\sum_{i=1}^{n-1} E(X_{i+1} - X_i)^2 = c\sum_{i=1}^{n-1}\{D(X_{i+1} - X_i) + [E(X_{i+1} - X_i)]^2\}$$

$$= c\sum_{i=1}^{n-1} D(X_{i+1} - X_i) = c\sum_{i=1}^{n-1}[D(X) + D(X)] = 2c(n-1)\sigma^2$$

当 $2c(n-1) = 1$，即 $c = \frac{1}{2(n-1)}$ 时，$\hat{\sigma}^2$ 为 σ^2 的无偏估计量.

2. 有效性

在样本容量 n 相同的情况下，若 $\hat{\theta}_1$ 的观测值在真值 θ 的附近较 $\hat{\theta}_2$ 更密集，即 $\hat{\theta}_1$ 的方差要比 $\hat{\theta}_2$ 小，则认为 $\hat{\theta}_1$ 比 $\hat{\theta}_2$ 好. 这就引出了估计量的有效性的概念.

定义 18.4 设$\hat{\theta}_1=\hat{\theta}_1(X_1,X_2,\cdots,X_n)$和$\hat{\theta}_2=\hat{\theta}_2(X_1,X_2,\cdots,X_n)$都是$\theta$的无偏估计量，若对任意$\theta$，都有

$$D(\hat{\theta}_1)\leqslant D(\hat{\theta}_2)$$

并且至少存在某个θ_0，使得严格不等号成立，则称$\hat{\theta}_1$比$\hat{\theta}_2$更有效.

例 18.12 试证作为$E(X)$的无偏估计量，$\bar{X}$比$Y=\sum_{i=1}^{n}c_iX_i$（$\sum_{i=1}^{n}c_i=1$，但c_i不全相同）更有效.

证

$$D(\bar{X})=\frac{1}{n}D(X),\qquad D(Y)=\sum_{i=1}^{n}c_i^2D(X_i)=D(X_i)\sum_{i=1}^{n}c_i^2$$

要证$D(\bar{X})<D(Y)$，只需证$\frac{1}{n}<\sum_{i=1}^{n}c_i^2$，事实上，有

$$\begin{aligned}\sum_{i=1}^{n}c_i^2&=\sum_{i=1}^{n}\left[\left(c_i-\frac{1}{n}\right)+\frac{1}{n}\right]^2=\sum_{i=1}^{n}\left(c_i-\frac{1}{n}\right)^2+\sum_{i=1}^{n}\frac{2}{n}\left(c_i-\frac{1}{n}\right)+\sum_{i=1}^{n}\frac{1}{n^2}\\&=\sum_{i=1}^{n}\left(c_i-\frac{1}{n}\right)^2+\frac{2}{n}\sum_{i=1}^{n}c_i-\frac{2}{n}+\frac{1}{n}=\sum_{i=1}^{n}\left(c_i-\frac{1}{n}\right)^2+\frac{1}{n}>\frac{1}{n}\end{aligned}$$

3. 一致性

前面介绍的无偏性和有效性都是在样本容量n固定的条件下进行的，自然希望随着样本容量的增大，估计量与被估计参数任意接近的可能性也随之增大. 这就引出了一致性的概念.

定义 18.5 设$\hat{\theta}_n=\hat{\theta}_n(X_1,X_2,\cdots,X_n)$是参数的估计量，若当$n\to\infty$时，$\hat{\theta}_n$依概率收敛于$\theta$，即对任意的$\varepsilon>0$，有

$$\lim_{n\to\infty}P(|\theta_n-\theta|\geqslant\varepsilon)=0$$

则称$\hat{\theta}_n$是θ的一致估计量.

由一致估计量的定义，样本方差S^2为总体方差σ^2的一致估计量.

习 题 18.1

1. 求下列总体分布中参数的矩估计：

（1）$f(x,\theta)=\begin{cases}2\theta x+1-\theta, & 0\leqslant x\leqslant 1,\\ 0, & \text{其他},\end{cases}$ 其中$\theta<1$；

（2）$f(x,p)=p(1-p)^{x-1}\ (x=1,2,\cdots;0<p<1)$；

（3）$f(x,\theta_1,\theta_2)=\begin{cases}\dfrac{1}{\theta_2}\mathrm{e}^{-(x-\theta_1)/\theta_2}, & x\geqslant\theta_1,\\ 0, & \text{其他},\end{cases}$ 其中$-\infty<\theta_1<+\infty$，$\theta_2>0$.

2. 求下列总体分布中参数的极大似然估计：

（1）$f(x,\theta)=\theta(1-\theta)^{x-1}\ (0<\theta<1;\ x=1,2,\cdots)$；

（2） $f(x,\lambda)=\dfrac{\lambda^x}{x!}\mathrm{e}^{-\lambda}(\lambda>0;\ x=1,2,\cdots)$；

（3） $f(x,\mu,\sigma^2)=\dfrac{1}{\sqrt{2\pi}\sigma x}\mathrm{e}^{-(\ln x-\mu)^2/2\sigma^2}\ (\sigma>0;\ -\infty<\mu<\infty;\ x>0)$.

3. 设 $\hat{\theta}$ 是 θ 的无偏估计量，且 $D(\hat{\theta})>0$，试证 $\hat{\theta}^2$ 不是 θ^2 的无偏估计量.

4. 设总体 X 的概率密度函数为 $f(x)=\begin{cases}2x/\theta^2, & 0<x\leqslant\theta,\\ 0, & \text{其他},\end{cases}$ 其中 $\theta>0$ 为未知参数，$X_1,X_2,\cdots,X_n$ 为来自总体 X 的样本，$x_1,x_2,\cdots,x_n$ 为一组样本观测值.

（1）求参数 θ 的最大似然估计量 $\hat{\theta}$；

（2）判断 $\hat{\theta}$ 是否为 θ 的无偏估计量，并给出理由.

18.2 区间估计

定义 18.6 设总体 X 含有未知参数 θ，对于给定的数 $\alpha(0<\alpha<1)$，若由样本 $(X_1,X_2,\cdots,X_n)$ 可确定两个统计量 $\hat{\theta}_1=\hat{\theta}_1(X_1,X_2,\cdots,X_n)$ 和 $\hat{\theta}_2=\hat{\theta}_2(X_1,X_2,\cdots,X_n)$，使得

$$P(\hat{\theta}_1<\theta<\hat{\theta}_2)=1-\alpha$$

则称 $(\hat{\theta}_1,\hat{\theta}_2)$ 为参数 θ 的置信度为 $1-\alpha$ 的置信区间，$1-\alpha$ 称为置信度，$\hat{\theta}_1$ 和 $\hat{\theta}_2$ 分别称为置信下限和置信上限.

例 18.13 已知某炼铁厂的铁水含碳量在正常情况下服从正态分布 $N(\mu,0.108^2)$，现测量 5 炉铁水，其平均含碳量为 $\bar{x}=4.364$，试求铁水平均含碳量 μ 的置信度为 0.95 的置信区间.

解 如图 18.1 所示由于样本均值 $\bar{X}$ 是总体均值 μ 的一个点估计，由

$$U=\frac{\bar{X}-\mu}{\sigma/\sqrt{n}}\sim N(0,1)$$

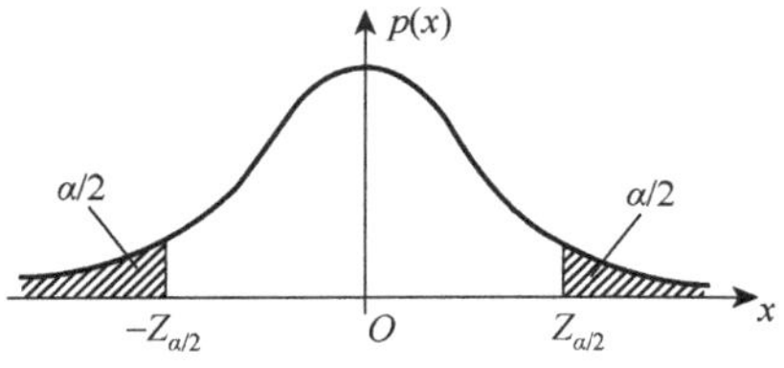

图 18.1

$$P(|U|<U_{\alpha/2})=1-\alpha$$

即

$$P\left(\left|\frac{\bar{X}-\mu}{\sigma/\sqrt{n}}\right|<U_{\alpha/2}\right)=1-\alpha$$

不等式 $\left|\dfrac{\bar{X}-\mu}{\sigma/\sqrt{n}}\right|<U_{\alpha/2}$ 与不等式 $\bar{X}-\dfrac{\sigma}{\sqrt{n}}U_{\alpha/2}<\mu<\bar{X}+\dfrac{\sigma}{\sqrt{n}}U_{\alpha/2}$ 是等价的，因此

$$P\left(\bar{X}-\frac{\sigma}{\sqrt{n}}U_{\alpha/2}<\mu<\bar{X}+\frac{\sigma}{\sqrt{n}}U_{\alpha/2}\right)=1-\alpha$$

由定义 18.1，得到了 μ 的置信度为 $1-\alpha$ 的置信区间为

$$\left(\bar{X}-\frac{\sigma}{\sqrt{n}}U_{\alpha/2},\ \bar{X}+\frac{\sigma}{\sqrt{n}}U_{\alpha/2}\right)$$

将 $1-\alpha=0.95$，$U_{\alpha/2}=U_{0.025}=1.96$，$n=5$ 代入，得

$$\bar{X}-\frac{\sigma}{\sqrt{n}}U_{\alpha/2}=4.364-1.96\times\frac{0.108}{\sqrt{5}}=4.269$$

$$\bar{X}+\frac{\sigma}{\sqrt{n}}U_{\alpha/2}=4.364+1.96\times\frac{0.108}{\sqrt{5}}=4.459$$

所以，μ 的一个置信度为 0.95 置信区间为(4.269, 4.459).

由此例，可以归纳出求未知参数 θ 的置信区间的一般方法：

（1）构造一个随机变量 $T=T(X_1,X_2,\cdots,X_n,\theta)$，它只含待估参数 θ，而不含其他未知参数，并且 T 的分布已知且与 θ 无关；

（2）对给定的置信度 $1-\alpha$，由 t 的分布找出二个数值 t_1,t_2，使得

$$P(t_1<T<t_2)=1-\alpha$$

（3）将不等式 $t_1<T(X_1,X_2,\cdots,X_n,\theta)<t_2$ 转化为等价的不等式形式

$$\hat{\theta}_1(X_1,X_2,\cdots,X_n)<\theta<\hat{\theta}_2(X_1,X_2,\cdots,X_n)$$

则有
$$P[\hat{\theta}_1(X_1,X_2,\cdots,X_n)<\theta<\hat{\theta}_2(X_1,X_2,\cdots,X_n)]=1-\alpha$$

由定义 18.1，$(\hat{\theta}_1,\hat{\theta}_2)$ 就是 θ 的置信度为 $1-\alpha$ 的置信区间.

1. 单个正态总体数学期望的区间估计

设总体 $X\sim N(\mu,\sigma^2)$，$(X_1,X_2,\cdots,X_n)$ 为取自总体 X 的一个样本，$\bar{X},S^2$ 分别为样本均值和样本方差.

（1）σ^2 已知，求 μ 的置信区间.

取仅含有待估参数 μ 的随机变量 $U=\dfrac{\bar{X}-\mu}{\sigma/\sqrt{n}}\sim N(0,1)$，于是对给定的置信度 $1-\alpha$，μ 的置信度为 $1-\alpha$ 的置信区间为

$$\left(\bar{X}-\frac{\sigma}{\sqrt{n}}U_{\alpha/2},\bar{X}+\frac{\sigma}{\sqrt{n}}U_{\alpha/2}\right) \tag{18.4}$$

例 18.14 从一批钉子中抽取 16 枚，测得其长度如下（单位：cm）：

2 .14，2 .10，2 .13，2 .15，2 .13，2 .12，2 .13，2 .10

2 .15，2 .12，2 .14，2 .10，2 .13，2 .11，2 .14，2 .11

设钉子长度服从正态分布 $N(\mu,\sigma^2)$，已知 $\sigma=0.01$ cm，试求 μ 的置信度为 0.90 的置信区间.

解 因为 $X\sim N(\mu,0.01^2)$，所以方差 σ^2 已知，求数学期望 μ 的置信区间. $\bar{X}=2.125$，$\sigma=0.01$，$n=16$，$\alpha=0.1$，查标准正态分布表（附录 B 附表 2），得 $u_{\alpha/2}=u_{0.05}=1.645$，由式（18.4），得置信上限为

$$\bar{X}-\frac{\sigma}{\sqrt{n}}U_{0.05}=2.125-\frac{0.01}{\sqrt{16}}\times1.645=2.121$$

置信下限为

$$\bar{X}+\frac{\sigma}{\sqrt{n}}U_{0.05}=2.125+\frac{0.01}{\sqrt{16}}\times1.645=2.129$$

因此，μ 的置信区间为 $(2.121,2.129)$.

（2）σ^2 未知，求 μ 的置信区间.

由于 μ 和 σ^2 均未知，$U=\dfrac{\bar{X}-\mu}{\sigma/\sqrt{n}}$ 含有两个未知参数，因此式（18.4）含有未知参数 σ^2 而求不出 μ 的置信区间．由于样本方差 S^2 是总体方差 σ^2 的无偏估计量，很自然想到用 S^2 代替 σ^2．考虑随机变量 $t=\dfrac{\bar{X}-\mu}{S/\sqrt{n}}$，它只含一个未知参数 μ，由

$$t=\frac{\bar{X}-\mu}{S/\sqrt{n}}\sim t(n-1)$$

对给定的置信度 $1-\alpha$，查 t 分布表（附录 B 附表 4），得到 $t_2=-t_1=t_{\alpha/2}(n-1)$，如图 18.2 所示，则有

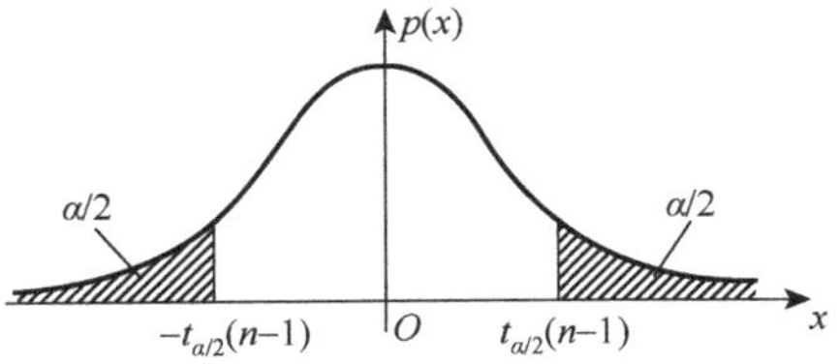

图 18.2

$$P\left[\left|\frac{\bar{X}-\mu}{S/\sqrt{n}}\right|<t_{\alpha/2}(n-1)\right]=1-\alpha$$

由不等式变形，得

$$P\left[\bar{X}-\frac{S}{\sqrt{n}}t_{\alpha/2}(n-1)<\mu<\bar{X}+\frac{S}{\sqrt{n}}t_{\varepsilon/2}(n-1)\right]=1-\alpha$$

于是，μ 的置信度为 $1-\alpha$ 的置信区间为

$$\left(\bar{X}-\frac{S}{\sqrt{n}}t_{\alpha'2}(n-1),\bar{X}+\frac{S}{\sqrt{n}}t_{\alpha/2}(n-1)\right) \tag{18.5}$$

例 18.15 在例 18.14 中，若 σ^2 未知，试求 μ 的置信度为 0.90 的置信区间.

解 因为 σ^2 未知，故只用 t 分布．此时，$\bar{x}=2.125$，$s=0.017\,13$，$n=16$，$\alpha=0.1$．查 t 分布表（附录 B 附表 4），得 $t_{\alpha/2}(n-1)=t_{0.05}(15)=1.753\,1$，由式（18.4），得置信上限为

$$\bar{X}-\frac{S}{\sqrt{n}}t_{0.05}(15)=2.125-\frac{0.017\,13}{\sqrt{16}}\times1.753\,1=2.118$$

置信下限为

$$\bar{X}+\frac{S}{\sqrt{n}}t_{0.05}(15)=2.125+\frac{0.017\,13}{\sqrt{16}}\times1.753\,1=2.133$$

因此，μ 的置信区间为 $(2.118,2.133)$.

2. 正态总体方差的区间估计

（1）单个正态总体方差的区间估计.

现考虑 μ 未知，σ^2 的区间估计问题．由第 16 章知，随机变量

$$\chi^2=\frac{(n-1)S^2}{\sigma^2}\sim\chi^2(n-1)$$

它只含一个未知参数，并且上式右端的分布与参数 σ^2 无关．故由置信度 $1-\alpha$，有（图 18.3）

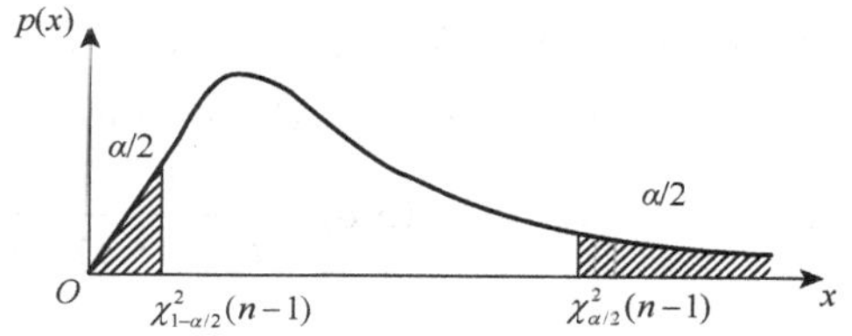

图 18.3

$$P\left[\chi^2_{1-\alpha/2}(n-1)<\frac{(n-1)S^2}{\sigma^2}<\chi^2_{\alpha/2}(n-1)\right]=1-\alpha$$

即

$$P\left[\frac{(n-1)S^2}{\chi^2_{\alpha/2}(n-1)}<\sigma^2<\frac{(n-1)S^2}{\chi^2_{1-\alpha/2}(n-1)}\right]=1-\alpha$$

所以 σ^2 的置信度为 $1-\alpha$ 的置信区间为

$$\left(\frac{(n-1)S^2}{\chi^2_{\alpha/2}(n-1)},\frac{(n-1)S^2}{\chi^2_{1-\alpha/2}(n-1)}\right) \tag{18.6}$$

由上述推导，还容易得到 σ 的置信度为 $1-\alpha$ 的置信区间为

$$\left(S\sqrt{\frac{n-1}{\chi^2_{\alpha/2}(n-1)}},\sqrt{\frac{n-1}{\chi^2_{1-\alpha/2}(n-1)}}\right)$$

例 18.16 从一批钢索中抽取 10 根，测得其折断力（单位：kg）为

578，572，570，568，572，570，570，596，584，572

若折断力 $X\sim N(\mu,\sigma^2)$，试求方差 σ^2、均方差 σ 的置信度为 0.95 的置信区间.

解 $n=10$，$S^2=75.73$，$\alpha=0.05$，查 χ^2 分布表（附录 B 附表 3），得 $\chi^2_{0.025}(9)=19.023$，$\chi^2_{0.975}(9)=2.700$，由式（18.6），得 σ^2 的置信下限为

$$\frac{(n-1)S^2}{\chi^2_{0.025}(9)}=\frac{9\times75.73}{19.023}=35.829$$

置信上限为

$$\frac{(n-1)S^2}{\chi^2_{0.975}(9)}=\frac{9\times75.73}{2.700}=252.433$$

于是，σ^2 的置信度为 0.95 的置信区间为 $(35.829,252.433)$.

由式（18.6），易得 σ 的置信度为 0.95 的置信区间为 $(5.986,15.888)$.

（2）两个正态总体方差比的区间估计.

由第 16 章知，随机变量 $F=\dfrac{S_1^2/\sigma_1^2}{S_2^2/\sigma_2^2}=\dfrac{S_1^2/S_2^2}{\sigma_1^2/\sigma_2^2}\sim F(n_1-1,n_2-1)$，与单个正态总体中 μ 未知，求 σ^2 的置信区间类似，对给定的置信度 $1-\alpha$，可得两个总体方差比 σ_1^2/σ_2^2 的置信区间为

$$\left(\frac{S_1^2/\sigma_1^2}{F_{\alpha/2}(n_1-1,n_2-1)},\frac{S_1^2/S_2^2}{F_{1-\alpha/2}(n_1-1,n_2-1)}\right)$$

例 18.17 两台机床加工同一种零件，分别抽取 6 个和 9 个零件，测零件长度计算得 $S_1^2=0.245$，$S_2^2=0.375$. 假定各台机床零件长度服从正态分布，试求两个总体方差比 σ_1^2/σ_2^2 的置信度为 0.95 的置信区间.

解
$$S_1^2=0.245,\quad S_2^2=0.375,\quad n_1=6,\quad n_2=9$$
$$F_{\alpha/2}(n_1-1,n_2-1)=F_{0.025}(5,8)=4.82$$
$$F_{1-\alpha/2}(n_1-1,n_2-1)=F_{0.975}(5,8)=\frac{1}{F_{0.025}(8,5)}=\frac{1}{6.76}$$

置信上限为
$$\frac{S_1^2/S_2^2}{F_{\alpha/2}(n_1-1,n_2-1)}=\frac{0.245}{0.375\times 4.82}=0.136$$

置信下限为
$$\frac{S_1^2/S_2^2}{F_{1-\alpha/2}(n_1-1,n_2-1)}=\frac{0.245\times 6.76}{0.375}=4.417$$

故σ_1^2/σ_2^2的置信度为 0.95 的置信区间为$(0.136,4.417)$.

若σ_1^2/σ_2^2的置信下限大于 1，在实际中就认为总体X的波动性较大；若σ_1^2/σ_2^2的置信下限小于 1，在实际中就认为总体X的波动性较小；若σ_1^2/σ_2^2的置信区间包含 1，则认为两个总体的波动大小无显著性差别．在本例中，σ_1^2/σ_2^2的置信区间包含 1，则认为两台机床生产零件长度的精度无显著性的差别.

习　题　18.2

1. 对某种零件的长度进行测量，得数据如下（单位：mm）：

12.6，13.4，12.8，13.2

设零件长度$X\sim N(\alpha,0.09)$，求α的置信区间（$\alpha=0.05$）.

2. 从一批导线中随机抽取 5 根，测得其电阻如下（单位：Ω）：

0.140，0.142，0.136，0.138，0.140

3. 设电阻值X服从正态分布，求$E(X)$的置信区间（$\alpha=0.05$）.

18.3　单侧置信区间

定义 18.7　设总体X含有未知参数θ，对于给定的数$\alpha(0<\alpha<1)$，若由样本$(X_1,X_2,\cdots,X_n)$可确定一个统计量$\hat\theta_1=\hat\theta_1(X_1,X_2,\cdots,X_n)$ $\hat\theta_1=\hat\theta_1(X_1,X_2,\cdots,X_n)$，使得
$$P(\hat\theta_1<\theta)=1-\alpha$$
则称$(\hat\theta_1,+\infty)$为参数θ的置信度为$1-\alpha$的单侧置信区间，$\hat\theta_1$称为置信度为$1-\alpha$的单侧置信下限.

若存在$\hat\theta_2=\hat\theta_2(X_1,X_2,\cdots,X_n)$，使得
$$P(\theta<\hat\theta_2)=1-\alpha$$
则称$(-\infty,\hat\theta_2)$为参数θ的置信度为$1-\alpha$的单侧置信区间，$\hat\theta_2$称为置信度为$1-\alpha$的单侧置信上限.

求单侧置信区间的方法与双侧置信区间类似．以总体方差σ^2未知，求总体均值μ的置信区间为例.

设 $(X_1, X_2, \cdots, X_n)$ 为总体的一个样本，由于 $\dfrac{\bar{X}-\mu}{S/\sqrt{n}} \sim t(n-1)$，对给定的置信度$1-\alpha$，有（图 18.4）

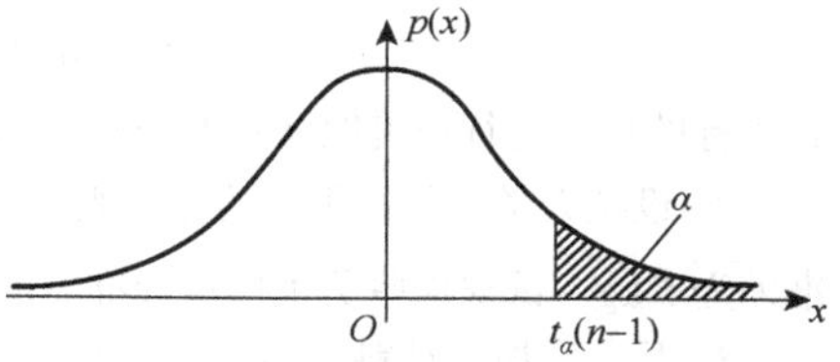

图 18.4

$$P\left[\frac{\bar{X}-\mu}{S/\sqrt{n}} < t_\alpha(n-1)\right] = 1-\alpha$$

即
$$P\left[\mu > \bar{X} - \frac{S}{\sqrt{n}} t_\alpha(n-1)\right] = 1-\alpha$$

于是，μ 的置信度为$1-\alpha$ 的单侧置信区间为

$$\left(\bar{X} - \frac{S}{\sqrt{n}} t_\alpha(n-1), +\infty\right)$$

μ 的单侧置信下限为

$$\hat{\theta}_1 = \bar{X} - \frac{S}{\sqrt{n}} t_\alpha(n-1)$$

若求 μ 的单侧置信上限，可仿照上面的步骤，类似地求出 μ 的置信度为$1-\alpha$ 的单侧置信区间为

$$\left(-\infty, \bar{X} + \frac{S}{\sqrt{n}} t_\alpha(n-1)\right)$$

μ 的单侧置信上限为

$$\hat{\theta}_2 + \bar{X} + \frac{S}{\sqrt{n}} t_\alpha(n-1)$$

例 18.18　设某种材料强度 $X \sim N(\mu, \sigma^2)$，今进行 5 次测试，得样本强度均值 $\bar{X} = 1160 \text{ kg/cm}^2$，样本均方差$99.75 \text{ kg/cm}^2$，试求材料强度均值 μ 的 0.99 的置信下限.

解　由题设，$1-\alpha = 0.99$，$n=5$，查t分布表（附录 B 附表 4），得$t_\alpha(n-1) = t_{0.01}(4) = 3.747$，将$\bar{X} = 1160$和$S = 99.75$代入式（18.6），得材料强度均值 μ 的 0.99 的置信下限为

$$\hat{\theta}_1 = \bar{X} - \frac{S}{\sqrt{n}} t_{0.01}(4) = 1160 - \frac{99.75}{\sqrt{5}} \times 3.747 = 992.8$$

这说明这批材料强度有 99%可能超过992.8 kg/cm^2.

习　题　18.3

1. 对飞机的飞行速度进行 15 次独立试验，测得飞行速度如下（单位：m/s）：

422.2，418.7，425.6，420.3，425.8

423.1，431.5，428.2，438.3，434.0

$$412.3, 417.2, 413.5, 441.3, 423.7$$

设飞行的最大飞行速度服从正态分布，试求最大飞行速度方差的置信区间（$\alpha = 0.05$）.

2. 设某大学一年级男生的体重服从正态分布 $N(\mu, \sigma^2)$，随机抽取 25 名同学测得其平均体重为 58 kg，标准差为 5 kg，试求这些男生体重标准差的置信区度为 0.95 的单侧置信上限.

3. 某车床加工轴料，生产一向比较稳定，现从产品中随机抽取 15 件，测量其椭圆度，计算出 $S^2 = 0.000\,6$，问该产品椭圆度的方差是否为 0.000 4（设椭圆度服从正态分布，$\alpha = 0.05$）？

第19章　假 设 检 验

假设检验是统计推断的一项重要内容. 在解决一些实际问题时，常常会遇到总体的分布是未知的或分布的类型是已知的但所含的某些参数是未知的，为了推断总体的某些性质，需要对总体作出某些假设，再根据抽取的样本对假设的正确性进行判断，是接受还是拒绝. 本章主要介绍一些常用的有关均值和方差的假设检验问题.

19.1　假设检验的基本概念

19.1.1　问题的提出

先看下面几个实际例子.

例 19.1　某糖果厂用包装机包装糖果，当机器工作正常时，每袋糖果的质量（单位：kg）服从均值为 0.5 kg、标准差为 0.01 kg 的正态分布. 某日开工后，随机抽取 10 袋，测得平均重量为 0.505 kg，试确定该包装机工作是否正常.

解　设那天包装机所包装的每袋糖果的质量为 X，由以往的生产实践表明标准差比较稳定，因而可以认为 $X \sim N(\mu, 0.01^2)$，其中 μ 未知. 由抽取的样本值来判断 μ 是否等于 0.5，若 $\mu = 0.5$，则表明包装机工作正常；否则包装机工作不正常. 为此，提出假设

$$H_0\text{：}\ \mu = \mu_0 = 0.5, \qquad H_1\text{：}\ \mu \neq \mu_0 = 0.5$$

例 19.2　按规定，某种罐头的维生素 C 的含量不得少于 23 mg，现从某厂生产的一批罐头中随机抽取 10 罐，测得维生素 C 的含量（单位：mg）如下：

$$23.5,\quad 21.6,\quad 24.1,\quad 24.7,\quad 22.9,\quad 26.2,\quad 20.5,\quad 24.2,\quad 21.7,\quad 28.8$$

试问这批罐头的维生素 C 含量是否合格？

解　设 X 表示这种罐头的维生素含量，如果 $X \sim N(\mu, \sigma^2)$，这批罐头的维生素 C 含量是否合格就归结于检验假设 H_0：$\mu \geqslant \mu_0 = 23$ 和 H_1：$\mu < \mu_0 = 23$ 到底哪一个成立.

例 19.3　某百货商店开展有奖销售，在规定的时间内，一等奖的顾客可获一台彩电，20 期兑奖号码中诸数码的频数汇总如下：

数码 i	0	1	2	3	4	5	6	7	8	9	总数
频数 n_i	11	16	19	16	13	17	11	16	9	12	140

试问开奖器械或操作方法是否有问题？

解　设 X 为抽取的数码，它的所有可能取值为 $0, 1, \cdots, 9$，开奖器械或操作方法是否有问题等价于检验假设 H_0：$p_i = P(X = i) = \dfrac{1}{10}\ (i = 1, 2, \cdots, 9)$是否成立.

在对实际问题进行检验时，常常把这一对对立假设合写在一起，然后给出一个合理的法则，根据这一法则，由已知的样本值作出是接受假设 H_0（即拒绝假设 H_1），还是拒绝假设 H_0（即接受假设 H_1）的判断．这一过程称为对假设 H_0 进行检验．

若检验的假设是在总体分布类型已知（如例 19.1 和例 19.2）的情况下，仅仅涉及总体分布中的参数，则这种形式的检验称为参数假设检验；若对总体的分布（如例 19.3）或总体的某些特性进行检验，则这类检验称为非参数假设检验．本章只讨论参数假设检验．

设总体的分布中含有未知参数 μ，若假设为

$$H_0:\ \mu=\mu_0, \qquad H_1:\ \mu\neq\mu_0$$

这样的检验问题称为双侧假设检验（如例 19.1）．“双侧”源于备择假设所确定的范围恰好在原假设的两侧，但有时只关心参数是否增大或减小．例如，检验新工艺是否提高显像管的平均寿命，这时所考虑的总体的均值应越大越好；又如，在产品质量的检验中，若产品的次品率是未知参数，那么，希望总体的次品率越低越好．因此，需要检验假设

$$H_0:\ \mu\geqslant\mu_0, \qquad H_1:\ \mu<\mu_0$$

或

$$H_0:\ \mu\leqslant\mu_0, \qquad H_1:\ \mu>\mu_0$$

由于备择假设确定的范围处于原假设的一侧，这类检验问题称为单侧假设检验（如例 19.2）．

19.1.2 假设检验的基本思想

人们通过大量的实践，认识到小概率事件在一次试验中是几乎不会发生的，这就是小概率原理．

假设检验的基本思想是以小概率原理作为拒绝 H_0 的依据．具体来说，为了检验某个假设 H_0 是否成立，先假定 H_0 是成立的．在此前提下，构造一个概率不超过事先给定的数值 α（$0<\alpha<1$）的小概率事件 A．若在一次试验中，小概率事件 A 发生了，就认为是不合理的，因而拒绝原假设 H_0；若事件 A 没有发生，则表明原假设 H_0 与小概率原理不矛盾，于是接受 H_0．这样的检验方法称为显著性检验，数值 α 称为显著性水平，对不同的问题，可以选取不同的 α 水平．为查表方便，通常选取 0.1, 0.05, 0.01 等．

以例 19.1 来说明假设检验的基本思想和具体做法．由于要检验的假设涉及总体均值 μ，而样本均值 $\bar{X}$ 是总体均值 μ 的无偏估计量，$\bar{X}$ 的观测值的大小在一定程度上反映了 μ 的大小．因此，若假设 H_0 为真，则样本均值 $\bar{X}$ 与 μ_0 的偏差 $|\bar{X}-\mu_0|$ 一般不应太大，即 $|U|=\left|\dfrac{\bar{X}-\mu_0}{\sigma/\sqrt{n}}\right|$ 的值不会太大，若 $|U|$ 的值太大，就怀疑 H_0 的正确性而拒绝 H_0．但 $|U|$ 的值大到何种程度才认为 $|U|$ 的值很大呢？为此，对显著性水平 α，构造一个小概率事件 A，使得 $P(A)=\alpha$．由于当 H_0 为真时，统计量 $U=\left|\dfrac{\bar{X}-\mu_0}{\sigma/\sqrt{n}}\right|\sim N(0,1)$，根据标准正态分布临界值的定义，有

$$P\left[\left|\frac{\bar{X}-\mu_0}{\sigma/\sqrt{n}}\right|\geqslant U_{\alpha/2}\right]=\alpha$$

即 $\left|\frac{\bar{X}-\mu_0}{\sigma/\sqrt{n}}\right| \geqslant U_{\alpha/2}$ 为一个小概率事件．因此，取 $A=\left\{\left|\frac{\bar{X}-\mu_0}{\sigma/\sqrt{n}}\right| \geqslant U_{\alpha/2}\right\}$，这样在 H_0 为真时，就找到了一个小概率事件．由小概率原理，若统计量 U 的观察值 u 满足

$$|U|=\left|\frac{\bar{X}-\mu_0}{\sigma/\sqrt{n}}\right| \geqslant U_{\alpha/2}$$

这说明在一次试验中小概率事件发生了，则拒绝 H_0．

若满足

$$|U|=\left|\frac{\bar{X}-\mu_0}{\sigma/\sqrt{n}}\right| < U_{\alpha/2}$$

$P(|U|<U_{\alpha/2})=1-\alpha$，它不是小概率事件，因而没有理由拒绝 H_0，故接受 H_0．

统计量 $U=\frac{\bar{X}-\mu_0}{\sigma/\sqrt{n}}$ 称为检验统计量，对不同的实际问题，需要构造不同的检验统计量．

拒绝原假设的区域称为拒绝域，用字母 W 表示．在例 19.1 中，$W=\{U\,\|U|\geqslant U_{\alpha/2}\}$，为方便起见，常常记 $W=\{|U|\geqslant U_{\alpha/2}\}$．拒绝域以外的区域称为接受域，拒绝域与接受域的交点称为临界点或临界值，如例 19.1 中 $U=U_{\alpha/2}$ 和 $U=-U_{\alpha/2}$ 为临界点．

在例 19.1 中，取显著性水平 $\alpha=0.05$，则 $U_{\alpha/2}=U_{0.025}=1.96$，检验的拒绝域为

$$W=\left\{\left|\frac{\bar{X}-\mu_0}{\sigma/\sqrt{n}}\right| \geqslant 1.96\right\}$$

把 $n=10$，$\bar{X}=0.505$，$\sigma=0.01$ 代入 $|U|$ 中，得

$$|U|=\left|\frac{\bar{X}-\mu_0}{\sigma/\sqrt{n}}\right| < \left|\frac{0.505-0.5}{0.01/\sqrt{10}}\right| = 1.581\,1$$

由于 $1.581\,1<1.96$，这说明 $|U|$ 不在拒绝域中，接受假设 H_0，即认为该天包装机工作正常．

综上所述，可得假设检验的步骤如下：

（1）根据实际问题要求，提出原假设 H_0 和备择假设 H_1．

（2）构造一个检验统计量，当 H_0 为真时，该检验统计量的分布是已知的，且与未知参数无关．

（3）对给定的显著性水平 α，查统计量的分布表，确定临界值，从而确定拒绝域 W．

（4）根据样本值，计算出检验统计量的观测值．

（5）若观测值落入拒绝域 W 中，则拒绝 H_0；若观测值不在拒绝域 W 中，则不拒绝 H_0．

19.1.3　假设检验中的两类错误

当作出接受或拒绝原假设 H_0 时，不会是百分之百正确，有可能犯下面两类错误．

第一类错误称为“弃真错误”，即 H_0 本来是正确的，但由于检验统计量的值落入拒绝域中而拒绝 H_0．对显著性水平 α，犯第一类错误的概率为

$$P\left(\text{拒绝}H_0 \middle| H_0\text{为真}\right)=P\left(\text{小概率事件}A\text{发生} \middle| H_0\text{为真}\right) \leqslant \alpha$$

第二类错误称为“取伪错误”，即 H_0 本来是不正确的，但由于检验统计量的值不在拒绝域中从而接受 H_0．犯第二类错误的概率为

$$P(\text{接受}H_0 | H_0\text{为假}) = P(\text{小概率事件}A\text{不发生} | H_0\text{为假}) \leqslant \beta$$

习　题　19.1

1. 设 $X_1, X_2, \cdots, X_{16}$ 为来自总体 $X \sim N(\mu, 4)$ 的样本，当对统计假设

$$H_0: \mu = 2, \qquad H_1: \mu = 3$$

进行检验时，如拒绝域取为 $W = \{(x_1, x_2, \cdots, x_{16}) | \bar{x} > 2.3\}$，求犯两类错误的概率 α，β．

2. 设 $X_1, X_2, \cdots, X_8$ 为来自总体 $X \sim B(1, p)$ 的样本，关于 p 的统计假设检验问题

$$H_0: p = 0.4, \qquad H_1: p = 0.8$$

若拒绝域为 $W = \left\{(x_1, x_2 \cdots, x_8) \middle| \sum_{i=1}^{8} x_i \geqslant 5\right\}$，求犯两类错误的概率 α，β．

3. 设 X 为连续型随机变量，U 为对 X 的一次观测，关于 X 的概率密度 $f(x)$ 有如下假设：

$$H_0: f(x) = \begin{cases} 1/2, & 0 \leqslant x \leqslant 2, \\ 0, & \text{其他}, \end{cases} \qquad H_1: f(x) = \begin{cases} x/2, & 0 \leqslant x \leqslant 2 \\ 0, & \text{其他} \end{cases}$$

当事件 $\{U > 3/2\}$ 出现时拒绝 H_0．试求犯第一类错误的概率 α 和犯第二类错误的概率 β．

19.2　一个正态总体参数的假设检验

设总体 $X \sim N(\mu, \sigma^2)$，$(X_1, X_2 \cdots, X_n)$ 为取自总体容量为 n 的一个样本，$\bar{X}, S^2$ 分别为样本均值和样本方差，μ_0 和 σ_0^2 为已知常数，$\sigma_0 > 0$，下面讨论未知参数 μ 和 σ^2 的各假设检验问题．

1. 已知 $\sigma^2 = \sigma_0^2$，检验 $H_0: \mu = \mu_0$，$H_1: \mu \neq \mu_0$

这类检验已在 19.1 节中作了详细的讨论，选择的检验统计量为

$$U = \frac{\bar{X} - \mu_0}{\sigma_0 / \sqrt{n}}$$

当 H_0 成立时，$U \sim N(0,1)$ 拒绝域为 $W = \left\{\left|\dfrac{\bar{X} - \mu_0}{\sigma_0 / \sqrt{n}}\right| > U_{\alpha/2}\right\}$．

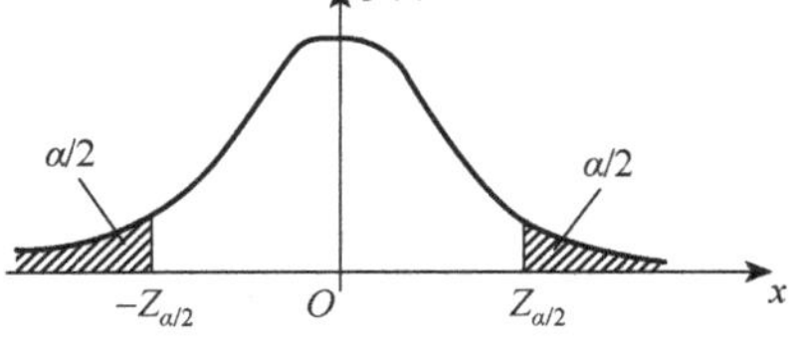

图 19.1

在这个检验问题中，利用了正态概率密度曲线两侧的尾部面积（图 19.1）来确定小概率事件．由于检验统计量 U 服从正态分布，这样的检验方法称为 U 检验法．

例 19.4　某种零件的尺寸方差为 $\sigma^2 = 1.21$，对一批这类零件检查 6 件，得尺寸数据（单位：mm）如下：

32.56,　29.66,　31.64,　30.00,　21.87,　31.03

设零件尺寸服从正态分布，问这批零件的平均能否认为是 32.50 mm $(\alpha = 0.05)$．

解　第一步根据题意提出假设 $H_0: \mu = \mu_0 = 32.50$，$H_1: \mu \neq \mu_0 = 32.50$．

第二步选择检验统计量，并由样本观测值计算出 $\bar{X}=29.46$ 和统计量观测值

$$U=\frac{\bar{X}-\mu_0}{\sigma_0/\sqrt{n}}=\frac{29.46-32.50}{1.1/\sqrt{6}}=-6.77$$

第三步确定拒绝域为 $W=\{|U|\geqslant U_{0.025}=1.96\}$.

第四步判断，由于 $|U|=6.77>1.96$ ，可见小概率事件发生了，应拒绝 H_0 ，接受 H_1 ，即认为这批零件的长度不是 32.50 mm.

2. 未知 σ^2 ，检验 $H_0:\mu=\mu_0$ ， $H_1:\mu\neq\mu_0$

由于方差 σ^2 未知， $U=\dfrac{\bar{X}-\mu_0}{\sigma/\sqrt{n}}$ 含有未知参数 σ^2 ，它不能作为检验统计量．因样本方差 $S^2=\dfrac{1}{n-1}\sum_{i=1}^{n}(X_i-\bar{X})^2$ 是方差 σ^2 的无偏估计量，故用 S 代替 σ 可得 t 检验统计量

$$t=\frac{\bar{X}-\mu_0}{S/\sqrt{n}} \tag{19.1}$$

当 H_0 成立时，统计量 $t\sim t(n-1)$ 对给定的显著性水平 α ，查 t 分布表，得临界值 $t_{\alpha/2}(n-1)$ ，从而有

$$P\left[|t|>t_{\alpha/2}(n-1)\right]=\alpha$$

这说明 $|t|>t_{\alpha/2}(n-1)$ 是一个小概率事件．于是拒绝域为

$$W=\left\{\frac{|\bar{X}-\mu_0|}{S/\sqrt{n}}\geqslant t_{\alpha/2}(n-1)\right\} \tag{19.2}$$

这种利用统计量服从 t 分布的检验法称为 t 检验法.

例 19.5 某药厂生产一种抗生素，已知在正常生产情况下，每瓶抗生素的某项主要指标服从均值为 23.0 的正态分布．某日开工后，测得 5 瓶的数据如下：

22.3, 21.5, 22.0, 21.8, 21.4

问该日生产是否正常（ $\alpha=0.01$ ）?

解 本题是考察某项指标的差异显著性问题：

$$H_0:\mu=1\ 000, \qquad H_1:\mu\neq1\ 000$$

总体方差未知，选择检验统计量式（19.1），由显著性水平 α ，查 t 分布表（附录 B 附表 4），得 $t_{0.005}(4)=4.604\ 1$ ，由式（19.2），得拒绝域为 $W=\{|t|\geqslant t_{0.005}(4)=4.604\ 1\}$.

已知 $n=5$ ， $\alpha=0.01$ ．由样本值计算得 $\bar{X}=21.8$ ， $S^2=0.135$ ，代入得统计量观测值为

$$t=\frac{\bar{X}-\mu_0}{S/\sqrt{n}}=\frac{21.8-23.0}{\sqrt{0.135}/\sqrt{5}}=-7.30$$

因 $|t|=7.30>4.604\ 1$ ，故拒绝 H_0 ，从而认为这批抗生素的某项指标与 23.0 有显著的差异，即该日生产不正常.

3. 未知 μ ，检验 $H_0:\sigma^2=\sigma_0^2$ ， $H_1:\sigma^2\neq\sigma_0^2$

选择检验统计量

$$\chi^2=\frac{(n-1)S^2}{\sigma_0^2}$$

其中 S^2 是样本方差，它是 σ^2 的无偏估计量．若在 H_0 成立的条件下，$\chi^2\sim\chi^2(n-1)$，则对给定的显著性水平 α，查 χ^2 分布表（附录 B 附表 3），得临界值 $\chi^2_{\alpha/2}(n-1)$ 和 $\chi^2_{1-\alpha/2}(n-1)$，故

$$P(\{\chi^2\leqslant\chi^2_{1-\alpha/2}(n-1)\}\cup\{\chi^2\geqslant\chi^2_{\alpha/2}(n-1)\})=\alpha$$

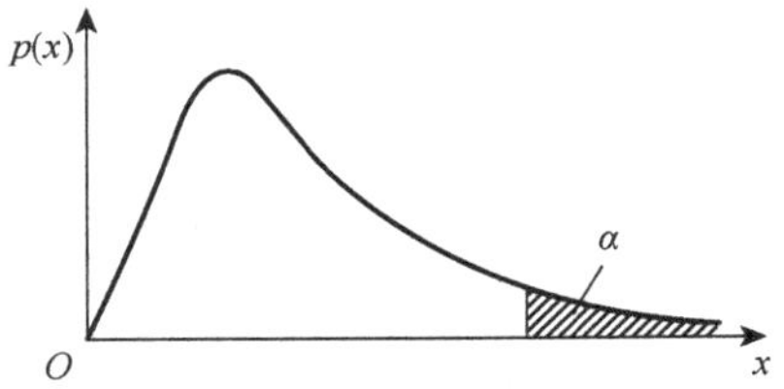

图 19.2

图 19.2 说明 $\{\chi^2\leqslant\chi^2_{1-\alpha/2}(n-1)\}\cup\{\chi^2\geqslant\chi^2_{\alpha/2}(n-1)\}$ 是小概率事件，因此，H_0 的拒绝域为

$$W=\{\chi^2\leqslant\chi^2_{1-\alpha/2}(n-1)\}\quad 或\quad \{\chi^2\geqslant\chi^2_{\alpha/2}(n-1)\}$$

由于这个检验法所用统计量服从 χ^2 分布，称为 χ^2 检验法．

不难看出，如果从 χ^2 分布表（附录 B 附表 3），查出临界值 $\chi^2_{1-\alpha_1}(n-1)$ 和 $\chi^2_{\alpha_2}(n-1)$ 满足

$$P\left[\chi^2\leqslant\chi^2_{1-\alpha_1}(n-1)\right]=\alpha_1,\qquad P\left[\chi^2>\chi^2_{\alpha_2}(n-1)\right]=\alpha_2$$

那么只要 $\alpha_1\geqslant0$，$\alpha_2\geqslant0$，且 $\alpha_1+\alpha_2=\alpha$，则事件 $A=\{\chi^2\leqslant\chi^2_{1-\alpha_1}(n-1)\}\cup\{\chi^2\geqslant\chi^2_{\alpha_2}(n-1)\}$ 仍然是小概率事件，可见对选定不同的 α_1, α_2，可决定不同的检验法则．因此，对同一检验统计量，检验法则也是很多的．上面采用 $\alpha_1=\alpha_2=\dfrac{\alpha}{2}$ 的形式主要是为查表方便．

例 19.6 已知某厂生产的维尼龙纤度（表示粗细程度的量）服从正态分布，其中方差 $\sigma_0^2=0.048^2$．某日抽取 9 根，测得纤度为

1.38, 1.40, 1.55, 1.46, 1.48, 1.51, 1.40, 1.44, 1.38

问这天生产的维尼龙纤度的方差 σ^2 是否有显著性的变化（$\alpha=0.05$）？

解 由题意知要检验的假设为

$$H_0:\sigma^2=\sigma_0^2=0.048^2,\qquad H_1:\sigma^2\neq\sigma_0^2=0.048^2$$

因 μ 未知，用 χ^2 检验法，故统计量为 $\chi^2=\dfrac{(n-1)S^2}{\sigma_0^2}$．

在 H_0 成立的条件下，$\chi^2\sim\chi^2(n-1)$．这里 $n=9$，$\alpha=0.05$，查 χ^2 分布表（附录 B 附表 3），得

$$\chi^2_{\alpha/2}(n-1)=\chi^2_{0.025}(8)=17.535,\qquad \chi^2_{1-\alpha/2}(n-1)=\chi^2_{0.975}(8)=2.180$$

由样本值计算得 $S^2=0.003\,653$，由此得

$$\chi^2=\frac{(n-1)S^2}{\sigma_0^2}=\frac{0.029\,22}{0.048^2}=12.684$$

因 2.18＜12.684＜17.535，故接受 H_0，即认为这批维尼龙纤度的方差没有显著性的变化．

4. 单侧检验

实际应用中常常关心的是产量、产值等指标是否提高，成本、原材料等指标是否降低等，这些往往涉及单侧检验问题．对于参数的单侧假设检验，原假设 H_0 的表达形式中都含有不等式符号“≤”或“≥”，而备择假设 H_1 含有“＞”或“＜”．下面就以 $\sigma^2=\sigma_0^2$ 已知的条件下，检验 $H_0:\mu\leqslant\mu_0$，$H_1:\mu>\mu_0$ 为例来说明如何进行单侧假设检验．

为检验 $H_0:\mu\leqslant\mu_0$，$H_1:\mu>\mu_0$，与双侧假设检验一样，选取相同的检验统计量

$$U=\frac{\bar{X}-\mu_0}{\sigma_0/\sqrt{n}}$$

但是，当 H_0 成立时，与双侧检验统计量不同的是，这里的 U 不一定服从标准正态分布，为了构造一个小概率事件 A，取随机变量

$$\tilde{U}=\frac{\bar{X}-\mu}{\sigma_0/\sqrt{n}}$$

则 $\tilde{U}\sim N(0,1)$，当 H_0 成立时，还有 $U\leqslant\tilde{U}$.

对给定的显著性水平 α，由标准正态分布表（附录 B 附表 2），查得 U_α（图 19.3），有

$$P(\tilde{U}\geqslant U_\alpha)=\alpha$$

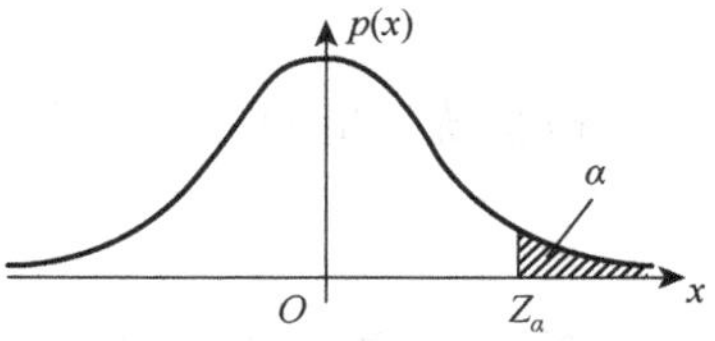

图 19.3

由于 $\{U\geqslant U_\alpha\}\subset\{\tilde{U}\geqslant U_\alpha\}$，由事件运算性质，有 $P(U\geqslant U_\alpha)\leqslant P(\tilde{U}\geqslant U_\alpha)=\alpha$，这说明 $\{U\geqslant U_\alpha\}$ 是小概率事件，因此 H_0 的拒绝域为

$$W=\{U\geqslant U_\alpha\}$$

由样本值计算出统计量 U 的值 U，若 $U\geqslant U_\alpha$，则拒绝 H_0，否则接受 H_0 .

若要检验 $H_0:\mu\geqslant\mu_0$，$H_1:\mu<\mu_0$，类似推导可得 H_0 的拒绝域为

$$W=\{U\leqslant -U_\alpha\} \tag{19.3}$$

从上面的推导可以看出，关于方差已知，对数学期望的单侧检验中所使用的统计量与相应的双侧检验都是相同，只是拒绝域不同而已. 在单侧检验中，拒绝域中不等式的方向与备择假设 H_1 中的不等式方向一致，临界值下标中的 $\frac{\alpha}{2}$ 换成 α . 对于其他各种类型的单侧检验中，就不再作详细的推导了，而通过举例来加以说明.

例 19.7 一种元件，要求其使用寿命不得低于 1 000 h. 现在从一批这种元件中任取 25 件，测得其寿命平均值为 950 h，已知该种元件寿命服从均方差 $\sigma=100$ h 的正态分布，问这批元件是否合格（$\alpha=0.05$）？

解 本题为方差已知，检验元件平均使用寿命是否低于 1 000 h，属于单侧假设检验. 根据题设

$$H_0:\mu\geqslant\mu_0=1\,000,\qquad H_0:\mu<\mu_0=1\,000$$

检验统计量为 $U=\frac{\bar{X}-\mu_0}{\sigma_0/\sqrt{n}}$，查表得临界值 $U=U_{0.05}=1.645$，于是由式（19.3），得拒绝域为

$$W=\{U\leqslant -U_{0.05}=-1.645\}$$

将 $\bar{X}=950$，$\sigma^2=100$ 代入求得统计量的观测值为

$$U=\frac{\bar{X}-\mu_0}{\sigma_0/\sqrt{n}}=\frac{950-1000}{100/\sqrt{25}}=-2.5<-1.645$$

故拒绝 H_0，即认为这批元件不合格.

例 19.8 某种合金弦的抗拉强度 $X\sim N(\mu,\sigma^2)$，过去经验 $\mu\leqslant 10\,560\ \mathrm{kg/cm^2}$，今用新工

艺生产了一批弦线，随机取 10 根作抗拉试验，测得数据如下：

10 512, 10 632, 10 668, 10 554, 10 776, 10 707, 10 557, 10 581, 10 666, 10 670

问这批抗拉强度是否提高了（$\alpha = 0.05$）？

解 本题为方差未知，判断在新工艺下生产的合金弦抗拉强度是否提高，属于单侧检验问题：

$$H_0:\mu \leqslant \mu_0 = 10\,560, \qquad H_0:\mu > \mu_0 = 10\,560$$

检验统计量为$t = \dfrac{\bar{X} - \mu_0}{S/\sqrt{n}}$，对显著性水平$\alpha$，$H_0$的拒绝域为

$$W = \{t \geqslant t_\alpha(n-1)\}$$

查t分布表（附录 B 附表 4），得临界值$t_\alpha(n-1) = t_{0.05}(9) = 1.833$，由样本观测值得

$$\bar{X} = 10\,631.4, \qquad S^2 = 6\,560.44, \qquad t = \frac{\bar{X} - \mu_0}{S/\sqrt{n}} = \frac{10\,631.4 - 10\,560}{\sqrt{6\,560.44}/\sqrt{10}} = 2.788 > 1.833$$

故拒绝H_0，即认为改进工艺后合金弦的抗拉强度有明显提高.

例 19.9 某种导线，要求其电阻的标准差不得超过 0.005 Ω，今在生产的一批导线中取样品 9 根，测得$S = 0.007\,\Omega$，设总体（电阻）X服从正态分布，问在显著性水平$\alpha = 0.05$下能否认为这批导线电阻的标准差显著地偏大吗？

解 由题意知$H_0:\sigma^2 \leqslant (0.005)^2$，$H_0:\sigma^2 > (0.005)^2$.

选择检验统计量$\chi^2 = \dfrac{(n-1)S^2}{\sigma_0^2}$，对于给定的显著性水平$\alpha$，拒绝域为

$$W = \{\chi^2 \geqslant \chi_\alpha^2(n-1)\}$$

查表得临界值$\chi_\alpha^2(n-1) = \chi_{0.05}^2(8) = 15.507$，由题中提供的样本值计算统计量的值

$$\chi^2 = \frac{(n-1)s^2}{\sigma_0^2} = \frac{8 \times (0.007)^2}{(0.005)^2} = 15.68$$

由于 15.68>15.507，拒绝H_0，即认为这批导线的电阻标准差显著地偏大.

在单侧假设检验问题中，根据题中的检验要求正确地提出原假设H_0和备择假设H_1是至关重要的一步. 习惯上约定：在产品的检验中，取合格的情形为原假设H_0. 例如，某产品的次品率p应不超过 2%，今从一批产品随机取 100 个，有 3 个次品，问这批产品是否合格？设$H_0:\pi \leqslant 0.02$，$H_1:\pi > 0.02$；在比较工艺的新旧或品种的更新等方面，当检验某个指标有无显著性变化时，取在旧工艺或原品种时的指标为原假设H_0. 又如，某产品的平均抗拉强度μ不超过 150 kg/m^2，经过技术革新后，问新产品的抗拉强度是否提高了？此时设原假设为$H_0:\mu \leqslant 150$，备择假设为$H_1:\mu > 150$. 所以原假设H_0取$\mu = \mu_0$，$\mu \leqslant \mu_0$，$\mu \geqslant \mu_0$中的一种情形，而备择假设H_1相应为$\mu \neq \mu_0$，$\mu > \mu_0$，$\mu < \mu_0$.

习 题 19.2

1. 设从正态总体$N(\mu, 9)$中抽取容量为n的样本$X_1, X_2, \cdots, X_n$，问n不能超过多少，才能在样本均值$\bar{x} = 21$的条件下接受原假设$H_0:\mu = 21.5$（$\alpha = 0.05$）？

2. 正常人的脉搏平均为 72 次/min，某医生测得 10 例一种慢性病患者的脉搏（单位：次/min）如下：

65, 69, 67, 55, 65, 77, 70, 67, 70, 63

假定该类慢性病患者的脉搏服从正态分布，问该类慢性病患者与正常人的脉搏有无显著性差异？（ $\alpha = 0.05$ ）.

3. 在某砖瓦厂生产的一批砖中，随机地抽取 6 块，测得抗断强度如下（单位：kg/cm^2）：

32.56, 29.66, 31.64, 30.00, 31.87, 31.03

设砖的抗断强度 $X \sim N(a, 1.21)$，问这批砖的抗断强度 a 是否为 32.50（ $\alpha = 0.05$ ）？

4. 质量标准规定，某种袋装食品的每袋平均净重 800 g，标准差不大于 12 g．现从一批该产品中随机抽取 14 袋进行称量，算得其平均质量 $\bar{x} = 792$ g，标准差 $s = 15.5$ g．设每袋质量服从正态分布 $N(\mu, \sigma^2)$，试在显著性水平 $\alpha = 0.05$ 下检验这批产品是否符合质量标准规定．

第20章 回归分析

20.1 变量间关系的度量

统计分析的目的在于如何根据统计数据确定变量之间的关系形态及其关联的程度，并探索其内在的数量规律性．变量间的关系可分为两种类型，即函数关系和相关关系．

在经济活动和社会生产实践中，许多现象的变量之间存在着相互依赖、相互制约的关系．这些关系中一类是确定性关系——函数关系．但在实际问题中，变量之间的关系往往不那么简单．例如，考察居民储蓄与居民家庭收入这两个变量，它们之间就不存在完全确定的关系．也就是说，收入水平相同的家庭，储蓄额往往不同．家庭储蓄并不是影响储蓄的唯一因素，还有银行利率、消费水平等其他因素的影响．正是由于影响一个变量的因素非常多，才造成了变量之间关系的不确定性．变量之间存在的不确定的数量关系，称为相关关系．

为准确度量两个变量之间的关系强度，需要计算相关系数．

相关系数是根据样本数据计算的度量两个变量之间线性关系强度的统计量．若相关系数是根据全部数据计算的，称为总体相关系数，记为ρ；若是根据样本数据计算的，则称为样本相关系数，记为r．样本相关系数的计算公式为

$$r=\frac{n\sum xy-\sum x\sum y}{\sqrt{n\sum x^2-\left(\sum x\right)^2}\sqrt{n\sum y^2-\left(\sum y\right)^2}} \tag{20.1}$$

按上述计算公式计算的相关系数也称为线性相关关系．

为解释相关系数各数值的含义，首先需要对相关系数的性质有所了解，相关系数的性质如下：

（1）r的取值范围在$[-1,1]$，即$-1\leqslant r\leqslant 1$．若$0<r\leqslant 1$，表明x与y之间存在正线性相关关系；若$-1\leqslant r<0$，表明x与y之间存在负线性相关关系；若$r=1$，表明x与y之间为完全正线性相关关系；$r=-1$，表明x与y之间为完全的负线性相关关系．

（2）r具有对称性．x与y之间的相关系数r_{xy}和y与x之间的相关系数r_{yx}相等．

（3）r数值大小与x和y的原点及尺度无关．改变x和y的数据原点及记录尺度，并不改变r数值大小．

（4）r仅仅是x和y之间线性关系的一个度量，它不能用于描述非线性关系．

（5）r虽然是两个变量之间线性关系的一个度量，却不一定x与y有因果关系．

例 20.1 学生在期末考试之前用于复习的时间（单位：h）和考试分数（单位：分）之间存在一定的关系，为研究这一问题，研究者抽取了由 8 名学生构成的一个随机样本，得到样本数据如下：

复习时间x	20	16	34	23	27	32	18	22
考试分数y	64	61	84	70	88	92	72	77

计算复习时间和考试分数的相关系数.

解 由样本相关系数的计算公式

$$r=\frac{n\sum xy-\sum x\sum y}{\sqrt{n\sum x^2-\left(\sum x\right)^2}\sqrt{n\sum y^2-\left(\sum y\right)^2}}$$

把样本数据代入上述公式，得 $r=0.8621$.

习 题 20.1

1. 从某一行业中随机抽取 12 家企业，所得产量与生产费用的数据如表 20.1 所示. 求：计算产量与生产费用之间的线性相关系数.

表 20.1

企业编号	产量/台	生产费用/万元	企业编号	产量/台	生产费用/万元
1	40	130	7	84	165
2	42	150	8	100	170
3	50	155	9	116	167
4	55	140	10	125	180
5	65	150	11	130	175
6	78	154	12	140	185

2. 一家物流公司的管理人员想研究货物的运送距离和运送时间的关系，为此，他抽出了公司最近 10 辆卡车运货记录的随机样本，得到运送距离（单位：km）和运送时间（单位：d）的数据如下：

运送距离 x	825	215	1070	550	480	920	1350	325	670	1215
运送时间 y	3.5	1.0	4.0	2.0	1.0	3.0	4.5	1.5	3.0	5.0

求线性相关系数，说明两个变量之间的关系强度.

20.2 一元线性回归

相关分析的目的在于测度变量之间的关系强度，它所使用的测度工具就是相关系数. 而回归分析则侧重于考察变量之间的数量伴随关系，并通过一定的数学表达式将这种关系描述出来，进而确定一个或几个变量（自变量）的变化对另一个特定变量的影响程度. 具体来说，回归分析主要解决以下几个方面的问题：

（1）从一组样本数据出发，确定变量之间的数学关系式；

（2）对这些关系式的可信程度进行各种统计检验，并从影响某一特定变量的诸多变量中找出哪些变量的影响是显著的，哪些是不显著的.

(3)利用所求的关系式，根据一个或几个变量的取值来估计或预测另一个特定变量的取值，并给出这种估计或预测的可靠程度.

20.2.1 一元线性回归模型

进行回归分析时，首先需要确定哪个变量是因变量，哪个是自变量. 在回归分析中，被预测或被解释的变量称为因变量，用 y 表示. 用来预测或用来解释因变量的一个或多个自变量称为自变量，用 x 表示. 例如，在分析贷款余额对不良贷款的影响时，目的是要预测一定的贷款余额条件下的不良贷款是多少. 因此，不良贷款是被预测的变量，称为因变量，而用来预测不良贷款的贷款余额就是自变量.

当回归中只涉及一个自变量时称为一元回归，若因变量 y 与自变量 x 之间为线性关系时称为一元线性回归. 在回归分析中，假定自变量 x 是可控制的，而因变量 y 是随机的.

对具有线性关系的两个变量，可以用一个线性方程来表示它们之间的关系. 描述因变量 y 如何依赖于自变量 x 和误差项 ε 的方程称为回归模型. 只涉及一个自变量的一元线性回归模型的一般形式可表示为

$$y=\beta_0+\beta_1 x+\varepsilon \tag{20.2}$$

在一元线性回归模型中，y 为 x 的线性函数加上误差项 ε. $\beta_0+\beta_1 x$ 反映了由于 x 的变化而引起的 y 的线性变化；ε 称为误差项的随机变量，反映了除 x 和 y 之间的线性之外的随机因素对 y 的影响，不能由 x 和 y 之间的线性关系所解释的变异性. 式（20.2）中的 β_0 和 β_1 称为模型的参数.

式（20.2）称为理论回归模型，对这一模型，有以下几个主要假定.

（1）因变量 y 与自变量 x 之间具有线性关系；

（2）自变量 x 假定是非随机的；

（3）误差项 ε 是一个期望为零的随机变量，即 $E(\varepsilon)=0$；

（4）对于所有的 x 值，ε 的方差 σ^2 都相同；

（5）误差项 ε 为一个服从正态分布的随机变量，且独立，即 $\varepsilon \sim N(0,\sigma^2)$.

这种模型可以赋予各种实际意义，如收入与支出的关系、脉搏与血压的关系、商品价格与供给量的关系、文件容量与保存时间的关系、林区木材采伐量与木材剩余量的关系、身高与体重的关系等.

以收入与支出的关系为例. 假设固定对一个家庭进行观察，随着收入水平的不同，与支出呈线性函数关系. 但实际上数据来自各个家庭，来自各个不同收入水平，使其他条件不变成为不可能，所以由数据得到的散点图不在一条直线上（不呈线性关系），而是散在直线周围，服从统计关系. 随机误差项中可能包括家庭人口数不同、消费习惯不同、不同地域的消费指数不同、不同家庭的外来收入不同等因素. 所以在经济问题上“控制其他因素不变”是不可能的.

回归模型的随机误差项中一般包括：①非重要解释变量的省略；②人的随机行为；③数学模型形式欠妥；④归并误差（粮食的归并）；⑤测量误差等.

在实际问题中，回归函数 $f(x)$ 一般是未知的，回归分析的任务是在于根据实验数据去估计回归函数，讨论有关的点估计、区间估计、假设检验等问题. 特别重要的是对随机变量 y 的观测值作出点预测和区间预测.

取定一组不完全相同的样本值 $(x_1, y_1), (x_2, y_2), \cdots, (x_n, y_n)$．首先要解决的问题是如何利用样本来估计 y 关于 x 的回归函数 $f(x)$．为此，推测 $f(x)$ 的形式．在一些问题中可以由专业知识知道 $f(x)$ 的形式；否则，可将每对观测值 (x_i, y_i) 在直角坐标系中描出它的相应的点，这种图称为散点图．散点图可以帮助粗略地看出 $f(x)$ 的形式．

上节例 20.1 中研究学生期末考试之前用于复习的时间 x（单位：h）和考试分数 y（单位：分）之间的关系．这里自变量 x 是普通变量，y 是随机变量．可以先画出散点图，从散点图大致可以看出 $f(x)$ 具有线性函数 $\beta_0 + \beta_1 x$ 的形式．

20.2.2 回归方程

根据回归模型中的假定，ε 的期望值等于零，因此 y 的期望值 $E(y) = \beta_0 + \beta_1 x$，也就是说，$y$ 的期望值是 x 的线性函数．描述因变量 y 的期望值如何依赖于自变量 x 的方程称为回归方程．一元回归方程的形式为

$$E(y_t) = \beta_0 + \beta_1 x_t$$

如图 20.1 所示，一元线性回归方程的图示是一条直线，因此也被称为直线回归方程．其中，β_0 是回归直线在 y 轴上的截距，是当 $x = 0$ 时 y 的期望值；β_1 是直线的斜率，它表示当 x 每变动一个单位时，y 的平均变动值．

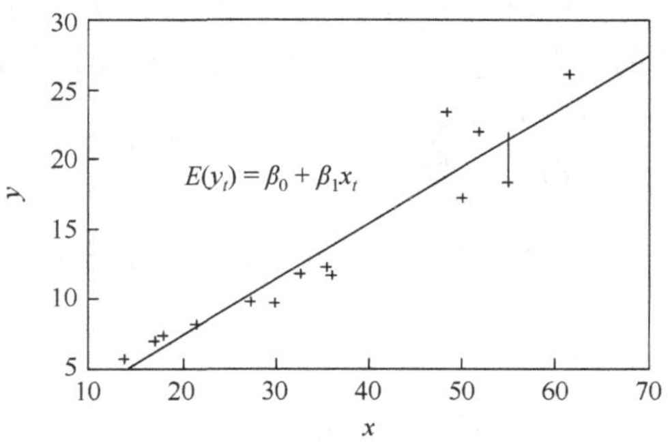

图 20.1

20.2.3 估计回归方程

对于一元线性回归模型，估计的回归方程的形式为

$$\hat{y}_t = \hat{\beta}_0 + \hat{\beta}_1 x_t$$

通常真实的回归直线是观测不到的，收集样本的目的就是要对这条真实的回归直线作出估计．

怎样估计这条直线呢？显然综合起来看，这条直线处于样本数据的中心位置最合理．怎样用数学语言描述“处于样本数据的中心位置”？设估计的直线用

$$\hat{y}_t = \hat{\beta}_0 + \hat{\beta}_1 x_t$$

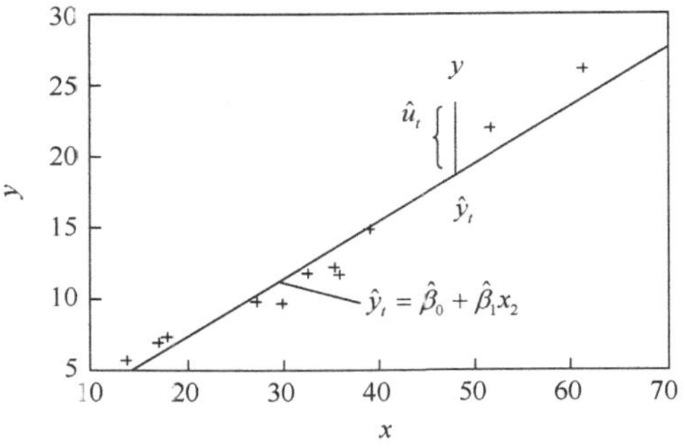

图 20.2

表示．其中 $\hat{y}_t$ 称为 y_t 的拟合值，$\hat{\beta}_0$ 和 $\hat{\beta}_1$ 分别为 β_0 和 β_1 的估计量．观测值到这条直线的纵向距离用 $\hat{u}_t$ 表示，称为残差（图 20.2）：

$$y_t = \hat{y}_t + \hat{u}_t = \hat{\beta}_0 + \hat{\beta}_1 x_t + \hat{u}_t$$

常用的方法主要是最小二乘估计，最小二乘法的原则是以“残差平方和最小”确定直线位置．用最小二乘法除了计算比较方便外，得到的估计量还具有优良特性（这种方法对异常值非常敏感）．设残差平方和用 Q 表示，即

$$Q = \sum_{i=1}^{T} \hat{u}_t{}^2 = \sum_{i=1}^{T} (y_t - \hat{y}_t)^2 = \sum_{i=1}^{T} (y_t - \hat{\beta}_0 - \hat{\beta}_1 x_t)^2$$

则通过 Q 最小确定这条直线，即确定 $\hat{\beta}_0$ 和 $\hat{\beta}_1$ 的估计值．以 $\hat{\beta}_0$ 和 $\hat{\beta}_1$ 为变量，把 Q 看作是 $\hat{\beta}_0$ 和 $\hat{\beta}_1$ 的函数，这是一个求极值的问题．求 Q 对 $\hat{\beta}_0$ 和 $\hat{\beta}_1$ 的偏导数并令其为零，得正规方程

$$\begin{cases} \dfrac{\partial Q}{\partial \hat{\beta}_0} = 2\sum_{i=1}^{T} (y_t - \hat{\beta}_0 - \hat{\beta}_1 x_t)(-1) = 0 & (20.3) \\ \dfrac{\partial Q}{\partial \hat{\beta}_1} = 2\sum_{i=1}^{T} (y_t - \hat{\beta}_0 - \hat{\beta}_1 x_t)(-x_t) = 0 & (20.4) \end{cases}$$

由式（20.3）和式（20.4），得

$$\begin{cases} \sum_{i=1}^{T} (y_t - \hat{\beta}_0 - \hat{\beta}_1 x_t) = 0 & (20.5) \\ \sum_{i=1}^{T} (y_t - \hat{\beta}_0 - \hat{\beta}_1 x_t) x_t = 0 & (20.6) \end{cases}$$

将式（20.5）求和进行展开并移项，给等式两边同时除以 T，得

$$\hat{\beta}_0 = \overline{y} - \hat{\beta}_1 \overline{x} \tag{20.7}$$

把式（20.7）代入式（20.6）并整理，得

$$\sum_{i=1}^{T} [(y_t - \overline{y}) - \hat{\beta}_1 (x_t - \overline{x})] x_t = 0 \tag{20.8}$$

$$\sum_{i=1}^{T} (y_t - \overline{y}) x_t - \hat{\beta}_1 \sum_{i=1}^{T} (x_t - \overline{x}) x_t = 0 \tag{20.9}$$

$$\hat{\beta}_1 = \frac{\sum x_t (y_t - \overline{y})}{\sum (x_t - \overline{x}) x_t} \tag{20.10}$$

因为 $\sum_{i=1}^{T}\bar{x}(y_t-\bar{y})=0$，$\sum_{i=1}^{T}\bar{x}(x_t-\bar{x})=0$，分别在式（20.10）的分子和分母上减 $\sum_{i=1}^{T}\bar{x}(y_t-\bar{y})$ 和 $\sum_{i=1}^{T}\bar{x}(x_t-\bar{x})$，得

$$\hat{\beta}_1=\frac{\sum x_t(y_t-\bar{y})-\sum\bar{x}(y_t-\bar{y})}{\sum(x_t-\bar{x})x_t-\sum\bar{x}(x_t-\bar{x})} \tag{20.11}$$

经过化简，得

$$\hat{\beta}_1=\frac{\sum(x_t-\bar{x})(y_t-\bar{y})}{\sum(x_t-\bar{x})^2} \tag{20.12}$$

20.2.4 回归直线的拟合优度

回归直线 $\hat{y}_t=\hat{\beta}_0+\hat{\beta}_1x_t$ 在一定程度上描述了变量 x 与 y 之间的数量关系，根据这一方程，可根据自变量 x 的取值来估计或预测因变量 y 的取值．但估计或预测的精度如何将取决于回归直线对观测数据的拟合程度．回归直线与各观测点的接近程度称为回归直线对数据的拟合优度．为说明直线的拟合优度，需要计算判定系数．

记 $\mathrm{SST}=\sum(y_t-\bar{y})^2$，$\mathrm{SSR}=\sum(\hat{y}_t-\bar{y})^2$，$\mathrm{SSE}=\sum(y_t-\hat{y}_t)^2$，可以证明

$$\sum(y_t-\bar{y})^2=\sum(\hat{y}_t-\bar{y})^2+\sum(y_t-\hat{y}_t)^2=\sum(\hat{y}_t-\bar{y})^2+\sum(\hat{u}_t)^2$$

$$\mathrm{SST}(\text{总平方和})=\mathrm{SSR}(\text{回归平方和})+\mathrm{SSE}(\text{残差平方和})$$

度量拟合优度的统计量是可决系数（确定系数）：

$$R^2=\frac{\sum(\hat{y}_t-\bar{y})^2}{\sum(y_t-\bar{y})^2}=\frac{\text{回归平方和}}{\text{总平方和}}=\mathrm{SSR}/\mathrm{SST}$$

20.2.5 线性假设的显著性检验

回归分析中的显著性检验主要包括两个方面的内容：一是线性关系检验，二是回归系数的检验．

1．线性关系检验

线性关系检验是检验自变量 x 和因变量 y 之间的线性关系是否显著，或者说，它们之间是否能用一个线性模型 $y_t=\beta_0+\beta_1x_t+\varepsilon_t$ 来表示．为了检验两个变量之间的线性关系是否显著，需要构造用于检验的统计量．用于检验线性关系是否显著通常使用 F 统计量：

$$F=\frac{\mathrm{SSR}/1}{\mathrm{SSE}/(n-2)}$$

线性关系检验的具体步骤如下．

（1）提出假设：

$$H_0:\beta_1=0\ \text{两个变量之间的线性关系不显著}$$

（2）计算检验的统计量 F；

（3）作出决策，确定显著性水平 α，确定拒绝域，判定两个变量之间是否线性关系显著.

2. 回归系数检验

回归系数的显著性检验是要检验自变量对因变量的影响是否显著. 在一元线性回归模型中，如果回归系数 $\beta_1 = 0$，回归线是一条水平线，表明因变量 y 的取值不依赖于自变量 x，即两个变量之间没有线性关系；如果回归系数 $\beta_1 \neq 0$，也不能得出两个变量之间存在线性关系的结论，这要看这种关系是否具有统计意义上的显著性. 回归系数的显著性检验就是检验回归系数 β_1 是否等于 0. 为检验原假设 $H_0: \beta_1 = 0$ 是否成立，需要构造用于检验的统计量. 用于检验回归系数 β_1 的统计量 t 为

$$t = \frac{\hat{\beta}_1 - \beta_1}{s_{\hat{\beta}_1}}$$

该统计量服从自由度为 $n-2$ 的 t 分布. 若原假设成立，则 $\beta_1 = 0$，检验的统计量为

$$t = \frac{\hat{\beta}_1}{s_{\hat{\beta}_1}}$$

回归系数显著性检验的具体步骤如下.

（1）提出检验：

$$H_0: \beta_1 = 0, \qquad H_0: \beta_1 \neq 0$$

（2）计算检验的统计量 t，即

$$t = \frac{\hat{\beta}_1}{s_{\hat{\beta}_1}} = \frac{\hat{\beta}_1}{\hat{\sigma} \Big/ \sqrt{\sum (x_t - \overline{x})^2}}$$

（3）作出决策，确定显著性水平 α，确定临界值，找出拒绝域，从而判定系数的显著性.

例 20.2 根据上节例 20.1 中的数据求考试分数对复习时间的估计方程，并计算判定系数 R^2.

$$\hat{\beta}_1 = \frac{\sum (x_t - \overline{x})(y_t - \overline{y})}{\sum (x_t - \overline{x})^2} = \frac{440}{294} = 1.497$$

$$\hat{\beta}_0 = \overline{y} - \hat{\beta}_1 \overline{x} = 76 - 1.496\,6 \times 24 = 40.082$$

即考试分数对复习时间的估计方程为

$$\hat{y} = 40.082 + 1.497x$$

$$R^2 = \frac{\sum (\hat{y}_t - \overline{y})^2}{\sum (y_t - \overline{y})^2} = 0.743\,2$$

回归系数 $\hat{\beta}_1 = 1.497$ 表示复习时间每增加 1 h，考试分数平均增加 1.497 分. 在回归分析中，对截距 $\hat{\beta}_0$ 常常不能赋予任何真实意义.

判定系数的实际意义是：在考试分数的变差中，有 74.32%可以由考试分数与复习时间之间的线性关系来解释，或者说在考试分数的变动中，有 74.32%可以由复习时间所决定的，可见二者之间有较强的线性关系.

习　题　20.2

1. 某录像带计数器读数与已录制节目时间测试数据如下：

读数 m	1 141	2 019	2 760	3 413	4 004	4 545	5 051	5 525
录制时间 t	20	40	60	80	100	120	140	160

试求录像带节目录制时间 t 对计数器读数 m 的线性回归方程.

2. 设某商品 5 次调价中，市场需求调查数据如下：

价格 P	8.5	8.2	8	7.5	7.3
需求量 Q	5 832	7 394	81 60	10 485	11 590

使用回归方程近似表示需求与价格之间的线性关系.

3. 检验第 1 题的线性回归显著性（$\alpha=0.05$）.

4. 检验第 2 题的线性回归显著性（$\alpha=0.05$）.

20.3　利用回归方程进行预测

回归模型经过各种检验并表明符合预定的要求后，就可以利用它来预测因变量了. 预测是指通过自变量 x 的取值来预测因变量 y 的取值.

利用估计的回归方程，对于 x 的一个特定值 x_0，求出 y 的一个估计值就是点估计. 点估计可分为两种：一是平均值的点估计，二是个别值的点估计.

平均值的点估计是利用估计的回归方程，对于 x 的一个特定值 x_0，求出 y 的平均值的一个估计值 $E(y_0)$. 例如，在例 20.1 中得到的估计方程为 $\hat{y}=40.082+1.497x$，如果要估计复习时间为 30 h，所得考试分数的平均值就是平均值的点估计，根据估计的回归方程，得

$$E(y_0)=40.082+1.497\times30=84.992 \text{（分）}$$

个别值的点估计是利用估计的回归方程，对于 x 的一个特定值 x_0，求出 y 的一个个别值的估计值 $\hat{y}_0$. 例如，如果只想知道复习时间为 18 h 时的考试分数是多少，属于个别值的点估计，根据估计的回归方程，得

$$\hat{y}=40.082+1.497\times18=67.028 \text{（分）}$$

这就是说，复习时间为 18 h 对应的考试分数估计值为 67.028 分.

在点估计的条件下，对于同一个 x_0，平均值得点估计和个别值的点估计的结果是一样的，但在区间估计中则有所不同.

习　题　20.3

1. 设 y 为正态变量，对 x, y 有下列观测值：

x	−2.0	0.6	1.4	1.3	0.1	−1.6	−1.7	0.7	−1.8	−1.1
y	−6.1	−0.5	7.2	6.9	−0.2	−2.1	−3.9	3.8	−7.5	−2.1

求 y 对 x 的回归直线方程.

2. 根据“关税与贸易总协定”发表的数字，20 世纪 70 年代世界制造业总产量年增长率 x 与世界制成品总出口量年增长率 y 的变化关系如表 20.2 所示.

表 20.2

年份	x/%	y/%
1970	4.0	8.5
1971	4.0	8.0
1972	8.5	10.5
1973	9.5	15.0
1974	3.0	8.5
1975	−1.0	−4.5
1976	8.0	13.0
1977	5.0	5.0
1978	5.0	6.0
1979	4.0	7.0

（1）试确定变量 x 与 y 的关系，并求出其回归方程；

（2）试求 x 与 y 之间的相关系数 r.

习题答案与提示

附录